NORONHA'S LEGAL DICTIONARY

ENGLISH - PORTUGUESE
PORTUGUESE - ENGLISH

by

DURVAL DE NORONHA GOYOS JR.,

member of the Brazilian and Portuguese Bars, senior partner of NORONHA-ADVOGADOS, a Brazilian based global law firm with offices in São Paulo; Brasília; Miami, Florida, USA; London, UK; Buenos Aires, Argentina; and Lisbon, Portugal. A WTO panelist.

OBSERVADOR LEGAL EDITORA LTDA.
2nd Edition
1994

Av. Brig. Faria Lima, 2100 - 3º andar
São Paulo - 01452-919 - SP - Brasil
Tel. (011) 816 6609 - Tlx (11) 32677
Fac-Símile (011) 212 2495

1221 Brickell Avenue, suite 1040
Miami, Florida 33131 - USA
Tel. (305) 372-0844
Facsimile (305) 372-1792

LIBRARY OF CONGRESS CARD CATALOG NUMBER 94-66106
ISBN 85-85548-04-5

DICIONÁRIO JURÍDICO NORONHA

INGLÊS - PORTUGUÊS
PORTUGUÊS - INGLÊS

por

DURVAL DE NORONHA GOYOS JR.

membro da Ordem dos Advogados do Brasil e da Ordem dos Advogados Portugueses, sócio sênior de NORONHA-ADVOGADOS, escritório de advocacia internacional sediado em São Paulo, com filiais em Brasília; Miami, Flórida, EUA; Londres, Inglaterra; Buenos Aires, Argentina; e Lisboa, Portugal. Árbitro da OMC.

OBSERVADOR LEGAL EDITORA LTDA.
2ª EDIÇÃO
1994

Av. Brig. Faria Lima, 2100 - 3º andar
São Paulo - 01452-919 - SP - Brasil
Tel. (011) 816-6609 - Tlx (11) 32677
Fac-Símile (011) 212-2495

1221 Brickell Avenue, suite 1040
Miami, Florida 33131 - USA
Tel. (305) 372-0844
Facsimile (305) 372-1792

Dados internacionais de Catalogação na Publicação (CIP)
(Câmara Brasileira do Livro, SP, Brasil)

Goyos Júnior, Durval de Noronha
Noronha's Legal Dictionary = Noronha Dicionário Jurídico: English-Portuguese, English = Inglês- Português, Português - Inglês/by Durval de Noronha Goyos Jr. = 1 st. ed. - São Paulo:
Observador Legal Editora Ltda., 1992

1. Direito - Dicionário 2. Inglês - Dicionários - Português 3. Português - Dicionário - Inglês I. Título.
II Título: Noronha Dicionário Jurídico.

92.2939 CDU-34(03)=20=690

ISBN - 85-85548-04-5

Indíce para catálago sistemático:
1. Dicionários jurídicos: Inglês-português
34(03)=20=690
2. Direito: Dicionários: Inglês-português
34(03)=20=690
3. Inglês-português: Direito: Dicionários
34(03)=20=690
4. Português-inglês: Direito: Dicionários
34(03)=20=690

2nd printing 1996
2ª impressão 1996

DEDICATIONS

This book is dedicated to the memory of my father, Dr. Durval de Noronha Goyos, a dentist and an exceptionally wise man, whose motto in life was "virtue is in moderation", and to Dr. Kenneth Raven Knox, a medical doctor and exceptionally kind man whose directive in life has been dedication to his fellowmen.

The author

DEDICATÓRIA

Este livro é dedicado à memória de meu pai, Dr. Durval de Noronha Goyos, um dentista e um homem de sabedoria extraordinária, cujo lema na vida era "a virtude está na moderação", e ao Dr. Kenneth Raven Knox, médico e uma pessoa muito especial, com abnegada dedicação ao ser humano.

O autor

TABLE OF CONTENTS

ÍNDICE

INTRODUCTION TO THE SECOND EDITION

The first edition of the NORONHA LEGAL DICTIONARY, English-Portuguese / Portuguese-English was acclaimed internationally as a major work in the area; can be found today in the best libraries all over the world; became an editorial success; and was sold out within one year of its publication.

Instead of having a second printing of the first edition, Dr. Noronha chose to prepare a new one, revised and expanded with a significant number of new entries pertaining mostly to business and banking law. The second edition also has a chapter on "How to use the Dictionary", which will be very useful for the reader.

Observador Legal Editora Ltda., 1994

INTRODUÇÃO À SEGUNDA EDIÇÃO

A primeira edição do DICIONÁRIO JURÍDICO NORONHA, Inglês-Português / Português-Inglês foi aclamada internacionalmente como uma obra prima na área; é encontradiça nas melhores bibliotecas mundiais; tornou-se um sucesso editorial; e foi totalmente vendida dentro de um ano de sua publicação.

Ao invés de ter uma segunda impressão da primeira edição, o Dr. Noronha preferiu preparar uma nova, revista e expandida com um número significativo de novos verbetes pertinentes principalmente ao direito empresarial e bancário. A segunda edição também traz um capítulo sobre "Como utilizar o Dicionário", que terá grande utilidade para o leitor.

Observador Legal Editora Ltda., 1994

FROM THE FIRST EDITION'S FOREWORD TO THE ANGLO-PORTUGUESE LEGAL DICTIONARY

I therefore started to read the dictionary convinced that there was a need for such a dictionary. However I was conscious of how difficult it would be to steer a course between on the one hand, confining the dictionary to dry legal concepts which would be of limited value to a small legal audience, and on the other hand overloading the dictionary with non-legal words which would make it virtually indistinguishable from the standard Portuguese/English dictionaries. I was delighted to find that it has most successfully found a middle way. Dr. Noronha is greatly to be commended for producing a dictionary which is both extremely useful and also entertaining. In addition to words like "bad faith" and "general average bond" he translates "gate-crasher" and "gerrymander".

The dictionary should appeal not only to the lawyer and businessperson who needs to be able to translate legal and business terms from one language to the other but the lawyer who is planning an informal visit to his or her colleague in a country where the other language is spoken and even to those who have a working knowledge of the other language but need to translate particular technical terms. Above all it is a valuable contribution to the improved understanding of legal terms and concepts in the other language where poor translations can contribute substantially to misunderstandings, even among people of goodwill.

John Toulmin Q.C.
First Vice-President
and President-Elect - CCBE

DO PREFÁCIO À PRIMEIRA EDIÇÃO DO DICIONÁRIO JURÍDICO ANGLO-PORTUGUÊS

Por isso, iniciei a leitura do dicionário convencido da sua necessidade. No entanto, estava consciente da dificuldade de se escolher uma direção que, por um lado, confinasse o dicionário a áridos conceitos jurídicos que seriam de valor limitado e destinado a um público restrito, e, por outro lado, sobrecarregasse o dicionário com termos não-jurídicos, que o tornasse virtualmente indistingüível dos dicionários Português/Inglês comuns. Fiquei encantado ao descobrir que este encontrou, com muito êxito, um meio-termo. É altamente louvável a capacidade de o Dr. Noronha produzir um dicionário que é ao mesmo tempo extremamente útil e entretenedor. Além de palavras como "bad faith" e "general average bond", ele traduz "gate crasher" e "gerrymander".

O dicionário deve atrair não apenas advogados e homens de negócios que precisam ser capazes de traduzir termos jurídicos e comerciais de um idioma para outro, como também o advogado que está planejando uma visita informal a seu colega, em um país onde se fala o idioma e até mesmo aqueles que possuem conhecimento para trabalhar com a outra língua, mas precisam traduzir determinados termos técnicos. Acima de tudo, é uma contribuição valiosa ao entendimento aperfeiçoada de termos e conceitos jurídicos no outro idioma, quando más traduções podem contribuir substancialmente para mal-entendidos, mesmo entre pessoas de boa fé.

John Toulmin Q.C.
Primeiro Vice-Presidente e Presidente-Eleito do C.C.B.E.

3 Gray's Inn Place
London WC1R 5EA
Outubro de 1992.

INTRODUCTION TO THE FIRST EDITION

With the extraordinary developments which have occurred since the Second World War, the importance of private international law should not be underestimated. The gradual elimination of trade barriers, with the world becoming a vast integrated market place, has caused lawyers to accompany their clients abroad, assisting them in their overseas transactions, in addition to the more traditional support on the domestic side. This phenomenon, which has enticed numerous law firms to open up branches abroad and to have lawyers admitted in different jurisdictions cooperating in the same organization, has been addressed as the globalization of the legal profession.

Today, many countries have approved regulations or legislations permitting lawyers from abroad to render, in their respective territories, consultatory legal services on the law of the lawyers' respective jurisdictions. Similarly, the European Community's individual members are presently implementing the directive of services on how it affects the legal profession, regulating how a lawyer from one member state can act professionally in another member state. Legal services have even been included in the Uruguay round of the GATT, where its liberalization is presently being discussed.

Thus, the future offers enormous opportunities for those involved or who wish to pursue a career in the fascinating field of international law. This dictionary is dedicated to them.

This is a practising lawyers' dictionary. The compilation of the words herein started approximately twenty years ago, with the beginning of the author's legal career. The entries have a pragmatic sense and reproduce words normally utilized by the legal profession in the myriad of areas it is now involving and dictionary addresses terms dealing with banking, finance, insurance, accountancy and environment, as well as the more traditional and strict legal terminology. The dictionary also addresses those terms which, although not exactly legal, are closely associated with the practice of law and with the legal profession as it exists today, but without which no adequate comprehension of the world of law would be possible.

Finally, although the dictionary relies heavily on the American and Brazilian legal terms, we have tried to indicate separately those terms pertaining Portugal and to the United Kingdom. In addition there are some technical words from other languages that have been incorporated untranslated into English and Portuguese.

London, September 7th, 1992

DURVAL DE NORONHA GOYOS JR.

INTRODUÇÃO À PRIMEIRA EDIÇÃO

Com os extraordinários desenvolvimentos ocorridos desde a Segunda Guerra Mundial, a importância do direito privado internacional não deve ser subestimada. A eliminação gradual das barreiras comerciais, com o mundo tornando-se um vasto mercado integrado, motivou advogados a assessorar seus clientes no exterior, assistindo-lhes nas suas transações internacionais, além do tradicional apoio no âmbito nacional. Esse fenômeno, que compeliu numerosos escritórios de advocacia a abrir filiais no exterior e possuir advogados admitidos em diferentes jurisdições trabalhando para uma mesma organização, foi denominado a globalização da profissão de advogado.

Hoje, muitos países aprovaram regulamentos ou legislações permitindo que advogados estrangeiros prestem, nos seus territórios, serviços de consultoria legal relativamente a aplicação da lei da jurisdição a qual pertence o advogado estrangeiro. Da mesma forma, os membros individuais da Comunidade Européia estão atualmente implementando as diretrizes de serviços a partir de como isso afeta a profissão legal, ajustando como um advogado oriundo de um estado membro pode atuar profissionalmente em outro estado membro. Os serviços legais foram incluídos também na rodada do Uruguai do GATT, onde sua liberalização está sendo presentemente discutida.

Conseqüentemente, o futuro oferece imensas oportunidades àqueles que se encontram envolvidos ou aos que intencionem seguir uma carreira no fascinante campo do direito internacional. Este dicionário é dedicado a esses profissionais.

Este é um dicionário para advogados militantes. A compilação das palavras aqui contidas começou há aproximadamente vinte anos, conjuntamente com o início da carreira do autor. Os verbetes têm um sentido prático e reproduzem palavras normalmente utilizadas pelo advogado no grande número de áreas em que ele está agora envolvido, prestando um indispensável serviço à sociedade. Portanto, o dicionário inclui termos de transações bancárias, financeiras, de seguros, de contabilidade, de meio ambiente, bem como a mais tradicional e estrita terminologia jurídica. O dicionário também inclui aqueles termos os quais, embora não exatamente legais, estão proximamente ligados à prática do direito e do exercício da advocacia tal como ela existe hoje, e sem os quais não seria possível uma adequada e completa compreesão do mundo da lei.

Por último, apesar do fato do dicionário basear-se, em grande parte, nos termos legais brasileiros e americanos, tentamos indicar separadamente aqueles termos utilizados em Portugal e no Reino Unido. Além disso, algumas palavras técnicas oriundas de outras línguas foram incorporadas sem tradução à língua inglesa e à portuguesa.

Londres, 7 de setembro de 1992

DURVAL DE NORONHA GOYOS JR.

HOW TO USE THE NORONHA LEGAL DICTIONARY

1.- **INTRODUCTION.**

1.1.- This section is designated to assist the user to understand the way in which information has been presented in the NORONHA LEGAL DICTIONARY, English-Portuguese/Portuguese-English.

1.2- The reader will find that the dictionary, albeit a legal dictionary, contains a very broad variety of entries encompassing the myriad areas in which the legal professions are currently involved. Accordingly, the dictionary is eminently rich with entries (all in **bold**) pertaining to business in general; to accounting; to banking and finance; to taxation; to insurance; to international trade; to the environment, together with the more strict legal terminology.

2.- **ABBREVIATIONS AND ORDER OF SECTIONS.**

2.1.- The dictionary is presented in two separate sections, one for the English language and the other for the Portuguese language, with entries listed in alphabetical order, and preceded by two sections of abbreviations. The abbreviations appear as follows:

In English,

F.B.I - Federal Bureau of Investigation (USA) (Departamento de Investigação Federal).

PSI - pre-shipment inspection (inspeção de pré-embarque).

In Portuguese,

GMC - Grupo Mercado Comum (MERCOSUL) (Group Common Market).

ROC - Revisores Oficiais de Contas (P) (Chartered Accountants).

3.- **NATURE OF ENTRIES.**

3.1.- The NORONHA LEGAL DICTIONARY is a practicing lawyers' dictionary. The entries have a practical nature and strive to present options for the most accurate technical translation into the other language. As this is a bilingual legal dictionary, the author has not endeavoured, as a rule, to explain all legal institutes involved, but only to provide the most precise possible translation option(s) into the other language. Therefore, the entries:

In English,

commercial invoice - fatura comercial.

common average - avaria simples.

joinder of defendants - litisconsórcio passivo.

In Portuguese,

acordo de acionistas - shareholders' agreement.

petição - bill; petition; request; motion; pleading.

recibo de imposto - tax receipt.

3.1.1.- A reader interested in further particulars of those institutes should then research the appropriate source of law in his/her jurisdiction.

3.2.- As an exception, however, certain particular terms, in view of their high degree of specialization, have merited an explanation following the respective translation, as

In English,

due diligence - diligência própria; investigação; análise detalhada da operação sob exame.

pipeline - linhas de tubo; linha de desenvolvimento; em propriedade intelectual, produtos em desenvolvimento ou já registrados no mercado internacional, mas sem registro em um dado país.

without prejudice - sem prejuízo; comunicação privilegiada entre advogados que não pode ser utilizada em juízo.

In Portuguese,

solicitador - solicitor; law student clerking for a qualified lawyer and allowed to limited appearance in court.

premonitória - premonitory, court authorization necessary for certain legal acts in lieu of authorization from the person who should grant it.

quinto constitucional (BR) - the rule by which one-fifth of the members of the higher courts must come from among the practicing lawyers.

4.- STANDARD LANGUAGES.

4.1.- THE NORONHA LEGAL DICTIONARY adopted the United States of America and Brazil's versions of English and Portuguese as standard. However, the dictionary will indicate separately the spelling or the terms utilized in the United Kingdom (indicated by the abbreviation **"UK"** in English or **"RU"** in Portuguese) and those in use in Portugal (indicated by the abbreviation **"P"** in both languages). As an example, we indicate hereinbelow a few entries.

United Kingdom:

back bencher (UK) - parlamentar que não exerce função de liderança em seu partido.

bar call (UK) - admissão na ordem dos advogados.

Foreign office (UK) - ministério de relações exteriores.

fraudulent conveyance (UK) - venda imobiliária em fraude a credores.

handling (UK) - receptação.

jobber (UK) - empreiteiro; tarefeiro; corretor (RU); intermediário (RU).

legal aid (UK) - programa de assistência jurídica.

Portugal:

acção (P) - share; stock.

acordo parassocial (P) - shareholders' agreement.

carta partida (P) - charter party.

coacção (P) - coercion; coaction; compulsion; constraint; intimidation.

desafectação expressa (P) - express disfranchise.

registo provisório (P) - transitory registration.

trabalho nocturno (P) - night job.

4.2.- The dictionary's translations and/or definitions are given in Brazilian Portuguese and United States of America English but, occasionally, the United Kingdom or the Portuguese versions will also be indicated, as in the Portuguese section:

receita de vendas - sales revenue (USA); turnover (UK).

in the English section:

slang - gíria (BR); calão (P).

4.3.- Whenever words in Brazilian and Portuguese versions of Portuguese or in United Kingdom and United States of America versions of English have different meanings, the dictionary presents separate entries, as follows:

In Portuguese,

ementa (BR) - docket; abstract of court; abridgment of law; digest; summary.

ementa (P) - menu.

In English,

surrogate (UK) - subrogado; funcionário subrogado para conceder licença de casamento.

surrogate (USA) - juiz ou funcionário da vara de sucessões.

5.- **SECTORIAL NAMES OR JARGONS.**

5.1.- In cases when the entries pertain to specific sectors and/or to certain trade jargons, the NORONHA LEGAL DICTIONARY indicates such sectors in the following manner:

In English,

European Investment Bank (EIB) (EU) - Banco de Investimentos Europeu (BIE).

Federal Insurance Contributions Acts (F.I.C.A) (USA) - lei que institui contribuições para o sistema de previdência.

Trade Negotiations Committee (TNC) (GATT) - comitê de negociações comerciais.

In Portuguese,

Tarifa Externa Comum (TEC) (MERCOSUL) - Common External Tariff.

Diário Oficial das Comunidades Européias (UE) - Official Journal of the European Communities.

6.- TERMS FROM OTHER LANGUAGES.

6.1.- In every language, there are expressions or words from other languages which are used untranslated. Such terms abound in the legal, financial and economic worlds. We have carefully compiled relevant expressions in French, German, Italian, Japanese, Latin and Spanish. For ease of consultation, the dictionary lists such expressions in French, German, Italian, Japanese and Latin in the English section and those in Spanish in the Portuguese section, in the manner that follows:

In English,

consiglieri (I) - conselheiro.

kassenverein (GER) - câmara de compensação de ações alemã.

seiji kabu (JAP) - ação que vai subir de preço.

société anonyme(F) - sociedade anônima.

locus (L) - lugar.

In Portuguese,

boleta (E) - ticket.

borrador (E) - draft.

7.- FALSE COGNATES.

7.1.- Perhaps no other field of human endeavour is as prolific in false cognates as the legal world. Roman law was the main source of law for the English/American legal system, as it was for the Portuguese/Brazilian one, but many institutions evolved differently in both groups.

7.2.- In addition, certain indispensable words for the legal professions have, albeit of Latin origin, for a number of reasons, acquired a totally or partially different meanings in English from those in Latin and/or Portuguese. The NORONHA LEGAL DICTIONARY has strived to indicate the most relevant false cognates, which are indicated with the abbreviation **(FC)** and appear as follows:

In English,

militate, to (FC) - pesar, ter peso significativo.

prevaricate,to (FC) - falar inconclusivamente; confundir.

uxorious (FC) - excessivamente afeicionado à esposa.

In Portuguese,

militar (FC) - to belong.

prevaricar (FC) - to violate the law.

uxoria (FC) - the authorization given by one spouse to the other in order to legitimize a legal act.

8.- ORGANIZATIONS, ASSOCIATIONS AND FINANCIAL INSTRUMENTS.

8.1.- In the main body of the dictionary, there are entries for relevant international or national organizations; business associations; types of financial instruments; trade clauses; or indexes of stock exchanges. They appear as follows:

In English,

Lombard rate (GER) - taxa Lombard; taxa de juros básica do banco central alemão.

Organization of the American States (OAS) - Organização dos Estados Americanos (OEA).

Securities Exchange Act (Glass-Steagal Act) (USA) - lei de mercado de capitais.

Securities and Exchange Act 1948 (JAP) - lei de mercado de capitais.

Securities and Exchange Commission (SEC) (USA) - comissão de valores mobiliários.

Securities and Investment Board (SIB) (UK) - comissão de valores e de investimento; órgão auto-regulador de profissionais de mercado.

In Portuguese,

Bolsa de Valores de São Paulo (BOVESPA) (BR) - The stock exchange of São Paulo.

Comissão de Valores Mobiliários (CVM) (BR) - federal securities commission.

Comissão do Mercado de Valores Mobiliários (CMVM) (P) - securities commission.

Confederação da Indústria Portuguesa (CIP) (P) - Confederation of Portuguese Industry.

Federação das Indústrias do Estado de São Paulo (FIESP) (BR) - Federation of Industries of the State of São Paulo.

Notas do Tesouro Nacional (NTN) (BR) - national treasury notes.

Organização das Nações Unidas (ONU) - United Nations Organization (UN).

9.- INFORMAL EXPRESSIONS AND SLANG.

9.1.- Even in a very formal profession, there are numerous informal expressions (and some slang). They appear followed by (**informal**), for both English and Portuguese, and (**slang**) and/or (**gíria**), for English and Portuguese, respectively, whenever the case. For example:

In English,

jailbird (informal) - criminoso contumaz.

In Portuguese,

laranja (informal) - nominee.

10.- THE POLITICALLY CORRECT.

10.1- The "politically correct" behavioral trend has developed mostly in the United States of America in the past twenty-five years, approximately. This movement has generated quite a few euphemisms, most of which are politically motivated, fatuous and absolutely redundant in strict linguistic terms. We have eschewed compiling idiotic expressions such as "femstruate, to" for "menstruate, to" or "intellectually challenged" for "stupid", but have listed some that may be hopefully of eventual use for the reader. Such entries appear followed by **(PC)**, as:

self-inflicted death (PC) - suicide.

11.- PROPRIETARY NAMES AND TRADE MARKS.

11.1.- The NORONHA LEGAL DICTIONARY lists some words which are or are asserted to be proprietary names and/or trademarks. Their inclusion does not imply that they have acquired for legal purposes a non-proprietary or general significance, nor is any other judgement implied concerning their legal status.

12.- **DISCLAIMER.**

12.1.- Finally a word of caution: the NORONHA LEGAL DICTIONARY is only a bilingual legal dictionary and absolutely should not be interpreted as legal advice of any kind.

Durval de Noronha Goyos Jr.
London, 18th February 1994.

COMO USAR O DICIONÁRIO JURÍDICO NORONHA

1. INTRODUÇÃO.

1.1. Esta seção é destinada a auxiliar o usuário a compreender o modo pelo qual a informação foi apresentada no DICIONÁRIO JURÍDICO NORONHA, Inglês-Português/Português-Inglês.

1.2. Embora o dicionário seja de termos jurídicos, o leitor perceberá que o mesmo contém uma ampla variedade de verbetes que englobam a infinidade de áreas nas quais a advocacia está presentemente envolvida. Conseqüentemente, o dicionário é eminentemente rico em verbetes (todos em **negrito**) pertencentes aos negócios em geral; à contabilidade; às operações bancárias e finanças; à tributação; aos seguros; ao comércio internacional; ao meio ambiente, juntamente com a terminologia jurídica mais estrita.

2. ABREVIATURAS E ORDEM DAS SEÇÕES.

2.1. O dicionário é apresentado em duas seções separadas, uma para a língua inglesa e a outra para a língua portuguesa, com verbetes listados em ordem alfabética e precedidos por duas seções de abreviações. As abreviações aparecem da seguinte maneira:

Em Inglês,

F.B.I. - Federal Bureau of Investigation (USA) (Departamento de Investigação Federal).

PSI - Pre-shipment inspection (inspeção de pré-embarque).

Em Português,

GMC - Grupo Mercado Comum (MERCOSUL) (Group Common Market).

ROC - Revisores Oficiais de Contas (P) (Chartered Accountants).

3. NATUREZA DOS VERBETES.

3.1. O DICIONÁRIO JURÍDICO NORONHA é o dicionário dos advogados militantes. Os verbetes possuem uma natureza prática e empenham-se em apresentar opções para a tradução técnica mais precisa para a outra língua. Como este é um dicionário jurídico bilíngüe, o autor não se esforçou, por via de regra, em explicar todos os preceitos jurídicos envolvidos, mas somente fornecer a opção de tradução mais precisa possível para a outra língua. Portanto, os verbetes:

Em Inglês,

commercial invoice - fatura comercial.

common average - avaria simples.

joinder of defendants - litisconsórcio passivo.

Em Português,

acordo de acionistas - shareholders' agreement.

petição - bill; petition; request; motion; pleading.

recibo de imposto - tax receipt.

3.1.1. O leitor que se interessar a respeito de particularidades adicionais daqueles preceitos deve, então, pesquisar a fonte jurídica apropriada na sua jurisdição.

3.2. Como uma exceção, entretanto, certos termos específicos, em vista do seu alto grau de especialização, fizeram jus a uma explicação em seguida à respectiva tradução, como

Em Inglês,

due diligence - diligência própria; investigação; análise detalhada da operação sob exame.

pipeline - linhas de tubo, linha de desenvolvimento; em propriedade intelectual, produtos em desenvolvimento ou já registrados no mercado internacional, mas sem registro em um dado país.

without prejudice - sem prejuízo; comunicação privilegiada entre advogados que não pode ser utilizada em juízo.

Em Português,

solicitador - solicitor; law student clerking for a qualified lawyer and allowed to limited appearance in court.

premonitória - premonitory, court authorization necessary for certain legal acts in lieu of authorization from the person who should grant it.

quinto constitucional (BR) - the rule by which one-fifth of the members of the higher courts must come from among the practicing lawyers.

4. LÍNGUAS PADRÃO.

O DICIONÁRIO JURÍDICO NORONHA adotou as versões do Inglês e Português dos Estados Unidos da América e do Brasil como padrão. Entretanto, o dicionário indica separadamente a ortografia ou os termos utilizados no Reino Unido (indicados pela abreviação **"UK"** em Inglês ou **"RU"** em Português) e aqueles em uso em Portugal (indicados pela abreviação **"P"** em ambas as línguas). Como exemplo, indicamos abaixo alguns verbetes.

Reino Unido:

back bencher (UK) - parlamentar que não exerce função de liderança em seu partido.

bar call (UK) - admissão na ordem dos advogados.

foreign office (UK) - ministério de relações exteriores.

fraudulent conveyance (UK) - venda imobiliária em fraude a credores.

handling (UK) - receptação.

jobber (UK) - empreiteiro; tarefeiro; corretor (RU); intermediário (RU).

legal aid (UK) - programa de assistência jurídica.

Portugal:

acção (P) - share; stock.

acordo parassocial (P) - shareholders' agreement.

carta partida (P) - charter party.

coacção (P) - coercion; coaction; compulsion; constraint; intimidation.

desafectação expressa (P) - express disfranchise.

registo provisório (P) - transitory registration.

trabalho nocturno (P) - night job.

4.2. As traduções e/ou definições do dicionário são dadas em Português do Brasil e Inglês dos Estados Unidos da América, todavia, ocasionalmente, as versões do

Reino Unido ou de Portugal também serão indicadas, como nas seções em Português:

receita de vendas - sales revenue (USA); turnover (UK).

na seção em Inglês:

slang - gíria (BR); calão (P).

4.3. Sempre que palavras nas versões brasileiras e lusitanas do Português ou nas versões do Reino Unido e dos Estados Unidos da América do Inglês tiverem significados diferentes, o dicionário apresenta verbetes separados, do seguinte modo:

Em Português,

ementa (BR) - docket; abstract of court; abridgment of law; digest; summary.

ementa (P) - menu.

Em Inglês,

surrogate (UK) - subrogado; funcionário subrogado para conceder licença de casamento.

surrogate (USA) - juiz ou funcionário da vara de sucessões.

5. NOMES SETORIAIS OU JARGÃO.

5.1. Nos casos em que os verbetes pertencerem a setores específicos e/ou a certo jargão comercial, o DICIONÁRIO JURÍDICO NORONHA indica tais setores da seguinte maneira:

Em Inglês,

European Investment Bank (EIB) (EU) - Banco de Investimentos Europeu (BIE).

Federal Insurance Contributions Acts (F.I.C.A.) (USA) - lei que institui contribuições para o sistema de previdência.

Trade Negotiations Committee (TNC) (GATT) - comitê de negociações comerciais.

Em Português,

Tarifa Externa Comum (TEC) (MERCOSUL) - Common External Tariff.

Diário Oficial das Comunidades Européias (UE) - Official Journal of the European Communities.

6. TERMOS DE OUTRAS LÍNGUAS.

6.1. Em toda língua há expressões ou palavras de outras línguas que são usadas não traduzidas. Tais termos existem em abundância no mundo jurídico, financeiro e econômico. Compilamos cuidadosamente expressões relevantes em Francês, Alemão, Italiano, Japonês, Latim e Espanhol. Para facilitar a consulta, o dicionário relaciona tais expressões em Francês, Alemão, Italiano, Japonês e Latim na seção de Inglês e aquelas em Espanhol na seção de Português, do seguinte modo:

Em Inglês,

consiglieri (I) - conselheiro.

kassenverein (GER) - câmara de compensação de ações alemã.

seiji kabu (JAP) - ação que vai subir de preço.

société anonyme (F) - sociedade anônima.

locus (L) - lugar.

Em Português,

boleta (E) - ticket.

borrador (E) - draft.

7. FALSOS COGNATOS.

7.1. Talvez nenhum outro campo da atividade humana seja tão prolífico em falsos cognatos como o mundo jurídico. A lei romana foi a principal fonte jurídica para o sistema jurídico inglês/americano, assim como o foi para o sistema português/brasileiro, porém muitas instituições evoluíram diferentemente em ambos os grupos.

7.2. Além disso, certas palavras indispensáveis para a advocacia, embora de origem latina, por uma série de razões, adquiriram significados total ou parcialmente diferentes em Inglês daquelas em Latim e/ou Português. O DICIONÁRIO JURÍDICO NORONHA empenhou-se em indicar os cognatos falsos mais relevantes, os quais são indicados com a abreviação **(FC)** e aparecem assim:

Em Inglês,

militate, to (FC) - pesar, ter peso significativo.

prevaricate, to (FC) - falar inconclusivamente; confundir.

uxorius (FC) - excessivamente afeicionado à esposa.

Em Português,

militar (FC) - to belong.

prevaricar (FC) - violate the law.

uxoria (FC) - the authorization given by one spouse to the other in order to legitimize a legal act.

8. ORGANIZAÇÕES, ASSOCIAÇÕES E INSTRUMENTOS FINANCEIROS.

8.1. No corpo do dicionário há verbetes para organizações internacionais e nacionais relevantes; associações empresariais; tipos de instrumentos financeiros; cláusulas comerciais; ou índices de bolsas de valores. Eles aparecem da seguinte maneira:

Em Inglês,

Lombard rate (GER) - taxa Lombard; taxa de juros básica do banco central alemão.

Organization of the American States (OAS) - Organização dos Estados Americanos (OEA).

Securities Exchange Act (Glass-Steagal Act) (USA) - lei de mercado de capitais.

Securities and Exchange Act 1948 (JAP) - lei de mercado de capitais.

Securities and Exchange Commission (SEC) (USA) - comissão de valores imobiliários.

Securities and Investment Board (SIB) (UK) - comissão de valores e de investimento; órgão auto-regulador de profissionais de mercado.

Em Português,

Bolsa de Valores de São Paulo (BOVESPA) (BR) - The stock exchange of São Paulo.

Comissão de Valores Mobiliários (CVM) (BR) - federal securities commission.

Comissão do Mercado de Valores Mobiliários (CMVM) (P) - securities commission.

Confederação da Indústria Portuguesa (CIP) (P) - Confederation of Portuguese Industry.

Federação das Indústrias do Estado de São Paulo (FIESP) (BR) - Federation of Industries of the State of São Paulo.

Notas do Tesouro Nacional (NTN) (BR) - national treasury notes.

Organização das Nações Unidas (ONU) - United Nations Organization (UN).

9. EXPRESSÕES INFORMAIS E GÍRIA.

9.1. Mesmo numa profissão muito formal há numerosas expressões informais (e alguma gíria). Elas são mostradas seguidas por **(informal)**, tanto para o Inglês como para o Português, e **(slang)** e/ou **(gíria)** para o Inglês e Português, respectivamente, sempre que for o caso. Por exemplo:

Em Inglês,

jailbird (informal) - criminoso contumaz.

Em Português,

laranja (informal) - nominee.

10. O POLITICAMENTE CORRETO.

10.1 A tendência do comportamento do "politicamente correto" desenvolveu-se principalmente nos Estados Unidos da América nos últimos vinte e cinco anos, aproximadamente. Este movimento tem gerado muitos eufemismos, a maioria dos quais são politicamente motivados, presumidos e absolutamente redundantes em termos lingüísticos estritos. Abstivemo-nos de compilar expressões idiotas tais como "femstruate, to" para "menstruate, to" (menstruar) ou "intellectually challenged" (desafiado intelectualmente) para "stupid" (estúpido), mas listamos algumas que esperamos possam ser de uso eventual para o leitor. Tais verbetes aparecem seguidos de **(PC)**, como:

self-inflicted death (PC) - suicídio.

11. NOMES PATENTEADOS E MARCAS REGISTRADAS.

11.1. O DICIONÁRIO JURÍDICO NORONHA relaciona algumas palavras que são ou afirma-se serem nomes patenteados e/ou marcas registradas. A sua inclusão não implica que elas tenham adquirido para propósitos jurídicos um significado não patenteado ou geral, nem está qualquer outro julgamento inferido no que concerne ao seu status jurídico.

12. **AVISO.**

12.1 Finalmente uma palavra de atenção: o DICIONÁRIO JURÍDICO NORONHA é tão somente um dicionário bilíngüe e não deve absolutamente ser interpretado como um aconselhamento legal.

Durval de Noronha Goyos Jr.
Londres, 18 de fevereiro de 1994.

ABBREVIATIONS

AA - Alcoholics Anonymous (Alcoólicos Anônimos).
AAA - American Accounting Association (Associação dos Contabilistas dos Estados Unidos da América).
A.B. - Bachelor of Arts (Bacharel em Artes).
ABA - American Bar Association (Ordem dos Advogados dos Estados Unidos da América).
ABADR - American Bar Association, Code of Professional Responsibility, Disciplinary Rule (Norma do Código de Ética Profissional da Ordem dos Advogados dos Estados Unidos da América).
ABAJ - American Bar Association Journal (Jornal da Ordem dos Advogados dos Estados Unidos da América).
ABS - Asset Backed Security (Título lastreado em ativos; Ativo securitizado).
A.C. - Before Christ (Antes de Cristo).
ACA - Associate of the Institute of Chartered Accountants in England and Wales, or Ireland (Membro do Instituto de Contadores da Inglaterra e Gales).
ACAS - Advisory Conciliation and Arbitration Service (Serviço de Conciliação e de Arbitramento).
A.D. - Year of our Lord (Ano de Nosso Senhor Jesus Cristo).
A.D.2d - Second Appellate Division (Tribunal de segunda instância, com sede em Nova Iorque).
A.D.A.M.H.A. - Alcohol, Drug Abuse and Mental Health Administration (USA) (Órgão sanitário americano que trata dos assuntos concernentes à saúde mental, abuso de drogas e de álcool).
Ad.L. - Administrative Law (Lei Administrativa).
A.D.R. - American Depository Receipt (Recibos de depósitos de ações).
ADU - Average daily volume (Volume médio diário).
A.E. and P. - Ambassador Extraordinary and Plenipotentiary (Embaixador extraordinário e plenipotenciário).
A. & E. Enc.L & Pr. - American & English Encyclopedia of Law & Practice (Enciclopédia de Direito e Prática Processual Americana e Inglesa).
A.F.D.C. - Aid to Families with Dependent Children (Auxílio a famílias sem recursos).
A.F.L. - C.I.O. - American Federation of Labor-Congress of Industrial Organization (Central sindical norte-americana).
AG - Aktiengesellschaft - German or Swiss public limited company (Sociedade Anônima alemã ou suíça).
AGM - Annual general meeting (Assembléia geral ordinária).
AIBD - Association of International Bond Dealers (Associação Internacional de Corretores de Obrigações).
AID - Agency for International Development (Agência para o Desenvolvimento Internacional).
AIJA (F) - Young Lawyers' International Association (Associação Internacional de Jovens Advogados).
A.M.A. - American Medical Association (Associação Médica Americana).
Am Dec. - American Decisions (Decisões americanas).
AMEX - American Stock Exchange (USA) (Bolsa de Valores norte-americana, sediada na cidade de Nova Iorque).
Am. Jur. 2d - American Jurisprudence - second series (Enciclopédia de jurispudência norte-americana).
A.P.C.N. - "Anno post Christum natum" (Depois de Cristo).
App.Ct. - Appellate Court (Tribunal de Apelações).
App. Div. - Appellate Division (Tribunal de Recurso).
APR - Annual percentage rate (taxa percentual anual).
ARM - Adjustable rate of mortgage (Taxa variável de hipoteca).
ARPS - Adjustable rate preferred stock (Ação preferencial de taxa ajustável).
ASA - American Standards Association (USA) (Associação Americana de Padrões).
ASSC - Accounting Standards Steering Committee (UK) (Comitê de Padronização Contábil).
ATC - Air traffic control (Controle de Tráfego Aéreo).
ATM - Automated teller machine (Caixa Automático).
ATS - At suit of (Por procuração de).
ATT - Attorney (Advogado).
AWOL - Absent without leave (Ausência injustificada).
AWW - Average weekly wage (Média de ganho semanal).
B - Belgium (Bélgica).
BA - Bachelor of Arts (Bacharel em Artes).
BAA - British Airports Authority (Agência Britânica de Aeroportos).
BBAIRS - The British Bankers Association Interest Rate Swap - containing standard conditions for UK swap arrangements (Troca de taxa de juros da Associação de Banqueiros Britânicos - condições padronizadas).
B.C.L. - Bachelor of Civil Law (Bacharel em Direito Civil).
B/E - Bill of exchange (Letra de câmbio).
BECS - Bearer Eurodollar Collateralized Security (Título ao portador em eurodólar com garantia).
BENELUX - Belgium, Netherlands and Luxemburg (Bélgica, Holanda e Luxemburgo).
b.f. - Bloody fool (tolo).
B.F. - Approved (Ratificado, aprovado).
B.F.P. - Bona fide purchaser (Comprador de boa fé).
BIMBO - Buy-in / management buy-out (Aquisição de empresa por terceiros e por seus administradores).
BIS - Bank for International Settlements (Banco de Compensações Internacionais).
BL - Bachelor of Law (Bacharel de direito).

BL - Bill of lading (Conhecimento de frete).
BONUS - Borrower's Option for Notes and Underwritten Standby (Opção de valores mobiliários).
BOT - Board of Trade (Junta Comercial; Conservatória do Registo Comercial).
BR - Brazil (Brasil).
B.R. - Bankruptcy Reporter (Relatório de falências).
B.R. - King's Bench, Queen's Bench (Tribunal Superior Inglês).
BVI - British Virgin Islands (Ilhas Virgens Britânicas).
BWI - British West Indies (Índias Ocidentais Britânicas).
C - Centigrade (Centígrado).
CA - Member of the Institute of Chartered Accountants of Scotland (Membro do Instituto de Contadores da Escócia).
CAA - Civil Aviation Authority (UK) (Departamento de Aviação Civil).
CAB - Civil Aeronautics Board (USA) (Agência de Aviação Civil).
C.A.F. - Cost and freight (Custo e frete).
C.A.G.S. - Certificate of Advanced Graduate Study (Certificado de Conclusão de Curso de Pós-Graduação).
CANDF - Cost and freight (Custo e frete).
CAP - Common Agricultural Policy (Política Agrícola Comum).
CAPM - Capital asset pricing model (Modelo de preços de ativos financeiros).
CARDS - Card accounts receivable debt sale (Desconto de contas a receber).
Ca. Sa. - Capias ad satisfaciendum (Mandado judicial de apreensão).
CATS - Certificate of Accrual on Treasury Securities (Títulos do Tesouro).
C.A.V. - Curia advisari vult (Suspensão de julgamento em razão de fato novo).
C.B. - Common bench (Jurisdição comum, juízo de direito comum).
CBI - Confederation of British Industry (Confederação das Indústrias Britânicas).
CBOE - Chicago Board of Options Exchange (USA) (Bolsa de Opções de Chicago).
C.C.A. - Circuit Court of Appeals (Comarca ou circunscrição judiciária de apelação).
CCA - Current cost accounting (Contabilidade de custos).
CCBE - Council of the Bars and Law Societies of Europe (Conselho das Ordens de Advogados da Europa).
C.D. - Certificate of deposit (Certificado de Depósito Bancário).
CET - Central European Time (Hora Central Européia).
Cf. - Compare (Compare).
C.F. - Cost and freight (Custo e frete).
C&F - Cost and freight (Cláusula contratual dispondo que preço citado inclui custo e frete até o destino estipulado).
CFB - Cost and freight (Custo e frete).
C.F.R. - Code of Federal Regulations (Código de Regulamento Federal).
CFTC - Commodity Futures Trading Commission (USA) (Comissão de operações futuras de mercadorias).
CGT - Capital gains tax (Imposto de ganhos de capital).
CH - Switzerland (Suíça).
CHIPS - Clearing House Interbank Payments System (USA) (Câmara de compensação de cheques de Nova Iorque).
CIA - Central Intelligence Agency (USA) (Agência Central de Inteligência).
C.I.D. - Criminal Investigation Department (Departamento de Investigação Criminal).
cif - Cost, insurance, freight (Custo, seguro e frete).
Cir. Ct. - Circuit Court (Tribunal Regional).
CIS - Commonwealth of Independent States (Comunidade de Estados Independentes).
C.J. - Chief justice, circuit judge (Juiz-Presidente, Presidente do Tribunal).
C.L. - Civil law (Lei Civil).
Cmd. - Comand (Comando).
CME - Chicago Mercantial Exchange (USA) (Bolsa de Mercadorias de Chicago).
CMO - Collaterized mortgage obligation (USA) (Letra hipotecária com garantia).
CMPS - Capital market preferred stock (Ação Preferencial de Companhia de Capital Aberto).
Co. - Company; county (Empresa; Condado).
C.O.D. - Collect on delivery, cash on delivery (Reembolso postal; pagamento mediante entrega da mercadoria).
CP - Commercial paper (Nota promissória comercial).
CPA - Certified public accountant (Contador público certificado).
CPP - Current purchasing power (Poder corrente de compra).
Cr$ - Brazilian currency (Cruzeiro).
C.T.A. - Cum testamento anexo (Termo aplicado para garantia administrativa, quando o testador faz um testamento incompleto não nomeando seus herdeiros ou quando nomeia incapazes).
CTT - Capital transfer tax (Imposto de transferência financeira).
Cur. Adv. Vult. - Curia advisari vult (Despacho de efeito suspensivo).
D. - Deutschland (Ger) (Alemanha).
D.A. - District attorney (Promotor de Justiça).
DAX - Deutsche Aktionenindex (Índice da Bolsa de Valores de Frankfurt).
D.B.N. - De bonis non (Sobrepartilha de bens).
DCF - Discounted cash flow (Fluxo de caixa descontado).
D.C.L. - Doctor of Civil Law (Doutor em lei cível).
D/D - Days after date (Dias subsequentes ao vencimento).
DFA - Deposit facility agreement (Acordo de linha de crédito).
DG - General Direction of the Commission of the European Union (EU) (Direção Geral da Comissão da União Européia).
DIN - Deutsche Industrie Norm (Ger) (Padrão Industrial Alemão).
Distr. Atty - District attorney (Promotor de Justiça).

D.I.Y. - Do it yourself (Faça-o você mesmo).
D.J. - District judge (Juízo Federal; Secção Judiciária Federal).
D.K. - Denmark (Dinamarca).
D.M. - Deutschemark (Ger) (Marco Alemão).
D.M.Z. - Demilitarized zone (Zona Desmilitarizada).
D.O.A. - Dead on arrival (Morto ao chegar).
D.O.E. - Department of the Environment (Departamento do meio ambiente).
DPP - Director of public prosecution (UK) (Chefe da Promotoria).
DSB - Dispute settlement body (Organismo de resolução de disputas).
DTI - Department of Trade and Industry (UK) (Departamento de Comércio e Indústria).
D.W.I. - Died without issue (Morto sem herdeiros), Driving while intoxicated (Dirigindo sob o efeito de tóxicos).
EC - European Community (Comunidade Européia - CE).
ECLA - European Community Lawyer's Association (Associação dos Advogados da Comunidade Européia).
ECU - European currency unit (Unidade monetária européia).
EEC - European Economic Community (Comunidade Econômica Européia - CEE).
E.E.O.C. - Equal Employment Opportunity Comission (Comissão Anti-Discriminação Trabalhista).
EFTA - European Free Trade Association (Associação Européia de Livre Comércio).
E.g. - Exempli gratia (Por exemplo).
E.G.G. - Eletrocardiogram (Eletrocardiograma).
EIB - European Investment Bank (Banco de Investimentos Europeu).
EMS - European Monetary System (Sistema Monetário Europeu).
EMU - Economic and monetary union (União econômica e monetária da Comunidade Européia).
Eng. Rep. - English Reports (Relatório de jurisprudência inglesa).
E.O.E. - Errors and omissions excepted (Faz-se exceção a erros e omissões).
E.O.M. - End of month (Término do mês).
E.P.A. - Environmental Protection Agency (Agência de Proteção Ambiental).
E.P.S. - Earnings per share (Ganho por ação).
eq. - Equity (eqüidade).
E.R.M. - Exchange rate mechanism (Mecanismo de câmbio da comunidade européia).
E.S.A. - European Special Agency (Agência Especial Européia).
ESOP - Employee share ownership program (Programa de participação de empregados no capital social).
Esq. - Esquire (USA) (Título que cabe ao advogado, colocado após o seu nome).
Et SEQ. - And the following (E o seguinte).
Et Ux. - And wife (E sua cônjuge).
EU - European Union (União Européia).
Euratom - European Atomic Energy Community (Comunidade Européia de Energia Atômica).
Ex. Rel. - Ex relatione (Ação penal pública que se procede mediante representação do ofendido).
F - France (França).
F.A.A. - Free of all average (Seguro marítimo que cobre somente o perecimento total, não permitindo assim indenizações de perdas parciais).
FAO - Food and Agricultural Organization (Organização das Nações Unidas para Agricultura e Alimentação).
FAQ - Fair average quality (Qualidade Padrão).
F.A.S. - Free alongside (Cláusula contratual pela qual o preço indicado da mercadoria inclui as despesas de transporte até o cais).
FASB - Financial Accounting Standards Board (Comissão de Padrões de Contabilidade Financeira).
F.B.I. - Federal Bureau of Investigation (USA) (Departamento de Investigação Federal).
FC - False Cognate (Falso Cognato).
FCA - Free carrier (Franco transportador).
F.D.A. - Food and Drug Administration (USA) (Agência de Alimentos e Medicamentos).
FED - Federal Reserve System (USA) (Banco Central norte americano).
F.G.A. - Free from general average (Seguro marítimo que indeniza sacrifícios voluntários de partes do navio em benefício da conservação da carga transportada).
FI.FA. - Fieri facias (Embargo judicial dos bens do devedor).
FIFO - First-in, first-out (Primeira entrada, primeira saída).
FMV - Fair market value (Preço de mercado).
Fob - Free on board (Cláusula contratual pela qual o preço indicado inclui apenas o preço das mercadorias postas na companhia transportadora).
FRA - Forward rate note (Título de taxa futura).
F.R.A.P. - Federal Rules of Appellate Procedure (USA) (Leis Federais Procedimentais de Recurso).
F.R.B. - Federal Reserve Bank (Banco Central norte-americano).
F.R.C.P. - Federal Rules of Civil Procedure (USA) (Leis Federais Processuais Cíveis).
F.R.D. - Federal Rules Decisions (Revista que publica as jurisprudências dos Tribunais Federais, construindo assim, as leis federais americanas).
FRN - Floating rate note (Título de taxa flutuante).
ft. - Foot, feet (Pé, pés).
FT. - Fort (Forte).
F.T.C. - Federal Trade Commission (Comissão Federal de Comércio, instituída pelo Governo Federal Americano visando promover uma livre e justa competição comercial entre os estados).
FX - Foreign Exchange (Câmbio de moedas estrangeiras).
fwd - Forward (Enviar).
G. - Gram (Grama).
GAAP - Generally accepted accounting principles (Padrões de contabilidade geralmente aceitos).
Gal. - Gallon (Galão).
GATT - General Agreement on Tariffs and Trade (Acordo Geral de Tarifas e Comércio).
GB - Great Britain (Grã-Bretanha).
GDP - Gross domestic product (Produto Doméstico Bruto).
Gen. - General (Geral).
Ger - Germany (Alemanha).
GMT - Greenwich Mean Time (Hora do Meridiano de Greenwich).

GNMA - Government National Mortgage Association (USA) (Agência de Crédito Imobiliário).
GNP - Gross national product (Produto Interno Bruto/PIB).
Gov. - Governor (Governador).
GPO - General Post Office (Correios e Telégrafos).
GTC - Good till cancelled (Ordem para vender ou comprar a preço fixo, permanece eficaz até sua execução ou cancelamento).
H.B. - House bill (Projeto de lei da Câmara dos Deputados).
H.B.M. - Her Britannic Majesty (Sua Majestade Britânica).
H.C. - Habeas Corpus; House of Commons (Habeas Corpus; Câmara dos Comuns).
H.E. - His Excellency (Sua Excelência); His Eminence (Sua Eminência).
H.H. - His Highness (Sua Alteza).
HK - Hong Kong.
H.L. - House of Lords (Câmara dos Lordes).
HM - Her Majesty (Sua Majestade).
Hon. - Honorable (Meritíssimo).
HQ - Headquarters (Quartel General - QG).
H.R. - House of Representatives (Câmara dos Deputados Americana).
HWM - High water mark (Marca de maré alta).
I - Italy (Itália).
IABA - Inter-American Bar Association (Associação Interamericana de Advogados).
IADB - Inter-American Development Bank (Banco Interamericano de Desenvolvimento - BID)
IAEA - International Atomic Energy Agency (Agência Internacional de Energia Atômica).
IATA - International Air Transport Administration (Associação de Transportes Aéreos Internacional).
ib. - Ibidem; in the same place, volume or case (Idem; no mesmo lugar).
IBA - International Bar Association (Associação Internacional de Advogados).
ibid. - Ibidem; in the same place, volume or case (Idem; no mesmo lugar).
IBRD - International Bank for Reconstruction and Development (Banco Internacional para Reconstrução e Desenvolvimento - BIRD).
ICAO - International Civil Aviation Organization (Organização Internacional de Aviação Civil).
I.C.J. - International Court of Justice (Côrte Internacional de Justiça).
ICRC - International Commitee of the Red Cross (Comitê Internacional da Cruz Vermelha).
Id - Idem.
I.D. - Identification (Identificação).
IDO - International Development Organization (Organização de Desenvolvimento Internacional).
i.e. - Id est; that is (Isto é).
I.F.B. - Invitation for Bids (Convite para licitação).
IFC - International Finance Corporation (Sociedade Financeira Internacional).
IMCO - Intergovernmental Maritime Consultative Organization (Organização Intergovernamental de Consultas Marítimas).
IMF - International Monetary Fund (Fundo Monetário Internacional -FMI).
Inc. - Incorporated (Incorporado).
Interpol - International Criminal Police Organization (Organização Policial Internacional).
Int. Rev. - Internal Revenue (Renda Interna; Receita Federal).
IOU - I owe you (Vale).
IPBA - Inter-Pacific Bar Association (Associação de Advogados do Pacífico).
IQ - Intelligence quotient (Quociente intelectual - Q.I.).
I.R.C. - Internal Revenue Code (USA) (Código Tributário Federal).
IRO - Internal Revenue Office (Receita Federal).
IRR - Internal rate of return (Taxa de retorno interno).
IRS - Internal Revenue Service (USA) (Receita Federal).
ISDA - International Swap Dealers Association (Associação de Corretores de "Swap").
ITU - International Telecomunication Union (União Internacional de Telecomunicação).
J - Justice, judge (Justiça, Juiz).
J - Japan (Japão).
JAP - Japan (Japão).
J.D. - Juris doctor (Doutor em Direito).
J.P. - Justice of the Peace (Juiz de Paz).
Jr. - Junior (Junior).
jt. - Joint (Conjunto).
K - Kilo (Quilo).
K.B. - King's Bench (Suprema Côrte Inglesa).
KC - King's counsel (UK) (Advogado contencioso - barrister - de hierarquia superior).
KW - Kilowatt (Quilowatt).
L - Latin (Latin).
Lab - Labor (Trabalhista).
LBO - Leverage buy out (Compra alavancada).
LCJ - Lord Chief Justice (Ministro da Justiça).
Ld. - Lord (Lorde).
LDC - Less Develoed Countries (Países em vias de desenvolvimento).
LIBOR - London Inter Bank Offered Rate (Taxa Interbancária do mercado de Londres).
LIFFE - London International Financial Futures Exchange (Bolsa Internacional de Futuros Financeiros de Londres).
L.J. - Law judge (Juiz de Direito).
LL.B. - Bachelor of laws (Bacharel em Direito).
LL.D. - Doctor of laws (Doutor em Direito).
LL.M. - Master of laws (Mestre em Direito).
L.Q. Rev. - Law Quarterly Review (Revista trimestral de jurisprudência).
Ltd. - Limited (Limitada/Ltda.).
LWM - Low water mark (Marca de maré baixa).
M - Monsier; maitre (F), (Senhor; advogado).
MBA - Master of business administration (Mestre em administração de empresas).
MBO - Management buy-out (Aquisição de empresa pelos administradores)
MD - Medical doctor (Médico).
MEP - Member of the European Parliament (Membro do Parlamento Europeu).
MFA - Multi-Fiber Agreement (GATT) (Acordo Multi-Fibras).
MFN Clause - Most favored nation clause (Cláusula de Nação mais Favorecida).
Mgr. - Manager (Gerente).
Min. - Minister; ministry (Ministro; Ministério).
Mkt. - Market (Mercado).

MLR - Minimum lending rate (Taxa Mínima de Empréstimo).
MN - Merchant navy (Marinha Mercante).
MO - Money order (Ordem bancária).
M.P. - Member of Parliament (Membro do Parlamento).
MTN - Medium term note (Título de médio prazo).
MYDFA - Multi year rescheduling agreement (Acordo de renegociação plurianual).
N.A. - Non allocatur; not available (Indisponível).
NAACP - National Association for the Advancement of Colored People (Associação Nacional para o Desenvolvimento das Pessoas de Cor).
NAB - National Alliance of Businessmen (Aliança Nacional de Executivos).
NASA - National Aeronautics and Space Administration (Agência Americana de Assuntos Aeronáuticos e Espaciais).
NASDAQ - National Association of Securities Dealers Automated Quotations System (Associação de Corretores de Valores).
Narr. - Narratio (Exposição dos fatos feita pelo autor de uma ação).
NATO - North Atlantic Treaty Organization (Organização do Tratado do Atlântico Norte - OTAN).
N.B. - Nota Bene (Veja bem).
N.C.D. - Nemine contra dicente (Consenso unânime, de uma Côrte ou corpo de jurados).
N.D. - No date (Sem prazo estipulado).
N.E.I. - Non est inventus (Não achado, não encontrado).
Nem. Con. - Nemine contradicente (Consenso unânine).
N.F. - No funds (Sem fundo bancário).
N.G. - No good (devedor insolvente).
NGO - Non-Governmental Organization (Organização Não Governamental - ONG).
NHS - National Health Service (Serviço de Assistência Médica).
NHTSA - National Highway Transportation Safety Administration (Admnistração Nacional da Segurança dos Transportes Rodoviários).
NL - Netherlands (Holanda).
N.L. - Non liquet (Não esclarecido).
N.O.V. - Non obstante veredicto (Sentença que pode alterar o veredicto).
N.P. - Notary public (Tabelião).
NPV - Net present value; no par value (Sem valor nominal).
NRV - Net realisable value (Sem liquidez).
NSC - National Security Council (USA) (Conselho de Segurança Nacional).
NYMEX - New York Mercantile Exchange (USA) (Bolsa de Mercadorias de Nova Iorque).
OAS - Organization of American States (Organização dos Estados Americanos - OEA).
OAU - Organization of African Unity (Organização da Unidade Africana).
O.C. - Orphan's court (Côrte Inglesa com competência para julgar assuntos referentes a órfãos).
O.C.S. - Office of Contract Settlement (Cartório de Registro de Títulos e Documentos).
OECD - Organization for Economic Cooperation and Development (Organização para a Cooperação Econômica e Desenvolvimento).
OEEC - Organization for European Economic Cooperation (Organização para a Cooperação Econômica Européia).
Op.cit. - Opere citato (L) (obra citada).
OPEC - Organization of Petroleum Exporting Countries (Organização dos Países Exportadores de Petróleo - OPEP).
ORP - Ordinary, reasonable and prudent person (Bom pai de família).
O.T.C. - Over-the-counter (Balcão).
P - Portugal (Portugal).
P.A. - Power of attorney (Procuração).
Pc - Percent (Por cento).
PC - Politically correct (Politicamente correto; patrulhamento ideológico).
PDT - Pacific Daylight Time (USA) (Hora do Pacífico).
P&L - Profit and loss (Lucros e perdas).
P/E - Price/earnings ratio (Índice de preços/rendimentos).
PERT - Programme Evaluation and Review Technique (Programa de Técnico de Avaliação e Revisão).
P.H.V. - Pro hac vice (Permissão concedida ao advogado para atuar em uma jurisdição somente durante uma causa específica).
PIN - Personal Identification Number (Número de identificação pessoal - relacionamento bancário).
P.J. - Presiding judge, presiding justice (Juiz presidente).
PLC - Public limited company (UK) (Sociedade de Responsabilidade Limitada).
PLO - Palestine Liberation Organization (Organização para a Libertação da Palestina - OLP).
P.M. - Post-meridiem (À tarde).
P.O. - Public office (Função pública).
PP - Per procuration (L) (Por procuração).
PRO - Public Record Office (Arquivo Público).
PRP - Profit related pay (Remuneração baseada no lucro).
PRT - Petroleum revenue tax (Imposto de receita do petróleo).
P.S. - Public statutes, Post script (Estatuto Fundamental; post scriptum).
PSBR - Public sector borrowing rate (Taxa de juros para o setor público).
PSI - Pre-shipment inspection (Inspeção de pré-embarque).
PW - Police woman (Policial feminina).
Q.B. - Queen's Bench (Ver King's Bench).
QC - Queen's Council (Advogado contencioso - barrister - de hierarquia superior).
RD - Refer to drawer (Reporte-se ao emitente).
R&D - Research and development (Pesquisa e desenvolvimento).
R.E. - Real estate (Imóveis).
R.G. - Regula Generalis (Leis promulgadas pelas côrtes americanas dispondo sobre prática processual).
RIP - Requiescat in pace, rest in peace (Descanse em paz).
R.L. - Roman law (Direito Romano).
RM - Resident magistrate (Juiz residente).
ROCE - Return on capital employed (Retorno sobre capital).

ROI - Return on investment (Retorno sobre investimentos).
RPI - Retail price index (Índice de preços no varejo).
RSVP (Fr) - Respondez s'il vous plait (Responda por favor).
Rt. Hon. - Right honorable (Respeitável).
S. - Statute (Lei ou corpo de leis estaduais elaboradas pelo poder legislativo, ver "Common Law").
SALT - Strategic Arms Limitation Talks (Negociação para a Limitação de Armas Estratégicas).
SASE - Self-addressed stamped envelope (Auto endereçamento de envelope selado).
S.B. - Senate bill (Projeto de lei do Senado).
sc - Same case (Mesmo caso).
S.C. - Supreme Court (Suprema Corte).
SCD - Doctor of science (Doutor em Ciências).
Sci.Fa. - Scire facias (Mandado judicial pelo qual se promove a renovação da ação).
SDR - Special drawing right (Direito Especial de Saque).
SEAQ - Stock Exchange Automated Quotation System (UK) (Quotação automática da bolsa de valores).
SEATO - Southeast Asia Treaty Organization (Organização do Tratado do Sudeste da Ásia).
SEC - Securities and Exchange Commission (USA) (Comissão de Valores Mobiliários).
SFr - Swiss Franc (Franco Suíço).
SIB - Securities and Investments Board (UK) (Comissão de valores mobiliários).
S.L - Statute law (Lei).
S&L - Savings and loan associations (USA) (Associações de poupança).
S.P. - Sine prole (Sem filhos).
SP - Spain (Espanha).
SPA - Societá per Azioni (I) - (Sociedade por ações).
Sr. - Senior (Sênior).
SRO - Self-regulating organization (Organização de auto regulação).
SS - To wit (A saber, quer dizer).
SSAP - Statement Standard Accounting Practice (UK) (Padrões contábeis).
ST. Lim - Statute of limitations (Prazo de prescrição/decadência).
SWIFT - Society for Worldwide Interbank Financial Telecomunications (Sociedade para telecomunicações financeiras interbancárias).
TIBOR - Tokyo Interbank Offered Rate (JAP) - (Taxa interbancária de Tóquio).
TNC - Trade Negotiations Committee (GATT) (Comitê de Negociações Comerciais).
TPRM - Trade Policy Review Mechanism (GATT) (Mecanismo de revisão de política comercial).
TRIM - Trade Related Investment Measures (GATT) (Medidas comerciais relacionadas a investimentos).
TU - Trade union (Sindicato).
U.B. - Upper Bench (Tribunal de instância superior).
U.C.C. - Uniform Commercial Code (Código Comercial Americano adotado em todos os estados americanos exceto Louisiana).
U.K. - United Kingdom (Reino Unido).
U.L.A. - Uniform Laws Annotated (Leis que são adotadas em todo ou na maior parte do território americano).
UN - United Nations (Nações Unidas - ONU).
UNCITRAL - United Nations Commission on International Trade Law (Comissão das Nações Unidas para Direito Comercial Internacional)
UNCTAD - United Nations Conference on Trade and Development (Conferência das Nações Unidas para o Comércio e o Desenvolvimento).
UNESCO - United Nations Educational, Scientific and Cultural Organization (Organização das Nações Unidas para a Educação, Ciência e Cultura).
UNHCR - United Nations High Commissioner for Refugees (Alto Comissariado das Nações Unidas para Refugiados).
Unicef - United Nations International Children's Emergency Fund (Fundo das Nações Unidas para a Infância).
UNIDO - United Nations Industrial Development Organization (Organização das Nações Unidas para Desenvolvimento Industrial).
UNO - United Nations Organization (Organização das Nações Unidas -ONU).
UNSG - United Nations Secretary General (Secretário Geral das Nações Unidas).
UPI - United Press International (Agência de Notícias Internacionais).
UPU - Universal Postal Union (União Postal Universal).
US$ - United States dollar (Dólar norte-americano).
USA - United States of America (Estados Unidos da America).
USIS - United States Information Service (Serviço de Informação dos Estados Unidos).
USM - Unlisted Securities Market (UK) - (Mercado de valores mobiliários de empresas fechadas).
USS - United States Ship (Navio dos Estados Unidos da América).
UUR - Under usual reserve (sob as reservas usuais).
v. - Versus; against (contra, usado para designar a outra parte em um litígio).
V. - verb.
VAT - Valued-added tax (Imposto de valor agregado).
VD - Venereal disease (Doença venérea).
V.G. - Verbi Gratia.
VIP - Very important person (Pessoa muito importante).
V.P. - Vice President (Vice-Presidente).
VRA - Voluntary restraint arrangement (Acordo de contenção voluntária).
Vs. - Versus (Versus; contra).
WEU - Western European Union (União do Oeste Europeu).
WFTU - World Federation of Trade Unions (Federação Mundial de Organizações Sindicais).
WHO - World Health Organization (Organização Mundial da Saúde -OMS).
WIPO - World Intellectual Property Organization (Organização Mundial da Propriedade Intelectual).

ABREVIATURAS

A - Argentina (Argentine).
A. - Autuada (Filed).
A. - Autor (Author); (Plaintiff).
AA - Alcoólicos Anônimos (Alcoholics Anonymous).
A.A. - Autores (Authors); (Plaintiffs).
AASP - Associação dos Advogados de São Paulo (Lawyers' Association of São Paulo).
ABI - Associação Brasileira de Imprensa (Brazilian Press Association).
ABL - Academia Brasileira de Letras (Brazilian Academy of Letters).
Ac. - Acórdão (Decision of a Higher Court).
Ac.R.C. - Acórdão da Relação de Coimbra (P) (Decision of a Higher Court of the District of Coimbra).
Ac.R.E. - Acórdão da Relação de Évora (P) (Decision of a Higher Court of the District of Évora).
Ac.R.L. - Acórdão da Relação de Lisboa (P) (Decision of a Higher Court of the District of Lisbon).
Ac.R.P. - Acórdão da Relação do Porto (P) (Decision of a Higher court of the District of OPorto).
Adv. - Advogado (Lawyer).
AEB - Associação dos Exportadores Brasileiros (Brazilian Foreign Trade Association).
AEIE - Agrupamento Europeu de Interesse Econômico (UE) (European Grouping of Economic Interest).
A. et op. cit. - Autor e obra citados (Author and work cited).
Ag. - Agravo (Petition for review).
AI. - Agravo de Instrumento (Bill of review).
Al. - Alínea (Paragraph).
Aladi - Associação Latino-Americana de Desenvolvimento e Integração (Latin American Integration Association).
Alv. - Alvará (Authorization).
AMB - Associação dos Magistrados Brasileiros (Brazilian Magistrates' Association).
An. - Anais (Annals).
ANI - Agência nacional de Informações (P) (National Information Agency).
Anot. - Anotado (Recorded).
Ant. - Antigo (Old; ancient).
Antr. - Anterior (Before).
Ap. - Apelação (Appeal).
APB - Associação Portuguesa de Bancos (P) (Portuguese Banks Association).
Apl. - Aplicação (Application).
A.R. - Assembléia da República (P) (Portuguese Parliament).
Art. - Artigo (Article).
Aut. - Autêntico (Authentic).
B - Bélgica (Belgium).
BA - Buenos Aires (Buenos Aires).
BAICP - Boletim de Autorização de Importação de Capitais
Privados (P) (Private Capital Import Authorization Bill).
BB - Banco do Brasil (Bank of Brazil).
BBC - Bônus do Banco Central (Central Bank bond).
BC - Banco Central do Brasil (Central Bank of Brazil).
BEI - Banco Europeu de Investimentos (UE) (European Investment Bank - EIB).
Bel. - Bacharel (Bachelor's degree).
BID - Banco Interamericano de Desenvolvimento (Interamerican Development Bank - IADB).
Bird - Banco Internacional para Reconstrução e Desenvolvimento (Banco Mundial) (International Bank for Reconstruction and Development - World Bank) (IBRD).
B.M. & F. - Bolsa de Mercadorias & de Futuros (Commodities and Futures Exchange).
BNDES - Banco Nacional de Desenvolvimento Econômico e Social (National Bank of Economic and Social Development).
BO - Boletim de Ocorrência (Incident report).
Bovespa - Bolsa de Valores de São Paulo (São Paulo's Stock Exchange).
B.P. - Banco de Portugal(P) (Bank of Portugal).
BR - Brasil (Brazil).
BTN - Bônus do Tesouro Nacional (National Treasury Bond).
B.V.L - Bolsa de Valores de Lisboa (P) (Stock Market of Lisbon).
B.V.P - Bolsa de Valores do Porto (P) (Stock Market of OPorto).
BVRJ - Bolsa de Valores do Rio de Janeiro (Stock Market of Rio de Janeiro).
C. - Código (Code).
CA - Contribuição Autárquica (P) (Fee paid to a Portuguese quasi-governmental agency).
Câm. - Câmara (Chamber).
Cap. - Capítulo (Chapter).
C.B.A. - Código Brasileiro do Ar (Brazilian Air Code).
c.c. - combinado com; com cópia (combined with; with copy).
C.C. - Código Civil (Civil Code).
CCA - Código da Contribuição Autáquica (P) (Code of the quasi-governmental agency fees).
CCBE - Conselho das Ordens de Advogados da Europa (Council of the Bars and Law Societies of Europe).
CCBEU - Câmara de Comércio Brasil-Estados Unidos (Chamber of Commerce Brazil-United States of America).
C.Civil - Código Civil (P) (Civil Code).
C.Com. - Código Comercial (Commercial Code).
CDB - Certificados de Depósito Bancário (Certificate of deposit).
CDI - Certificados de Depósito Interbancário (Certificate of inter-bank deposit).
CE - Comunidade Européia (European Community).
CEE - Comunidade Econômica Européia (European Economic Community).
CEE - Caixa Econômica Estadual (State Savings Bank).
CEF - Caixa Econômica Federal (Federal Savings Bank).

CEI - Comunidade de Estados Independentes (Commonwealth of Independent States - CIS).
Cesa - Centro de Estudos das Sociedades de Advogados (An organization of law firms that conducts legal studies).
Cesp - Companhia Energética de São Paulo (Electric Utility of São Paulo).
Cf. - Conforme; confira (Accordant).
CF - Constituição Federal (Federal Constitution).
CGC - Cadastro Geral de Contribuintes (Tax roll).
CGT - Confederação Geral dos Trabalhadores (General Workers Confederation).
CIC - Cartão de Identificação do Contribuinte (Taxpayer identification card).
CIP - Confederação da Indústria Portuguesa (P) (Confederation of Portuguese Industry).
CIRC - Código do Imposto sobre o Rendimento das Pessoas Coletivas (P) (Corporate Income Tax Code).
CIRS - Código do Imposto sobre o Rendimento das Pessoas Singulares (P) (Individual Income Tax Code).
Cit. - Citado (Cited).
CIVA - Código do Imposto sobre o Valor Acrescentado (P) (Value Added Tax Code).
C.J. - Coisa Julgada (Res judicata).
CLT - Consolidação das Leis Trabalhistas (Labor Code).
C.M.L. - Câmara Municipal de Lisboa (P) (Lisbon's City Council).
CMN - Conselho Monetário Nacional (National Monetary Council).
C.M.P - Câmara Municipal do Porto (P) (OPorto's City Council).
CMSP - Câmara Municipal de São Paulo (São Paulo's City Council).
CMVM - Comissão do Mercado de Valores Mobiliários (P) (Securities Commission).
CNBB - Conferência Nacional dos Bispos do Brasil (National Conference of Brazilian Bishops).
C.Not. - Código do Notariado (P) (Notary Code).
Cod. - Código (Code).
Cód. de ags. - Código de águas (Water Code).
Cód eleit. - Código eleitoral (Electoral Code).
Cód. de min. - Código de minas (Code of Mines).
COFINS - Contribuição para o financiamento da seguridade social (Contribution for Social Security).
Com. - Comentários (Remarks).
CONIN - Conselho Nacional de Informática e Automação (Brazilian Informatics and Automation Council).
Cons. Reg. Civ. - Conservatória do Registo Civil (P) (Civil Recorder).
Cons. Reg. Com. - Conservatória do Registo Comercial (P) (Board of Trade).
Cons. Reg Pred. - Conservatória do Registo Predial (P) (Real Estate Recorder).
Const. - Constituição (Constitution).
Cont. mer. - Contabilidade Mercantil (Mercantile Accountancy).
COOP - Cooperativa (P) (Cooperative).
C.P. - Código Penal (Criminal Code).
CPA - Código do Procedimento Administrativo (P) (Administrative Procedure Code).
C.P.C. - Código de Processo Civil (P) (Civil Procedure Code).
C.P.Civil - Código de Processo Civil (P) (Civil Procedure Code).
CPF - Cadastro de Pessoas Físicas (Tax roll).
CPI - Comissão Parlamentar de Inquérito (Parliamentary Inquiry Committee).
C.P.I. - Código da Propriedade Industrial (P) (Industrial Property Code).
C.P.P. - Código de Processo Penal (P) (Criminal Procedure Code).
C.P.Penal - Código de Processo Penal (Criminal Procedure Code).
C. Prop.Ind.- Código da Propriedade Industrial (P) (Industrial Property Code).
C.P.T. - Código de Processo de Trabalho (P) (Labor Procedure Code).
CPT - Código de Processo Tributário (P) (Tax Procedure Code).
C.P.Trabalho - Código de Processo de Trabalho (P) (Labor Procedure Code).
C.P.Tributário - Código de Processo Tributário (P) (Tax Procedure Code).
Cr$ - Cruzeiro (Brazilian currency).
C.R.C. - Código de Registro Civil (P) (Civil Recording Code).
CRC - Conselho Nacional de Contabilidade (National Council of Accountancy).
C.R.Civil - Código de Registro Civil (P) (Civil Recording Code).
Crea - Conselho Regional de Engenharia, Arquitetura e Agronomia (Regional Council of Engineering, Architecture and Agronomy).
CRM - Conselho Regional de Medicina (Regional Council of Medicine).
C.R.P. - Constituição da República Portuguesa (P) (Portuguese Constitution).
C.S.C. - Código das Sociedades Comerciais (P) (Commercial Companies Code).
C.Soc.Com. - Código das Sociedades Comerciais (P) (Business Corporations Code).
CTN - Código Tributário Nacional (Federal tax code).
C.T.T. - Correios de Portugal (P) (Portuguese Post Office).
CUB - Custo Unitário Básico (Basic unitary cost).
CUT - Central Única dos Trabalhadores (Confederation of Labor Unions).
CVM - Comissão de Valores Mobiliários (Securities Commission).
D - Alemanha (Deutschland; Germany).
D. - Distribuída (Distributed).
D. - Deferimento (Concession).
D. e A. - Distribuída e Autuada (Distributed and filed).
Darf - Documento de Arrecadação de Receitas Federais (Document of Collection of Federal Revenue).
Dec. - Decreto (Decree).
Dec. Leg. - Decreto Legislativo (Legislative Decree).
Decex - Departamento de Comércio Exterior (Foreign Trade Department).
Dec. Reg. - Decreto Regulamentar (P) (Regulative decree).
Dentel - Departamento Nacional de Telecomunicações (National Department of Telecommunications).

Des. - Desembargador (High Court Justice).
Desemb. - Desembargador (High Court Justice).
Desp. Norm. - Despacho Normativo (Order).
DF - Distrito Federal (Federal District).
DG - Direção Geral da Comissão das Comunidades Européias (UE) (General Direction of the Commission of the European Committee).
DIAP - Departamento de Investigação e Acção Penal (P) (Criminal Investigation Department).
Dig. - Digesto (Digest).
DIP - Direito Internacional Privado (P) (Private International Law).
Dipl. - Diplomacia (Diplomacy).
DIPO - Departamento de Inquéritos Policiais (Department of Police Inquisitions).
Dir. - Direito (Law).
Dir adm. - Direito administrativo (Administrative law).
Dir. aér. - Direito aéreo (Air law).
Dir. can. - Direito canônico (Canon law).
Dir. civ. - Direito civil (Civil law).
Dir. com. - Direito comercial (Commercial law).
Dir. const. - Direito constitucional (Constitutional law).
Dir. crim. - Direito criminal (Criminal law).
Dir. de fam. - Direito de família (Family law).
Dir. dipl. - Direito diplomático (Diplomatic law).
Dir. eleit. - Direito eleitoral (Electoral law).
Dir. financ. - Direito financeiro (Financial law).
Dir. fisc. - Direito fiscal (Tax law).
Dir. her. - Direito hereditário (Inheritance rights).
Dir. mar. - Direito marítimo (Maritime law).
Dir. pen. - Direito penal (Criminal law).
Dir. pen. mil. - Direito penal militar (Military Criminal law).
Dir. proc. civ. - Direito processual civil (P) (Civil Procedure law).
D.L. - Decreto-Lei (P) (Executive decree).
D.Marco - Marco Alemão (Deutschemark; German mark).
D.N. - Despacho Normativo (P) (Order).
DNPM - Departamento Nacional de Produção Mineral (National Department of Mineral Production).
DOC. - Documento; Transferência bancária por documento (Document; Bank transfer by document).
DOCE - Diário Oficial das Comunidades Européias (UE) (Official Gazette of the European Comunities).
DOU - Diário Oficial da União (Official gazette).
D.P. - Declaração Prévia (Previous declaration).
DP - Delegacia de Polícia (Police station).
Dr. - Doutor (Doctor).
D.R.A. - Distribuída, registrada e autuada (Distributed, registered and filed).
D.T. - Defiro, em termos (Granted).
Dt. supra - Data supra (Mentioned date).
E. - Espanha (Spain).
EBF - Estatuto dos benefícios fiscais (P) (Tax benefit law).
E.C. - E custas (And fees).
Ec. pol. - Economia política (Political economy).
ECT - Empresa Brasileira de Correios e Telégrafos (Brazilian General Post Office Company).
E.D. - Espera Deferimento (Waits for concession).
Ed. - Edição (Publication; edition).
E.g. - "Exempli gratia"; por exemplo (For example).
E.I.R.L. - Estabelecimento Individual de Responsabilidade
Limitada (P) (Limited - Liability Sole Proprietorship).
E.J. - Estatuto Judiciário (P) (Judiciary Statement).
Embratel - Empresa Brasileira de Telecomunicações (Brazilian Telecommunication Company).
E.P. - Empresa Pública (P) (Public Company).
Esc. - Escudo (P) (Portuguese currency).
Est. - Estadual (Pertaining to the state).
EUA - Estados Unidos da América (United States of America).
Ex. - Exemplo (Example).
F. - França (France).
FAB - Força Aérea Brasileira (Brazilian Air Force).
FAF - Fundo de Aplicaçao Financeira (Open market fund).
FAO - Organização das Nações Unidas para Agricultura e Alimentação (United Nations Food and Agricultural Organization).
FBCN - Fundação Brasileira para a Conservação da Natureza (Brazilian Foundation for the Preservation of Nature).
FC - Falso Cognato (False Cognate).
FCR - Fundo de Investimento de Capital de Risco (P) (Risk Capital Investment Fund).
Febraban - Federação Brasileira das Associações de Bancos (Brazilian Federation of Bank Associations).
FEDER - Fundo Europeu de Desenvolvimento Regional (UE) (European Fund for the Regional Development).
FF - Franco francês (French franc).
FGTS - Fundo de Garantia por Tempo de Serviço (Employee's dismissal fund).
FGV - Fundação Getúlio Vargas (Getúlio Vargas Foundation).
FIESP - Federação das Indústrias do Estado de São Paulo (São Paulo State Industrial Federation).
FII - Fundo de Investimento Imobiliário (Real State Investments Funds).
FIM - Fundo de Investimento Mobiliário (P) (Security Investment Fund).
Fipe - Fundação Instituto de Pesquisas Econômicas (Economic Research Institute).
Firce - Fiscalização e Registro de Capitais Estrangeiros do Banco Central (Inspection and Registration of Foreign Capital).
F.J. - Faça-se Justiça (Let justice be done).
fl. - Folha (Page).
fls. - Folhas (Pages).
FMI - Fundo Monetário Internacional (International Monetary Fund -IMF).
For. - Foro; forense (Forum; court).
F.P. - Fama Pública (Public fame).
Fr. - Fragmento (Fragment).
Frag. - Fragmento (Fragment).
FUNCEX - Fundação Centro do Comércio Exterior (Foundation Center of Foreign Trade).
GATT - Acordo Geral de Tarifas e Comércio (General Agreement on Tariffs and Trade).
GMC - Grupo Mercado Comum (MERCOSUL) (Group Common Market).
Gov. - Governo (Government).

Gov. Reg. - Governo Regional (P) (Local government).
I - Itália (Italy).
I. - Intime-se (Notify).
IA - Imposto Automóvel (P) (Automobile Tax).
Iapas - Instituto de Administração Financeira da Previdência e Assistência Social (Financial Administration Institute for Social Security and Assistance).
Ib. - No mesmo lugar; na mesma obra (Ibidem, in the same place, volume or case).
Ibama - Instituto Brasileiro do Meio Ambiente e dos Recursos Naturais Renováveis (Brazilian Environment and Natural Resources Institute).
IBDF - Instituto Brasileiro de Desenvolvimento Florestal (Brazilian Institute of Reforestation).
IBGE - Instituto Brasileiro de Geografia e Estatística (Brazilian Institute of Geography and Statistics).
Ibope - Instituto Brasileiro de Opinião Pública e Estatística (Brazilian Institute of Public Opinion and Statistics).
Ibovespa - Índice da Bolsa de Valores de São Paulo (São Paulo's Stock Market Index).
ICEP - Instituto do Comércio Externo de Portugal (P) (Portuguese foreign investment and trade institute).
ICM - Imposto sobre Circulação de Mercadorias (Tax on Circulation of Goods).
ICMS - Imposto sobre Circulação de Mercadorias e Serviços (Goods and Service Tax).
ICTP - Investimento, Comércio e Turismo de Portugal (P) (Portugal's Investment, Commerce and Tourism).
id. - Idem (Idem).
IGF - Imposto sobre Grandes Fortunas (Tax on Large Fortunes).
IGF - Inspecção Geral de Finanças (P) (Internal Revenue Inspection Service).
IGP-M - Índice Geral de Preços de Mercado (General Index of Market Prices).
IML - Instituto Médico Legal (Coroner's office).
Imp. - Imposto (Tax).
Inamps - Instituto Nacional de Assistência Médica da Previdência Social (National Institute of Medical Assistance and Social Security).
Inc. - Inciso (Paragraph).
Incra - Instituto Nacional de Colonização e Reforma Agrária (National Institute of Colonization and Agrarian Reform).
INE - Instituto Nacional de Estatística (P) (National Institute of Statistics).
INPC - Índice Nacional de Preços ao Consumidor (National Consumer Price Index).
INPI - Instituto Nacional da Propriedade Industrial (National Institute of Industrial Property).
INSS - Instituto Nacional de Seguridade Social (National Institute of Social Security).
Int. - Internacional (International).
IOF - Imposto sobre Operações Financeiras (Financial operations tax).
IPC - Índice de Preços ao Consumidor (Consumer Price Index).
IPI - Imposto Sobre Produtos Industrializados (Industrial products tax).
IPMF - Imposto Sobre Movimentação Fianceira (Tax on Financial Transactions).
IPT - Instituto de Pesquisas Tecnológicas do Estado de São Paulo S/A (Technological Research Institute of the state of São Paulo).
IPTU - Impostos Predial e Territorial Urbano (Building and territorial urban tax).
IPV - Índice de Preços no Varejo (Retail price index).
IPVA - Imposto sobre a Propriedade de Veículos Automotores (Automobile Ownership Tax).
IR - Imposto de Renda (Income Tax).
IRB - Instituto de Resseguros do Brasil (Brazil's reinsurance Institute).
IRC - Imposto sobre o Rendimento das Pessoas Colectivas (P)
(Corporate income tax).
IRPF - Imposto de Renda Pessoa Física (Individual income tax).
IRPJ - Imposto de Renda Pessoa Jurídica (Corporate income tax).
IRS - Imposto sobre Rendimentos das Pessoas Singulares (P) (Individual income tax).
ISP - Imposto sobre Produtos Petrolíferos (P) (Petroleum products Tax).
ISS - Imposto sobre Serviços (Service tax).
ITBI - Imposto sobre Transmissão de Bens Imóveis (Real estate conveyance tax).
ITD - Imposto de Transmissão Causa Mortis e Doação (Conveyance and donation tax)
ITF - Imposto sobre Transações Financeiras (Financial transactions tax).
IVA - Imposto sobre o valor acrecentado (P) (Value added tax).
IVV - Imposto de Vendas a Varejo de Combustíveis (Tax on retail sale of fuels).
J. - Justiça (Justice).
J - Japão (Japan).
J.A. - Junte-se, em apenso (Annex).
J.C. - Jurisconsulto (Jurisconsultus).
JCJ - Junta de Conciliação e Julgamento (Labor Court).
Jct. - Jurisconsulto (Jurisconsultus).
JF - Justiça Federal (Federal Justice).
Jucerj - Junta Comercial do Estado do Rio de Janeiro (Board of Trade of the State of Rio de Janeiro).
Jucesp - Junta Comercial do Estado de São Paulo (Board of Trade of the State of São Paulo).
Jur. - Jurídico (Juridical; legal).
Just. - Justiça (Justice).
Just. trab. - Justiça Trabalhista (Labor Courts).
L - Latin (Latin).
L. - Lei (law).
£ - Libra esterlina (Pound sterling).
£ It - lira italiana (Italian currency).
LBA - Fundação Legião Brasileira de Assistência (Brazilian Social Assistance Foundation).
LDA. - Sociedade por Quotas de Responsabilidade Limitada (P) (Private limited liability company).
Ldo. - licenciado em direito (Licensed in law).
Leg. - Legislação (Legislation).
LF - Lei de Execução Fiscal (Foreclosure law).
LINS - Lugar Incerto e Não Sabido (in unknown and uncertain place).
Liv. - Livro (Book).
Loc. - Lugar (Place).

Loc. for. - Locução forense (Legal expression).
Loc. lat. - Locução latina (Latin expression).
Ltda. - Sociedade por Quotas de Responsabilidade Limitada (Private limited liability company by quotas).
Mag. - Magistrado (Magistrate).
Mar. merc. - Marinha mercante (Merchant marine).
ME - Ministério da Economia (Department of the Treasury).
Med. leg. - Medicina legal (Medical jurisprudence).
Mercosul - Mercado Comum do Cone Sul (Common Market of the Southern Cone - Argentina, Brazil, Paraguay and Uruguay).
MG - Minas Gerais.
Min. - Ministro (Minister).
Miti - Ministério do Comércio Internacional e da Indústria (J) (Department of International Trade and Industry).
M.M. - Meritíssimo (Honorable).
M.P. - Ministério Público (Public prosecution service).
MS - Mandado de Segurança (Writ; injunction).
NF - Nota Fiscal (Formal bill of sale).
Not. - Notário; notarial (Notary).
NTC - Notas do Banco Central (Central Bank Bills).
NTN - Notas do Tesouro Nacional (National Treasury Bill).
NU - Nações Unidas (United Nations - UN).
OAB - Ordem dos Advogados do Brasil (Brazilian Bar Association).
OAP - Ordem dos Advogados Portugueses (P) (Portuguese Bar Association).
Obr. cit. - Obra citada (Cited work).
OCDE - Organização para Cooperação e para o Desenvolvimento Econômico (Organization for Economic Cooperation and Development).
OEA - Organização dos Estados Americanos (Organization of the American States - OAS).
OESP - Jornal O Estado de São Paulo (A Brazilian newspaper).
OLP - Organização para a Libertação da Palestina (Palestine Liberation Organization - PLO).
OMS - Organização Mundial da Saúde (World Health Organization - WHO).
ONG - Organização Não Governamental (Non-Governmental Organization - NGO).
ONU - Organização das Nações Unidas (United Nations Organization -UN).
Opep - Organização dos Países Exportadores de Petróleo (Organization of Petroleum Exporting Countries - OPEC).
Org. jud. - Organizações Judiciárias (Judicial organizations).
OTAN - Organização do Tratado do Atlântico Norte (North Atlantic Treaty Organization - NATO).
OUA - Organização da Unidade Africana (Organization of African Unity - OAU).
P. - Publique-se (Publish).
P - Portugal.
PAC - Política Agrícola Comum (CE) (Common Agricultural Policy).
PAC - Pauta Aduaneira Comum (P) (Common tariff).
PALOP - Países Africanos de Língua Oficial Portuguesa (African Countries of Official Portuguese Language).
Par.Proc.Ger.Rep. - Parecer da Procuradoria Geral da República (P) (Opinion of the public prosecution service).
P.D. - Pede deferimento (Request concession).
PE - Pernambuco.
P.E.D. - Pede e espera deferimento (Requests and waits for concession).
PF - Polícia Federal (Federal Police).
P.F. - Por fora (Informal)
Pg. - Página (Page)
P.I. - Petição Inicial (Complaint brief).
PIB - Produto Interno Bruto (Gross national product).
PIS - Programa de Integração Social (Social Integration Program, a Brazilian Social Tax).
P.J. - Polícia Judiciária (P) (Judicial Police).
PM - Polícia Militar (Military Police).
PME - Pequenas e Médias Empresas (P) (Small and medium companies).
PNB - Produto Nacional Bruto (Gross National Product).
PND - Programa Nacional de Desestatização (National Privatization Program).
Port. - Portaria (Administrative rule).
PP. - Por procuração (By proxy).
PR. - Paraná.
Prevfogo - Sistema Nacional de Prevensão e Combate aos Incêndios Florestais (National System for Prevention and Combat of Forest Fires).
Proc. - Processo (Procedure).
Procon - Serviço Executivo de Proteção ao Consumidor (Consumer Protection Agency).
Pronar - Programa Nacional da Qualidade do Ar (National Program of Air Quality).
Psiq. - Psiquiatria (Psychiatry).
PT - Polícia Técnica (Technical Police).
PUC - Pontifícia Universidade Católica (Pontifical Catholic University).
PVD - Países em Vias de Desenvolvimento (Developing Countries)
R. - Réu (Defendant).
RC - Registro Comercial (Commercial registration, board of trade).
RE - Registro de Exportação (Export registration).
Ref. - Referência (Reference).
Reg. - Regulamento (Regulations).
Reg. Com. - Registro Comercial (Commercial registration).
Rep. - Repertório (Repertory).
Res. - Resolução (Resolution).
RF - Receita Federal (Internal Revenue Service; Federal tax office).
RG - Registro Geral (General registry).
RIMA - Relatório de Impacto Ambiental (Environmental Impact Report).
RJ - Rio de Janeiro.
RNPC - Registro Nacional de Pessoas Colectivas (P) (Commercial Registry).
ROC - Revisores Oficiais de Contas (P) (Chartered Accountants).
R.R. - Réus (Defendants).
RS - Rio Grande do Sul.

RU - Reino Unido (United Kingdom).
S.A. - Sociedade Anônima (P) (Joint stock company).
SARL - Sociedade Anônima de Responsabilidade Limitada (P) (Limited liability corporation).
SC - Santa Catarina.
SDM - Sociedade de Desenvolvimento da Madeira (P) (Madeira Development Company).
SECEX - Secretaria de Comércio Exterior (Secretary of Foreign Trade).
Seman - Secretaria do Meio Ambiente (Environmental Secretariat).
Senac - Serviço Nacional de Aprendizagem Comercial (National Service of Commercial Apprenticeship).
Senai - Serviço Nacional de Aprendizagem Industrial (National Service of Industrial Apprenticeship).
Sent. - Sentença (Sentence).
SEPIN - Secretaria de Política de Informática e Automação (Secretary of Informatics and Automation Policy)
Sesc - Serviço Social do Comércio (Commerce Social Service).
Sesi - Serviço Social da Indústria (Industry Social Service).
SFH - Sistema Financeiro da Habitação (Housing Financing System).
SGPS - (P) Sociedade de Gestão de Participações Sociais (Holding Company).
Siscomex - Sistema Integrado de Comércio Exterior (Integrated Foreign Trade System).
Sisnama - Sistema Nacional do Meio Ambiente (National Environmental System).
SME - Sistema Monetário Europeu (European Monetary System - EMS).
Soc. - Sociedade (Corporation).
SP - São Paulo.
SPC - Serviço de Proteção ao Crédito (Credit Protection Service).
SRF - Secretaria da Receita Federal (Internal Revenue Service; Federal Tax Secretariat).
STA - Supremo Tribunal Administrativo (P) (Supreme Administrative Court).
STF - Supremo Tribunal Federal (Supreme Federal Court).
STJ - Superior Tribunal de Justiça (Supreme Court).
Sudam - Superintendência do Desenvolvimento da Amazônia (Agency for the Development of the Amazon).
Sudene - Superintendência do Desenvolvimento do Nordeste (Agency for the Development of the Northeast).
Sunab - Superintendência Nacional do Abastecimento (National Supply Agency).
Tab. - Tabelião (Notary's office).
TAC - Tribunal de Alçada Civil (Civil Higher Appellate Court of the state).
TAC - Tarifa Aduaneira Comum (UE) (Common Customs Tariff).
TACrim - Tribunal de Alçada Criminal (Criminal Higher Appellate Court of the state).
TC - Tribunal de Contas (Audit Court).
TCEE - Tratado da Comunidade Européia (UE) (European Economic Community Treaty).
TCU - Tribunal de Contas da União (Federal Audit Court).
TEC - Tarifa Externa Comum (Mercosul) (Common External Tariff).
Telebrás - Telecomunicações Brasileira S.A. (Brazilian telecommunications company).
T.I.C. - Tribunal de Instrução Criminal (P) (Court of Criminal Instruction).
TIT - Tribunal de Impostos e Taxas (Tax court).
Tit. - Título (Title).
TJ - Tribunal de Justiça (Supreme Court).
TR - Taxa Referencial de Juros (Interest Reference Index).
Trad. - Tradução (Translation).
TRD - Taxa Referencial Diária (Daily Reference Index).
TRE - Tribunal Regional Eleitoral (Regional Electoral Court).
Trib. - Tribunal (Court).
TRT - Tribunal Regional do Trabalho (Regional Labor Court).
TSE - Tribunal Superior Eleitoral (Electoral Supreme Court).
U - Uruguai (Uruguay).
UE - União Européia (European Union).
UFESP - Unidade Fiscal do Estado de São Paulo (Tax Reference Index for the State of São Paulo).
Ufir - Unidade Fiscal de Referência (Fiscal Reference Index).
UFM - Unidade Fiscal do Município (Municipal Tax Reference Index).
URV - Unidade Real de Valor (Monetary Indexation Index).
US$ - dólar norte-americano (United States dollar).
USP - Universidade de São Paulo (University of São Paulo).
V. - Verbo
Vj. - Veja; vede (See); verso (back side of a page).
¥ - yen (Japanese currency).

ENGLISH– PORTUGUESE
INGLÊS – PORTUGUÊS

A

a mensa et thoro (L) - separação de corpos.

a posteriori (L) - depois; a posteriori.

a prende (L) - aprender; tomar.

a priori (L) - antes; a priori.

ab initio (L) - de início; desde o começo.

ab intestato (L) - sem testamento.

abalienate, to - alienar; transferir.

abalienation - alienação; transferência.

abandon, to - abandonar; renunciar; desertar.

abandoned spouse - cônjuge abandonado/a.

abandonee - abandonatário.

abandonment - abandono; desamparo; renúncia.

abandonment of rights - abandono de direitos.

abandonment of suits - abandono de causa.

abash, to - embaraçar; desconcertar; confundir.

abatable - o que pode ser anulado, cancelado, destruído, diminuído, extinto, revogado.

abate, to - abater; anular; cancelar; destruir; descontar; diminuir; extinguir; reduzir; revogar.

abatement - abatimento; anulação; desconto; diminuição; extinção; redução; revogação; suspensão.

abatement of action - suspensão do processo; extinção de processo sem julgamento do mérito.

abatement of debts - diminuição do débito.

abatement of legacies - redução do legado.

abatement of nuisance - repressão de um fato que causa prejuízo.

abatement of taxes - redução do valor do imposto lançado.

abator - esbulhador; repressor.

abbreviate, to - abreviar.

abdicate, to - abdicar; renunciar.

abdication - abdicação; renúncia.

abditorium - esconderijo de bens ou metais precio - sos.

abduct, to - sequestro mediante violência ou fraude, rapto.

abduction - sequestro mediante violência ou fraude.

abductor - sequestrador.

abenation - abenação.

aberemurder - assassinato com requintes de crueldade; extermínio; massacre; eliminação; extinção.

aberrance - comportamento; conduta.

abet, to - instigar; induzir; participar da prática de um delito penal.

abetment - instigação; participação criminosa; co-autoria.

abetting - favorecer; instigar; ser cúmplice.

abettor - partícipe; instigador; cúmplice; co-autor.

abeyance, in - jacente; temporariamente inativo.

abide, to - cumprir; obedecer; submeter-se.

ability - capacidade; habilidade; qualificação.

ability to stand trial - capacidade legal.

abject - abjeto.

abjuration - abjuração; renúncia de cidadania; repúdio; banimento.

abjure, to - abjurar; renunciar; repudiar.

able - apto; capaz; competente.

able-bodied - fisicamente capaz.

aboard - a bordo.

abode - casa; residência; habitação; domicílio eleitoral.

abolish, to - abolir; suprimir; anular.

abolition - abolição; extinção.

abominate, to - abominar.

abort - abortar.

abortee - mulher que sofreu o aborto.

aborticide - aborticídio.

abortifacient - medicamento abortífero.

abortion - aborto.

abortionist - aborteiro.

abortus - o ser abortado.

about - sobre.

about town - notório; conhecido.

aboutissement - divisa; sem limite entre os imóveis.

above - acima; superior; principal.

above par - com ágio; acima do valor nominal; acima do valor par.

above suspicion - acima de suspeita.

above the line - ordinária (receita ou despesa considerada na apuração do lucro).

abrasion - abrasão; aviltamento.

abridge, to - abreviar; resumir; compendiar; condensar; restringir.

abridged balance sheet - balanço resumido.

abridgement - abreviação; condensação; resumo; restrição.

abridgement of damages - redução da indenização.

abroachment - açambarcamento do mercado; especulação altista e baixista.

abrogate, to - ab-rogar; anular; revogar; abolir.

abrogation - ab-rogação; anulação; revogação; anulação.

abscissa - abscissa.

abscond, to - esconder-se; ocultar-se; foragir-se; fugir de oficial de justiça; extensão de prazo.

absconder - fugitivo; foragido.

absconding - escondido; oculto.

absence - ausência; falta; afastamento.

absent - ausente; pessoa que não está presente.

absentee - ausente; pessoa que mora em outro lugar.

absentee ownership - propriedade de ausentes.

absentee voting - voto de ausente.

absolute - absoluto; completo; incondicional; pleno.

absolute title (UK) - registro original.

absolute total loss - perda total absoluta.

absolution - absolvição; perdão; remissão.

absolutism - absolutismo.

absolutist - absolutista.

absolutory - absolutório.

absolve, to - absolver; perdoar; eximir; isentar; dispensar; anistiar.

absolvitor - absolvição.

absorb, to - absorver.

absorption - absorção.

absorption account - conta de absorção; conta transitória.

abstain, to - abster.

abstemious - abstêmio.

abstention - abstenção; abstinência; sobriedade.

abstract - compêndio; extrato; sumário; resumo; retirada.

abstract, to - resumir.

abstract of judgement - relatório dos fatos.

abstract of record - resumo, relatório dos autos.

abstract of title - certidão de Cartório de Registro de Imóveis, extrato de um título de propriedade.

abstract question - questão discutível.

abstraction - subtração.

abstruse - abstruso; obscuro (FC); de difícil compreensão; profundo (FC).

absurd - absurdo.

absurdity - absurdo.

abundant - abundante.

abuse - abuso.

abuse, to - abusar.

abuse of authority - abuso de poder; abuso de autoridade.

abuse of discretion - abuso de poder.

abuse of distress (UK) - abuso de direito; culpa.

abuse of privilege - abuso de privilégio.

abuse of process - lide temerária.

abusive - abusivo; ofensivo; injurioso.

abut, to - confinar; fazer divisa.

abuttals - divisas; limites entre prédios, propriedades e estradas.

abutter - vizinho; confinante.

abutting owner - vizinho proprietário; confinante.

abutting property - propriedade vizinha.

academic freedom - liberdade catedrática.

academic question - questão acadêmica.

accede, to - consentir; acordar.

accelerated - acelerado.

accelerated depreciation - depreciação acelerada.

accelerated maturity - vencimento acelerado.

acceleration - aceleração; antecipação; antecipação do termo de vencimento; antecipação de prazo de investidura de um direito.

acceleration clause - cláusula de vencimento antecipado; cláusula de vencimento extraordinário.

acceleration coefficient - coeficiente de aceleração.

accent - acento; sotaque.

accept, to - aceitar.

accept a bill, to - aceitar uma letra.

acceptance - aceite; documentos negociáveis; aceitação de produtos ou ofertas.

acceptance against documents - aceite contra documentos.

acceptance credit - desconto de títulos de crédito aceitos.

acceptilation - aceptilação; forma de doação; perdão de débito.

acceptor - aceitante.

acceptor supra protest - aceitante de honra.

access - acesso; direito de consultar.

access, to - acessar.

accessary - acessório; auxiliar; partícipe.

accession - acessão; acréscimo; adição.

accessory - acessório; auxiliar; partícipe.

accessory action - ação acessória.

accessory after the fact - partícipe acessório na cumplicidade post factum; sujeito ativo do crime de favorecimento pessoal.

accessory at the fact - partícipe acessório que presencia o delito.

accessory before the fact - partícipe acessório que comanda ou induz o autor material; autor intelectual do crime.

accessory building - estrutura anexa.

accessory contract - contrato acessório de garantia.

accessory during the fact - pessoa que por omissão não interfere para evitar o crime.

accessory obligation - obrigação acessória.

access to counsel - direito de ser assistido por um advogado; ter acesso ao advogado.

access to court - direito de recorrer ao Poder Judiciário.

accident - acidente.

accident benefits - benefícios em razão de acidente.

accident insurance - seguro de acidente.

accident prevention - prevenção de acidentes.

accident proneness - tendência a sofrer acidente.

accident report - relatório de acidente; boletim de ocorrência de acidente.

accidental - acidental.

accidental cause - causa inevitável; causa acidental.

accidental death - morte acidental.

accidental ignorance - ignorância não essencial.

accidental killing - homicídio culposo; homicídio acidental.

accidental means - meio ou instrumento excepcional.

accommodate, to (FC) - adaptar, harmonizar, reconciliar.

accommodated party - abonado.

accommodation - abono; garantia prestada a título de favor.

accommodation acceptance - aceitação abonada.

accommodation bill - letra ou nota abonada.

accommodation bill of landing - nota abonada de mercadoria não entregue.

accommodation endorsement - garantia de favor; aval dado por uma pessoa de crédito bom a outra de crédito insuficiente; endosso a título de favor.

accommodation endorser - garante; avalista.

accommodation indorsement - garantia fidejussória; aval de favor.

accommodation indorser - endossante que presta uma garantia a título de favor.

accommodation land (UK) - terreno destinado ao loteamento.

accommodation loan - empréstimo gratuito.

accommodation maker - abonador; avalista.

accommodation note - nota abonada.

accommodation paper - título de crédito abonado.

accommodation party - abonador; avalista.

accommodation works (UK) - trabalhos de conveniência pública.

accomplice - cúmplice.

accomplice liability - cumplicidade.

accord - acordo; vontade.

accord and executory - acordo pendente de execução.

accord and satisfaction - dação em pagamento; novação (em algumas jurisdições).

accordance - concordância; conformidade.

according to law - conforme a lei.

according to banking practice - de acordo com os usos bancários.

accost, to - abordar.

account - conta; relato; duplicata.

account, to - contabilizar; relatar.

account, current - conta corrente.

account for, to - esclarecer; explicar com o auxílio de contas; justificar; prestar contas.

account balance - saldo de conta.

account book - livro de contabilidade.

account code - código de contas.

account debtor - titular da conta devedora.

account department - departamento de contabilidade.

account form - forma de conta (débito à esquerda, crédito à direita).

account history - histórico contábil.

account holder - titular da conta.

account name - título de conta.

account number - número da conta.

account party - beneficiário do crédito.

account(s) payable - conta(s) a pagar.

account(s) receivable - conta(s) a receber.

account(s) receivable discounted - título(s) descontado(s); conta(s) a receber descontada(s).

account reconciliation - reconciliação de conta.

account render - ação judicial de prestação de contas.

account rendered - conta apresentada.

account settled - conta liquidada; conta acordada.

account stated - conta ajustada.

account statement - extrato de conta.

account trust - conta fiduciária.

accountability - responsabilidade sujeita a prestação de contas.

accountability person - pessoa responsável pela prestação de contas.

accountability unit - unidade administrativa responsável pela prestação de contas.

accountable - contabilizável; responsável.

accountable for - responsável.

accountable receipt - recibo de entrega de valores para que se possa prestar contas a terceiro.

accountancy - profissão de contabilidade; contabilidade.

accountant - contador; contabilista.

accountant privilege - segredo profissional do contador.

accountant's certificate - parecer de contador.

accountant's lien - direito de retenção pelo contador até a satisfação do débito.

accounting - ciência contábil; contabilidade; prestação de contas; processo contábil; contábil.

accounting control - controle contábil.

accounting date (USA) - último dia do exercício fiscal.

accounting department - contadoria; departamento contábil.

accounting equation - equação contábil.

accounting identity - equação contábil.

accounting machine - máquina de contabilidade; sistema contábil.

accounting manual - manual de contabilidade.

accounting method - métodos contábeis.

accounting period - exercício contábil.

accounting policy - normas contábeis.

accounting principles - princípios contábeis.

accounting procedure - procedimento contábil.

accounting profit - lucro contábil.

accounting(s) record - registro(s) contábil(eis).

accounting term - exercício contábil; termo contábil.

accounting year - ano contábil; exercício contábil.

accredit, to - reconhecer; atribuir.

accredited investor - investidor reputado; investidor confiável.

accredited law school - faculdade de direito reconhecida.

accredited representative - representante autorizado.

accretion - acessão; acréscimo.

accroach, to - exercer poder sem delegação.

accrual - reserva; provisionamento; acumulação; provisão; lançamento prévio de operações financeiras, antes da efetivação da receita ou das despesas correspondentes.

accrual basis (USA) - base de competência.

accrual date - data final da provisão.

accrual system (UK) - base de competência.

accrue - acréscimo.

accrue, to - acumular; acrescer; vencer; somar; adquirir; incorrer.

accrued - vencido; acrescido; somado; adquirido; incorrido.

accrued alimony - prestação de alimentos vencidos não pagos.

accrued charges - custos acumulados.

accrued interest - juros vencidos e não pagos.

accrued liabilities - passivo acumulado.

accrued right - direito consumado.

accrued taxes - impostos a pagar.

accruing - aquisitivo; crescente; em expectativa; em processo de maturação.

accumulate, to - acumular; ajuntar; amontoar.

accumulated dividends - dividendos não distribuídos.

accumulated earnings tax - impostos sobre lucros retidos.

accumulated legacy - legado não entregue.

accumulated profits - lucros acumulados; ganhos acumulados.

accumulated resources - recursos acumulados.

accumulation - acumulação; adicionamento; capitalização; acréscimo.

accumulation schedule - tabela de capitalização; tabela de amortização.

accumulative - acumulativo; adicional.

accumulative judgement - sentença adicional.

accumulative legacy - legado adicional.

accumulative sentence - sentença adicional.

accuracy - exatidão.

accurate - exato; preciso; correto; acurado.

accusation - acusação; denúncia.

accusatory - acusatório.

accusatory body - órgão acusatório.

accusatory instrument - instrumento acusatório.

accuse, to - acusar; denunciar.

accused - acusado; denunciado.

accuser - acusador; acusante.

accustomed - acostumado; habituado.

acid test - prova real; método de análise financeira.

acid test ratio - quociente absoluto de liquidez; índice de liquidez seco.

acknowledge, to - reconhecer; admitir; afirmar; confirmar.

acknowledgment - admissão; reconhecimento; afirmação; confirmação; recebimento.

acknowledgment of child - reconhecimento de paternidade.

acknowledgment of payment - quitação de pagamento.

acknowledgment of receipt - reconhecimento de recebimento.

acquaint, to - tomar conhecimento de alguma coisa.

acquaintance - conhecido.

acquainted - com conhecimento; cientes.

acquest - aquesto.

acquiesce, to - consentir; assentir; concordar.

acquiescence - aquiescência.

acquire, to - adquirir; comprar; obter.

acquired allegiance - lealdade por naturalização.

acquired right - direito adquirido.

acquisition - aquisição; compra.

acquisitive offense - crime contra o patrimônio.

acquisitive prescription - prescrição aquisitiva.

acquit, to - absolver; remir; quitar; saldar; desobrigar.

acquitment - absolvição; perdão; remissão.

acquittal - absolvição; perdão; remissão.

acquittal in fact - absolvição pelo júri.

acquittal in law - absolvição sumária.

acquittance - quitação por escrito.

acquitted - absolvido.

acreage - área.

acrimony - acrimônia; aspereza; mordacidade.

act - ato; lei.

act in pais - ato extra-judicial.

act of attainder - ato legislativo pelo qual são cassados os direitos civis e confiscados os bens de um condenado à pena de morte.

act of bankruptcy - ato de falência; ato de quebra.

act of commission - ato de comissão.

act of congress - ato do Congresso; lei do Congresso.

act of God - força maior.

act of honor - ato de intervenção.

act of hostility - ato de hostilidade, de guerra.

act of indecency - ato obsceno.

act of indemnity - ato de indenização.

act of insolvency - ato de insolvência.

act of law - ato de lei; força da lei.

act of the legislature - ato do legislativo.

act of omission - ato de omissão.

act of ownership - ato de domínio.

act of parliament (UK) - lei do parlamento.

act of parties - ato entre partes.

act of providence - inevitável; imprevisível.

act of public enemies - ato de inimigo público.

act of sale - registro oficial de venda de bens imóveis.

act of state - ato de estado.

act of uniformity (UK) - lei de liberdades religiosas.

act of war - ato de guerra.

acting interino - suplente; provisório.

acting chairman - presidente em exercício.

acting director - diretor provisório; diretor substituto.

acting president - presidente interino.

acting secretary - secretário provisório.

actio - ação judicial.

action - ação; causa; conduta; comportamento; ação judicial; direito de ação.

action at law - ação judicial.

action ex contractu - ação contratual.

action ex delicto - ação por causa de delito.

action for accounting - ação judicial de prestação de contas.

action for death - ação judicial de ressarcimento por morte resultante de ato ilícito.

action for money had and received - ação judicial para entrega de um valor injustamente retido.

action for poinding - medida cautelar de arresto de bens.

action in damages - ação por perdas e danos.

action in equity - ação de eqüidade; execução específica.

action in jactitation - ação de jactância.

action in personam - ação pessoal.

action in rem - ação de direito real.

action in trespass - ação possessória.

action of account - ação judicial de prestação de contas.

action of adherence - ação judicial que cabe contra o cônjuge que não cumpre o dever conjugal.

action of assize - ação real de direito comum pela qual a parte faz a prova de sua propriedade apresentando provas de que a coisa pertencia a um ascendente seu.

action of assumpsit - ação pelo não cumprimento de um contrato.

action of debt - ação de cobrança.

action of pledge - ação pignoratícia.

action on contract - ação contratual.

action on the case - ação judicial de reparação de dano.

action redhibitory - ação redibitória.

action to quiet title - ação de manutenção de posse.

actionable - punível; sujeito a processo judicial.

actionable fraud - fraude punível, falsa.

actionable negligence - negligência processável.

actionable nuisance - prejuízo punível.

actionable tort - ofensa; dano processável.

actionable words - palavras difamantes, caluniosas.

active - ativo; positivo.

active balance - saldo credor.

active client - cliente ativo.

active concealment - ocultação ativa.

active debt - dívida ativa.

active partner - sócio ativo.

active trade balance - saldo positivo de balança comercial.

active trust - fideicomisso ativo.

activity - atividade; diligência; ocupação.

actor - ator; agente; aquele que tem o ônus da prova; aquele que iniciou a ação.

actual - real; atual; efetivo; presente.

actual agency - existência real de relação de agência.

actual allegiance - respeito às leis de outro país enquanto lá residir.

actual authority - autoridade real; autoridade verdadeira.

actual bailment - depósito efetivo.

actual bias - predisposição efetiva; tendência.

actual cash value - valor real à vista.

actual change of possession - transferência real.

actual cost - custo real.

actual damages - danos efetivos; reparação de danos diretos.

actual delivery - tradição efetiva.

actual eviction - desalojar; desapossar fisicamente; despejar.

actual fraud - fraude intencional.

actual knowledge - conhecimento real.

actual loss - perda real; prejuízo real.

actual malice - malícia expressa.

actual market value - valor real de mercado.

actual notice - notificação efetiva.

actual occupation - ocupação física; visível.

actual ouster - evicção efetiva.

actual possession - posse direta.

actual practice - exercício efetivo da profissão ou atividade.

actual rate of return - taxa de retorno efetivo.

actual residence - residência atual, verdadeira.

actual total loss - perda efetiva total.

actual value - valor real.

actual violence - violência real ou material.

actual weight - peso real.

actuary - atuário; notário; escrivão.

acumen - argúcia; perspicácia; sagacidade.

acute - sutil; perspicaz; arguto.

ad damnum clause - cláusula de declaração de danos sofridos.

ad hoc - especial; para casos especiais.

ad valorem - pertinente ao valor.

ad valorem duties - direitos ou taxas pertinentes ao valor.

adamant - categórico.

Adamson Act (USA) - lei ordinária que instituiu o regime de 8 (oito) horas de jornada de trabalho.

adapt, to - adaptar; ajustar; acomodar.

add, to - acrescentar; somar; adicionar.

added value - valor agregado.

added-value tax - imposto de valor agregado.

addendum - adendo; anexo; suplemento.

addict - toxicômano; viciado em drogas; vício.

addiction - toxicomania; hábito de tomar drogas; vício.

addictive drug - droga; substância que produz dependência.

addition - acréscimo; anexo; anexo de um prédio; título que se acrescenta ao nome por qualquer motivo; edifício anexo.

additional - adicional; suplementar.

additional margin requirement - requisito de adicional de margem.

additional tax - sobre-taxa.

additionales - aditivo contratual.

additur - poder que cabe ao juiz de com a concordância do réu aumentar o valor de uma indenização insuficiente, a fim de evitar um novo julgamento da causa.

address - endereço; endereçamento de peça forense; discurso.

address, to - endereçar; dirigir; encaminhar.

addressee - destinatário.

adduce, to - aduzir; apresentar; expôr.

adduce evidence - produzir provas.

adeem,to - revogar; retirar; substituir.

ademption - caducidade do legado por ato do testador.

adequacy - adequação.

adequate - suficiente; adequado.

adequate cause - causa bastante.

adequate compensation - justa indenização; retribuição não adequada.

adequate consideration - justo pagamento.

adequate notice - comunicação validamente feita.

adequate preparation - preparação adequada.

adequate provocation - provocação que causa insanidade mental temporária.

adequate remedy - remédio jurídico adequado.

adhere, to - aderir; observar.

adherence - adesão; apego; fidelidade; observância.

adhering - o ato de aderir.

adhesion - adesão.

adhesion contract - contrato de adesão.

adiratus - perdido; extraviado.

adjacent - adjacente.

adjective law - direito adjetivo.

adjoin, to - continuar com.

adjoining owner - proprietário confinante.

adjourn, to - adiar; prorrogar; estender.

adjourned causes - causa adiada.

adjourned session - sessão adiada; assembléia adiada.

adjourned summons - mandado de citação prorrogado.

adjourned term - sessão prorrogada.

adjournment - adiamento; prorrogação; suspensão.

adjournment day - data do adiamento.

adjournment sine die - adiamento por tempo indeterminado.

adjudge, to - julgar; decidir; sentenciar.

adjudicate, to - adjudicar; pronunciar (FC).

adjudicated rights - direitos adjudicados.

adjudicatee - adjudicado.

adjudicating - julgando; decidindo; sentenciando.

adjudicatio - confirmação do direito de propriedade por sentença judicial.

adjudication - decisão judicial; adjudicação.

adjudicative facts - fatos particulares de um processo.

adjudicator - adjudicador.

adjudicatory hearing - audiência administrativa pela qual se decide questão de adjudicação de direitos.

adjudicatory process - processo administrativo.

adjudicature - adjudicação.

adjunct - adjunto; acessório.

adjunct account - conta acessória.

adjunction - adjunção.

adjuration - juramento.

adjust, to - ajustar; acordar.

adjustable - retificável; reajustável; ajustável.

adjusted balances - saldos revisados.

adjusted figures - números revisados.

adjustes trial balance sheet - balancete ajustado.

adjuster - vistoriador.

adjusting - de reajuste; de ajuste; de retificação.

adjustment - acerto; ajuste; reajuste; retificação.

adjustment for inflation - correção monetária.

adjustment of accounts - acerto de contas.

admeasurement - demarcação; fixação de limites.

adminicle - meio auxiliar de prova.

adminicular - auxiliar; acessório.

adminicular evidence - prova auxiliar.

administer, to - administrar; gerir.

administer of justice - administrar a justiça.

administer of oaths - tomar juramentos.

administered price - preço controlado pelo governo.

administrate, to - gerir; administrar.

administration - administração; gerência; inventariança.

administration, public - administração pública.

administration, special - administração especial.

administration ad colligendum bona defuneti - administração que arrecada e guarda os bens do inventariante.

administration ad prosequendum - administração que defende o espólio nas ações judiciais.

administration cum testamento anexo - administração com testamento anexo.

administration de bonis non - administração que se refere aos bens da sobrepartilha.

administration durante absentia - administração feita por administrador provisório na ausência do titular.

administration expenses - despesas com a administração.

administration fee - taxa de administração.

administration letter - carta de nomeação judicial do inventariante.

administration of estate - administração de espólio.

administration pendente lite - administração de lide pendente relativa ao espólio.

administrative - administrativo.

administrative act - ato administrativo.

administrative adjudication - sentença administrativa.

administrative agency - órgão da administração pública; órgão do governo.

administrative crime - infração de norma administrativa.

administrative discretion - poder discricionário do órgão administrativo.

administrative interpretation - interpretação do órgão administrativo.

administrative law - direito administrativo.

administrative officer - funcionário da Administração Pública.

administrative order - sentença administrativa definitiva.

administrative procedure - procedimento administrativo.

administrative process - processo administrativo.

administrative remedy - remédio administrativo.

administrative review - revisão judicial administrativa.

administrative suit (UK) - ação sucessória.

administrator - administrador.

administrator ad litem - administrador indicado pela corte para representar o "de cujus" ou seu espólio.

administrator cum testamento - testamenteiro.

administrator de bonis non - administrador de sobrepartilha.

administrator with will annexed - testamenteiro.

administratrix - inventariante ou administradora.

admiral - almirante.

admiralty - almirantado; direito marítimo; direito de navegação.

admiralty bond - fiança dada pelo processo em tribunal marítimo.

Admiralty Court (UK) - tribunal de direito marítimo.

admiralty court - tribunal marítimo; almirantado.

admiralty jurisdiction - jurisdição marítima.

admiralty law - direito marítimo; direito de navegação.

admiralty lien - gravame marítimo.

admissibility - admissibilidade.

admissible - admissível; aceitável; permissível.

admissible assets - bens admitidos.

admissible evidence - prova admissível.

admission - admissão; confissão.

admission against interest - admissão desvantajosa.

admission of evidence - recebimento de provas.

admission of guilt - confissão de culpabilidade.

admissions tax - taxa de admissão; taxa de inscrição.

admit, to - admitir; confessar.

admittance - admissão; entrada.

admitted assets - bens aceitos para efeito de liquidação de sinistros; bens admitidos.

admittedly - reconhecidamente; no consenso geral.

admonish to, - admoestar; advertir.

admonition - admoestação; advertência do juiz.

adnotation - subscrição.

ado - atividade; trabalho; cogitação; dificuldade.

adopt, to - dotar.

adoption - adoção.

adoption by estoppel - adoção plena em razão de ato próprio.

adoption by public acknowledgment - adoção por escritura pública.

adoptive - adotivo.

adpromissor - fiador.

adrogation - adoção de menor impúbere.

adstipulation - encontro de vontades; acordo.

adulate, to - adular.

adult - adulto.

adulterate, to - adulterar; viciar.

adulteration - adulteração; falsificação.

adulterator - adulterador.

adulterer - adúltero.

adulteress - adúltera.

adulterine - adulterino.

adulterine child - filho adulterino.

adulterine guild - sociedade comercial irregular.

adulterous - adúltero.

adulterous bastard - filho adulterino; bastardo.

adultery - adultério.

advance - progresso; adiantamento; patrocínio; defesa em representação de interesses.

advance, to - adiantar; avançar; promover; patrocinar.

advance against shipping documents - adiantamento contra documentos de embarque.

advance dividend - dividendo antecipado.

advance freight - montante de frete pago antecipadamente; frete antecipado.

advance on exchange contract - adiantamento sobre contrato de câmbio.

advance on export contract - adiantamento sobre contrato de exportação.

advance payment - pagamento adiantado.

advance warning - pré-aviso.

advancement - adiantamento; progresso; patrocínio; emancipação (FC).

advancement portion - adiantamento de legítima.

advantage - vantagem; superioridade; primazia.

adventitious - adventício; acidental; fortuito.

adventure - aventura; especulação; empreendimento especulativo.

adventurer - aventureiro; especulador.

adversarial negociation - negociação por confrontação.

adversary proceeding - processo contencioso.

adversary system - contraditório.

adverse - adverso; contrário; desfavorável.

adverse balance of trade - balanço comercial desfavorável.

adverse claim - reclamação de terceiros sobre bens embargados.

adverse enjoyment - usucapião.

adverse interest - contrário aos interesses de uma pessoa.

adverse opinion - opinião contrária.

adverse party - parte adversa; parte contrária.

adverse possession - usucapião.

adverse title - título por prescrição aquisitiva.

adverse use - uso sem direito.

adverse user - usuário hostil.

adverse verdict - veredito contrário.

adverse witness - testemunha contrária.

adversity - adversidade; infortúnio; revés.

advertise, to - anunciar.

advertisement - anúncio; propaganda; publicidade.

advertising - anúncio;publicidade.

advice - conselho; orientação; aviso; intimação.

advice, letter of - notificação comercial.

advice on evidence (UK) - arrolamento de provas.

advise, to - informar; aconselhar; avisar; intimar.

advisedly - deliberadamente; intencionalmente.

advisement - consulta; deliberação.

advisor - consultor; assessor.

advisory - aviso; conselho; sugestão.

advisory committee - comitê consultivo.

advisory council - conselho consultivo.

advisory counsel - consultor jurídico.

advisory funds - recursos para aplicação específica.

advisory opinion - opinião consultiva; assessoria.

advocacy - advocacia.

advocate - advogado.

advocate general (UK) - Procurador da Coroa para assuntos militares.

advocation - advocacia.

advocator - advogado.

affair - negócio; pendência; caso.

affair of honor - pendência de honra; duelo.

affaire - romance.

affect, to - afetar; agravar; influenciar.

affected - afetado.

affection - afeto; dedicação.

affeer, to - taxar; fixar um montante.

affiance - contrato pelo qual o homem e a mulher concordam em casar.

affiant - depoente; declarante.

affidavit - declaração jurada; depoimento juramentado; atestado.

affidavit for attachment - declaração juramentada para providenciar seqüestro de bens.

affidavit of defense - declaração juramentada dos méritos da defesa.

affidavit of good faith - declaração de boa-fé.

affidavit of increase (UK) - declaração para fins de tributação de custos.

affidavit of service - declaração juramentada que confirma a entrega da citação ou de outro ato de comunicação processual.

affidavit of verification - declaração de autenticidade, veracidade, correção.

affiliate - afiliado; associado; coligado.

affiliate, to - afiliar; associar; coligar.

affiliated company - sociedade afiliada; sociedade coligada.

affiliated member - membro afiliado.

affiliation - afiliação; associação; coligação; reconhecimento judicial de paternidade.

affinity - afinidade.

affirm, to - ratificar; declarar; afirmar; confirmar.

affirmance - confirmação; afirmação.

affirmant - afirmante; compromissado.

affirmation - afirmação; compromisso.

affirmative - afirmativo; imperativo.

affirmative action (USA) - ação judicial cabível contra discriminação no mercado de trabalho em função de cor, sexo ou religião.

affirmative condition - condição afirmativa.

affirmative covenant - dispositivo contratual afirmativo; cláusula declaratória.

affirmative defense - defesa imperativa.

affirmative easement - servidão ativa.

affirmative plea - defesa imperativa.

affirmative proof - prova positiva.

affirmative relief - reparação positiva.

affirmative statute - lei positiva.

affirmative vote - voto positivo.

affirmative warranty - garantia escrita, expressa.

affix, to - afixar; anexar; inscrever.

afflux of capital - ingresso de capital.

afforce, to - reforçar.

afford, to - permitir; proporcionar; oferecer; poder gastar.

afforest, to - reflorestar.

afforestation - reflorestamento.

affranchise - franquear; liberar.

affray - rixa.

affreight, to - fretar.

affreighter - fretador.

affreightment - contrato de transporte marítimo; fretagem; fretamento.

affront - afronta; provocação; ofensa.

aforementioned - mencionado anteriormente.

aforethought - premeditado; deliberado.

after-acquired - adquirido após certa data ou evento.

after birth - placenta e restos após parto.

after born - refere-se a criança nascida após assinatura do testamento.

after date - dias da data.

after-math - resultado.

after sight - após apresentação do título.

after tax earnings - resultado líquido de tributos.

after taxes - depois de impostos.

against - contrário.

against all risks - contra todo risco.

against evidence - contrário à prova.

against payment - contra pagamento.

against the will - sem consentimento; contra a vontade.

against the form of the statute (UK) - contra a letra da lei.

age - idade.

age, to - classificar segundo as datas de vencimento.

age discrimination - discriminação etária.

age limit - limite de idade.

age of consent - maioridade.

age of majority - maioridade.

aged account - conta vencida.

ageism (PC) - discriminação pela idade.

agency - agenciamento; representação; agência; entidade pública; órgão público.

agency agreement - contrato de representação.

agency, deed of - fideicomisso voluntário para pagamento das dívidas do instituidor.

agency by estoppel - agenciamento de fato previsto em lei.

agency contract - contrato de agenciamento; representação comercial.

agency coupled with interest - agência com interesse nos negócios.

agency fee - comissão de agente.

agency fund - bens de terceiros em consignação.

agency shop - estabelecimento de trabalho que se contrata pessoas ligadas diretamente ao sindicato para o qual contribue.

agenda - agenda; programa; ordem do dia.

agent - agente; representante; procurador; mandatário; fiscal.

agent and patient - procurador em causa própria.

agent bank - banco mandatário.

agent for service of process - procurador (para receber citação).

agent of necessity - agente implícito por razões relevantes e urgentes.

agent's lien - direito de retenção.

agglomeration - aglomeração; acumulação.

aggrandizement - engrandecimento; enaltecimento.

aggravate, to - agravar; tornar pior.

aggravated assault - lesão corporal qualificada.

aggravated burglary - furto qualificado.

aggravated larceny - furto qualificado.

aggravating circumstance(s) - circunstância(s) agravante(s).

aggravation - agravação; qualificação.

aggregate - agregado.

aggregate, to - juntar; somar.

aggregate amount - soma total.

aggregation - agregação; ajuntamento; soma; combinação.

aggressor - agressor.

aggrieved party - parte prejudicada.

aggrieved third person - terceiro prejudicado.

aging - envelhecimento; classificação por data de vencimento.

aging of accounts - sistema de classificação de contas por ordem cronológica.

agio - ágio; lucro.

agist - engorda de gado.

agitate, to - agitar; perturbar; alvoroçar.

agitator - agitador; perturbador.

agnate - agnado; na lei de sucessões, relativo à parte masculina.

agnatic - agnático; relativo aos agnados.

agnation - agnação; vínculo de parentesco consangüíneo em linha reta transmitido sempre pelo lado masculino.

agnomen - apelido; nome suposto.

agree, to - concordar; ajustar; contratar.

agreed - acordado; contratado; ajustado.

agreed value - valor acordado.

agreement - contrato; acordo; pacto; convênio; convenção; concordância.

agreement for future stock redemption - contrato para resgate futuro de ações.

agreement of sale - contrato de venda.

agribusiness - negócio agrícola.

agriculture - agricultura.

agricultural buildings - prédios agrícolas.

agricultural commodities - produtos agrícolas.

agricultural holdings (UK) - acessórios agrícolas.

agricultural lands - terras agrícolas.

agricultural loan - empréstimo agrícola.

agricultural subsidy payments - pagamentos a título de subsídio agrícola.

ague - delírio; febre alta.

aid - ajuda; socorro; auxílio; subvenção; subsídio.

aid, to - ajudar; socorrer; auxiliar; subsidiar; subvencionar.

aid and abet - participar da prática de delito penal; co-autora.

aider and abettor - partícipe; co-autor.

aider by verdict - perdão por veredito.

ailment - indisposição física.

air - ar.

air consignment note - conhecimento aéreo.

air freight - transporte aéreo.

air, quality of - qualidade do ar.

air mail - correio aéreo.

air navigation - navegação aérea.

aircraft - avião.

airbill - conhecimento de transporte aéreo.

airline - companhia aérea.

airport - aeroporto.

airroute - rota aérea.

alarm - alarme.

alcohol - álcool.

alcoholic beverage - bebida alcoólica.

alcoholic liquor - bebida alcoólica destilada.

alderman - vereador.

aleatory - aleatório.

aleatory contract - contrato aleatório; contrato de risco.

aleatory promise - promessa aleatória.

alias - aliás; também conhecido por.

alias dictus (L) - conhecido por outro nome.

alias execution - segundo ato executivo (o primeiro não se cumpriu).

alias subpoena - segunda citação.

alias summons - segundo mandado de citação.

alias writ - segundo mandado judicial.

alibi - álibi.

alien - estrangeiro.

alien, to - alienar; transferir.

alien ami - estrangeiro amigo.

alien corporation - sociedade estrangeira.

alien enemy - inimigo estrangeiro.

alien property custodian - administrador de bens do estrangeiro.

alien registration - registro de estrangeiros.

aliene, to - alienar; transferir.

alienability - alienabilidade.

alienable - alienável.

alienage - situação jurídica do estrangeiro.

alienate, to - alienar; transferir.

alienation - alienação; transferência.

alienation of affections - captação do afeto de pessoa casada.

alienee - alienado.

alieni juris - incapazes.

alienist - alienígena; estrangeiro; forasteiro.

alienor - alienante.

alimony - pensão alimentícia; alimentos.

alimony ad interim - alimentos provisionais.

alimony pendente lite - alimentos provisionais.

aliquot - alíquota.

aliter - de outra maneira.

aliunde - de outra fonte.

all and singular - todos; sem exceção.

all and sundry - coletiva e individualmente.

all faults - com todos os defeitos.

all cases at law - ações de direito comum utilizando júri popular.

all inclusive - com tudo incluído.

all loss insurance - seguro contra perda total.

all or nothing - tudo ou nada; teoria monetária que considera todas as moedas como iguais.

all rights reserved - todos os direitos reservados.

all risks insurance - seguro contra todos os riscos.

allay, to - acalmar; aquietar; apaziguar; diminuir; moderar.

allegation - alegação.

allegation of fact - alegações; fatos.

allegation of faculties - declaração dos bens do marido pela mulher feita em ação de divórcio quando esta pede pensão alimentícia.

allege, to - alegar; declarar; afirmar; afirmado.

alleged - alegado; declarado.

allegiance - fidelidade, obediência ao Estado.

allegiance to the flag - juramento à bandeira.

alleging diminution - alegação inserida em um recurso quando este é enviado incompleto ao tribunal.

allen charge - instrução dada pelo juiz que preside o julgamento aos jurados, no sentido que estes devem levar em consideração as opiniões de seus colegas.

allied - coligado; associado; afiliado.

allocate, to - alocar.

allocation - alocação; designação; distribuição; verba; rateio.

allocation of funds - provisão de fundos.

allocatur - permitido.

allocution - alocução.

allodial - alodial; livre de encargos.

allograph - escrita ou assinatura feita por outra pessoa.

allonge - instrumento anexo à letra de câmbio ou nota promissória, no qual se afixa endossos.

allot, to - atribuir; ratear; dotar; distribuir; lotear; repartir; cotizar.

allotment - decisão judicial para prestação de pensão a dependente; distribuição; rateio; cota; demarcação de terras.

allotment letter - contrato de subscrição de ações.

allotment note - documento no qual um marinheiro transfere parte de seu saldo à sua mulher, pai, mãe, avô, avó, irmão ou irmã.

allottee - pensionista; cotista; detentor de parte; detentor de coisa dividida.

allow, to - permitir; autorizar; conceder.

allowable - permissível.

allowable deductions - deduções autorizadas.

allowance - abono; ajuda de custo; provisão; reserva; mesada.

allowance account - conta de reserva.

allowance for credit losses and country risk - provisões para perdas de crédito e risco país.

allowance pendente lite - alimentos provisionais.

allude, to - aludir; fazer alusão.

allure, to - tentar seduzir; atrair.

allusive - alusivo.

alluvion - aluvião.

alms - doações feitas a uma sociedade beneficiente ou aos pobres por autoridades públicas.

alodial - alodial.

alpha coefficient - coeficiente alfa; medida estatística de volatilidade de uma ação de companhia aberta.

alpha stocks (UK) - ações alfa; grupo de 130 ações mais negociadas na bolsa de valores de Londres.

alter, to - alterar; modificar; mudar.

alteration - alteração; modificação; mudança.

altercation - altercação; disputa com rixa.

altered check - cheque alterado.

alternate - suplente; substituto; alternativo.

alternate, to - alternar.

alternate juror - jurado suplente.

alternate legacy - legado alternativo.

alternate member - membro suplente.

alternative - alternativo.

alternative judgement - sentença alternativa.

alternative obligation - obrigação alternativa.

alternative pleading - pedido alternativo.

alternative writ - mandado judicial alternativo.

amalgamate, to - amalgamar; consolidar; incorporar; fundir; unir.

amalgamation - fusão; consolidação; amalgamação; incorporação; união.

ambassador - embaixador.

ambiguity - ambigüidade.

ambiguous - ambíguo; equívoco.

ambit - âmbito.

ambition - ambição.

ambitus - âmbito.

amblotic - substância capaz de provocar aborto.

ambulance chaser - (depreciativo) advogado de limitados valores éticos que angaria vítimas de acidentes; advogado de porta de cadeia.

ambulatory - ambulatório; móvel; revogável.

ambulatory disposition - decisão revogável; decisão que pode ser alterada.

ambush - tocaia; emboscada.

ambush, to - ficar de tocaia; emboscar.

ameliorate - melhorar.

ameliorating waste - benfeitoria útil não recompensável.

ameliorations - benfeitorias.

amenable - concorde; de acordo.

amenable - agradável.

amend, to - emendar; corrigir; sanar.

amendable - emendável; sanável.

amendment - emenda; correção; alteração; aditamento.

amendment of judgement - alteração da sentença.

amendment to the Constitution - emenda constitucional.

amends - indenização; reparação do dano.

amenity - amenidade; facilidade.

amerce, to - multar; penalizar.

amercement - multa; penalidade de natureza patrimonial.

American - americano.

American Bar Association - Ordem dos Advogados dos Estados Unidos.

American Depository Receipt (ADR) (USA) - recibos de depósito americanos; título representativo de ações estrangeiras negociados em bolsa de valores dos EUA.

American Stock Exchange (AMEX) (USA) - bolsa de valores americana (AMEX).

amicable - amigável; consensual.

amicable action - ação consensual.

amicable compounder - árbitro extrajudicial; perito assistente.

amicable settlement - acordo amigável.

amicus curiae - amigo da corte; terceiro interessado.

amittere curiam - perda do direito de ser ouvido pelo judiciário.

ammunition - munição.

amnesia - amnésia.

amnesty - anistia.

amortization - amortização.

amortization rate - taxa de amortização.

amortize, to - amortizar.

amortized - amortizado.

amortized cost - custo amortizado.

amortized loan - empréstimo amortizado.

amotio - subtração; elemento caracterizador de roubo.

amotion - remoção; demissão; despejo.

amount - montante; importância; soma; total; valor; quantia.

amount, to - montar; importar; somar; totalizar.

amount at risk - capital de risco.

amount in controversy - valor da causa.

amount outstanding - valor pendente.

amount realized - valor realizado.

amount recognized - a quantia dos ganhos realizados que estão sujeitos à tributação.

amove, to - remover; retirar.

ampliation - adiamento do julgamento de uma questão.

amputate, to - amputar.

amusement - diversão; divertimento.

amusement tax - imposto sobre diversões.

amy - amigo íntimo; cidadão de nação amiga.

anacrisis - interrogatório (na maioria dos casos, sob tortura).

analogous - análogo.

analogy - analogia.

analysis - análise.

analytic schedule - tabela analítica dos riscos.

analytical jurisprudence - jurisprudência analítica, interpretativa.

analyze, to - analisar.

anaphrodisia - impotência; anafrodisia; frigidez.

anarchist - anarquista.

anarchy - anarquia.

anatocism - anatocismo.

anatomy - anatomia.

anatomical examination - exame anatômico; morfologia.

anatomical specimen - specimen anatômico.

ancestor - ancestral.

ancestry - linhagem; estirpe; antepassado; ascendentes.

anchorage - ancoradouro; porto.

ancient deed (USA) - escritura pública de imóvel que tem mais de 30 anos.

ancient document - documento antigo que evidencie ter mais de 30 ou 20 anos.

ancient lights (UK) - direito ao acesso à luz decorrente de uso por mais de 27 anos.

ancillary - auxiliar; acessório; subordinado.

ancillary administration - inventário que corre em foro diferente daquele do domicílio do autor da herança.

ancillary attachment - medida cautelar de seqüestro de bens.

ancillary bill - processo acessório.

ancillary jurisdiction - vara auxiliar.

ancillary legislation - legislação suplementar.

ancillary letter of credit - carta de crédito acessória.

ancillary proceeding - procedimento acessório.

ancillary process - processo acessório.

ancillary receiver - síndico auxiliar sediado em jurisdição diversa do foro de julgamento.

ancillary suit - ação acessória.

androgynous - andrógino.

anent - concernente a.

anew - novamente; de novo.

angaria - requisição de uso de bens ou serviços.

angary - requisição de uso de navios de frete ou transporte.

anglo-saxon law - direito anglo-saxônico.

aniens - nulo; ineficaz; inválido.

anient - nulo; ineficaz; inválido.

animal - animal.

animal husbandry - acasalamento de animais.

animosity - animosidade.

animus - ânimo; disposição; intenção; animosidade.

animus cancelandi (L) - vontade de cancelar; animus cancelandi.

animus furandi (L) - intenção de furtar.

animus revocandi (L) - intenção de revogar; animus revocandi.

annex, to - anexar; juntar; somar; unir.

annexation - anexação.

annieted - anulado; inválido; abrogado.

annotation - anotação; comentário.

announcement - anúncio; publicação.

annoyance - aborrecimento.

annual - anual.

annual accounting period - exercício contábil anual.

annual depreciation - depreciação anual.

annual financial statement - balanço geral; demonstração financeira anual.

annual interest - juros anuais.

annual meeting - reunião anual.

annual percentage rate (APR) - custo real de juros cobrado ao crédito ao consumidor.

annual report - relatório anual.

annual return (UK) - relatório anual.

annual shareholders meetings - assembléia geral ordinária.

annual statement - balanço anual; extrato anual.

annual value - renda bruta advinda de uso de propriedade; valor locatício; valor venal.

annuitant - beneficiário de anuidade; anual.

annuity - anuidade; prestação anual; renda anual.

annuity bond - garantia sem vencimento.

annuity certain - anuidade de prazo fixo.

annuity contract - contrato prevendo pagamentos periódicos.

annuity due - anuidade vencida.

annuity fund - fundo de anuidade.

annuity ordinary - anuidade ordinária.

annuity payable - anuidade passiva.

annuity plan - plano de pagamento de anuidades.

annuity starting date - dia do vencimento da primeira anuidade.

annul, to - anular; cancelar; invalidar.

annullable - anulável; cancelável.

annulment - anulação; cancelamento; invalidação.

annulment of bankruptcy order - anulação de declaração de falência.

annum - ano; período; tempo.

annunciate - anunciar.

anointing of the sick - extrema-unção.

anomalous - anômalo; irregular; anormal.

anomalous endorsement - endosso irregular.

anomalous plea - contestação que admite parte do pedido e nega outra.

anomalous proceeding - procedimento anômalo.

anomie - anomia; falta de leis.

anonymous - anônimo.

answalt (GER) - advogado.

answer - resposta; contestação.

answer, to - responder.

answerable - responsável; imputável.

antagonist - antagonista; adversário; opositor; contedor.

antagonize, to - antagonizar; provocar hostilidade; afastar a simpatia.

antapocha - escritura de confirmação de dívida.

Antarctica - Antártica.

Antarctica Treaty - Tratado da Antártica.

antecede, to - anteceder; predatar.

antecedent - antecedente.

antedate, to - antedatar; predatar.

antenuptial agreement - pacto antenupcial.

antenuptial gift - doação antenupcial.

antenuptial settlement - pacto antenupcial.

antibody - anticorpo.

antic - extravagância; trejeito.

antichresis - antecrese.

anticipate, to (FC) - esperar; prever.

anticipated - antecipado; previsto.

anticipated interest - juros antecipados.

anticipation - antecipação.

anticipation note - desconto pela antecipação do pagamento.

anticipatory breach of contract - violação antecipada de contrato; arrependimento contratual.

anticipatory nuisance - instrumento acautelatório que previne o acontecimento de abusos de direitos inerentes a propriedade.

anticipatory offense - tentativa; conspiração; atos preparatórios.

anticipatory repudiation - arrepedimento contratual.

anti-dumping duty - taxa alfandegária cobrada sobre bens importados para evitar que este seja vendido a preço inferior àquele do país de origem.

anti-lapse statute - legislação que prevê a transferência aos herdeiros dos bens do testamentário, caso este faleça antes daquele.

anti-money laundering - contra lavagem de dinheiro.

antimonopoly - contra monopólio.

antinomy - antinomia.

Anti-racketeering Act (USA) - legislação que proíbe a prática de extorções tais como contrabando, roubo e interferência no comércio entre estados.

Antitrust Act (USA) - leis estaduais e federais qualificando violações antitrust e abuso de poder econômico.

antiwaiver clause - cláusula anterenúncia.

apocha - documento que acusa recebimento de pagamento.

apograph - cópia; inventário.

apology - desculpa.

apologist - apologista; defensor.

apostolic organizations - organizações religiosas isentas de tributação.

appalling - constenador; revoltante; apavorante; pavoroso; assustador.

apparent - aparente; evidente; óbvio.

apparent agent - agente putativo.

apparent authority - autoridade presumida.

apparent danger - perigo evidente.

apparent easement - servidão aparente.

apparent error - erro evidente.

apparent heir - herdeiro real.

apparent servitude - servidão aparente.

appeal - recurso; apelação.

appeal, to - recorrer; apelar.

appeal against, to - apelar contra.

appeal bond - caução ao recurso.

appeal court - tribunal.

appeal for annulment - pedido de anulação.

appeal for reconsideration - pedido de reconsideração.

appeal for reversal - pedido de reposição.

appeal in forma pauperis - apelação interposta através da justiça gratuita.

appeal papers - petições e outros documentos que compõe os autos e que são enviados ao tribunal de recursos em uma apelação.

appeal record - autos do recurso.

appeal reports (UK) - jurisprudência de apelação.

appealable - recorrível; apelável.

appeals conference (USA) - reunião entre o contribuinte ou seu representante e um fiscal que julga recursos administrativos fiscais.

appear, to - comparecer a juízo; aparecer.

appear gratis - comparecer sem ter sido citado.

appear on face - visível; óbvio.

appear specially - comparecer por motivo específico.

appearance - comparecimento a juízo, quando convocado.

appearance by attorney - comparecer a juízo através de advogado.

appearance by counsel - comparecer a juízo através de advogado.

appearance day - dia de audiência.

appearance docket - protocolo de comparecimento e resumo dos atos processuais.

appellant - apelante; recorrente.

appellate - recursório.

appellate court - tribunal superior.

appellate division - vara de apelações.

appellate jurisdiction - jurisdição recursória.

appellate reports (USA-South Africa) - jurisprudência de apelação.

appellate review - revisão judicial do processo; apelação.

appellate rules - normas do procedimento recursório.

appellee - apelado; recursório.

appellor - delator.

append, to - apensar; anexar; acrescentar; juntar.

appendage - apenso; acessório.

appendant - apenso.

appendix - apêndice; apenso.

appensura - pagamento pecuniário por peso ao invés de medida.

appertain, to - pertencer a; caber a; competir a.

applause - aplauso.

appliance - instrumento; utensílio; aparelho.

applicable - aplicável; apropriado; adequado; cabível.

Applicable Federal Rate (AFR) (USA) - taxa de juros usada pelo fisco para determinar o juro imputado.

applicant - candidato; pretendente; inscrito.

application - candidatura; inscrição; aplicação.

application for a job - pedido de emprego.

apply, to - candidatar-se; requerer; interpor; impetrar; inscrever.

apply for a loan, to - solicitar um empréstimo.

appoint, to - designar; constituir; indicar; nomear.

appointee - designado; indicado; nomeado.

appointment - designação; indicação; nomeação; hora marcada.

appointment of receiver - indicação de fiel depositário.

appointor - nomeador; nomeante.

apportion, to - dividir; distribuir; ratear.

apportionment - divisão; distribuição; rateio.

apposite - pertinente; apropriado.

appraisable - avaliável.

appraisal - avaliação.

appraisal of damages - avaliação de danos.

appraisal rights (USA) - direito de um acionista de ter as suas ações compradas pela sociedade.

appraisal surplus - superavit de reavaliação.

appraisal value - resultado pecuniário da avaliação.

appraise, to - avaliar.

appraisement - avaliação.

appraiser - avaliador.

appreciable - apreciável; substancial.

appreciate, to - apreciar.

appreciated property - propriedade cujo valor aumentou.

appreciation - apreciação.

appreciation in value - valorização; acréscimo de valor.

appreciation surplus - superavit resultante de reavaliação.

apprehend, to - apreender; prender; deter.

apprehension - apreensão; prisão; detenção.

apprentice - aprendiz.

apprenticeship - aprendizado.

apprenticius ad legem (L) - acadêmico de direito.

apprise, to - avisar; informar.

apprize, to - valorar; estimar.

approach, to - aproximar-se.

approbate and reprobate - aceitar o melhor e recusar o pior de um contrato.

appropriate, to - apropriar-se; apossar-se; estabelecer fundo; conceder verba.

appropriated surplus - parcela de lucros acumulados, destacada para fins específicos.

appropriation - apropriação; verba; fundo.

appropriation account - conta de distribuição de lucro.

appropriation act - lei orçamentária.

appropriation bill - projeto de lei orçamentária.

appropriation of payments - aplicação do pagamento.

appropriation warrant - documento que autoriza transferência de verbas.

appropriator - apropriante.

approval - aprovação; confirmação; sanção.

approve, to - aprovar; confirmar; sancionar; ratificar.

approvement - aprovação.

approximate - aproximado.

approximate cause - causa próxima.

appurtenance - pertence; apenso; anexo.

appurtenant - coisa acessória.

appurtenant easement - servidão real.

appurtenant power - poder discricionário.

apriorism - apriorismo.

aprioristic - apriorístico.

apt word - termo técnico.

aptitude test - teste vocacional.

aquatic rights - direitos ao uso das águas.

aquilian law - Lei Aquiliana.

arbiter - árbitro.

arbitrage - arbitragem; troca nos mercados de câmbio; mercadorias e taxas de juros com objetivo de lucro.

arbitrage operation - operação de arbitragem.

arbitral award - laudo arbitral; decisão.

arbitrament - arbitragem; arbitramento.

arbitrariness - arbitrariedade.

arbitrary - arbitrário.

arbitrary punishment - pena quantificada pelo juiz.

arbitrate, to - arbitrar; julgar; decidir.

arbitration - arbitragem; arbitramento; procedimento que envolve a resolução de litígio por árbitro.

arbitration award - laudo; sentença arbitral.

arbitration board - junta, banca arbitral.

arbitration clause - cláusula de arbitragem.

arbitration of exchange - arbitragem de câmbio.

arbitration proceeding - juízo arbitral.

arbitrative - arbitrário.

arbitrator - árbitro; arbitrador.

arbitress - arbitradora.

arcane - arcano.

archives - arquivos.

ardor - ardor; fervor; ímpeto; entusiasmo.

area - área; superfície; região; alcance; extensão.

Argentinean - argentino.

arguable - argumentável.

argue, to - argumentar; discutir; debater.

arguendo - argüindo; argumentando.

argument - argumento; argumentação.

argument by counsel - sustentação oral.

argumentative - disputador; questionador.

argumentative question - pergunta tendenciosa.

arise, to - aparecer; apresentar-se; levantar-se; acontecer.

aristocracy - aristocracia.

arithmetic average - média aritmética.

arithmetic mean - média aritmética.

armed - armado.

armed robbery - roubo a mão armada.

armistice - armistício.

arms - armas.

arm's length - alcance; sob controle.

arm's length transaction - negociação que não prejudica a independência das partes; que procura determinar o valor real da coisa; negócio correto.

army - exército.

arraign, to - acusar; denunciar; processar.

arraignment - libelo; acusação.

arrange, to - ajustar; arrumar; colocar em ordem.

arrangement - composição amigável com credores; arranjo.

arrangement with creditors - recomposição de dívida entre credores e devedores.

arras - arras.

array - lista de jurados.

arrears - atrasados; obrigações vencidas e não pagas.

arrest, to - prender; deter; capturar.

arrest of judgement - suspensão dos efeitos de uma sentença.

arrest record - folha de registro de prisão ocorrida.

arretted - indiciado; acusado.

arrha - arras.

arrival - chegada; contra apresentação de documentos.

arrival draft - saque contra apresentação.

arrival notice - notificação de chegada.

arrogation - adoção de pessoa maior de idade.

arson - incêndio criminoso.

arsonist - incendiário.

art and part - participação na prática de um ato criminoso.

article - artigo; parágrafo; cláusula.

articled clerk (UK) - estagiário em treinamento para a profissão de "solicitor".

articles - instrumento de constituição de sociedade.

articles of agreement - instrumento de contrato.

articles of amendment - aditivo ao contrato.

articles of association - contrato social; estatuto social.

articles of dissolution - dissolução de sociedade.

articles of impeachment - alegação das causas do pedido de impeachment.

articles of incorporation - contrato social; instrumento de constituição de sociedade; instrumento de formação; estatutos; carta patente.

articles of partnership - contrato social.

articles of the peace - pedido de garantia de vida.

articles of war - código militar.

articulate, to - articular.

articulated pleading - petição, contestação articulada.

articulation statement - folha colunar de análise.

articulo mortis (L) - no momento da morte.

artifice - artifício; fraude.

artificial - artificial.

artificial person - pessoa artificial; pessoa jurídica.

artificial presumption - presunção legal.

as against - como contrário.

as interest may pay - segundo interesses.

as is - tal qual-cláusula que determina o estado da "res".

as of - desde de.

as per advice - segundo aviso.

as soon as possible - assim que possível.

ascendant - ascendente.

ascent - sucessão pela linha ascendente.

ascertain, to - acertar; fixar; determinar.

ascertainable - averiguável; verificável.

ascribe, to - atribuir.

aside, to - pôr à parte, de lado; anular; revogar; separar.

ask, to - pedir; requerer; solicitar; peticionar.

asked price - preço marcado; preço de venda.

asking price - preço de venda; preço cotado; cotação para venda.

asperse, to - aspergir, caluniar (FC); atacar a reputação (FC).

aspersion - aspersão, difamação (FC); crítica (FC); censura (FC).

aspect - aspecto; aparência.

assail, to - assaltar; atacar; agredir.

assailant - assaltante; agressor; atacante.

assassination - assassinato.

assault - crime tentado; agressão; lesão corporal; uso de força.

assault and battery - delito de lesões corporais.

assault with the deadly weapon - roubo com arma mortal.

assault with intent to murder - tentativa de homicídio.

assay - prova; verificação.

assay, to - provar; verificar; testar.

assay office - escritório de avaliações; oficina de testes.

assayer - avalidor de metais preciosos.

assay-office value - avaliação por escritório especializado.

assecuration - seguro de navio, frete ou carga.

assecurator - seguradora marítima.

assemblage - assembléia; montagem.

assemble, to - reunir; juntar.

assembly - assembléia; encontro de pessoas.

assemblyman - deputado estadual.

assent - assentimento; consentimento; aprovação.

assert, to - afirmar; asseverar; fazer valer.

assertory covenant - garantia afirmativa solene.

assertory oath - juramento.

assess, to - tributar; lançar; tombar; calcular; avaliar.

assess cost, to - tributar as custas.

assess damages, to - fixar os danos e prejuízos.

assessable capital stock - capital não integralizado.

assessed valuation - tributação oficial.

assessment - tributação; lançamento; contribuição de melhoria; tombamento.

assessment for improvements - contribuição de melhoria.

assessment list - lista de contribuintes de imposto.

assessment period - exercício financeiro.

assessment roll - cadastro de contribuintes de imposto.

assessor (FC) - avaliador; perito.

asset - ativo.

asset backed security - ativo securitizado.

assets - ativos; bens de ativo; propriedades; haveres; bens.

assets, current - ativos correntes.

assets, financial - ativos financeiros.

assets, intangible - ativos intangíveis.

assets and liabilities - ativos e passivos.

assets in hand - bens disponíveis.

assets of bankruptcy - massa falida.

assets swaps agreement - contrato de permuta de ativos.

asseveration - asservação; declaração.

assiduity (FC) - persistência; perseverança; vontade de agradar.

assign, to - transferir; atribuir; designar; ceder.

assignability - transferibilidade.

assignation - cessão; designação; transferência; atribuição.

assignation house - casa de prostituição.

assigned account - cessão de crédito.

assigned counsel - advogado nomeado pelo juiz ou indicado pela assistência judiciária.

assigned risk - risco assumido.

assignee - cessionário.

assignment - cessão; transferência; tarefa.

assignment agreement - contrato de cessão.

assignment for benefit of creditors - cessão de bens do falido.

assignment of a lease - sub-locação; transferência de contrato de leasing.

assignment of account - cessão de conta.

assignment of counsel - nomeação de advogado de ofício.

assignment of dower - a especificação dos bens do(a) viúvo(a).

assignment of error - especificação dos erros no auto de cessão; razões do recurso.

assignment of income - transferência de rendimentos.

assignment of rights - cessão de direitos.

assignor - cedente.

assimilate, to - assimilar.

assise - antiga espécie de júri; juízo.

assise - ação especial de direito real, ora abolida.

assiser - jurado.

assist, to - ajudar; assistir; auxiliar.

assistance - assistência.

assistance of counsel - assistência jurídica.

assistant - adjunto; assistente.

assistant attorney general (USA) - procurador geral adjunto.

assistant district attorney (USA) - procurador adjunto; fiscal adjunto.

assistant judge - juiz auxiliar.

assistant professor - professor universitário assistente.

assistant teacher - professor(a) assistente.

assistant vice-president (USA) - sub-diretor.

associate, to - associar; juntar.

associate - associado.

associate counsel - advogado associado.

associate justice - ministro do tribunal; desembargador.

associated company - empresa afiliada.

association - associação; corporação; confederação.

assoil, to - absolver.

assuage, to - aliviar; abrandar; suavizar; mitigar.

assume, to - assumir; substituir; adotar; prometer.

assumed facts - fatos presumidos.

assumed profit - lucro presumido.

assumed responsibility - responsabilidades assumidas.

assumpsit - promessa ou compromisso verbal ou escrito.

assumpsit - ação de reparação de dano pelo não cumprimento de uma promessa ou contrato.

assumpsit for money had and received - ação de caráter equitativo onde o réu recebe valores que deveria reverter ao autor.

assumption - assunção; aceite; premissa; suposição; pressuposto; hipótese.

assumption clause - cláusula de assunção da dívida.

assumption of indebtedness - assunção da dívida.

assumption of risk - o ato de assumir o risco.

assumption of skill - presunção de perícia.

assurance - garantia; seguro.

assurance - escritura de venda de imóvel; transferência de propriedade.

assure, to - assegurar; garantir; segurar.

assured - assegurado; garantido; segurado; beneficiário do seguro.

assurer - companhia seguradora.

astipulation - encontro de vontades; acordo.

astipulation - testemunha ou testemunho.

astonish, to - surpreender.

astray - extraviado; errado; enganado.

asylum - asilo.

at a yield - com rentabilidade.

at bar - no tribunal; em juízo.

at call - opção de compra.

at law - segundo a lei; de acordo com a lei.

at market rates - a taxas de mercado.

at par - ao valor par; ao valor nominal.

at sight - à vista.

atmosphere - atmosfera.

atone, to - compensar; repor; corrigir; reparar.

atonement - reparação.

atrocious - atroz.

atrocity - atrocidade.

attach, to - penhorar; apreender; seqüestrar; embargar.

attaché (F) - adido.

attached - penhorado; apreendido; seqüestrado; embargado; anexado.

attached account - conta bloqueada por determinação judicial.

attaching creditor - credor beneficiado pela penhora.

attachment - penhora; apreensão; sequestro; embargo; vínculo; anexo.

attachment bond - caução preparatória para evitar a penhora, sequestro ou apreensão de bens.

attachment execution - penhora de bens executado em poder de terceiros.

attachment proceedings - processo para sequestro; penhora.

attack, to - atacar; assaltar; acometer.

attain, to - atingir; alcançar.

attainder - prescrição; extinção dos direitos civis do indivíduo condenado a pena de morte.

attaint, to - privar dos direitos civis.

attempt - tentativa.

attendance fees - emolumentos, honorários de assistência.

attendant - atendente; subordinado.

attendant - ligado; subordinado.

attendant circumstances - circunstâncias acompanhantes.

attendant term (UK) - período de espera do término de um fideicomisso.

attenuate, to - enfraquecer; atenuar.

attermining - reescalonamento de dívida.

attest, to - atestar; certificar.

attestation - atestado; certificação.

attestation clause - parte do documento no qual as testemunhas atestam.

attested copy - cópia autenticada.

attesting notary - tabelião.

attesting witness - testemunha certificadora.

attestor - autenticador; certificador.

attorn, to - transferir; ceder; nomear; concordar.

attornatus - procurador; representante.

attorney (USA) - advogado; consultor jurídico; procurador; promotor; mandatário.

attorney ad hoc (USA) - advogado "ad hoc" ou para casos especiais.

attorney at law (USA) - advogado.

attorney-client privilege - segredo profissional do advogado.

attorney for government - Procurador do Estado.

attorney general - Procurador Geral.

attorney general's bill - representação do Procurador Geral.

attorney general's opinion - parecer do Procurador Geral.

attorney in fact - procurador.

attorney of record - advogado oficial da causa.

attorney's fees - honorários advocatícios.

attorney's license - carteira de advogado.

attorney's lien - direito de retenção pelo advogado.

attorneyship - procuradoria; representação.

attornment - ato pelo qual a parte reconhece o sucessor de um contrato.

attribute - atributo; característica.

attribution - atribuição.

attrocious - atroz.

attune, to - afinar; adaptar.

auction - leilão; hasta pública.

auction, to - leiloar; vender em praça.

auctionarius - leiloeiro.

auctioneer - leiloeiro.

auctioneer's bond - garantia do leiloeiro.

auctor - leiloeiro; avalista; vendedor; autor.

audacity - audácia; ousadia; arrojo; atrevimento.

audience - audiência; platéia.

audit - auditoria; exame de contas.

audit, to - auditar.

audit report - relatório de auditoria.

audit trail - rastro para a auditoria.

auditor - auditor.

augmentation - aumento; crescimento.

australian ballot - voto secreto.

Australian Stock Exchange (ASX) - bolsa de valores da Austrália.

auspices - auspícios; patrocínio; proteção.

auspicious - auspicioso; promissor; propício.

austerity - austeridade; severidade.

autarchy - autarquia.

authentic - autêntico; verdadeiro.

authentic act - ato autêntico; ato solene.

authentic interpretation - interpretação exata, autêntica.

authentication - autenticação.

authenticity - autenticidade.

author - autor.

authorities - citações de jurisprudência, doutrina ou leis.

authority - autoridade.

authority, by - por poder.

authority by estoppel - autoridade putativa.

authority coupled with interest - inerente a um aval dado em contraprestação.

authority to pay - autorização para pagar.

authority to purchase - autorização de compra.

authorization - autorização.

authorization to operate - alvará; autorização oficial para funcionar; carta patente.

authorize, to - autorizar.

authorized agent - agente oficial.

authorized capital - capital autorizado.

authorized issue - emissão de cautelas autorizada pelos estatutos sociais.

authorized signature - assinatura autorizada.

autocracy - autocracia.

autoeuthanasia (PC) - suícidio.

autograph - autógrafo.

automate, to - automatizar.

automated screen trading (AST) - negociação por computador.

automated teller machine (ATM) - caixa-automática.

automatic reinstatement - continuação de contrato de seguro pelo valor nominal após sofrimento de prejuízo.

automatic termination - rescisão automática.

automation - automação.

autonomous - autônomo.

autonomous entity - autarquia.

autonomy - autonomia.

autoptic evidence - prova pela inspeção ocular.

autopsy - autópsia.

autre action pendant (F) - litispendência.

auxiliary - auxiliar; acessório.

avail, to - usar.

availability - disponibilidade.

available - disponível; acessível.

available balance - saldo disponível.

available limit - limite disponível.

availment - disposição.

avails - produto.

aval - aval.

avenge, to - vingar.

aver, to - alegar; afirmar; declarar; propriedades.

average - avaria; danos a navios ou carga.

average - média; normal.

average, general - perda parcial deliberada da carga de um navio para salvar o remanescente.

average, particular - perda parcial acidental.

average adjuster - liquidante de avarias.

average clause - cláusula de seguro determinando cobertura de bens espalhados territorialmente em valor proporcional.

average daily balance - saldo médio diário.

average deposit - média de depósitos.

average loss - perda parcial.

average price - preço médio.

average rate - taxa média.

average yield - rendimento médio.

averment - afirmação; alegação; declaração positiva.

averse - avesso.

avert, to - desviar; evitar; prevenir; impedir.

aviation - aviação.

avocat (F) - advogado contencioso.

avocation - trabalho provisório ou temporário distinto daquele comum.

avoid, to - anular; cancelar; evitar.

avoidable - evitável; anulável.

avoidance - anulação; cancelamento; elisão fiscal.

avoir fiscal (F) - crédito fiscal.

avouch, to - afirmar; asservar; sustentar; confirmar; confessar.

avouchier - chamamento à autoria.

avouchment - sustentação; confissão; confirmação.

avoué (F) - advogado preventivo.

avow, to - reconhecer; justificar; confessar.

avowal, to - reconhecer; justificar.

avowal - declaração.

avowant - declarante.

avowry - justificação.

avowterer - adúltero.

avulsion - avulsão.

avvocato (I) - advogado.

award - quantia fixada para solucionar um litígio.

award, to - adjudicar; outorgar; conceder; indenizar.

axiom - axioma.

axis - eixo.

azione (I) - ação.

B

B list (UK) - lista de diretores nos 12 meses precedentes à declaração de quebra.

bachelor - homem solteiro.

bachelor of laws - bacharel em direito.

back - anterior; atrasado; vencido.

back, to - endossar; homologar; aprovar; assinar; aceitar.

back bencher (UK) - parlamentar que não exerce função de liderança em seu partido.

back bond - contra-fiança.

back dividends - dividendos não distribuidos.

back freight - frete a maior por recusa de aceitação de mercadoria; frete de retorno.

back office - escritório de apoio.

back pay - pagamento de salários atrasados.

Back Pay Award - sentença que condena ao pagamento retroativo da diferença do salário pago a menor.

back tax - tributo atrasado.

back to back loan - empréstimo lastreado em depósito de igual valor.

backdating - predatar.

backer - defensor; partidário.

backing - endosso; homologação; aprovação; garantia; apoio.

backing sheet - folha que recebe impressões a carbono sucessivas e serve como diário em contabilidade mecanizada.

backlog - atraso.

backward - atrasado.

backwardation - multa referente a atraso na entrega de títulos mobiliários; preços no mercado futuro mais altos que no mercado a vista.

bad - mau; ruim; viciado; corrompido.

bad account - conta incobrável.

bad behavior - mau comportamento.

bad character - má reputação; mau comportamento; mau caráter.

bad check - cheque sem fundo.

bad debt - débito incobrável.

bad faith - má-fé.

bad title - documentação ruim.

badge - emblema; distintivo; marca; sinal; medalha.

badges of fraud - indícios de fraude.

bag - saco.

bagman - agente que recebe pagamentos ilícitos.

bail - fiança; caução.

bail above - pessoa que presta fiança para soltar o réu e tem sua custódia.

bail absolute - caução absoluta.

bail below - fiança ordinária.

bail bond - carta de fiança.

bail common - pessoa fictícia que presta fiança criminal livrando o réu para que este possa responder o processo em liberdade.

bail jumping - pessoa que paga a fiança e não volta à Corte.

bail on - afiançado.

bail to action - pessoa que presta fiança para que o réu responda processo em liberdade.

bailable - afiançável.

bailable action - ação caucionável.

bailable attachment - arresto com direito a caução.

bailable offense - crime afiançável.

bailable process - processo caucionável.

bailee - depositário.

bailee for hire - depositário profissional.

bailee policy - apólice de seguro do depositário.

bailee's lien - direito de retenção do depositário que recebeu o bem.

bailiff - oficial de justiça; curador; policial da Corte.

bailiff-errant - auxiliar de oficial de justiça.

bailiwick - condado.

bailment - depósito.

bailment for hire - depósito de um bem entregue para reparos.

bailment for lease - locação de bem móvel com direito de compra.

bailment for mutual benefit - fiança para benefício duplo.

bailor - fiador; depositante.

bailpiece - documento de fiança.

bailsman - saldo.

bairman - falido.

bait - chamariz; engodo; isca.

bait, to - perseguir; atormentar.

bait and switch - armadilha do comércio aonde se anuncia um produto a preços baixos e vende-se outros mais caros.

baksheesh - gorjeta.

balance - saldo; balança; resíduo; balanço.

balance, to - balancear; equilibriar.

balance of convenience - balança de utilidade.

balance of international payments - balanço de pagamentos internacionais.

balance of payments - balanço de pagamentos.

balance of power - balança de poderes; equilíbrio de poderes.

balance of trade - balança comercial.

balance on hand - saldo disponível.

balance order - notificação para pagamento de saldo.

balance outstanding - saldo pendente; saldo em aberto.

balance sheet - balanço.

bale - fardo.

balk, to - impedir; estorvar.

ballistics - balística.

ballon maturity - vencimento agregado no final.

balloon mortgage - hipoteca com pagamento de valores iguais com pagamento do valor residual no fim do prazo.

balloon note - nota promissória que garante totalidade da dívida.

balloon payment - pagamento de juros e principal conjuntamente por ocasião do termo final de um empréstimo.

ballot - voto secreto; total de votos; lista de candidatos.

ballot box - urna eleitoral.

ban - édito; proclamas; proclamação.

ban - proibição; interdito.

ban, to - proibir.

banc - câmaras reunidas; tribunal pleno; vara; foro.

bandit - bandido.

banditry - banditismo.

bane - ruína; perdição; desgraça.

baneful - maligno; nocivo; pernicioso.

banish, to - banir; exilar.

banishment - banimento; expulsão.

bank - banco.

bank - vara; foro; tribunal pleno; câmaras.

bank, to - bancar.

bank acceptance - aceite bancário.

bank account - conta bancária.

bank agency - agência bancária.

bank annuities - obrigações do tesouro britânico.

bank balance - saldo bancário.

bank bill - letra facilmente descontável.

bank book - caderneta bancária.

bank charges - comissões bancárias.

bank charter - carta patente bancária.

bank check - cheque bancário.

bank credit - crédito bancário.

bank credit proxy (USA) - total de depósitos bancários.

bank deposit - depósito bancário.

bank deposit slip - comprovante de depósito bancário.

bank depositor - depositante de um banco.

bank draft - letra bancária; cheque bancário.

bank earnings - rendimentos bancários.

bank employee - bancário.

bank failure - falência bancária.

Bank for International Settlements (BIS) - Banco de Compensações Internacionais.

bank guaranty - fiança bancária.

bank holiday - feriado bancário.

bank loan - empréstimo bancário.

bank money order - ordem de pagamento bancária.

bank note - cédula ou nota promissória bancária.

bank of circulation - banco emissor.

bank of discount - banco de desconto.

Bank of England - Banco da Inglaterra; banco central inglês.

Bank of Japan (BOJ) - Banco do Japão; banco central japonês.

bank office - agência bancária.

bank overdraft - sem provisão de fundos.

bank paper - valores bancários.

bank rate - taxa de juros; taxa de desconto bancário.

bank reconciliation - reconciliação bancária.

bank reference - referência bancária.

bank reserves - reservas bancárias.

bank secrecy - segredo bancário.

bank statement - extrato de conta bancária.

bank syndicate - união de bancos para efetuar emprétimos; consórcio de bancos.

bank system - sistema bancário.

banker - banqueiro.

banker's acceptance - títulos de crédito a curto prazo com aceite bancário.

banker's advance - empréstimo em conta corrente.

banker's check - cheque administrativo.

banker's lien - gravame bancário.

banking - operação bancária.

banking circles - círculos bancários.

banking company - sociedade bancária.

banking day - expediente bancário.

banking facilities - serviços bancários.

banking hours - horário bancário.

banking house - agência bancária.

bankrupt - falido; insolvente; quebrado.

bankrupt estate - massa falida.

bankruptcy - falência; insolvência; quebra; bancarrota.

Bankruptcy Act - Lei de Falências.

bankruptcy court - vara; juízo de falências.

bankruptcy discharge - reabilitação do falido.

bankruptcy judge - juiz de falências.

bankruptcy petition - ação de falência.

bankruptcy proceedings - procedimento falimentar.

bankruptcy rules - normas de processo falimentar.

bankruptcy trustee - síndico falimentar.

banque d'affaires (F) - banco de negócios.

bans of matrimony - proclamas de casamento.

Bar - advogados; ordem dos advogados.

bar - tribunal; foro; vara; barra; plenário.

bar (GER) - cash.

bar, to - proibir; impedir; excluir; vedar.

bar admission - admissão na ordem dos advogados.

Bar Association - Ordem dos Advogados.

bar call (UK) - admissão na ordem dos advogados.

bar council - conselho da ordem dos advogados.

bare - vazio; nu; destituído; despojado; exposto.

bare contract - contrato sem causa.

bare patent license - licença de patente que não é exclusiva.

bare trustee - fiduciário que perdeu o poder de reter o título.

bargain - barganha; pechincha; negociação; ajuste.

bargain, to - negociar; pechinchar.

bargain and sale - compromisso de compra e venda.

bargain money - sinal dado em pagamento.

bargain sale - barganha; pechincha; liquidação.

bargainee - comprador; promitente comprador.

bargaining unit - representação classista.

bargainor - vendedor; promitente vendedor.

barmy - tolo.

baron (UK) - barão.

baron (UK) - juiz dos tribunais da Fazenda Pública.

baron - marido.

barons of the exchequer (UK) - o colegiado que forma o tribunal da Fazenda Pública.

barony - medida de terra; território do barão.

barrator - difamador.

barratrous - fraudulento.

barratry - lide temerária; baratana; ato fraudulento que visa obter lucro ilícito com o prejuízo de outro.

barren - estéril; improdutivo.

barren money - dinheiro emprestado sem cobrança de juros.

barreness - esterilidade.

barretor - difamador; litigante de má-fé.

barrier - barreira; obstáculo; limite.

barrister (UK) - advogado contencioso.

barter - contrato de troca ou permuta; barganha; escambo.

barter, to - barganhar; permutar.

base - base.

base - básico; inferior; adulterado.

base court - juízo inferior.

base pay - taxa básica.

base period - período-base.

base rate (UK) - taxa de juros básica.

baseless - infundado; sem base.

bash, to - bater.

bashful - acanhado; tímido.

basic - básico.

basic patent - patente básica.

basis point - ponto base; 1/100 por cento.

basis price - preço base; preço de venda no mercado de balcão.

basis - base; fundamento.

basis for monetary system - base do sistema monetário.

bastard - bastardo.

batch - lote.

batch cost - custeio por lote.

batter, to - bater; demolir; lesar; agredir.

battered child - menor vítima de lesão corporal.

battery - lesão corporal.

battle - batalha.

battle, legal - batalha legal.

bawd - alcoviteiro; adúltero; fornicador.

bawdy - indecente; obsceno.

bawdy house - casa de prostituição; bordel.

bawdry - linguagem obscena.

bear - em baixa.

bear, to - portar; conduzir; render.

bear arms - portar armas.

bear covering - cobrindo vendas a descoberto.

bear false witness - prestar falso testemunho.

bear interest, to - render juros.

bear's market - mercado em baixa; mercado vendedor; expressão utilizada no mercado de ações.

bear sale - venda a descoberto.

bear squeeze - intervenção compradora das autoridades.

bear witness - testemunhar.

bearer - portador; especulador baixista.

bearer bond - título de crédito ao portador.

bearer check - cheque ao portador.

bearer instrument - instrumento ou documento ao portador.

bearer paper - título ao portador.

bearer securities - valores mobiliários ao portador.

bearer share (UK) - ação ao portador.

bearer stock (USA) - ação ao portador.

bearing date - datado.

bearing market - mercado vendedor.

beat, to - bater; espancar; superar; ultrapassar.

bed - leito; dever conjugal de coabitação.

bed and board - separação de corpos (cama e mesa).

beadle - bedel.

before - perante; diante.

beg, to - pedir; rogar; suplicar; implorar.

begrudge, to - dar com má vontade.

behalf, on - a favor de; em nome de.

behavior - conduta; comportamento; procedimento.

behoof - uso; benefício; vantagem.

behoove, to - ser apropriado.

being duly sworn - tendo prestado juramento.

belief - crença; fé; crédito; confiança; opinião; convicção.

believable - verossímel; digno de fé; acreditá- vel.

belligerency - beligerância.

belligerent - beligerante.

belonging - apenso; acessório; pertencente a.

below - inferior; auxiliar; abaixo.

below par - com desconto; com deságio.

bemuse, to - surpreender; causar espanto.

bench - magistratura.

bench - vara; tribunal; juízo.

bench (UK) - administração de sociedades de advogados - "Inn of Court".

bench blotter - registro de ocorrências policiais.

bench conference - conferência profissional entre advogado e juiz.

bench trial - julgamento sem participação do júri.

bench warrant - mandado judicial de prisão.

bencher (UK) - administrador de "Inn of Court".

bend, to - curvar.

benefactor - benfeitor; doador.

benefice - benefício; vantagem; favor.

beneficial - benéfico; útil; proveitoso.

beneficial association - sociedade beneficente.

beneficial enjoyment - direito de gozo.

beneficial improvement - melhora patrimonial.

beneficial interest - interesse pecuniário.

beneficial owner - usufrutuário.

beneficial power - poder de gestão.

beneficial use - direito de gozo.

beneficiary - beneficiário.

beneficiary heir - herdeiro beneficiário.

beneficium ordinis (L) - benefício de ordem.

benefit - benefício; privilégio; lucro.

benefit, to - beneficiar.

benefit certificate - carnê de doações; caridade.

benefit of cession - benefício da cessão.

benefit of counsel - direito de ter um advogado.

benefit of discussion - benefício da discussão.

benefit of division - benefício da divisão do uso da coisa do devedor pelo avalista para quitar o débito.

benefit of doubt - benefício da dúvida.

benefit of inventory - benefício do inventário.

benefit of order - benefício de ordem.

benefit payments - pagamento de benefícios.

benefit society - sociedade beneficiente.

benevolence - benevolência; bondade; generosidade; caridade.

benevolent - beneficente; caridoso; generoso; benigno; bondoso.

benevolent corporation - sociedade beneficente.

benign - benigno.

bengoshi (JAP) - advogado.

bent policeman - policial corrupto.

bequeath, to - legar em bem móvel.

bequeather - legante.

bequest - legado; donativo; doação.

bereavement - luto; aflição; nojo.

bereft - privado; despojado.

bereft, to - furtar; despojar; privar.

berth note - aviso de afretamento.

best before - antes de.

best bid - melhor oferta.

best evidence rule - regra que determina a introdução de provas originais, primárias, e não cópias.

best use - boa conservação; o valor que seria devido em caso de desapropriação.

bestiality - bestialidade.

bestow, to - doar; presentear; conferir.

bet - aposta; sorteio; rifa.

betray, to - trair; atraiçoar.

betrayal - violação de segredo profissional; traição; denúncia.

betrayal of conscience - abuso de confiança.

betrothal - noivado; esponsais.

better - melhor.

better equity (UK) - melhor direito.

betterment - benfeitoria; melhoria; melhoramento.

betterment tax - contribuição de melhoria.

bettor - apostador.

beverage - bebida.

bevy - grupo; bando.

beware, to - acautelar-se; ter cuidado.

beyond control - fora de controle.

beyond reasonable doubt - indubitável; acima de qualquer dúvida.

beyond sea - além-mar; no exterior.

bias - parcialidade; inclinação; predisposição; orientação tendenciosa.

bias, statistics - erro sistemático.

biased - parcial; tendencioso.

bicameral system - sistema bicameral.

bicker - disputa; contenda.

bicker, to - disputar; questionar.

bid - lance; oferta; proposta; licitação.

bid, to - lançar; ofertar.

bid market - mercado vendedor; demanda superior à oferta.

bid price - oferta de preço; valor oferecido; cotação para compra.

bid rate - taxa de juros para depósitos.

bidder - lançador; proponente; licitante.

bidding - concorrência; licitação.

bigamist - bígamo.

bigamus - bígamo.

bigamy - bigamia.

bigot - fanático; preconceituoso.

bigwig (informal) - pessoa importante.

bilan (F) - balanço.

bilanz (GER) - balanço.

bilateral - bilateral.

bilateral contract - contrato bilateral.

bilinguis (L) - bilíngüe.

bill - fatura; letra; projeto de lei; conta; conhecimento.

bill-book - livro de registro de letras de câmbio e notas promissórias.

bill for a new trial - recurso de eqüidade pelo qual se pede um novo julgamento de uma questão já julgada em jurisdição comum.

bill for foreclosure - pedido judicial de execução de hipoteca.

bill in equity - recurso de eqüidade.

bill obligatory - obrigação incondicional de pagar; confissão de dívida.

bill of appeal - apelação.

bill of attainder (UK) - ato legislativo passando julgamento de alta traição.

bill of credit - carta de crédito.

bill of debt - confissão de dívida.

bill of discovery - recurso cabível para se pedir a exibição de documentos.

bill of entry - declaração de entrada de mercadoria.

bill of exceptions - agravo nos autos do processo.

bill of exchange - letra de câmbio.

bill of health - atestado de saúde.

bill of indictment - denúncia; pronúncia.

bill of interpleader - chamamento ao processo por terceiro desinteressado para decidir lide que pode vir a afetá-lo.

bill of lading - conhecimento de embarque; conhecimento de transporte.

bill of materials - relação de materiais.

bill of parcels - fatura.

bill of peace - medida para solução de litispendência.

bill of review (UK) - ação de revisão.

bill of revivor - pedido de restabelecimento.

Bill of Rights - declaração de direitos e garantias.

bill of sale - fatura; instrumento de venda; nota de venda.

bill of sight (UK) - declaração alfandegária genérica.

bill of store - declaração de exportação.

bill of sufferance (UK) - licença para comércio marítimo interno.

billet - alojamento; colocação; emprego.

billet de trésorerie (F) - nota promissória comercial.

billeting - alojamento compulsório de forças militares.

billholder - portador de título de crédito.

billing - faturamento; cobrança.

bind, to - vincular; ligar; sujeitar; unir; amarrar; segurar; atar; obrigar.

bind over, to - sujeitar-se a ordem judicial.

binder - contrato provisório de seguro.

binder receipt - depósito em compromisso de compra e venda.

binding - obrigatório.

binding agreement - acordo obrigatório.

binding authority - fonte de direito.

binding instruction - instruções dadas aos jurados antes do veredito.

birth - nascimento; origem.

birth certificate - certidão de nascimento.

birth control - controle de natalidade.

birth rate - índice de natalidade.

birth record - registro de nascimento.

bitter - doloroso; amargo; duro.

black - preto.

black economy - economia informal.

Black Letter Law - princípios básicos da lei acatados pelas Cortes.

black market - mercado negro; mercado paralelo; mercado ilícito.

blackleg - fura-greve.

blacklist - lista negra.

blackmail - chantagem; extorsão.

blackmailer - chantagista; extorsor.

blame - censura; reprovação; culpa.

blame, to - censurar; reprovar; acusar; culpar.

blameful - censurável; repreensível.

blameless - inocente; irrepreensível.

blank - formulário padrão; espaço em branco.

blank acceptance - aceite em branco.

blank bill - letra com omissão de nome.

blank check - cheque em branco.

blank indorsement - endosso em branco.

blank insurance - seguro coletivo.

blank signature - assinatura em branco.

blanket - coletivo; geral; amplo; cobertor.

blanket bond - fiança geral.

blanket mortage - hipoteca coletiva.

blaspheme, to - blasfemar.

blasphemous - blasfemo; insultante.

blasphemy - blasfêmia.

blemish, to - macular; manchar; desfigurar.

blind - oculto; cego.

blind, to - cegar; ofuscar.

blind entry - lançamento contábil sem lastro.

bloat, to - inchar; inflar.

block (USA) - bloco; quantidade relevante de ações.

block, to - obstruir; estorvar; impedir; bloquear.

block trade - vender em grandes quantidades.

blockade - bloqueio.

blocked - bloqueado; vedado; congelado; vinculado.

blocked accounts - contas congeladas ou bloqueadas.

blocked currency - moeda bloqueada.

blocked deposits - depósitos bloqueados.

blocked encharges - divisas congeladas.

blocked foreign income (USA) - renda que não pode ser distribuída por empresas estrangeiras aos acionistas norte-americanos, donos de ações dessas empresas, em razão da moeda ou de outras restrições e limitações impostas pelas leis dos países estrangeiros.

blocked funds - fundos congelados.

blocked income - renda não tributável.

blood - sangue.

blood relations - parentesco por consangüinidade.

blood test - exame de sangue.

bloodline - parentesco consangüíneo.

blot - mancha; borrão.

blotter - borrador; registro de ocorrências.

blow - golpe.

blue - azul.

blue book (USA) - opções de política monetária do banco central americano.

blue chips - ações de primeira linha.

Blue-Ribbon Jury - júri composto de pessoas altamente qualificadas e com grande notoriedade na comunidade.

Blue Sky Laws (USA) - nome popular para as leis estaduais que regulam o mercado de títulos.

bluff - blefe.

blunder - negligência; imprudência; erro grosseiro.

bluster, to - ameaçar.

board - diretoria; junta; banca; conselho administrativo.

board meetings - reunião de diretoria.

board of alderman - câmara municipal.

board of audit - Tribunal de Contas.

Board of Banking Supervision (UK) - comissão consultora do Banco da Inglaterra.

board of directors - conselho de administração.

board of elections - comissão organizadora de eleições.

board of health - comissão de saúde pública.

board of pardons - conselho responsável para conceder anistia a prisioneiros.

board of review - junta revisora.

Board of Trade - Junta Comercial; Bolsa de Commodities.

board of trustees - administradores.

boarding house - albergue.

boast, to - vangloriar.

boat - barco; bote.

bodily harm - lesão corporal; ferimento.

bodily heir - herdeiros em linha reta.

bodily injury - lesão corporal.

bodily injury liability - responsabilidade por lesões corporais.

bodily oath - juramento solene.

body - corpo; cadáver; grupo; coleção; órgão; corporação.

body corporate - pessoa jurídica pública ou privada.

body of a contract - corpo de um contrato.

body of an instrument - corpo de um instrumento.

body of laws - consolidação das leis.

body of the crime - corpo de delito.

body of the offense - corpo de delito.

body politic - entidade política.

bogus - falso.

bogus check - cheque sem fundo.

bogus money - dinheiro falso.

boilerplate - padrão; linguajar padronizado.

boilerplate clause - cláusula padrão.

boiler room (shop) - venda por telefone, de títulos de risco.

boisterous - turbulento; tumultuado.

bomb - bomba.

bona - bens.

bona - boa.

bona fides (L) - boa-fé.

bona fides holder - possuidor de boa-fé.

bona fides judgement creditor - exeqüente de boa-fé.

bona fides possessor - possuidor de boa-fé.

bona fides purchaser - comprador de boa-fé.

bona fiscalia (L) - propriedade pública.

bona immobilia (L) - bens imóveis.

bona peritura (L) - bens deterioráveis.

bona vacantia (L) - bens vagos.

bona waviata (L) - bens descartados por ladrão.

bond - título (bônus) de dívida geralmente com garantia; apólice; obrigação; fiança; garantia; caução; debênture.

bond and mortage - escritura de empréstimo e hipoteca.

bond coupon - cupom.

bond creditor - credor com garantia.

bond discount - diferença entre o valor fiscal e o valor de mercado do título.

bond for deed - acordo para transferir o título de propriedade no futuro em casos de venda incompleta.

bond for general purposes - caução para garantir eventos futuros.

bond for title - acordo para transferir o título de propriedade no futuro em casos de venda incompleta.

bond form - modelo de fiança.

bond issue - emissão de fiança.

bond note - certificado de depósito.

bond of indemnity - garantia de indenização.

bond mortgage - cédula hipotecária.

bond premium - ágio cobrado na venda de bônus; ágio sobre ações.

bond yield - rendimento do título.

bondage - servidão; escravidão; cativeiro.

bonded carrier - empresa transportadora assegurada.

bonded debt - dívida representada por títulos de crédito.

bonded goods - bens alfandegados.

bonded warehouse - armazém ou depósito aduaneiro.

bondholder - titular; debenturista.

bonding company - empresa que presta fiança ou caução.

bondsman - pessoa que presta uma fiança ou caução.

bone - osso.

bonification - bonificação.

bonus - bônus; abono; prêmio; bonificação; gratificação.

bonus share - ação bonificada.

boodle - propina.

boodling - corrupção parlamentar.

book - livro; registro.

book, to - reservar lugar; tomar nota do nome; contabilizar.

book loss - perda contábil.

book of account - livro contábil; registro contábil.

book of original entries - livro de lançamentos originais.

book profits - lucros contábeis.

book value - valor contábil; valor escritural; valor pelos livros.

book yield - rendimento contábil.

booked - reservado; marcado; registrar a queixa.

booking - registro de ocorrências policiais.

bookkeeping - escrituração contábil.

bookmaker - agenciador de apostas.

bookmaking - fazer apostas.

boom - crescimento desusado; expansão econômica acelerada, repentina.

boom year - anos de grande prosperidade.

boorish - grosseiro; malcriado; rude; mal educado.

bootlegger - fabricante ilícito ou contrabandista de bedidas.

booty - presa; butim.

booty of war - butim de guerra.

bordello (I) - bordel.

border - margem; fronteira; limite.

border warrant - mandado de prisão contra as pessoas que entram clandestinamente no país, pelas fronteiras.

bore, to - aborrecer.

born out of wedlock - filho ilegítimo.

borough - município.

borough sessions - juizado municipal de pequenas causas criminais.

borrow, to - tomar emprestado; emprestar.

borrower - mutuário.

borrowing - empréstimo.

borrowing capacity - capacidade de endividamento.

borrowing country - país tomador.

borrowing, short term - empréstimo a curto prazo.

borsa (I) - bolsa de valores.

borse (GER) - bolsa de valores.

bote - compensação.

bottom land - terreno formado por depósitos aluviais.

bottomry - contrato de hipoteca naval.

bottle necks - pontos de estrangulamento.

bought deal (USA) - garantia de compra da totalidade de uma emissão de ações; emissão pré-colocada.

bought and sold notes (UK) - ordens de compra e venda de ações.

bounced check - cheque sem fundo.

bouncer - segurança.

bound - obrigado.

boundary - limite; fronteira; marco.

boundary suit - ação de demarcação.

bounty - bonificação prêmio subsídio; abono; botim; gratificação; subvenção.

bourse (F) - bolsa de valores.

boycott - boicote.

boycott, to - boicotar.

Brady Plan - plano padrão de renegociação de dívida soberana.

braggart - bazófio; fanfarrão.

brain - cérebro.

brain death - morte consumada; morte cerebral.

brain trust - grupo de conselheiros.

brainstorming - busca de solução.

branch - filial; sucursal; braço; departamento; agência; ramo.

branch, to - crescer; expandir para novos mercados.

branch office - sucursal.

brand - marca; emblema.

branded goods - artigos, produtos de marca.

brandish, to - brandir uma arma.

brawl - arruaça; tumulto; rixa; briga; motim.

Brazilian - brasileiro.

Brazilian external debt bonds - títulos da dívida externa brasileira.

breach - infração; quebra; violação; ruptura.

breach, to - violar; quebrar.

breach of close - invasão de domicílio.

breach of condition - descumprimento da condição.

breach of contract - violação ao contrato.

breach of covenant - descumprimento do contrato.

breach of duty - não cumprimento do dever.

breach of faith - abuso de confiança.

breach of law - infração à lei.

breach of pound - apropriação indébita.

breach of prison - fuga da prisão; evasão do presídio.

breach of privilege - violação do privilégio; abuso de privilégio.

breach of promise - quebra de promessa matrimonial.

breach of representation - descumprimento de representação.

breach of the covenant of warranty - violação de garantia.

breach of the peace - violação do sossego público; atentado contra a ordem pública.

breach of trust - prevaricação; abuso de confiança.

breach of warranty - violação da garantia.

break, to - quebrar; romper; partir; transgredir; infringir; violar.

break a strike, to - romper, furar a greve.

break promise, to - quebrar uma promessa.

break the law, to - violar a lei.

breakdown - desdobramento; avaria; destruição; ruína.

breakdown, to - derrubar; ceder; sucumbir.

breakdown of marriage (UK) - rompimento do casamento; argumento para o divórcio.

break-even, to - equilibrar; atingir um ponto de equilíbrio.

break-even point - ponto de equilíbrio.

break-up value - valor de liquidação.

breaking a case - entendimento do caso pelo juiz.

breaking a close - invasão de domicílio.

breaking and entering - arrombamento e invasão de domicílio.

breaking bulk - violação pelo depositário do bem depositado.

breaking into - invasão.

breaking jail - evasão de presídio.

breast of the court - convicção íntima do juiz.

breath test (UK) - teste de nível alcoólico no sangue.

breathalyzer test (USA) - teste que determina o nível de álcool no sangue.

brethen - irmãos.

breve - mandado judicial.

breviate - resumo; compêndio.

brevity - brevidade; concisão.

bribe - suborno; propina.

bribery - suborno; corrupção.

bridge - ponte.

bridge financing - empréstimo ponte.

bridle path - servidão de passagem.

brief - petição; peça processual.

brief, to - instruir.

brief of title - resumo de título.

briefing - resumo de instruções.

bring forward, to - transportar.

bring into, to - importar.

bring suit, to - executar; entrar com a ação; processar.

bring up to date - atualizar.

British - britânico.

brittle - frágil; irritável.

broad interpretation - interpretação extensiva, ampliativa.

broadcast - radiodifusão.

brocage - corretagem; comissão de corretagem.

broken - quebrado; falido.

broker - corretor.

broker dealer - intermediário.

broker transactions - negociações feitas pelo corretor ou intermediário.

brokerage - corretagem.

brokerage account - conta mantida em corretora de valores.

brokerage contract - contrato de corretagem.

broker's cover note - pedido de seguro.

broker's pool - grupo de seguradores.

brood, to - ponderar; refletir.

brothel - bordel; casa de prostituição.

browbeat, to - intimidar, humilhar sem declarar culpa de qualquer cônjuge.

bruise - contusão.

bruit, to - divulgar; anunciar.

brutal - cruel; brutal.

brutality - brutalidade; crueldade.

brutum fulmen - sentença inválida.

budget - orçamento; orçamento de despesas.

budget deficit - déficit orçamentário.

budgetary - orçamentário.

budgetary account - conta orçamentária.

budgetary control - controle orçamentário.

budgetary policy - política orçamentária.

buffer - proteção; absorção.

buffer state - pequeno estado entre dois possíveis beligerantes.

Buford Doctrine (USA) - Doutrina de Abstenção; cortes federais que não interferem com esquemas estaduais.

Building and Loan Association (USA) - associação de crédito e poupança para financiar aquisições imobiliárias.

Building Code - Código de Edificações.

building lease - arrendamento de imóvel a longo prazo.

building lien - gravame imposto na pessoa do construtor.

Building line - linha municipal.

Building Loan Agreement - contrato de empréstimo para construção de imóvel.

building permit - alvará de construção.

Building Society (UK) - associação de crédito e poupança para financiar aquisições imobiliárias.

bulk - a granel; em grosso; o todo.

bulk sale - compra a granel; atacado.

bulk transfer - transferência de grandes quantidades.

bull - touro.

bull market - mercado altista.

Bulldog bond (UK) - título emitido no Reino Unido por não residentes.

bullet - bala; projétil.

bullet bond - obrigação com vencimento final.

bullet payment (USA) - repagamento do principal no vencimento final.

bulletin - boletim oficial.

bullion - metais preciosos, especialmente ouro e prata.

bullish - altista.

bulmark - muralha; defesa.

bum bailiff - oficial da corte.

bumper - abundante.

bumper crop - colheita abundante.

bumptious - fanfarrão; bazófio.

Bundesbank (GER) - banco central alemão.

buoy - bóia.

buoy sort - flutuante.

burden - carga; ônus; gravame.

burden, to - gravar; onerar; carregar; debitar.

burden of proof - ônus da prova.

bureau - repartição do governo; órgão administrativo; órgão; escritório.

bureau of customs - alfândega; aduana.

Bureau of Internal Revenue - Departamento da Receita Federal.

bureaucracy - burocracia.

bureaucrat - burocrata.

burgator - ladrão de residências.

burgh-breche - multa cobrada pela perturbação do sossego público.

burglar - pessoa que invade residências com intento criminoso; ladrão; arrombador de casas.

burglarious - ladrão; criminoso.

burglary - delito que consiste na invasão à noite de uma residência com o propósito de cometer um crime.

burglary insurance - seguro contra roubo.

burgle, to - furtar.

burial - funeral.

burial insurance - seguro funeral.

burn - queimadura.

burn, to - queimar; incendiar.

bursar - tesoureiro de uma instituição educacional.

bursaria - tesouraria; bolsa de estudos.

burst, to - explodir.

bury, to - enterrar.

business - atividade; comércio; empresa; negócio; ocupação; profissão.

business agent - representante.

business assets - ativos comerciais.

business bad debt - dívida não cobrável.

business card - cartão de visita.

business concern - casa de comércio; negócio.

business corporation - companhia; empresa; sociedade anônima; sociedade comercial de capital.

business credit - crédito comercial.

business cycle - ciclo negocial.

business enterprise - empresa.

business hours - expediente comercial.

Business Interruption Insurance - seguro contra lucros cessantes.

Business Law - Direito Mercantil; Direito Comercial; Direito Empresarial.

business licence - alvará de funcionamento; carta patente.

business name - nome comercial.

business organization - organização comercial.

business paper - papel comercial.

business plan - plano de negócio.

business purpose - propósito comercial.

business school - escola de administração de empresas.

business trust - fideicomisso comercial.

businessman - empresário; comerciante; homem de negócio.

butts and bounds - divisas de um imóvel.

buy, to - comprar; adquirir pelo pagamento de um valor.

Buy American Act (USA) - lei federal que dá preferência ou vantagens para a aquisição de produtos americanos.

buy-back - recompra.

buy-back agreement - contrato de recompra.

buy on credit - compra a crédito.

buy-out - compra total

buy-sell agreement - opção de venda ou compra.

buyer - comprador; adquirente.

buyer's market - mercado comprador.

buying in - compra; aquisição.

buying long - compra futura.

buying on margin - compra futura com margem.

buying power - poder aquisitivo.

by dint of - à força.

by-laws - estatutos; contrato social.

by-pass, to - contornar; desviar.

byproduct - sub-produto; produto derivado.

by-proxy - por procuração.

by the entirety - no todo; integralmente.

bystander - transeunte; expectador.

C

cabinet - gabinete; ministério.

cabinet council - conselho de ministros.

cabinet meeting - reunião ministerial.

cable - telegrama.

cable transfer - transferência telegráfica.

cabotage - cabotagem; navegação entre portos do mesmo país.

cache - esconderijo de bens preciosos.

cadaster - cadastro imobiliário com a finalidade de pagamento de tributos.

cadaver - cadáver.

caducary - relativo ao confisco; apreensão.

caducity - caducidade.

caitiff - miserável; desprezível; covarde.

calamity - calamidade; catástrofe; flagelo; desgraça.

calculate, to - avaliar; computar; calcular.

calendar year - ano civil.

caliber - calibre.

call, to - chamar; convocar; demandar.

call a loan, to - exigir o pagamento de um empréstimo.

call for redemption, to - chamar para redemir.

call girl - prostituta.

call in money, to - retirar dinheiro de circulação.

call loan - empréstimo sem data de vencimento; obrigação resgatável a critério do emitente.

call option - opção de compra futura com preço pré-fixado.

call premium - ágio; total pago acima do valor real.

call upon a prisoner, to - visitar um prisioneiro.

callable - resgatável; exigível; pagável a qualquer tempo.

called up share capital - capital emitido e não subscrito.

calling - ocupação; profissão; vocação.

calling the jury - sorteio de jurados.

callous - endurecido; cruel; insensível.

calumniate, to - caluniar.

calumniation - calúnia.

calumniator - caluniador.

calumny - calúnia.

camera - sala; aposento; gabinete do juiz.

camera proceedings - processo que corre em segredo de justiça.

cameralistics - ciência que estuda as finanças públicas.

camouflage - camuflagem; disfarce; simulação.

camouflage, to - simular; disfarçar.

campaign - campanha.

canard - história fabricada; relatório falso.

cancel, to - cancelar; anular.

cancelable - anulável; rescindível; inutilizável.

cancellation - cancelamento; anulação; inutilização.

cancellation of debt - cancelamento da dívida.

cancellation of lease - cancelamento da locação.

cancelled check - cheque descontado; cheque pago pelo banco sacado.

cancelled debt - dívida cancelada.

candid - imparcial; sincero; cândido.

candidate - candidato.

candor - franqueza; imparcialidade; sinceridade.

cannabis - maconha; marijuana; cannabis sativa.

cannon - canhão.

cannon fodder - bucha de canhão.

canon - cânone; norma; princípio; regra.

Canon Law - Direito Canônico.

canons of construction - normas de interpretação.

canons of ethics - cânones éticos.

canons of inheritance - direito de sucessão.

cant - divisão de propriedade em condomínio.

canvass - apuração de votos; investigação de opinião pública.

canvasser - escrutinador; vendedor a domicílio.

cap - teto.

capability - capacidade; competência; aptidão.

capable - capaz; competente; hábil; suscetível de.

capacity - capacidade; competência; volume; função.

capacity of defense - capacidade processual; capacidade de estar em juízo como parte, sem necessidade de representante ou assistente.

capacity to sue - capacidade processual; personalidade processual.

capax doli (L) - imputável.

capax negoti (L) - legalmente capaz para negociar.

capias - mandado judicial de apreensão.

capias ad audiendum judicium (L) - mandado que força o réu condenado por contravenção a tomar conhecimento do veredito.

capias ad respondendum (L) - custódia.

capias ad satisfaciendum - permanecer em custódia até satisfação do débito.

capita, distribution per - distribuição per capita.

capital - capital; patrimônio; ativo fixo; imobilizado; principal.

capital, authorized - capital autorizado.

capital, paid-up - capital integralizado.

capital account - conta de capital.

capital assets - ativo fixo; bens de capital.

capital bonus - dividendo em ações.

capital budget - orçamento de capital.

capital case - crime capital; sujeito à pena de morte.

capital clause - cláusula de capital social.

capital contribution - capital investido em empresa.

capital crime - crime capital; sujeito à pena de morte.

capital dividend - dividendo de capital.

capital expenditure - dispêndio de capital.

capital flight - fuga de capitais.

capital gain deduction - deduções dos ganhos de capital.

capital gains or losses - ganhos ou perdas de capital.

capital goods - bens de capital; bens de produção.

capital impairment - descapitalização.

capital increase - aumento de capital.

capital inflow - influxo de capital.

capital intensive - intensa capitalização.

capital investment - investimentos de capital.

capital levy - imposto sobre o capital.

capital liability - passível exigível.

capital loss - perda de capital.

capital market - mercado de capital.

capital offense - crime punido com pena de morte.

capital punishment - pena capital; pena de morte.

capital reserves - reserva de capital.

capital stock - capital social; capital em ações.

capital stock tax - imposto sobre o capital social de uma empresa.

capital structure - estrutura de capital.

capital surplus - excesso de capital.

capitalist - capitalista.

capitalization - capitalização.

capitalize, to - capitalizar.

capitalized value - valor capitalizado.

capitation - captação; imposto no mesmo valor para cada pessoa.

capitation tax - imposto sobre a pessoa.

capitulation - capitulação.

capricious - inconstante; temperamental.

caps, collars and cyllinders - cláusulas de limites de variação a maior ou a menor de taxas de juros.

captain - capitão.

captator - captador; que recebe o legado mediante artifício.

caption - cabeçalho; título; epígrafe.

captive - cativo; prisioneiro.

captive funds - fundos próprios.

captivity - cativeiro.

capture, to - capturar.

capture and seizure - captura e apreensão.

caput (L) - caput; cabeça.

car - automóvel.

car tax - imposto sobre automóveis.

card - cartão.

cardholder - titular de cartão.

care - cuidado; atenção; cautela; prudência; diligência.

careless driving - condução negligente de veículos a motor.

cargo - carga.

carnal - carnal.

Carriage of Goods by Sea Act (USA) - lei sobre transporte marítimo.

carrier - transportador; carregador.

carrier's insurable interest - bem segurado.

carrier's liability - responsabilidade do transportador.

carrier's lien - direito de retenção pela empresa transportadora.

carrier's risk - risco do portador.

carry, to - carregar; transportar; transmitir; levar.

carry a motion, to - aprovar uma proposta.

carry value - valor líquido conforme os livros.

carry on trade, to - praticar atos do comércio.

carryback - compensação retroativa de tributo.

carryforward, to - transportar; diferir.

carry-over - transporte; compensação de prejuízos.

carte blanche (F) - carta branca.

cartel - cartel.

cartelize, to - controlar através de cartel.

carve out, to - talhar; cortar; dividir.

cas fortuit (L) - caso fortuito.

case - caso; ação judicial; processo judicial; lide; litígio.

case agreed on - conciliação.

case at bar - a presente ação.

case book (USA) - livro didático contendo diversas ações judiciais e usado para instruir o aluno de Direito.

case brief - resumo dos fatos e das decisões de um processo judicial.

case continued - ação continuada.

case heard and concluded - caso visto e resolvido.

case in chief - fase do julgamento em que a parte apresenta suas provas ao juiz; fase probatória.

case in point - caso em tela; opinião judicial ou acórdão sob exame.

case law - jurisprudência; a lei para um caso específico formada por decisões anteriores.

case on appeal - apelação.

case on trial - ação ajuizada.

case reserved - acordo entre os advogados sobre os fatos a serem apresentados em juízo.

case settled - composição amigável.

case stated - apresentação do caso pelo advogado perante o juri.

case system - método de ensino que estuda os casos concretos.

cash - dinheiro; caixa; moeda corrente.

cash, to - transformar em dinheiro; monetarizar.

cash a check, to - descontar um cheque; converter um cheque em papel moeda.

cash account - conta de caixa.

cash asset - disponibilidade monetária.

cash bail - fiança paga em dinheiro pelo próprio réu para que este possa responder ao processo em liberdade.

cash bonus - gratificação em dinheiro.

cash book - livro-caixa.

cash deal - negócio em dinheiro.

cash discount - desconto do valor da mercadoria concedido pelo pagamento à vista.

cash dividend - dividendo.

cash flow - fluxo de caixa.

cash in, to - liquidar a posição.

cash in (on) hand - dinheiro em caixa.

cash in transit insurance - seguro de transporte de dinheiro.

cash item - comprovante de despesa que deve ser reembolsado em dinheiro.

cash management - administração financeira.

cash market value - valor de mercado à vista.

cash on delivery - pagamento no ato da entrega; entrega contra reembolso.

cash position - grau de liquidez.

cash price - preço à vista.

cash reserve - encaixe excedente.

cash sale - venda à vista.

cash surrender value - valor de resgate.

cash value - valor real; valor de mercado.

cash with banks - encaixe bancário.

cashier (UK) - caixa.

cashier's check - cheque bancário.

cassare, to - anular; invalidar.

cassation - cassação; reversão de acórdão ou decreto.

casset executio (L) - suspensão da execução.

casset processus (L) - suspensão do processo.

cast, to - rejeitar; descartar.

cast for the costs - condenado às custas.

cast out, to - vender; liquidar ativos; expelir.

castigate, to - castigar; punir; criticar; censurar severamente.

casting vote - voto de minerva; voto de desempate.

casual - casual; informal; fortuito; acidental; superficial.

casual condition - condição casual.

casual employment - emprego temporário.

casual evidence - prova incidental.

casualty - caso fortuito; acidente; desastre; perda; baixa.

casuality insurance - seguro contra acidentes.

casuality loss - perda advinda de caso fortuito ou força maior.

casus belli (L) - por motivo de guerra.

casus fortuitus (L) - caso fortuito.

casus omissus (L) - caso omisso.

catastrophe - catástrofe.

categorical - categórico; absoluto; incondicional.

categorical question - pergunta categórica.

cataclysm - cataclismo; dilúvio.

caucus - convenção partidária.

causa - causa; motivo; razão; ação judicial.

causa in fact - causa de fato; causa imediata.

causa mortis (L) - causa mortis.

causa proxima (L) - causa próxima, mediata.

causa remota - causa remota.

causa sine qua non (L) - causa imprescindível.

causal - causal.

causality - causalidade.

causative - causante.

causator - litigante; parte de processo contencioso.

cause - causa.

cause, to - causar; provocar; originar; motivar; ocasionar.

cause celebre (F) - ação de grande interesse.

cause damage - provocar danos, prejuízos.

cause of action - causa de pedir.

cause list - lista de feitos.

cause suit to be brought - dar início; começar.

causidical - causídico.

cautio - caução; fiança.

caution - advertência; aviso.

cautionary - preventivo.

cautionary instruction - instrução fornecida pelo juiz ao júri para considerar certas provas com um só propósito.

cavalier (FC) - rude; arrogante; descortês.

caveat - advertência; notificação; declaração; informação; embargo.

caveat actor (L) - o agente deve se acautelar.

caveat emptor (L) - que o comprador se acautele.

caveat to will - embargo do testamento.

caveat venditor (L) - que o vendedor se acautele.

caveatee - pessoa a quem se dirige a advertência.

caveator - quem adverte.

caville, to - cavilar; levantar objeção capciosa.

cavort, to - empinar; comportar-se arrogantemente.

cease, to - cessar; parar; extinguir; suspender.

cease and desist order - ordem para cessar e desistir.

cede, to - ceder; conceder; transferir.

Cedel - central européia de compensação de valores mobiliários.

ceiling - teto.

ceiling price - preço máximo permitido; teto.

celation - ocultação de gravidez ou de parto.

cell - cela; prisão.

censor - censor.

censorship - censura.

censure - censura.

census - censo.

census data - dados de recenseamento.

census sampling - amostragem de recenseamento.

census taking - recenseamento.

central bank - banco central.

central bank discount rate - taxa de desconto do banco central.

Central Intelligence Agency (CIA) (USA) - Agência Central de Inteligência.

central monetary institution - instituição monetária central; banco central.

central parity - paridade central; o sistema monetário europeu.

central planning - planejamento centralizado.

certain contract - contrato cumutativo.

certificate - certificado; certidão; parecer; laudo.

certificate of authorization - certificado de autorização.

certificate of conformity (UK) - certificado de conformidade (dado a um falido).

certificate of convenience and necessity - alvará de funcionamento; licença para ônibus.

certificate of damage - certificado de danos.

certificate of deposit (CD) - certificado de depósito bancário.

certificate of election - diploma de eleição.

certificate of eviction - certificado de despejo.

certificate of evidence - certificado para prova.

certificate of helth - certificado de saúde.

certificate of incorporation - contrato social; instrumento de constituição de sociedade comercial.

certificate of indebtedness - título de dívida.

certificate of insurance - certificado de seguro.

certificate of occupancy - habite-se.

certificate of origin - certificado de origem.

certificate of privatization - certificado de privatização.

certificate of protest - certidão de protesto.

certificate of public convenience - certificado que autoriza o funcionamento de companhias de transporte e outras atividades de utilidade pública.

certificate of quality - certificado de qualidade.

certificate of registry - certidão de registro de navio.

certificate of sale - recibo de venda.

certificate of stock - cautela representativa de ações de uma sociedade por ações.

certificate of title - escritura.

certificated bankrupt (UK) - falência certificada.

certification - certificação; atestação; autenticação.

certification of assise - recurso judicial que pede novo julgamento.

certification of check - o ato de visar um cheque.

certification to Federal Court - recurso junto ao tribunal superior das decisões de tribunais inferiores.

certification to State Court - recurso junto ao tribunal federal de questões já decididas pelos tribunais estaduais.

certified - autorizado; visado; autenticado.

certified appraisal - avaliação oficial.

certified bill of lading - conhecimento de embarque autêntico.

certified carrier - empresa concessionária de trans-portes.

certified check - cheque visado.

certified copy - cópia autenticada.

certified mail - correspondência postal com aval de recebimento.

certified public accountant - contador público.

certify, to - certificar; autenticar; atestar; visar.

certitude - certeza; convicção.

certiorari - avocação de causas para revisão; ato discricionário que permite à corte decidir se vai ou não julgar o caso.

cess - taxa; contribuição municipal.

cessation - cessação; suspensão.

cession - cessão; transferência.

cession of goods - cessão de bens.

cessionary bankrupt - devedor insolvente que faz cessão de bens aos seus credores.

cessment - tributo; taxa.

cessor - devedor negligente.

cestui que trust (L) - fideicomissário; beneficiário de um direito real sobre coisa alheia.

cestui que use (L) - usufrutuário.

cestui que vie (L) - pessoa cujo tempo de vida determina a duração de contratos, empréstimos, seguros.

chain, to - acorrentar; escravizar.

chain base index - índice múltiplo.

chain discount - desconto em cadeia.

chain of title - relação cronológica dos sucessivos títulos imobiliários.

chairman - presidente de um órgão deliberatício ou de um grupo.

chairman of the board - presidente da diretoria.

chairmanship - presidência.

chakuchi (JAP) - negócio de futuros financeiros.

challenge, to - desafiar; impugnar; rejeitar.

challenge for cause - pedido feito pela parte ao juiz solicitando a impugnação de um jurado; contraditar.

challenge to jury array - impugnação de todo o corpo de jurados por considerá-lo parcial.

challengable - rejeitável; disputável.

chamber - câmara; gabinete; escritório.

chamber of commerce - Câmara de Comércio.

chamber of deputies - Câmara dos Deputados.

chambers - escritório de juiz; escritório de "barrister".

chamberlain - tesoureiro; camareiro.

champion - campeão.

champion of the poor - advogado dos pobres.

chance - chance; risco; acaso; acidente; caso fortuito.

chance bargain - negócio de oportunidade.

chance veredict - julgamento aleatório.

chancellor - chanceler; diretor.

chancery - eqüidade; tribunal de eqüidade.

change - mudança; alteração; modificação; aditamento; variação; troca; câmbio.

change of venue - desaforamento.

chapman - camelô; vendedor ambulante.

character - caráter; natureza.

character witness - testemunha quanto ao caráter.

charge - despesa, encargo; gravame; responsável; acusação.

charge, to - debitar; onerar; carregar; acusar.

charge account - conta de crédito.

charge-and-discharge statement - prestação de contas do autor ou réu.

charge by way of a legal mortgage (UK) - hipoteca legal.

charge card - cartão de crédito.

chargé d'affaires (F) - encarregado de negócios.

charge in inventories - variação de estoques.

charge off, to - eliminar do ativo; tratar como prejuízo.

charge sale - venda à crédito.

charge sheet - ocorrências.

charged - acusado; denunciado; indiciado.

charged off - eliminado.

charging lien - gravame imposto à propriedade que originou o débito.

charging order (UK) - ordem judicial de penhora.

charitable contribution - contribuição de caridade.

charitable institution - instituição de caridade.

charitable trust - instrumento utilizado para efetivar a administração de bens com fins filantrópicos.

charity - caridade.

chart - gráfico; mapa; plano.

chart for attributes - tabela de atributos.

chart of accounts - plano de contas; lista de contas.

charter - carta-patente; escritura pública; alvará; documento constitutivo.

charter, to - fretar; licenciar.

charter contract - contrato entre uma empresa pública e um particular.

charter land - prédio arrendado.

charter member - sócio fundador.

charter party - contrato de fretamento.

chartered accountant (UK) - contador público registrado.

chartered bank (USA) - banco comercial pleno.

charterer - fretador.

charterer's liability - responsabilidade do fretador.

chartist - analista de mercado.

chary - cauteloso.

chase, to - perseguir.

chaste - casto(a).

chastisement - punição física.

chattel - bem móvel; semovente; mobiliário; mobiliária.

chattel interest - co-propriedade mobiliária.

chattel mortgage - alienação fiduciária; reserva de domínio; penhor de bens móveis.

chattel paper - título de crédito representativo de uma obrigação caucionada.

chatels - safra; mercadoria.

cheat - fraude; trapaça.

cheat, to - enganar; fraudar.

check - cheque; prova.

check, to - conferir; verificar; controlar.

check book - talão de cheques.

check clearing - compensação de cheque.

check digit - dígito verificador.

check figure - número de controle de conferência.

check kiting - emissão de cheques de conta sem provisão de fundos para obter crédito temporário.

check stub - canhoto de talão de cheques.

check-in, to - registrar-se.

check-out, to - saldar a conta e retirar-se.

check-roll - relação dos empregados.

checking account - conta corrente bancária.

checkoff - dedução do salário para a previdência social e outros descontos; retenção de imposto sindical na fonte.

checks and balances - separação e equilíbrio dos poderes.

cheque (UK) - cheque.

cheque card (UK) - cartão de garantia de chque.

chemical - químico.

chemical pollution - poluição química.

chemical tanker - navio tanque preparado para o transporte de substâncias químicas.

chemical waste - resíduos químicos; lixo químico.

chicane - chicana; fraude

chief - chefe.

chief, examination in - depoimento da testemunha tomada por quem a convocou.

chief constable (UK) - chefe de polícia.

chief judge - juiz-presidente.

chief justice - Ministro ou Juiz-Presidente de tribunal superior.

chief magistrate - supremo magistrado.

chief rent - preço.

child - criança; filho.

child benefit (UK) - subsídio financeiro pagável a cada criança.

Child Care Center - creches.

child custody - curatela.

child support - pensão alimentícia aos filhos.

Children's Court - juizado de menores.

CHIPS (Clearing House Interbank Payments System) (USA) - chips; transferência eletrônica bancária.

chinese wall - obstáculo; defesa.

chirograph - quirografário; escrito manualmente.

choice - escolha; preferência; faculdade de escolher.

choke, to - estrangular; engasgar.

choken - estrangulado.

choose, to - escolher; preferir.

chose - coisa; bem imóvel.

chose in action - coisa sob litígio.

chose in possesion - objeto da posse.

chose local - coisa acessória.

chose transitory - bem móvel.

christian name - nome de batismo; prenome.

chronogram - cronograma.

chunk - amostra a esmo; estatística.

church - igreja.

churl - rude; insensível.

churlish - rude; insensível.

churning - venda discricionária de títulos.

circuit - circunscrição; vara; juízo.

circuit court - comarca; circunscrição judiciária.

circuit of action - conexão de ações.

circular letter of credit - letra de câmbio bancária internacional.

circular note - saque bancário internacional.

circulate, to - circular; divulgar.

circulating assets - ativo circulante.

circulating decimal - dízima periódica.

circulation capital good - bem não durável.

circumscribe, to - circunscrever; cercar; limitar.

circumspect - circunspecto; prudente; ponderado.

circumvent, to - evitar; lograr; frustrar.

circumstances - circunstâncias.

circumstantial evidence - prova circunstancial.

citation - citação judicial.

cite, to - citar; mencionar.

citizen - cidadão.

citizen's arrest - prisão civil.

citizenship - cidadania.

city - cidade.

City - centro financeiro de Londres.

City Code on Take overs and Mergers (UK) - normas sobre fusões e incorporações da Bolsa de Valores de Londres.

City Council - câmara municipal; câmara de vereadores.

City Councilman - vereador.

City Court - juizado municipal civil e criminal de pequenas causas.

City Hall - prefeitura.

civic - cívico; municipal; urbano.

civil - civil.

civil action - ação civil.

Civil Aeronautics Board (USA) - comissão de aviação civil.

civil arrest - prisão civil.

Civil Aviation Authority (UK) - comissão de aviação civil.

civil bail - fiança para os casos de prisão civil.

Civil Code - Código Civil.

civil commitment - confinamento de drogados insanos; punição por desacato a autoridade.

civil commotion - comoção civil; desordem civil.

civil conspiracy - conspiração civil para a prática de ilícito.

civil contempt - desobediência a ordem judicial.

civil damages (USA) - responsabilidade civil por danos.

civil death - perda de direitos civis.

civil defense - defesa civil.

civil disability - interdição de direitos.

civil disobedience - desobediência civil.

civil disorder - desordem pública.

civil jurisdiction - jurisdição civil.

civil jury - júri civil.

civil law - Direito Civil.

civil lawyer - advogado que pratica em jurisdição de Direito Civil.

civil leagues - sociedades sem fins lucrativos.

civil liability - responsabilidade civil.

civil list (UK) - subsídios estatais à casa real britânica.

civil marriage - casamento civil.

civil obligation - obrigação vinculativa.

civil office - cargo público civil.

civil officer - funcionário público civil.

civil partnership - sociedade civil.

civil penalties - penalidades civis.

civil possession - posse civil.

civil procedure - Processo Civil.

civil proceeding - procedimento civil.

civil process - comunicação processual civil.

civil remedy - remédio civil.

civil responsability - responsabilidade civil.

civil rights - direitos civis.

civil rules - regras de processo civil.

civil service - serviço público.

civil servant - funcionário público.

civil side - corte com jurisdição sobre causas civis e criminais.

civil status - estado civil.

civil statute - lei civil.

civil suit - ação civil; processo civil.

civil trial - julgamento de ação civil.

civil war - guerra civil.

civilian - civil.

civility - civilidade.

civilization - civilização.

civilize, to - civilizar.

civitas - sob a égide da mesma lei.

claim - pedido; ação judicial; questão; demanda; alegação; reivindicação.

claim adjuster - agente de companhia de seguros encarregado de fazer acordos.

claim and delivery - ação judicial de reivindicação de bem imóvel.

claim damage - danos reclamados.

claim for refund - pedido de reembolso.

claim of cognizance - intervenção de terceiros no processo.

claim of consuance - intervenção de terceiros no processo.

claim of ownership - ação de usucapião; reconhecimento de propriedade.

claim of right - ação de reconhecimento de direitos.

claimant - autor de ação; reclamante; reivindicante.

claims outstanding reserve - reserva de contingências pendentes.

clandestine - clandestino.

claret - bordô; vinho bordeaux.

clarification - esclarecimento.

clarify, to - esclarecer; purificar.

class - classe.

class action - ação coletiva; ação popular.

class interval (statistics) - intervalo de classe; amplitude de classe.

class rate (insurance freight) - taxa de classe.

class society - sociedade de classes.

classification - classificação.

classification of accounts - classificação de contas; plano de contas.

classify, to - classificar.

classism (PC) - discriminação de classe social.

clause - cláusula; artigo; parágrafo.

clausing - preenchimento de espaços em branco em formulário; preenchimento.

clawback - devolução de pagamento.

clean - limpo; desonerado.

clean acceptance - aceite sem reservas.

clean bill - nota ou letra sem apensos; sem antece-dentes negativos.

clean bill of exchange - letra de câmbio sem apen-sos.

clean bill of lading - conhecimento de embarque sem anexos.

clean credit - crédito não garantido.

clean hands - mãos limpas; presunção de boa conduta necessária para argüir direito de eqüidade.

clear - claro; evidente; certo.

clear, to - compensar (cheque); apurar (lucro líquido).

clear and convincing - prova cabal.

clear and present danger - perigo iminente.

clear annual value - valor anual líquido.

clear annuity - anuidade líquida.

clear days - dias úteis.

clear evidence - prova evidente.

clear legal right - direito líquido e certo.

clear market value - melhor preço de mercado.

clear profit - lucro; líquido.

clear title - título justo.

clear value - melhor preço; preço exato.

clearance - liberação; desocupação.

clearance order - ordem de desocupação.

clearance sale - liquidação.

cleared checks - cheques compensados.

clearing - compensação.

clearing account - conta transitória; conta de distribuição.

clearing agreement - contrato de compensação.

clearing bank (UK) - banco comercial.

clearing bank (USA) - banco pagador.

clearing fee - taxa de compensação.

clearing house - câmara de compensação.

Clearing House Interbank Payments System (CHIPS) - câmara de compensação de Nova Iorque.

clearing of a check - compensação de um cheque.

clearing system - sistema de compensação.

clearly - claramente; óbvio; indubitável.

clemency - clemência; indulgência.

clergymen - clérigo.

clergymen's privilege - segredo profissional do ministro religioso.

clerical - burocrático.

clerical error - erro administrativo.

clerical work - serviço burocrático.

clerk - funcionário; empregado; oficial de justiça; escrevente.

clerk of the court - escrevente; cartorário.

clerkship - estágio de Direito.

client - cliente.

client-attorney relationship - relacionamento advogado-cliente.

client compensation fund - fundo mantido pela classe dos advogados para cobrir responsabilidade civil.

client letter - carta enviada por ou a um profissional por ou ao seu cliente.

client security fund - fundo mantido pela classe dos advogados para cobrir responsabilidade civil.

client's privilege - segredo profissional do advogado.

clinical tests - exames de laboratório.

cloak - manto; disfarce; máscara.

clog, to - coagular; entupir; impedir; obstruir; estorvar.

close - porção de terra.

close, to - fechar; concluir; terminar.

close company (UK) - sociedade controlada por não mais de cinco acionistas.

close corporation - sociedade de capital fechado.

close interpretation - interpretação estrita.

close relative - parente próximo.

closed bids - oferta lacrada; lance.

closed-end - fixo.

closed-end fund - companhia de investimento com capitalização fixa.

closed-end investment company - companhia de investimentos cujo número de ações é fixo.

closed mortage - hipoteca primeira e única.

closed out - liquidação.

closed shop - loja que somente admite funcionários de determinado sindicato.

closing - encerramento; fechamento.

closing agreement - contrato estabelecendo os particulares de um negócio maior, como por exemplo, a ordem de assinatura de contratos e quem deverá representar as partes.

closing argument - alegações finais.

closing costs - despesas de legalização da compra de imóvel.

closing day - termo final; dia de fechamento.

closing estate - encerramento de inventário.

closing memorandum - contrato estabelecendo os particulares de um negócio maior, como por exemplo, a ordem de assinatura de contratos e quem deverá representar as partes.

closing order - ordem de fechamento ou interdição.

closing price - preço de fechamento.

closing rate - taxa de fechamento.

closing statement - relatório de atos relativos à compra de imóvel.

cloture - fim de discussão para início de vota- ção.

cloud on title - dúvida a respeito da qualidade do título.

club - clube.

clue - indício; vestígio.

coaction - coação.

coactive - coativo.

coadjutor - coadjutor; ajudante.

co-administrator - co-administrador.

coagent - que divide a autoridade outorgada.

co-conspirator - co-autor.

co-defedant - co-réu.

co-emption - compra de estoque completo de uma mercadoria.

co-equal - igual a.

co-heir - co-herdeiro.

co-opt, to - cooptar; atrair a um grupo.

coalition - coalisão.

coarse - rude; vulgar; grosseiro.

coast guard - guarda costeira.

coasting trade - navegação de cabotagem.

code - código.

Code Civil (F) - Código Civil Francês.

Code of Civil Procedure - Código de Processo Civil.

Code of Conduct - Código de ética.

Code of Conduct of the CCBE - Código de Conduta do Conselho de Ordens de Advogados da Comunidade Européia.

Code of Criminal Procedure - Código de Processo Penal.

Code of Ethics - Código de ética.

Code of Liberalitazion - Código de Liberalização.

Code of Military Justice - Código de Processo das Forças Armadas.

Code of Professional Responsability - Código de ética Profissional.

Code Napoléon - Código Napoleão.

codicil - codicilo.

codification - codificação.

codify, to - codificar; reunir leis em códigos.

coding - codificação.

coefficient - coeficiente.

coerce, to - coagir; compelir.

coercion - coerção.

cogent - cogente; convincente; lógico.

cognation - cognação.

cognatus - cognato.

cognisance - aceitação; admissibilidade; reconhecimento.

cognisance (judicial) - a presunção do conhecimento da lei pelo juiz.

cognisable - admissível.

cognovit actionem - reconhecimento do pedido.

cohabitation - coabitação.

coin - moeda metálica.

coinsurance - cosseguro.

cold blood - homícidio a sangue frio.

collateral - colateral; garantia.

collateral action - ação acessória.

collateral assurance - garantia adicional; além do título.

collateral attack - defesa indireta.

collateral bonds - obrigações garantidas por outras obrigações ou ações.

collateral collection - cobrança caucionada.

collateral consanguinity - consagüinidade colateral.

collateral contract - contrato de garantia.

collateral loan - empréstimo com garantia.

collateral note - título de crédito com garantia.

collateral security - garantia adicional.

collateral signature - endosso.

collateralize, to - garantir.

collateralized mortgage obligation (USA) - título de crédito garantido por hipotecas; hipotecas securitizadas.

collateralized mortgage security (USA) - título hipotecário.

collation - colação; relatório de análise de documentos; comparação entre original e cópia.

collect, to - arrecadar impostos; coletar; cobrar; receber.

collect on delivery - reembolso postal; pagamento contra entrega.

collected taxes - impostos arrecadados.

collectible - cobrável.

collection - arrecadação; cobrança.

collection fee - taxa de cobrança.

collection letter - carta de cobrança.

collective - coletivo.

collective agreement (UK) - acordo coletivo.

collective bargaining - negociação coletiva; acordo entre empregador e empregados.

collective bargaining agreement - dissídio coletivo; acordo entre representante dos empregados e um ou mais empregadores com relação aos termos e condições de trabalho.

collective labor agreement - contrato coletivo de trabalho.

collector - cobrador.

collector, tax - agente fiscal.

collector of customs - cobrador de impostos aduaneiros.

college - faculdade; colégio (eleitoral).

collide, to - colidir.

collision - colisão.

Collision Regulations - Convenção para a prevenção de colisões marítimas.

colloquium (L) - colóquio.

collusion - colusão; conivência; conluio.

collusive action - colusão.

colony - colônia.

color - aparente; prima facie.

color of authority - suposta autoridade.

color of law - abuso de autoridade alegando o cumprimento da lei.

color of office - abuso de função.

color of title - título injusto.

colorable - falsificado; adulterado.

colorable claim - pedido do possuidor do bem em ação de falência.

colorable imitation - imitação grosseira.

colorable transaction - transação fraudulenta.

colour - aparente.

combat zone - zona de combate.

combination - combinação; associação; ajuste; acordo; consórcio.

comfort - conforto; consolação.

comity - deferência; favor; cortesia.

comity of nations - aplicação extraterritorial da lei.

command - comando; ordem.

command, to - requisitar; tomar; apossar.

commander - comandante.

commander in chief - comandante em chefe.

commanditaire (F) - sócio comanditário.

commandité (F) - comandita.

commandment - mandamento; ordem; comando.

commence, to - começar; iniciar.

commencement of winding up (UK) - termo inicial da liquidação.

comment - comentário.

commerce - comércio.

Commerce Department - ministério ou secretaria do comércio.

commercial - comercial; mercantil.

commercial acceptance - aceite comercial.

commercial agent - agente comercial; representante.

commercial arbitration - arbitragem comercial.

commercial bank - banco comercial.

commercial bill of exchange - letra de câmbio.

commercial bribery - suborno; corrupção comercial.

Commercial Code - Código Comercial.

commercial corporation - sociedade comercial.

Commercial Court (UK) - tribunal comercial.

commercial domicile - domicílio comercial.

commercial enterprise - empreendimento comercial.

commercial establishment - estabelecimento comercial.

commercial firm - firma comercial.

commercial instrument - título comercial.

commercial insolvency - insolvência comercial.

commercial invoice - fatura comercial.

Commercial Law - Direito Comercial.

commercial letter - carta comercial.

commercial loan selling - cessão de empréstimos entre bancos.

commercial paper - título de crédito freqüentemente de curto prazo; documento negociável.

commercial representation agreement - contrato de representação comercial.

commercial representative - representante comercial.

commercial transaction - negócio comercial.

commercial traveler - viajante.

commercial treaty - acordo comercial.

commercial unit - unidade comercial.

commercial usage - uso comercial.

commercial year - ano comercial (360 dias).

commercialista (I) - comercialista; advogado comercial; advogado tributário.

commingle, to - combinar; reunir; misturar.

commingling of funds - confusão.

commiserate, to - comiserar; compartilhar a dor de; condoer-se.

commissary - comissário.

commission - comissão.

commission agent - comissionado; consignatário.

commission broker (USA) - corretor de valores.

commission del credere (I) - comissão del credere.

Commission des Opérations de Bourse (COB) (F) - comissão de operações de bolsa.

commission merchant - comerciante que recebe mercadoria sob consignação.

commission to examine witnesses - carta rogatória para a oitiva de testemunha no exterior.

Commissione Nazionale per la Società e la Borsa (I) - comissão de valores mobiliários.

commissioner - representante; comissário; vereador.

commissioner of customs - comissário alfandegário.

commissioner of patents - comissário de patentes.

commissioner of the Securities and Exchange Commission (USA) - comissário; diretor da comissão de valores mobiliários.

commit, to - cometer; perpetrar; comprometer.

commited deal - negócio compromissado.

commitment - compromisso; obrigação; ordem de detenção ou internação.

commitment charge - taxa de compromisso.

commitment fee - taxa de compromisso.

committal for trial - sujeição a julgamento.

committee - comitê.

committee, judicial (UK) - comitê judiciário.

committee of ways and means - comitê de apropriações.

committee report - relatório oficial de comissões do Congresso ou outro órgão legislativo.

committing magistrate - oficial encarregado de investigação preliminar.

commodatum - comodato.

commodities - mercadorias.

commodities contracts - contratos de mercadorias.

commodities futures - futuro de mercadorias.

Commodities Futures Trading Commission (USA) - Comissão de Negociação de Futuros de Mercadorias; órgão federal do governo norte-americano.

commodities trading - venda de mercadorias.

commodity exchange - bolsa de mercadoria.

Commodity Exchange of New York (COMEX) (USA) - Bolsa de Mercadorias de Nova Iorque.

commodity market - mercado de mercadoria.

common - comum; ordinário; habitual.

common average - avaria simples.

common bench - jurisdição comum.

common carrier - empresa de transportes públicos.

common creditor - credor quirografário.

common danger - perigo social.

common diligence - diligência.

common disaster - comoriência; acidente com falecimento do assegurado e do beneficiário.

common enterprise - sociedade com propósitos comuns.

common form - sucessão ordinária.

common intent - entendimento comum; significado ordinário.

common jury - um júri formado por pessoas sem qualificação especial.

common knowledge - conhecimento geral.

common law - direito comum; direito consuetudinário; direito costumeiro.

common law action - ação de direito comum.

common law contempt - desacato.

common law larceny - furto.

common law marriage - sociedade conjugal de fato.

common law wife - concubina.

common market - mercado comum.

common of pasture - área comum de pastagem.

common ownership - condomínio.

common property - área comum.

common seal - selo corporativo; carimbo societário.

common-sense - bom senso.

common-size statement - demonstração em porcentagens.

common stock - ações ordinárias.

common trust - fideicomisso.

commonalty - povo; funcionários.

commonwealth - comunidade.

commorienties - comorientes.

commotion - comoção.

commune - comuna; pequena comunidade.

communication - comunicação.

communism - comunismo.

communist - comunista.

community - comunidade.

community account - conta conjunta.

community debt - dívida solidária.

community charge (UK) - imposto municipal sobre a propriedade.

community income - lucro geral; comunhão de renda.

community land (UK) - terras comunitárias.

community of interest - comunhão de interesses.

community property - comunhão de bens.

community service - serviço comunitário.

commutation - comutação; mudança.

commutative contract - contrato comutativo.

commutation of sentence - comutação de pena.

commutation of tax - imposto por estimativa.

compact - compacto.

compact - contrato; acordo.

company (Co.) - companhia; empresa; sociedade; negócio.

company limited by guarantee (UK) - sociedade de responsabilidade limitada a um montante garantido pelos sócios.

company limited by shares (UK) - sociedade de responsabilidade limitada ao capital não integralizado.

comparative - comparativo.

comparative interpretation - interpretação comparativa.

comparative jurisprudence - direito comparado.

comparative law - direito comparado.

comparative negligence - negligência proporcional.

comparative results - resultados comparados.

compare, to - comparar.

compared with - comparado a.

compassing - elocubrando; imaginando.

compatibility - compatibilidade.

compearance - comparecimento.

compel, to - compelir; coagir; constranger.

compensation - compensação; indenização; remuneração.

compensation account - conta de compensação.

compensation fund - fundo de compensação.

compensation order - ordem judicial para indenização.

compensatory damages - indenização.

compete, to - competir; concorrer.

competency - competência.

competency to stand trial - capacidade processual.

competent - competente; legalmente capaz; qualificado; adequado.

competent authority - autoridade competente.

competent court - juízo competente.

competent evidence - prova admissível em juízo.

competition - concorrência; competição.

competition law - direito da concorrência (P); proteção ao abuso do poder econômico (BR).

competitive - competitivo.

competitor - competidor.

compilation - compilação.

complainant - autor da ação; autor; reclamante.

complaint - petição inicial; reclamação; pedido.

complete - completo.

complete, to - completar; preencher.

completion - acabamento; finalização; fechamento.

completion of a deal - fechamento de um negócio.

compliance - cumprimento; obediência.

compliance department - departamento de verificação de cumprimento das normas de mercado, geralmente mantidos pelas Bolsas de Valores.

complicity - cumplicidade.

comply, to - obedecer a.

component - componente.

compos mentes (L) - mentalmente capaz.

composite - composto.

composite company - companhia de seguros diversificada.

composite-life method of depreciation - método de apreciação baseado na média de vida de um grupo de bens.

composition - composição; acordo.

composition deed - acordo de novação.

composition in bankruptcy - concordata suspensiva.

composition of debt (Chapter 11 reorganization USA) - concordata.

composition with creditors - renegociação com credores.

compound, to - combinar; capitalizar; fazer acordo com credores para pagamento da dívida.

compound interest - juro capitalizado; juros sobre juros; juros compostos.

compound larceny - furto composto.

compounder - árbitro.

comprint - publicação clandestina; publicação pirata.

comprise, to - abranger; compreender.

compromise - transação; compromisso.

compromise, to - transigir.

compromise, judicial - transação judicial.

compromise, out of court - transação extra-judicial.

comptant (F) - contante; dinheiro.

comptroller - auditor; controlador.

comptroller in bankrupcy (UK) - síndico da falência.

comptroller of the currency - autoridade que controla o volume dos meios de pagamento.

comptrollership - controladoria; superintendência.

compulsion - compulsão.

compulsory - compulsório.

compulsory arbitration - arbitragem compulsória.

compulsory pilot - piloto compulsório.

compulsory proceeding - procedimento compulsório.

compulsory process - processo compulsório.

compulsory purchase order (UK) - desapropriação.

compurgator - vizinho de acusado que depõe em favor do réu.

compute, to - calcular; computar.

computer - computador.

computer code - código de computador.

computer fraud - fraude por meio de computadores.

computer hard ware - máquinas de computação.

computer link up - ligação de computadores.

computer log-sheet - diário de utilização.

computer software - programa de computador.

computer timing - cálculo de tempo de computador.

conceal, to - ocultar; esconder.

concealed assets - ativos ocultos.

concealment - ocultação.

concentration - concentração.

conception - concepção.

concern - empresa.

concert - pacto; combinação; acerto.

concession - concessão.

conciliation - conciliação; acordo.

conciliation board - junta de conciliação.

conciliation proceeding - processo de conciliação.

conciliator - conciliador.

conclude, to - concluir.

conclusion - conclusão.

conclusion of fact - inferência derivada dos fatos.

conclusion of law - conclusão a que chega o júri ou o juiz, após apreciar os fatos do caso.

conclusive - conclusivo.

conclusive evidence - prova incontroversa.

conclusive presumption - presunção conclusiva.

concomitant - concomitante.

concord - acordo; ajuste.

concubinage - concubinato.

concubine - concubina.

concur, to - concordar; consentir.

concurrence - concorrência; concordância.

concurrent - coincidente; concorrente; igual.

concurrent conditions - sujeito a condições anteriores.

concurrent considerations - considerações simultâneas.

concurrent covenants - cláusulas repetitivas.

concurrent jurisdiction - competência concorrente.

concurrent leases - locações simultâneas.

concurrent liens - multiplicidade de gravames sob o mesmo imóvel.

concurrent negligence - negligência concorrente.

concurrent resolutions - resoluções simultâneas.

concurrent writs - originais em duplicata da mesma ordem judicial.

concurring opinion - opinião que acompanha o voto vencedor mas com fundamentação distinta.

condemn, to - condenar; desapropriar.

condemnation - condenação; desapropriação.

condemnatory - condenatório.

condemnee - condenado.

condescend, to (FC) - ser magnânimo com os inferiores.

condition - condição.

condition, express - condição expressa.

condition, implied - condição implícita.

condition precedent - condição anterior à celebração de um ato jurídico.

condition subsequent - condição posterior à celebração de um ato jurídico.

conditional - condicional.

conditional acceptance - aceitação condicional.

conditional agreement - contrato condicional.

conditional annuity - anuidade condicional.

conditional appearance - aparição condicional.

conditional bequest - herança condicionada a evento ou fato.

conditional contract - contrato condicional.

conditional delivery - entrega condicional.

conditional devise - disposição testamentária condicional.

conditional endorsement - endosso condicional.

conditional estate - patrimônio condicionado.

conditional fee - remuneração condicional; pagamento condicional.

conditional guaranty - garantia condicional.

conditional judgement - julgamento condicional.

conditional legacy - legado condicional.

conditional limitation - limitação condicional.

conditional obligation - obrigação condicional.

conditional pardon - perdão condicionado.

conditional privilege - privilégio condicionado.

conditional sale - venda condicionada.

conditional sale agreement - contrato de venda condicional ao pagamento do preço.

conditional stipulation - estipulação condicional.

conditional will - testamento condicional.

condominium - condomínio.

condonation - perdão; aceitação.

condone, to - perdoar; aceitar; tolerar.

conduct - conduta; comportamento.

conduct, to - conduzir; dirigir; liderar.

conduct money - pagamento de despesas de testemunha.

confederacy - confederação.

confederacy - conspiração criminosa.

conference - conferência.

confess, to - confessar; admitir; assentir.

confession - confissão.

confession of indebtedness - confissão da dívida.

confidence - confidência; confiança; crença.

confidence in the currency - confiança na moeda.

confidential - confidencial; em confiança; secreto.

confidential communication - comunicações privilegiadas.

confidential file - arquivo confidencial.

confidential relationship - relação fiduciária.

confidential report - relatório confidencial.

confidentiality - confidencialidade.

confinement - confinamento; prisão; reclusão; aprisionamento.

confirm, to - confirmar; aprovar.

confirmation - confirmação; aprovação.

confirmed credit - crédito confirmado.

confiscate, to - confiscar; apropriar.

confiscatee - confiscado.

confiscation - confisco.

conflict of interests - conflito de interesses.

conflict of jurisdiction - conflito de competência.

conflict of laws - conflito de leis; direito internacional.

conflicting evidence - prova inconsistente.

conformed copy - cópia fiel.

conformity - conformidade; concordância.

confrontation - confrontação; acareação de testemunhas.

confusion - confusão.

confusion of debts - confusão de débitos.

confusion of goods - confusão de bens.

confusion of rights - confusão.

confute, to - refutar.

congeable - legal; feito de acordo com a lei.

conglomerate - conglomerado.

congregate, to - congregar; reunir; encontrar.

congregation - congregação.

congress - congresso.

congressional - parlamentar.

congressional immunity - imunidade parlamentar.

congressional records - anais do Congresso.

congressman - parlamentar; deputado.

congruity - acordado; pertinente.

conjecture - conjectura; suposição.

conjugal - conjugal.

conjugal rights - direitos conjugais.

conjuration - conjuração.

connection - conexão.

connivance - conivência; consentimento indireto.

connive, to - ser conivente; cooperar.

consanguineus - consangüíneo.

consanguinity - consangüinidade.

conscience - consciência.

conscience objections - objeções oriundas de crenças religiosas.

conscription - conscrição; alistamento compulsório.

consecutive - consecutivo; sucessivo.

consensual - consensual.

consensual contract - contrato consensual.

consensual marriage - sociedade conjugal de fato.

consent - consentimento; acordo de vontades.

consent, to - consentir; concordar; anuir; aquiescer.

consent decree - autorização de órgão do poder público.

consent judgement - sentença homologatória de acordo.

consent search - busca consensual.

consenting party - interveniente anuente.

consequence - conseqüência; resultado.

consequent nullity - nulidade conseqüente.

consequential damages - dano resultante do ato.

consequential loss - prejuízo indireto causado por sinistro.

conservation - conservação.

conservation area - área de conservação; parque natural.

conservator - tutor; interventor.

consideration - preço; consideração; compensação; contraprestação contratual; remuneração; pagamento; causa; razão.

consigliere (I) - conselheiro.

consign, to - consignar; confiar; entregar em confiança.

consignation - consignação.

consignee - consignatário.

consigner - consignador; remetente.

consignment - consignação.

consignment contract - contrato de consignação.

consignment sale - venda em consignação.

consignment's in - consignações recebidas.

consignment's out - mercadorias remetidas em consignação; consignações despachadas.

consignor - consignador.

consistency - uniformidade.

consistent - consistente.

consistent with the law - conforme a lei.

consolidate - consolidado.

consolidate, to - consolidar.

consolidated accounts - demonstrações financeiras consolidadas.

consolidated actions - litispendência.

consolidated annuities - títulos da dívida pública consolidada.

consolidated appeal - recurso adesivo; recurso conjunto.

consolidated balance sheets - balanço consolidado.

consolidated bond issue - título consolidado substitutivo.

consolidated cash - caixa única.

consolidated external debt - dívida externa consolidada.

consolidated fund - fundo consolidado.

Consolidated Fund (UK) - principal conta corrente do governo britânico, mantida no Banco da Inglaterra.

consolidated internal debt - dívida interna consolidada.

consolidated laws - codificações; compilações de leis.

consolidated mortage - consolidações de hipotecas.

consolidated public debt - dívida pública consolidada.

consolidated tax return - declaração de imposto de renda conjunta de empresas afiliadas.

consolidation - consolidação; unificação.

consolidation of actions - cumulação de processos.

consortium - consórcio; direitos conjugais.

conspicuous - manifesto; conspícuo.

conspiracy - conspiração; associação criminosa.

conspiracy in restraint of trade - associação criminosa para prática de concorrência abusiva; conspiração para imposição de poder econômico.

constable - oficial de polícia.

consternation - consternação.

constituent - constituinte; integrante.

Constitution - Constituição.

constitutional - constitucional.

constitutional convention - Assembléia Constituinte.

constitutional law - Direito Constitucional.

constitutional order - ordem constitucional.

constitutional question - questão constitucional.

constitutional regime - regime constitucional.

constitutional right - direito constitucional.

constitutionally challenged (PC) - sob uma ditadura.

construction - construção; presunção legal; suposição; interpretação.

construction of a will - interpretação de um testamento.

constructive - interpretativo; presumido; suposto; tácito; implícito.

constructive assent - consentimento presumido.

constructive authority - autoridade presumida.

constructive bailment - caução presumida.

constructive contract - contrato imposto em juízo.

constructive delivery - entrega presumida.

constructive eviction - despejo por motivo de força maior.

constructive fraud - fraude presumida.

constructive loss - danos em valor superior ao da coisa.

constructive notice - presunção de conhecimento.

constructive possession - poder e intenção de controlar o bem.

constructive service of process - citação por edital.

constructive trust - fideicomisso presumido.

construe, to - construir; interpretar.

consul - cônsul.

Consul General - Cônsul Geral.

Consular Court - corte no exterior presidida pelo cônsul.

consular fees - taxas consulares.

consular invoice - fatura consular.

consular marriage - casamento no consulado.

consular visa - visto consular.

consulate - consulado.

consultant - assessor; consultor.

consultant, legal - consultor jurídico; consultor legal.

consultation - consulta; conferência.

consulting - consultoria.

consulting board - comissão de consulta.

consumer - consumidor.

consumer advocate - defensor do consumidor; ombudsman.

consumer credit - crédito ao consumidor.

consumer credit sale - venda a crédito ao consumidor.

consumer demand - procura pelo consumidor; demanda.

consumer goods - bens de consumo.

consumer price - preço para o consumidor.

consumer price index - índice de preço ao consumidor.

consumer protection - proteção ao consumidor.

consuming market - mercado consumidor.

consummate - consumado; extinto; findo.

consummate, to - consumar; terminar.

consummation - consumação.

consumption - consumo; dispêndio.

consumption credit - crédito destinado ao consumo.

consumption level - nível de consumo.

contango (UK) - taxas pagas por especuladores.

contemner - desobediente; revel.

contemplate, to - considerar; refletir; planejar; ponderar; estudar.

contemplation - contemplação; consideração; reflexão; ponderação; estudo.

contemplation of bankruptcy - estado falimentar.

contempt - desacato; desobediência.

contempt of court - desacato ao juiz ou tribunal.

contemptuous - ofensor.

contentious - litigioso; contencioso; contestado.

contentious business - negócio em litígio.

contentious jurisdiction - jurisdição contenciosa.

contentious possession - posse controversa.

contentious record - passado contencioso.

contents - conteúdo.

contest - concurso.

contest, to - contestar; opor.

contest a will, to - contestar um testamento.

contestability - desafio.

contestable - desafiável.

contested divorce - divórcio contestado.

context - contexto.

contingency - contingência; casualidade; condicionado.

contingency with double aspect (UK) - contingência dupla.

contingent - contingente; condicional; duvidoso; incerto; substituto.

contingent annuity - anuidade contingente.

contingent assets - ativo contingente.

contingent beneficiary - beneficiário secundário.

contingent claim - pedido incerto; a ser completado; condicionado.

contingent damages - danos contingentes.

contingent estate - ativo contingente; expectativa de direito de aquisição de patrimônio.

contingent fees - honorários advocatícios percentuais sobre o total da causa.

contingent legacy - legado dependente de evento incerto.

contingent liability - passivo contingente; responsabilidade incerta, condicionada.

contingent remainder - bens remanescentes de um espólio devido a impossibilidade de indentificar o beneficiário ou inocorrência de evento.

contingent trust - "trust" que para se tornar operacional depende de evento futuro.

contingent use - uso condicionado.

continuance - prorrogação; adiamento; transparência.

continue, to - continuar; prolongar; prosseguir.

continued bond - título de validade determinada.

continued scarcity - escassez artificial.

continuing - continuado; ininterrupto; durável.

continuing covenant - pacto que prevê prestações continuadas.

continuing damages - danos continuados.

continuing guaranty - garantia de validade determinada.

continuing offense - crime continuado.

continuing warranty - garantia de validade determinada.

continuous - contínuo; ininterrupto.

continuous crime - crime continuado.

continuous injury - danos intercalados.

continuous series - série contínua.

contra - contra; contrapartida; confrontante.

contra account - contabilidade em partidas dobradas.

contra entry - contrapartida.

contraband - contrabando.

contract - contrato.

contract carrier - contrato de transporte.

contract labor - contrato de trabalho.

contract of adhesion - contrato de adesão.

contract of affreightment - contrato de afretamento.

contract of benevolence - contrato benéfico.

contract of carriage - contrato de transporte.

contract of hazard - contrato de risco.

contract of hire - contrato de aluguel.

contract of mandate - contrato de mandato.

contract of pledge - contrato de caução.

contract of record - contrato registrado; homologado.

contract note - aviso de confirmação de negociação de valores mobiliários.

contracting party - parte contratante.

contractor - construtor; empreiteiro.

contractual - contratual.

contractual voyage - viagem contratual.

contradict, to - contraditar.

contradictory - contraditório; inconsistente.

contrafactio - falsificação; contrafação.

contrary to Law - contrário à lei.

contravene, to - contraverter.

contravening - oposto; contrário; contestado.

contravention - contravenção; infração.

contribute, to - contribuir.

contributed capital - capital aportado.

contributed capital surplus - capital contribuído por acionistas creditado a outras contas que não sejam de capital propriamente dito.

contribution - contribuição.

contributor - contribuinte.

contributory - contribuitório; contribuição.

contributory negligence - parcela de negligência atribuível ao agente.

contrite - contrito.

control - controle.

control, to - controlar; dominar.

control account - conta de primeiro grau; conta-controle.

controllable - controlável.

controlled - afiliado; controlado.

controlled company - companhia controladora.

controlled substances - medicamentos controlados; drogas; narcóticos.

controller - auditor; controlador.

controlling - de controle.

controlling interest - acionista controlador; posição controladora.

controversy - controvérsia; litígio; ação judicial.

controvert, to - negar; controverter; contestar; refutar.

controvertible - controverso; discutível; polêmico.

contumacious - contumaz; desrespeitoso.

constumacy - contumácia.

contusion - contusão.

convene, to - convocar; reunir; acionar.

convenient - conveniente.

convention - convenção; acordo; contrato; tratado.

conventional - convencional; contratual.

converge, to - convergir.

conversant - conhecido; familiar.

conversation - conversação.

converse, to - conversar.

conversion - conversão; apropriação indébita; furto.

conversion premium - ágio para conversão.

conversion price - preço de conversão.

conversion rate - taxa de conversão.

convert, to - converter.

convertible - conversível.

convertible currency - moeda conversível.

convertible debenture - debênture conversível.

convertible revolving credit - crédito rotativo conversível a longo prazo.

convertible securities - título de crédito conversível.

convertible stock - ações preferenciais que podem se converter em ações ordinárias.

convey, to - entregar; alienar; transferir.

conveyance - transmissão de propriedade; escritura de transmissão de propriedade.

conveyancer - advogado especialista em alienação de imóveis.

conveyor - alienante; alienador.

convict - condenado; sentenciado.

convict, to - condenar; sentenciar.

conviction - condenação.

convince, to - convencer.

convincing - convincente; persuasivo.

convoy - comboio.

cool blood - sangue-frio.

cooling off period (UK) - período em que é possível o arrependimento.

cooperate, to - cooperar.

cooperation - cooperação.

cooperative - cooperativa.

cooperative associations - associações cooperativas que podem ser isentas de tributação.

cooperative bank (USA) - banco cooperativo.

cooperative corporation - cooperativa.

cooperative real estate - condomínio (imobiliário).

co-opt, to - cooptar.

coordinate - coordenada.

coordinate, to - coordenar.

co-owner - co-proprietário.

cop - (depreciativo) policial.

coparcenary - condomínio.

coparceners - co-herdeiros.

coprincipal - co-principal; mandante.

copulate, to - copular.

copy - cópia; reprodução.

copybook - copiador.

copyright - direitos autorais.

copyright notice - requisito legal de inscrição na obra literária pelo detentor dos direitos.

co-respondent - co-réu.

corner - controle de mercado.

corner, to - controlar o mercado.

corollary - corolário.

coroner - oficial responsável pela investigação da "causa mortis".

coroner's inquest - exame das circunstâncias de morte violenta.

corporate - incorporado; constituído; associado; pertencente a.

corporate acquisition - aquisição de ativos ou ações de uma empresas por outra.

corporate action - atos dos diretores eleitos.

corporate body - pessoa jurídica.

corporate charter - alvará; certidão de existência válida.

corporate domicile - domicílio da empresa.

corporate entity - personalidade jurídica.

corporate franchise - franquia.

corporate liquidation - liquidação total ou parcial de uma empresa.

corporate name - razão social.

corporate opportunity - oportunidade empresarial.

corporate personality - pessoa jurídica.

corporate purpose - objeto social.

corporate raider - responsável por oferta pública hostil para a aquisição de ações.

corporate seal - chancela da empresa; selo corporativo; carimbo.

corporate stock - títulos representativos dos ativos da empresa.

corporate trust - entidade administrativa do patrimônio da empresa.

corporation - sociedade anônima; empresa.

corporation, sole - empresa individual.

corporation aggregate - sociedade com multiplicidade de diretores.

corporation charter - estatutos sociais.

corporation income tax - imposto de renda societário.

Corporation Law - Direito Societário.

corporation lawyer - advogado empresarial.

corporative - corporativo; societário.

corporeal - corpóreo; material.

corporeal possessions - posse material.

corporeal property - propriedade material.

corpse - cadáver

corpulent - corpulento.

corpus (L) - corpo; matéria; capital de um espólio, fundo ou fideicomisso; o principal.

correct, to - corrigir.

correction - correção.

correctional institution - instituições de correção penal.

correlation - correlação.

correlation table - tabela de correlação.

correspondence - correspondência.

correspondent - correspondente.

corroborate, to - corroborar; confirmar.

corroborating evidence - provas suplementares; provas adicionais.

corrupt - corrupto; corrompido; vicioso.

corrupt, to - corromper.

corrupt-practices act - lei que regula doações para campanhas.

corruptibility - corruptibilidade.

corruptible - corruptível.

corruption - corrupção.

cortege (F) - cortejo.

cosign, to - avalizar.

cosignator - avalista.

cosignature - aval.

cosigner - avalista; fiador.

cosmetic operation - operação cosmética; operação com abuso de forma.

cost - custo; custas.

cost, to - custear.

cost accounting - contabilidade de custos.

cost and benefit analysis - análise de custo e benefício.

cost and freight - custo do bem e frete.

cost and function - função-custo.

cost application - apropriação de custos.

cost center - centro de custos.

cost of sales (UK) - custo antes das despesas fixas.

cost of completion - custo de acabamento; custo de fechamento.

cost of living index - índice do custo de vida.

cost of production - custo de produção.

cost-plus fixed fee - custo mais taxa fixa.

cost-plus pricing - preço baseado no custo mais taxa fixa.

cost, insurance and freight - custo, frete e seguro.

costs bond - caução em garantia; consignação.

costs to abide event - custas de todo o progresso.

cosurety - co-avalista.

cotenancy - co-propriedade.

cotenant - co-proprietário.

cotrustee - co-fiduciário.

council - conselho; legislativo municipal.

Council of the Law Societies and Bars of the European Community (CCBE) - Conselho de Ordens de Advogados da Comunidade Européia.

Council of Ministers - Ministério; Conselho de Ministros.

counsel - advogado; conselheiro; patrono da causa.

counsel fees - honorários advocatícios.

counsel for the defense - advogado de defesa.

counsel for the prosecution - advogado de acusação.

counsel of perfection - advogado do impossível.

counsel of record - advogado inscrito; advogado registrado.

counsellor - consultor jurídico; advogado.

count - pretensão do autor; pedido; narração dos fatos.

countenance - auto-controle; semblante.

countenance, to - apoiar; tolerar.

counter - contrário; adverso; oposto; antagônico.

counteract, to - neutralizar.

counteraccusation - contra-acusação.

counter-affidavit - declaração oposta à declaração anterior.

counterappeal - contra-apelação.

counterbalance, to - contrabalançar.

countercharge - contra-acusação; reconvenção.

counterclaim - reconvenção.

counterespionage - contra-espionagem.

counterevidence - contra-evidência.

counterexample - contra-exemplo.

counterfeit - falso; falsificado.

counterfeit, to - imitar; plagiar; copiar; falsificar.

counterfeiter - falsificador.

counterguaranty - contra-garantia.

countermand, to - revogar; dar contra ordem.

countermotion - contra-pedido.

counteroffer - contra-proposta.

counterpart - via; duplicata; cópia; contrapartida.

counterplea - contra-pedido.

counterproof - contra-prova.

counterproposal - contra-proposta.

counterseal - contra-selar.

countersecurity - contra-garantia.

countersign - abono de firma; endosso de assinatura.

countersign, to - co-assinar.

countersignature - contra-assinatura.

countervailing - compensatório; equivalente.

countervailing duty - medida compensatória.

counter-wills - testamentos recíprocos.

country - país; campo.

country risk - risco país.

county - comarca; município; condado; distrito.

county attorney - procurador municipal.

county board - administração distrital.

county court - juiz distrital.

county officer - funcionário distrital.

county power - competência distrital.

county-seat - sede administrativa distrital.

county tax - imposto distrital.

county warrant - ordem de pagamento do distrito.

coup - golpe.

coup d'etat (F) - golpe de estado.

coup de grace (F) - golpe de graça.

coup de main (F) - ataque repentino e vigoroso.

couple - casal; par.

coupon - cupom.

coupon security (USA) - títulos mobiliários do governo americano que pagam taxas de juros (Treasury Bonds, Treasury Notes), e não aqueles vendidos com desconto.

court - corte; juízo; vara; foro; tribunal.

court above - juízo superior.

court below - juízo inferior.

court bond - caução.

court clerk - auxiliar do juiz; cartorário.

court costs - custas do processo.

court decision - sentença; decisão; acórdão.

court en banc - tribunal pleno; câmaras reunidas.

court in bank - câmaras reunidas.

Court of Admiralty - tribunal marítimo.

Court of Appeals - tribunal de recursos.

Court of Arbitration - câmara de arbitragem.

Court of Audit - Tribunal de Contas.

Court of Auditors - Corte de Auditores da Comunidade Européia.

Court of Bankruptcy - vara de falência e concordata.

Court de Cassation (F) - Supremo Tribunal de Recurso Francês.

Court of Chancery - Tribunal de Eqüidade.

Court of Civil Appeals - tribunal civil (intermediário).

Court of Common Pleas - tribunal de recursos.

Court of conscience - descrição de tribunal de eqüidade.

Court of Customs and Patent Appeals - tribunal de tributos alfandegários e patentes.

court of equity - tribunal de eqüidade.

Court of Exchequer - corte fiscal.

Court of Exchequer Chamber - tribunal de apelação intermediário.

Court of First Instance - tribunal de primeira instância.

Court of General Sessions (USA) - tribunal criminal de jurisdição original.

court of inquiry - comissão de inquérito.

Court of International Trade (USA) - tribunal de comércio internacional com jurisdição sobre matérias aduaneiras, importação e comércio internacional.

Court of Justice - Tribunal de Justiça.

Court of Last Resort - tribunal de última instância.

Court of Law - juízo; foro comum; tribunal; corte.

Court of Ordinary - juízo de família e sucessões.

Court of Original Jurisdiction - tribunal de jurisdição original.

Court of Probate - juízo de sucessões.

Court of Quarter Session (USA) - tribunal de contravenções.

Court of Queen's Bench (UK) - um dos tribunais superiores de direito comum.

Court of Review - tribunal de recursos.

Court of Saint James (UK) - corte do soberano inglês.

Court of Special Sessions - corte organizada para um julgamento específico.

court officer - oficial da corte.

court order - liminar; mandado; determinação da corte.

court reporter - publicação elencando casos; anotador de jurisprudência; relator de casos.

court room - sala de audiências; tribunal.

court rule - ordem judicial; despacho judicial; decisão interlocutória.

court system - sistema judiciário.

court-house - forum; Palácio da Justiça.

court-martial - corte marcial.

couth - bem educado; refinado; culto.

covenant - acordo; convenção; pacto; contrato; promessa; cláusula.

covenant against incumbrances - garantia de inexistência de gravames.

covenant for possession - garantia de transmissão de posse.

covenant for title - garantia de bom título.

covenant in deed - acordo formalizado; expresso.

covenant of further assurance - garantia de aperfeiçoamento de título aquisitivo.

covenant to renew - cláusula de renovação.

covenant of right to convey - garantia de entrega do bem.

covenantee - outorgado.

covenantor - outorgante.

cover, to - cobrir; proteger; segurar.

cover a position, to - cobrir uma posição.

cover note - apólice temporária.

coverage - cobertura; abrangência.

covering entry - lançamento fictício; lançamento de cobertura.

coverture - estado civil de mulher casada.

covet, to - invejar; desejar.

crack - quebra.

crash - queda brusca e violenta.

crass - crasso.

credentials - credenciais; capacidades.

credible - crível; confiável; reputado.

credibility - credibilidade.

credit - crédito.

credit, to - creditar.

credit account - conta credora.

credit advice - aviso de crédito.

credit assignment agreement - contrato de cessão de crédito.

credit association - associação de crédito.

credit control - controle de crédito.

credit card - cartão de crédito.

credit crunch - aperto de crédito.

credit guarantee - garantia de crédito.

credit instrument - instrumento de crédito.

credit line - linha de crédito.

credit memorandum - aviso de crédito.

credit money - moeda fiduciária.

credit policy - política de crédito.

credit rating - classificação do crédito.

credit report - relatório quanto ao crédito da pessoa ou entidade.

credit risk - risco de crédito.

credit sale - venda a crédito.

credit squeeze - aperto de crédito.

credit union - cooperativa de crédito e poupança.

credit worthy - digno de crédito.

creditor - credor.

creditor's agreement - concordata extrajudicial.

creditor's balance on consignment accounts - credores por consignação.

creditor's bill - ordem de penhora de bem para satisfação de crédito.

creditor's meeting - reunião de credores; assembléia de credores.

creditor suit - ação que busca a ordem de penhora de bem para satisfação de crédito.

credulous - crédulo.

cremate, to - cremar.

cremation - cremação; incineração.

crematory - crematório.

crest - cume; ponto importante do processo; brasão.

cretinism - cretinismo; deficiência mental.

crew - tripulação.

crier - pregoeiro; anunciador.

crime - crime.

crime against humanity - crime contra a humanidade.

crime passionel (F) - crime passional.

criminal - criminoso.

criminal abortion - aborto ilegal.

criminal act - ato ilícito; tipificável.

criminal action - ação penal.

criminal attempt - tentativa de crime.

criminal capacity - imputabilidade penal.

criminal charge - acusação criminal.

criminal code - Código Penal.

criminal coercion - coerção.

criminal conspiracy - conspiração criminosa.

criminal contempt - crime de desacato à autoridade.

criminal court - juízo penal.

criminal fraud - fraude; estelionato; crime contra o patrimônio.

criminal information - informação penal.

criminal intent - dolo.

criminal investigation - investigação criminal.

criminal jurisdiction - jurisdição penal.

criminal law - direito penal.

criminal lawyer - advogado criminalista.

criminal liability - responsabilidade penal.

criminal libel - crime de imprensa.

criminal negligence - negligência criminosa.

criminal offense - crime.

criminal operation - operação criminosa.

criminal procedure - processo penal.

criminal prosecution - acusação penal.

criminal record - ficha criminal; certidão criminal.

criminal statute - leis penais.

criminal trepass - invasão de domicílio.

criminalist - criminalista.

criminology - criminologia.

criterion - critério.

critic - crítico.

critical path - caminho crítico.

crony - amigo; companheiro.

cronyism - clientelismo.

crook - deliqüente; ladrão; trapaceiro.

crop - colheita.

crop, to - colher.

crop loan - crédito agrícola.

cross - cruz.

cross - cruzado; oposto; contrário; adverso; contrariado.

cross, to - cruzar.

cross action - reconvenção.

cross appeal - apelação de ambas as partes do processo.

cross border - transfronteiriços; além fronteira.

cross border listing - ações de uma mesma companhia negociadas em bolsas de valores de mais de um país.

cross border risk - risco com não residente; risco internacional.

cross complaint - reconvenção; denunciação à lide.

cross currency interest rate swap - troca simultânea de juros e moedas.

cross default - inadimplemento cruzado; cumulativo ou vinculado.

cross default clause - cláusula de inadimplemento cruzado, cumulativo ou vinculado.

cross demand - reconvenção.

cross examination - interrogatório da testemunha em julgamento pela parte contrária.

cross hedge - trava cruzada.

cross index, to - fazer remissiva.

cross licensing - contra-licenciamento.

cross motion - pedido antagônico.

cross reference - remissiva.

cross section - corte transversal; secção transversal.

crosscheck, to - conferir horizontalmente.

crossed - cruzado.

crossed check - cheque cruzado.

crossfoot, to - somar.

Crown Case (UK) - ação penal pública.

Crown Law (UK) - Direito Penal.

Crown paper (UK) - lista de casos pendentes de interesse do Estado.

Crown prosecution service (UK) - ministério público; promotoria.

Crown prosecutor (UK) - promotor público.

cruel - cruel.

cruel and unusual punishment - espancamento; punição com requintes de crueldade.

cruelty - crueldade.

cruelty to animals - crueldade aos animais.

cruelty to children - crueldade às crianças.

crumble, to - desmoronar.

cry, to - gritar; clamar; publicar; leiloar.

cryer - pregoeiro; leiloeiro; proclamador.

cuckold - marido traído; cônjuge de esposa adúltera; corno.

culpa - culpa.

culpability - culpabilidade.

culpable - culpável; imputável.

culpable homicide - homicídio culposo.

culpable ignorance - ignorância culpável.

culpable neglect - negligência culpável.

culpable wantonness - imprudência culpável.

culprit - acusado; condenado; culpado.

cultivate, to - cultivar.

cum dividend - com dividendo.

cumulative - cumulativo; cumulado; além de; em adição.

cumulative dividend - dividendos cumulativos.

cumulative evidence - prova cumulativa; corroborativa.

cumulative legacy - legado cumulativo.

cumulative offense - repetição de conduta ilícita.

cumulative penalty - pena cumulativa.

cumulative punishment - pena acumulada.

cumulative remedy - remédio adicional criado por lei.

cumulative sentence - sentença cumulativa.

cumulative voting - votação cumulativa.

cunning - astúcia; esperteza.

curatio - curatela; tutela.

curative - saneador; sanador.

curator - curador; tutor.

curator ad litem - curador à lide.

curator for absentees - curador de ausentes.

curatorship - curatela; tutela.

curatrix - curadora; tuteladora.

cure, to - sanar; sanear; curar.

curfew - toque de recolher; horário limítrofe.

currency - meio circulante; moeda corrente.

currency devaluation - desvalorização monetária.

currency future - futuro de moeda.

currency note - papel moeda.

currency option - opção de moeda.

currency restrictions - restrições monetárias.

currency swap - troca de moeda.

current - corrente; atual.

current account - conta corrente.

current assets - ativo circulante.

current funds - ativo disponível e de realização imediata.

current liabilities - passivo circulante.

current maturities - vencimentos em menos de um ano.

current price - preço atual.

current ratio - coeficiente de liquidez; índice de liquidez corrente.

current yield - ganho corrente.

curriculum - currículo.

cursory - superficial.

curt - brusco.

curtail, to - diminuir; reduzir; racionar.

curtail a credit - reduzir um crédito.

curtailment - interrupção; limitação; privação.

curtilage - área adjacente a dormitórios.

curve fitting - ajustamento de curvas.

cuss - xingamento; praga.

custodia legis - sob custódia legal.

custodial - custodial.

custodian - curador; administrador; guarda.

custody - custódia; guarda; tutela.

custody account - conta de custódia.

custody, in - sob prisão; sob custódia.

custody suite (PC) - prisão.

custody of children - tutela de menores.

custom - costume; fonte formal de direito.

custom duties - taxas alfandegárias; taxas aduaneiras.

customary - costumeiro; corriqueiro; usual.

customer - comprador; freguês; cliente.

custom-house - entreposto aduaneiro; depósito; alfândega; aduana; importador.

custom-house broker - despachante aduaneiro.

customs - imposto de importação, exportação; taxas alfandegárias; taxas aduaneiras.

customs appraiser - avaliador aduaneiro.

customs attorney - advogado aduaneiro.

customs bar - advocacia aduaneira.

customs broker - despachante aduaneiro.

customs court - tribunal competente para questões aduaneiras.

customs duty - taxa aduaneira.

customs declaration - declarações aduaneiras.

customs-exempt - isenção de impostos aduaneiros.

customs house - alfândega; aduana; entreposto aduaneiro; depósito.

customs inspectors - inspetor aduaneiro; fiscal.

customs receipts - recibos aduaneiros.

customs regulations - legislação aduaneira.

customs union - união fiscal; tratado de reciprocidade fiscal.

customs warehouse - armazém aduaneiro.

cut back - diminuição da força de trabalho.

cut off - corte.

cut off date - data de corte ou fechamento.

cut off statement - demonstração de cortes das operações; demonstração preliminar para fins de auditoria.

cutthroat competition - competição ruinosa.

cycle - ciclo; componente cíclico.

cyclical - cíclico.

cyclical behavior - comportamento cíclico.

cylinder option - opção de baixo preço.

D

dachgesellshaft (GER) - sociedade holding.

dactyloscopic - datiloscópico.

dactyloscopy - datiloscopia; estudo científico para identificação das impressões digitais.

daft - maluco.

dagger - punhal.

dago (UK) - (depreciativo) pessoa de origem latina.

daily - diário.

daily balance - balanços diários pelo período no qual os juros devem ser pagos.

daily employee - diarista.

daily price limit - limite de preço diário.

daily volume - volume diário.

daimyo bond (JAP) - títulos ao portador emitidos pelo BIRD no mercado japonês.

damage - perda; dano; prejuízo.

damage to person - dano à pessoa; a medida do dano físico ou emocional provocado pela ação ou omissão de outra pessoa.

damage to property - dano patrimonial.

damages - indenização que pode ser pedida em decorrência de perda, dano ou prejuízo.

damages for delay - dano por mora.

damaging - danoso; prejudicial.

dame - dama.

damn, to - condenar.

damnable - censurável.

damnification - aquilo que causa prejuízo ou perda.

damnify, to - danificar; lesar.

damnum (L) - dano.

damnum absque injuria (L) - dano sem injúria; dano que não permite ação contra os agentes danosos.

damnum emergens (L) - dano emergente.

damnum fatale (L) - dano fatal.

damnum infectum (L) - dano evitável.

danger - perigo; risco.

dangerous - perigoso; arriscado.

dangerous criminal - criminoso de alta periculosidade.

dangerous driving - condução perigosa.

dangerous drug - droga ou medicamento perigoso.

dangerous occupation - atividade periculosa.

dangerous weapon - arma danosa à vida cujo uso pode ser fatal.

dangers of the sea - danos de natureza extraordinária específicos à navegação.

darraign - contestação.

darraign continuance - adendo à contestação.

darraign presentment - apresentação de contestação.

data - dados; dados contados para uso específico.

data center - centro de processamento de da dos.

data processing - processamento de dados.

data protection registrar (UK) - procurador de registro de dados.

data retrieval - recuperação de dados.

data user (UK) - detentor de informações.

database - arquivo de dados.

date certain - data certa.

date d'échéance (F) - data de vencimento.

date for delivery - data de entrega.

date of cleavage - data para arquivar as petições voluntárias no processo de falência.

date of collection - dia de recebimento.

date of issue - data de emissão.

date of maturity - data de vencimento.

date of record - data de registro.

dation en paiement (F) - dação em pagamento.

dative - dativo.

datum - dado; informação.

daunt, to - desestimular; assustar; intimidar; desencorajar.

daunting - assustador; atemorizante.

dauntless - intrépido.

dawn raid (UK) - aquisição de ações em bloco antes de oferta hostil.

DAX - "dax"; índice da bolsa de valores de Frankfurt.

day - dia.

day-book - diário.

day certain - dia certo; termo.

day in court - data da audiência.

day loan - empréstimo diário.

day order - ordem válida apenas para o dia em que foi dada.

day-rule - permissão de saída de prisioneiro para tratar de negócios pessoais.

day shift - turno diário.

days after date - dias da data.

days of grace - prazo de tolerância; prolongamento de prazo para cumprimento de obrigação.

daytime - dia natural.

day-to-day money - dinheiro overnight; empréstimo por 24 horas.

dazzle, to - deslumbrar; ofuscar; cegar.

dead - morto; inerte; inativo.

dead assets - ativos sem valor.

dead body - cadáver.

dead born - natimorto; considerado nunca nascido ou concebido.

dead end - beco sem saída.

dead freight - carga falsa.

dead man's part - parte do espólio destinada ao inventariante.

dead use - uso futuro.

deadline - limite de prazo; termo final.

deadly - mortal; fatal.

deadly weapon - arma mortal; arma fatal.

deaf - surdo.

deal - negócio; operação comercial; acordo; operação de compra e venda.

deal, to - negociar; comerciar.

dealer - negociante; comerciante; aquele que compra para vender.

dealings - negociações; operações comerciais.

dearth - escassez; falta.

death - morte; morte cerebral.

death action - ação civil por morte resultada de ato injusto.

death benefit - indenização por morte, paga pela seguradora ou pelo empregador aos beneficiários.

death certificate - atestado de óbito.

death duties - imposto sobre herança.

death penalty - pena de morte.

death sentence - sentença de morte.

death rate - taxa de mortalidade.

debar, to - excluir; privar.

debarment - exclusão.

debase, to - rebaixar; depreciar; viciar; adulterar.

debasement of the currency - aviltamento monetário.

debatable - discutível; disputável.

debate - discussão; debate.

debate, to - discutir; debater.

debauch, to - corromper; perverter; depravar.

debauchery - devassidão; libertinagem; orgia; sedução violenta.

debenture - debênture; ativos emitidos por sociedade para angariar recursos.

debenture bond - debênture.

debenture certificate - certificado de debênture.

debenture-holders, action (UK) - ação coletiva de debenturistas.

debenture stock (UK) - títulos de renda fixa emitidos por sociedades de responsabilidade limitada.

debit - débito.

debit, to - debitar.

debit balance - saldo devedor.

debit note - nota de débito.

debitor - devedor.

debitrix (L) - devedora.

debitum (L) - débito.

debt - dívida.

debtee - credor.

debt incurred - dívida contraída.

debt instrument - título de dívida.

debt management - gestão da dívida.

debt pooling - solução da dívida por acordo extra-judicial, no qual transfere-se os bens do devedor aos credores ou estipula-se pagamentos parce-lados.

debt ratio - índice de endividamento.

debt repayment - liquidação da dívida.

debt rescheduling - reescalonamento de dívida.

debt restructuring - renegociação da dívida; reestruturação da dívida.

debt retirement - resgate da dívida.

debt service - serviço da dívida; dispêndio com pagamento de juros de uma dívida.

debt swap - troca de ativos financeiros.

debtor - devedor executado no ato de execução judicial.

debug, to - depurar; eliminar defeitos.

debugging - depuração; eliminação de defeitos.

decadence - decadência.

decease - morte; falecimento.

decease, to - morrer; falecer.

deceased - falecido.

decedent - falecido; moribundo; testador.

decedent's estate - montantes da herança; universalidade dos bens do "de cujus".

deceit - fraude; engano; dolo.

deceive, to - enganar; iludir.

deception - fraude.

decide, to - decidir; determinar.

decidedly - definitivamente; decididamente.

decision - decisão; determinação.

decision making - tomada de decisão.

decision on the merits - decisão do mérito.

decision reserved - decisão pendente.

decisory oath - juramento decisório.

deck - coberta.

deck cargo - carga na coberta.

declarant - declarante.

declaration - petição inicial.

declaration - declaração.

declaration against interest - declaração contra o próprio interesse.

declaration in chief - demanda principal.

declaration of bankruptcy - declaração de quebra.

declaration of estimation - declaração de estimativa.

declaration of export - declaração de exportação.

declaration of intention - declaração de intenção.

Declaration of Paris - Declaração de Paris; diz respeito a direito internacional marítimo.

declaration of solvency - declaração de solvência.

declaration of trust - declaração de fideicomisso.

declarative - declaratório.

declaratory - declaratório.

Declaratory act (UK) - lei declaratória.

declaratory action - ação declaratória.

declaratory decree - decreto declaratório.

declaratory exception - exceção declaratória.

declaratory judgement - sentença declaratória.

declaratory plea - ação declaratória.

declaratory proceeding - procedimento declaratório.

declaratory statutes - lei declaratória.

declare, to - declarar.

declare a dividend - declarar um dividendo.

declare a recess - declarar um recesso.

declared capital - capital declarado; capital escriturado.

declination - declinatória; recusa.

decline, to - declinar; negar; diminuir.

declining trend - tendência baixista.

decorum - decoro; decência; dignidade; compostura.

decrease - diminuição; decréscimo; redução.

decrease, to - diminuir; rebaixar; descer.

decreasing costs - custos decrescentes.

decree - decreto; decisão judicial.

decree nisi - decreto judicial provisório.

decree of divorce - sentença condicional de divórcio.

decree of insolvency - decreto judicial de insolvência do espólio.

decree of nullity - decreto judicial de anulação de casamento.

decrement - diminuição; decréscimo; redução.

decrepit - decrépito.

decretal order - despacho judicial preliminar.

decriminalization - descriminante.

decry, to - condenar; censurar; depreciar; desacreditar.

dedication - dedicação; consagração.

dedication - doação de imóvel para uso comum do povo.

dedicator - doador.

dedition - dação.

deduce, to - deduzir.

deduct, to - deduzir; descontar.

deductible - dedutível.

deductible clause - cláusula de franquia em contrato de seguro.

deduction - dedução; abatimento; desconto.

deduction at source - dedução na fonte; retenção na fonte.

deductive - dedutível.

deed - escritura; documento; contrato.

deed absolute - título de propriedade definitivo.

deed in fee - escritura de pleno domínio.

deed of assignment - escritura de cessão.

deed of conveyance - escritura imobiliária.

deed of covenant - escritura de garantia.

deed of gift - escritura de doação.

deed of indenture - contrato formal.

deed of release - ata de cessão de direitos.

deed of sale - escritura de compra e venda.

deed of trust - escritura de fideicomisso.

deed poll - escritura unilateral.

deem, to - determinar; julgar; intimar.

deface, to - rasurar; cancelar; apagar; destruir.

defalcate, to - desfalcar.

defalcation - desfalque.

defalcation - redução; reconvenção.

defalcator - pessoa que comete o desfalque; malversador.

defalk - reconvir; reduzir.

defamation - difamação.

defamatory - difamatório.

defamatory libel - difamação escrita.

defame, to - difamar; caluniar.

default - inadimplemento.

default, to - inadimplir.

default action - ação de cobrança.

default fine - multa por inadimplemento; cláusula penal.

default judgement - sentença declaratória de inadimplemento.

default on payment - inadimplemento no pagamento.

defaulted bond - título não pago.

defaulted contract - contrato descumprido.

defaulter - inadimplente.

defeasance - revogação; abrogação.

defeasance clause - cláusula resolutória.

defeasible - anulável; revogável; cancelável.

defeat, to - derrotar.

defeat a bill - anular um projeto de lei.

defect - defeito; deficiência; vício.

defective - defeituoso; deficiente; viciado.

defective pleading - petição inepta.

defective title - documentação inábil.

defend, to - defender; contestar.

defendant - réu; indiciado; acusado.

defendant-appellant - demandado que pleiteia uma apelação.

defense - defesa.

defense attorney - advogado de defesa.

defense counsel - advogado de defesa.

defense on the merits - defesa com base no mérito.

defensible - defensável; justificável.

defensum (L) - proibição; defeso.

defer, to - protelar; adiar; ceder.

deference - deferência; consideração.

deferment - adiamento.

deferment of sentence - suspensão de sentença.

deferred - diferido; protelado; adiado.

deferred annuity - anuidade postergada.

deferred assets - ativo diferido.

deferred bond - garantia diferida.

deferred calendar - calendário de causas diferidas.

deferred coupon note - título de crédito com juros diferidos.

deferred debt - dívida diferida.

deferred interest bond - título de crédito com juros diferidos.

deferred liabilities - passivo diferido.

deferred payments - pagamento protelado.

deficiency - deficiência; insuficiência.

deficiency assessment - diferença de imposto a pagar.

deficiency decree - decisão deficiente.

deficiency judgment - sentença que condena o devedor a pagar a diferença entre o valor entregue e o valor real.

deficiency notice - notificação da diferença de imposto a pagar.

deficiency suit - ação judicial de cobrança da diferença entre o valor pago e o valor devido.

deficit - déficit.

defile, to - desonrar.

defilement - corrupção de costumes.

define, to - definir; determinar.

definite - definido; determinado.

definite sentence - sentença determinada.

definition - definição.

definitive - definitivo.

deflation - deflação.

deflationary - deflacionário.

deflationary measures - medidas deflacionárias.

deflationary pressures - pressão deflacionária.

defloration - defloramento.

deforce, to - deter; reter.

deforcement - posse injusta de imóvel.

deforcer - aquele que detém a coisa.

defraud, to - fraudar; defraudar.

defraudation - defraudação.

defrauder - fraudador.

defunct - defunto.

degree - grau.

degree of accumulation - grau de acumulação.

degree of crime - grau; gravidade do crime.

degree of development - grau de desenvolvimento.

degree of efficiency - grau de eficiência.

degree of kin - grau de parentesco.

degree of negligence - grau de negligência.

degree of proof - grau da prova.

dehors the record - fora dos registros.

delator - delator.

delay, to - retardar; prorrogar; adiar; atrasar.

delayed interest - juros de mora.

delayed registration - registro fora de prazo.

delegable duty - dever delegado.

delegate, to - delegar.

delegation - delegação.

delegation of powers - delegação de poderes.

deliberate, to - deliberado; premeditado; intencional.

deliberate speed - velocidade deliberada.

deliberation - deliberação; consideração; reflexão.

delict - delito; ofensa.

delictum (L) - delito.

delinquency - delinqüência.

delinquency charge - juro de mora.

delinquent - delinqüente.

delinquent interest - juro de mora.

deliverance - veredito do júri.

delivery - entrega; tradição.

delivery bond - fiança para reintegração de bens embargados.

delivery month - mês de entrega; aplicável em contrato futuro.

delivery order - ordem de entrega.

delivery slip - ordem de envio.

delusion - delírio.

delusions of grandeur - delírio de grandeza.

delusion of persecution - mania de perseguição.

demand - demanda.

demand, to - demandar; exigir.

demand bill - letra pagável a vista.

demand clause - cláusula de antecipação de pagamento.

demand curve - curva de procura.

demand deposit - depósito à vista.

demand draft - ordem de pagamento à vista.

demand exchange - câmbio à vista.

demand for payment - intimação para efetuar pagamento.

demand loan - empréstimo em aberto.

demand note - letra à vista.

demandable - exigível.

demandant - requerente; demandante.

demandress - demandante feminina.

demarcation - demarcação.

demeanor - comportamento; conduta.

demens (L) - demente; louco.

dementia (L) - demência; loucura.

dementia praecox (L) - demência precoce.

demesne - domínio; dominical.

demise, to - locar; alugar.

demise - falecimento; morte.

demise charter party - afretamento sem acessórios (bare boat).

demised - alugado; locado.

democracy - democracia.

democrat - democrata.

democratic - democrático.

demography - demografia.

demon - demônio.

demonstrate, to - demonstrar; manifestar; provar.

demonstratio (L) - denominação.

demonstration - demonstração; prova; revelação.

demonstrative bequest - legado específico.

demonstrative evidence - prova demonstrativa.

demonstrative legacy - legado demonstrativo.

demoralize, to - desmoralizar.

demotion - rebaixamento de posição.

demur, to - contestar; excepcionar; objetar.

demurrable - contestável.

demurrage - demora; taxa de mora de navio no porto.

demurrant - contestante.

demurrer - contestação; exceção; defesa indireta de mérito.

demystify, to - desmistificar.

denationalization - desnacionalização.

deniable - negável.

denial - negação; repulsa; recusa.

denier - negador.

denizen - cidadão.

denominate, to - denominar.

denomination - denominação; designação; classe; categoria.

denote, to - denotar; indicar; assinalar.

denounce, to - denunciar; acusar; condenar; delatar.

denouncement - pedido de autorização para exploração de minas.

denouncer - denunciador.

denude, to - desnudar; despir.

denunciation - acusação; queixa; denúncia.

deny, to - negar; recusar; proibir; repudiar.

deontology - deontologia; estudo da ética.

depart - partir.

department - departamento; secretaria de estado.

Department of Education (USA) - ministério da educação.

Department of Health and Human Services (USA) - ministério da saúde.

Department of Justice (USA) - ministério da justiça.

Department of Labor (USA) - ministério do trabalho.

Department of Trade and Industry (DTI) (UK) - secretaria de indústria e comércio do Reino Unido.

Department of the Treasury (USA) - ministério da fazenda.

departure - partida.

depend, to - depender.

dependable - confiável.

dependence - dependência.

dependent - dependente; subordinado.

dependent condition - condição dependente.

dependent contract - contrato condicional.

dependent covenant - acordo condicional.

depletable - de vida útil limitada.

deplete, to - exaurir; esgotar.

depleting - exaurimento; exausto.

depletion - exaurimento.

deplorable - deplorável.

deponent - depoente.

deport - deportar; exilar.

deportation - deportação.

depose, to - depor; destituir; declarar.

deposit - depósito.

deposit, to - depositar.

deposit account - conta de depósito.

deposit balance - saldo de depósito.

deposit cost - custo de depreciação.

deposit in court - consignação em pagamento.

deposit in escrow - depósito.

deposit insurance - seguro de depósito.

deposit of title deeds (UK) - hipoteca.

deposit slip - comprovante de depósito.

depositary - depositário.

deposition - depoimento; tomada de testemunho.

deposition de bene esse - depoimento prestado fora do juízo.

deposito - contrato de depósito.

depositor - depositante.

depository - depositário.

depository bank - banco depositário.

deprave, to - depravar.

deprecate, to (FC) - desaprovar; censurar.

depreciate, to - depreciar.

depreciation - depreciação.

depreciation allowance - reservas para depreciação.

depreciation reserves - reservas para depreciação.

depredation - depredação.

depression - depressão.

deprivation - privação; desapropriação; carência; perda.

deprive, to - privar; desapropriar; despojar; destituir.

depute, to - constituir; delegar.

deputize, to - delegar.

deputy - delegado; substituto; suplente.

deraign - defender; provar.

derange, to - desorganizar.

deregister, to - suprimir o registro.

derelict - bem abandonado.

dereliction - abandono.

deride, to - ridicularizar; desprezar.

derision - escárnio; menosprezo.

derisory - irrisório.

derivative - derivado; títulos secundários lastreados em obrigações principais.

derivative acquisition - aquisição derivada.

derivative action - ação derivada.

derivative conveyance - transmissão ulterior.

derivative deposit - depósito derivado.

derivative nullity - nulidade derivada.

derivative possession - posse derivada.

derivative right - direito decorrente.

derivative tort - ilícito decorrente.

derive, to - derivar.

derogate, to - derrogar; recuar; desviar.

derogation - derrogação.

derogatory clause - cláusula derrogativa.

descend - suceder; herdar; legar.

descendant - descendente.

descender - sucessão hereditária.

descendible - transmissível.

descent - sucessão hereditária.

desert, to - desertar.

desertion - deserção; abandono.

desertion and non-support - abandono do lar e não prestação de alimentos.

deserve, to - merecer.

design - desenho; plano; esquema.

designate, to - designar; indicar; nomear.

designation - designação; indicação; nomeação.

designee - nomeado.

desinterested - desinteressado.

desirable - desejável.

desire, to - desejar; querer; pedir.

desist, to - desistir; renunciar.

desk - escrivaninha; balcão.

despicable - desprezível.

despise, to - desprezar.

despoil, to - despojar; roubar; espoliar.

despondent - abatido; desesperado; desanimado.

despot - déspota.

destination - destino; fim; paradeiro.

destitute - pobre; indigente; desprovido.

destroy, to - destruir.

destructible - destrutível; cancelável; anulável.

destruction - destruição.

desuetude - desuso.

detach, to - separar; desprender; desligar; destacar.

detail - detalhe.

detain, to - deter; reter; impedir.

detainer - retenção ilegal; apropriação indébita.

detainment - detenção.

detect, to - descobrir; perceber; notar.

detective - detetive.

detector - detector.

détente - detento.

detentio - detenção; posse.

detention - detenção; prisão; retenção.

deter, to - deter; impedir; dissuadir.

deteriorate, to - deteriorar; estragar; degenerar.

deterioration - deterioração; degeneração.

determinable fee - taxa determinável.

determinate, to - determinar; acertar.

determinate obligation - obrigação certa.

determinate sentence - sentença determinada.

determination - determinação judicial.

determination of interest - determinação de juros.

determination of national income - determinação de renda nacional.

determine, to - determinar.

deterrent - dissuação; intimidação.

detest, to - detestar.

detinue - ação possessória.

detonate, to - detonar.

detournement - apropriação indébita; abuso de confiança.

detractor - detrator; caluniador; difamador.

detriment - em detrimento de.

Deutschmark (G) - Marco Alemão.

devaluation - desvalorização.

devaluation of the currency - desvalorização da moeda.

devaluation of interest rate - desvalorização de taxa de juros.

devastate, to - devastar.

devastavit - apropriação indébita dos bens do falecido pelo inventariante.

develop, to - desenvolver; desdobrar; expandir; promover o progresso.

development - desenvolvimento.

deviate, to - desviar.

deviation - mudança de comportamento; desvio.

deviation, maritime - desvio de rota.

device - plano; ardil; estratagema.

devious - indireto; tortuoso; errante; vagabun-do.

devisal - legado.

devise - imaginar; planejar.

devise, to - cessão; legado de bem imóvel.

devisee - legatário de bem imóvel.

devisen (GER) - divisas.

devisor - doador de um legado de bem imóvel.

devolution - devolução; transferência.

devolutive - devolutivo.

devolve, to - devolver; transferir; delegar; incumbir.

dexterity - destreza.

dharma - dharma; lei moral hindu.

diabolical - diabólico.

diagnosis - diagnóstico.

diagram - diagrama.

dial - mostrador.

dialogue - diálogo.

diary - diário.

dictate, to - ditar.

dictator - ditador.

dictum - dito; sentença.

die, to - morrer.

diem, per - diária.

dies (L) - dia; dia da audiência.

dies a quo (L) - dia do início.

dies juridicus (L) - dia útil.

dies non (L) - feriado forense.

diet - dieta.

difference in income - disparidade de preços.

differencial - diferencial.

digest - súmulas.

digit - algarismo; dígito.

dignity - dignidade.

diffident - modesto; sem confiança.

dilapidation - dilapidação.

dilatory - dilatório.

dilatory plea - exceção dilatória.

diligence - diligência.

diligent - diligente.

dilution - diluição.

diminished capacity - capacidade reduzida.

diminished responsibility - incapacidade penal por doença mental.

diminishing assets - ativo amortizável.

diminishing return - renda decrescente.

diminutio (L) - dimuição.

diminution - diminuição; falta.

diminution of value - redução de valor.

dinner jacket - smoking.

dint - força.

diploma - diploma.

diplomacy - diplomacia.

diplomatic agent - agente diplomático.

diplomatic privilege - imunidade diplomática.

direct - direto; imediato.

direct, to - dirigir; comandar; instruir.

direct action - ação direta.

direct admission - admissão direta.

direct attack - ataque direto.

direct cause - causa direta.

direct compensation - compensação direta; pagamento direto.

direct confirmation - confirmação direta.

direct conversion - apropriação direta.

direct cost - custo direto.

direct costing - custeio direto.

direct estoppel - preclusão consumativa.

direct evidence - prova direta.

direct examination - interrogatório direto da testemunha pela parte que a convocou.

direct expenses - despesas diretas.

direct injury - dano direto.

direct labor cost - custo de mão de obra direta.

direct liability - responsabilidade direta.

direct loss - perda direta.

direct purchasing - compra direta.

direct selling - venda direta.

direct tax - imposto direto.

direct taxation - tributação direta.

direct trust - fideicomisso expresso.

direction - direção; instruções.

directive - diretiva.

director - diretor.

directorate - conselho administrativo.

director's fees - honorários dos diretores.

directory - guia, catálogo.

direful - terrível.

diriment impediments - impedimentos dirimentes.

dirty - sujo.

dirty money - dinheiro sujo; dinheiro de origem criminosa.

disability - incapacidade física ou legal; impedimento.

disability benefits - benefícios por incapacidade ou invalidez.

disability compensation - auxílio-doença.

disability retirement - aposentadoria por doença.

disable, to - cassar; impedir; interditar.

disabled person - pessoa incapaz; interditado.

disabling restraint - cláusula de inalienabilidade.

disaccord, to - discordar.

disaffirm, to - cassar; revogar.

disaffirmance - cassação; revogação.

disagree, to - discordar; recusar.

disagreement - discordância; recusa.

disallow, to - rejeitar; indeferir.

disapproval - desaprovação.

disapprove, to - desaprovar; indeferir; reprovar; censurar; condenar.

disarm, to - desarmar.

disavow, to - desautorizar.

disbar, to - suspender licença para advogar.

disbarment - suspensão do exercício da advocacia; expulsão da Ordem.

disbench, to - remover da função.

disburse, to - desembolsar; gastar; pagar.

disbursement - desembolso.

discern, to - discernir; distingüir; perceber.

discharge - baixa do exercício militar.

discharge, to - quitar; absolver; extingüir; terminar; demitir.

discharge a debt - cancelar dívida.

discharge in bankruptcy - reabilitação do falido.

discharge of mortage - baixa da hipoteca.

disciplinary - disciplinar.

disciplinary proceeding - processo disciplinar.

discipline - disciplina.

disclaim, to - renunciar ao direito.

disclaimer - exoneração de responsabilidade.

disclaimer of opinion - negativa de parecer.

disclose - revelar; expôr.

disclosure - revelação; exposição.

discomfit, to - derrotar; desconcertar.

disconcert, to - desconcertar.

disconcerting - desconcertante.

discontent - descontente.

discontinuance - extinção do processo pelo abandono da causa ou extinção de uma coisa pelo seu abandono.

discontinue, to - suspender; interromper.

discontinuous easement - servidão interrompida.

discord, to - discordar.

discount - desconto.

discount, to - descontar.

discount factor - fator de desconto; fluxo de caixa descontado.

discount house (UK) - corretora de valores.

discount market - mercado secundário com desconto; abaixo do par.

discount rate - taxa de desconto.

discountable - descontável.

discounted bills - letras contadas.

discounted cash flow - fluxo de caixa descontado.

discounted drafts - títulos descontados.

discounting - desconto.

discourage, to - desencorajar.

discover, to - descobrir.

discovert - estado civil de mulher não casada.

discovery - descobrimento; revelação.

discovery - meios de prova; procedimento probatório.

discovery period - período de levantamento de provas.

discredit, to - desacreditar.

discrepant - discrepante.

discretion - discrição.

discretionary - discricionário.

discretionary account - conta discricionária; conta fiduciária.

discretionary funds - fundos discricionários; fundos fiduciários; recursos depositados em conta discricionária de aplicação livre pelo depositário.

discretionary power - poder discricionário.

discretionary trust - fideicomisso discricionário.

discriminate, to - discriminar.

discrimination - discriminação.

discuss, to - discutir.

discussion - discussão.

disease - doença.

disembargo, to - desembargar.

disencumber - desgravar; desonerar.

disencumbrance - saneamento.

disentail - extinção de vínculo real.

disentailment - extingüir ou anular um vínculo real.

disequilibrium - desequilíbrio.

disequilibrium in the balance of payments - desequilíbrio do balanço de pagamentos.

disfranchise, to - cassar; anular.

disfranchisement - cassação; anulação.

disguise, to - disfarçar.

disgust - repugnância.

dishonest - desonesto.

dishonesty - desonestidade.

dishonor - não honrar com compromisso.

dishonorable - desonesto.

disincarcerate - desencarcerar.

disinherit, to - deserdar.

disinheritance - deserdação.

disinterested - desinteressado

disintermediation - desintermediação; operação direta; sem corretagens.

disinterested - desinteressado.

disinvestment - desinvestimento.

disjunctive - separado; alternativo.

disjunctive allegations - alegações alternativas.

disjunctive conditions - condições alternativas.

disloyal - desleal.

dismal - miserável; sombrio.

dismantle, to - desmontar.

dismember, to - desmembrar.

dismiss, to - recusar; negar; denegar; indeferir; suspender; liberar; demitir.

dismiss an application - recusar um pedido.

dismiss upon merits - denegar por falta de mérito.

dismissal - recusa.

dismissal of action - extinção do processo sem julgamento do mérito.

dismissal of bill in equity - indeferimento.

dismissal for cause - demissão por justa causa.

dismissal pay - indenização por dispensa.

dismissal with prejudice - extinção do processo com prejuízo ao autor de intentar de novo a ação.

dismissal without prejudice - extinção do processo sem proibição ao autor de intentar de novo a mesma ação.

dismissed for want of equity - denegado por falta de amparo legal.

disobey, to - desobedecer.

disorder - desordem.

disorderly conduct - conduta que fere a ordem pública.

disparage, to - diferenciar.

disparagement - desigualdade.

disparagement of goods - depreciação da mercadoria.

dispatch - despacho.

dispatch, to - despachar.

dispatch earning - economia resultante da pronta descarga no destino.

dispatch money - prêmio pela rapidez de descarga do navio.

dispensation - isenção.

dispersion - dispersão; a variação entre a média do pregão e seus extremos.

displace, to - remover.

disposable - disponível.

disposal - disposição; alienação; uso.

dispose, to - dispor; alienar.

disposed of - alienado.

disposition - disposição; alienação.

disposition of causes - disposição das causas.

dispositive fact - fato jurídico.

dispossess, to - despejar; desapossar.

dispossess proceedings - ação de despejo.

disproof, to - refutar; confutar.

disproportionate - desproporcional.

disprove, to - provar em contrário.

disputable - disputável.

disputable presumption - presunção duvidosa; indício obscuro.

dispute - disputa; controvérsia; litígio; altercação.

disqualification - desqualificação.

disqualify, to - desqualificar; impugnar.

disregard, to - ignorar.

disreputable - de má reputação.

disruptive conduct - conduta perturbadora da ordem.

disseisin - esbulho possessório.

disseisor - esbulhador.

dissent - divergência.

dissenter - pessoa que diverge de outra.

dissenting opinion - opinião divergente.

dissenting stockholders - acionistas divergentes.

dissertation - dissertação.

disinterested - desinteressado.

dissident - dissidentes.

dissident shareholders - acionistas dissidentes.

dissimilarity - diferença; disparidade.

dissipate, to (FC) - dispersar.

dissolution - dissolução.

dissolution of marriage - dissolução de casamento.

dissolution of Parliament - dissolução do Parlamento.

dissolution of partnership - dissolução de sociedade.

dissolve, to - dissolver; extingüir.

dissolving bond - caução judicial para suspensão da penhora ou sentença.

dissolving condition - condição resolutória.

dissuade, to - dissuadir.

distort, to - distorcer.

distractio - separação; divisão.

distrain, to - penhorar; sequestrar; reter.

distrainer - quem usa o direito de retenção.

distraint - direito de retenção de bens.

distraught - agitado; desesperado.

distress - angústia; sequestro; retenção.

distress infinite - direito de retenção infinito.

distress signal - sinal de perigo.

distressed goods - bens sequestrados ou retidos.

distressed property - bens sequestrados ou retidos.

distressed sale - excussão de bem sequestrado.

distribute, to - distribuir.

distributee - herdeiro; beneficiário.

distribution - distribuição; partilha.

distribution agreement - contrato de distribuição.

distributive - distributivo.

distributor - distribuidor.

district - distrito; circunscrição.

district attorney - procurador do Estado; promotor público.

district council (UK) - conselhos regionais.

district court - juízo federal de primeira instância; circunscrição judicial; comarca.

district judge - juiz da comarca; juiz federal de primeira instância.

district registries (UK) - varas regionais.

disturb, to - perturbar.

disturbance - perturbação.

disturbance of the peace - perturbação do sossego.

disturbance of tenure - turbação da posse.

disuse - desuso.

dither, to - vacilar; hesitar.

diverge, to - divergir.

divergent - divergente.

diverse - diversos; vários.

diversity of citizenship - diversidade de cidadania.

divestiture - desinvestimento.

divide, to - dividir; partilhar; repartir.

dividend - dividendo.

dividend cover (UK) - cobertura do dividendo; o número de vezes que os lucros apurados excedem os dividendos declarados.

dividend-equalization reserve - reserva para equalização de dividendos.

dividend payment - pagamento de dividendo.

dividend per share - dividendo por ação.

dividend script - promissória representativa de dividendos.

dividend withheld - dividendo retido.

dividend yield - rendimento em dividendos.

divine - divino.

divisible - divisível.

division - divisão; partilha.

divorce - divórcio.

divorce by consent - divórcio consensual.

divulge - divulgar; revelar; publicar.

dock - banco dos réus.

dock - doca.

dock brief - caso criminal.

docket - ementa; abstrato; protocolo; registro.

docket, to - protocolar; registrar.

docket fee - honorária; taxa para protocolo.

docket number - número do processo.

doctor - doutor.

Doctor of Laws - Doutor em Direito.

doctor-patient privilege - segredo profissional do médico.

doctrinal - doutrinário.

doctrine - doutrina; teoria.

doctrine - princípio de direito.

document - documento.

document of title - instrumento de título.

documentary - documental.

documentary credit - financiamento ao comprador de mercadorias.

documentary evidence - prova documental.

documentary stamp - selo documental.

documentary tax - imposto sobre documentos.

dodge taxes, to - sonegar impostos.

dogged - tenaz; persistente; perseverante.

dogma - dogma.

doli capax (L) - imputável.

doli incapax (L) - inimputável.

dollar - dólar, moeda dos Estados Unidos da América, Canadá, etc..

dollar area - área de influência do dólar norte americano.

dollar gap - déficit em dólar.

domain - domínio.

domesday book (UK) - registro imobiliário feito na Inglaterra em 1806.

domestic - doméstico.

domestic attachment - embargo contra devedor residente.

domestic authority - pátrio poder.

domestic commerce - comércio local.

domestic consumption - consumo interno.

domestic corporation - empresa local; sociedade local; nacional.

domestic domicile - domicílio municipal.

domestic economy - economia nacional; economia interna; economia doméstica.

domestic judgement - sentença de um tribunal do mesmo Estado.

domestic market - mercado interno.

domestic price level - nível interno de preços.

domestic relations - relações de família; relações internas.

domestic servant - empregado doméstico.

domicile - domicílio; residência.

domicile, to - domiciliar.

domicile of choice - domicílio de eleição.

domicile of corporation - domicílio da empresa.

domicile of origin - domicílio de origem.

domicile of succession - domicílio da sucessão.

domiciliary - domiciliário.

dominant - dominante; predominante.

dominant estate - direito real de servidão que cabe ao prédio dominante.

dominant owner - dono de prédio dominante.

dominant tenement - prédio dominante.

dominate, to - domina.

dominical - dominical.

dominion - domínio.

dominium (L) - domínio.

dominus litis (L) - senhor do processo.

donate, to - doar; contribuir.

donated shares - ações doadas.

donated surplus - superavit doado.

donatio (L) - doação; contribuição.

donatio inter vivos (L) - doação inter-vivos.

donatio mortis causa (L) - doação causa mortis.

donation - doação.

donative - donativo.

donatory - donatário.

donee - donatário; outorgado.

donee of power - outorgado dos poderes.

donor - doado.

dope - narcóticos.

dope, to - drogar; administrar drogas.

dormant - dormente; inativo.

dormant account - conta sem movimento.

dormant company (UK) - sociedade dormente; sociedade inativa.

dormant corporation (USA) - sociedade inativa; sociedade dormente.

dormant execution - execução provisional.

dormant partner - sócio comanditário; sócio oculto.

dot - dote.

dotal - dotal.

dotal property - bem dotal.

double - dobrado; duplo.

double auction - pregão; leilão.

double damages - indenização dobrada.

double entry - partidas dobradas.

double-entry system - sistema de partida dobrada.

double indemnity - indenização dobrada.

double insurance - seguro em duplicidade.

double jeopardy - risco duplo.

double liability - dupla responsabilidade.

double option - opção dupla.

double sampling (statistics) - amostragem dupla (estatística).

double taxation - dupla taxação; dupla tributação.

doubt - dúvida.

doubt, to - duvidar.

doubtful - duvidoso (a).

doubtful account - conta duvidosa.

dour - austero; severo; teimoso.

Dow Jones - índice da Bolsa de Valores de Nova Iorque.

dowager - viúva de rei ou fidalgo.

dower - bens dotais; dote.

down market - mais econômico; popular.

down payment - entrada (venda a prestação); sinal; arras.

down time - tempo de máquina para manutenção ou reparos.

Downing street (UK) - a residência ou o escritório do primeiro ministro britânico.

downsize, to (PC) - reduzir.

downtrend - tendência baixista.

dowress - viúva usufrutuária.

dowry - dote.

Drachma - Dracma; moeda da Grécia.

draft - saque; minuta; título de crédito; ordem de pagamento.

draft, to - sacar; minutar.

draftsman - quem minuta.

dramatic - dramático.

dramatic work - propriedade intelectual.

draw, to - emitir; redigir; escrever; sacar.

draw a bill, to - sacar uma letra.

drawback - desvantagem.

drawback - restituição de impostos incidentes sobre o comércio exterior.

drawdown - saque de um empréstimo.

drawdown period - período de disponibilidade de uma linha de crédito.

drawee - sacado.

drawer - sacador.

drawing account - conta de adiantamento; conta corrente.

drawing rights - direitos de saque; mecanismo de assistência financeira do FMI.

dreadful - terrível.

dreary - sombrio.

dress - vestimenta.

dress code - regulamento de vestimentas.

drill, to - exercício militar.

drip - servidão de água.

driver - motorista.

driver's license - carteira de motorista; carta de condução (P).

Driving While Intoxicated (D.W.I.) - condução de veículo sob embriaguez.

droit (F) - direito; justiça.

droit common - direito comum.

droit coutumier (F) - direito comum.

droit de seigneur - direito de senhor.

droitural actions - ações de direito pessoal.

droll - ancioso; divertido; surpreendente.

drop, to - deixar; abandonar; cair.

dropped calendar - lista de causas abandonadas.

dropping prices - preços em declínio.

drug - droga; remédio; tóxico; narcótico.

drug abuse - abuso de drogas.

drug addict - toxicômano; viciado em drogas.

drug store - farmácia.

drug traffic - tráfico de drogas.

drum storage - memória em tambor.

drunk - bêbado; embriagado.

drunkenness - embriaguez alcoólica.

dry - seco; formal.

dry goods - secos.

dry trust - fideicomisso passivo.

dual - duplo.

dual citizenship - dupla cidadania.

dual-status alien - estrangeiro com dupla cidadania.

dubious - dúbio.

dubitante - em dúvida.

dubitatur - duvidoso.

due - vencido (título, aluguel).

due bill - nota vencida.

due care - cura.

due compensation - remuneração justa.

due course of law - procedimento devido.

due date - vencimento; prazo.

due diligence - diligência própria; investigação; análise detalhada da operação sob exame.

due notice - notificação efetiva.

due process of law - o devido processo legal.

duel - duelo.

dues - taxas; contribuições.

duly - devidamente; legalmente; adequadamente.

duly sworn - devidamente juramentado.

dummy - testa-de-ferro.

dummy - suposto; simulado; falso.

dummy card - cartão de prova.

dummy corporation - empresa fantasma.

dummy directors - diretores provisórios sem autoridade.

dummy transaction - operação fictícia.

dump, to - descarregar; vender no exterior por um preço abaixo do mercado de origem.

dumping - "dumping"; venda de um produto no exterior abaixo do preço do mercado vigorante no país de origem.

dun - cobrança insistente.

dun, to - cobrar insistentemente.

dun letter - notificação para pagamento de dívida.

duplicate - duplicata; cópia; segunda via.

duplicate will - testamento em duplicata.

duplicity - duplicidade.

durable - durável.

durable goods - bens duráveis.

durante absentia (L) - na ausência.

durante lite (L) - na pendência da lide.

duration - duração; prazo; vigência.

duration of a contract - vigência de um contrato.

duress - coação; compulsão ilegal; cárcere privado.

duress of imprisonment - cárcere privado.

duress per minas - coação mediante ameaças.

duressor - coator.

duties - taxas; encargos; obrigações; direitos.

duty - direito; dever; obrigação.

duty bound - obrigado pelo dever.

duty free - sem impostos aduaneiros.

duty to act - dever de agir.

dwell, to - residir; morar; habitar.

dwelling - residência; habitação; domicílio.

dwelling defense - inviolabilidade do domicílio.

dwelling house - residência.

Dying without issue - falecido sem deixar filhos.

dynamic - dinâmico.

dynamic risk - risco dinâmico; pertinente a seguro e relacionado com mudanças sociais.

dysfunction - disfunção.

E

eager - impaciente.

ear - ouvido.

ear to the ground - estar alerta.

earl - conde.

earldom - condado.

early - cedo; precoce.

early redemption - resgate antecipado.

earmark - marca de propriedade.

earmark, to - assinalar; destinar; reservar.

earn, to - ganhar; auferir.

earned - ganho; merecido.

earned income - renda proveniente da prestação de serviço; lucro; renda; rendimentos.

earned income credit - devolução do imposto de renda cobrado sobre os vencimentos dos assalariados.

earned interest - juros vencidos.

earned profits - lucros acumulados.

earned surplus - lucro acumulado.

earner - trabalhador; ganhador; contribuinte.

earnest - sério; sinal de pagamento; arras.

earnest money - sinal.

earning assets - ativos produtivos.

earning capacity - capacidade de rendimento.

earning power - rentabilidade.

earning report - demonstração de rendimentos.

earnings - ganhos; vencimentos; renda; rendimentos.

earnings per share - rendimentos por ação.

earwitness - testemunha de primeira mão.

ease, to - facilitar; afrouxar; liberalizar.

easement - servidão.

easement appurtenant - servidão real.

easement by implication - servidão tácita.

easement by prescription - servidão por prescrição.

easement in gross - servidão pessoal.

easement of access - servidão de acesso.

easement of necessity - servidão necessária.

eaves-drip - servidão de águas.

eavesdropping - escuta clandestina.

ebullient - ebuliente.

eccentric - excêntrico.

ecclesiastical courts - tribunais eclesiásticos.

ecclesiastical law - Direito Eclesiástico.

echéange (F) - vencimento.

echelon - escalão.

echo - eco.

ecological - ecológico.

ecology - ecologia.

economic activity - atividade econômica.

economic analysis - análise econômica.

economic behavior - comportamento econômico.

economic concepts - conceitos econômicos.

economic cost - custo atualizado.

economic depression - depressão econômica.

economic development - desenvolvimento econômico.

economic expansion - expansão econômica.

economic framework - quadro econômico.

economic goal - meta econômica.

economic growth - crescimento econômico.

economic imperialism - imperialismo econômico.

economic index - índice econômico.

economic law - lei econômica.

economic lot size - lote econômico.

economic planning - planejamento econômico.

economic point of view - ponto de vista econômico.

economic policy - política econômica.

economic power - poder econômico.

economic purposes - finalidades econômicas.

economic rent - rentabilidade econômica.

economic research - pesquisa econômica.

economic resources - recursos econômicos.

economic stability - estabilidade econômica.

economic strike - greve pela melhoria de salário.

economic trend - tendência econômica.

economic warfare - guerra econômica.

economic welfare - bem-estar econômico.

economic world - mundo econômico.

economically active population - população economicamente ativa.

economics - Ciência da Economia.

economies of scale - economias de escala.

economist - economista.

economy - economia

ECU - moeda da comunidade européia.

ecumenical - ecumênico.

edge - lâmina.

Edge Act (USA) - lei bancária que permite a bancos estrangeiros atuar no mercado local com não resi-dentes.

edible - comestível.

edict - edito; decreto.

edit, to - editar; revisar; corrigir.

edition - edição.

editor - editor.

editorial - editorial.

education - educação.

educational loans - empréstimos educacionais.

effect - efeito; resultado; influência.

effect, to - efetuar; executar; produzir efeitos.

effective - efetivo; entrada em vigor.

effective date - data de vencimento.

effective rate - taxa efetiva.

effective yield - retorno efetivo.

effectively - efetivamente; com eficácia.

effectiveness - eficácia; validade.

effect on taxation on profits - efeito de taxação sobre lucros.

effects - bens móveis; pertences.

effete - incapaz.

effets privés (F) - valores mobiliários.

efficacy - eficácia.

efficiency - eficiência.

efficiency variance - variação devida à eficiência.

efficient - eficiente.

efficient cause - causa próxima.

efficient intervening cause - causa superveniente.

efflux - decurso do prazo.

effluxion of time - expiração do prazo.

effort - esforço.

effort, best - melhor esforço.

effort, best basis - base do melhor esforço.

effrontery - afronta.

effusive - efusivo.

egocentric - egocêntrico.

egoism - egoísmo.

eject, to - despejar; desapossar.

ejection - despejo; desapossamento.

ejectment - ação de despejo; ação de reintegração de posse.

ejector - parte que move a ação de despejo.

ejusdem generis (L) - do mesmo gênero.

elaborate, to - elaborar.

elastic demand - procura elástica.

elate, to - estimular.

elect, to - eleger.

elected domicile - domicílio de eleição.

election - eleição.

election agent (UK) - representante do candidato ao Parlamento.

election commissioners (UK) - comissário de eleições.

election judges (UK) - juízes eleitorais.

election of court - eleição de foro.

election of law - eleição de lei.

election of remedies - o direito de escolha entre possíveis remédios judiciais.

election under a will - princípio que determina total aceitação às cláusulas de um testamento.

elective - eletivo.

elective office - cargo eletivo.

elector - eleitor.

electoral college - Colégio Eleitoral.

electorate - eleitorado.

electrocution - eletrocução.

electronic - eletrônico.

electronic funds transfer - transferência eletrônica de fundos.

electronic mail - comunicação via computador.

electronic surveillance - espionagem eletrônica.

eleemosynae (L) - aquilo que pertence às igrejas.

elegant - elegante.

element - elemento.

elemental needs - necessidades elementares.

elementary - elementar.

elementary economics - economia elementar.

elevate, to - elevar.

elicit, to - evocar.

eligible bill - título aceito para redesconto pela autoridade monetária.

eligible liabilities (UK) - classificação de depósitos de um banco.

eligibility - elegibilidade.

elimination - eliminação.

elite (F) - elite.

elope, to - abandonar.

elopement - abandono do lar.

eloquently - eloqüentemente.

emaculate, to - emacular.

emancipate, to - emancipar.

emancipated minor - menor emancipado.

emancipation - emancipação.

embargo - embargo.

embargo, to - embargar.

embargo on ships - embargo marítimo.

embark, to - embarcar.

embarrass, to - embaraçar; constranger.

embassador - Embaixador.

embassy - Embaixada.

embezzle, to - desfalcar; apropriar-se indevidamente.

embezzlement - desfalque; apropriação indébita; peculato.

embezzler - aquele que comete o desfalque.

emblements - produtos de indústria.

embody, to - incorporar.

embrace, to - abraçar.

embraceor - pessoa que suborna jurados.

embracery - suborno do júri.

embryo - embrião.

emend, to - corrigir.

emergency - emergência.

emergency facilities - ativo imobilizado para emergências.

emigrant - emigrante.

emigration - emigração.

eminence - eminência.

éminence grise (F) - eminência parda.

eminent - eminente.

eminent domain - poder expropriante.

emir - emir.

emissary - emissário.

emit, to - emitir.

emolument (FC) - salário; remuneração.

emotion - emoção.

emperor - imperador.

emphasis - ênfase.

emphyteusis (L) - enfiteuse.

empire - império.

empirical - empírico.

employ, to - empregar.

employee - empregado; funcionário.

employees stock ownership plan (ESOP) - plano para participação do empregado no capital social.

employer - empregador; patrão.

employers' association - sindicato patronal.

employers' contribution - contribuição patronal.

employers' front - frente patronal.

employers' identification number (USA) - número de identificação do empregador fornecido pelo I.R.S. (equivalente ao CGC/ME).

employers' liability insurance - seguro de responsabilidade patronal.

employers' union - sindicato patronal.

employment - emprego.

employment agency - agência de empregos.

employment and indemnity clause - cláusula de utilização específica e indenização (usada em contratos de afretamento marítimo).

Employment Appeal Tribunal (UK) - Tribunal de recursos trabalhistas.

employment contract - contrato de emprego.

empower, to - apoderar; capacitar; conferir poderes; autorizar.

empress - imperatriz.

emptor (L) - comprador.

empty - vazio.

empty promise - promessa vazia.

emulate, to - imitar; copiar.

en banc (F) - câmaras reunidas.

en bloc (F) - em bloco.

en gros (F) - em gross.

en route (F) - em viagem; em trânsito.

en ventre sa mere (F) - nascituro.

enable, to - possibilitar; permitir.

Enabling clause - cláusula que possibilita ação ou execução.

enact, to - promulgar; outorgar; ordenar; decretar.

enacting clause - preâmbulo.

enactment - outorga.

enclave - enclave.

enclose, to - fechar; encerrar.

enclosure - anexo; recinto.

encode, to - codificar.

encompass, to - compreender; abranger.

encounter, to - encontrar.

encourage, to - encorajar; instigar.

encroach, to - usurpar; invadir.

encroachment - invasão.

encumber, to - gravar; afetar.

encumber with a mortgage - gravar com uma hipoteca.

encumbrance - ônus; obrigação; gravame.

end - fim; resultado.

end customer - cliente final.

end product - produto final.

endanger, to - colocar em perigo.

endeavour, to - tentar.

endorsable - endossável.

endorse - endossar.

endorse in blank - endossar em branco.

endorsed bond - garantia endossada; garantia assumida por outra companhia.

endorsee - endossado; endossatário.

endorsement - endosso.

endorsement in blank - endosso em branco.

endorsement in full - endosso completo; perfeito.

endorsement without recourse - endosso sem responsabilidade.

endorser - endossante.

endow, to - dotar; fundar.

endowment - doação; legado.

endowment annuity - anuidade; pensão dotal.

endowment life insurance - seguro de vida pago com o decurso do tempo, se a morte não ocorrer anteriormente.

endowment policy - política dotal.

enemy - inimigo.

energumen - energúmeno; fanático; demoníaco.

enforce, to - executar; forçar.

enforceable - executável; exeqüível.

enforcement - execução; exeqüibilidade.

enfranchisement - emancipação; libertação.

engage, to - comprometer; compromissar; admitir; contratar.

engagement - noivado; compromisso mútuo.

engender, to - criar; desenvolver.

engross, to - lavrar.

engrossment - lavratura de um documento solene.

enhance, to - valorizar; potencializar.

enigm - enigma.

enjoin, to - ordenar.

enjoinder - requerente.

enjoy, to - apreciar; gozar; desfrutar.

enjoyment - apreciação; prazer; deleite.

enlarge, to - aumentar; ampliar.

enlargement - aumento; ampliação.

enlist, to - alistar.

enlistment - alistamento voluntário.

en masse (F) - em massa.

enounce, to - enunciar.

ennui (F) - tédio.

enquiry - investigação.

enrichment - enriquecimento.

enroll, to - autuar; lançar; registrar; transcrever.

enrolled - autuado; registrado.

enrolled bill (USA) - projeto de lei já aprovado pelo Congresso.

enrollment - registro; lançamento.

enrollment of vessel - registro de navio.

ensconce, to - ocultar-se.

ensign - bandeira.

entail, to - limitar a transmissão de bens imóveis a certos herdeiros; necessitar.

entailed - limitado; restrito.

entailment - restrição imposta a sucessão hereditária.

entente (F) - convênio; entendimento.

enter an appearance, to - registrar comparecimento.

enter, to - entrar; dar entrada; autuar; ingressar; lançar.

entering judgement - proferimento de sentença.

enterprise - empresa; empreendimento.

enterprise cost - custo de bens para o dono atual.

enterprise value - valor do empreendimento.

entertainment - entretenimento.

entertainment expenses - despesas de representação.

entice, to - persuadir; induzir; seduzir.

enticement - sedução.

entire - inteiro; completo; total.

entire contract (UK) - contrato bilateral.

entirety - inteireza.

entitle, to - ter título.

entitlement - título.

entity - entidade; personalidade jurídica.

entrance - entrada; ingresso.

entrapment - armadilha.

entrepreneur - empresário.

entrust, to - depositar em confiança.

entry - lançamento; partida; entrada.

entry barrier - barreira ao acesso.

entry, right of - direito de ingresso.

entry, writ of - ação de reinvindicação de posse.

entry of judgement - proferir sentença.

enumerated calendar - lista de causas.

enumerators - censores.

enunciative - enunciativo.

enviable - invejável.

envious - invejoso.

environment - meio-ambiente.

environmental agency - repartição ou agência ambiental.

environmental law - Direito Ambiental.

Environmental Law Institute (USA) -Instituto de Direito Ambiental.

environmental policy - política ambiental.

envoy - enviado.

envy - inveja.

episode - episódio.

epitaph - epitáfio.

equal - igual; uniforme.

equal opportunity - isonomia.

Equal Opportunities Commission (UK) - organização administrativa que combate a discriminação.

equal protection of the law - isonomia.

equality - igualdade.

equalization - equalização.

equalization, tax - equalização fiscal; compensação de impostos.

equalize, to - igualar; equalizar.

equipment - equipamento.

equitable - eqüitativo; justo.

equitable action - ação da jurisdição de eqüidade.

equitable assets - bens eqüitativos.

equitable consideration - causa eqüitativa.

equitable construction - consideração baseada nos princípios gerais de direito (eqüidade).

equitable defense - defesa com base nos princípios gerais do direito.

equitable distribution - distribuição eqüitativa.

equitable garnishment - procedimento para descubrir bens do demandado para satisfação da sentença.

equitable lien - gravame eqüitativo.

equitable mortgage - hipoteca eqüitativa.

equitable owner - proprietário eqüitativo.

equitable remedy - remédio legal baseado nos princípios gerais do direito.

equitable rescission - rescisão eqüitativa.

equitable right - direito subjetivo amparado pela eqüidade.

equitable servitude - servidão eqüitativa.

equitable title - título em eqüidade.

equitable value - valor eqüitativo de venda.

equitable waste - abuso do direito de propriedade.

equity - eqüidade; direito lato; princípios gerais do Direito.

equity - participação; interesse; patrimônio; posição acionária.

equity capital - capital social.

equity court - juízo; tribunal; jurisdição de eqüidade através da emissão de ações.

equity derivatives - derivativos de ações; opções de ações.

equity holding - participação societária.

equity jurisdiction - jurisdição de eqüidade.

equity of a statute - a boa interpretação da lei.

equity of partner - posição societária do sócio.

equity of redemption - direito de remição hipotecária.

equity receiver - síndico; curador de massa falida; liqüidante; depositário.

equity security - título de participação acionária.

equity share - ação.

equity to a settlement - direito de meação.

equivocal (FC) - ambíguo; com duplo sentido.

equivocate, to (FC) - falar de forma evasiva.

erase, to - apagar; rasurar.

erasure - rasura.

erosion - erosão.

erratic - errático.

erroneous - errado.

error - erro.

error in fact - erro de fato.

error in law - erro de direito.

errors and omissions excepted - salvo erros e omissães (expressão utilizada em relatórios financeiros).

erudite - erudito.

escalation price - preço reajustável; preço corri-gido.

escalator clause - cláusula de escala móvel; cláusula de correção monetária.

escapable cost - custo evitável.

escape, to - fugir.

escape clause - cláusula de exoneração de responsabilidade; cláusula de saída.

escape warrant - mandado de busca.

eschew, to - evitar; fugir; abster-se.

escort - escolta; acompanhante.

escroquerie (F) - fraude.

escrow - caução.

escrow account - conta de caução.

escrow agent - agente fiduciário.

escrow agreement - contrato de caução para entrega futura a terceiros condicionada a evento futuro.

escrow deposit - depósito fiduciário.

escrow funds - fundos caucionados.

escudo (P) - moeda nacional portuguesa.

esnecy - antiguidade; primogenitura.

espionage - espionagem.

esquire (USA) - título dado ao advogado.

esquire (UK) - escudeiro; título de dignidade; cavaleiro.

essay - ensaio.

essay, legal - ensaio legal; obra jurídica.

essence - essência.

essence of the contract - condição essencial ao cumprimento de um contrato.

essential - essencial.

essential goods - artigos de primeira necessidade.

establish, to - estabelecer; criar; fundar.

establishment - estabelecimento.

establishment clause (USA) - cláusula constitucional norte- americana que proíbe o Congresso de instituir qualquer lei que oficialize ou discrimine qualquer religião.

estate - título; patrimônio; bens do espólio; massa falida.

estate agent - corretor imobiliário.

estate at will - bens testamentários.

estate clause - cláusula descritiva da propriedade.

estate duty - imposto de sucessão.

estate for life - direito de usufruto limitado à vida de uma pessoa.

estate in common - comunhão; condomínio.

estate in joint tenancy - composse; condomínio.

estate in lands - propriedade imóvel; direito real sobre imóvel.

estate in tail - propriedade limitada aos herdeiros.

estate less than freehold - propriedade com domínio limitado; nua propriedade.

estate of inheritance - herança; bens hereditários.

estate on conditional limitation - bem reversível na ocorrência da condição imposta.

estate owner - proprietário.

estate tax - imposto de transmissão "causa mortis".

estate upon condition - propriedade condicional.

esteem, to - estimar; considerar.

estimate - estimativa; previsão.

estimate, to - estimar; prever.

estimated - custos previstos.

estimated total return - retorno total estimado.

estimated useful life - vida útil estimada.

estimated wages - estimativa de salários.

estop, to - parar; barrar; impedir; caducar.

estoppel - preclusão consumativa; decadência do direito pela renúncia tácita ou expressa ao seu uso.

estoppel by conduct - impedimento em razão da conduta.

estoppel by deed - impedimento por escritura.

estoppel by judgment - preclusão consumativa de questão já decidida em juízo.

estoppel by lanches - impedimento por negligência.

estoppel by representation - impedimento por declaração.

estoppel by silence - impedimento por falta de declaração.

estovers - direito de usufruir de áreas comuns.

estreat - extrato dos autos.

estreat, to - extrair (cópia dos autos).

estrepe, to - danificar; destruir.

estrepement - dano causado ao bem pelo usufrutuário, locatário ou usuário.

etalon-or (F) - padrão ouro.

ethical - ético.

ethical standards - padrões éticos.

ethical values - valores éticos.

ethically disoriented (PC) - desonesto.

ethics - ética.

etiquette (F) - etiqueta.

eulogy - elogio

eurodollar - eurodólar.

euromarket - euromercado; mercado para lançamentos e negócios internacionais.

euronote - nota promissória de curto prazo emitidas ao portador.

euronote facility - crédito para a emissão de notas promissórias de curto prazo.

European Community (EC) - Comunidade Européia.

European Court - corte de justiça da Comunidade Européia.

European Free Trade Association (EFTA) - Associação Européia de Livre Comércio.

European Investment Bank (EIB) (EU) - Banco de Investimentos Europeu (BIE).

European Monetary System (EMS) - sistema monetário europeu.

European Regional Development Fund (ERDF) - fundo regional de desenvolvimento econômico da Comunidade Européia.

European Union (EU) - União Européia (UE).

euthanasia - eutanásia.

evade, to - evadir; sonegar.

evade taxes, to - sonegar impostos.

evader - sonegador.

evaluate, to - avaliar.

evaluation - avaliação.

evasion - evasão; sonegação.

evasive - evasiva.

eve - véspera; noite.

event - evento; acontecimento.

events of default - eventos de inadimplemento.

evict, to - desapossar; despejar.

eviction - evicção; despejo.

evidence - prova; evidência; documento.

evidence, law of - direito probatório.

evidence, oral - prova oral.

evidence, written - prova escrita.

evidence by inspection - prova por verificação.

evidence for the defense - prova da defesa.

evidence for the prosecution - prova da acusação.

evidence of indebtedness - demonstração de dívida.

evidence of title - prova de propriedade.

evidence rules - regras de procedimento probatório.

evidence sufficient in law - prova admitida em direito.

evident - evidente; óbvio; claro.

evidential - probatório.

evidentiary - probatório.

evocation - evocação.

evoke, to - evocar.

evolution - evolução.

evolve, to - desenvolver; abrir; evoluir.

ex adverso (L) - da parte adversa.

ex dividend - sem dividendo.

ex factory - preço-fábrica.

ex gratia (L) - de favor.

ex mill - preço-fábrica.

ex officio (L) - de ofício.

ex officio information - informação de ofício.

ex officio member - membro de ofício.

ex parte (L) - uma parte apenas; unilateral.

ex parte hearing - audiência de uma parte apenas.

ex parte investigation - investigação de uma parte apenas.

ex parte proceeding - procedimento de uma parte apenas.

ex post facto (L) - retroativo.

ex post facto law - lei retroativa.

ex rights - sem direito.

ex works - preço-fábrica.

exact interest - juro simples.

exaction - excesso de exação.

exaggerate, to - exagerar.

exaltation - exaltação.

examination - exame; inspeção; perícia; inquérito.

examination before trial - interrogatório antes da audiência.

examination for position - oposição.

examination of books - revisão; inspeção de livros.

examination of title - revisão de título.

examine, to - examinar; reconhecer; registrar; interrogar; fazer perícia.

examined copy - cópia fiel de documento.

examiner - examinador; auditor; investigador.

examining board - banca examinadora.

example - exemplo.

exasperate, to - exasperar.

exceed, to - exceder.

excellency - excelência.

except - exceto; exclusive.

exceptio - exceção; contestação; ressalva; restrição.

exceptio in personam (L) - exceção pessoal.

exceptio in rem - exceção real.

exceptio non adimpleti (L) - exceção pelo inadimplemento contratual.

exceptio rei judicate (L) - exceção de coisa julgada.

exceptio temporis (L) - alegação de prescrição da ação.

exception - ressalva; qualificação; restrição; objeção.

exception of lack of capacity - exceção de incapacidade.

exception of no cause of action - exceção de carência de ação.

exception of no right of action - exceção de carência de ação.

excerpt - extrato; excerto.

excess - excesso.

excess clause - cobertura real do seguro; o excedente da franquia.

excess demand curve - curva da demanda excessiva.

excess reserve - reserva extraordinária.

excessive - excessivo; excedente.

excessive bail - fiança excessiva.

excessive costs - custos excessivos.

excessive damages - danos imoderados.

excessive force - excesso de defesa.

exchange - Bolsa de Valores.

exchange - troca; intercâmbio; câmbio.

exchange, to - trocar; cambiar; permutar; intercambiar.

exchange, stock - bolsa de valores.

exchange arbitration - arbitragem de câmbio.

exchange broker - cambista; operador de câmbio.

exchange certificate - certificado de câmbio.

exchange contract - contrato de câmbio.

exchange control - controle de câmbio.

exchange conversion - conversão cambial.

exchange cover - cobertura cambial.

exchange department - carteira de câmbio.

exchange fluctuations - oscilações de câmbio.

exchange losses - perdas cambiais.

exchange market - mercado cambial.

exchange operation - operação de câmbio.

exchange parity - paridade cambial.

exchange permit - permissão; autorização de câmbio.

exchange premium - ágio para contratos de câmbio.

exchange rate - taxa de câmbio.

exchange student - aluno de intercâmbio.

exchange translation - tradução cambial.

exchequer - tesouro.

Exchequer (UK) - Ministério da Fazenda.

Exchequer Division of the High-Court of Justice (UK) - departamento responsável pelo fisco.

excisable - tributável.

excise, to - tributar.

excise tax - imposto sobre consumo; imposto sobre vendas.

exciseman - agente fiscal.

exclude, to - excluir.

exclusion - exclusão.

exclusive - exclusivo.

exclusive jurisdiction - jurisdição exclusiva.

exclusive license - licença concedida para exploração de invenção concedida ao inventor.

exclusive ownership - propriedade absoluta.

exclusive possession - posse exclusiva.

exclusive remedy - recurso exclusivo.

exclusive right - direito personalíssimo.

exclusive use - uso exclusivo.

excommunicate, to - excomunicar.

exculpatory - excusável; justificável.

exculpatory clause - cláusula exculpatória.

excusable - justificável.

excusable neglect - negligência justificável.

excuse - desculpa; justificativa.

excuse, to - desculpar.

excuss, to - excutir.

excussio (L) - excussão.

executant - executante.

execute, to - executar; assinar; terminar.

execute a contract, to - firmar um contrato; celebrar um contrato.

execute a criminal, to - executar um criminoso.

execute an order, to - cumprir uma ordem.

executed agreement - acordo firmado.

executed consideration - pagamento feito.

executed contract - contrato firmado.

executed note - nota promissória emitida e entregue ao credor.

execution - execução; desempenho; satisfação.

execution creditor - exeqüente.

execution docket - lista de execuções pendentes.

execution of instrument - assinatura de um contrato; execução judicial de um contrato.

execution of judgement - execução de sentença.

execution sale - hasta pública.

executioner - carrasco.

executive - executivo.

Executive Act - ato do Poder Executivo.

Executive Agency - órgão da administração pública.

executive branch - poder executivo.

Executive Committee - comitê executivo; comitê administrativo.

executive department - órgão da administração Pública.

executive order - Ato do Executivo.

executive pardon - perdão presidencial.

executive privilege - função exclusiva do Poder Executivo.

executor - testamenteiro.

executor by substitution - testamenteiro substituto nomeado pelo testador.

executor creditor - exeqüente.
executor de son tort - inventariante ilegítimo; testamenteiro ilegítimo.

executory - incompleto; condicional; contingente.

executory agreement - contrato contingente.

executory bequest - legado contingente.

executory consideration - pagamento contingente.

executory contract - contrato contingente.

executory interests - interesses futuros.

executory license - permissão para atos futuros.

executory process - ação executiva.

executory sale - venda acordada mas não realizada.

executory trust - fideicomisso a ser formalizado.

executory uses - uso contingente.

executory warranties - garantia de condições futuras.

executrix - testamenteira.

exemplary damages - danos punitivos.

exemplification - cópia autêntica.

exemplified copy - cópia autenticada.

exempt - isento.

exempt, to - isentar; excluir; liberar.

exempt income - renda isenta.

exemption - isenção.

exequatur - autorização.

exercise - exercício.

exercise, to - exercer; exercitar.

exercise of option - exercício de opção.

exercise price - preço de exercício.

exhaust, to - exaurir.

exhaustion - exaustão.

exhaustion of administrative remedies - exaustão de recursos administrativos.

exhaustion of remedies - exaustão de recursos.

exhibit - quadro; documento com dados; demonstrativo; anexo.

exhibit, to - exibir.

exhibition - exibição.

exhibitionism - exibicionismo.

exhibitory - exibitório.

exhumation - exumação.

exigence - exigência.

exigent - exigente.

exigible - exigível.

exigible debt - dívida exigível.

exile - exílio.

exist, to - existir.

existing laws - leis em vigor.

existing price - preço em vigor.

exit - saída.

exit, legal - saída legal.

exitus - filho; frutos; rendimentos.

exonerate, to - exonerar.

exoneration - exoneração.

exorbitant - exorbitante.

exordium - preâmbulo; comércio.

exotic - exótico.

expanding demand - procura crescente.

expansive - expansão.

expect, to - esperar; aguardar.

expectancy - expectativa; valor esperado.

expectancy of life - expectativa de vida.

expectant - em expectativa.

expectant beneficiary - beneficiário latente.

expectant heir - herdeiro presumido.

expectant right - direito em expectativa.

expected rate of return - taxa esperada de rendimento.

expected value - valor esperado.

expedient - apropriado; apto.

expedite, to - expedir; apressar; acelerar.

expediter - despachante.

expeditious - expedito; rápido; eficiente.

expediture rate - taxa de dispêndios.

expeditures - despesas.

expel, to - expulsar; expedir.

expend, to - gastar; despender.

expenditure - despesa; gasto; desembolso.

expenditure rate - taxa de dispêndios.

expense - dispêndio; gasto; despesa.

expense, to - debitar a despesa.

expense account - conta de despesas.

expense center - centro de custeio de operações.

expense litis - custas judiciais.

expense report - relatório de despesas.

expenses of administration - despesa de inventário.

expenses of the State - gastos estatais.

experience - experiência.

experience curve - curva de experiência.

experience rating - taxa de prêmio baseada na experiência de sinistros.

experimental economics - economia experimental.

expert - perito.

expert accountant - perito contador.

expert opinion - parecer técnico.

expert research - pesquisa técnica.

expert testimony - prova pericial.

expert witness - perito judicial.

expiration - extinção.

expiration date - data de vencimento.

expire, to - extinguir.

expired - vencido.

expired utility - utilidade expirada.

expired validity - validade vencida.

expiry date - prazo de vencimento.

explanatory - explicativo; esclarecedor.

explicit - explícito.

exploit, to - explorar.

exploitation - exploração; aproveitamento.

exploration - exploração.

export, to - exportação.

export bond - fiança para exportação.

export bounty - subsídio para exportação.

export certificate - permissão para exportar.

export commitment agreement - contrato de compromisso de exportação.

export credit - crédito à exportação.

Export Credit Guarantee Department (ECGD) (UK) - departamento de seguro a crédito de exportação do Reino Unido.

export crop - safra exportável.

export duties - impostos de saída; direitos de exportação.

export goods - bens de importação.

export-import bank - banco de comércio exterior.

Export-Import Bank (Eximbank) (USA) - banco de empréstimos e garantias para exportações norte-americanas.

Export-Import Bank of Japan (JAP) - banco de incentivo ao comércio exterior japonês.

export license - licença de exportação.

export quota - cota de exportação.

export of capital - saída de capital.

export pre-payment - pré-pagamento de exportação.

export register - registro de exportação.

export subsidy - subsídio à exportação.

export tax - imposto sobre exportação.

exportable surplus - excedente exportável.

exportation - exportação.

exporter register - registro do exportador.

expose, to - expor; explicar.

exposition - exposição; explicação.

expository statute - lei explicativa.

exposure - exposição.

exposure of child - exposição ou abandono de criança.

express - expresso(a); explícito(a); claro(a).

express acceptance - aceitação expressa, absoluta.

express admission - admissão direta, absoluta.

express agreement - acordo expresso.

express company - empresa que faz entregas expressas.

express condition - condição precisa.

express consent - consentimento expresso.

express consideration - pagamento expresso.

express contract - contrato explícito.

express covenant - acordo expresso.

express dedication - dedicação expressa.

express invitation - convite expresso.

express license - patente; licença expressa.

express obligation - obrigação convencional.

express procuration - procuração expressa.

express receipt - guia de encomenda.

express repeal - recusa expressa.

express terms - termos inequívocos, claros, certos.

express trust - fideicomisso definido, certo.

express waiver - renúncia voluntária.

express warranties - garantias expressas; escritas.

expromission - expromissão.

expropriable - expropriável; confiscável.

expropriate, to - expropriar; confiscar.

expropriation - expropriação; desapropriação.

expropriation - renúncia ao direito; desistência da ação.

expropriation losses - perdas resultantes de desapropriação.

expropriator - expropriante.

expulsion - expulsão.

expunge, to - destruir; apagar; dar baixa.

expungement of record - baixa na culpa; baixa do registro.

expurgation - expurgo; eliminação.

extend, to - prorrogar; estender; prolongar.

extend a credit - conceder crédito; abrir crédito.

extend a mortgage - prorrogar o vencimento da hipoteca.

extend a note - estender o prazo.

extend credit, to - abrir crédito.

extend terms - conceder prazos.

extend the time - prorrogar.

extension - extensão; prorrogação; multiplicação.

extensive interpretation - interpretação extensiva.

extent - extensão; total.

extenuating circumstances - circunstâncias atenuantes.

extenuation - atenuação.

external - externo.

external audit - auditoria externa.

external bonds - títulos externos.

external debt - dívida externa.

external debt conversion - conversão da dívida externa.

external economic instability - instabilidade econômica externa.

external factors - fatores externos.

external lawyer - advogado externo.

external resources - recursos externos.

external stimulus - estímulo externo.

external trade - comércio externo.

exterritorial - extraterritorial.

extinct - extinto.

extinctive - extintivo.

extinguish, to - extinguir.

extinguishment - extinção.

extirpation - extirpação; eliminação.

extorsively - com intenção de extorquir.

extort, to - extorquir.

extortion - extorsão.

extortionate - de valor exorbitante, excessivo, imoderado.

extortioner - extorsor.

extra - extra; adicional; suplementar.

extra allowance - dotação suplementar.

extra commercial (L) - bem fora do comércio.

extra judicium (L) - extrajudicial.

extra pay - pagamento extraordinário; remuneração adicional.

extra work - trabalho extra.

extract - extrato.

extradite, to - extraditar.

extradition - extradição.

extrajudicial - extrajudicial.

extrajudicial oath - juramento extrajudicial.

extralegal - extrajudicial.

extraneous - extra; estranho.

extraneous evidence - prova de outra fonte.

extraordinary - extraordinário.

extraordinary care - diligência extraordinária.

extraordinary danger - perigo inusitado.

extraordinary general meeting - assembléia geral extraordinária.

extraordinary grand jury - júri especial.

extraordinary remedy - remédio jurídico extraordinário.

extraordinary writ - ação especial.

extrapolation - extrapolação.

extraterritorial - extraterritorial.

extreme - extremo.

extreme cruelty - crueldade extrema.

extreme hazard - perigo extremo.

extrinsic evidence - prova de outra fonte.

eyewitness - testemunha ocular.

eyewitness identification - reconhecimento.

F

fabelei (GER) - estorieta.

fabricate, to - fabricar; inventar; falsificar.

fabricated evidence - prova fabricada; falsa; ardilosa; adulterada.

fabulous - fabuloso.

face - face; rosto; superfície; aparência; visível; evidente.

face, to - confrontar.

face amount - valor nominal; valor do principal; valor demonstrado.

face of instrument - constante; extrínsico; valor principal.

face of record - autos do processo da denúncia ao veredito.

face value - valor nominal; valor de emissão.

facilitate, to - facilitar.

facilitation - facilitação.

facilities - instalações.

facility - empréstimo; linha de crédito.

facility fee - taxa de compromisso.

facsimile - fac simile.

fact - fato; acontecimento; ocorrência; real; evento; circunstância.

fact finding - levantamento dos fatos; pesquisa; conhecimento.

fact finding board - comissão de inquérito; investigação; sindicância.

fact in issue - fato em litígio.

fact question - questões factuais.

faction - facção.

factious - divisivo.

factor - representante; comerciante; comissário; quem desconta títulos comerciais.

factorage - comissão.

factoring - desconto de títulos.

factorize, to - embargar.

factorizing process - processo de penhora de bens do devedor em mãos de terceiros.

factory - fábrica.

factory expense - despesa de fabricação.

factory ledger - razão industrial.

factory price - preço de fábrica.

factory ship - navio fábrica.

facts in issue - matéria de fato.

factum (L) - fato; ato; declaração.

facultative - facultativo.

facultative reinsurance - resseguro facultativo.

faculties - faculdades; poderes; habilidades; capacidade.

faculty - faculdade; corpo docente.

fail, to - fracassar; falhar.

failing of records - demonstração frustrada do direito.

failure - falha; deficiência; tentativa frustrada; falência, insolvência.

failure of consideration - inexecução de obrigação.

failure of evidence - insuficiência de provas.

failure of issue - morte sem filhos; inexistência de herdeiros diretos.

failure of justice - má administração da justiça.

failure of title - título defeituoso.

failure to perform - descumprimento; inadimplemento.

faint pleading - alegações caluniosas em detrimento de terceiros.

fair - justo; honesto; imparcial.

fair - feira; exibição; exposição.

fair and feasible - equitativo e praticável; justo e razoável.

fair and reasonable compensation - compensação justa e razoável.

fair cash value - valor justo de mercado.

fair comment - comentário aceitável.

fair competition - concorrência justa.

fair consideration - preço razoável.

fair copy - cópia fiel.

fair hearing - audiência boa; audiência eqüitativa.

Fair Labor Standards Act (USA) - Estatuto de Normas da Justiça do Trabalho.

fair market value or price - valor justo de mercado.

fair persuasion - persuasão.

fair play - jogo limpo; decência; honestidade.

fair preponderance - prepoderância evidente.

fair return - retorno adequado.

fair trade price - preço tabelado.

fair trial - julgamento imparcial.

fair use - uso adequado.

fair value - valor justo; valor de mercado; valor real; valor equitativo.

fair warning - prevenção; acautelar.

fairly - razoavelmente; honestamente; imparcialmente.

fairness - honestidade; justiça.

Fairness Doctrine - direito de resposta nos meios de comunicação.

fait - contrato; título; escritura.

fait juridique (F) - fato jurídico.

faith - fé; confiança.

faithful - honesto; leal.

fake,to - falsificar; forjar.

faker - falsificador; vigarista.

fall - baixa.

fall, to - cair.

fall due, to - vencer.

fall through, to - fracassar.

fallacy - falácia.

fallback - recurso de emergência.

fallen angel (USA) - título que perde a preferência de mercado.

fallible - falível.

falligheit (GER) - vencimento.

falling - em declínio.

false - falso; fraudulento; desonesto; artificial; errôneo; incorreto.

false action - ação falsa insubstanciosa.

false arrest - prisão ilegal.

false check - cheque sem provisão de fundos.

false claim - reclamação fraudulenta; pedido falso.

false demonstration - descrição falsa.

false entry - lançamento contábil fraudulento.

false fact - fato simulado.

false impersonation - falsa identidade; falsidade ideológica.

false imprisonment - prisão ilegal.

false instrument - documento falsificado.

false oath - juramento falso; perjúrio.

false plea - alegações fictícias; alegações infundadas.

false pretenses - fraude; estelionato.

false representation - falsidade ideológica.

false return - declaração de renda falsa.

false statement - afirmação falsa; afirmação infundada.

false swearing - falso testemunho.

false token - documento falso.

false trade description - apresentação comercial falsa.

false veredict - veredito injusto; veredito contrário à lei.

false witness - testemunha falsa.

falsehood - falsidade; mentira; simulação.

falsi crimen (L) - suborno.

falsification - falsificação.

falsify - falsidade.

falsify, to - falsificar.

fame - fama.

familiar - familiar.

familiarity - familiaridade.

family - família.

family court - vara de família.

Family Division (UK) - tribunal de apelação de questões de direito de família.

family enterprise - empresa de família.

family expenses - gastos familiares.

family law - direito de família.

family provision - provisão para o sustento familiar no andamento do inventário.

famine - fome.

famous - famoso.

fanatic - fanático.

Fannie Mae (USA) - títulos federais emitidos pelo Federal Home Loan Bank Board.

fanout - divisão de uma conta em duas ou mais contas básicas.

farcical - relativo a farça.

fare - viagem; jornada ou passeio; preço da passagem; custo da viagem.

farm - fazenda.

farm, to - cultivar terras.

farm labor - trabalho agrícola.

farm laborer - trabalhador rural.

Farm Loan Bank - banco de crédito agrícola.

farm out, to - arrendar; subcontratar.

farm price support - subsídio aos preços dos produtos agrícolas.

farm subsidy - subsídio agrícola.

fast bill of exceptions - apreciar rapidamente casos com pedido liminares.

fastidious (FC) - insatisfeito.

fatal - fatal; mortal.

fatal injury - lesão mortal.

fatuous - tolo; idiota; idiótico.

fault - imperícia; imprudência; negligência; falta; culpa; erro.

faulty - defeituoso; imperfeito.

fauna - fauna.

faux (F) - falso.

faux pas (F) - passo em falso.

favor (USA) - favor.

favored beneficiary - beneficiário favorecido.

favoritism - favoritismo.

favour (UK) - favor.

feal - fiel; leal.

fealty - fidelidade.

fear - medo; apreensão.

feasance - execução; desempenho; prática.

feasibility - viabilidade.

feasibility study - estudo de viabilidade.

feasible - possível; executável.

featherbedding - criar trablalho; construir benfeitorias no local do trabalho.

federal - federal.

federal aid - auxílio federal.

Federal Aviation Administration (USA) - órgão administrativo da aeronáutica.

federal bonds - obrigações; títulos do governo federal.

federal budget - orçamento federal.

Federal Bureau of Investigation - FBI (USA) - polícia federal norte-americana.

federal case - caso federal.

Federal Common Law - lei jurisprudencial federal.

federal court - vara federal; justiça federal.

federal crime - crime federal.

Federal Employers' Liability Act (USA) - lei que regula fundo de pensão por morte ou invalidez de funcionários ferroviários.

federal funds (FED FUNDS) (USA) - recursos imediatamente disponíveis.

federal funds rate - taxas de juros de "Fed Funds".

federal government - governo federal.

Federal Home Loan Bank (USA) - sistema bancário federal com o propósito de emprestar a instituições de financiamento à habitação popular.

federal income tax withheld at source - imposto de renda retido na fonte.

federal instrumentality - autarquia federal; órgão federal.

Federal Insurance Contributions Acts (F.I.C.A.) (USA) - Lei que institui contribuições para o sistema de previdência.

federal judge - juiz federal.

Federal Judicial Code - Código Judiciário Federal.

federal jurisdiction - jurisdição federal.

federal loan - empréstimo federal.

federal officer - funcionário público federal.

federal prison - presídio federal.

federal question - questão de competência federal.

Federal Register (USA) - diário oficial federal.

federal reporter (USA) - coletânea de jurisprudência federal.

Federal Reserve Bank (USA) - banco central.

Federal Reserve System (FED) (USA) - sistema de banco central.

federal revenue - receita fiscal federal.

Federal Rules of Appelate Procedure (USA) - regras para apelação no circuito federal.

Federal Rules of Civil Procedure (USA) - regras de processo civil para o circuito federal.

Federal Rules of Criminal Procedure (USA) - regras de processo criminal para o circuito federal.

Federal Rules of Evidence (USA) - regras de evidência para o circuito federal.

federal saving bank - banco federal de poupança popular.

Federal Statute - lei federal.

federal taxation - tributação federal.

Federal Trade Commission - comissão encarregada de fiscalizar o comércio .

federalism - federalismo.

Federation - federação.

fedwire (USA) - sistema eletrônico de compensação bancária usado pelo Federal Reserve Bank.

fee - honorários; taxas; emolumentos.

fee absolute - domínio absoluto.

fee conditional - remuneração condicional.

fee contract - contrato de honorários.

fee damage - danos indiretos em bens imóveis.

fee expectant - patrimônio familiar direto.

fee-farm - enfiteuse.

fee-farm rent - laudêmio.

fee-simple - pleno domínio.

Fee Tail - domínio limitado em fideicomisso aos herdeiros diretos.

feedback - retorno de informações para confronto.

feeder organization - organização cujos lucros são canalizados para outra.

feigned - fictício; simulado; suposto.

feigned action - ação simulada.

feigned issue - questão decidida pelo júri em procedimento extrajudicial.

felicitate, to - felicitar.

fellow - companheiro; colega.

fellow heir - co-herdeiro.

fellow-servant rule - norma que regula sobre a responsabilidade por lesões corporais causadas por negligência de outro companheiro de trabalho.

felo de se - suicídio.

felon - criminoso.

felonious - doloso; malicioso.

felonious assault - lesões corporais dolosas.

felonious homicide - homicídio doloso.

felonious intent - dolo; malícia; intento.

felony - crime doloso; crime qualificado.

feme covert (L) - mulher casada.

feme sole (L) - mulher solteira; viúva; separada judicialmente ou divorciada.

fence - cerca.

fence, to - receptar.

fence - receptador.

feoffee - enfiteuta; foreiro.

Feoffee to use - senhorio direto.

feoffment - aforamento.

feoffor - aforador; locador.

ferae naturae (L) - selvagem.

fervour - fervor.

fetal death - morte fetal.

feticide - feticídio; aborto criminoso.

fetus - feto.

feud - disputa; rixa.

feudal - feudal.

Feudalism - feudalismo.

fever - febre.

fiancé (F) - noivo.

fiat (L) - ordem; decreto; autorização.

fiction of law - ficção legal.

fictitious - fictício.

fiddle, to - tocar violino; fraudar (gíria).

fidejussores - garantes.

fidelitas (L) - fidelidade.

fidelity and guaranty insurance - seguro de fidelidade e crédito; fiança prestada por companhia de seguro.

fidelity bond - seguro contra roubo de empregados.

fidelity insurance - seguro cobrindo a honestidade de empregado; seguro de fidelidade; seguro de crédito.

fiduciary - fiduciário.

fiduciary bond - garantia fiduciária.

fiduciary capacity - capacidade fiduciária.

fiduciary estate - objeto do fideicomisso.

fiduciary issue - emissão de moeda sem lastro.

fiduciary money - moeda fiduciária.

fiduciary relation - relação fiduciária.

field - campo.

fieri facias (L) - mandado de penhora.

fight - luta.

fight, to - lutar.

fight back, to - reagir.

fighting words - palavras injuriosas.

figure - figura; imagem; número.

file - arquivo; pasta; protocolo.

file, to - arquivar; mover.

file an appeal, to - distribuir uma apelação.

file a claim, to - entrar com um pedido.

file a judgement, to - homologar uma sentença.

file a motion, to - embargar; agravar.

file an objection, to - formular uma defesa.

file a protest, to - protestar.

file suit, to - mover uma ação.

filiale (I) - filial.

filiation - filiação.

filiation proceeding - ação de reconhecimento de paternidade.

filing - arquivamento; juntada.

filing bill in equity - arquivamento de autos.

filing cabinet - armário para arquivo.

filing card - ficha; cartão.

fill, to - preencher; encher.

fill an order, to - atender um pedido.

fill a form, to - preencher um formulário.

filter, to - filtrar.

filth - sugeira; imundice.

final - final.

final decision - decisão final.

final dividend - dividendo anual.

final hearing - audiência de julgamento.

final injunction - medida final.

final judgement - sentença final com julgamento do mérito.

final jurisdiction - jurisdição de último grau.

final pleadings - razões finais.

final product - produto final.

final process - execução de sentença.

finance - finanças.

finance, to - financiar.

finance bills - títulos financeiros.

finance charges - encargos de financiamento.

finance company - companhia financeira.

finance house (UK) - pequena entidade financeira dedicada ao crédito ao consumidor e comércio.

finance house base rate (UK) - taxa básica de juros cobrada pela “finance house”.

finance house deposit (UK) - operação passiva da “finance house”.

financial - financeiro.

financial activity - atividade financeira.

financial assets - ativos financeiros.

financial center (USA) - centro financeiro.

financial centre (UK) - centro financeiro.

financial expenses - gastos financeiros; despesas financeiras.

financial future - futuro financeiro.

financial incentive - incentivo financeiro.

financial income - renda financeira.

financial institution - instituição financeira.

financial interest - juros; interesse financeiro.

financial intermediary - intermediário financeiro.

financial law - direito financeiro.

financial liability - responsabilidade pecuniária.

financial loss - prejuízo financeiro.

financial mechanism - mecanismo financeiro; esquema financeiro; estrutura financeira.

financial obligations - compromissos financeiros.

financial plan - plano financeiro.

financial ratios - razões financeiras; índices financeiros.

financial report - relatório financeiro.

financial resources - recursos financeiros.

financial responsability - solvência; responsabilidade pecuniária.

financial sector - setor financeiro.

financial statement - balanço de situação; extrato.

financial support - apoio financeiro.

Financial Services Act (UK) - lei de serviços financeiros.

Financial Times (UK) - jornal financeiro britânico de grande projeção mundial.

financial times index - índice da Bolsa de Valores de Londres.

financial year - exercício fiscal.

financially responsible - solvente.

financier - financiador; agente financeiro.

financier, to - especular com finanças.

financing - financiamento.

find, to - encontrar; achar; descobrir; determinar.

find guilty, to - condenar.

finder - intermediário; mediador.

finder's fee - taxa de corretagem.

finding - veredito; decisão.

finding of fact - avaliação dos fatos.

fine - multa; bom.

fine, to - multar.

fine trade bill - título de crédito de primeira linha.

fingerprints - impressões digitais.

fingerprints arches - arcos.

fingerprints card - tarjeta datiloscópica.

fingerprints composites - composições.

fingerprints loops - presilhas.

fingerprints whorls - verticilo.

finished goods - produtos acabados.

finished products - produtos acabados.

firearm - arma de fogo.

firearm certificate (UK) - licença para porte de arma.

fire-bug - incendiário; piromaníaco.

fire insurance - seguro contra incêndio.

fire sale - liquidação de sobras de incêndio; liquidação relâmpago.

firm - firma; empresa; pessoa jurídica.

firm bid - oferta incondicional.

firm fiscal year - exercício financeiro.

firm name - razão social; nome fantasia.

firm offer - oferta escrita; oferta definitiva; oferta firme.

firm order - ordem firme.

firm price - preço fixo.

firm rate - taxa firme.

firm sale contract - contrato de venda firme.

firm signature - razão social.

first - primeiro.

first day - primeiro dia; domingo.

first degree murder - homicídio de primeiro grau.

first devisee - sucessor privilegiado.

first heir - primeiro herdeiro da linhagem.

first impression - primeira impressão.

first instance - primeira instância.

first lady - primeira dama.

first lien - primeiro gravame.

first mortage - primeira hipoteca.

first notice day - primeira notificação (de entrega física em contrato futuro).

first offender - réu primário.

first rate - de primeira linha.

first-time-through cost - despesas não recorrentes.

fisc - o tesouro; o fisco.

fiscal - fiscal; tributário; impositivo.

fiscal agent - agente fiscal; agente arrecadador.

fiscal officer - agente do tesouro.

fiscal period - período financeiro; período contábil.

fiscal policy - política financeira.

fiscal year - exercício fiscal; ano financeiro.

fishery - pesca.

fishery rights - direitos de pesca.

fit, to - ajustar.

fit for consumption - apto para consumo.

fix, to - fixar; arranjar; arrumar.

fixed assets - ativo fixo; ativo imobilizado.

fixed-asset unit - item de ativo fixo.

fixed capital - capital fixo; investimento em ativos permanente.

fixed charges - despesas fixas.

fixed debt - dívida consolidada.

fixed deposit - depósito a prazo fixo.

fixed fee - honorário pré-determinado.

fixed idea - idéia fixa.

fixed income - renda fixa.

fixed indebtedness - débito fixo.

fixed interest - juros fixos.

fixed liabilities - obrigações exigíveis a longo prazo.

fixed parity - paridade fixa.

fixed percentage - percentagem fixa.

fixed salary - salário fixo.

fixed term - prazo determinado; prazo fixo.

fixture - benfeitorias; acessórios; utensílios.

fixture - pertences fixos.

flag - bandeira.

flag desecration - profanação da bandeira.

flag of convenience - bandeira de conveniência.

flag of truce - bandeira da paz; bandeira branca.

flagrant - flagrante.

flagrant necessity - estado de necessidade.

flagrante delicto - flagrante delito.

flank - flanco.

flash check - cheque sem fundo.

flash report - relatório provisório; relatório condensado.

flat - plano; fixo; sem juros.

flat bond - título de crédito que inclui juros acumulados no preço.

flat commission - comissão fixa.

flat price - cotação bruta.

flat rate - taxa fixa.

flat tax - imposto fixo (não progressivo).

flat yield - rendimento fixo.

flatter, to - adular.

flaunt, to - expor; mostrar.

flee from justice - ocultar-se da justiça; fugir.

flight - fuga; vôo.

flight capital - capital em fuga; evasão de divisas.

flight from justice - ocultar-se da justiça; fugir.

flight insurance - seguro aéreo.

flip, to - refinanciamento de empréstimo; rolar dívidas.

float - ganho financeiro realizado pela disponibilidade de recursos de terceiros sem remuneração.

float, to - flutuar; lançar valores no mercado de capitais.

float an issue, to - fazer lançamento público.

floater - título de rendimento variável.

floating - corrente; a curto prazo; flutuante.

floating assets - ativo flutuante.

floating capital - capital flutuante; capital circulante.

floating charge - hipoteca flutuante.

floating debt - dívida flutuante.

floating interest rate - taxa de juros flutuante.

floating liabilites - passivo flutuante; passivo circulante.

floating lien - gravame continuado; hipoteca flutuante.

floating loan - empréstimo flutuante.

floating policy - apólice de seguro subsidiária.

floating rate - taxa flutuante.

Floating Rate Certificate of Deposit (USA) - certificado de depósito com juros flutuantes.

Floating Rate Note - nota promissória de juros flutuantes emitida no euromercado.

floor - mínimo; piso.

floor - recinto do pregão de bolsa de valores; pregão.

floor, to take the - tomar a palavra.

floor member - corretor.

floor official (USA) - funcionário de bolsa de valores que acompanha o pregão.

floor plan financing - financiamento para aquisição de bens de estoque.

floor price - preço mínimo.

floor trader - corretor.

floppy disk - disquete de computador.

flotation - emissão pública de ações.

flounce, to - agitar; pular.

flounder, to - arrastar-se; errar; administrar mal; claudicar.

flout, to - recusar; desprezar.

flow - fluxo.

flow chart - gráfico de fluxo; fluxograma.

flow of funds - fluxo financeiro.

fluctuating clause - cláusula de escala móvel de pagamentos.

fluctuation - oscilação; flutuação.

fluster - confusão; nervosismo.

focus - foco.

foil, to - frustrar.

folio - numeração de página; lauda; folha de livro técnico.

folio reference - indicação numérica de folhas.

follow, to - seguir; acompanhar.

follow up - acompanhamento.

follower - seguidor; partidário.

fonds (GER) (F) - fundos; capital.

fonds d'état (F) - ações de empresas estatais.

fool - tolo.

fool, to - ludibriar.

foolscap - papel ofício.

foot - pé; base; fundação.

footnote - notas de demonstração financeira; nota de roda pé.

footpath - caminho.

footprints - pegadas.

for account of - à ordem de.

forbearance - prazo de tolerância; adiamento de execução.

for cause - justa causa motivada.

force - força; vigor; validade; eficácia.

force, to - forçar.

force majeure (F) - força maior.

forced heir - herdeiro necessário.

forced labor - trabalho forçado.

forced loan - empréstimo forçado.

forcible detainer - turbação de posse.

forcible entry - esbulho possessório.

forecast, to - prever; estimar.

forecasting - previsão.

foreclose, to - excutir; executar; impugnar; impedir.

foreclosure - execução (hipotecária ou pignoratícia); excussão.

foreclosure judgement - sentença de execução de hipoteca.

foreclosure sale - venda judicial de bem hipotecado.

foreclosure suit - ação de execução hipotecária.

foreboding - presságio; sentimento; sensação.

foregift - pagamento antecipado.

forego, to - preceder.

forehand rent - pagamento adiantado de aluguel; luvas.

foreign - estrangeiro; alheio; externo; alienígena.

foreign aid - ajuda externa.

foreign assignment - missão externa.

foreign attachment - embargo contra não-residente.

foreign bill - lei externa.

foreign bill of exchange (UK) - título de crédito de acordo com as leis de outro país.

foreign capital - capital alienígena; capital estrangeiro.

foreign capital register - registro de capital estrangeiro.

foreign corporation - sociedade anônima de outro país.

foreign court - juízo estrangeiro.

foreign creditor - credor estrangeiro.

foreign currency - moeda estrangeira.

foreign currency debt - obrigações em moeda estrangeira.

foreign demand - procura externa.

foreign desk - mesa de câmbio.

foreign exchange - câmbio de moedas estrangeiras.

foreign exchange rate - taxa de câmbio.

foreign guardian - tutor nomeado por tribunal estrangeiro.

foreign holdings - títulos estrangeiros; propriedades estrangeiras.

foreign law - lei estrangeira.

foreign loans - empréstimos externos.

foreign market - mercado internacional.

foreign minister - ministro de relações exteriores.

Foreign office (UK) - ministério de relações exteriores.

foreign plea - excessão de incompetência.

foreign policy - política externa.

foreign reserve - reserva em moeda estrangeira.

foreign secretary (UK) - ministro de relações exteriores.

foreign service of process - citação de pessoas que moram em outro país.

foreign substance - corpo estranho.

foreign trade - comércio internacional.

foreigner - estrangeiro.

forejudge, to - expulsar; cassar.

foreman - porta-voz; chefe; gerente; líder.

foreman of jury - presidente do júri.

forensic - forense.

forensic medicine - Medicina Legal.

foreseeability - previsibilidade.

foresight - previsão.

forest - floresta.

forest law - Direito Florestal.

forest warden - guarda florestal.

forfaiting - financiamento ao comércio exterior mediante o desconto de título de crédito abaixo do par.

forfeit, to - caducar do direito.

forfeitable - sujeito a caducar.

forfeiture - caducidade; multa; penalidade.

forfeiture of the debt - extinção de obrigação.

forge, to - falsificar.

forged transfer - transferência de ação falsificada.

forger - falsificador.

forgery - falsificação.

forgery bond - garantia contra risco de falsificação.

forgery insurance - seguro contra falsificação.

forgery proof - prova de falsificação.

forgo, to - omitir; declinar; dispensar.

forlorn - desesperado; carente; deprivado.

form - formulário; forma.

Form 10 K (USA) - formulário 10 K (formulário com informações entregue à SEC pelas companhias abertas).

formal - formal.

formal contract - contrato perfeito.

formal defect - vício formal.

formal issue - emissão formal.

formal promise - promessa formal.

formal requirement - requisito formal.

formalism - formalismo.

formality - formalidade.

former - anterior; prévio.

formidable - formidável.

forms of actions - formas de ação.

formula - fórmula.

fornication - fornicação; relação sexual.

forsake, to - desistir.

forspeaker - advogado da causa.

forswear, to - prestar falso juramento.

forthcoming bond - garantia para produção de bens embargados.

forthwith - imeditamente.

fortify, to - fortificar.

fortitude (FC) - força moral; força de caráter.

fortnight - período de 14 (quatorze) dias.

fortuitous - fortuito.

fortuitous event - caso fortuito.

forum - forum.

forum contractus (L) - foro do contrato.

forward - a termo; futuro.

forward, to - encaminhar; remeter; despachar.

forward contract - contrato futuro.

forward delivery - entrega futura.

forward exchange - compra de câmbio a termo para entrega futura.

forward integration - integração de empresa de produção e distribuição.

forward market - mercado futuro.

forward price - preço futuro.

forward rate agreement - moeda comprada a futuro com definição de taxa de juros.

forwarding - despacho; remessa; expedição.

forwarding agent - despachante; agente de despachos.

foster, to - promover; desenvolver.

foster child - filho de criação.

foster parent - pai de criação.

found, to - fundar.

foundation - fundação.

founder - fundador.

founder, to - afundar.

founder's capital stock - partes beneficiárias.

founder's shares - partes beneficiárias.

foundling - menor abandonado.

four corners - quatro cantos (por inteiro).

fraction - fração.

fraction of a day - fração de dia.

fractional - fracionário.

fractional coin (money) - moeda divisionária.

fractional shares - ações fracionárias.

fractious - fracionado.

fragile - frágil.

fragmentary - fragmentário.

frail - fraco.

frailty - fraqueza.

frais (F) - custas; taxas.

frais de cotation (F) - taxa de cotação.

frame - moldura; situação.

framework planning - planejamento estrutural.

franc - franco.

franc, Belgium - franco belga.

franc, French - franco francês.

franc, Swiss - franco suíço.

franchise - franquia; concessão; privilégio de exploração.

franchise agreement - contrato de franquia.

frank, to - enviar correspondências sob franquia postal.

franking privilege - franquia postal.

fraternal - fraternal.

fraticide - fraticídio.

fraud - fraude.

fraud on a power - abuso de poderes.

fraudulent - fraudulento.

fraudulent alienation - alienação fraudulenta.

fraudulent bankruptcy - quebra fraudulenta; falência fraudulenta.

fraudulent conversion (UK) - apropriação fraudulenta; furto.

fraudulent conveyance (UK) - venda imobiliária em fraude a credores.

fraudulent representation - falsidade ideológica.

fraudulent trading (UK) - operação comercial com fins fraudulentos.

free - livre.

free alongside ship (FAS) - preço de entrega de mercadoria no cais.

free and clear - desembaraçado.

free asset ratio - índice de bens desonerados.

free capital (UK) - ações disponíveis para negociação em bolsa.

free competition - concorrência livre.

free currency - moeda conversível; moeda de curso livre.

free depreciation - depreciação livre.

free election - eleição livre.

free enterprise - livre iniciativa.

free exchange market - mercado de câmbio livre.

free exercise clause - dispositivo constitucional norte-americano que garante a liberdade de religião.

free of charge - gratuito.

free of duty - isento de pagamento de imposto.

free on board (FOB) - preço de entrega da mercadoria no navio.

free port - porto livre.

free reserves - reservas livres.

free sample - amostra gratuita.

free surplus - saldo à disposição dos acionistas.

free trade - livre comércio.

free trade zone - zona franca.

free will - vontade livre; livre arbítrio.

freedom - liberdade.

freedom of association - liberdade de associação.

freedom of contract - liberdade de contratar.

freedom of expression - liberdade de expressão.

freedom of information - liberdade de informação.

freedom of press - liberdade de imprensa.

freedom of religion - liberdade de religião.

freedom of speech - liberdade de expressão.

freedom on bail - liberdade sob fiança.

freedom without bail - liberdade sem fiança.

freehold - domínio absoluto.

freehold estate - domínio absoluto sobre a propriedade.

freehold in deed - possessão real.

freeholder - proprietário; dono.

freeman - cidadão.

freeze, to - congelar; bloquear; vincular.

freight - frete.

freight book - reserva de espaço no navio.

freight collect - frete a pagar.

freight contingency - frete eventual.

freight forwarder - despachante de mercadoria.

freight in - frete de recebimento.

freight insurance - seguro de frete.

freight out - frete de despacho.

freight rate - tarifa de frete.

freight receipt - guia de carga.

freighter - afretador.

freightment - fretamento.

frenzy - fúria delirante.

frequency - freqüência.

frequency chart - gráfico de freqüência.

frequency curve - curva de freqüência.

frequency distribution - distribuição de freqüência.

frequency polygon - polígono de freqüência.

frequency table - tabela de freqüência.

frequent - freqüente.

fresh - recente; fresco.

fret, to - preocupar-se; aborrecer-se.

friend - amigo.

friend of the court - amigo do juízo.

friendly settlement - transação amigável.

friendly suit - ação para decidir ponto de princípio.

fringe benefits - benefícios adicionais que o empregador concede voluntariamente aos funcionários.

frisk, to - revistar uma pessoa.

frivolous - frívolo.

frivolous answer - resposta frívola.

frivolous pleading - petição inépta.

front - fachada.

front business - negócio de fachada.

front-end fee - taxa de compromisso.

front-end loading - cobrança antecipada de taxas.

front man - testa-de-ferro; fiduciário; laranja (gíria).

frontier - fronteira.

frontier custom-house - aduana na fronteira.

frozen - congelado; bloqueado; caucionado.

frozen account - conta bloqueada.

frozen deposits - depósitos bloqueados.

fruit - fruto.

fruition - fruição; aproveitamento.

fruitless - sem frutos; sem proveito.

fruits of crime - proveitos do crime.

fruits of industry - bens industrializados.

fruits of the land - frutos da terra.

frustrate, to - frustrar.

frustration (of purpose) - frustração do propósito.

fugitive - fugitivo.

fugitive from justice - fugitivo da justiça.

fulfill, to - cumprir; realizar.

fulfillment - cumprimento; realização.

full - cheio; completo; pleno; integral.

full age - maioridade.

full amount - valor total.

full answer - resposta completa.

full brother - irmão carnal.

full copy - cópia exata.

full court - tribunal pleno.

full coverage - seguro total.

full effect, in - plena vigência.

full employment - pleno emprego.

full endorsement - endosso completo.

full jurisdiction - jurisdição plena.

full meeting - assembléia plenária.

full name - nome completo.

full pardon - perdão completa.

full payment - pagamento total.

full powers - plenos poderes.

full settlement - liquidação plena.

full time employee - funcionário de tempo integral.

full view, in - visibilidade total.

fully paid - integralizado; pago.

function - função; desempenho.

functional - funcional.

functional accounting - contabilidade funcional; contabilidade por funções.

functionary - funcionário.

fund - fundo; verba; montante.

fund, to - financiar.

fund management - administração de fundo.

fund transfer - transferência de fundo.

fundamental - fundamental.

fundamental error - erro essencial.

fundamental law - lei fundamental.

fundamental rights - direitos fundamentais.

fundamentalism - fundamentalismo.

funded debt - dívida de curto prazo convertida para longo prazo.

funded trust - fideicomisso abastecido de fundos.

funding - financiamento; conversão de dívida de curto em longo prazo.

funds broker - corretor de fundos.

fungible - coisas fungíveis.

furious - furioso.

furlough - licença.

furnish, to - fornecer; suprir.

furnish bail, to - dar fiança.

furnish a bond, to - dar garantia.

furnish a guaranty, to - dar garantia.

furnish information, to - prestar informação.

furnish money, to - financiar.

furniture - móveis e utensílios.

further - adicional; suplementar; a mais.

further advance - adiantamento suplementar.

further assurance (UK) - declaração suplementar; garantia suplementar.

further consideration - consideração adicional.

furtive - furtivo.

fury - fúria.

futile - fútil.

future behavior - comportamento futuro.

future damages - danos futuros.

future earnings - rendimentos futuros.

future estate - bem futuro; bem incerto.

future goods - bens futuros.

future interest - lucro futuro.

future liquidation - liquidação futura.

futures - a termo; futuro.

futures contract - contrato futuro.

futures trading - negociação de futuros.

futures market - mercado de futuros.

futures option - opção de contrato de futuros.

futurology - futurologia.

G

gadget - engenhoca.

gaffe (F) - gafe.

gage - penhor.

gai atsu (JAP) - pressão estrangeira para modificação de política interna.

gaijin (JAP) - estrangeiro.

gaimuin (JAP) - corretor de valores.

gain - lucro; ganho.

gain, to - ganhar; lucrar.

gain sharing - participação nos lucros.

gainful - lucrativo; rentável; remunerado; vantajoso.

gainful employment - emprego remunerado.

gainfully-employed population - população economicamente ativa.

gainsay, to - negar; contrariar.

gale (UK) - anuidade; aluguel.

gale day (UK) - dia de pagamento do aluguel.

gall - ódio; amargura.

gallant - galante.

gallery - galeria.

galloping inflation - inflação galopante.

gallows - forca.

galore - em abundância.

gamble, to - jogar; apostar.

gambler - jogador.

gambling - jogatina; jogo.

gambling taxes - impostos sobre jogos.

game laws - leis que regulam a caça de determinados animais ou pássaros.

game of chance - jogo aleatório; jogo de azar.

gaming contract - aposta.

gaming licence - licença para jogos de azar; licença de funcionamento de cassino.

gang - quadrilha; bando.

gang punching machine - máquina multiperfuradora.

gangster - gangster; criminoso.

gaol (UK) - prisão.

garbage - lixo.

garble, to - misturar; confundir.

gardian (UK) - curador.

garnish, to - advertir; notificar; prevenir.

garnishee - notificado.

garnisher - notificante.

garnishment - penhora de bens do devedor em posse de terceiros.

garnishment proceedings - processo de penhora de bens do devedor em posse de terceiros.

garrison - guarnição militar.

gate - portão.

gate crasher - intruso; não convidado.

GATT (General Agreement on Tariffs and Trade) - Acordo Geral de Tarifas e Comércio.

gauche (F) - sem tato.

gaval - tributo.

gavel - martelo de juiz ou de leiloeiro.

gay - alegre; homossexual.

gazette, official - diário oficial; gazeta oficial.

gearing effect (UK) - impacto sobre os rendimentos de uma ação causado pela estrutura de capital.

geldmenge (GER) - suprimento monetário.

gender - gênero masculino ou feminino, usado na gramática.

general - geral; comum; universal; general; todo.

general accountant - contador.

general accounting - contabilidade geral.

general agent - procurador com poderes gerais de representação; agente geral.

General Agreement on Tariffs and Trade - Acordo Geral de Tarifas e Comércio.

general assembly - assembléia geral; órgão máximo das Nações Unidas.

general average - avaria simples.

general average bond - seguro de avaria simples.

general average contribution - contribuição comum.

general average expenditures - avarias; despesas; despesas extraordinárias.

general average sacrifice - avaria grossa.

general calendar - lista geral de causas.

general charge - instruções aos jurados sobre a acusação.

general contractor - construtor; empreiteiro.

general covenant - garantia geral.

general election - eleição geral.

general equitable charge - gravame.

general executor - testamenteiro universal; administrador de fideicomisso.

general expenses - despesas gerais.

general franchise - franquia total.

general guaranty - garantia total.

general insurance - seguro geral (contra fogo, roubo, acidentes, etc.).

general issue - declaração de inocência em processo criminal.

general jurisdiction - jurisdição plena.

general knowledge - conhecimento geral.

general ledger - livro de contabilidade geral.

general legacy - legado específico.

general level of wages - nível geral de salários.

general lien - direito de retenção.

general manager - gerente geral.

general meeting - assembléia de acionistas ou diretores.

general mortgage - hipoteca coletiva.

general partner - sócio solidário.

general partnership - sociedade em nome coletivo.

general plea - contestação nematória.

general power of attorney - procuração com poderes gerais de representação.

general price index - índice geral de preços.

general retainer - contrato para serviços gerais de advogado; adiantamento para início do trabalho.

general ship - navio com cargas de diversos proprietários.

general strike - greve geral.

general tenancy - locação sem prazo fixo.

general undertaking (UK) - obrigações perante o mercado de capitais conforme documento assinado por diretores de companhia aberta.

general work stoppage - paralização geral do trabalho; greve geral.

generally accepted accounting principles - princípios de contabilidade geralmente aceitos.

generation - geração.

generic - genérico.

genocide - genocídio.

gentleman - cavalheiro.

gentlemen's agreement - acordo de cavalheiros.

gentry - classe alta.

genuine - legítimo; autêntico; genuíno.

genuineness - legitimidade; autenticidade; idoneidade.

geographical concentration - concentração geográfica.

geographical distribution - distribuição geográfica.

geometric mean - média geográfica.

germane - pertinente; aplicável; próximo.

gerrymander, to - dividir uma zona eleitoral com o objetivo de favorecer um partido político.

gestio - gestão; comportamento; conduta.

gestor - gestor.

ghastly - horrível; chocante.

gibbet - forca; linchamento.

giddy - sensação de instabilidade; tortura.

gift - presente; doação.

gift tax - imposto sobre transmissão gratuita.

gigolo - gigolô.

gild - corporação de ofício.

gilt - dourado; de ouro.

gilt edged securities (UK) - títulos emitidos pelo governo do Reino Unido.

gilts (UK) - títulos emitidos pelo governo do Reino Unido.

Ginnie Maes (USA) - títulos hipotecários emitidos pela Government National Mortgage Association.

gist - o essencial.

give, to - transferir; dar; doar.

give an opinion, to - dar uma opinião; dar um parecer.

give and bequeath, to - legar.

give and take - aproximadamente.

give bail, to - prestar fiança.

give evidence, to - provar; testemunhar.

give judgment, to - julgar; proferir sentença.

give notice, to - notificar.

give time - extenção de prazo; adiar.

give up, to - desistir.

give warning, to - prevenir.

given budget - orçamento pré-fixado.

giving-effect balance sheet - balanço proforma para demonstrar o efeito de transações a realizar.

giving in payment - dação em pagamento.

Glass Steagal Act (USA) - lei de mercado de capitais.

glimpse - olhada.

global - global.

globalization - globalização.

globalization of the economy - globalização da economia.

globe - globo.

gnome - gnomo.

go pubic, to - abrir o capital; lançar ações na Bolsa.

go to protest, to - protestar.

go to the country, to - marcar eleições.

go up, to - subir.

goal - meta; gol.

going concern - empresa que encontra-se em funcionamento.

going concern value - valor de empresa em funcionamento.

going into effect - início de validade.

going inventory - inventário contínuo.

going price - preço de mercado; valor no momento da venda.

gold - ouro.

gold assets - ativos em ouro.

gold certificate - certificado de depósito de ouro.

gold coin - moeda de ouro.

gold digger - minerador.

gold holding - estoque de ouro.

gold mine - mina de ouro.

gold reserve - reserva de ouro.

gold standard - padrão ouro.

golden share - ação dourada; ação que permite ao governo que privatizou uma empresa manter determinados interesses.

goldwit - multa em ouro.

good - bom; válido.

good behavior - bom comportamento.

good cause - justa causa.

good consideration - a título gratuito.

good faith - boa-fé.

good investment - investimento produtivo.

good money - dinheiro bom, genuíno.

good repute - boa reputação.

good till cancelled - ordem revogável para compra de mercadorias.

good title - boa documentação.

goods - bens; mercadorias; estoques; produtos.

goods and chattels - bens móveis e semoventes.

goods and services - bens e serviços.

goods in process - produção em andamento; produção em curso.

goods in transit insurance - seguro de bens em trânsito.

goodwill - fundo de comércio; luvas; aviamento; conceito na praça.

govern, to - governar; regular; reger.

governing law - lei aplicável.

government - governo.

government attorney - procurador fiscal.

government bonds - obrigações de tesouro; apólice da dívida pública.

government broker - corretor do governo.

government enterprises - estatais.

government monopoly - monopólio estatal.

government office - repartição pública.

government paper - título público.

government securities - títulos públicos; títulos da dívida pública

government spending - despesas governamentais.

governmental agency - órgão do governo; repartição; delegacia.

governmental functions - funções governamentais.

governmental immunity - imunidade governamental.

governor - governador.

grace - graça; favor.

grace period - período de carência; período de tolerância.

graded offense - circunstância agravante.

grading - padronização.

gradual - gradual.

graduated tax - imposto progressivo.

graft - prevaricação; tráfico de influência; corrupção; suborno.

grafter - aquele que pratica tráfico de influência, corrupção, suborno.

gram - grama; unidade de peso.

Gramm-Rudman Act (USA) - lei de equilíbrio orçamentário.

grammatical interpretation - interpretação gramatical.

grand juror - membro do grande júri.

grand jury - Tribunal do Júri encarregado de analisar e determinar ou não um posterior julgamento.

grand larceny - furto maior.

grand total - total geral.

grant, to - conferir; outorgar; confirmar; autorizar; instituir; subsídio; concessão.

grant a credit, to - conceder crédito.

grant a delay, to - conceder prorrogação.

grant a patent, to - conceder o registro de patente.

grant a stay, to - decretar a suspensão de uma sentença.

grant of personal property - cessão de bens; venda.

grantee - outorgado; adquirente.

granter - outorgante; vendedor de opção.

grant-in-aid - subvenção; dotação; subsídio.

granting - concessão.

granting clause - cláusula de transferência.

grantor - outorgante.

graph - gráfico; quadro.

graphic - gráfico; claro.

grass - grama; marijuana (informal).

gratification - gratificação; recompensa.

gratis - grátis.

gratuitous - gratuito.

gratuitous bailment - comodato.

gratuitous consideration - ato gratuito.

gratuitous contract - contrato a título gratuito.

gratuitous deed - escritura a título gratuito.

gratuitous deposit - comodato.

gratuitous promise - promessa gratuita.

gratuity - gratificação; gratuidade.

gravamen - gravame; prejuízo.

great care - diligência extraordinária.

great charter - Carta Magna.

green - verde; relativo à ecologia.

green card (USA) - cartão de identidade de residente estrangeiro.

green lobby - lobby ecológico.

green product - produto natural.

grievance - reclamação trabalhista; ofensa; injustiça.

grimace - careta; trejeito.

gross - bruto; total.

gross, to - faturar.

gross adventure - empréstimo garantido por hipoteca naval.

gross alimony - pensão bruta.

gross domestic product (GDP) - produto doméstico bruto.

gross earnings - renda bruta.

gross estate - total dos bens do espólio sujeito a imposto "causa mortis".

gross fault - negligência grave.

gross inadequacy - insuficiência evidente.

gross income - renda bruta.

gross income earning - renda bruta.

gross income tax - imposto sobre renda bruta.

gross interest - juros brutos sobre empréstimos.

gross margin - margem bruta.

gross national income - renda nacional bruta.

gross national product (GNP) - produto nacional bruto.

gross national product adjusted for inflation - produto nacional real.

gross negligence - culpa grave.

gross premium - prêmio bruto.

gross profit - lucro bruto.

gross-profit method of inventory - método de avaliação do Inventário baseado no lucro bruto.

gross receipt - rendimento bruto.

gross revenue - receita bruta.

gross sale - venda a atacado.

gross weight - peso bruto.

grotesque - grotesco.

ground - chão; piso; base.

ground landlord - senhorio.

grounds of action - fundamentos do pedido.

ground rent - aluguel pago ao proprietário de terreno por imóvel incorporado neste.

group - grupo.

group insurance - seguro em grupo.

growth - desenvolvimento; expansão; crescimento.

growth stock - investimento em ações com perspectiva de aumento.

grudging - rancor; ressentimento.

grundkapital (GER) - capital acionário.

grundsteuer (GER) - tributação local.

guarantee - garantia.

guarantee - afiançado; endossado.

guarantee, to (UK) - garantir.

guarantee clause - cláusula assegurando o pagamento de débito alheio.

guaranteed bill - letra avalizada.

guaranteed security - título garantido.

guarantor - fiador; avalista.

guaranty, to (USA) - garantir; fiar; avalizar; endossar.

guaranty - fiança; garantia.

guaranty company - companhia de seguros.

guaranty fund - fundos caucionados.

guaranty insurance - seguro de fidelidade.

guardian - tutor; curador.

guardian ad litem - tutor dativo.

guardian by election - tutor escolhido pelo menor.

guardian by nature - tutor natural; pai ou mãe.

guardian by statute - tutor testamentário.

guardianship - tutela; curadoria.

guest - convidado; hóspede.

guidelines - diretrizes.

guide price - preço indicativo.

guild - corporação de ofício.

guilder - florim; moeda holandesa.

guile - traição.

guillotine (F) - guilhotina.

guilt - culpa; culpabilidade.

guilty - culpado.

guilty plea - admissão formal de culpa.

guilty veredict - sentença condenatória; veredito de culpa.

gullible - facilmente trapaceável; patético.

gun - arma de fogo.

gun licence - licença de porte de arma.

gunman - pistoleiro; bandido.

gutler - esgoto.

H

habeas corpus - habeas corpus.

habere facias (L) - procedimento utilizado pelo autor em ação de reintegração de posse pelo qual esta reavê a posse.

habilitate, to - habilitar.

habit - hábito.

habitability - habitabilidade.

habitable - habitável.

habitancy - habitação; residência.

habitant - habitante; morador; residente.

habitation - habitação.

habitual - habitual; costumeiro; usual.

habitual criminal - criminoso reincidente.

habitual drunkard - bêbado habitual; ébrio.

habitual offender - reincidente.

habituate, to - habituar.

hackle, to - provocar; irritar; disturbar.

had - tido; começado; iniciado.

haereditas (L) - herança; transmissão hereditária.

haereditas jacens (L) - herança jacente.

haggard - emaciado; combalido.

haggle, to - discutir; disputar; barganhar.

hail, to - saudar.

halal (Arabic) - halal; corte de carne de acordo com a lei islâmica.

half - metade; meio; semi.

half-brother - meio irmão.

half-hearted - sem inspiração.

half-finished products - produtos semi-acabados.

half-measure - meias medidas.

half-proof - prova "prima facie"; prova não conclusiva.

half-timer - empregado de meio-período.

half year - meio ano.

half-way house - casa de reabilitação.

hallmark - marca de autenticidade.

hallucinations - alucinação.

halt, to - fazer parar; deter.

halt instruction - instrução de parada.

hammer - martelo; venda em leilão ou hasta pública.

hammer, to - bater; martelar.

hammering (UK) (informal) - queda do mercado de ações.

hamper, to - restringir; limitar; estorvar; embaraçar; impedir; tolher; dificultar.

hand - mão; escrita; assinatura; participação; ajuda.

hand and seal - firma e selo.

hand down, to - decisão do juízo "a quem" dirigida ao juízo "a quo".

hand down a decision - anunciar uma decisão.

hand in report, to - prestar um relatório.

hand money - sinal dado em dinheiro.

hand out, to - distribuir.

hand out information - dar informações.

hand production - produção manual.

handbill - panfleto; anúncio.

handle, to - controlar; manusear; dirigir; negociar.

handling (UK) - receptação.

handling cost - custo de manuseio.

handsel - sinal; compromisso de venda.

handwriting - manuscrito; estilo de escrever; caligrafia; estilo caligráfico.

handwriting expert - perito em caligrafia.

hang, to - enforcar; pendurar.

hangover - ressaca.

Hang Seng index - índice Hang Seng (índice da bolsa de valores de Hong Kong).

hanged, drawn and quartered - pena usada para os crimes de traição, onde o réu era levado até o local da execução, era enforcado e depois esquartejado.

hanging - enforcamento.

hangman - carrasco.

haole - estrangeiro branco não natural do Havaí.

haphazard - casual; acidental; fortuito.

harangue - discurso longo.

harass, to - atormentar; molestar; importunar.

harassment - abusar verbalmente; incomodar; perturbador da tranquilidade alheia.

harbinger - arauto.

harbor - porto; docas.

harbor dues - direitos portuários.

hard cases - casos exemplares; ações que produzem decisões que se desviam dos princípios da lei.

hard cash - moeda sonante.

hard currency - moeda forte.

hard drugs - drogas pesadas.

hard labor - trabalho forçado.

hard money - moeda impressa em metal; moeda.

hardship - opressão; sofrimento; adversidade.

hardwear - equipamento.

harm - lesão; prejuízo; perda; dano.

harmful error - erro relevante; erro material.

harmless - inócuo.

harmless error - erro irrelevante; erro trivial, formal ou acadêmico.

harmonious - harmonioso.

harmony - harmonia; concordância; conformidade.

harrow, to - aflingir; angustiar; atormentar; martirizar; arar.

harrowing - dilacerante; doloroso; pungente.

harry, to - assolar; devastar; perseguir; atormentar.

harsh - áspero; duro; desagradável; severo; cruel.

harsh conditions - condições duras.

haste - pressa; rapidez; celeridade.

hatred - ódio.

haughty - arrogante.

haul, to - carregar.

haulage - carreto.

have, to - ter; possuir.

have and to hold, to - ter e possuir; "Habendum Clause".

hawker - caixeiro viajante; vendedor ambulante; camelô; mascate.

hawking - venda ambulante.

hazard - risco; perigo.

hazard insurance - seguro contra imprevistos (roubo, incêdio, etc...).

hazardous - perigoso; arriscado.

hazardous contract - contrato aleatório.

hazardous negligence - negligência temerária.

hazardous waste - refugos perigosos.

head - chefe, diretor; mandante.

head, to - chefiar; liderar.

head money - prêmio por cabeça; tributos impostos a uma pessoa.

head-note - relatório de todos os fatos discutidos durante o processo; ementa; resumo do caso.

head office - matriz; sede; escritório central.

head of the family - cabeça do casal; pai de família; arrimo de família.

head or tail - cara ou coroa.

head partner - sócio principal.

head tax - imposto por cabeça.

heading - direção a ser seguida; título; cabeçalho.

headquarters - quartel general; matriz; sede; escritório central.

heads of agreement - memorando de entendimento; contrato preliminar.

headway - progresso; avanço.

healing act - saneamento; lei de saneamento.

health authorities - autoridades sanitárias.

health certificate - certificado de saúde.

health laws - leis sanitárias.

health service - serviço sanitário.

hear, to - escutar; ouvir; ser informado de.

hearing - audiência.

hearing de novo - justa audiência.

hearsay - testemunho indireto; repetir o que ouviu; declaração de testemunha que não presenciou o ocorrido.

heart balm statute (USA) - leis estaduais que aboliram o direito de agir em casos de adultério; quebra de promessa de casamento e sedução de menores.

heat of passion - sob violenta emoção.

heavy sentence - condenação grave.

hebdomad - uma semana; sete dias.

hedge - trava; cobertura; investimentos que visam a eliminação de riscos de mercado.

hedge contract - contrato de trava; contrato de cobertura; contrato de seguro em mercado financeiro de ações ou de mercadorias; meio de se assegurar contra flutuação de preço no mercado futuro.

hedge, to - travar; cercar; encerrar; confinar; compensar.

heed, to - notar; perceber; prestar atenção.

heedless - negligente; distraído; descuidado.

hegemony - hegemonia.

heighten, to - intensificar; agravar.

heinous - odioso; abominável; hediondo.

heir - herdeiro.

heir apparent - herdeiro provável.

heir-at-law - herdeiro legítimo.

heir beneficiary - herdeiro beneficiário.

heir by adoption - herdeiro adotivo.

heir collateral - herdeiro colateral; tio; primo.

heir conventional - herdeiro convencional; direito adquirido através de disposição contratual.

heir expectant - herdeiro provável.

heir-general - herdeiro direto.

heir of the blood - herdeiro consangüineo.

heir of the body - herdeiro descendente lineal.

heir per stirpes - herdeiro por representação; herdeiro por raízes ou bens.

heir presumptive - herdeiro presumido.

heir testamentary - herdeiro testamentário.

heir unconditional - herdeiro sem reservas.

heirdom - sucessão hereditária.

heirship - direito sucessório; capacidade sucessória.

held - decidido; julgado; mantido.

held covered clause - cláusula em seguro marítimo cobrindo riscos de descrição errada de mercadoria.

help - ajuda; auxílio; socorro.

help, to - ajudar; auxiliar; socorrer; evitar; impedir.

henceforth - daqui em diante; doravante.

herald, to - anunciar; proclamar, introduzir.

hereafter - daqui em diante.

hereby - pelo presente.

hereditaments - coisas passivas de serem herdadas.

hereditary - hereditário.

hereditary succession - sucessão hereditária.

heredity - hereditariedade.

herein - incluso; por este.

hereinafter - doravante.

heres - herdeiro.

heretic - herege; herético.

hereto - a este fim.

heretofore - antes; anteriormente.

hereunder - pelo presente; em virtude deste; doravante; aqui.

hereunto set his hand and seal - firmado e selado o presente.

herewith - adjunto; anexo.

heritable - sucessível.

heritage - herança; herdade.

hermeneutics - hermenêutica.

heroic - heróico.

heroin - heroína (droga).

hesitant - hesitante; indeciso.

hesitate, to - hesitar; vacilar.

hidden - escondido; maquiado.

hidden asset - ativo oculto.

hidden defect - vício redibitório.

hidden inflation - inflação ocultada.

hidden reserve - reserva oculta.

hidden tax - impostos ocultos.

hide - couro.

hide, to - esconder; ocultar; encobrir.

hierarchy - hierarquia.

high - alto; termo de endereçamento de dignidade.

high crime - delito grave.

high seas - alto mar.

high-spot review - revisão seletiva.

highness - alteza.

higher court - tribunal superior.

highest bidder - maior oferta.

hight-spot review - revisão seletiva.

highway robbery - assalto; furto.

highjack, to - sequestrar avião, navio, ônibus, etc.; furtar mercadoria ou veículo em trânsito.

hijacking - furto de mercadoria em trânsito e/ou o veículo.

hinder, to - impedir; obstruir.

hindrance - obstrução; ação de impedir.

hint - insinuação; sugestão; pista; dica.

hint, to - insinuar; sugerir; dar entender.

hire - aluguel; salário; preço.

hire, to - contratar; locar; empregar.

hire-purchase system - sistema de vendas a crédito.

hired labor - mão-de-obra assalariada.

hirer - locador; empregador; contratador.

hiring - locação de bens ou de serviços.

historic - histórico.

historic site - bens pertencentes ao patrimônio público.

historical cost - custo histórico.

Hit-and-Run Statutes (USA) - leis que regulam acidentes automobilísticos seguidos de evasão do causador.

hoard, to - acumular; guardar.

hoarding - compra e estocagem de mercadoria em alta demanda.

hoax, to - lograr; pregar uma peça.

hobby losses - imposto que incide em atividade que não gera lucros.

hold, to - ter; possuir; ocupar; obrigar; manter; opinar; decidir; guardar.

hold an interview - conduzir uma entrevista.

hold court - presidir uma sessão.

hold for trial - aguardar julgamento.

hold harmless agreement - contrato de isenção de responsabilidade; contrato de quitação de deveres.

hold over - entender a posse; prorrogar a validade; continuar exercendo cargo após vencimento do mandato.

hold pleas - conhecer as causas.

hold responsible - ser responsável por.

hold without bail - encarcerar; deter sem direito a fiança.

holder - portador; titular.

holder for value - possuidor legítimo.

holder in due course - possuidor de boa-fé.

holder of a chattel mortgage - possuidor de hipoteca sob bem móvel.

holder of a check - portador de um cheque.

holder of a deposit - depositante.

holder of stocks - acionista.

holding - decisão judicial; opinião.

holding company - companhia que detém ações e supervisiona e administra tais empresas.

holding period - espaço de tempo em que o capital deve ser mantido para determinar existência de ganhos e perdas.

holdings - valores.

holdover tenant - locatário que continua na posse do imóvel após o término do contrato.

holdup - assalto a mão armada; atraso.

holdup man - assaltante.

holdup suit - ação judicial sem fundamento legal mas que é interposta com o objetivo de evitar que aconteça algo.

holiday - feriado.

holograph - hológrafo.

holographic - de próprio punho.

homage - homenagem.

home - lar; casa; residência.

home consumption (use) - consumo interno.

home consumer - consumidor nacional.

home demand - procura interna.

home market - mercado interno.

home port doctrine - doutrina que determina o pagamento de impostos de navios mercantes em seu porto de origem.

home production - produção interna.

home rule - autonomia constitucional.

Home Secretary (UK) - Ministro do Interior.

homeowner - proprietário.

homeowner's association - associação de moradores.

homestead - bem de família; residência da família.

homestead exemption law - lei que determina a impenhorabilidade dos bens de família.

homestead right - direito de usufruir dos bens de família.

homicidal - homicida.

homicidal attempt - tentativa de homicídio.

homicide - homicídio.

homicide by misadventure - homicídio involuntário.

homicide by necessity - homícidio necessário.

homicide per infortunium - homicídio casual.

homicide se defendendo - homicídio em legítima defesa.

homicidium (L) - homicídio.

homicidium ex casu (L) - homicídio acidental.

homicidium ex necessitate (L) - homicídio necessário.

homicidium ex voluntate (L) - homicídio voluntário.

homologate - homologar.

homologation - homologação.

honest - honesto.

honesty - honestidade.

honor - honra.

honor, to - honrar; cumprir.

honorable - honrado; honorário.

honorable discharge - dispensa de serviço militar com honras.

honorarium - honorários; pagamento a título gratuito.

honorary - honorário.

hoodlum - arruaceiro; jovem desordeiro.

hoodwink, to - enganar; lograr; vendar.

hope - esperança.

hope, to - esperar; desejar.

hopeless - desesperançado.

horizontal combination - consolidação horizontal; combinação horizontal.

hornbook - livro didático.

horner - toxicômano que inala heroína.

hostage - refém.

hostile - hostil.

hostile embargo - embargo de navios inimigos.

hostile possession - posse hostil; posse ad usucapionem; ocupação de uma propriedade sem permissão.

hostile witness - testemunha desfavorável.

hostility - hostilidade.

hot money - dinheiro especulativo.

hotchpot - conferência; comunhão de bens; colação de bens.

hotel divorce - divórcio em conluio em que uma das partes simula cena de adultério.

hot pursuit - perseguição policial.

hour - hora.

hourly - horário; horista.

hourly fees - remuneração por hora.

hourly rate - taxa horária.

house counsel - advogado da casa.

house member - deputado federal.

House of Commons (UK) - Câmara dos Comuns.

house of correction - reformatório.

House of Delegates - Assembléia Legislativa Federal.

house of ill fame - casa de prostituição; bordel.

House of Lords (UK) - Câmara dos Lordes.

house of prostitution - casa de prostituição.

house of refuge - reformatório para delinquentes juvenis.

House of Representatives - Câmara dos Deputados.

house organ - informativo interno.

housebreaker - ladrão; invasor de residências.

housebreaking - arrombar, invadir residência.

household - casa de família.

householder - chefe de família.

housekeeping - serviço doméstico.

house-to-house selling - venda a domicílio.

housing authority - autoridade que regula e normatiza as habitações.

Housing Code - Código de Edificações.

housing-financing notes - letras imobiliárias.

human - humano.

human nature - natureza humana.

human rights - direitos humano.

humanity - humanidade; natureza humana.

humbug - mentira; charlatanice; impostor; charlatão.

humiliate, to - humilhar.

hung jury - júri que não consegue chegar ao veredito devido a opiniões distintas de seus membros.

hunt, to - caçar; perseguir.

husband - marido.

husband of a ship - armador.

husbandry - acasalamento.

husting - forum; tribunal.

hypnosis - hipnose.

hypocrisy - hipocrisia; fingimento.

hypotheca - hipoteca.

hypothecary - hipotecário.

hypothecary action - ação hipotecária.

hypothecate, to - hipotecar.

hypothecation - hipoteca.

hypothecator - hipotecante.

hypothesis - hipótese.

hypothetical - hipotético.

hypothetical question - pergunta hipotética.

I

Iberian - ibérico.

ibidem - no mesmo lugar; na mesma hora; da mesma forma.

idea - idéia; conceito; noção; opinião; sugestão; propósito.

ideal - ideal.

ideal estate - bens ideais.

idealism - idealismo.

identical - idêntico.

identification - identificação.

identify, to - identificar.

identity - identidade.

identity card - carteira de identidade.

identity of parties - identidade das partes.

ideology - ideologia.

idiocy - idiotice.

idiom - idioma.

idiopathic insanity - insanidade idiota.

idiosyncrasy - idiosincrasia.

idiot - idiota.

idle - ocioso; não utilizado; desocupado.

idle capacity - capacidade ociosa.

idle gold - ouro estocado.

idle land - terra não explorada.

idle money - dinheiro não empregado; dinheiro inativo.

idol - ídolo.

idoneous - idôneo.

ignoble - ignóbil.

ignominy - ignomínia; desonra; infâmia.

ignorance - ignorância.

ignorance of the fact - ignorância do fato.

ignorance of the law - ignorância de direito.

ignore, to - ignorar; desconhecer.

ilk - família; raça; espécie.

ill - mau; ruim; doente; viciado.

illation - ilação.

illegal - ilegal.

illegal consideration - considerações ilegais.

illegal entry - entrada ilegal.

illegal interest - usura; interesses ilegais.

illegal practice - procedimento ilegal.

illegal strike - greve ilegal.

illegality - ilegalidade.

illegally obtained evidence - prova obtida por meio fraudulento, ilegal.

illegible - ilegível.

illegitimacy - ilegitimidade.

illegitimate - ilegítimo.

illegitimate child - filho ilegítimo.

illicit - ilícito.

illicit connection - conexão ilícita.

illicit funds - fundos ilegais.

illicit relations - relações ilícitas.

illiquid - ilíquidos.

illiquid assets - ativos ilíquidos.

illiterate - analfabeto.

illness - doença.

illogical - ilógico.

illude, to - iludir.

illuminate, to - iluminar.

illusion - ilusão.

illusory - ilusório.

illusory promise - promessa ilusória.

illustrate, to - ilustrar.

illustrative - ilustrativo.

image - imagem.

imaginary - imaginário.

imagine, to - imaginar.

imbalance - desequilíbrio.

imbecility - imbecilidade.

imbroglio (I) - confusão.

imbue, to - impregnar.

imitate, to - imitar.

imitation - imitação; reprodução; falsificação; imaculado.

immaterial - imaterial; incorpóreo; insignificante; impertinente; irrelevante.

immaterial averment - alegação irrelevante.

immaterial evidence - prova impertinente.

immateriality - irrelevância.

immediate - imediato; próximo; iminente.

immediate annuity - anuidade imediata.

immediate cause - causa imediata.

immediate danger - perigo próximo; perigo iminente.

immediate descent - descendente direto.

immediate interest - interesse imediato.

immemorial possession - posse imemorial.

immemorial usage - uso imemorial.

immense - imenso.

immerse, to - imergir.

immigrant - imigrante.

immigrate, to - imigrar.

immigration - imigração.

imminent - iminente.

imminent danger - perigo iminente.

imminent peril - perigo iminente.

immobility of labor - imobilidade da mão-de-obra.

immobilize, to - imobilizar.

immoderate - excessivo; imoderado.

immoral - imoral.

immoral conduct - conduta imoral.

immoral consideration - objeto contratual ilícito.

immoral contract - contrato ilícito.

immovable - imóveis.

immune - imune.

immunity - imunidade.

immure, to - encarcerar; enclausurar.

immutable - imutável; invariável; inalterável.

impact - impacto; colisão; choque.

impact loan (JAP) - empréstimo em moeda estrangeira.

impair, to - reduzir; diminuir; prejudicar.

impaired - reduzido; diminuido; prejudicado.

impairment - redução; diminuição; prejuízo.

impanel - sorteio dos jurados.

impanelling a jury - definição do júri.

imparlance - suspensão do feito para negociação entre as partes.

impart, to - dar; conferir; revelar; comunicar.

impartial - imparcial.

impartiality - imparcialidade.

impatient - impaciente.

impeach, to - impedir; impugnar.

impeachment - impedimento; impugnação.

impeachment proceedings - procedimento de impedimento de exercer suas funções.

impeccable - impecável.

impecunious - sem dinheiro; pobre.

impede, to - impedir; retardar.

impediment - impedimento.

impeditive - impeditivo.

impending - pendente; iminente.

impenetrable - impenetrável.

imperative - imperativo.

imperceptive - imperceptível.

imperfect - imperfeito; com vício; defeituoso.

imperialism - imperialismo.

imperialist - imperialista.

imperil, to - arriscar; colocar em perigo.

imperium - império.

impermissible - impermissível.

impersonal - impessoal.

impersonate, to - personificar; simbolizar.

impersonation - falsa identidade.

impertinence - impertinência; irrelevância.

impertinent - impertinente; inoportuno; irrelevante; desapropriado.

impertubable - imperturbável.

impervious - impérvio; intransitável; impenetrável; impermiável.

impetrate, to - impetrar.

impetuous - impetuoso; violento; impulsivo.

implacable - implacável; inexorável.

implant, to - implantar.

implausible - implausível.

implead, to - acionar.

impleadable - processável.

impleader - chamamento à autoria; nomeação à ação.

implement, to - implantar.

implementation - implantação.

implicate, to - implicar.

implication - implicação.

implicit - implícito; subentendido.

implied - implícito; subentendido.

implied consent - consentimento tácito.

imply, to - implicar; envolver; subentender; insinuar; sugerir.

impolite - mal educado.

imponderable - imponderável.

import - importação.

import, to - importar.

import duty - direito aduaneiro.

import excise tax - imposto aduaneiro.

import quota - quota de importação.

import register - registro de importação.

importance - importância.

important - importante.

importation - importação.

importer register - registro do importador.

importune, to - importunar; insistir com.

importunity - importunação.

impose, to - impor.

imposing - impotente.

imposition - imposição.

impossibility - impossibilidade.

impossible - impossível.

impossible condition - condição impossível.

impossible contract - contrato com objeto impossível.

impostor - impostor.

impôt (F) - imposto.

impotence - impotência.

impound, to - apreender.

impoverish, to - empobrecer.

impracticable - impraticável; inexeqüível; irrealizável.

imprecations - apupos.

impregnate, to - impregnar.

imprescriptibility - imprescritibilidade.

imprescriptible - imprescritível.

imprescriptible right - direito imprescritível.

impress, to - imprimir; gravar; incutir; infundir; impressionar.

impression - impressão.

impressionable - impressionável.

imprison, to - prender; encarcerar.

imprisonment - prisão; reclusão.

improbable - improvável.

improbity - improbidade.

improper - impróprio.

impropriety - impropriedade.

improve, to - melhorar; aperfeiçoar.

improved real estate - terreno com imóvel; imóvel com alguma melhoria.

improvement - melhoria; melhoramento.

improvidence - imprevidência.

improvident - improvidente.

improvise, to - improvir.

impudence - impudência; descaramento; atrevimento; insolência.

impudent - impudente; descarado; atrevido; insolente; presunçoso.

impudicity - impudicícia.

impugn, to - impugnar.

impugnation - impugnação.

impulse - impulso; ímpeto.

impulsive - impulsivo.

impunity - inimputabilidade; impunibilidade.

imputability - imputabilidade.

imputation - imputação; tributação.

imputation system - sistema tributário; sistema impositivo.

impute, to - imputar; atribuir.

imputed - imputado.

in - entrado; recebido.

in action - litigioso.

in advance - antecipadamente.

in agreement - de acordo.

in arrears - atrasado.

in blank - em branco.

in bonis (L) - entre os bens existentes.

in bulk - a granel.

in camera - em particular.

in camera proceedings - processo que corre em segredo de justiça.

in capita - por cabeça.

in case - no caso de.

in chief - principal.

in commendam - em comandita.

in common - em comum.

in communi - em comum.

in conjunction with - associado a.

in contemplation of death - causa mortis.

in dorso - no verso.

in equity - na jurisdição de eqüidade.

in fiere - em curso.

in forma pauperis (L) - processo na justiça gratuita.

in gross - em grosso; atacado.

in house - de casa.

in house counsel - advogado interno.

in kind - em bens.

in law - legal; de lei.

in laws - parentes por afinidade.

in mercy - à mercê.

in mora - em mora.

in pais (L) - extrajudicial; oral.

in person (to appear/act) - pessoalmente.

in personam (L) - da pessoa.

in real terms - em termos reais.

in rem (L) - da coisa.

in strips - por estirpes.

in the money - com substância; com valor intrínsico.

in ventre sa mere - nascituro.

in working order - em bom funcionamento.

in writing - por escrito.

inadequacy - inadequação.

inadequate - inadequado; insuficiente.

inadequate consideration - causa inadequada.

inadequate damages - compensação inadequada de danos.

inadmissibility - inadmissibilidade.

inadmissible - inadmissível.

inadmissible assets - bens não admitidos.

inadmitted assets - bens não aceitos para efeito de liquidação de sinistros.

inadvertent - inadvertente.

inalienable - inalienável; vinculado.

inalienable interest - direito real inalienável.

inalienable right - direito inalienável.

inanition - inanição.

inappealable - inapelável; o que não está sujeito a recurso.

inaplicable - inaplicável.

inapposite - impertinente; inapropriado.

inappropriate - inapropriado; impróprio.

inapt - impróprio; inadequado; imcompetente; inepto.

inarticulate - inarticulado.

inaudible - inaudível.

inauguration - inauguração.

inauspicious - impropício; desfavorável; infeliz.

incapable - incapaz.

incapacitate, to - incapacitar.

incapacity - incapacidade.

incarcerate, to - encarcerar.

inacarceration - encarceramento.

incendiary - incendiário.

incentive - incentivos.

incentive plan - plano de incentivos.

inception - começo; início.

incest - incesto.

incestuous - incestuoso.

inch - polegada.

inchoate - incompleto; imperfeito.

inchoate instrument - título incompleto; título inacabado.

incidence of taxation - incidência de impostos.

incident - incidente.

incidental - incidental; acidental; casual.

incinerate, to - incinerar.

incineration - incineração.

incisive - incisivo; cortante; mordaz.

incite, to - incitar.

inclement - inclemente.

inclination - inclinação; pender.

include, to - incluir.

included offense - crime acessório.

incognito - incógnito.

incoherence - incoerência.

income - rendimento; renda; ganho; receita.

income bonds - obrigações de juros pagáveis somente quando houver lucros.

income deductions - dedução de renda.

income distribution - distribuição de renda.

income property - bem de produção.

income sheet - demonstração de lucros e perdas.

income statement - declaração de rendimentos.

income tax - imposto de renda.

income tax return - declaração de imposto de renda.

incommunicaco - incomunicado.

incommunication - incomunicação.

incompatibility - incompatibilidade.

incompetence - incompetência; incapacidade.

incompetency - incompetência.

incompetent - incompetente; incapaz.

incomprehensible - incompreensível.

incompetent evidence - prova incompetente.

inconclusive - inconcludante.

inconsequence - inconseqüente.

inconsistency - discordância; incoerência; contradição; inconsistência.

inconsistent - inconsistente; incompatível; incoerente; inconciliável; contraditório.

inconsolable - inconsolável.

inconspicuous - obscuro; modesto; insignificante.

incontestability - incontestabilidade.

incontestable - incontestável.

incontrovertible - incontestável; indiscutível.

inconvenient - inconveniente.

incorporate, to - constituir uma sociedade.

incorporation - formação de sociedade.

incorporation papers - documentos de constituição.

incorporator - sócio-fundador.

incorporeal - incorpóreo.

incorporeal chattel - bem incorpóreo.

incorporeal hereditament - herança de bem incorpóreo.

incorporeal property - bem incorpóreo.

incorporeal right - direito incorpóreo.

incorporeal thing - coisa incorpórea.

incorrect - incorreto; imperfeito; defeituoso; inexato; errôneo.

incorrigible - incorrigível.

incorruptible - incorruptível.

increase - aumento; incremento.

increase, to - aumentar; incrementar.

incredible - incrível; inacreditável.

incredulity - incredulidade; ceticismo.

incredulous - incrédulo; cético.

increment - incremento.

increment, to - incrementar.

incremental cost - custo incremental; custo diferencial; custo marginal.

incriminate, to - incriminar.

incrimination - incriminação.

incriminating circumstances - circunstâncias incriminadoras.

incriminatory statement - informação incriminadora.

inculcate, to - incutir.

inculpate, to - inculpar; incriminar.

inculpatory - incriminatório.

incumbency - titularidade.

incumbent - titular.

incumbent president - presidente atual.

incumber, to - gravar; onerar.

incumbrance - gravame; ônus.

incur, to - incorrer; contrair.

incur a debt - contrair dívidas.

incur a penalty - receber uma multa.

indagation - indagação.

indebted - endividado.

indebtedness - dívida.

indecency - indecência.

indecent - indecente.

indecent assault - atentado ao pudor.

indecent exposure - exibicionismo.

indecision - indecisão; irresolução.

indeed - de fato.

indefatigable - infatigável.

indefensible - indefensável; insustentável; injustificável.

indefinite - indefinido; indeterminado; vago; incerto; ilimitado.

indelegable - intransferível.

indelible - indelével; inesquecível; inapagável.

indemnification - indenização.

indemnify, to - indenizar; reparar.

indemnitee - indenizado.

indemnitor - indenizador.

indemnity - indenização.

indemnity agreement - contrato de indenização.

indemnity bond - garantia de indenização.

indemnity insurance - seguro de indenização.

indemnity pay - indenização por despesas.

indenture - escritura; contrato multilateral.

independence - independência.

independent contractor - construtor independente.

independent variable - variável independente.

indestructible - indestrutível.

indeterminate - indeterminado.

index - índice.

index fund - fundo que aplica nos índices das bolsas de valores.

index of correlation - índice de correlação.

index of liquidity - índice de liqüidez.

index number - média.

indexation - indexação.

indexing - comparação.

indian - índio.

indian reserve - reserva indígena.

indicate, to - indicar; designar; denotar; mencionar.

indication - indício.

indicative evidence - prova indiciária.

indirect holding - participação indireta.

indicia - indício.

indict, to - pronunciar; acusar; denunciar.

indictable - criminoso.

indictable offense - crime.

indicted - pronunciado.

indictee - réu pronunciado.

indictment - pronúncia.

indictor - órgão que faz a pronúncia do réu.

indifferent - indiferente.

indigence - indigência; penúria; miséria.

indigent - indigente; pobre; miserável.

indigent defendant - réu pobre, sem recursos.

indignation - indignação.

indignity - indignidade.

indirect attack - ataque indireto.

indirect claim - ação indireta.

indirect cost - custo indireto; sobrecusto.

indirect evidence - prova indireta.

indirect holding - participação indireta.

indirect labor - mão-de-obra indireta.

indirect liability - passivo contingente.

indirect materials - materiais indiretos.

indirect tax - impostos indiretos.

indiscreet - indiscreto.

indiscretion - indiscrição; imprudência; irreflexão.

indiscriminate - indiscriminado.

indispensable - indispensável.

indispensable evidence - prova necessária.

indisputable - indisputável.

individual - pessoa física (imposto de renda); indivíduo.

individual - individual; particular.

individual asset - bem particular do sócio.

individual debt - dívida particular.

individual income - rendimento individual.

individual ownership - propriedade individual.

individual proprietorship - firma individual.

indivisible - indivisível.

indolent - indolente; preguiçoso.

indomitable - indomável; invencível; inquebrantável.

indorse, to - endossar; apoiar; garantir.

indorsee - endossatário.

indorsement - endosso.

indorser - endossante.

indubitable - indubitável.

indubitable proof - prova concluente.

induce, to - induzir.

inducements - incentivos; razão; motivo.

induct, to - empossar.

indulgence - indulgência.

industrial accident - acidente de trabalho.

industrial action (UK) - greve.

industrial arbitration - arbitramento trabalhista.

industrial art - artesanato.

industrial economy - economia industrial.

industrial facilities - parque industrial; instalações industriais.

industrial fruits - produtos industriais.

industrial goods - produtos industriais.

industrial insurance - seguro de indústria.

industrial output - produção industrial.

industrial parks - parques industriais.

industrial profits - lucros industriais.

industrial property - propriedade industrial.

industrial security - segurança industrial.

industrial union - sindicato industrial.

industrialization - industrialização.

industry - indústria; ramo de negócios.

inebriate, to - embriagar; inebriar.

ineffable - inefável; inexprimível.

ineffective - ineficaz; infrutífero.

inefficacious - ineficaz.

inefficacy - ineficácia.

inefficient - ineficiente; incapaz; ineficaz; incompetente.

inelastic - inelástico.

inelastic demand - procura inelástica.

inelegant - deselegante.

ineligibility - inelegibilidade.

inept - inadequado; impróprio.

inequality - desigualdade.

inequality of income - desigualdade de rendimento.

inequitable - injusto; iníquo.

inestimable - inestimável.

inevitable - inevitável.

inexcusable - indesculpável.

inexcusable neglect - culpa grave.

inexhaustible - inexaurível.

inexorable - inexorável.

inexpensive - barato; econômico.

inexperience - inexperiência.

inexpugnable - inexpugnável.

infallible - infalível.

infamous - infame.

infamy - infâmia.

infancy - infância.

infanticide - infanticídio.

infant industry - indústria nascente.

infect, to - infectar; contaminar; contagiar.

infection - infecção; contágio; epidemia.

infer, to - inferir; deduzir; concluir.

inference - dedução; inferência.

inferential - presuntivo; presumido.

inferential fact - fato presumido.

inferior - inferior.

inferior court - juízo inferior.

infest, to - infestar.

infidelity - infidelidade.

infiltrate, to - infiltrar.

infinite - ilimitado; infinito.

infirm - débil; frágil; fraco; irresoluto; enfermo.

infirmity - debilidade; fraqueza.

inflation - inflação.

inflation accounting - contabilidade de custos; contabilidade ajustada; contabilidade corrigida.

inflation adjustments - correção monetária.

inflation curbs - medidas anti-inflacionárias.

inflationary - inflacionário.

inflexible - inflexível.

influence - influência.

influential - influente.

influx - influxo; entrada.

influx of capital - entrada de capital.

inform, to - informar.

informal - informal.

informal record - registro extra-contábil.

informant - informante; delator.

information - informação; denúncia.

information retrieval - recuperação de informações.

informative - informativo; instrutivo.

informer - informante; delator.

infra - infra.

infraction - infração.

infrastructure - infra-estrutura.

infringe, to - infringir.

infringement - violação de direitos autorais.

infringer - pessoa que viola os direitos autorais.

ingratitude - ingratidão.

ingredient - ingrediente.

ingrossing - comprar por atacado; reproduzir.

inhaber (GER) - proprietário; dono.

inhaberpapier (GER) - título ao portador.

inhabit, to - habitar; residir; morar.

inhabitant - habitante; residente; morador.

inherent - inerente.

inherent defect - vício oculto; vício redibitório.

inherent power - poder inerente.

inherent right - direito inerente.

inherit, to - herdar.

inheritance - herança.

inheritance tax - imposto de transmissão causa mortis; imposto de sucessões.

inheritor - herdeiro.

inhibition - inibição.

inimitable - inimitável; inigualável.

initial - rubrica.

initial, to - rubricar.

initial cost - custo inicial.

initial margin - margem inicial.

initial yield - rendimento inicial.

initiate, to - iniciar.

initiation fee - taxa de admissão.

initiative - iniciativa.

injudicious - injudicioso; leviano; inconsiderado; imprudente.

injunction - mandato judicial; medida cautelar.

injunctive relief - medida cautelar.

injure, to - lesar; agredir.

injured - lesado.

injury - injúria; ofensa; lesão.

injustice - injustiça.

inland - doméstico; interno.

inland bill of exchange (UK) - letra de câmbio doméstica.

Inland Revenue (UK) - órgão de arrecadação fiscal; secretaria da receita.

inland trade - mercado interno.

inmate - interno; prisioneiro.

inn - albergue.

Inn of Court (UK) - uma das quatro sociedades que admitem barristers.

innate - inato; cogênito; natural.

inner - interno.

innocence - inocência.

innocent - inocente.

innocent capacity - negociação inexperiente.

innovation - inovação.

innuendo - menção; significado.

innumerable - inúmero; inumerável; incontável.

inoffensive - inofensivo.

inofficious testament - testamento oficioso.

inoperative - inoperante.

inopportune - inoportuno; intempestivo.

inquest - inquérito; sindicância; investigação.

inquire, to - perguntar; indagar.

inquiline (FC) - animal que habita lar de outro; comensal.

inquiry - inquérito; investigação; consulta.

inquisition - inquisição.

inquisitive - inquisitivo.

inquisitor - inquiridor; investigador.

insalubrious - insalubre.

insane - louco.

insanity - loucura; insanidade mental.

insatiable - insaciável.

inscribe, to - inscrever; arrolar.

inscription - inscrição.

insecure - inseguro; precário; perigoso; arriscado.

insert, to - inserir.

inside - dentro.

inside information - informação privilegiada.

insider - interno; confidente; privilegiado.

insider dealing - negociação com informação privilegiada.

insider trading - negociação com informação privilegiada.

insidious - insidioso; traiçoeiro.

insinuation - insinuação.

insipid - insípido; insistir.

insistent - insistente; persistente; teimoso.

insolent - insolente; atrevido; desaforado.

insolvency - insolvência.

insolvent - insolvente.

insouciant - despreocupado.

inspect, to - fiscalizar; conferir.

inspectator - adversário.

inspection - fiscalização.

inspector - fiscal; inspetor.

instability - instabilidade.

install, to - instalar; orçamento de instalação.

installations - instalações.

installment - prestação.

installment accounts - contas de prestamistas.

installment buyer - prestamista.

installment credit - crediário.

installment payment - pagamento feito em venda a prestação.

installment plan - plano de pagamento parcelado.

installment purchase - compra a prestação.

installment sale - venda a prazo; venda a prestações.

instance - instância.

instant - instante; corrente; presente.

instigate, to - instigar.

instigation - instigação.

instigator - instigador.

instinct - instinto; aptidão.

institute, to - instituir.

Institute clauses - cláusulas padrão para apólice de seguro marítimo elaboradas pelo Institute of London Underwriters.

Institute of London Underwriters - Instituto de Seguradores de Londres.

instituted executor - testamenteiro instituído.

institution - instituição.

institutional - institucional.

institutional investor - investidor institucional.

instruct, to - instruir.

instruction - instrução.

instructor - instrutor.

instrument - instrumento; documento; título; papel.

instrument of appeal - petição de recurso.

insubordinate - insubordinado.

insubstantial - sem substância.

insufficiency - insuficiência.

insufficient - insuficiente.

insufficient evidence - prova insuficiente.

insufficient funds - falta de fundos.

insult, to - insultar.

insuperable - insuperável.

insurable - segurável.

insurable interest - bem segurável.

insurable risk - risco segurável.

insurance - seguro.

insurance agent - agente de seguros; corretor de seguros.

insurance broker - corretor de seguros.

insurance carrier - segurador(a).

insurance company - companhia de seguros.

insurance policy - apólice de seguro.

insurance premium - prêmio de seguro.

insurance reserve - reserva atuarial; reserva para seguro.

insure, to - segurar.

insured - segurado.

insured deposit - depósito segurado.

insurer - segurador.

insurmountable - insuperável.

insurrection - insurreição; revolta.

intangible - intangível.

intangible assets - ativos intangíveis; ativos representativos de direito (patentes, títulos, fundo de comércio, etc.).

intangible property - bem intangível.

intangible value - valor intangível.

intangibles - bens incorpóreos.

integral - integral.

integrate, to - integrar.

integration - integração.

integrity - integridade.

intellect - intelecto.

intellectual - intelectual.

intellectual property - propriedade intelectual; direitos autorais.

intelligible - inteligível.

intend, to - propor; pretender.

intense - intenso.

intent - intento; intenção.

intention - intenção.

intentional - intencional.

inter-alia (L) - entre outros.

Inter-American Bar Association - Ordem Inter-Americana de Advogados.

Inter-American Commercial Arbitration Commission - Comissão Inter-Americana de Arbitragem Comercial.

Inter-American Trademark Bureau - Órgão Inter-americano de Marcas e Patentes.

inter partes (L) - entre as partes.

inter vivos (L) - entre vivos.

interbank - inter bancário.

interbank market - mercado inter bancário.

intercede, to - interceder.

intercept, to - interceptar.

interception - interceptação.

interchange - intercâmbio; troca.

interchangeable - intercambiável.

intercompany - entre companhias; entre empresas.

intercompany elimination - eliminação de operações mútuas entre companhias coligadas ou controladas, na preparação de demonstrações consolidadas.

intercompany loan - empréstimo entre empresas.

intercourse - relação.

intercourse, sexual - relação sexual.

interest - juro.

interest - interesse; participação.

interest and currency conversion option - opção de juros e moeda.

interest determination date - data de cálculo de juros.

interest expenses - despesas com juros.

interest-free loan - empréstimo sem estipulação dos juros.

interest differential - diferencial de juros.

interest on late payments - juros de mora.

interest on past due payments - juros de mora.

interest payment date - data de pagamento de juros.

interest period - período de juros.

interest rate - taxa de juros.

interest rate cap - taxa de juros máxima.

interest rate futures - futuro de juros.

interest rate margin - margem de juros; a diferença entre a taxa passiva e a taxa ativa.

interest rate option - opção de taxa de juros.

interest rate swap - troca de taxas de juros.

interest tables - planilhas de juros.

interfere, to - interferir.

interference - interferência.

interim - interino; provisório.

interim balance sheet - balancete.

interim dividend - dividendo provisório; dividendo interino.

interim order - ordem interina; ordem provisória.

interim statement - declaração interina.

interlocutor - interlocutor.

interlocutory - interlocutório.

interlocutory appeal - recurso de decisão interlocutória.

interlocutory injunction - medida interlocutória.

interlocutory judgement - julgamento interlocutório.

interloper - intruso.

intermeddle, to - interferir.

intermediary - intermediário; mediador.

intermediate - intermediário.

intermediate court - tribunal de segunda instância de cuja decisão se pode recorrer.

intermediate goods - bens intermediários.

intermediation - intermediação.

interment - enterro; sepultamento.

intermittent - intermitente.

intern - interno.

internal - interno.

internal revenue - receita federal.

Internal Revenue Code (USA) - código tributário federal.

Internal Revenue Service (USA) - secretaria da receita federal.

internal security - segurança nacional.

international - internacional.

international agreements - acordos internacionais; tratados internacionais.

International Bank for Reconstruction and Development (IBRD - World Bank) - Banco Internacional para a Reconstrução e Desenvolvimento (BIRD - Banco Mundial).

International Copyright Law - Lei Internacional sobre Propriedade Intelectual.

International Court of Justice - Tribunal Internacional de Justiça.

International Law - Direito Internacional.

International Maritime Organization - Organização Marítima Internacional.

International Monetary Fund (IMF) - Fundo Monetário Internacional (FMI).

interpellate, to - interpelar.

interpellation - interpelação.

interplea - intervenção de terceiros no processo.

interpleader - defesa contra terceiros.

interpolation - interpolação.

interpret, to - interpretar.

interpretation - interpretação.

interpreter - intérprete.

interpreter machine - máquina interpretadora.

interrogate, to - interrogar.

interrogations - interrogatório.

interrogatories - questionários.

interrupt, to - interromper; suspender.

interruption - interrupção.

interspersed - entremeado.

interstate - interestadual.

Interstate Commerce Commission (USA) Comissão de Comércio Interestadual.

interval - intervalo.

interval ownership - propriedade em termos.

intervene, to - intervir; interpor.

intervener - interveniente.

intervening - interveniente; superveniente.

intervening cause - causa interveniente.

intervening force - força interveniente.

intervenor - interveniente.

intervention - intervenção.

intervention mechanism - mecanismo de intervenção.

interview - entrevista; conferência.

intimate - íntimo.

intimate, to - intimar.

intimation - intimação.

intimidate, to - intimidar.

intimidation - intimidação.

intol and uttol - direito sobre produtos importados e exportados.

intolerance - intolerância.

intoxicate, to - intoxicar.

intoxication - intoxicação.

intra parietes (L) - consensual; amigável; dentro da autoridade conferida.

intrinsic - intrínseco; inerente.

intrinsic evidence - prova inerente.

introduce, to - apresentar.

introduce legislation - propor uma lei.

introvert - introvertido.

intruder - esbulhador; usurpador.

intrusion - esbulho possessório.

intuition - intuição.

inundate, to - inundar.

inure, to - vigorar; entrar em vigor.

invalid - inválido; ineficiente.

invalidate, to - invalidar.

invaluable - precioso; inestimável.

invasion - invasão.

invasion of privacy - invasão de privacidade.

invent, to - inventar.

invention - invenção.

inventor - inventor.

inventory - inventário.

inventory certificate - atestado de gerência relativo ao inventário.

invest, to - investir; aplicar.

investigate, to - investigar.

investigation - perícia.

investiture - investidura.

investment - investimento.

investment agreement - contrato de investimento.

investment bank - banco de investimentos.

investment company - companhia de investimentos.

investment funds - fundos de investimento.

investment goods - bens de investimentos.

investment incentives - incentivos ao investimento.

investment in default - investimento em títulos com rendimento atrasados.

investment portofolio - carteria de títulos e ações possuidos por uma pessoa ou instituição.

investment register - registro de investimento.

investment trust - fideicomisso para investimento.

investor - inversor; investidor.

invidious - odioso; ofensivo; injusto.

inviolability - inviolabilidade.

inviolable - inviolável.

invisible - invisível.

invisible trade - comércio de serviços.

invitation - convite.

invitation to bid - aviso de licitação.

invite, to - convidar.

invitee - convidado.

invocation - invocação.

invoice - fatura; nota; relação; conta.

invoice, to - faturar.

invoice book - copiador de fatura.

invoice making - faturamento.

invoke, to - invocar.

involuntary - involuntário; acidental.

involuntary bailment - depósito acidental.

involuntary manslaughter - homicídio culposo.

involve, to - envolver.

inward freight - frete de entrada.

irascible - irascível.

ire - ira.

irk, to - fatigar.

iron - ferro.

ironic - irônico.

irrational - irracional.

irreconcilable - irreconciliável; inconciliável; incompatível.

irrecoverable - irrecuperável; inconciliável; incompatível.

irrecusable - irrecusável.

irredeemable - irrecuperável.

irrefutable - irrefutável; incontestável.

irregular - irregular.

irregularity - irregularidade.

irrelevancy - irrelevância.

irrelevant - irrelevante.

irremissible - irremissível.

irreparable - irreparável.

irreparable injury - dano irreparável.

irresistible - irresistível.

irresistible impulse - impulso irresistível.

irresponsible - irresponsável.

irretrievable - irreconciliável.

irreverent - irreverente.

irreversible - irreversível.

irrevocable - irrevogável.

irrevocable letter of credit - carta de crédito irrevogável.

irritate, to - irritar; provocar.

isolate, to - isolar; separar; segregar.

issuance - emissão.

issue - emissão; promulgação; saída.

issue - pretensão; questão; lide.

issue, to - emitir; promulgar.

issue at a discount, to - emissão com desconto.

issue at a premium, to - emissão com ágio.

issue of fact - questão de fato.

issue of law - questão de direito.

issue of paper money - emissão de papel moeda.

issue preclusion - preclusão consumativa.

issued capital - capital em ações emitidas.

issuer - emissor.

issues - desembolsos.

issuing bank - banco emitente.

issuing country - país emitente.

Itayose (JAP) - tratamento igualitário dado a todas as ordens chegadas antes da abertura do pregão.

item - item; artigo.

itemize, to - relacionar por item.

itinerary - itinerário.

ivory - marfim.

ivory tower - torre de marfim.

J

jabber - conversa ininteligível ou confusa.

jabber, to - falar de forma confusa.

jacens - jacente.

jactitation - calúnia; difamação.

Jahresbericht (GER) - balanço anual.

jail - cadeia; prisão.

jail, to - aprisionar; prender; encarcerar.

jail bait (gíria) - menor de idade.

jailbird (informal) - criminoso contumaz.

jailer - carcereiro.

jailhouse lawyer - interno estudioso do direito que assiste e aconselha outros internos.

jam, to - interferir; bloquear; esmagar.

jammed communications - comunicações bloqueadas.

Japanese - japonês.

jargon - jargão; algaravia; discurso pretencioso.

jargon, legal - jargão legal.

Jason Clause (USA) - cláusula de conhecimento de embarque que determina o pagamento de contribuição em caso de acidente imprevisto.

jealous - ciumento(a).

jealousy - ciúmes.

jeer, to - zombar; vaiar.

jejune - jejuno; monótono; ordinário; comum; imaturo.

Jencks Act (USA) - regulamentação que autoriza ao réu o acesso a documentos federais para poder contraditar testemunhas.

jeopardize, to - por em perigo; arriscar.

jeopardy - perigo; risco.

jest - brincadeira; piada.

jetsam - carga atirada ao mar na iminência de naufrágio que acaba por ocorrer.

jettison, to - atirar carga ao mar para salvar návio que corre perigo iminente de naufrágio.

Jikihone bill (JAP) - título usado em comércio exterior.

job - emprego; missão; tarefa; serviço; empreitada.

job description - descrição de função.

job order - pedido; encomenda; ordem de serviço; ordem de produção.

job order costing - custeio por ordem de serviço.

job specification - perfil do posto.

jobber (UK) - empreiteiro; tarefeiro; corretor (RU); intermediário (RU).

jobless - desempregado.

jocular - jocoso; cômico; divertido.

John/Jane Doe - nome fictício dado na ação contra pessoa desconhecida ou cujo nome não pode figurar; fulano de tal.

join, to - associar; juntar; unir; ligar.

joinder - união; associação; cumulação de pedidos.

joinder in issue - fórmula pela qual a parte acata ou aceita fato alegado pela parte contrária.

joinder of actions - cumulação de pedidos.

joinder of claims - cumulação de pedidos.

joinder of defendants - litisconsórcio passivo.

joinder of parties - litisconsórcio.

joinder of remedies - solicitação de cumulação de pedidos.

joint - conjunto; combinar; unir; coletivo.

joint account - conta conjunta.

joint action - litisconsórcio.

joint adventure - risco coletivo; empresa coletiva; empresa em conta de participação.

joint agent - co-agente.

joint and several - em conjunto e solidariamente.

joint and several liability - responsabilidade conjunta e solidária.

joint assignee - cessionário; co-cessionário; mancomunado.

joint bank account - conta bancária conjunta.

joint commission - comissão adjunta.

joint consent - comum acordo.

joint contract - contrato bilateral.

joint covenant - acordo bilateral.

joint debtor - devedor solidário.

joint defendant - litisconsorte passivo.

joint estate - composse.

joint executor - co-testamenteiro.

joint guaranty - garantia solidária; garantia conjunta.

joint indictment - co-pronúncia.

joint interest - interesse comum.

joint invention - invenção conjunta.

joint liability - co-obrigação.

joint obligation - obrigação conjunta; obrigação solidária.

joint offense - crime cometido em co-autoria.

joint owner - co-proprietário.

joint ownership - condomínio.

joint plaintiff - litisconsorte ativo.

joint resolution - resolução conjunta.

joint return - declaração de renda conjunta.

joint sharer - co-participante.

joint stock association - sociedade por ações.

joint stock bank - banco comercial; banco privado; banco.

joint stock company - sociedade por ações.

joint tax return - declaração conjunta de imposto de renda.

joint tenant - co-arrendatário.

joint tort - ilícito cometido por mais de um agente.

joint tort-feasure - co-autor.

joint trial - julgamento conjunto de mais de um réu sob a mesma acusação (ou semelhante).

joint venture - empreendimento conjunto; associação de pessoas buscando o mesmo fim; sociedade; empreendimento em conta de participação; negócio conjunto.

joint venture corporation - sociedade em conta de participação.

joint will - testamento conjunto.

jointly - em conjunto.

jointly and severally - conjunta e solidariamente.

jointly liable - responsável solidário pelo marido falecido; cláusula de acordo pré-nupcial.

joke - piada.

Jolly Roger - bandeira pirata.

jostle, to - empurrar; acotovelar.

jouissance (F) - termo inicial da contagem de juros.

jour en banc (F) - dia de julgamento.

journal - diário; livro diário; jornal.

journalist's privilege - segredo profissional do jornalista.

journalize, to - lançar no diário; contabilizar.

journeyman - operário diarista.

joyriding - furto temporário de automóvel para uso próprio.

judge - juiz; magistrado.

judge, to - julgar; decidir; pronunciar; sentenciar; ajuizar; censurar; condenar.

judge advocate - comissário das Forças Armadas.

judge having jurisdiction - juiz competente intencionado pelo legislativo; lei fundamentada em decisões judiciais; jurisprudência.

judge of appeals - juiz de apelações.

judge of a civil court - juiz de vara cível.

judge of a criminal court - juiz de vara criminal.

judge of a labor court - juiz do trabalho.

judge of first instance - juiz de primeira instância.

judge pro tempore - juiz interino.

judgement - julgamento.

judgement book - registro de sentenças.

judgement by default - julgamento a revelia.

judgement creditor - exeqüente.

judgement day - julgamento final.

judgement debt - título executivo judicial.

judgement debtor - executado.

judgement docket - registro de sentenças.

judgement execution - execução de sentença.

judgement lien - gravame imposto à propriedade por determinação judicial; vínculo jurídico que passa a existir após sentença transitada em julgado.

judgement note - nota promissória emitida em juízo.

judgement of conviction - sentença condenatória.

judgement on merits - julgamento do mérito.

judgement record (UK) - registro da sentença.

judgement summons (UK) - citação para ação de cobrança.

judge's order - ordem judicial.

judicatory - vara; tribunal; foro; corte.

judicature - judicatura.

judicial - judicial; jurídico; judiciário; jurisdicional.

judicial act - ato jurisdicional.

judicial action - ação judicial.

judicial activism - doutrina de evolução da jurisprudência.

judicial admission - admissão judicial.

judicial authority - autoridade inerente ao juiz; autoridade judicial.

judicial bond - caução judicial.

judicial branch - Poder Judiciário.

judicial decision - decisão judicial.

judicial discretion - poder discricionário do juiz.

judicial district - comarca judiciária.

judicial error - erro judiciário.

judicial estoppel - preclusão forçada.

judicial evidence - prova judiciária.

judicial function - função jurisdicional.

judicial immunity - imunidade judicial.

judicial lien - gravame jurídico advindo de sentença.

judicial notice - notificação judicial.

judicial oath - juramento judicial; compromisso de juramento.

judicial officer - magistrado; juiz.

judicial opinion - voto; sentença; decisão.

judicial order - ordem; mandado.

judicial proceeding - processo judicial.

Judicial Proceedings Act - lei de procedimentos judiciários.

judicial records - autos judiciais; autos.

judicial review - recurso; apelação; mandado.

judicial sale - venda judicial.

judicial separation - separação judicial.

judicial sequestration - seqüestro judicial.

judicial system - sistema judiciário; poder judiciário.

judicial trustee - fiduciário judicial.

judiciary - judiciário.

judiciary power - poder judiciário.

judicious - judicioso; criterioso; sábio.

judiciously - judiciosamente.

juge de paix (F) - juiz de paz.

jump bail, to - fugir; escapar da prestação de caução ofertada.

junior (L) - filho; menor; junior; jovem; subordinado; auxiliar.

junior barrister - advogado auxiliar.

junior bond - título sem garantia.

junior counsel - advogado auxiliar.

junior credit - crédito subordinado.

junior creditor - credor secundário.

junior execution - execução posterior ou inferior.

junior judgment - sentença posterior ou inferior.

junior lien - gravame subordinado ou secundário.

junior partner - sócio menor.

junk - sucata.

junk bond - título de alto risco.

junk bond leverage - financiamento com títulos de alto risco.

junk bond market - mercado de títulos de alto risco.

jurat - reconhecimento de firma.

juration - juramento; administração de um juramento.

jure (L) - legal; de direito; de lei.

juridical - jurídico; judicial.

juridical day - dia útil; dia de expediente da corte.

juridical person - pessoa jurídica.

juris et de jure (L) - presunção legal.

jurisconsult - jurisconsulto.

jurisconsultus - jurisconsulto.

jurisdiction - jurisdição.

jurisdictional - jurisdicional.

jurisdictional amount - valor da causa; somatória de todos os pedidos.

jurisdictional fact - fato jurídico de apreciação necessária.

jurisdictional plea - defesa jurisdicional.

jurisprudence - jurisprudência.

jurist - jurista.

juror - jurado.

juror's book - relação de jurados de uma comarca.

jury - júri.

jury-box - tribuna dos jurados.

jury challenge - pedido de exclusão de jurado; desqualificação de jurado.

jury fixing - suborno de jurados; arrumação com jurados.

jury-list - lista de jurados.

jury polling - obtenção da decisão de cada jurado.

jury process - processo do júri.

jury questions - questionário entregue aos jurados contendo perguntas referentes aos fatos do caso; questionário do júri.

jury trial - julgamento pelo tribunal do júri.

jury wheel - procedimento para sorteio dos jurados; roda do júri.

jus (L) - direito; lei.

jus civile (L) - direito civil.

jus possessionis (L) - direito a posse.

jus proprietatis (L) - direito a propriedade.

jus publicum (L) - direito público.

jus rerum (L) - direito das coisas.

jus sanguinis (L) - direito decorrente de parentesco.

jus soli (L) - direito decorrente do local do nascimento; direitos de terceiros.

just - justo; legal.

just cause - justa causa.

just compensation - justa compensação.

just debts - dívida legítima.

just title - título justo.

just values - valor real; valor de mercado.

justice - justiça.

justice - juiz.

Justice Department (USA) - Ministério da Justiça.

justice of the peace - juiz de paz.

justiciable - matéria apreciável.

justifiable - justificável.

justification - justificação; justificativa legal.

justify, to - justificar.

Justinian Code - Código Justiniano.

juvenile - juvenil; menor.

juvenile court - tribunal de menores.

juvenile delinquent - delinqüente juvenil.

juvenile offender - delinqüente juvenil.

juxtaposition - justa posição; agregação.

K

Kamikaze pricing (JAP) - venda de ações abaixo do preço com o objetivo de dominar o mercado.

Kangaroo Court - corte primitiva ou tendenciosa.

Kassenverein (GER) - câmara de compensação de ações alemã.

keelage - taxa para atracar em portos.

keep, to - manter.

keep an account, to - ter uma conta; manter uma conta.

keep books, to - manter livros contábeis.

keep the peace, to - manter a ordem pública.

keeper - superintendente; detentor; gerente; zelador.

keiretsu (JAP) - grupo de companhias.

key - chave; embarcadouro; principal.

key agency - órgão chave.

key indicator - indicador chave.

key money - luvas.

key numbers - número chave.

key punch - máquina perfuradora.

key verifier - máquina conferidora.

keyboard - teclado.

kickback - propina; suborno.

kidnap, to - seqüestrar; raptar.

kidnapper - seqüestrador; raptor.

kidnapping - seqüestro; rapto.

kidnapping for ranson - seqüestro seguido por pedido de resgate.

kill, to - matar.

kill by misadventure - homicídio acidental.

kin - parentesco consagüineo; parente

kindred - parente consangüineo; simila

king - rei.

kingdom - reino.

king's advocate (UK) - procurador geral da Co

king's bench - tribunal superior inglês.

kinsfolk - familiares.

kinship - parentesco; semelhança.

kinsman - da mesma raça ou família.

kinswoman - parenta consagüinea; relação feminina.

kiting - emissão de cheques sem provisão de fundos na esperança de cobri-lo quando compensado.

kleptomania - cleptomania.

kleptomaniac - cleptomaníaco.

knave - velhaco; patife; tratante; calhorda.

knavery - velhacaria.

knock and announce rule - bater e anunciar (oficial antes de invadir domicílio deve anunciar seu intento).

knocked down - desmontado; derrubado.

know - saber; conhecer.

know all men - saibam todos.

know-how - conhecimento; tecnologia.

knowingly and willfully - consciente e intencionalmente.

knowledge - conhecimento; ciência.

known - conhecido; familiar.

Konzern (GER) - grupo de companhias.

koran - corão; livro sagrado e corpo de leis da religião muçulmana.

L

lab (informal) - laboratório.

label - etiqueta; rótulo.

label, to - rotular; etiquetar.

labor - trabalho; mão-de-obra.

labor, to - trabalhar.

labor agreement - contrato de trabalho.

labor code - Código de Leis Trabalhistas.

labor contract - contrato de trabalho.

labor court - Justiça do Trabalho.

labor dispute - questão trabalhista; dissídio trabalhista.

labor jurisdiction - jurisdição trabalhista.

labor laws - leis trabalhistas.

labor market - mercado de trabalho.

labor mobility - mobilidade de mão-de-obra.

labor policy - política trabalhista.

labor turnover - renovação da mão-de-obra.

labor union - sindicato de trabalhadores.

laboratory - laboratório.

laborer - trabalhador; operário.

laborer's lien - gravame decorrente de dívida trabalhista.

laborious - laborioso.

labour (UK) - trabalho; mão-de-obra.

labour force - força de trabalho.

labour party (UK) - partido do trabalho.

laches - decadência; negligência.

lack - falta; inexistência; carência; deficiência.

laconic - lacônico.

lacuna - lacuna.

ladder - escada; escala.

ladder, economic - escala econômica.

laden - carregado.

lading - carga; frete.

lady - dona; mulher de posição social relevante.

lag - defasagem; demora.

lame duck (UK) - inadimplente.

lame duck (USA) - ineficaz; fraco.

lame duck congress (USA) - congresso em final de mandato.

lament, to - lamentar.

lamentable - lamentável.

lampoon - sátira.

land - terra; terreno.

land bank - banco de crédito rural.

land certificate (UK) - certificado de propriedade imobiliária.

land charges (UK) - servidões.

lland contract - contrato de venda e compra de terreno a prestação geralmente com reserva de domínio; contrato imobiliário.

land damages - indenização por terreno expropriado.

land gabel - imposto territorial ou aluguel.

land grant - concessão de terras públicas.

land holder (owner) - proprietário da terra.

land holdings - valores imobiliários.

land lease - arrendamento de terras.

land office - cartório de imóveis.

land owner - proprietário; senhorio.

land-poor - pessoa com terra improdutiva.

land registration (UK) - registro imobiliário.

land rent - aluguel de terra.

land sale contract - contrato de venda e compra de terreno a prestação.

land tax - imposto sobre bens imóveis.

land tenant - pessoa com posse de imóvel.

land title - escritura imobiliária.

Lands Tribunal (UK) - juízo com competência para desapropriações.

land trust - "trust" sobre bem imóvel.

land warrant - certificado de concessão de terra.

landed estate - imóvel.

landed price - desfalque por compensação sucessiva de cobranças.

landed property - imóvel.

landed security - hipoteca ou outro gravame sobre bem imóvel.

landing bond - fiança para desembarque.

landlocked - corpo de água cercado por terra.

landlord - senhorio; proprietário de terra; arrendador.

landmark - marco; divisório.

language - linguagem; língua.

lappage - conflito sobre propriedade imóvel.

lapping - desfalque por compensação sucessiva de cobranças.

lapsable - prescritível; caducável.

lapse - decurso de tempo; vencimento; lapso.

lapse, to - expirar; vencer o prazo.

lapse of policy - vencimento de apólice.

lapsed - vencido; extinto.

larcenist - ladrão.

larcenous - ânimo de furtar.

larceny - furto.

larceny by deception - estelionato.

larceny by extortion - extorsão.

larceny by fraud - estelionato.

larceny by trick - estelionato.

larder - provisão; dispensa.

large scale production - produção em larga escala.

lash, to - chicotear; açoitar.

lassitude - lassidão (BR); lassitude (P).

last - último; derradeiro; final; passado.

last, to - durar; continuar; resistir.

last clear chance - responsabilidade do último culpado em caso de negligência mútua.

last resort - última instância.

last will - último testamento.

late - falecido.

latent - latente; escondido; oculto.

latent ambiguity - ambigüidade latente.

latent defect - vício oculto.

latifundium (L) - latifúndio.

laudemium (L) - laudêmio.

launder money, to - lavar dinheiro.

law - lei; legislação; direito.

law agent (Scotland) - advogado.

law court - corte; tribunal.

law day - dia do vencimento.

law department - departamento legal.

law enforcement - execução da lei.

law enforcement officer - policial.

law journal - revista jurídica.

law list (UK) - lista anual de advogados habilitados.

Law Lords (UK) - juízes de tribunais superiores.

law of contracts - lei de contratos.

law of evidence - regras sobre a prova judicial.

law of a general nature - lei cuja matéria é comum a todos.

law of the land - direito a julgamento.

law of nations - direito das nações; direito internacional.

law of nature - direito natural.

law question - questão de direito.

law report - coletânea de jurisprudência.

law review (USA) - publicações de trabalhos e pesquisas legais feitas por alunos das diversas faculdades de direito norte- americanas.

law school - faculdade de direito.

Law Society (UK) - associação de advogados (solicitors).

law worthy - tendo direito ao amparo da lei.

lawbreaker - transgressor; infrator; contraventor.

lawful - legal.

lawful age - maioridade; idade legal.

lawful authorities - autoridades constituídas.

lawful cause - possibilidade jurídica do pedido.

lawful condition - condição legal.

lawful damages - indenização pelos danos sofridos.

lawful interest - juros legais.

lawful issue - prole; descendentes legítimos.

lawful man - pessoa capaz.

lawless - ilegal; ilícito.

lawlessness - ilegalidade.

lawmaker - legislador.

laws - leis; normas.

lawsuit - ação judicial; processo; demanda judicial; litígio.

lawyer - advogado; causídico.

lax - indulgente; negligente; descuidado.

lay - leigo; secular.

lay, to - alegar; declarar.

lay corporation - sociedade secular.

lay damages - valor do pedido de indenização.

lay days - dias úteis em portos.

lay judge - juiz leigo.

lay out - esboço; plantas.

lay people - jurados.

lay witness - testemunha leiga.

layaway - contrato de venda e compra a termo de mercadoria com reserva de domínio.

laying - alegar; declarar; citar.

laying the venue - declaração do foro.

layman - leigo.

layoff - dispensa; demissão.

layoff, to - dispensar empregado.

lead counsel - advogado principal da causa.

lead investor - investidor principal.

lead schedule - folha mestra.

lead time - tempo de preparação.

leader - líder; dirigente.

leading barrister - o advogado principal do caso que instrui o "junior barrister".

leading case - principal precedente jurisprudencial.

leading question - pergunta que já contém a resposta desejada pelo perguntador.

league - liga.

lean, to - inclinar-se para; tender para.

leap-year - ano-bissexto.

learn, to - aprender; estudar.

learned - erudito.

lease - arrendamento; aluguel; locação.

lease, to - alugar; arrendar; locar.

lease and release - locação com cláusula de recompra.

lease contract - contrato de locação; contrato de arrendamento.

lease with option to purchase - locação com opção de compra.

leaseback - contrato de arrendamento com cláusula de recompra.

leasehold - propriedade arrendada.

leaseholder - arrendatário.

leasing - arrendamento; arrendamento mercantil; locação.

leasing, financial - arrendamento financeiro.

leasing operational - arrendamento operacional.

leave - licença.

leave, to - deixar; partir; permitir; autorizar.

leave no issue - falecer sem deixar descendentes; sem filhos.

leave of absence - licença para ausentar-se do trabalho.

leave of court - permissão do juiz; autorização do tribunal para praticar ato.

leave to defend (UK) - requerimento de julgamento sumário por parte do autor.

lecture - palestra.

lecturer - professor; palestrante.

ledger - livro razão.

ledger card - ficha de razão.

legacy - legado; doação; herança.

legacy duty - imposto de transmissão "causa mortis"; imposto de sucessão.

legal - legal.

legal address - domicílio legal.

legal advice - conselho jurídico.

legal adviser - consultor jurídico; advogado.

legal aid (UK) - programa de assistência jurídica.

legal age - maioridade.

legal brief - peça processual informando fatos e argumentos de um caso.

legal capacity to sue - capacidade legal para processar.

legal cause - causa próxima.

legal consideration - consideração válida.

legal costs - custos legais.

legal counsel - advogado; consultor jurídico.

legal custody of child - guarda de menor.

legal day - dia útil.

legal death - morte civil.

legal defense - defesa legítima.

legal department - departamento jurídico.

legal detriment to promisee - assunção de obrigação ou responsabilidade por promissário com base em atos do promitente.

legal discretion - poder discricionário do juiz.

legal duty - dever legal.

legal entity - pessoa jurídica.

legal ethics - ética profissional do advogado.

legal evidence - prova judiciária.

legal excuse - excludente legal.

legal fees - honorários advocatícios.

legal fiction - ficção legal.

legal heir - herdeiro legítimo.

legal holiday - feriado forense.

legal impossibility - impossibilidade jurídica.

legal instrument - instrumento legal; documento legal.

legal interest - juro legal.

legal issue - descendente legal.

legal jeopardy - réu pronunciado.

legal liability - responsabilidade legal.

legal life estate - interesse jurídico vitalício sobre bem móvel ou imóvel que é previsto em lei.

legal malice - dolo.

legal name - nome civil; denominação legal.

legal newspaper - jornal jurídico.

legal notice - notificação legal.

legal obligation - obrigação legal.

legal opinion - opinião legal; consulta jurídica.

legal owner - titular de direito.

legal person - pessoa jurídica.

legal personal repesentative - representante legal.

legal possession - posse legal.

legal possessor - possuidor a justo título.

legal powers (UK) - poderes de excessão de hipoteca.

legal presumption - presunção legal.

legal principle - princípio de lei.

legal privity - vínculo jurídico.

legal proceeding - processo judicial.

legal profession - advocacia.

legal remedies - recursos legais; remédios processuais.

legal representative - representante legal.

legal reserve - reserva legal.

legal residence - domicílio legal.

legal right - direito subjetivo; direito natural ou contratual.

legal separation - separação judicial.

legal services - serviço de advogado.

Legal Services Corporation (USA) - Empresa que subvenciona programas de assistência judiciária civil gratuita.

legal status - estado civil; capacidade legal.

legal tender - moeda de curso legal.

legal title - propriedade legal.

legal year - ano civil.

legality - legalidade.

legalization - legalização.

legalize, to - legalizar; legitimar; formalizar.

legatary - legatário.

legate - legado papal.

legatee - legatário.

legation - embaixada e seus membros.

legator - testador que deixa um legado.

legislate, to - legislar.

legislation - legislação.

legislative - legislativo.

legislative act - ato legislativo.

legislative court - tribunais criados por leis ao invés da própria Constituição.

legislative department - poder legislativo.

legislative function - função legislativa.

legislative immunity - imunidade parlamentar.

legislative intent - ânimo parlamentar.

legislative officer - parlamentar.

legislative power - poder legislativo.

legislator - legislador.

legislature - legislatura; assembléia legislativa.

legitimacy - legitimidade; filiação legítima.

legitimacy declaration (UK) - declaração judicial de legitimidade.

legitimate - legítimo; legal; lícito; genuíno.

legitimate, to - legitimar; legalizar; reconhecer.

legitimation - legitimação.

legitime - legítima dos herdeiros.

lend, to - emprestar.

lender - credor; financiador.

lender of last resort - emprestador de última instância; banco central.

lending - empréstimo.

lending activity - atividade creditícia.

lending credit - mútuo; empréstimo.

lending institution - instituição de crédito.

lending money - mútuo; empréstimo; mútuo feneratício.

leniency - indulgência; clemência; brandura.

lenient - indulgente; clemente; brando.

leonine partnership - sociedade leonina.

lesion - lesão; dano.

less - menos.

less developed country - país menos desenvolvido.

lessee - arrendatário; locatário; inquilino.

lessen, to - diminuir; reduzir.

lessor - arrendador; locador.

let, to - arrendar; locar; permitir; deixar.

lethal - letal; fatal.

letter - carta; letra.

letter contract - carta que tem força de contrato.

letter of administration - nomeação judicial de inventariante.

letter of attorney - mandato.

letter of attornment - notificação de venda da propriedade pelo locador.

letter of confirm - confirmação.

letter of credence - credencial.

letter of credit - carta de crédito.

letter of exchange - letra de câmbio.

letter of guarantee - carta de garantia; fiança.

letter of information - carta de informação.

letter of intent - carta de intenções.

letter of license - prorrogação de prazo para pagamento de dívida.

letter of recall - carta pedindo a devolução de mercadoria para reparo.

letter of request (UK) - carta rogatória.

letter patent - carta patente.

letter rogatory - carta rogatória.

letter ruling - parecer sobre questão fiscal emitido pela autoridade tributária.

letter testamentary - carta testamentária.

letting - locação.

level - nível.

level of consumption - nível de consumo.

level of prices - nível de preços.

level of unemployment - nível de desemprego.

lever - alavanca.

leverage, to - alavancar; financiar a dívida.

leverage coefficient - coeficiente de alavancagem.

leveraged buy out (USA) - aquisição alavancada; aquisição financiada por empréstimos.

leveraged company - empresa com passivo financeiro elevado.

levy - imposto; taxação; tributo.

levy, to - lançar tributo; coletar; confiscar.

levying - cobrança (de impostos).

lewd - indecente.

lewdness - licenciosidade.

lex (L) - lei.

liabilities - passivo; passivo exigível; exigibilidades; dívidas.

liability - obrigação; encargo; passivo.

liability accounts - contas de passivo.

liability management - administração de passivo.

liable - responsável; obrigado.

liar - mentiroso.

liaison (F) - ligação.

libel - difamação escrita; crime de imprensa.

libel suit - ação por difamação.

libelant - demandante em ação por difamação.

libelee - demandado em ação por difamação.

libelous - difamatório.

libelous per quod - expressões que tornam-se difamatórias pelo seu contexto.

libelous per se (L) - difamatório por si.

liberal - liberal.

liberal party - partido liberal.

liberal profession - profissão liberal.

liberalization - liberalização.

liberate, to - libertar.

liberation - libertação.

liberty - liberdade.

liberty of conscience - liberdade de consciência.

liberty of contract - liberdade de contratar.

liberty of speech - liberdade de expressão.

liberty of the press - liberdade de imprensa.

libor - libor; taxas de juros praticada no mercado interbancário londrino.

license, to - licenciar.

license tax - taxa de licença de funcionamento.

license to marry - licença de casamento.

licensed deposit taker (USA) - instituição bancária autorizada a tomar depósitos do público.

licensee - licenciado.

licensor - licenciante.

licentious - licencioso; dissoluto.

licentiousness - licensiosidade.

licit - lícito; legítimo; permitido.

licitation - licitação; concorrência.

lie - mentira.

lie, to - mentir; subsistir; existir.

lie action - ação viável.

lie detector - detector de mentiras.

lie in franchise - em abandono; "res nullius".

lie in grant - sujeito a tradição ficta.

lie in livery - sujeito a tradição efetiva.

lien - ônus; gravame; penhor.

lien clause - cláusula de gravame (em contrato de afretamento ou em conhecimento de embarque).

lien creditor - credor com garantia.

lieutenant (F) - interino; substituto; suplente.

life - vida; vitalício.

life annuity - anuidade vitalícia.

life assurance (UK) - seguro de vida.

life beneficiary - beneficiário vitalício.

life estate - direito vitalício sobre bem.

life expectancy - expectativa de vida.

life imprisonment - prisão perpétua.

life insurance - seguro de vida.

life insurance company - companhia de seguro de vida.

life insurance policy - apólice de seguro de vida.

life interest - direito vitalício sobre bem móvel ou imóvel.

life rent - renda vitalícia.

life sentence - condenação a prisão perpétua.

lifeless - morto; sem vida.

lifetime - duração de uma vida.

lift, to - levantar; remover; tirar.

lifting the veil - levantamento do véu; desconsiderando a pessoa jurídica.

light - servidão de luz.

light dues - taxa de farol.

light sentence - condenação por curto período.

like - igual; semelhante; similar; parecido.

likelihood - probabilidade.

likely - provável.

limit - limite; restrição.

limit, to - limitar; restringir.

limit down - limite mínimo; limite mínimo de queda do preço em uma sessão.

limit of prices - limite de preços (em mercado de mercadorias).

limitation - limitação; limite; restrição.

limitation of action - prescrição do direito de ação.

limitation of liability - limitação de responsabilidade.

limitation of prosecution - prescrição criminal.

limitations, statute of - normas sobre prescrição e decadência.

limited - limitado; parcial.

limited appeal - apelação parcial.

limited company - companhia de responsabilidade limitada.

limited court - juízo de jurisdição especial.

limited divorce - dissolução do vínculo sem provisão para alimentos.

limited exposure - risco limitado; exposição limitada.

limited jurisdiction - jurisdição especial.

limited liability - responsabilidade limitada.

limited owner - pessoa com restrição sobre sua propriedade ou divisa (nu proprietário).

limited partner - sócio comanditário.

limited partnership - sociedade por quotas de responsabilidade limitada.

limited warranty - garantia limitada.

line - linha de parentesco.

line of credit - linha de crédito.

line of credit agreement - contrato de linha de crédito.

lineage - linhagem.

lineal - linha reta de parentesco.

lineal consaguinity - consangüinidade.

lineal descendant - descendência direta.

lineals - descendentes diretos.

lineup - alinhamento de suspeito entre outros para reconhecimento.

link - vínculo; elo.

link, to - vincular.

liquet - claro; óbvio.

liquid - líqüido.

liquid assets - ativos líquidos.

liquidate, to - liquidar; pagar; encerrar; acertar.

liquidated account - conta encerrada.

liquidated damages - danos apurados.

liquidating dividend - dividendos pagos.

liquidating partner - sócio liquidante.

liquidation - liquidação.

liquidation committee - comitê de liquidação.

liquidator - liquidante.

liquidity - liquidez.

liquidity ratio - índice de liquidez.

liquidity risk - risco de liqüidez.

liquidity trap - armadilha de liquidez.

liquor - bebida alcoólica destilada.

liquor license - licença para venda de bebidas alcoólicas.

liquor offense - crime ou contravenção ligado ao uso e venda de bebidas alcoólicas.

lira (I) - lira; moeda italiana.

lis (L) - litis; ação judicial; processo judicial.

lis pendens (L) - litispendência.

list - relação; lista.

list of attendance - lista de participantes.

list, to - discriminar; mencionar; listar; relacionar.

listed - cotado.

listed company - companhia aberta.

listed security - ação registrada em Bolsa.

lite pendente (L) - lide pendente.

literacy - alfabetização.

literal - literal.

literal interpretation - interpretação literal.

literal proof - prova escrita.

literary - literário.

literary property - propriedade intelectual.

literary work - trabalho literário.

literate - alfabetizado; letrado; instruído.

litigant - litigante.

litigate, to - litigar; processar; demandar.

litigation - litígio; demanda; processo; ação judicial.

litigation department - departamento contencioso.

litigator - litigante.

litigious - litigioso.

litigious right - direito que não pode ser exercido sem recurso ao Poder Judiciário.

livelihood - meio de vida; sustento; manutenção.

livestock - bem semovente.

living trust - relação fiduciária que perdura durante a vida de uma pessoa.

Lloyd's - Lloyd's (associação de seguros baseada em Londres).

load - carga.

load, to - carregar.

load funds - fundo mútuo.

load line - linha de flutuação (do navio).

loading - carregamento.

loading, front end - cobrança da taxa no início.

loan - empréstimo; mútuo; comodato.

loan, to - emprestar.

loan account - conta de empréstimo.

loan agreement - contrato de mútuo.

loan certificate - nota promissória.

loan for consumption - empréstimo para consumo.

loan for exchange - empréstimo gratuito de coisa móvel para devolução posterior de objeto semelhante.

loan for use - comodato.

loan guarantee - garantia.

loan participation certificate (USA) - certificado de participação em empréstimo.

loan portfolio - carteira de empréstimos.

loan selling - cessão de direitos creditórios.

loan sharking - agiotagem.

loan society (UK) - sociedade de empréstimos populares.

loathe, to - desprezar.

loathsome - desprezível.

lobby - grupo de pressão política.

lobbying - exercício de pressão política.

lobbying act - lei que regula a atuação dos "lobbies".

lobbyists - lobistas; pessoa que faz "lobby".

local - local; interno; regional.

local action - ação judicial em foro privativo.

local authority - autoridade local; município.

local authority bill - letra de câmbio sacada contra o município.

local courts - juízo local.

local customs - costumes locais.

local government - governo municipal.

local improvement - melhoria; obra municipal.

local improvement assessment - contribuição de melhoria.

local improvement fund - fundo de contribuições de melhoria.

local taxation - tributação local; tributação municipal.

locate, to - localizar.

location - localização.

lock, to - prender; aprisionar; trancafiar.

lock box - caixa forte.

lock-out - greve patronal.

lock-out agreement - contrato de exclusividade.

lock-up - cela para pessoas que aguardam julgamento.

locum tenes (L) - substituto; suplente.

locus (L) - lugar.

locus in quo (L) - o lugar em que.

locus regit actum (L) - a lei do lugar rege os atos.

lodge - sede; salão; abrigo.

lodger - inquilino; sub-inquilino.

log - lenho; registro.

log book - diário de bordo.

log, telephone calls - registro de chamadas telefônicas.

log, visitors - registro de visitantes.

logic - lógica.

logic chart - gráfico de lógica.

logical - lógico; coerente; racional.

logical interpretation - interpretação lógica.

loiter, to - vadiar.

loiterer - vadio.

loitering - vadiagem.

Lombard rate (GER) - taxa Lombard; taxa de juros básica do banco central alemão.

Lombardsats (GER) - taxa Lombard; taxa de juros básica do banco central alemão .

London Interbank Offered Rate (LIBOR) (UK) - LIBOR; taxa preferencial de juros oferecida para empréstimos de três ou seis meses a bancos de primeira linha no mercado interbancário de Londres.

London International Financial Futures Exchange (LIFFE) (UK) - mercado internacional de futuros financeiros de Londres.

London Metal Exchange (LME) (UK) - bolsa de metais de Londres.

London Stock Exchange - bolsa de valores de Londres.

long - longo.

long - futuro; a termo (mercado financeiro e de mercadorias).

long arm statute - citação ficta.

long hedge - operação futura inversa.

long position - posição futura (mercado financeiro e de mercadorias).

long tail business - risco de longo prazo.

longhand - manuscrito; escrita corrida.

longs - títulos de crédito a longo prazo.

longshoreman - estivador.

long term - longo prazo.

long-term bill - título a longo prazo.

long-term bonds - título a longo prazo.

long-term capital gains - ganhos de capital a longo prazo.

long-term contract - contrato a longo prazo.

long-term debt - dívida a longo prazo.

long-term growth - crescimento a longo prazo.

long-term interest rates - taxas de juros de longo prazo.

long-term liability - exigível a longo prazo.

long-term investments - investimentos a longo prazo.

long-term lease - arrendamento a longo prazo.

long-term liabilities - obrigações de longo prazo.

look-out - guarita; sentinela; posto de vigilância.

loophole - lacuna legal; falha nas leis fiscais; saída; escapatória.

loot, to - saquear.

lord - lorde (nobre inglês); Senhor.

Lord Campbell Act - leis referentes à difamação (1843); homicídio culposo (1846); e publicações obscenas (1857).

Lord High Chancellor (UK) - a mais alta autoridade judiciária do Reino Unido.

lordship - senhorio; domínio; autoridade.

Lords Justice (UK) - juízes de tribunais superiores.

lorry (UK) - caminhão (BR); camião (P).

lose, to - perder.

loser - perdedor; vencido; derrotado.

loss - perda; dano; déficit; prejuízo.

loss leader - venda de um produto abaixo do custo para atrair compradores à loja.

loss payee - beneficiário de uma apólice de seguro de bem.

loss-of-profits insurance - seguro de lucros cessantes.

loss of usefulness - perda de utilidade.

loss statement - demostração de perdas.

lost cause - causa perdida.

lost property - bem perdido; bem extraviado.

lot - lote; sorte; destino.

lounge - salão.

lounge suit (UK) - traje passeio completo.

lottery - loteria.

low bid - lance abaixo do preço; oferta baixa.

low ebb - maré baixa.

low interest - juros baixos.

low inventory - estoque baixo.

low price - baixo preço; barato.

low yield - baixa rentabilidade.

lower of cost or market - avaliação de ativo pelo que for mais baixo ou o valor atual de mercado.

loyal - leal; fiel.

loyalty - lealdade; fidelidade.

lucid - lúcido

luck - sorte.

lucrative - lucrativo; rentoso; oneroso.

lucrative bailment - depósito oneroso.

lucrative office - atividade remunerada.

lucri causa (L) - visando o lucro.

lucrum cessans (L) - lucros cessantes.

ludicrous - ridículo.

lump-sum - soma total.

lump-sum freight - frete de taxa única.

lump-sum payment - pagamento de uma vez; pagamento único.

lump-sum purchase - compra com pagamento único.

lumping sale - venda de vários ítens juntos.

lunatic - lunático; insano; louco; alienado.

lunga scadenza (I) - longo prazo.

lure, to - atrair; seduzir.

lurid - medonho; sinistro.

lurk, to - esconder-se; ocultar-se.

luxury goods - artigos de luxo.

luxury tax - imposto sobre bens suntuosos.

lying by - omissão.

lynch, to - linchar.

lynch law - lei de linchamento; execução criminosa.

lynching - linchamento.

M

macerate, to - macerar.

machiavellian - maquiavélico.

machine - máquina.

machine gun - metralhadora.

machine run - passagem pela máquina.

machinery - maquinário.

machinery of the law - as engrenagens da justiça.

macroclimate - macroclima.

macroeconomic analysis - análise macroeconômica.

macroeconomic variable - variável macroeconômica.

macroeconomics - macro-economia.

madness - loucura; insanidade; raiva.

mafia (I) - máfia.

mafioso (I) - mafioso.

magistracy - magistratura.

magistrate - funcionário público.

magistrate's court - juizado de pequenas causas cíveis e criminais.

magistrature - magistratura.

Magna Charta - Magna Carta; considerada como sendo a base das atuais constituições.

magnanimous - magnânimo; nobre; elevado; generoso.

magnitude - magnitude.

maiden - solteira.

mail - correspondência; correio.

mail box - caixa postal.

mail order - vendas pelo correio.

mail transfer - transferência postal.

mailable - o que pode ser mandado pelo correio.

mailed - enviado pelo correio; postado.

maim, to - mutilar; aleijar.

main level of a system - alavanca mestra de um sistema.

main line program - rotina principal.

main objects clause - cláusula dos principais obje-tos sociais.

main office - escritório central; matriz.

mainframe - computador principal.

mainour - prova ou objeto de crime apreendido das mãos do criminoso.

mainprise (UK) - ordem de soltura.

mainspring - mola mestra.

mainstream - linha mestre.

maintain, to - manter; sustentar; suportar; conservar.

maintenance - manutenção; conservação; apoio; defesa; sustento; subsistência.

maintenance agreement - contrato de manutenção feito antes ou após o casamento.

maintenance amount - valor de manutenção.

maintenance and cure - auxílio doença.

maintenance of consumption - manutenção do consumo.

maintenance pending suit (UK) - alimentos provisionais.

maintenance period (USA) - período em que bancos comerciais devem manter suas reservas no Federal Reserve Bank.

maintenance suit (UK) - ação de alimentos.

major - maior.

major crime - crime grave.

major investment - grande investimento.

majority - majoritário; maioridade; maioria.

majority, age of - maioridade.

majority opinion - voto majoritário; opinião da maioria.

majority-owned subsidiary - subsidiária controlada.

majority stake - participação majoritária.

majority stockholder - acionista majoritário.

majority vote - voto majoritário.

make, to - fazer; criar; produzir; fabricar; ganhar; lucrar; obrigar; emitir; assinar; concordar.

make money, to - ganhar dinheiro.

make out, to - preencher.

make over, to - transferir título.

make-ready time - período de preparação.

make up, to - inventar.

maker - emitente.

making law - decisão judicial que estabelece novo precedente jurisprudencial.

makler (GER) - corretor.

maklergebuhr (GER) - taxa de corretagem.

mala fides (L) - má-fé.

mala praxis (L) - erro profissional.

mala prohibita (L) - ato proibido; ato criminoso.

maladjustment - desajustamento.

malconduct - má conduta.

malcontent - descontente.

male - masculino; macho.

malefactor - malfeitor; criminoso.

malefic - maléfico.

maleficium - prejuízo; dano legal.

malevolent - malévolo; maldoso.

malfeasance - infração; conduta ilegal.

malice - malícia; maldade; dolo.

malice aforethought - premeditação; dolo.

malice in fact - malícia expressa; dolo direto.

malice in law - malícia implícita; dolo de tipo.

malicious - malicioso; malígno; doloso; deliberado; criminoso.

malicious accusation - acusação caluniosa.

malicious act - ato doloso.

malicious arrest - detenção criminosa.

malicious injury - lesão dolosa.

malicious killing - homicídio doloso.

malicious motive - má-fé; dolo.

malicious use of process - lide temerária.

maliciously - maliciosamente; dolosamente.

malign - maligno; pernicioso; malévolo.

malign, to - difamar; denegrir.

malingering - simulação de doença.

malpractice - imperícia; erro profissional.

malpractice insurance - seguro de responsabilidade civil.

malversation - malversação.

man - homem.

manacles - algemas.

manage, to - administrar; dirigir; gerir.

managed currency - moeda controlada.

managed economy - economia dirigida.

managed unit trust (UK) - fundo de unidades.

management - administração; direção; gerência; gestão.

management buy out - aquisição de controle acionário pelos membros da administração.

management company - empresa de gerenciamento.

management fee - taxa de gestão; taxa de administração.

management-information system - sistema de informações à gerência.

management report - relatório gerencial.

management representation letter - certificado da gerência do cliente aos auditores.

management shares - ações da administração.

management trust-manager - administrador; gerente; administrador; dirigente.

manager - gerente; administrador.

manager bank - banco gestor; banco administrador.

managerial - administrativo; gerencial.

managing agent - gerente preposto.

managing director - diretor gerente; diretor geral.

managing-partner - sócio gerente.

mandamus (L) - ordem de tribunal superior a tribunal inferior ou funcionário público.

mandataire (F) - mandatário.

mandatary - mandatário.

mandate - mandato; procuração.

mandator - mandante.

mandatory - mandatório; obrigatório.

mandatory injunction - ordem judicial; mandado judicial.

mandatory sentencing - predeterminação da sentença prevista em lei.

mandatum (L) - mandato.

maneuver - manobra; estratagema; ardil.

maneuver, to - manobrar; conduzir com artifícios; agenciar.

manhandle, to - manusear; remover com as mãos.

manhood - maioridade; hombridade.

mania - mania.

manifest - manifesto; visível; evidente; óbvio; claro; notório.

manifest, to - manifestar; evidenciar; revelar; demonstrar.

manifest weight - peso declarado.

manifesto - manifesto.

manipulate, to - manipular; manusear; falsificar; adulterar.

manipulation - manipulação.

mankind - espécie humana; humanidade.

manner - modo; maneira; jeito; forma.

manner of payment - forma de pagamento.

manning - mandado de citação.

manning level - nível de pessoal.

manoeuver (F) - manobra.

manoeuver, to - manobrar.

manor - residência senhorial.

manpower - capacidade de trabalho disponível; mão-de-obra.

manslaughter - homicídio culposo.

manstealing - seqüestro.

man-trap - armadilha humana.

manu opera (L) - bens furtados, apreendidos com o criminoso.

manual - manual.

manual labor - trabalho manual.

manual of operations - manual de operações.

manufacture - manufatura; fabricação.

manufacture, to - manufaturar; fabricar.

manufactured - manufaturado.

manufactured products - produtos manufaturados.

manufacturer - fabricante.

manufacturing - manufatura; fabricação.

manufacturing corporation - empresa industrial.

manufacturing cost - custo de fabricação.

manufacturing establishment - fábrica; indústria.

manufacturing expenses - despesas de fabricação.

manumission - manumissão; alforria.

manure - excremento animal; adubo.

manuscript - manuscrito; original de obra literária.

map - mapa.

mar, to - mutilar; desfigurar; arruinar; estragar.

Mareva injunction (USA) - medida cautelar para evitar a transferência de ativos para fora da jurisdição.

marché (F) - mercado.

marché des valeurs (F) - mercado de valores mobiliários.

marché monetaire (F) - mercado monetário.

margin - margem; lucro bruto.

margin call - pedido de margem; pedido de aumento de depósito para operações futuras.

margin deposit - depósito de margem; depósito como garantia em operações de futuros.

margin requirement - requisito de margem; necessidade de depósito.

margin transaction - compra de ações ou mercadorias sendo parte do pagamento em dinheiro e parte em empréstimo.

marginal - marginal.

marginal balance - diferença entre a receita e os custos variáveis; saldo marginal.

marginal cost - custo marginal; custo diferencial.

marginal-income ratio (L) - taxa de receita marginal.

marginal profit - lucro marginal.

marginal propensity to consume - propensão marginal a consumir.

marginal revenue - receita marginal.

marihuana - maconha; marijuana.

marijuana (E) - maconha; marijuana; cannabis.

marine - marinha; marinho; marítimo; naval.

marine carrier - transportador marítimo; empresa de navegação.

mariner - marítimo.

marital - marital; conjugal; matrimonial.

marital agreement - contrato matrimonial.

marital duties - deveres matrimoniais.

marital infidelity - infidelidade conjugal.

marital portion - meação.

marital privileges - direitos que resultam do casamento.

marital property - propriedades adquiridas na constância do casamento.

marital rights and duties - direitos e deveres do casamento.

maritime - relativo a águas navegáveis.

maritime contract - contrato relativo à águas navegáveis.

maritime court - tribunal marítimo.

maritime jurisdiction - jurisdição do tribunal marítimo.

maritime law - Direito Marítimo.

maritime lien - hipoteca naval; gravame marítimo.

maritime loan - empréstimo marítimo.

maritime perils - perigos do mar.

maritime tort - ilícitos civis cometidos em águas navegáveis.

mark - marca; indício; sinal.

mark - assinatura em cruz.

markdown - redução de preço; remarcação.

markdown cancellation - cancelamento de redução de preços.

mark reading - leitura de marcas.

mark-up - remarcação de preços.

market - mercado.

market capitalization - capitalização de mercado; valor do número de ações no mercado vezes seu preço.

market clearing price - preço que o mercado paga.

market cost - custo de mercado.

market economy - economia de mercado.

market maker - corretor autorizado de valores mobiliários.

market order (USA) - documento do cliente ao corretor consubstanciando a ordem dada.

market overt - mercado público; mercado aberto.

market potential - potencial de mercado.

market price - preço de mercado.

market quotations - quotações de mercado.

market research - pesquisa de mercado.

market risk - risco de mercado.

market share - participação de mercado.

market test - teste de mercado.

market value - valor de mercado.

marketable - vendável; negociável; comerciável; líquido; realizável.

marketable securities - títulos negociáveis.

marketable title - título sujeito ao comércio.

marketing - comercialização; mercadologia; marketing.

marketing network - rede de distribuição.

marketing research - pesquisa de mercado.

markon - valor somado ao preço de custo para se chegar ao preço de tabela.

marksman - pessoa cuja assinatura é em forma de marca; perito em pontaria.

marktbewertung (GER) - capitalização de mercado.

marriage - matrimônio; casamento; núpcias.

marriage articles - pacto ante-nupcial.

marriage certificate - certidão de casamento.

marriage license - licença para se casar.

marriage portion - dote.

marriage settlement - pacto antenupcial.

married - casado.

marshal - delegado americano; marechal; bedel.

Marshal, to - dispor em ordem de prioridade de liquidação; classificar; ordenar.

marshaling - compensação de créditos.

mart - mercado.

martial law - lei marcial.

Maruyu (JAP) - poupança popular administrada pelos correios.

Mary Doe - nome fictício; fulana de tal.

mass - massa; quantidade.

mass production - produção em massa.

Massachusetts Business Trust (USA) - fideicomisso atípico com personalidade jurídica.

massacre - massacre.

masse monétaire (F) - massa monetária.

master - mestre; comandante; chefe; empregador; patrão; principal.

master, to - dominar.

master budget - orçamento geral.

master in chancery - assessor do juiz.

Master of the Courts or Common Law (UK) - funcionário graduado da Corte.

Master of the Crown Office (UK) - promotor público.

masterpiece - obra prima.

master plan - plano mestre.

master record - registro principal.

match, to - corresponder; comparar; reunir semelhantes; igualar.

matching - correspondência; comparação.

mate - companheiro; cônjuge; consorte.

mate - imediato de navio da marinha mercante; imediato.

material - material; substancial; necessário; importante; relevante; essencial.

material allegation - alegação material.

material evidence - prova material.

material fact - fato relevante.

material issue - questão importante.

material witness - testemunha importante.

maternal - maternal.

maternal line - linha materna.

maternal property - bem herdado do lado materno.

maternity leave - licença maternidade.

matricide - matricídio.

matriculate, to - matricular.

matrimony - matrimônio; casamento.

matrix - matriz; primeiro traslado.

matter - matéria; caso; questão; negócio; assunto.

matter in controversy - objeto da lide.

matter in dispute - objeto da lide.

matter in deed - questão documental.

matter in issue - objeto.

matter in pais - questão de prova testemunhal.

matter of fact - matéria de fato.

matter of form - matéria de forma.

matter of law - questão de direito.

matter of record - matéria de registro; matéria dos autos.

matter of substance - questão substancial.

mature - amadurecer; aperfeiçoar; vencer.

maturity - vencimento.

maturity balance (USA) - posição disponível à mesa de mercado aberto do FED.

maturity value - valor devido na data do vencimento.

maturity yield - rendimento no vencimento.

maxim - máxima.

maximum (L) - máximo.

maximum tax rate (L) - alíquota máxima de imposto.

maximization - maximização.

maxims - princípios de direito.

mayhem - lesão corporal grave (permanente).

mayor - prefeito.

mean - média; ordinário; ignóbil.

mean deviation - desvio-médio.

meaning - sentido; significado; acepção.

meaningless - sem sentido.

means - meios; recursos.

means of payment - meios de pagamento.

means of production - meios de produção.

measure - medida; tamanho; quantidade; capacidade; limite.

measure, to - medir; determinar; calcular; avaliar.

measure of damages - conjunto de normas que regem o cálculo de danos.

measurement - medição.

mechanical - mecânico.

Mechanic's lien - gravame sobre prédio para pagar mão-de-obra e material usado na construção ou reforma.

media - meios de comunicação.

mediate, to - mediar.

medical - médico.

medical insurance - seguro médico.

medical malpractice - imperícia médica.

Medicare (USA) - seguro de saúde governamental.

medicate, to - medicar.

mediocre - medíocre.

medium - médio.

medium term - meio termo; médio prazo.

medium term note - nota promissória de médio prazo.

meeting - reunião; encontro; assembléia.

meeting, director's - reunião de diretoria.

meeting, general shareholder's - assembléia geral de acionistas.

megalomania - megalomania.

melioration - melhoramentos; benfeitorias.

member - membro; sócio; associado.

member bank - banco associado.

member of congress - deputado federal.

member of Parliament - membro do parlamento.

membrum (L) - pequeno pedaço de terra.

memo - memorando.

memorable - memorável.

memorandum (L) - memorando.

memorandum account - conta de compensação.

memorandum decision - despacho de expediente.

memorandum of association - contrato social.

memorandum of law - opinião legal em forma de memorando.

memorial - memorial; abaixo-assinado.

memory - memória.

memory bank - banco de memória.

memory dump - listagem de conteúdo da memória.

menace - ameaça; perigo.

menace, to - ameaçar.

menacing - ameaçador.

menial - criado; subalterno.

mens (L) - intenção; intento; propósito.

mens legis (L) - espírito da lei.

mens rea (L) - propósito criminoso.

mental alienation - alienação mental.

mental anguish - angústia mental.

mental cruelty - crueldade mental.

mental disorder - desordem mental.

mental impairment - incapacidade mental.

mental incapacity - incapacidade mental.

mention - menção; referência.

menu - menu; lista de opções.

mercantile - mercantil.

mercantile law - direito comercial.

mercenary - mercenário; interesseiro.

merchandise - mercadoria.

merchandise broker - corretor de mercadorias.

merchandising - comercialização; anunciar, promover e coordenar a venda de um produto.

merchant bank - banco de investimento; banco de negócios.

merchant guild - associação de comerciantes.

merchant ship - navio mercante.

merchantability - qualidade que um produto tem de servir para o uso a que se destina.

merchantable - bem que serve para o uso para o qual foi vendido ou normalmente se destina.

merchantable title - justo título que permite que o adquirentevenda o bem posteriormente a novo comprador bem informado.

mercy - perdão.

mercy killing - eutanásia.

mere - mero.

mere motion - de ofício; ato voluntário, espontâneo.

mere right - o direito à propriedade sem posse ou referência ao direito à posse; jus proprietatis.

meretricious (L) - casamento nulo por incapacidade de uma das partes.

merge, to - incorporar-se; unir-se; associar-se; consolidar-se; fundir-se.

merger - incorporação; absorção de uma empresa por outra; consolidação.

merger accounting - contabilidade consolidada.

merger, conglomerate - incorporação de empresas que não são concorrentes ou fornecedoras uma da outra.

merger geographic market extension - incorporação em que o mercado geográfico é aumentado.

merger, product extension - incorporação em que a linha de produtos da empresa é aumentada.

meritorious (L) - benemérito.

meritorious consideration - contraprestação com base em obrigação moral.

meritorious defense - defesa com base no mérito ao invés de considerações processuais.

merits - méritos.

mesne - período intermediário.

mesne profits - lucro indevido.

message - mensagem; recado; telegrama.

messenger - mensageiro.

messuage - residência e prédios anexos.

metayer contract - contrato de locação com pagamento em bens.

meter - metro; medidor.

method - método.

metric system - sistema métrico.

Mexican - mexicano.

microclimate - microclima.

microeconomics - microeconomia.

microenvironment - microambiente.

microfilm - microfilme.

mid point - ponto intermediário.

middle class - classe média.

middleman - intermediário; comerciante; revendedor.

midway - no meio do caminho.

midwife - parteira.

migrate, to - migrar.

migration - migração.

mile - milha.

mileage - milhagem.

military - militar.

military base - base militar.

military code of justice - código militar.

military commission - comissão militar.

military court of appeal - tribunal de apelação militar.

military court of inquiry - comissão de inquérito militar.

military court of review - tribunal de recursos militar.

military jurisdiction - jurisdição militar.

military justice - justiça militar.

military will - testamento militar.

militate, to (FC) - pesar; ter peso significativo.

mill - moinho; usina; fábrica.

mimicry - imitação; paródia.

mine, to - minerar.

mineral policy - política relativa aos minerais.

mineral products - produtos minerais.

mineral raw materials - matérias-primas minerais.

mineral rights - direito sobre o subsolo.

minimization - minimização.

minimize, to - minimizar.

minimum (L) - mínimo.

minimum cost - custo mínimo.

minimum lending rate (UK) - taxa de redesconto do Banco da Inglaterra.

minimum royalty clause - cláusula que garante ao inventor uma remuneração mínima caso o invento não seja utilizado.

minimum rate - taxa mínima.

minimum sentence - pena mínima.

minimum wage - salário mínimo.

minimum yield - rendimento mínimo.

minister - ministro.

ministerial - ministerial.

ministerial duty - obrigação ministerial.

ministerial office - função ministerial.

ministerial officer - funcionário ministerial.

ministerial trust - "trust" detalhado que não requer conhecimentos específicos para ser cumprido.

ministry - ministério.

minor - menor; menor de idade.

minor offense - crime de pena menor com multa e detenção por curto período.

minor values - valores pequenos.

minority - menoridade; minoria; minoritário.

minority opinion - opinião da minoria; voto vencido.

minority protection - proteção à minoria.

minority rights - direitos de minoria.

minority shareholder - acionista minoritário.

minority stockholder - acionista minoritário.

mint - casa da moeda.

mint, to - cunhar.

mint charges - despesas de cunhagem.

minting - cunhagem.

minutes - ata; relatório.

minutes book - livro de atas.

Miranda Hearing (USA) - procedimento judicial em que é verificado se o suspeito foi privado de seus direitos constitucionais.

Miranda Rule (USA) - norma de que o suspeito deve ser informado de seus direitos constitucionais antes de ser interrogado.

misadventure - desgraça; infortúnio; contratempo; acidente.

misallege - alegar falsamente.

misapplication - aplicação imprópria ou ilegal de recursos.

misappropriate, to - desviar; malversar.

misappropriation - apropriação indébita.

misbehavior - má conduta; mau procedimento.

miscarriage - aborto.

miscarriage - má administração.

miscarriage of justice - injustiça.

miscegenation - miscigenação.

miscellaneous - miscelania; diversos.

mischief - dano; mal; estrago; prejuízo.

misconduct - má conduta; falta grave.

misdeed - pecado; crime.

misdelivery - entrega de correspondência a pessoa não autorizada ou endereçada.

misdemeanant - contraventor; infrator.

misdemeanor - contravenção; infração; delito leve.

misdirect - orientação errada dada pelo juiz ao juri.

misdirect, to - orientar equivocadamente.

mise - custas; despesas; objeto da ação.

misfeasance - má execução.

misfortune - má sorte; desgraça; calamidade; acidente; infortúnio.

misjoinder - acumulação imprópria de ações.

mislead, to - enganar; iludir.

misleading - enganoso; ilusório.

mismatching - assimétrico; descombinado.

misnomer - denominação incorreta.

mispleading - petição inepta.

misprision - omissão na prevensão de um crime ou notificação das autoridades sobre a ocorrência de um crime; desacato.

misprision - negligência.

misrepresentation - declaração falsa semelhante à falsidade ideológica, mas não inclui a omissão de fato.

missed discount - descontos perdidos.

missing - faltante.

mission - missão; embaixada; incumbência; encargo; destino; vocação.

mistake - engano; erro.

mistake, mutual - erro de ambas as partes.

mistake of fact - erro sobre fato.

mistake of law - erro de direito.

mistreat, to - maltratar; injuriar.

mistrial - julgamento encerrado antecipadamente devido a defeito jurídico insanável.

misunderstanding - mal-entendido; equívoco; desentendimento.

misuse, to - usar indevidamente; usar mal.

mitigate, to - mitigar; atenuar; abrandar.

mitigating circumstances - circunstâncias atenuantes.

mitigation - atenuação.

mitigation of punishment - atenuação da pena.

mix variance - variação de composição de vendas.

mixed - misto.

mixed partnership - sociedade geral.

mixed property - propriedade com características de bem móvel e imóvel.

mixed surplus - conta de superávit contendo lucros reavaliações e parcelas pagas para serem somadas ao capital.

mob - rixa; tumulto.

mobility - mobilidade.

mock, to - zombar; ridicularizar; simular; desafiar; enganar; iludir.

mock auction - hasta simulada.

mode - moda (estatística); modo; maneira; procedimento.

model - modelo; amostra; estrutura teórica.

moderator - moderador; presidente de uma reunião.

Model Rules of Professional Conduct (USA) - código de ética da ABA.

modification - modificação.

modus - modo.

modus operandi (L) - maneira de agir.

moiety (F) - metade.

molest, to - molestar; incomodar; hostilizar.

molliter manus imposuit (L) - defesa em ação por lesões corporais em que o acusado alega que tocou a vítima apenas para evitar a luta.

monarchy - monarquia.

monetary - monetário.

monetary base - base monetária.

monetary bequest - legado em dinheiro.

monetary control - controle monetário.

Monetary Control Act (USA) - lei de 1980 que obriga os bancos a fazerem parte do sistema do Banco Central (Federal Reserve).

monetary expansion - expansão monetária.

monetary facilities - facilidades monetárias.

monetary policy - política monetária.

monetary system - sistema monetário.

monetary unit - unidade monetária.

monetary value - valor monetário.

monetization - monetização.

monetize, to - monetizar.

money - dinheiro.

money bill - projeto de lei prevendo arrecadação.

money counts - questão de dinheiro.

money demand - ação de execução de quantia certa.

money in circulation - meio circulante.

money judgment - condenação por quantia certa.

money laundering - lavagem de dinheiro; branqueamento de dinheiro.

money lender - agiota.

money market - mercado de aplicações a curto prazo.

money order - ordem de pagamento.

money purchase plan - plano de aposentadoria para o qual contribui um empregador.

money stock - estoque de dinheiro; o volume de dinheiro em circulação na economia.

money supply - moeda em circulação; massa monetária.

money with the public - moeda em poder do público.

monier - banqueiro ou supervisor da casa da moeda.

monies - importâncias.

monition - mandado judicial.

monocracy - monocracia.

monogamy- monogamia.

monopolium (L) - monopólio.

monopoly - monopólio.

monopsony - monopsonia; situação do mercado.

month - mês.

monthly - mensal.

monthly allowance - mesada.

monthly average - média mensal.

monthly fee - mensalidade.

monthly figures - dados mensais.

monthly installments - prestações mensais.

monthly report - relatório mensal.

monthly total - total mensal.

moonshine - bebida alcoólica cuja fabricação é proibida; bebida alcoólica contrabandeada.

moot - simulado.

moot case - ação simulada.

Moot Court - júri simulado.

moral consideration - obrigação moral.

moral duress - coação.

moral law - consciência; lei moral.

moral obligation - obrigação moral.

moral turpitude - torpeza moral.

moratorium (L) - moratória.

morning loan - empréstimo sem garantia geralmente por menos de 24 horas.

mortal - mortal; mortífero.

mortality - mortalidade; mortandade.

mortgage - hipoteca; penhor.

mortgage, assumption of - assumir uma hipoteca.

mortgage backed securities - hipoteca securitizada.

mortgage, banker - empresa de crédito hipotecário.

mortgage, bond - título hipotecário garantido por uma hipoteca.

mortgage, chattel - hipoteca de bens móveis.

mortgage, closed-end - hipoteca irrevogável.

mortgage contingency clause - cláusula que obriga o comprador a obter uma hipoteca de terceiro.

mortgage, equitable - hipoteca que não preenche alguns requisitos legais, mas é reconhecida nos tribunais.

mortgage, subject to - hipotecado.

mortgage debenture - debênture hipotecária.

mortgage estate - bens penhorados.

mortgage foreclosure - execução hipotecária.

mortgage guarantee insurance - seguro de crédito hipotecário.

mortgage interest - juros de hipoteca.

mortgage loan - empréstimo com garantia hipotecária.

mortgage market - mercado hipotecário.

mortgage note - letras hipotecárias.

mortgage of goods - penhor.

mortgage receivable - crédito hipotecário.

mortgagee - credor hipotecário.

mortgaging out - aquisição de um bem sem dinheiro próprio.

mortgagor - devedor hipotecário.

mortis causa (L) - "causa mortis".

Most Favored Nation Clause (GATT) - Cláusula da Nação Mais Favorecida (GATT).

motif - motivo; tema; assunto.

Motion - moção; pedido.

motion for judgement on pleading - pedido ao juiz para julgar o caso.

motion in limine - pedido por escrito de que certos assuntos não sejam mencionados durante o julgamento.

motion to dismiss - pedido de indeferimento.

motive - motivo.

Motor vehicle code - Código de Trânsito.

movable estate - bem móvel.

movables - móveis.

move, to - mover; requerer.

moving - flutuante; circulante; móvel.

muddle - confundir; desorganizar.

muddle, to - confundir; desorganizar.

mug book - álbum de fotografias de criminosos e suspeitos.

mulct - condenação à pena pecuniária.

multifarious suit - processo que confunde assuntos diferentes.

multilateral - multilateral.

multilateral agency - agência multilateral.

multilateral agreement - acordo multilateral.

multinational - multinacional.

multipartite - multipartido.

multiple exchange rates - taxas múltiplas de câmbio.

multiple listing - contrato de corretagem imobiliária prevendo a atuação de vários corretores.

multiple offense - cometimento de vários crimes.

multiple sentences - condenação por vários crimes.

multiplicity - multiplicidade.

multiplicity of actions - propositura de várias ações para defender o mesmo direito.

multiplier - multiplicador.

multiplier effect - efeito multiplicador.

multi-sided trade - comércio multilateral.

municipal - municipal; local; relativo à cidade.

municipal bonds - títulos do governo municipal.

municipal corporation - entidade municipal; municipalidade; pessoa jurídica de direito público municipal.

municipal court - tribunal municipal.

municipal law - lei municipal.

municipal ordinance - lei municipal.

municipal security - obrigação municipal.

municipality - município.

muniments of title - documentos que provam a propriedade de um imóvel.

murder - homicídio.

murderer - homicida; assassino.

muse, to - meditar; refletir.

muster - roll - rol contendo dados da tripulação de um navio.

mute - mudo; silencioso.

mutilate, to - mutilar.

mutilation - mutilação.

mutiny - motim; revolta.

mutual - mútuo; recíproco.

mutual agreement - acordo mútuo.

mutual company - companhia em que acionistas recebem dividendos proporcionais ao negócio realizado com a mesma.

mutual consent - mútuo consentimento; consentimento recíproco.

mutual funds - fundo de investimento.

mutual insurance - seguro marítimo.

mutual mistake - erro mútuo.

mutual stockholding - investimento mútuo.

mutual wills - testamentos mútuos.

mutuality - reciprocidade; intercâmbio.

mutually owned - de propriedade mútua.

mutuant - mutuante.

mutuary - mutuário.

mutuatus (L) - empréstimo.

mutuum (L) - mútuo.

mystic will - testamento cerrado.

N

naam, to - apreender; remover.

naive (F) - ingênuo; simples.

Nakasone bond (J) - título emitido pelo governo japonês em moeda estrangeira.

naked - nu; nua.

naked authority - autorização unilateral.

naked call - opção de compra a descoberto.

naked confession - confissão sem confirmação.

naked contract - contrato sem preço.

naked deposit - depósito gratuito.

naked possession - posse nua, sem título.

naked possibility - possibilidade remota.

naked promise - promessa unilateral.

naked put - opção de venda a descoberto.

naked trust - fideicomisso passivo.

namation - apreensão.

name - nome.

name of, in the - em nome de.

named - nomeado; chamado.

named insured - beneficiário.

narcotics - narcóticos.

narratio (L) - declaração; petição inicial.

narrative evidence - evidência verbal.

nasciturus (L) - nascituro; filho a ser gerado; filho que nasce.

nation - nação.

national - nacional; doméstico; central; federal; interno.

National Association of Securities Dealers (USA) - Associação Nacional dos Corretores de Valores.

national bank (USA) - banco nacional; banco comercial com carta patente outorgada pelo governo federal.

national budget - orçamento nacional.

national currency - moeda corrente nacional.

national debt - dívida nacional.

national defense - defesa nacional.

national emergency - estado de emergência.

national government - governo central; governo nacional.

National Guard (USA) - guarda nacional.

National Health Service (UK) - Serviço Nacional de Saúde; seguro saúde.

national income - renda nacional.

national origin - nacionalidade de origem.

National Savings Certificates (UK) - título de emissão do governo britânico.

National Securities Clearing Corporation (USA) - câmara de compensação de Nova Iorque.

national treasury - tesouro nacional.

national wealth - riqueza nacional.

nationality - nacionalidade.

nationalization - nacionalização.

nationalize, to - nacionalizar; naturalizar.

native - nativo; nato.

native born - nato; nativo; natural de.

native citizen - cidadão nato; cidadão por nascimento.

native products - produtos nacionais.

natural - natural; nativo.

natural affection - dedicação natural; afeição natural.

natural allegiance - lealdade natural.

natural-born - nascido em; natural de.

natural-born subject - cidadão natural de; súdito.

natural death - morte natural.

natural domicile - domicílio de origem.

natural guardian - tutor natural (mãe ou pai).

natural law - direito natural.

natural law theory - teoria do direito natural.

natural obligation - obrigação ética.

natural person - pessoa física.

natural possession - posse natural; posse originária; posse física.

natural presumption - presunção natural.

natural products - produtos naturais.

natural reserve - reserva natural.

natural resources - recursos naturais.

natural rights - direitos naturais.

naturalization - naturalização.

naturalization papers - documentos de cidadania.

naturalized citizen - cidadão naturalizado.

nature - natureza.

Nature Conservancy Council (UK) - conselho de proteção ambiental.

nature conservation - preservação ambiental.

nauseate, to - nausear.

nautical mile - milha marítima.

naval - naval.

Naval Discipline Act (UK) - lei de disciplina naval.

navigable - navegável.

navigable waters - águas navegáveis.

navigate, to - navegar.

navigation - navegação.

navy - Marinha de Guerra.

navy department - Ministério da Marinha.

ne admittas (L) - sem admissão.

near - perto; próximo; vizinho.

near money - quase dinheiro; ativos financeiros de alta liquidez.

neat - líquido; limpo.

neauasgabe (GER) - nova emissão.

necessaries - necessidades.

necessary - necessário; indispensável.

necessary damages - danos diretos.

necessary deposit - depósito necessário.

necessary domicile - domicílio necessário.

necessary inference - dedução razoável.

necessary party - parte necessária do processo.

necessitous - necessitado; carente.

necessitudo - parentesco consangüíneo; obrigação em virtude do vínculo de parentesco.

necessity - necessidade; obrigação de sujeição civil.

necropsy - necrópsia.

need - necessidade; dificuldade.

need, to - precisar; necessitar.

needy - necessitado.

nefarious - iníquo.

negate, to - negar.

negation - negação; negativa; ausência; inexistência.

negative - negativo; passivo.

negative averment - alegação negativa.

negative balance - saldo negativo.

negative condition - condição negativa; condição restritiva.

negative covenant - condição negativa.

negative easement - servidão passiva.

negative evidence - prova negativa.

negative pledge - promessa ou obrigação de não fazer.

negative pregnant - negativa que se encerra em uma afirmação.

neglect - negligência; descuido; desconsideração; falta; abandono.

neglect, to - negligenciar; descuidar; desconsiderar.

negligence - negligência; descuido; falta; culpa.

negligence, contributory - negligência contributória; negligência por parte da vítima de um acidente que contribui para o agravamento dos danos.

negligence, medical - negligência médica.

negligence, professional - negligência profissional.

negligence in law - negligência no cumprimento da lei.

negligent - por negligência; por culpa da parte; negligente.

negligent escape - fuga não auxiliada.

negligent homicide - homicídio culposo provocado por negligência.

negligent offense - crime culposo cometido por negligência.

negotiability - negociabilidade.

negotiable - negociável.

negotiable instruments - títulos de crédito.

negotiate, to - negociar.

negotiorum gestor (L) - gestor de negócios.

neighbour - vizinho.

nemine contradicente (L) - ninguém contradizendo.

nervous - nervoso.

nervous breakdown - colapso nervoso.

net - líquido.

net assets - ativos líquidos.

net asset value - valor patrimonial líquido.

net balance - saldo líquido.

net borrowed reserves (USA) - valor líquido de reservas bancárias tomadas junto ao Federal Reserve Bank.

net current assets - capital próprio.

net estate - herança líquida.

net income - renda líquida.

net interest - juro líquido.

net lending - empréstimos líquidos.

net national product - produto nacional líquido.

net operating cost - custo operacional líquido.

net premium - prêmio líquido.

net present value - fluxo de caixa descontado; valor presente líquido.

net proceeds - rendimentos líquidos.

net profit - lucro líquido.

net remuneration - remuneração líquida.

net return - lucro líquido.

net revenue - renda líquida.

net tangible assets - valores tangíveis líquidos; valor patrimonial líquido sem o intangível.

net worth - patrimônio líquido.

net yield - rentabilidade líquida.

network - rede; cadeia.

neutral - neutro; imparcial; indiferente.

neutrality - neutralidade; imparcialidade.

neutralization - neutralização.

never - nunca.

never indebted - argumento negando matéria de fato contratual.

new - novo.

new acquisition - aquisição a título oneroso.

new assignment - novas razões do autor.

new cause of action - novo direito de ação.

New Community Instrument - títulos da dívida da Comunidade Européia.

new issue - nova emissão.

New Jason clause (USA) - cláusula de conhecimento de embarque com reserva de direitos em caso de negligência.

new matter - fato novo.

new trial - novo julgamento.

New York Stock Exchange - Bolsa de Valores de Nova Iorque.

newly discovered evidence - prova apenas descoberta.

newsman's privilege - segredo profissional do jornalista.

newspaper - jornal.

newsworthy - digno de notícia.

next - próximo; imediato; seguinte.

next friend - curador; assistente.

next of kin - parente mais próximo.

nient culpable (L) - inocente; sem culpa.

nient dedire (L) - revel.

nihil (L) - nada; nihil.

nihil debt - nada deve.

nihil dicit (L) - nada a dizer; revelia.

nihil obstat (L) - nada obsta; concordância facial.

Nikkei (JAP) - Nikkei; índice da Bolsa de Valores de Tóquio.

no-action - o que não será julgado.

no bill - impronúncia; improcedência da ação.

no claim - nenhum pedido (usado em seguros).

no evidence - sem provas.

no par - sem valor nominal.

no par share - ação sem valor nominal.

nobility - nobreza.

nolle prosequi (L) - não oferecimento da denúncia; arquivamento do processo a pedido do promotor.

nomenclature - nomenclatura.

nominal - nominal; simbólico; insignificante.

nominal capital - capital nominal.

nominal consideration - prestação simbólica.

nominal damages - indenização nominal; indenização insignificante.

nominal interest rate - taxa de juros nominal.

nominal partner - sócio nominal.

nominal tax rate - taxa de juros nominal.

nominal trust - negócio fiduciário nominal.

nominal valuation - valoração nominal.

nominal value - valor nominal.

nominal yield - rendimento nominal.

nominalwert (GER) - valor nominal.

nominate, to - nomear; indicar como candidato em uma eleição.

nominate contract - contrato nominado.

nomination - nomeação; indicação.

nominative - nominativo.

nominee - fiduciário; figura aparente; nomeado.

nominee shareholder - acionista fiduciário.

nominee and indemnification agreement - contrato de nomeação e indenização.

non-ability - sem capacidade legal.

non-acceptance - não aceitação.

non-access - sem direito de visita; sem acesso.

non-admission - não admissão.

non-age - menoridade.

non-apparent easement - servidão não aparente.

non-appearance - não comparecimento.

non-assessable - isento de imposto.

non-assumpsit - não prometeu.

non-bailable - inafiançável.

non-bank - todos os negócios fora do sistema financeiro.

non-borrowed reserves (USA) - reservas bancárias não emprestadas.

non cepit (L) - não tomei os bens.

non-claim - carência de ação.

non-compos mentis (L) - louco.

non-constat (L) - não consta.

non-contentious - não contencioso.

non-continuous - descontínuo.

non-cul - inocente.

non-culpabilis (L) - inocente.

non-delivery - sem entrega.

non-detinet (L) - não detém.

non-disclosure - não comunicação.

non-dorment - ativo; não dormente.

non est factum (L) - incidente processual de falsidade; não foi feito.

non est inventus (L) - não encontrado.

non-forfeitable - impenhorável.

non-intervention - não intervenção.

non-issuable plea - defesa com base em preliminares apenas.

non-judicial day - feriado forense.

non-leviable - impenhorável.

non-liquet (L) - não esclarecido.

non-obligatory expense - despesa da Comunidade Européia sem base nos tratados de fundação; despesa não obrigatória.

non obtstante (L) - não obstante.

non paper - documento sem validade jurídica, mas apenas com propósito referencial, usado na diplomacia.

non-performance - não cumprimento; descumprimento.

non-proportional - não proporcional.

non-prosequitur (L) - extinção do processo; arquivamento do processo.

non-recourse - sem recurso; sem garantia.

non-resident - não residente.

non sequitur - não segue; a conclusão não acompanha a exposição.

non-suit - desistência da ação.

non sum informatus (L) - sem instruções.

non-taxable income - renda que não está sujeita a tributação.

non tenure - exceção do réu em caso imobiliário.

non-underwritten - sem colocação.

nondurable goods - bens não duráveis.

nonfeasance - não satisfação da obrigação.

nonoperating - não operacional; inativo.

nonpayment - não pagamento.

nonprofit - sem fins lucrativos.

nonprofit corporation - sociedade sem fins lucrativos.

nonrecourse - sem amparo legal.

nonrecurring - eventual.

normal - normal; regular; natural; habitual.

nostro account - conta nostro; conta mantida por um banco no seu banco correspondente em outro país.

not - não.

not exceeding - não excedente.

not found - não encontrado.

not found - impronúncia do acusado.

not guilty - inocente.

not negociable - não negociável.

not proven - não provado.

not redeemable before - não resgatável antes.

notable - notável; digno de nota; ilustre.

notaio (I) - notário.

notaire (F) - notário.

notar (GER) - notário.

notarial certificate - certidão cartorária.

notarize, to - autenticar; legalizar; reconhecer firma.

notary - notário.

notary public - tabelião público.

notary public office - cartório.

note - nota promissória.

note, to - notar; tomar nota.

note issuance facility - acordo para colocação de notas promissórias.

note of hand - nota promissória.

note of protest - aviso de protesto.

note purchase - compra de nota promissória.

note redemption - resgate de nota promissória.

notice - aviso; intimação.

notice of action - citação.

notice of appeal - intimação de apelação.

notice of appearance - intimação para comparecimento.

notice day - dia de notificação (mercado de mercadorias).

notice of dishonor - notificação de inadimplemento da obrigação.

notice of election - notificação de escolha.

notice of judgement - intimação da sentença.

notice of loss - comunicação de extravio.

notice of motion - intimação de medida cautelar.

notice of order - intimação da ordem judicial.

notice of protest - notificação de protesto.

notice of title - notificação da existência de ônus.

notice of trial - notificação da intenção de submeter questão à apreciação do Judiciário.

notice to admit - intimação para depor.

notice to appear - intimação para comparecer em juízo.

notice to creditors - intimação a credores.

notice to plead - citação.

notice to produce - intimação para apresentação de evidência.

notice to quit - denúncia a contrato de locação.

notice to third party - notificação a terceiros.

notice to treat - comunicação de desapropriação.

notify, to - notificar.

noting a bill (UK) - apresentação para protesto.

notion - noção.

notorious - notório.

notwithstanding - não obstante.

novation - novação.

nuisanse - perturbação; turbação.

null - nulo; ineficaz; sem valor.

null and void - sem valor; sem validade; sem efeito.

nullification - anulação.

nullify, to - anular; invalidar; inutilizar.

nullity - nulidade; inexistência.

nullity of marriage - nulidade de casamento.

number - número.

number, to - numerar.

numeric value - valor numérico.

numerous - numeroso.

nunc pro tunc (L) - com efeito retroativo.

nunciature - nunciatura.

nuncio - núncio.

nuncius (L) - núncio.

nuncupate - afirmar oralmente.

nuncupative - nuncupativo.

nuncupative will - testamento nuncupativo.

nuptial - nupcial.

nurse - enfermeiro(a).

nursing home - casa de saúde.

nurture - alimento; criação; educação.

nurture, to - alimentar; criar; educar; ensinar.

nymphomania - ninfomania.

O

oath - juramento.

oath of allegiance - juramento de fidelidade.

oath of office - juramento de cargo.

oath-rite - cerimônia de juramento.

oath, under - sob juramento.

obdurate - obstinado.

obedience - obediência.

obedient - obediente.

obitur dictur - pronunciamento judicial estranho ao caso sob exame.

obeisance - mesura; reverência; homenagem.

obese - obeso.

object - objeto; matéria; objetivo; fim; propósito; finalidade.

object, to - objetar; impugnar; recusar; opor.

object clause - cláusula de objeto social.

object of an action - objeto da ação.

object of a statute - objeto de lei.

objection - objeção; impugnação; rejeição; recusa.

objection of conscience - objeção de consciência.

objective - objetivo.

objective evaluation - avaliação objetiva.

objective value - valor objetivo.

objector - opositor.

obligate, to - obrigar; comprometer.

obligation - obrigação; responsabilidade; título.

obligation au porteur (F) - obrigação ao portador.

obligation d'état (F) - obrigação governamental.

obligation of a contract - objeto do contrato; obrigação contratual.

obligation under seal - contrato selado.

obligatory - obrigatório.

obligatory expenditure - despesa obrigatória; despesa da Comunidade Européia autorizada pelos tratados de fundação.

obligee - credor; titular.

obligor - devedor; obrigado.

obliterate, to - obliterar; suprimir; eliminar; destruir.

obliteration - obliteração; eliminação; destruição.

oblivion - anistia; esquecimento; olvido.

oblivious - esquecido.

obnoxious - detestável.

obscene - obsceno; pornográfico; indecente.

obscene libel - publicação obscena.

Obscene Publications Act (UK) - lei de publicações obscenas.

obscenity - obscenidade.

obscure - obscuro; indefinido; ambígüo; oculto.

observe, to - observar; cumprir; notar.

observed depreciation - depreciação real.

observed life table - demonstrativo de vida de bens.

observance - obediência.

observation - observação.

obsession - obsessão; mania; idéia fixa.

obsolescence - obsolescência; obsoletismo.

obsolete - obsoleto.

obstruct, to - obstruir; perturbar; impedir; dificultar.

obstructing justice - obstrução da justiça.

obstructing proceedings of legislature - obstrução parlamentar.

obstructing process - obstrução da ação judicial.

obstructing an officer - obstrução à ação da polícia.

obstruction - obstrução; perturbação.

obtain, to - obter; conseguir; adquirir; alcançar.

obvious - óbvio; claro; evidente.

obvious risk - risco evidente.

occasion - ocasião; oportunidade.

occupancy - ocupação; posse.

occupant - ocupante; locatário.

occupation - ocupação; posse; profissão; emprego; trabalho.

occupational - profissional.

occupational accident - acidente de trabalho.

occupational disease - enfermidade profissional.

occupational hazard - risco profissional.

occupational injury - lesão de trabalho.

occupational pension scheme - fundo de pensão.

occupier - ocupante; ocupador.

occupy, to - ocupar; deter; possuir; tomar posse de; morar.

occur, to - ocorrer; acontecer; suceder; existir; aparecer; encontrar.

occurrence - ocorrência; acontecimento; incidente; fato; caso.

odd - ímpar; estranho.

odd-even check - cheque de paridade.

odd lot - lote incompleto; de diversos objetos; saldos.

odious - odioso.

of age - maior de idade.

of counsel - consultor jurídico.

of course - naturalmente.

of grace - por liberdade.

of the blood - consangüíneo.

off balance sheet finance - locação; arrendamento.

off-hand - espontâneo.

offence - ofensa; afronta; crime; delito.

offender - criminoso; delinqüente.

offensive - ofensivo; agressivo; atacante; revoltante.

offensive weapon - arma.

offer - oferta; proposta; lance.

offer, to - oferecer; propor; ofertar; apresentar.

offer for sale (UK) - oferta pública de ações.

offer in evidence - oferecer como prova.

offer, make an - oferecer; propor; fazer oferta.

offer of compromise - proposta conciliatória.

offer price - preço de oferta.

offer without engagement - oferta sem compromisso.

offered rate - taxa oferecida.

offeree - parte que recebe a proposta.

offering - oferta; oferecimento; proposta.

offering, public (USA) - oferta pública de ações.

offeror - ofertante.

office - escritório; repartição.

office - função; cargo; serviço público.

office copy - cópia autêntica; certidão.

office equipment - equipamento de escritório.

office expenses - despesas de expediente.

office hours - horário de expediente.

office supplies - material de escritório.

officer - administrador; funcionário graduado; oficial militar.

officer of justice - autoridade judicial.

official - funcionário.

official - oficial; autorizado; solene.

official act - ato oficial.

official bond - garantia oficial.

official liquidation - liquidação oficial.

official liquidator - liquidante oficial.

official list (UK) - lista de valores mobiliários negociados na Bolsa de Valores de Londres.

official log book (UK) - diário de bordo.

official map - mapa de zoneamento da cidade.

official petitioner (UK) - promotor público.

official receiver (UK) - síndico de massa falida.

official record - registros públicos; arquivos públicos; notas; livros; processos.

official reports - relatórios autorizados.

official secrets act (UK) - lei de segredos de estado.

official statement - declaração oficial.

officialty - jurisdição de uma autoridade pública.

offset - retificação; compensação.

offset, to - compensar.

offset account - conta de retificação.

offset credit - crédito compensatório.

offshoot - ramo; ramificação; colateral.

offshore - marítimo; além mar.

offshore - paraíso fiscal.

offshore banking - operações bancárias em paraíso fiscal.

offshore company - sociedade de paraíso fiscal.

offshore financial centre - centro financeiro de paraíso fiscal; centro financeiro supra nacional.

offshore jurisdiction - jurisdição de baixa tributação.

offshore oil drilling - exploração de petróleo no mar.

offshore platform - plataforma marítima.

offshore structure - estrutura em paraíso fiscal.

offspring - filho; descendência; prole.

ogive - ogiva.

ohne devidende (GER) - ex-dividendo; sem dividendo.

oil - petróleo; óleo.

oil pollution - poluição por petróleo.

oil record book - livro de registro de óleo (transporte marítimo).

oil sector - setor de petróleo.

oil tanker - navio tanque transportador de óleo.

oligarchy - oligarquia.

oligopoly - oligopólio.

oligopsony - oligopsonia.

olograph - ológrafo.

ombudsman - relações públicas.

omission - omissão.

omit, to - omitir; esquecer.

omittance - omissão.

omitted figure - cifra omitida.

omnibus account - conta maior com subcontas diversas.

omnibus bill - projeto de lei sobre assuntos distintos; legislação sobre várias matérias.

omnibus hearing - audiência sobre várias matérias.

omnipotent - onipotente; todo poderoso.

omniscient - onisciente.

on account - pagamento parcial; em conta corrente; pagamento por conta; por conta.

on call - disponível.

on consignment - em consignação.

on default - inadimplente.

on delivery - mediante entrega.

on demand - à vista.

on file - arquivado; disponível.

on hand - em estoque; disponível; em carteira.

on line - em linha.

on looker - espectador.

on parole - em liberdade condicional.

on presentation - à vista.

on shore - em direção à praia; dentro de uma jurisdição.

one year money - dinheiro investido por um ano.

one sided - unilateral.

onerous - oneroso

onerous contract - contrato a título oneroso.

onerous title - título oneroso.

ongoing - contínuo; continuado.

onslaught - ataque furioso.

onus - ônus; gravame.

onus probandi (L) - ônus da prova.

open - aberto; público; livre; exposto; visível; disponível; franqueado.

open, to - abrir; começar; mostrar; franquear; desobstruir; expandir; patentear; revelar.

open a case - iniciar processo judicial.

open an account - abrir uma conta.

open and notorious - público e notório.

open bid - proposta em aberto.

open contract - contrato em aberto.

open corporation - companhia de capital aberto.

open court - audiência pública.

open credit - crédito aberto; crédito ilimitado.

open-end contract - contrato geral; contrato que permite multiplicidade de operações do.mesmo gênero.

open-end credit - crédito de curto prazo; linha de crédito.

open-end investment company - fundo mútuo de investimento.

open market - mercado aberto.

open market desk - carteira de mercado aberto.

open order - ordem de compra em aberto.

open outcry - pregão a viva voz.

open price - preço em aberto.

open season - estação de caça.

open shop - iniciar atividades.

open the books - abertura de escrita.

opening - inicial; abertura.

opening balance - saldo anterior ou de abertura.

opening entry - lançamento de abertura.

opening of the books - abertura de livros.

opening of the stock exchange - abertura da bolsa de valores.

opening pleadings (UK) - razões iniciais.

opening price - preço de abertura.

opening statement - declaração inicial.

operate, to - operar; negociar; produzir; atuar; administrar; gerir.

operating - operacional.

operating budget - orçamento operacional.

operating cost - custo operacional.

operating earnings - renda operacional.

operating expenses - despesas operacionais.

operating exposure - risco operacional.

operating income (revenue) - resultado das operações.

operating performance - desempenho operacional.

operating profit - lucro das operações; lucro operacional.

operating reserve - reserva operacional.

operating statement - relatório das operações.

operating system - sistema operacional.

operating target - objetivo operacional.

operation - operação; transação.

operation of law - por força de lei.

operative - operante; eficiente; eficaz; ativo; prático; operário; trabalhador.

operative part - parte operante.

operator - operador.

opinion - voto judicial; fundamentos.

opinion - parecer (auditoria); opinião.

opinion, legal - opinião legal, parecer jurídico.

opium - ópio.

opponent - adversário; rival.

opportunism - oportunismo.

opportunist - oportunista.

opportunity - oportunidade.

oppose, to - opor.

opposite - oposto; contrário; adverso.

opposition - oposição; antagonismo; resistência.

oppress, to - oprimir.

oppression - opressão; tirania; despotismo.

oppressor - opressor; tirano; déspota.

opprobrium - opróbrio; desonra; infâmia; vergonha.

opt, to - optar.

opt out - opção pela saída.

optimum - máximo.

option - opção.

option, call - opção de compra.

option contract - contrato de opção.

option, covered - venda de opção com cobertura.

option market - mercado de opções.

option, naked - venda de opção sem cobertura.

option, stock - direito de subscrição ou compra de ações.

option to purchase - opção de compra.

option, put - opção de venda.

option trade - mercado de opções.

optional - opcional; facultativo.

optionee - optante.

opus - obra.

oral - oral; verbal.

oral argument - sustentação verbal.

oral contract - contrato verbal.

oral evidence - prova oral.

oral pleading - argüição oral.

oral trust - fideicomisso não solene.

oral will - testamento oral; testamento nuncupativo.

orator - orador; autor da ação.

oratory - oratória.

oratrix - oradora; autora da ação.

orchestrate, to - orquestrar.

orchestration - orquestração.

ordain - ordenar; outorgar; instituir; decretar; promulgar.

order - ordem; pedido; encomenda.

order - mandado; ordem judicial; decisão judicial; sentença.

order, to - ordenar.

order, best price - ordem ao melhor preço.

order, payable to - pagável à ordem.

order, stop loss - ordem de venda condicional à situação do mercado.

order of discharge - quitação judicial.

order of the day - ordem do dia.

orderly - em boa ordem.

ordinance - ordenação; decreto; lei; regulamento.

ordinary - ordinário; comum; simples.

ordinary annuity - anuidade paga no final do período.

ordinary interest - juros simples.

ordinary operation - atividade ordinária.

ordinary person - pessoa comum.

ordinary proceedings - procedimento ordinário.

ordinary resolution - decisão ordinária; resolução ordinária.

ordinary share - ação ordinária.

ordinary shareholders meeting - assembléia geral de acionistas.

ordinary written law - lei material.

ordinate - ordenada.

organic act - lei orgânica.

organic law - lei orgânica.

organization - organização; entidade.

organization and methods - organização e mé-todos.

organization chart - organograma.

organization expenses - gastos de organização.

Organization for Economic Co-operation and Development (OECD) - Organização para a Cooperação Econômica e Desenvolvimento.

Organization of Petroleum Exporting Countries (OPEC) - Organização dos Países Exportadores de Petróleo (OPEP).

organization man - funcionário leal; funcionário com espírito de corpo.

organization meeting - sessão constitutiva; sessão de instalação.

Organization of the American States (OAS) - Organização dos Estados Americanos (OEA).

organizational chart - organograma.

organizational cost - despesas de organização.

organizational unit - unidade organizacional.

organize, to - organizar.

origin - origem; fonte; precedência; ascendência.

original - original; inicial; novo; primeiro; primitivo; principal.

original acquisition - aquisição original.

original bill - letra de câmbio original.

original capital - capital inicial.

original cost - custo original ou histórico.

original entry - registro cronológico.

original estate - propriedade original.

original evidence - prova original.

original issue - primeira emissão de ações.

original jurisdiction - jurisdição originária.

original process - processo originário.

originate, to - originar.

ornament - ornamento.

orphan - órfão.

orphan's court - vara de órfãos.

orthodox - ortodoxo.

oscillate, to - oscilar.

ostensible - ostensivo.

ostensible partner - sócio ostensivo.

ostentation - ostentação.

other assets - outros bens do ativo.

other liabilities - outras obrigações a pagar.

other payables - outras obrigações a pagar.

other reconciling items - outras contas de reconciliação.

oust, to - expulsar; despedir; desalojar.

out - saído; despachado; fora.

out bid, to - dar lance superior.

out cycle - com a máquina parada.

out flank, to - flanquear.

out-of-court settlement - acordo extrajudicial.

out-of-pocket expenses - pequenas despesas por conta própria.

out of term - fora do termo; fora de prazo.

outdated - fora de moda.

outgo - saída de caixa; dispêndios.

outlaw - criminoso; banido; fora da lei; fugitivo; infrator; proscrito; foragido.

outlawed - proscrito.

outlawry - proscrição.

outlay - dispêndio monetário; gasto.

output - produção; quantidade produzida.

output contract - contrato de venda e compra de toda produção.

output cost - custo de produção.

outrage - atentado; abuso; afronta; ultraje; injúria grave.

outright - completamente; instantaneamente; sem reservas.

outright forward - contrato futuro simples.

outright sale-purchase - intervenção de bancos centrais nos mercados financeiros.

outside director - diretor sem vínculo com a administração.

outside salesman - vendedor externo.

outsider - pessoa estranha; terceiro.

outspoken - loquaz.

outstanding - a pagar; no mercado; em mãos de terceiros; pendente; a compensar.

outstanding note - nota promissória não paga.

outvote, to - derrotar na votação.

ovation - ovação.

over-and-short account - conta de sobras e faltas.

over the counter market - mercado de balcão; venda de valores.

overabsorption - superabsorção.

overage - excedente.

overall - global.

overall figures - dados globais.

overbid - lance excessivo.

overboard - para fora do navio.

overcapitalize, to - capitalizar em excesso.

overcharge - sobretaxa; cobrar a mais.

overcome - superar; passar por cima; sobrepor; dominar; derrotar; vencer; subjulgar.

overdraft - conta bancária a descoberto.

overdraw, to - sacar a descoberto.

overdue - vencido; atrasado.

overhead - despesas gerais; custo de pessoal.

overheated - super aquecido.

overkill - excessivo.

overlapping - superposição.

overload, to - exceder capacidade; sobrecarregar.

overnight - durante a noite.

overnight investment - investimento até o dia seguinte.

overnight money - empréstimo para o pagamento no dia seguinte.

overproduction - superprodução.

override, to - derrogar.

overriding clause - cláusula derrogatória.

overrule - rejeitar; indeferir; afastar; revogar; anular; alterar; desautorizar.

overruled - rejeitado; indeferido; revogado; anulado; alterado; desautorizado.

overseas - internacional; além-mar.

overseas banks (UK) - bancos atuando no Reino Unido mas controlados por estrangeiros.

overseas company (UK) - sociedade constituida no exterior mas com ação no Reino Unido.

Overseas Private Investment Corporation (OPIC) (USA) - agência de seguro de crédito do governo dos EUA.

oversight - omissão; esquecimento.

overstate, to - avaliar a maior; declarar em excesso.

overt - aberto; franco; evidente; público; manifesto.

overt act - ato público; ato manifesto.

over the counter market - mercado de balcão.

over the threshold - acima do limite.

overtime - hora extra.

overtime wage - remuneração pela hora extra.

overvalue, to - supravalorizar.

owe - devido.

owe, to - dever.

owing - devido; em virtude de.

own - próprio.

own, to - ter; possuir.

own account - conta própria.

own cost and risk - custo e risco próprio.

own funds - fundos próprios.

own resources - recursos próprios; fundos autônomos da Comunidade Européia.

owner - dono; proprietário.

owner of record - proprietário registrado.

ownership - propriedade; participação.

oyer - cópia de contrato para parte contrária.

oyez - ordem de silêncio no tribunal.

P

pace - passo; ritmo.

pacification - pacificação.

pacify, to - pacificar; acalmar.

package - pacote; embalagem.

packaging - embalagem; acondicionamento.

packing - embalagem.

packet - pacote.

pact - pacto; acordo; ajuste; compromisso; contrato; convênio; aliança.

pagaré (Sp) - nota promissória.

pagaré de empresa (Sp) - nota promissória comercial.

page - página; pagem.

paid - pago.

paid-in - realizado; integralizado.

paid-in-capital - capital integralizado.

paid-up - integralizado; realizado.

paid-up-shares - ações integralizadas.

pain - dor; sofrimento; mágoa.

pain and suffering - danos morais.

painful - doloroso; penoso; aflitivo.

painless - sem dor.

pains and penalties, acts of (UK) - procedimento para crimes de traição.

painstaking - cuidadoso.

pair - par.

pais, trial per - julgamento no país.

palimony - pensão alimentícia paga à concubina.

palliative - paliativo.

palm off - (gíria) dar gato por lebre.

palpable - palpável.

paltry - insignificante; sem valor.

panacea - panacéa.

pandemonium - pandemônio; tumulto.

pander - caftén; alcoviteiro.

panel - painel.

panel on take overs and mergers (UK) - painel sobre livre comércio.

panic - pânico.

pannellation - sorteio de jurados.

panzer - armado.

paper - papel; título; valor mobiliário.

paper blockade - bloqueio de papel.

paper currency - papel-moeda.

paper money - papel-moeda; cédula.

paper profit - lucro não realizado.

paper tiger - tigre de papel.

par - par; nominal; igual; ao par.

par bond - título negociado ao par.

par priced - com preço ao par.

par value - valor nominal.

par value capital stock - ações de valor nominal.

parade - parada; desfile.

paradigma - paradigma.

paradise - paraíso.

paradox - paradoxo.

paragon - compensação.

paragraph - parágrafo.

paralegal - técnico jurídico sem diploma; paralegal.

parallel market (ND) - mercado de ações de segunda linha na Bolsa de Valores de Amsterdam.

parallel money market - mercado de títulos de curto prazo.

parallel money market (Br) - mercado paralelo de câmbio.

paralyze, to - paralizar.

paramedical - paramédico; enfermeiro especializado.

parameter - parâmetro; padrão.

paramount - supremo; sumo; melhor; superior.

paranoia - paranóia.

paraphernalia - parafernália; equipamento.

paraphrase - paráfrase.

parcel - pacote; encomenda; pequeno lote de terra.

parcel, to - repartir; distribuir; dividir; embrulhar.

parcel-post receipt - recibo de volumes entregues pelo correio.

parcel-post warranties - garantia para seguro de encomendas.

parcels, bill of - relação dos produtos contidos no pacote.

parcener - co-proprietário.

parchment - pergaminho.

pardon - perdão.

pardonable - perdoável; desculpável.

parent - pai ou mãe; genitor.

parent company - matriz; companhia controladora.

parent house - matriz.

parentage - paternidade; origem; linhagem; ascendência.

parental rights - pátrio poder.

parentally disadvantaged (PC) - órfão.

pares (L) - pares; iguais.

pari passu (L) - mesmo passo; na mesma base e tempo.

pari passu clause - cláusula pari-passu, mediante a qual um devedor se compromete a não dar condições de garantia mais vantajosas a novos credores.

Paris Bourse (F) - bolsa de valores de Paris.

Paris interbank offered rate - taxa interbancária de Paris.

parish - paróquia; comarca.

parity - paridade; paritário.

parity check - cheque de paridade.

parity of exchange - paridade cambial; taxa de câmbio ao valor nominal.

parity price - preço paritário.

parking deal - operação com interposta pessoa (informal).

parliament - parlamento.

parliamentary - parlamentar.

parliamentary agent - agente parlamentar.

parliamentary committee - comissão parlamentar.

parliamentary law - norma; lei parlamentar.

parliamentary practice - costume parlamentar.

parlous - perigoso; difícil de lidar.

parody - paródia.

parol - palavra; oral; verbal.

parol agreement - acordo verbal.

parol arrest - detenção por ordem verbal do juiz.

parol contract - contrato verbal.

parol evidence - testemunho verbal; prova oral.

parol lease - locação por contrato verbal.

parole - liberdade condicional; palavra de honra.

parole board (UK) - comissão de liberdade condicional.

parolee - preso que goza da liberdade condicional.

parricide - patricídio.

pars (L) - parte.

parsimonious - parcimonioso.

parsimony - parcimônia.

parson - clérigo; sacerdote.

part - parte; quinhão; seção; obrigação; função; ação.

part owner - proprietário parcial.

part performance - cumprimento parcial.

part time employee - empregado temporário.

partake, to - participar; tomar parte.

partial - parcial.

partial acceptance - aceitação condicional.

partial dependency - dependência parcial.

partial disability - incapacidade relativa.

partial evidence - prova semi-plena.

partial incapacity - incapacidade relativa.

partial liquidation - liquidação parcial.

partial loss - perda parcial (em matéria de seguros).

partial payment - pagamento parcial.

partiality - parcialidade.

participant - participante; partícipe.

participate, to - participar; tomar parte.

participating annuity - pensão que inclui participação nos resultados dos investimentos que sustentam a mesma.

participating dividend - dividendo de ações preferenciais superior ao mínimo contratual.

participating mortgage - hipoteca com participação de diversos credores.

participating preference shares (UK) - ações preferenciais.

participating stock - ações em co-propriedade.

participation - participação; participação acionária.

particular - particular; privado; individual; certo; específico.

particular agent - agente para assuntos especiais.

particular average - média.

particular average loss - perda parcial (usado em seguro marítimo).

particular lien - gravame específico; direito de retenção.

particular partnership - sociedade em comandita especial.

particular power - poder limitado; poder com restrições.

particulars - detalhes; explicações; dados pessoais.

particulars of claim or defence (UK) - resumo obrigatório do caso.

particulars of sale - detalhes da venda; objeto e preço.

parties - partes.

partisan - partidário; adepto; guerrilheiro.

partition - partilha; divisão; repartição.

partition, deed of - formal de partilha.

partition of a community estate - divisão dos bens em comum.

partition of succession - partilha da herança.

partitioner - quem faz a partilha.

partner - sócio; associado.

partnership - sociedade; associação; negócio; contrato.

partnership agreement - contrato social.

partnership articles - contrato social.

partnership assets - bens sociais.

partnership association - espécie de sociedade em comandita por ações.

partnership certificate - certificado de participação na sociedade.

partnership contract - contrato social.

partnership debt - dívida social.

partnership life insurance - seguro de vida para sócio da empresa.

partnership property - bens sociais.

parturient - parturiente.

parturition - dar à luz.

party - parte; partido.

party aggrieved - parte lesada.

party in interest - parte interessada.

party line - a filosofia do partido; a linha do partido.

party politics - política partidária.

party spirit - espírito partidário.

party to be charged - parte responsável.

party to the contract - contratante.

party wall - meia parede.

pass - passe; passagem; salvo-conduto.

pass, to - deferir; conceder; passar; outorgar; acabar; transpor; emitir; autorizar.

pass the case, to - passar o caso.

pass counterfeit money, to - por em circulação dinheiro falso.

pass the dividend - omitir o dividendo.

pass judgement - pronunciar a sentença.

pass a bill, to - aprovar uma lei.

pass a law, to - aprovar uma lei.

pass off - utilização indevida de marca.

pass over, to - falecer.

pass a resolution, to - aprovar resolução.

pass sentence, to - proferir sentença.

pass a test, to - passar uma prova.

pass title, to - transferir título.

pass through, to - passar diretamente.

pass upon - decidir sobre.

passable - passável; tolerável; praticável.

passage - passagem; trânsito.

pass away, to - falecer.

passbook - caderneta de depósito bancário.

passed dividend - dividendo que deixa de ser declarado na época habitual.

passenger - passageiro.

passif (FR) - passivo.

passion - paixão; ira; cólera; emoção violenta.

passional - passional.

passive - passivo.

passive assets - ativo intangível.

passive trust - fideicomisso passivo.

passive use - uso permissivo.

passport - passaporte.

past - passado; anterior; último.

past consideration - valor recebido no passado.

past due - vencido (prazo).

pastor - pastor; ministro religioso.

patent - patente.

patent - patente; evidente; aberto; manifesto.

patent ambiguity - ambigüidade patente.

patent and trademark office - escritório de marcas e patentes.

patent application - pedido de patente.

patent defect - vício manifesto.

patent infringement - violação do direito de invenção.

patent law - lei de patentes.

patent medicine - remédio que pode ser comprado sem receita médica.

patent pending - patente requerida pendente de registro.

patent - right - privilégio de invenção.

patent roll (UK) - lista anual de patentes.

patent suit - ação judicial contra a violação do privilégio de invenção.

patentable - objeto que pode ser patenteado.

patentee - titular de uma patente.

patentor - quem outorga a patente.

pater (L) - pai.

paterfamilias (L) - pai de família; chefe de família.

paternal - paternal.

paternal line - linha paterna.

paternal power - pátrio poder.

paternity - paternidade.

paternity leave - licença paternidade.

paternity suit - ação de reconhecimento de paternidade.

pathologist - patologista.

pathology - patologia.

patient - paciente.

patois (F) - dialeto rude.

patricide - parricida; parricídio.

patrimonial - patrimonial.

patrimony - patrimônio; bem hereditário.

patrol - patrulha; ronda; guarda.

patrolman - policial que faz patrulha.

patron - patrono; patrocinador; protetor; defensor.

patronage - patrocínio; proteção; direito de concessão de cargos públicos.

patronage dividend - dividendo de freguesia nas cooperativas.

patronat (F) - patronato.

patronize, to - proteger; patrocinar; favorecer; tratar condescendentemente.

pattern - modelo; padrão; molde.

paucity - escassez.

pauper - pobre; indigente; mendigo.

pause - pausa; silêncio; interrupção.

pause, to - parar; interromper.

pawn - penhor; garantia.

pawn, to - penhorar; empenhar.

pawnbroker - penhorista; prestamista.

pawnee - devedor de um contrato de penhor.

pawnor - credor de um contrato de penhor.

pawnshop - casa de penhor; prego.

pawn ticket - recibo de penhor.

pay - ordenado; remuneração; pagamento; salário.

pay, to - pagar; saldar.

pay-as-you-earn - pagamento na fonte da renda.

pay back - repagar; liquidar.

pay by instalments - pagar a prazo.

pay damages - pagar os danos e prejuízos.

pay in, to - integralizar.

pay in full - pagar integralmente.

pay off - compensar; valer a pena.

pay off mortgage - redimir a hipoteca.

pay out - desembolsar; distribuir.

pay out ratio - média de pagamentos.

pay to the order of - pagar à ordem de.

pay under protest - pagar sob protesto.

payable - a pagar; pagável; conta à pagar.

payable on sight - pagável à vista.

payable on demand - a pagar contra apresentação.

payable to bearer - pagável ao portador.

payable to order - pagável à ordem.

payback - retorno de investimento.

payback period - período de retorno de investimento.

payee - credor; beneficiário.

payer - devedor; sacador.

paying agent - agente para fins de efetuar pagamento.

paymaster - pagador.

payment - pagamento.

payment bond - caução para garantir pagamento.

payment in advance - pagamento antecipado.

payment in full - pagamento total.

payment into court - pagamento em consignação.

payment to bearer - pagamento ao portador.

payor - devedor; sacador.

payroll - folha de pagamento.

payroll tax - imposto sobre a folha de pagamento.

peace - paz; ordem; sossego; tranquilidade.

peace officer - policial.

peculation - peculato.

peculiar - peculiar.

pecunia - pecúnia; dinheiro.

pecuniary - pecuniário; monetário.

pecuniary bequest - legado em dinheiro.

pecuniary consideration - contraprestação contratual paga em dinheiro.

pecuniary damages - ressarcimento de danos patrimoniais.

pecuniary injury - dano patrimonial.

pecuniary interest - interesse econômico.

pecuniary legacy - legado em dinheiro.

pecuniary loss - prejuízo patrimonial.

peddler - camelô; vendedor ambulante; mascate.

pederasty - pederastia.

pedestrian - pedestre; comum; sem imaginação.

peg - ligado.

peg, to - ligado; indexado; atrelado.

pegged exchange rate - taxa cambial atrelada.

peerage - pariato; nobreza.

peeress - par (sexo feminino); título nobre.

peer - par (sexo masculino); título nobre.

peg, to - atrelar; manter o preço do produto; vincular o preço.

pegging - manutenção de um preço vinculado ou fixo no mercado.

penal - penal; punível.

penal action - ação penal.

penal clause - cláusula penal.

Penal Code - Código Penal.

penal law - lei criminal; lei penal.

penal statute - lei penal.

penal suit - ação penal.

penalizable - punível.

penalize, to - penalizar; apenar; multar; castigar; sancionar.

penalty - multa; penalidade.

penalty clause - cláusula penal.

penchant (F) - inclinação.

pendency - pendência.

pendent jurisdiction - jurisdição a determinar.

pending - transitório; pendente.

pending appeal - pendente de recurso.

penetration - penetração.

penitent - arrependido.

penitentiary - penitenciária.

penny share (UK) - ação quotada por menos de uma libra.

penny stock - ação cotada em bolsa com preço unitário baixo.

penology - penologia.

pension - pensão.

pension fund - fundo de pensão.

pension plan - plano de aposentadoria.

pensioner - pensionista; pensionado; aposentado.

people - povo.

peppercorn rent - aluguel nominal.

per - por.

per annum - por ano.

per capita - por cabeça ou habitante.

per cent - por cento.

per diem - por dia; despesa fixa diária.

per misadventure - por infortúnio.

per procuration - por procuração.

per sample - por amostra.

per se - por si mesmo.

percentage - porcentagem.

percentage lease - porcentagem cobrada sobre negócio.

peremptory - peremptório; final; sem apelação.

peremptory defense - defesa peremptória.

perfect obligation - obrigação legal.

perfect ownership - domínio perfeito.

perfect right - pleno direito.

perfect title - título perfeito.

perfect trust - fideicomisso assinado; fideicomisso perfeito.

perfect usufruct - usufruto perfeito.

perfidy - perfídia; deslealdade; traição.

perform, to - executar; cumprir; efetuar; realizar; desempenhar.

performance - desempenho; execução; cumprimento.

performance bond - garantia para o cumprimento de desempenho de obrigação contratual.

performance budget - orçamento; programa.

perfunctory - perfunctório.

peril - perigo; risco.

perils of the sea insurance - seguro contra riscos marítimos fortuitos.

period - período; exercício.

period of grace - período de graça; carência.

periodic audit - auditoria programada.

peripheral - periférico.

perjure, to - prestar falso testemunho; faltar a um juramento.

perjurer - perjuro.

perjury - perjúrio; falso testemuho; quebra de juramento.

permanent asset - ativo fixo; imobilizado.

permanent executor - inventariante permanente.

permanent file - arquivo permanente.

permanent injunction - proibição permanente.

permanent investments - investimento permanente; imobilizado.

permissive - permissivo.

permit, to - permitir; consentir; tolerar; admitir.

permutation - alteração de ordem.

pernicious - pernicioso.

peroration - peroração.

perpend, to - ponderar.

perpetrate, to - perpetuar; cometer; praticar.

perpetrator - perpetrador.

perpetual annuity - anuidade por prazo indeterminado.

perpetual bond - caução permanente.

perpetual floating rate note - nota promissória com juros flutuantes e sem vencimento.

perpetual loan - empréstimo sem direito a devolução.

perpetual statute - lei permanente.

perpetual trust - fideicomisso permanente.

perpetuate, to - perpetuar.

perplex - perplexo.

perquisite - emolumentos.

person - pessoa.

person aggrieved - parte legítima.

person in loco parentis - pessoa que assume pátrio poder.

personable - o que tem personalidade.

personal - pessoal; individual; particular.

personal annuity scheme - fundo de pensão.

personal account - conta pessoal.

personal contract - contrato pessoal.

personal demand - intimação pessoal.

personal effects - bens de uso pessoal.

personal estate - bens móveis.

personal exemption - isenção pessoal.

personal holding company - companhia controladora pessoal.

personal identification number (PIN) (UK) - número de identificação bancária.

personal income - renda pessoal.

personal income tax - imposto de renda de pessoa física.

personal injury - lesão corporal.

personal judgement - sentença contra a pessoa.

personal jurisdiction - jurisdição a qual a pessoa está sujeita.

personal liability - responsabilidade pessoal; obrigação pessoal.

personal loan - empréstimo pessoal.

personal notice - notificação pessoal.

personal property - propriedade pessoal.

personal security - garantia pessoal; seguro pessoal.

personal service contract - contrato de prestação de serviço pessoal.

personal service corporation - empresa de prestação de serviços.

personal surety - fiador, fiança particular.

personal warranty - garantia pessoal.

personal-injury liability - responsabilidade por danos pessoais.

personality - personalidade.

personalty - bens móveis; direitos pessoais.

personation - falsa identidade.

personify, to - personificar.

personnel - pessoal.

perspicacity - perspicácia.

perspicuity - transparência.

perspicuous - claro; compreensível; evidente; manifesto.

persuade, to - persuadir; convencer.

persuasion - persuasão; convicção; opinião.

pertain, to - pertencer; dizer respeito.

pertinent - pertinente; apropriado.

perturb, to - perturbar.

peruse, to - ler cuidadosamente.

perverse - perverso.

perversion - perversão; corrupção.

pervert, to - perverter; deturpar; desvirtuar; corromper.

peseta (E) - moeda espanhola.

petit (F) - pequeno; menor; simples.

petit jury - pequeno júri.

petitio - petição.

petition - petição; requerimento.

petition for annulment - pedido de anulação.

petition for arrangement - pedido de concordata.

petition in bankruptcy - pedido de falência.

petitioner - peticionário; requerente; suplicante.

petitioning creditor - credor requerente.

petitory action - ação petitória.

petitory suit - ação petitória.

petty - pequeno; menor; simples; leviano.

petty average - avaria pequena.

petty cash - caixa pequeno.

petty larceny - furto simples.

petty offense - contravenção.

petulant - petulante.

pharisee - fariseu.

pharmacy - farmácia.

phase - fase.

philander - namorador.

philanthropic - filantrópico.

philanthropy - filantropia; altruísmo.

philosophy - filosofia.

phobia - fobia.

physical - físico; material.

physical asset - ativo tangível.

physical budget - orçamento físico.

physical disability - incapacidade física; invalidez.

physical harm - corporal.

physical impossibility - impossibilidade material.

physical incapacity - incapacidade física.

physical injury - lesão corporal.

physical inventory - inventário físico.

physical price - preço à vista.

physician - médico.

picket - piquete.

pickpocket - punguista; batedor de carteira.

piece rate - salário-tarefa.

piece wages - salário por peça.

piecework - trabalho remunerado por peça.

pierce, to - romper; atravessar; penetrar; abrir caminho.

piercing the corporate veil - desconsideração da personalidade jurídica.

pillage - pilhagem; saque.

pillory - pelourinho.

pimp - cafetão.

pin-money - verba para vestimenta dada pelo marido à esposa.

pioneer - pioneiro; colonizador; explorador.

pioneer patent - patente pioneira.

pipeline - linha de tubos; linha de desenvolvimento; em propriedade intelectual, produtos em desenvovimento ou já registrados no mercado internacional, mas sem registro em um dado país.

piracy - pirataria.

pirate - pirata.

pirate, to - piratear; saquear; roubar; plagiar; falsificar.

piscary - direito de pesca.

pistol - pistola.

pit - buraco.

pitfall - armadilha; cilada.

place - lugar; local; localidade; posição; residência; estabelecimento.

place, to - colocar; localizar; nomear para cargo.

place of abode - residência.

placement - colocação.

placement (F) - investimento.

placet (F) - voto positivo em assembléia universitária ou eclesiástica.

placing (UK) - colocação.

placing agent - agente de colocação.

placing memorandum - memorando de emissão.

placitory - postulatório.

plagiarism - plágio.

plagiarist - plagiário.

plagiarize, to - plagiar.

plague - praga.

plain error - erro absoluto.

plaint - requerimento; acusação; petição inicial.

plaintiff - autor da ação; pleiteante; querelante; demandante.

plan - plano; projeto; mapa.

plan, to - planejar.

plan of accounts - plano de contas.

platform - plataforma.

plausable - plausível; razoável; aceitável.

plea - contestação; resposta; argüição; defesa.

plea bargaining - negociação sobre pena.

plea of guilt - resposta do réu reconhecendo a culpa.

plea of privilege - exceção de incompetência de foro.

plea of nolo contendere - sujeição a pena sem discutir o mérito.

plead, to - postular; contestar; defender; - responder; pleitear; demandar; argüir; pedir; requerer.

pleader - postulante; requerente; defensor.

pleading - pedido; petição; contestação.

pleadings - atos postulatórios.

plebiscite - plebiscito.

pledge - penhor; promessa; caução; garantia; fiança.

pledge, to - caucionar; dar em garantia; penhorar; prometer.

pledge agreement - contrato de caução; contrato de penhor.

pledge, negative - promessa de não fazer; obrigação de não fazer.

pledged assets - bens empenhados.

pledgee - credor caucionado.

pledgor - devedor caucionante.

plenary - pleno; plenário; absoluto.

plenary powers - plenos poderes.

plenary session - seção plenária.

plenipotentiary - plenipotenciário.

plevin - declaração; garantia.

plight - estado; situação; condição.

plight and condition, affidavit of (UK) - declaração de conformidade com o estado original.

plot - lote.

plot, to - conspirar; traçar.

plow back - reinvestir.

plunder - saque; roubo; esbulho.

plurality - pluralidade.

pluries writ (UK) - o terceiro de uma série.

plus value - mais valia.

poach, to - caça ilegal.

poacher - caçador ilegal.

poaching - caça ilegal.

podium (L) - pódio.

point - objetivo; propósito; ponto; questão.

point blank - a queima roupa.

poison - veneno.

poison, to - envenenar.

poison pill - pílula de veneno (defesa usada contra tentativa de aquisição hostil).

polarization (UK) - polarização; impossibilidade jurídica de agir com vendedor e consultor independente.

polemic - polêmico.

police - polícia.

police officer - policial.

policy - política; diretriz; apólice; norma.

policy of assurance - apólice de seguro.

policy holder - beneficiário do seguro.

political - político.

political asylum - asilo político.

political corporation - entidade de direito público.

political crime - crime político.

political law - Direito Político.

political offense - crime político.

political party - partido político.

political question - questão política.

political rights - direitos políticos.

politically correct - politicamente correto; patrulhamento ideológico; intolerância política; eufemismos supérfluos, frequentemente tolos e santimônicos, com motivação ideológica.

politics - política; ciência política.

poll - apuração de votos; votação.

polling the jury - perguntar individualmente a cada jurado qual o seu veredito.

polls - urnas eleitorais.

pollute, to - poluir; corromper.

pollution - poluição.

pollution, air - poluição do ar.

pollution, control of - controle de poluição.

poltergeist - fenômeno sobrenatural.

polygamy - poligamia.

polyglot - poliglota.

ponder, to - ponderar; refletir; considerar.

pool - poça; conjunto; grupo de empresas.

pooling of interests - consolidação; comunhão de interesses; união; consórcio.

pope - papa

popular - popular.

population - população.

populist - populista.

pornographic - pornográfico.

port - porto.

port authority - autoridade portuária.

port duties - direitos portuários.

port of delivery - porto de entrega.

port of departure - porto de saída.

port of distress - porto de refúgio.

port wine - vinho do porto.

portfolio - carteira de valores; carteira de ações; pasta.

portfolio insurance - seguro de carteira de valores; técnica de mercado de capitais visando a minimização de riscos.

portfolio management - administração de carteira de ações.

portion - porção; quota; quinhão.

portsale - leilão.

position - posição.

position bookkeeping - escrita de posições; escrita de posições compradas e vendidas geralmente em relação a operações a termo.

positive - positivo.

positive discrimination (PC) - discriminação positiva; feita em favor de minorias ou de carentes.

positive evidence - prova positiva.

positive law - direito positivo.

posse - possibilidade.

possess, to - possuir; ter; dispor; controlar; dominar.

possession - posse.

possession, actual - posse direta; posse efetiva; posse real.

possession, full - posse plena.

possession money (UK) - taxa pagável para a execução de mandado possessório.

possession writ - ação de reintegração de posse.

possessor - possuidor.

possessor, bona fide - possuidor de boa-fé.

possessor, mala fide - possuidor de má-fé.

possessory - possessório.

possessory interest - interesse possessório.

possessory title - título por usucapião.

possibility - possibilidade.

post, to - lançar; registrar; contabilizar; colocar.

post - posterior.

post - correio.

post-act - ato posterior.

post audit - posterior a auditoria.

post-date, to - pré-datar.

post-dated check - cheque pré-datado.

post entry - ajuste.

post-factum - após o fato.

post-market trading - negociação eletrônica pós pregão.

post-mark - selo postal.

post-mortem - post mortem.

post-nuptial settlement - pacto pós-nupcial.

post office box - caixa postal.

postage - selagem.

posting - lançamento.

postal - postal.

postal order - ordem postal.

posthumous - póstumo.

postpone, to - prorrogar; adiar; protelar.

postponement - prorrogação, adiamento.

postponement of trial - adiamento de julgamento.

postulate - postulado.

potent - potente.

pouch - malote.

poulthy - avícola.

pound - libra.

pound sterling - libra esterlina.

pour parler (F) - discussão informal antes da negociação.

poverty - pobreza; penúria.

poverty affidavit - atestado de pobreza.

power - poder; faculdade; capacidade; autoridade.

power of alienation - capacidade para alienar.

power of appointment - poder para nomear.

power of attorney - procuração.

power of disposition - poder para dispor.

power of termination - poder para resolver; solucionar.

powerful - poderoso; potente; forte.

powerless - impotente; ineficaz; incapaz.

practice - prática; exercício da profissão.

practice of law - advogar; exercer a profissão de advogado.

practices - prática.

practitioner - profissional militante.

praxis - prática.

pray, to - interceder; rogar; suplicar.

prayer - súplica; pedido; oração.

preach, to - pregar.

preamble - preâmbulo.

preaudience - anterior a audiência.

precarious - precário.

precatory - precatória.

precaution - precaução.

precedence - prioridade; precedência.

precedent - precedente.

precedent condition - condição precedente.

precept - mandado; ordem.

precinct - precinto; delegacia de polícia.

precision - precisão; exatidão.

preclude, to - prevenir; impedir; evitar; impossibilitar.

preclusion - preclusão; proibição; impedimento.

precontract - pré-contrato.

predator - animal predatório.

predecessor - antecessor.

predecessor company - companhia antecessora.

predetermined cost - custo pré-determinado.

pre-audit - prévia à auditoria.

pre-emption - prioridade (geralmente na compra).

pre-emption right - direito à prioridade; direito de preferência.

pre-emptive right - direito prioritário de subscrever ações; direito de preferência de subscrição.

pre-market - negociação eletrônica antes da abertura do pregão.

pre-nuptial agreement - pacto pré-nupcial.

pre-sentence - instrução ao processo.

pre-sentence hearing - audiência de instrução.

pre-sentence investigation - instrução criminal.

pre-tax - antes do imposto.

pre-tax profit - lucro antes do imposto.

pre-trial - antes do julgamento.

pre-trial conference - conferência antes do julgamento.

pre-trial hearing - audiência antes do julgamento.

pre-trial order - ordem antes do julgamento.

prefer, to - preferir; promover.

preference - preferência; privilegiado.

preference shares (UK) - ações preferenciais.

preferential - preferencial.

preferential assignment - cessão preferencial.

preferential debt - dívida privilegiada.

preferential stock (UK) - ações preferenciais.

preferential tariff - tarifa preferencial.

preferred creditor - credor privilegiado.

preferred dividend - dividendo preferencial.

preferred share (USA) - ação preferencial.

preferred stock (USA) - ações preferenciais.

preferred stock dividend - dividendo de ações preferenciais.

prejudge, to - prejulgar.

prejudice - preconceito; parcialidade.

prejudicial - prejudicial.

preliminary - preliminar; introdutório; preparatório.

preliminary audit - auditoria preliminar.

preliminary balance sheet - balanço preliminar.

preliminary voyage - primeiro trajeto (de um afretamento marítimo).

premeditate, to - premeditar; planejar.

premeditation - premeditação.

premier - premier; primeiro na ordem.

premier cours (F) - preço de abertura.

premise - premissa.

premium - ágio; prêmio; recompensa.

premium income - receita de prêmios (em companhia de seguros).

premium on capital stock - ágio sobre emissão de ações.

premium pool - um corretor para diversas companhias de seguros.

preoccupation - preocupação.

prepaid - pago antecipadamente.

prepaid charge - pagamento antecipado.

prepaid income - receita diferida.

preparation - preparação.

preparer (USA) - contador; pessoa que preenche declaração.

prepay, to - pagar antecipadamente.

prepayment - pagamento antecipado.

preponderance - preponderância; predominante.

preposterous - absurdo; disparatado.

prepotent - prepotente.

prerogative - prerrogativa.

prescribable - prescritível.

prescribe, to - prescrever.

prescription - prescrição.

prescriptive - prescritível; prescrito; usucapido.

presence - presença.

present - presente.

present value - valor presente; fluxo de caixa descontado.

presentation - apresentação.

presentiment - pressentimento; palpite.

presentment - acusação escrita feita pelo júri (grand jury) sem a participação do promotor público.

preservation - preservação.

preses - presidente.

preside, to - presidir; dirigir.

president - presidente.

presidential - presidencial.

presidiary - presidiário.

press - imprensa.

press agent - agente de imprensa.

prestige - prestígio.

presume, to - presumir.

presumption - presunção; suposição.

presumption of death - presunção de morte.

presumption of fact - presunção do fato.

presumption of law - presunção legal.

presumption of survivorship - presunção de sobrevivência.

presumptive - presuntivo; provável; presumível.

presumptive evidence - evidência presumível.

prêt (F) - empréstimo.

pretender - pretendente.

pretension - pretenção.

pretext - pretexto.

prevail, to - prevalecer; dominar; vencer; derrotar.

prevailing market rate - tax predominante de mercado.

prevailing party - vencedor da ação.

prevaricate, to (FC) - falar inconclusivamente; confundir.

prevarication - prevaricação; confusão; logro.

prevaricating - logrado; confundido.

prevention - prevenção.

preventive - preventivo.

preventive detention - prisão preventiva.

previous - prévio.

prey - caça.

price - preço.

price controls - controles de preços.

price earnings ratio (PE) - índice de remuneração.

price freeze - congelamento de preços.

price index - índice de preços.

price level - nível de preços.

price level adjustment - correção monetária.

price rate - salário por tarefa.

price stability - estabilidade de preços.

price support - sustentação de preço.

price system - sistema de preços.

price war - guerra de preços.

pricing - apreçamento.

prim - formal.

prima facie case - caso aparentemente sólido.

prima facie evidence - prova inicial.

prima impressionis case - caso sem precedentes.

primary - primário.

primary dealer - corretor do lançamento.

primary election - eleições primárias.

primary market - mercado primário; mercado de lançamento.

primary obligation - obrigação principal.

prime - primeiro; principal; melhor.

prime bank - banco de primeira linha.

prime cost - custo primário.

prime minister - primeiro ministro.

prime rate (USA) - taxa de juros para clientes preferenciais no mercado norte-americano.

prime time - momento onde as taxas mais altas são cobradas.

primitive - primitivo.

primogenitor - primogênito.

primogeniture - primogenitura.

principal - principal; mandante; constituinte; montante de capital.

principal and interest - principal e juros.

principality - principado.

principally - principalmente.

principle - princípio, norma.

prior - anterior; prévio.

prior creditor - credor preferencial.

prior notice - aviso prévio.

priority - prioridade.

prison - prisão; cárcere; cadeia.

prison breaking - fuga de presídio.

prisoner - prisioneiro; preso.

prisoner of war - prisioneiro de guerra.

pristine - pristino.

privacy - privacidade.

privacy, right to - direito à privacidade.

private - privado; particular; pessoal; confidencial.

private bank - banco particular.

private banking - atitivade bancária para pessoas físicas.

private bill (UK) - lei apresentada por parlamentar.

private company - sociedade de capital fechado.

private corporation - pessoa jurídica de direito privado.

private enterprise - iniciativa privada.

private initiative - iniciativa privada.

Private International Law - Direito Internacional Privado.

private law - direito individual.

private means - recursos próprios.

private offering - colocação direta e privada de emissão de títulos.

private placing - colocação direta e privada de emissão de títulos.

private parts - órgãos genitais.

private person - pessoa física.

private practice - atividade profissional independente.

private sector - setor privado.

privatization - privatização.

privies - co-partícipes.

privilege - privilégio; regalia; imunidade.

privilege - segredo profissional.

privileged communications - comunicação privilegiada.

privileged debt - dívida privilegiada.

privity - relação jurídica reconhecida por lei.

privity of blood - relação de parentesco por sangue.

privy - participante.

prize - prêmio.

pro and con(tras) - prós e contras.

probable - provável.

probable cause - causa provável.

probability - probabilidade.

probable-life curve - curva de vida provável.

probability sample - amostra aleatória com erro de amostragem calculável.

probate - sucessões.

probate bond - garantia em sucessão.

probate court - vara de família e sucessões.

probate duty - imposto de sucessões.

probate jurisdiction - foro de sucessões.

probate proceeding - processo judicial de inventário.

probation - "sursis"; suspensão condicional de uma pena judicial.

probative - probatório.

probative evidence - prova subjetiva.

probe - investigação; sindicância.

probe, to - investigar.

problem - problema.

problematical - problemático.

procastinate, to - procastinar.

procedural - procedimental.

procedural law - Direito Processual.

procedure - procedimento; processo.

proceeding - autos do processo; procedimento; processo.

proceeds - resultado (de uma operação).

process - processo.

process, agent for service of - agente para receber documentos referentes ao processo, principalmente citações e notificações.

process, judicial - processo judicial.

process, legal - processo legal.

process of law - procedimento legal.

process, original - processo original.

process server - oficial de justiça.

processing industry - indústria de transformação.

procession - procissão.

proclaim, to - proclamar; anunciar; promulgar; declarar.

proclamation - proclamação; promulgação; declaração.

procreate, to - procriar.

pro-forma - pró-forma.

pro rata - pro rata.

pro rate - pro rata.

proctor - procurador.

procuracy - procuradoria.

procuration - procuração.

procure, to - adquirir; obter; comprar; conseguir; provocar.

procurement contract - contrato de intermediação de compra.

procuring cause - causa imediata; causa próxima.

prodigal - pródigo.

prodigious - muito grande; prodígio.

produce, to - produzir; fabricar; gerar; causar.

producer - produtor.

producer's capital - bens de capital.

producer's goods - bens de produção.

producing cause - causa direta.

product - produto.

product liability - responsabilidade do produtor pelo bem produzido ou fornecido.

product liability insurance - seguro de responsabilidade.

production - produção.

production control - controle de produção.

production cost - custo de produção.

profane - profano.

profession - profissão.

professional - profissional.

professional conduct - conduta profissional; ética profissional.

professional ethics - ética profissional.

professional liability - responsabilidade civil.

professional liability insurance - seguro de responsabilidade civil.

profit - lucro; resultado.

profit, to - ganhar; render; lucrar.

profit and loss account - conta de lucros e perdas.

profit and loss statement - demonstrativo de lucros e perdas.

profit before taxes - lucro antes de impostos.

profit center - centro de lucros.

profit margin - margem de lucro.

profit related pay - remuneração baseada nos lucros.

profit sharing - participação em lucros.

profits à pendre (F) - servidão.

profitability - rentabilidade; lucratividade.

profiteer - aproveitador.

profiteering - vender com margem de lucro excessivo.

profitgraph - diagrama de equilíbrio das receitas e despesas.

profligate - libertino; dissoluto; devasso; esbanjador.

proforma - proforma.

proforma invoice - nota fiscal enviada antecipadamente.

profound - profundo.

profundity (FC) - acuidade intelectual.

profuse - profuso.

progenitor - progenitor.

program (USA) - programa.

program trading - compra e venda em mercados financeiros administrada por programas de computação.

program chart - folha de codificação de programa.

program step - passo de programa.

programme (UK) - programa.

programming - programação.

progress - progresso.

progressive - progressivo.

progressive income tax - imposto de renda progressivo.

progressive tax rate - alíquota progressiva.

prohibit, to - proibir; impedir; vedar.

prohibition - proibição; interdição; lei seca.

project - projeto.

project finance - financiamento de projetos.

proletarian - proletário.

proliferate, to - proliferar.

prolongation - prorrogação; extensão; prolongação.

prolixity - prolixidade.

promise - promessa.

promise, to - prometer.

promisee - promissário; aquele que recebe a promessa.

promisor - promitente; pessoa que promete.

promissory - promissório.

promissory note - nota promissória.

promote, to - promover; estimular; favorecer.

promoter - promotor.

prompt - pronto; diligente; pontual; imediato.

prompt date - data de entrega (contratos futuros de mercadorias).

prompt delivery - entrega imediata.

promulgate, to - promulgar; proclamar; propagar; publicar; anunciar.

prone - disposto; inclinado.

pronounce, to - pronunciar; declarar.

pronunciation - pronunciamento.

proof - prova; comprovação.

proof machine - máquina de distribuição e comprovação.

proof of will - processo de inventário.

propaganda - propaganda; divulgação de doutrina.

propagandist - propagandista.

proper - próprio; conveniente; apropriado; adequado.

proper evidence - prova admissível.

proper party - parte legítima.

property - propriedade; bem; imóvel; ativo fixo.

property, absolute - propriedade absoluta.

property account - conta de ativo imobilizado.

property in action - direito de agir.

Property income certificate (PINC) (UK) - ação representativa de condomínio imobiliário.

property, intangible - propriedade intangível.

property, movable - bem móvel.

property, possessory - direito possessório; posse.

property, private - propriedade privada.

property, public - propriedade pública.

property, qualified - propriedade qualificada.

property, real estate - imóvel.

property right - direito de propriedade.

property, tangible - bem corpóreo.

property tax - imposto predial ou territorial.

propitiate, to (FC) - conciliar; placar.

propitious - propício; favorável; oportuno.

proponent - proponente.

proportion - proporção.

proportional - proporcional.

proportional treaty - acordo de resseguro.

proposal - declaração; proposta; oferta.

proposal form - formulário de proposta.

propose, to - propôr.

proposed dividend - dividendo a distribuir.

proposition - proposta; oferta.

propounder - inventariante; testamenteiro.

proprietary - proprietário; com direito exclusivo.

proprietary company - companhia de seguros.

proprietor - proprietário; dono.

proprietor's equity - patrimônio dos proprietários.

proprietorship - propriedade; condição de proprietário.

propriety - propriedade; decência; conveniência.

pro-rata - proporcional.

prorate, to - ratear.

proration - rateamento.

prorogation (UK) (FC) - suspender as atividades do parlamento sem sua dissolução.

proscribe, to - proscrever; banir; exilar; condenar; proibir.

proscription - proscrição; banimento; condenação; proibição.

prosecute, to - processar.

prosecuting attorney - promotor público.

prosecuting witness - testemunha arrolada pela promotoria.

prosecution - ação penal; litígio; demanda.

prosecutor - promotor público.

prospectus - prospecto.

prosper, to - prosperar.

prosperous - próspero.

prostitute - prostituta; meretriz.

prostitution - prostituição.

protagonist - protagonista.

protect, to - proteger; defender; preservar.

protected coin (UK) - moeda corrente.

protection - proteção.

protection order (UK) - renovação de licença para venda de bebidas alcoólicas.

protective - protetivo.

protector - protetor.

protectorate - protetando.

protest - protesto.

protest, to - protestar.

protest fee - taxa referente ao protesto.

protestant - protestante.

prothonotary - oficial de justiça.

protocol - protocolo.

proud - orgulhoso.

prove, to - provar.

provenance (F) - origem.

proverbial - proverbial.

provide, to - fornecer; providenciar.

province - província; alçada; competência.

provision - suprimento; reserva; provisão; cláusula; disposição.

provision account - conta de reserva.

provision for depreciation - provisão para depreciação.

provision for taxes - provisão para impostos.

provisional - provisional.

provisional assignee - liquidante provisório.

provisional government - governo provisório.

provisional injuction - liminar provisória.

provisional orders - ordens provisórias.

provisional remedy - medida cautelar.

proviso - cláusula; disposição; condição.

provisory - provisório.

provocation - provocação.

provoke, to - provocar; irritar; induzir; instigar.

provost marshal - policial militar.

prowess - perícia; habilidade.

prowl, to - rondar para roubar.

prowler - ladrão.

proximate - próximo; imediato.

proximate cause - causa próxima.

proximate damages - dano imediato.

proximity - proximidade.

proximity rule - causa direta (direito securitário).

proxy - procuração.

proxy marriage - casamento por procuração.

proxy statement - declaração informativa que acompanha solicitação de procuração para votar em assembléias de acionistas.

proxy war - disputa para obtenção de procurações de acionistas.

prudence - prudência; cautela; ponderação.

prudential rations - adequação de capital; índice de liquidez.

prudent - prudente.

prudent insurer - segurador prudente.

puberty - puberdade.

public - público; notório; comum; conhecido.

public act - ato público.

public administration - administração pública.

public accountant - contador público.

public agency - órgão público.

public analyst (UK) - analista qualificado.

public appointment - cargo governamental.

public assembly - manifestação pública.

public auction - hasta pública.

public authority - autoridade pública.

public bid - concorrência pública.

public company - sociedade de capital aberto.

public corporation - sociedade de capital aberto.

public defender - defensor público.

public enemy - inimigo público.

public entity - entidade pública.

public finance - finanças públicas.

public hearing - audiência pública.

public knowledge - conhecimento público.

public law - direito público.

public lending right (UK) - direito de autores à remuneração por livros emprestados por bibliotecas públicas.

public liability insurance - seguro de responsabilidade em favor de terceiros.

public nuisance - ato contra a paz pública.

public offense - crime.

public offer - oferta pública.

public offering - oferta pública.

public office - função pública.

public official - funcionário público.

public opinion - opinião pública.

public place - local público.

public placement - colocação pública.

public record - público; registro público; arquivo público.

public relations - relações públicas.

public sale - venda pública.

public service - funcionalismo público.

public service company - companhia de serviços públicos; concessionária.

public subscription - oferta pública; subscrição pública.

public transportation - transporte público.

public trial - julgamento público.

public utility - utilidade pública.

public utility company - companhia de serviços públicos.

public welfare - bem estar da população.

public wrong - ofensa contra toda a sociedade.

publican (UK) - gerente ou proprietário de pub.

publication - publicação.

publish, to - publicar; editar; proclamar.

publisher - editor.

punctilious - escrupuloso; meticuloso.

pundit (Hindi) - sábio.

punish, to - punir; castigar.

punishable - punível.

punishment - punição; castigo.

punitive - punitivo.

punitive damages (USA) - danos punitivos.

purchase - compra; aquisição.

purchase, to - comprar; adquirir.

purchase agreement - contrato de compra.

purchase contract - contrato de compra.

purchase option - opção de compra.

purchase order - ordem ou pedido de compra; encomenda.

purchase price - preço de compra.

purchase requisition - requisição de compra.

purchaser - comprador.

purchasing power - poder aquisitivo.

pure - puro.

pure accident - acidente culposo.

pure risk - risco simples.

purge, to - eliminar.

purport, to - pretender.

purpose - propósito; objetivo; finalidade; fim.

purposeful - propositado; intencional.

purposely - propositadamente; deliberadamente.

purse - prêmio; gratificação; compensação; fundos.

purser - oficial da bolsa; tesoureiro em navio.

pursuant - conforme; de acordo.

pursue, to - perseguir.

pursuer - perseguidor.

pursuit - perseguição; busca; procura.

purulent - purulento.

purvey, to - suprir; fornecer.

purveyor - fornecedor.

put, to - colocar.

put - opção de venda.

put and call - opção de compra e venda; opção dupla.

put bond - bônus com opção de recompra.

put off, to - protelar; prorrogar; adiar.

put option - opção de venda.

putative - putativo; suposto.

putative father - pai putativo.

putative marriage - casamento putativo.

putrid - putrido.

pyrahic victory - vitória de Pirro.

pyramiding - controle societário; atividade holding.

Q

qualification - qualificação; ressalva; competência.

qualification share - ação de qualificação; ação necessária para eleger-se membro do conselho.

qualified - qualificado; capaz; apto; competente.

qualified acceptance - aceitação com ressalva; aceitação condicional.

qualified certificate - certificado com ressalva.

qualified indorsement - endosso qualificado.

qualified opinion - opinião com ressalva.

qualified report - parecer de auditoria com ressalva.

qualify, to - qualificar; habilitar; restringir; limitar; alterar; modificar.

qualitative - qualitativo.

quality - qualidade; atributo; característica.

quality control - controle de qualidade.

qualm - apreensão; receio; remorso; náusea; vertigem.

quandary - perplexidade; embaraço; dúvida; dilema.

quantity - quantidade.

quantity discount - desconto por quantidade.

quarantine - quarentena.

quarrel - rixa; disputa; contenda; briga.

quarry - caça; pedreira.

quarter - trimestre.

quarter cousin - parente distante.

quarterly report - relatório trimestral.

quash, to - anular; invalidar; cancelar.

quasi (L) - quase; próximo.

quasi contract (L) - quase contrato.

quasi personality (L) - bens acessórios.

quasi realty - direitos sobre propriedade imobiliária.

quasi trustee - pessoa que se beneficia ilegalmente de fideicomisso e que deve responder como fiduciário.

queen - rainha.

Queen's Bench (UK) - uma das três divisões do tribunal superior.

Queen's Counsel (QC) (UK) - advogado contencioso britânico de hierarquia superior.

Queen's evidence (UK) - provas da acusação.

Queen's proctor (UK) - curador.

quell, to - terminar; eliminar; reprimir.

quench, to - terminar; eliminar; revogar.

querulous - queixoso; impertinente.

quest - procura; busca.

question - problema; pergunta; questão; indagação; lide.

question of fact - questão de fato.

question of law - questão de direito.

quick assets - ativos de grande liqüidez.

quid (USA) - (informal) dinheiro.

quid pro quo (L) - uma coisa dada em troca de outra.

quiet - sossegado; tranqüilo.

quiet enjoyment - usufruto sem impedimento.

quip - observação espirituosa.

quirk - sutileza; argúcia.

quit - livre; abandonado; quitado.

quit, to - abandonar; deixar; largar.

quit claim - quitação.

quit claim deed - escritura de quitação.

quittance - quitação.

quizzical - cômico; provocante.

quod (UK) - prisão.

quorum - quorum.

quota - quota; cota; quinhão; contribuição.

quota share reinsurance treaty - contrato de resseguros proporcional.

quotaholder - quotista.

quotation - cotação (de preços); estimativa; citação.

quotation bulletin - boletim de cotação.

quote - cotação; aspas; oferta.

quote, to - citar; cotar; ofertar.

quote driven - sistema de definição de preços com base em ofertas.

quoted company - companhia de capital aberto; sociedade de capital aberto.

quotidian - cotidiano.

R

rabbi - rabino.

rabble - desordeiros.

race - raça; descendência.

race relations - relações raciais.

racial - racial.

racial discrimination - discriminação racial.

racial grounds - motivos raciais.

racial group - grupo racial.

racial hatred - ódio racial.

racism - racismo.

rack - tortura com o objetivo de obtenção de confissão.

rack-rent - aluguel muito acima do preço de mercado.

racket - quadrilha que pratica extorsão.

racketeer - membro de quadrilha.

radical - radical.

raffle - rifa; sorteio.

raid - ataque.

raider, corporate - especulador hostil.

raise, to - levantar; incitar; arrecadar; suscitar; provocar; proferir.

raised check - cheque com o valor aumentado.

rake-off - suborno; comissão.

rally - demonstração; aumento brusco de preços.

rally in prices - melhoria dos preços.

ramp, to - a compra de valores em mercado com o objetivo único de aumentar o respectivo preço.

rampart - defesa; proteção.

ramping - manipulação altista de valores em mercado.

rancor - rancor; ódio.

random - aleatório.

random numbers - números aleatórios.

random sampling - amostragem aleatória.

randomize, to - randomizar.

range - extensão; âmbito; amplitude; espectro; direção; gama.

rank - posição; posto; graduação; categoria.

ransack - pilhagem.

ransom - resgate.

rapacious - predatório.

rape - estupro.

rape, date - estupro no curso de ocasião social.

rape, statutory - relação sexual com incapaz.

rapid - rápido.

rapine - rapina.

rapport - relacionamento; conexão.

raptor (FC) - ave de rapina.

rare - raro.

rarity - raridade.

rascal - mau elemento; escroque.

rasure - rasura.

rate - taxa; tarifa; índice.

rate, to - ratear; valorar.

rate cap - teto de taxa; limite de taxa.

rate of discount - taxa de desconto.

rate of exchange - taxa de câmbio.

rate of interest - taxa de juros.

rate of return pricing - sistema de cálculo do preço destinado a prover determinada taxa de rendimento de investimento.

rate support - sustentação de taxa.

rate support grant - subsídio de sustentação de taxa.

rate tariff - tarifa de preços.

rating - classificação.

rating agency - agência de classificação de créditos.

ratification - ratificação; sanção; confirmação; aprovação.

ratify, to - ratificar; sancionar; confirmar; aprovar.

ratio (L) - quociente; quota; índice; proporção.

ratio decidendi (L) - fundamento da decisão.

ration, to - racionar.

rational - racional; sensato.

ravish - estupro; remoção forçada; assalto.

ravisher - estuprador; assaltante; agressor.

ravishment - estupro; assalto; agressão.

raw - em estado natural; bruto; cru.

raw material - matéria prima.

re-conversion - reconversão.

re-discount - redesconto.

re-entry - reentrada.

re-examination - reexame.

re-exchange - despesas decorrentes da reapresentação de uma cambial.

re-export, to - reexportar.

re-extent - reavaliação.

re-hearing - novo julgamento.

reach, to - alcançar.

reacquire, to - readquirir; recomprar.

reacquired stock - ações da própria empresa readquiridas

react, to - reagir.

reaction - reação.

reaction function (USA) - atividade reguladora de controle monetário exercida pela autoridade; controle monetário.

read, to - ler; estudar; interpretar.

readjustment - reajuste; recuperação.

ready - pronto; preparado; disposto.

real - real; verdadeiro; material.

real bill - moeda elástica.

real cost - custo real.

real estate - imóvel; bem imóvel; bem imobiliário.

real estate broker - corretor de imóveis.

real estate investment trust - "trust" que investe principalmente em propriedades e hipotecas.

real estate law - direito imobiliário.

real estate listing - contrato de corretagem de imóveis.

real estate tax - imposto predial e territorial.

real evidence - prova real; prova material.

real exchange rate - taxa de câmbio real.

real injury - dano material.

real money - dinheiro verdadeiro.

real price - preço efetivo.

real property - imóveis.

real representative (UK) - inventariante.

real thing - propriedade imobiliária.

real time - ao mesmo tempo.

real wages - salário real.

reality - realidade.

realization - realização; liquidação.

realize, to (FC) - realizar; liquidar; aperceber.

realm - campo; domínio; região sob domínio de um rei.

realtor - corretor de imóveis.

realty - propriedade imobiliária; bem imóvel; imóvel.

reanimate, to - reanimar.

reappraiser - reavalidor.

reason - razão; motivo; causa; justificação; bom-senso.

reason of state - razão de Estado.

reasonable - razoável; moderado; sensato; próprio.

reasonable and probable cause - causa razoável e provável.

reasonable doubt - dúvida razoável, decisiva para a absolvição.

reassure, to - reassegurar; ressegurar.

reassurance - reasseguração; resseguro.

rebate - abatimento; desconto; bonificação.

rebate, to - descontar; bonificar.

rebel, to - rebelar-se; revoltar-se; insurgir-se.

rebellion - rebelião; insurreição; revolta.

rebellious - rebelde.

rebuff, to - repelir; rejeitar.

rebuke - repreensão.

rebuke, to - repreender.

rebut, to - refutar; contraditar.

rebuttal evidence - contraprova.

rebutter - tréplica; contra-razões.

recalcitrant - recalcitrante.

recall, to - recordar; lembrar; revogar; cancelar; anular.

recant, to - retratar-se.

recantation - retratação.

recapitalization - recapitalização.

recapture, to - recapturar; recuperar.

receipt - recibo; receita.

receipt of goods - recibo mercantil.

receipts and expenditures - receitas e saídas.

receivable - a receber.

receivables - valores a receber; contas a receber.

receive, to - receber.

receiver - depositário; síndico; liquidante; recebedor; aceitante.

receiver pendente lite - depositário judicial.

receiver's certificate - atestado de dívida emitido pelo liquidante (de falência, espólio).

receivership - falência; liquidação judicial.

receiving - receptação.

receptor - recebedor; depositário; receptor.

recess - recesso; férias parlamentares.

recession - recessão.

recipient - recipiente.

reciprocal - recíproco.

reciprocal insurance - resseguro.

reciprocal will - testamento recíproco.

reciprocate, to - recíproco.

reciprocity - reciprocidade.

reciprocity clause - cláusula de reciprocidade.

recision - rescisão; anulação; cancelamento; revogação.

recital - fundamentação; consideração.

recite, to - fundamentar; narrar; considerar; citar.

reckless - imprudente; negligente; indiferente.

reckless homicide - homicídio culposo.

recklessness - imprudência; desídia; temeridade.

reclaim, to - recuperar.

reclamation - reclamação.

reclamation - devolução de cheque compensado.

recluse - recluso.

reclusion - reclusão.

recognition - reconhecimento; ratificação; consideração.

recognizance - obrigação de fazer assumida perante uma corte.

recognize, to - reconhecer; admitir; identificar; confessar.

recognizor - réu em liberdade condicional.

recollect, to - lembrar.

recollection - lembrança.

recommend, to - recomendar; aconselhar.

recommendation - recomendação; conselho.

recompense - recompensa; compensação; indenização.

recompense, to - recompensar; indenizar; ressarcir.

reconcile, to - reconciliar.

reconcile an account, to - reconciliar uma conta.

reconcile back, to - reconciliar com data anterior.

reconciliate, to - reconciliar.

reconciliation - reconciliação.

reconduction - recondução; renovação de aluguel.

reconnaissance - reconhecimento.

reconquer, to - reconquistar.

reconsolidate, to - reconsolidar.

reconsolidation - reconsolidação.

reconsolidation of debt - reconsolidação de dívida.

reconstitute, to - reconstituir.

reconstruct, to - reconstruir.

reconvention - reconvenção.

reconversion - reconversão.

record - registro; lançamento; documento; anotação; termo; arquivo; auto.

record, to - registrar; lançar; contabilizar; gravar; arquivar; autuar.

record, debt of - dívida judicial.

record evidence, to - registrar; fazer constar.

Record Office (UK) - registro público.

record, trial by - julgamento com base em prova documental.

recorder - oficial de registros; árbitro; juiz (RU).

recording - registro; anotação.

records - registros.

records, accounting - escrituração contábil.

recount, to - relatar; referir; contar minuciosamente.

recoup, to - recuperar; reaver.

recoupment - reconvenção; redução; ressarcimento.

recourse - recurso.

recourse, without - sem recurso ao endossante.

recover, to - recuperar; reaver; ressarcir-se.

recoverable - recuperável.

recoverable value - valor recuperável.

recovery - ressarcimento; indenização.

recovery value - valor recuperável.

recreate, to - recriar; duplicar.

recriminate, to - recriminar.

recrimination - recriminação.

recruit, to - recrutar; alistar.

rectification - retificação; correção.

rectify, to - retificar; corrigir.

rectitude - correção.

rector - reitor.

recurrent - recorrente.

red - vermelho.

red carpet - tapete vermelho; tratamento diferenciado.

red clause - cláusula em financiamento do comércio exterior mediante a qual os recursos financeiros são devolvidos na inexistência de embarque.

red herring prospect - prospecto preliminar descrevendo títulos a serem colocados no mercado sem entretanto mencionar dados referentes a preços.

red ink - com prejuízos; no vermelho; déficit.

red-tape - burocracia.

redate, to - redatar.

redeem, to - resgatar; redimir; salvar; libertar; amortizar.

redeemable - resgatável.

redeemable security - título resgatável.

redeemed shares - ações amortizadas.

redefine, to - redefinir.

redemption - reembolso; resgate; remissão; quitação.

redemption cost - custo de resgate.

redemption date - data de resgate.

redemption fund - fundo de amortização.

redemption of land tax (UK) - remissão de imposto rural.

redemption period - prazo para o resgate.

redemption price - preço de resgate; preço de amortização.

redemption yield - rendimento no resgate.

rediscount - redesconto.

rediscount rate - taxa de redesconto.

redraft, to - reminutar.

redraw, to - reemitir.

redress, to - reparar; compensar; reajustar.

reduce, to - reduzir; limitar; restringir; submeter; subjugar.

reducing-balance form - demonstração de lucros e perdas com depreciação.

reduction - redução; abatimento; diminuição.

redundancy - redundância; excesso.

redundancy payment - indenização por demissão.

redundant - redundante.

redundant, made - demitido(a).

refer, to - referir-se.

refer, to - fazer a liquidação por cálculo do contador.

refer to drawer - reporte-se ao emitente (nota do banco suspendendo pagamento).

referee - árbitro; intercessor; juiz; conciliador; intermediador; moderador.

reference - referência.

reference - cláusula compromissória.

reference file - arquivo de referência.

referendum - referendo.

refferal - apresentação.

refferal fee - comissão pela apresentação.

refinance, to - refinanciar.

refinancing plan - plano de refinanciamento.

refection - reflexão.

reform, to - reformar; corrigir; regenerar-se.

reformatory - reformatório.

refrain, to - abster-se.

refuge - refúgio; abrigo; asilo.

refugee - refugiado.

refugee, economic - refugiado econômico.

refugee, political - refugiado político.

refund - reembolso; devolução; restituição.

refund, to - reembolsar.

refunding bond - apólice de consolidação.

refusal - recusa; denegação; rejeição.

refuse, to - recusar; rejeitar; negar.

refute, to - refutar; rebater; desmentir.

regain, to - recuperar.

regal - real.

regard - com relação.

regent - regente.

region - região; área; zona.

register - cadastro; registro; livro; notas.

register - notário; oficial de registros públicos.

register, to - cadastrar; registrar; contabilizar; lançar; arrolar; assentar; notar.

register a trade mark, to - registrar uma marca.

register of deeds - registro de títulos e documentos.

register of land - registro imobiliário.

register of patents - registro de patentes.

register of ships - registro naval.

registered bond - título mobiliário nominativo.

registered mail - carta registrada.

registered office - sede.

registered office clause - cláusula de sede social (em contrato social).

registered shares - ações nominativas.

registered trade-mark - marca registrada.

registered voter - eleitor inscrito.

registrar - notário; tabelião; oficial de registros.

registrar of deeds - tabelião; notário; cartorário; oficial de cartório.

registration - registro; matrícula; assentamento; arquivamento.

registration documents (UK) - documentos do automóvel.

registration number (UK) - número de registro de automóvel.

registration of securities - registro de títulos mobiliários.

registration of stock - registro de ações.

registration of title - registro imobiliário.

registration statement - relatório às autoridades monetárias referente a uma proposta de venda de ações no mercado de capitais.

registry - registro; inscrição; matrícula; cartório.

regression equation - equação de regressão.

regressive tax - taxa regressiva.

regrettable - lamentável; deplorável.

regula generalis (L) - normas internas das cortes de justiça.

regular - legal; regular; uniforme; metódico; rotineiro.

regular basis, on a - regularmente.

regulate, to - regular; regularizar; ajustar; regulamentar; fixar; controlar.

regulation - regulamento.

regulatory agency - organismo de controle; agência controladora; órgão fiscalizador.

rehabilitate, to - reabilitar; reintegrar.

rehabilitation - reabilitação.

Rehabilitation of Offenders Act (UK) - lei que trata da reabilitação de ex-presidiários.

reign - reino.

reimburse, to - reembolsar; compensar; restituir; indenizar.

reimbursement - reembolso; devolução; restituição.

reimbursement of expenses - reeembolso de despesas.

reinforce, to - reforçar.

reinforcement - reforço.

reinstate, to - restabelecer; reinstalar.

reinstated - restabelecido; reinstauração.

reinsurance - resseguro.

reinsurance, facultative - contrato facultativo; contrato avulso (a aceitação do resseguro é feita com consulta prévia).

reinsurance contracts - contratos de resseguro.

reinsurance treaty - contrato automático (abrangendo todo um universo de bens, sem individualização precisa).

reinsurance treaty, proportional - contrato automático proporcional.

reinsurer - ressegurador; companhia de resseguros.

reintegration - reintegração.

reinstate, to - restabelecer; pagar o valor do seguro.

reinstatement - restabelecimento; restituição; o pagamento do valor do bem segurado pelo segurador.

reinvest, to - reinvestir.

reinvested dividends - dividendos reinvestidos.

reinvestment - reinvestimento.

reinvestment of profits - reinvestimento de lucros.

reject, to - rejeitar; recusar; denegar; repelir.

rejection - rejeição; recusa; repulsa.

rejoice, to - alegrar-se.

rejoin, to - treplicar.

rejoinder - tréplica.

relapse, to - recorrer.

relate, to - relacionar; coligar; vincular.

relation - relação; relato; narração; parentesco.

relationship - relacionamento.

relations - parentes.

relative - parente.

relative - relativo; referente; concernente.

relator - relator; promotor; autor.

relator action (UK) - ação popular; ação coletiva.

release - quitação; baixa; liberação.

release, to - dar quitação; liberar; dar baixa; deixar.

release, general - recibo de quitação.

release on bail - liberdade sob fiança.

release on own recognizance - liberdade condicional.

releasee - quitado; outorgado.

releasor - outorgante.

relegate, to - relegar; afastar.

relegation - banimento temporário.

relent, to - ceder; abrandar-se; compadecer-se

relevant - relevante; aplicável; pertinente.

relevant evidence - prova relevante.

reliable - confiável.

reliability - confiabilidade.

reliance - confiança.

relief - alívio; seguro social; amparo; ajuda.

relieve, to - amparar; ajudar; socorrer; atenuar; mitigar.

religion - religião.

religious freedom - liberdade religiosa.

relinquish, to - abandonar; desistir; renunciar; abrir mão; ceder.

relinquishment - abandono; desistência; renúncia.

relish, to - apreciar; degustar.

reload, to - recarregar.

reluctancy - relutância.

reluctant - relutante.

rely, to - confiar; depender.

remainder - resto; saldo; acessório.

remainderman - legatário residual.

remand, to - reenviar à prisão; aprisionar.

remand center (UK) - prisão para menores.

remarkable - notável.

remarry, to - casar de novo.

remedial - reparador.

remedial action - ação de reparação.

remedial statutes - lei para corrigir falhas de legislação anterior.

remedy - remédio judicial; recurso.

remedy in equity - remédio em eqüidade.

remember, to - lembrar-se.

remind, to - lembrar.

reminder - lembrete.

reminder letter - carta de cobrança.

remise, to - desistir.

remission - remissão; perdão; absolvição.

remit, to - remitir; remeter; perdoar; suspender; abrandar.

remit, to - baixar os autos.

remitment - devolução; baixa cancelamento.

remittance - remessa.

remitter - reintegração de posse.

remitting bank - banco pagador.

remittit damna (L) - renúncia a indenização a maior.

remonetization - remonetização.

remonstrance - protesto; admoestação; advertência.

remonstrate, to - protestar.

remorse - arrependimento; remorso.

remote - remoto; distante; longínqüo.

remote cause - causa remota.

remote damage - dano remoto.

remoteness - improbabilidade; distância; esbulho possessório.

remoteness of damage - desproporção entre a ação e o dano.

removable - removível.

removal - remoção; afastamento; demissão; eliminação.

removal from office - demissão.

removal of cause - desaforamento do processo.

remove, to - remover; retirar; demitir; eliminar.

remunerate, to - remunerar; pagar.

remuneration - remuneração.

render, to - prestar; render; tributar; prestar.

render account, to - prestar contas.

render judgement, to - proferir sentença.

render legal advice, to - dar aconselhamento jurídico.

render verdict, to - passar o veredicto.

rendering legal assistance - prestar assessoria jurídica.

rendezvous (F) - ponto de encontro; entrevista.

rending - prestação.

rendite (GER) - renda; ganho.

rendition - apresentação.

renegade - renegado.

renege, to - renegar.

renegotiate, to - renegociar.

renegotiation - renegociação.

renew, to - renovar; restaurar; reformar; substituir.

renew a loan, to - renovar um empréstimo.

renewal - renovação.

renitence - resistência.

renounce, to - renunciar; abrir mão; abdicar de um direito; rejeitar; repudiar.

renounce citizenship, to - renunciar cidadania.

renovate, to - renovar; reformar.

renown - renome.

rent - aluguel; arrendamento; renda.

rent, to - arrendar; alugar.

rent, forehand - aluguel pagável antecipadamente.

rent free - sem aluguel.

rent rebate - desconto no aluguel; subsídio ao aluguel.

rent strike - greve no pagamento de aluguéis.

Rent Tribunal (UK) - corte de locações.

rentage - aluguel.

rental - aluguel; arrendamento.

rental income - renda de locação.

rental property - propriedade destinada a locação.

rental value - valor do aluguel.

rente (F) - renda.

rente (GER) - renda.

rentebank (GER) - banco de crédito.

renter - arrendante.

rentier - arrendatário.

renumber, to - renumerar.

renunciate, to - renunciar.

renunciation - renúncia; repúdio; rejeição.

renvoi - reenvio.

reoccupy, to - reocupar.

reopening a case - reabertura de caso.

reorganization - reorganização; concordata.

reorient, to - reorientar.

repair - conserto; reparo.

repair, to - consertar; reparar.

reparation - reparação; indenização; compensação.

repatriate, to - repatriar.

repatriation - repatriamento.

repay, to - pagar; restituir; devolver; reembolsar.

repayment - amortização; quitação; pagamento.

repayment schedule - calendário de amortização.

repeal, to - revogar; repelir.

repealable - revogável.

repeater - reincidente.

repel, to - repelir; rejeitar; repugnar.

repelled - repelido; rejeitado.

repent, to - arrepender-se.

repentance - arrependimento.

repercussion - repercussão.

repertory - repertório.

repetition - repetição; reiteração.

replace, to - repor; recolocar.

replacement - reposição; substituição.

replacement cost - custo de reposição.

replenish, to - reabastecer.

replenishment - reabastecimento.

repleviable - objeto de uma ação de reivindicação.

replevin - ação de reivindicação.

replica - réplica; cópia; duplicata.

replicant - apelado.

replicate, to - replicar.

replicatio - réplica.

replication - réplica.

reply, to - resposta; réplica; contestação.

report - relatório; laudo; informe.

report, to - informar; relatar; responder.

report, annual - relatório anual.

reporter - relator; informante; repórter.

reporter, court - relatório de jurisprudência.

reporting - relato.

reporting accountants - contadores do caso.

reporting dealer (USA) - corretor encarregado do lançamento em mercado primário.

repossess, to - retomar; rever.

repossession - retomada.

reprehend, to - repreender; censurar; reprovar.

reprehension - repreensão; censura; reprovação.

represent, to - representar.

representation - representação; declaração.

representation agreement - contrato de representação.

representation by proxy - representação por procuração.

Representation of the People Act (UK) - lei eleitoral.

representations and warranties clause - cláusula de declarações e representações.

representative - representante; deputado; parlamentar.

representative sampling - amostragem representativa.

repress, to - reprimir.

reprieve, to - suspender temporariamente a execução de uma sentença criminal.

reprimand - reprimenda; repreensão severa; censura.

reprint, to - reimprimir.

reprisal - represália; retorsão.

reproach - censura; acusação.

reprobacy - censura.

reproduce, to - reproduzir.

reproduction cost - custo de reprodução.

reproof - censura.

reproval - reprovação; censura.

reprove, to - reprovar; censura.

republic - república.

republican federation - federação republicana.

republican government - governo republicano.

republican party - partido republicano.

republication - revalidação de testamento.

repudiate, to - repudiar; rejeitar; repelir.

repudiation - repúdio; rejeição; repulsa.

repugn, to - repugnar.

repugnance - repugnância; aversão; antipatia.

repugnant - repugnante; inconsistente.

repulse - repulsa; recusa; rejeição.

repulse, to - repelir.

repulsive - repulsivo.

repurchase, to - readquirir.

repurchase agreement - contrato de recompra; compromisso de recompra.

repurchase clause - cláusula de recompra; cláusula de retrovenda.

repurchased stock - ações readquiridas dos acionistas.

reputation - reputação; fama.

repute, to - reputar; considerar.

reputed - reputado; suposto; pretenso.

request - requisição; pedido; solicitação.

request, to - requerer; pedir; solicitar.

require, to - requerer; exigir; solicitar.

required reserves (USA) - reservas necessárias.

requirement - requisito; exigência.

requisition - requisição.

requisition of title - solicitação de documentação.

requisitioned property - propriedade destinada a locação.

rerun, to - re-executar.

res (L) - coisa.

res derelicta (L) - coisa abandonada.

res fungibiles (L) - coisa fungível.

res gestae (L) - coisa concreta.

res integra (L) - coisa íntegra.

res ipsa loquitur (L) - coisa que fala por si mesmo.

res judicata (L) - coisa julgada.

res nullius (L) - objeto sem dono.

res publicae (L) - objeto público.

res suma (L) - ponto principal.

res universitatis (L) - coisa universal; coisa de uso comum.

resale - revenda.

rescind, to - rescindir; revogar; cancelar; distratar.

rescission - rescisão.

rescission of contract - rescisão de contrato.

rescous - resistência à autoridade.

rescussor - quem resiste à autoridade.

rescue - socorro; livramento; salvamento.

rescue, to - livrar; socorrer; salvar; libertar.

research - investigação; pesquisa; busca.

research, to - pesquisar; investigar.

resell, to - revender.

resemble, to - assemelhar; parecer.

resent, to - ressentir-se; ofender-se com.

reservation - reserva; ressalva; restrição.

reservation, indian - reserva indígena.

reserve - reserva; provisão; restrição; ressalva.

reserve, to - provisionar; reservar; destinar.

reserve account - conta de reserva.

reserve asset ratio (UK) - índice de reservas.

reserve assets - ativos financeiros disponíveis.

reserve bank - banco central detendo reservas de outros bancos; banco central.

reserve currency - reservas financeiras.

reserve for contingencies - reserva para contingências.

reserve for bad debts - reserva para créditos duvidosos.

reserve for depreciation - reserva para depreciação.

reserve for doubtful accounts - reserva para devedores duvidosos.

reserve fund - fundo de reserva.

reserve for indemnities - reserva para indenizações.

reserve price - preço para vender.

reserve requirement (USA) - índice de reservas.

reserved - reservado; retido.

reserves - reservas.

reserves, foreign currency - reservas em moedas estrangeiras.

reserves, gold - reservas em ouro.

reserves maintenance period (USA) - período de manutenção de reservas.

reserves pressure (USA) - pressão do banco central.

reserving a point of law - apelação ex-oficio.

resettlement - relocação.

reside, to - residir; morar.

residence - residência.

residence visa - visto de residência.

resident - residente.

resident agent - agente residente.

resident alien - estrangeiro residente.

resident partner - sócio residente.

residual - residual; restante; remanescente.

residual cost - custo residual; custo exaurido.

residual value - valor residual.

residuary - residual.

residuary estate - legado residual.

residuary legatee - legatário residual.

residue - saldo; resíduo.

resign, to - resignar; renunciar; abandonar; abdicar.

resignation - renúncia; pedido de demissão.

resilient - resistente.

resist, to - resistir.

resistance - resistência.

resolute - resoluto.

resolution - resolução; decisão; deliberação.

resolution, extraordinary - resolução extraordinária.

Resolution for Voluntary Winding Up (UK) - deliberação de auto-falência; auto-liquidação.

resolution, joint - resolução conjunta.

resolution, ordinary - resolução ordinária.

resolution, special - resolucão com maioria qualificada; deliberação qualificada.

resolution of companies - deliberação societária.

resolution of disputes - solução de controvérsias; resolução de disputas.

resolutive - resolutiva.

resolutive condition - condição resolutiva.

resolutory - resolutório.

resolve, to - resolver; solucionar; decidir; terminar; dissolver.

resort - recurso.

resort, to - recorrer.

resort, court of last - tribunal de última instância.

resource - recurso; meios; bens.

resources, economic - recursos econômicos.

resources, financial - recursos financeiros.

resources gap - déficit de recursos.

resources, human - recursos humanos.

resources, legal - recursos legais.

resources, natural - recursos naturais.

respect - respeito.

respect, to - respeitar.

respectable - respeitável.

respectability - respeitabilidade.

respectful - respeitoso.

respective - respectivo.

respite - adiamento; prorrogação.

respite, to - suspender temporariamente; adiar.

respite of a jury - adiamento do júri.

respite of a sentence - adiamento na execução de sentença.

respond, to - responder; contestar.

respondent - réu; apelado.

respondent - réu.

respondentia - empréstimo contra a garantia de penhor da carga de navio.

responsibility - responsabilidade.

responsibility accounting - contabilidade por níveis de responsabilidade.

responsibility costing - custeio com fixação de responsabilidade.

responsible - responsável.

responsive - sensível; receptivo; compreensívo; simpático.

rest - resto; saldo; repouso.

rest, to - cessar; terminar.

restate, to - restabelecer.

restatement - nova declaração.

restitution - restituição; devolução; reparação; indenização.

restitution order - ordem de restituição.

restless - irriquieto.

restore, to - restaurar; reestabelecer.

restrain, to - conter; reprimir; refrear; impedir.

restraining order - medida cautelar.

restraining statutes - lei que limita direitos.

restraint - limitação; proibição; repressão; obstáculo; moderação; prudência.

restraint of trade - proibição de comércio.

restraint on alienation - proibição para alienar bens.

restraint on alienation, clause of - cláusula de restrição à alienabilidade.

restrict, to - restringir; limitar; reduzir.

restriction - restrição; limitação.

restrictive - restritivo; limitado.

restrictive covenant - cláusula restritiva.

restrictive indorsement - endosso restritivo.

restructure - restruturação.

restructure, corporation - reestruturação societária.

restructure, financial - reestruturação financeira.

result - resultado; efeito; conseqüência.

resulting trust - fideicomisso em favor do próprio instituidor.

resumé (F) - curriculum vitae; currículo.

resume, to - retomar.

resummons - segundo mandado de citação.

resumption - retomada.

retail - venda a varejo.

retail banking - atividade bancária de varejo.

retail cost - custo de varejo.

retail dealers - comerciante que trabalha com venda a varejo.

retail deposit - depósitos a varejo; depósitos em pequenos montantes.

retail price index (RPI) - índice de preços no varejo.

retail sale - venda a varejo.

retailer - varejista; retalhista.

retain, to - reter; conservar; manter.

retained earnings - lucro não distribuído; lucros retidos.

retained tax - imposto retido.

retainer- parcela inicial de honorários paga ao advogado.

retainer, general - mandato ao advogado para receber citação.

retainer, specific - mandato específico ao advogado para postular em juízo.

retaining fee - honorário advocatício pago inicialmente.

retake, to - retomar.

retaliation - retaliação; vingança; represália.

retaliatory measures - medidas retaliatórias.

retard, to - retardar.

retention - retenção.

rethink, to - repensar.

reticence - reticência.

retire, to - aposentar-se; dar baixa; resgatar.

retiree - aposentado.

retirement - aposentadoria.

retirement curve - curva de mortalidade.

retirement fund - fundo de pensão; caixa de previdência.

retirement of a bill - pagamento de uma cambial.

retirement table - tabela de mortalidade.

retort, to - retrucar.

retract, to - retratar.

retractable - retratável.

retractable bond - bônus amortizável antecipadamente.

retraction - retratação.

retraxit (L) - desistência da ação.

retreat, to - retirar.

retrial - novo julgamento; novo júri; recurso.

retribution (FC) - retaliação.

retrieval - recuperação.

retrieve, to - recuperar.

retrive, to - recuperar; reaver.

retroact, to - retroagir.

retroactive - retroativo.

retroactive law - lei retroativa.

retrocede, to - retroceder.

retrocession - retrocesso.

return - devolução; retorno.

return - fé de citação.

return, to - devolver; retornar.

return clause - cláusula de retorno (direito securitário).

return, income tax - declaração de imposto de renda.

return on capital employed - retorno do investimento.

return on investment - retorno do investimento.

return on investment ratio - índice de retorno do investimento.

return on stockholders' equity - retorno sobre o capital próprio.

return, tax - declaração de imposto.

return ticket - bilhete de ida e volta.

returning board - comissão que apura os resultados de uma eleição.

reunite, to - reunir.

revaluate, to - reavaliar.

revaluation - reavaliação.

revaluation reserves - reservas de reavaliação.

revanchism - revanchismo.

reveal, to - revelar.

revelation - revelação.

revenge - vingança; revanche.

revenge, to - vingar-se.

revenue - receita; renda.

revenue account - conta de ingressos; conta de receitas.

revenue agent - agente fiscal.

revenue bill - lei fiscal.

revenue law - lei tributária.

revenue measure - medida tributária.

revenue officer - fiscal da receita.

revenue receipts - receita arrecadada.

revenue reserves - reservas livres.

revenue ruling - parecer administrativo do imposto de renda.

revenue tax - imposto de renda.

reverence - reverência.

reversal - estorno; inversão.

reversal - reforma de decisão; reversão de julgamento.

reverse, to - estornar; inverter.

reverse monetization - monetização reversa.

reversible error - erro corrigível.

reversible entry - entrada estornável.

reversion - reversão.

reversionary - reversível.

reversionary bonus - seguro de vida.

reversioner - titular de um direito reversível.

revert, to - reverter.

review - revisão; inspeção; crítica; análise; exame; estudo.

review, to - revisar; rever; reexaminar.

review, bill of - ação revisional.

review of taxation - contencioso fiscal.

revile, to - injuriar.

revindication - reivindicação.

revise, to - examinar; rever; revisar.

revision - exame; revisão.

revisionism - revisionismo.

revisor - revisor.

revival - renovação.

revival of action - renovação da ação.

revive, to - reviver; renovar.

revivor, writ of - renovação da ação.

revocable - revogável.

revocation - revogação; anulação.

revoke, to - revogar; rescindir; cancelar; anular.

revolt - revolta.

revolt, to - revoltar.

revolution - revolução.

revolutionary - revolucionário.

revolve, to - revolver.

revolving charge account - conta corrente com limite de crédito.

revolving credit - linha de crédito; crédito rotativo.

revolving credit facility - linha de crédito renovável.

revolving escrow account - conta caução rotativa.

revolving fund - fundo rotativo.

revolving guarantee - garantia rotativa.

revolving loan - empréstimo renovável.

revolving underwriting facility - garantia renovável.

revulsion - revulsão.

reward - gratificação; prêmio; bonificação; recompensa.

reward, to - gratificar; premiar.

reword, to - escrever com outras palavras.

rewrite, to - reescrever.

rhetoric - retórica.

ribaldry - linguagem irreverente.

rich - rico.

riches - riquezas.

rider - anexo.

ridicule - ridículo.

rigging the market - manipulação de mercado.

right - direito; justiça; correto; justo.

right - faculdade; poder; privilégio; direito.

right in personam - direito pessoal.

right in rem - direito real.

right of action - direito à prestação jurisdicional do Estado; direito de litigar.

right of entry - direito de ingresso.

right of first refusal - direito de preferência na compra.

right of hot pursuit - direito decorrente da perseguição policial de um suspeito.

right of image - direito à imagem.

right of possession - direito de posse.

right of privacy - direito à privacidade.

right of property - direito de propriedade.

right of recourse - direito de recurso.

right of redemption - direito de resgate.

right of search - direito de busca.

right of way - direito de passagem.

right to go along - direito de vender nas mesmas condições.

righteous - virtuoso.

rights - direitos.

rights, civil - direitos civis.

rights, political - direitos políticos.

rights issue - direito de preferência na subscrição de ações.

rigid - rígido.

rigor - rigor.

rim - borda; bacia; imagem.

Rim, Pacific - borda do Pacífico.

ring - círculo área.

riot - tumulto; desordem; rixa; motim; revolta.

rioter - agente de subversão; desordeiro.

riotous assembly - reunião ilegal.

riparian - ribeirinho.

riparian owner - proprietário ribeirinho.

riparian proprietor - proprietário ribeirinho.

riparian states - estados ribeirinhos.

rise - alta.

rise in prices - alta de preços.

risk - risco.

risk, to - arriscar; assumir risco.

risk arbitrageur - empresário responsável por oferta hostil.

risk capital - capital de risco.

risk concentration - concentração de risco.

risk management - administração de risco.

risk money - dinheiro de risco.

risk, named - risco designado (direito securitário).

risk premium - adicional de periculosidade.

risks, all - todos os riscos (direito securitário).

rite - rito.

ritual - ritual.

rival - rival.

rivalry - rivalidade.

river - rio.

river, sell down the - trair.

roam, to - vagar.

rob, to - roubar; assaltar; esbulhar.

robbery - roubo.

robbery, aggravated - roubo qualificado.

robbery, armed - roubo com uso de arma.

robe - beca; veste talar.

rogatory letter - carta rogatória; carta precatória.

rogue - velhaco.

roguish - velhacaria.

roll - arquivo; cadastro; registro.

Rolls Court (UK) - arquivo judiciário.

roll-over, to - renovar.

roll-over credit - crédito renovável.

roll-up funds - fundos com isenção fiscal estabelecidos em paraísos fiscais.

Roman Law - Direito Romano.

root of descent - tronco de família.

root of title - linha de títulos.

roster - lista; rol; relação nominal.

rotation - rotação.

rotation of directors - rotatividade de diretores.

rouble - rublo; moeda da Rússia.

rough - áspero; acidentado.

rough draft - primeira minuta.

rough estimate - avaliação aproximada.

round lot - lote redondo.

round number - número redondo.

round off - arredondar.

round on - reação.

round table - mesa redonda.

round tripping - duas operações financeiras contrárias com lucro em uma ponta.

round up, to - recolher.

rouse - instigar; incitar.

rouser - demagogo.

rout - distúrbio; confusão; fuga desordenada.

route - rota; linha; roteiro; caminho; percurso.

routine - rotina.

routing sheet - roteiro.

row - comoção; distúrbio; disputa.

royal - real; do rei.

Royal Assent (UK) - concordância real.

royalty - realeza.

royalty - "royalty"; remuneração pelo uso de equipamentos, nomes, marcas, patentes, processos.

rubber check - (gíria) cheque sem fundos.

rubbish - lixo.

rude - rude.

rudiment - rudimento.

rue, to - arrepender-se.

ruffian - desordeiro; bandido.

ruin - ruína; destruição; decadência; desgraça.

ruin, to - arruinar; destruir.

ruiner - vândalo.

rule - regra; norma; sistema; preceito; governo; poder.

rule, to - governar; reinar; legislar.

rule, absolute - ordem plena.

rule nisi - ordem condicional; ordem revogável.

rule of court - regimento interno do juízo.

rule of law - estado de direito.

rule of necessity - regra da necessidade.

rule to show cause - ordem condicional.

rules of appellate procedure - normas de apelação.

rules of conduct - normas de conduta.

rules of evidence - normas para a produção de provas; normas da fase probatória.

rulemaking power - poder de legislar.

ruling - decisão em vigor; vigorante; vigente.

ruling, court - decisão judicial.

rumor - rumor.

run, bank - corrida bancária.

run, to - ter validade; seguir; conduzir.

run to settlement - liquidado no vencimento.

run write-up - descrição do programa do computador.

runner - mensageiro.

running account - conta em movimento.

running costs - custos operacionais.

running days - dias corridos.

running yield - rendimento.

rupee - rúpia; unidade monetária da Índia.

rupture - ruptura; rompimento.

rupture, to - romper; desfazer; dissolver.

rural - rural; campestre.

rural district - zona rural.

ruse - prega; estratagema.

rustic - rústico.

S

sabotage - sabotagem.

saboteur - sabotador.

sacrilege - sacrilégio; furto de objetos religiosos.

sadism - sadismo.

safe - cofre.

safe - em segurança; a salvo.

safe-conduct - salvo-conduto.

safe deposit box - cofre em bancos.

safe pledge - garantia de comparecimento.

safe port - porto seguro.

safeguard - salvaguarda; proteção; defesa.

safeguard, to - proteger; defender.

safekeeping - custódia; guarda; proteção.

safety - segurança.

sagacious - sagaz; perspicaz.

sail, to - embarcar; navegar; velejar; vela.

sailor - marinheiro; marujo.

salable - aquilo que está em condições de ser vendido a preço de mercado.

salable value - preço de mercado no local em que o objeto será vendido.

salacious - lascivo; obsceno.

salary - salário.

sale - venda; liquidação.

sale, conditional - compra e venda condicional.

sale, forced - venda em hasta pública por ordem de juiz.

sale memorandum - contrato de venda.

sale and leaseback - contrato de compra e venda em que o comprador imediatamente arrenda o bem ao vendedor.

sale and repurchase agreement - contrato de venda com cláusula de recompra.

sale as is - venda de mercadoria no estado em que se encontra; venda no estado.

sale on credit - venda a crédito.

sale order - ordem de venda.

sale with all faults - venda de mercadoria com defeito.

sales - vendas.

sales agent - agente de vendas.

sales department - departamento de vendas.

sales discount - desconto.

sales invoice - fatura.

sales journal - diário de vendas

sales outlet - ponto de vendas.

sales price - preço de venda.

sales promotion - promoção.

sales register - registro de vendas.

sales revenues - receitas de vendas.

sales slip - recibo; "ticket de caixa".

sales tax - imposto sobre a venda de bens e mercadorias.

sales trend - tendência de vendas.

salesman - vendedor.

salubrious - salubre; saudável; salutar.

salvage - sucata.

salvage value - valor de venda como sucata.

sample - amostra; exemplo.

sample size - tamanho de amostra.

sampling - amostragem.

sampling distribution - distribuição de amostragem.

sampling error - erro de amostragem.

Samurai bond (JAP) - Samurai bond; título denominado em Yen e emitido no Japão por tomadores estrangeiros.

Samurai lease (JAP) - arrendamento subsidiado pelo governo japonês.

sanctimonious - hipócrita.

sanction - sanção; aprovação; ratificação.

sanction, to - sancionar; ratificar; aprovar.

sanction of law - sanção legal.

sane - tendo uma mente normal; sensato; que sabe a diferença entre o certo e o errado.

sanguine (FC) - otimista; alegre.

sanity - sanidade.

sanity hearing - audiência sobre sanidade mental.

sans frais (F) - sem encargos.

sans jour (F) - sem dia marcado; sine die.

sans recours (F) - endosso sem assumir responsabilidade pelo pagamento.

satisfaction - satisfação; quitação; cumprimento da obrigação.

satisfaction of a debt - pagamento de dívida.

satisfaction on the roll - registro de execução de uma sentença judicial.

satisfactory - satisfatório.

satisfactory evidence - prova suficiente para convencer pessoa livre de preconceito.

satisfy, to - satisfazer; cumprir; pagar.

save, to - economizar; poupar; guardar.

savings - economia; poupança.

savings account - conta de poupança.

savings account trust - fideicomisso em conta de poupança.

savings and loan association (S & L) (USA) - associação com características de banco criada para captar poupança e dar empréstimos para aquisição de imóveis.

savings bank - banco de poupança.

savings bonds (USA) - títulos de emissão do governo americano com desconto sobre o valor de face.

scalper - cambista.

scandal - escândalo; calúnia; maledicência.

scanning - processo de verificação de estrutura de caráter de entrada.

scant - escasso; pouco; insuficiente.

scant, to - reduzir; limitar; restringir.

scatter chart - diagrama de dispersão.

schedule - roteiro; programa; horário; anexo; agenda.

schedule, to - programar; agendar.

scheduled cost - custo-programado.

scheme - esquema; plano; projeto; trama.

scheme, to - planejar; tramar; maquinar.

schism - cisão; divisão; separação.

school - escola; colégio.

schlusskurs (GER) - preço de fechamento.

school, public - colégio público.

school, private - colégio particular.

scienter (L) - ciente; tendo conhecimento do fato.

scope - alcance; extensão; alçada; âmbito; limite.

scramble, to - codificar.

scrap - refugo; resíduo; sucata.

scrap, to - jogar fora.

scrap value - valor de sucata.

screen, to - selecionar.

scrip - cautela de ações; valor mobiliário.

scrip dividend - dividendo em ações; bonificação em ações.

scrip issue - emissão de títulos mobiliários.

script - testamento.

scroll - marca que indica local de aposição de selo.

scurrilous - vulgar.

scrutinize, to - examinar; investigar; indagar; observar cuidadosamente.

sea - mar.

sea carrier - transportador marítimo.

sea freight - frete marítimo.

sea letter - manifesto marítimo.

sea marks - marcações marítimas; faróis.

seal - selo; chancela; lacre.

seal, to - selar; chancelar; lacrar.

sealed - selado; lacrado.

sealed bid - lance secreto dado em leilão.

sealing - lacragem.

seaman - marinheiro.

search - busca; procura; busca domiciliar.

search, to - buscar; procurar.

search and seizure - busca e apreensão.

search, right of - direito de busca.

search-warrant - mandado de busca e apreensão.

search without warrant - busca e apreensão sem ordem judicial.

searches - busca de documentos.

seasonable - tempestivo.

seasonal - sazonal; periódico.

seasonal borrowings (USA) - empréstimos eventuais.

seasonal business - negócio sazonal.

seasoning - período de estabilização.

seat of government - sede do governo.

seaworthy - em boas condições de navegabilidade.

seaworthy trim clause - cláusula de boas condições de navegabilidade.

secede, to - separar-se.

seclude, to - separar; afastar; excluir.

second - segundo.

second degree murder - homicídio simples (com dolo mas sem premeditação).

second-hand evidence - testemunho de ouviu dizer; testemunho indireto.

second marché (F) - mercado de títulos não quotados.

second the motion, to - apoiar a iniciativa.

secondary - secundário; subordinado.

secondary bank (UK) - banco secundário; banco com poucas agências.

secondary distribution - distribuição secundária.

secondary market - mercado para valores mobiliários após seu lançamento e venda; mercado secundário.

secrecy - sigílo.

secret - segredo.

secret cash - caixa dois.

secret trust - fideicomisso secreto.

secretary - secretário; ministro.

secrete, to - ocultar; esconder.

section - capítulo; artigo; parágrafo.

secular - secular.

secular trend - tendência secular.

secure, to - garantir; assegurar; guardar; proteger; trancar.

secured - com garantia.

secured loan - empréstimo garantido.

securities - valores mobiliários.

securities broker - corretor de valores.

securities house - corretora de valores.

securities offering - oferta pública de valores mobiliários.

securities regulation - regulamentação de valores mobiliários.

Securities Exchange Act (Glass-Steagal act) (USA) - lei de mercado de capitais.

Securities and Exchange Act 1948 (JAP) - lei de mercado de capitais.

Securities and Exchange Commission (SEC) (USA) - comissão de valores mobiliários.

Securities and Investment Board (SIB) (UK) - comissão de valores e de investimento; órgão auto regulador de profissionais de mercado.

Securities Investor Protection Corporation (USA) - órgão de compensação a investidores.

securitization - securitizar; transformar direitos em títulos negociáveis.

securitize, to - securitizar.

securitized paper - título securitizado.

security - título mobiliário; título; valor mobiliário; garantia; penhor; caução; segurança.

security deposit - caução de títulos.

security, listed - título negociado em bolsa de valores.

security, redeemable - título resgatável.

security, unlisted - título não negociado em bolsa de valores.

security agreement - contrato de garantia.

security and escrow agreement - contrato de garantia e caução.

Security Council - Conselho de Segurança.

security deposit - depósito em garantia.

security for costs - garantia de instância.

sedimentation - sedimentação.

sedition - sedição.

seditious - sedioso; revoltoso.

seduce, to - seduzir.

seduction - sedução.

sedulous - diligente; laborioso; perseverante.

segregate, to - segregar; separar; isolar.

segregation - segregação; separação; isolamento.

seiji kabu (JAP) - ação que vai subir de preço.

seisin - posse direta; domínio.

seize, to - confiscar; apreender; tomar posse; entregar propriedade.

seized money - dinheiro confiscado; moeda seqüestrada.

seizure - apreensão; captura; prisão; seqüestro de bens; arresto; confisco.

select, to - selecionar.

select committee - comissão parlamentar.

selective - seletivo.

self - mesmo; auto; próprio.

self-appointed - auto-indicado.

self-balancing ledger - razão onde os saldos devedores compensam os saldos credores.

self-confession - auto-confissão.

self-defense - legítima defesa.

self-destruction - auto-destruição.

self-determination - auto-determinação.

self-discipline - auto-disciplina; auto-controle.

self distributed - auto-distribuído.

self-emancipation - auto-emancipação.

self-employed - profissional autônomo.

self-evaluation - auto-avaliação.

self-evident - auto-explicativo; evidente por si próprio.

self-executing - auto-executável.

self-exiled - auto-exilado.

self-exploration - auto-exploração.

self-financing - auto-financiável.

self-government - governo autônomo.

self-help - auto-ajuda; auto-auxílio.

self-incrimination - auto-incriminação.

self-inflicted death (PC) - suicídio.

self-interest - interesse próprio.

self-management - administração própria.

self-promotion - auto-promoção.

self-regulation - auto-regulação; auto-regulamentação.

self-renewal - auto-renovação.

self-supporting - independente economicamente.

sell, to - vender.

sell forward, to - vender futuro.

sell off - venda total.

sell out - venda total.

sell short, to - vender a descoberto.

sell up - venda forçada.

seller - vendedor.

seller's market - mercado vendedor.

selling at a loss - vender com perda.

selling cost - custo de venda.

selling effort - esforço de venda.

selling point - ponto forte de venda.

semi-annual - semestral.

semi-autonomous - semi-autônomo.

semi-civilized - semi-civilizado.

semi-finished product - produto semi-acabado.

semi-governmental - semi-governamental.

semi-independent - semi-independente.

semi-naufragium - meio naufrágio.

semi-retired - semi-aposentado.

semi-variable - semi-variável.

semi-yearly - semi-anualmente; semestralmente.

senate - senado.

senator - senador.

senatorial - senatorial.

senatorial district - distrito senatorial.

send, to - mandar; enviar; remeter; expedir.

send for, to - chamar.

send in, to - enviar.

send packing, to - despachar.

senior (L) - sênior; pai; mais velho; mais antigo; principal.

senior bond - crédito privilegiado.

senior citizen - ancião; pessoa de idade.

senior debt - dívida privilegiada.

senior partner - sócio principal.

seniority - superioridade hierárquica; senioridade.

sense - senso; sentido.

sensible - sensato.

sensitive - sensível.

sentence - sentença; veredicto; decisão.

sentence, death - sentença de morte.

sentence, deferred - sentença adiada.

sentence, final - sentença final.

sentence, life - sentença de prisão perpétua.

sentence, maximum - sentença de pena máxima.

sentence, minimum - sentença de pena mínima.

sentence, suspended - sentença suspensa.

sentencing - condenação.

sentiment - sentimento.

separable - separável; divisível.

separate, to - separar; apartar.

separate estate - bens incomunicáveis.

separate income tax return - declaração de imposto de renda em separado.

separate maintenance - pensão alimentícia.

separate property - propriedade incomunicável.

separate use - bem incomunicável.

separation - separação.

separation agreement - acordo de separação.

separation, decree - sentença de separação.

separation, judicial - separação judicial.

separatist - separatista.

sequel - seqüela.

sequence - seqüência.

sequester - seqüestro; apreensão de bens.

sequester, to - seqüestrar bem; separar; renunciar.

sequestration - seqüestro de bem; arresto; expropriação.

seriatim - separadamente; individualmente e em ordem.

serious - sério; importante.

serious crime - crime grave.

Serious Fraud Office (UK) - delegacia de fraudes.

servant - criado.

serve, to - servir.

service - serviço.

service, accountancy - serviços de contabilidade.

service, business - serviço de apoio empresarial.

service, consultancy - consultoria.

service charge - taxa de serviços.

service, cross border - prestação transnacional de serviços.

service, financial - serviço financeiro.

service, legal - serviço legal.

service, personal - serviço pessoal.

service, professional - serviço profissional.

service contract - contrato de prestação de serviços.

service economy - economia de serviços.

service entities - entidades de serviços.

service fee - honorário; remuneração.

service industry - setor de serviços.

service order - ordem de serviço.

service of process - citação.

service yield basis - método de depreciação baseado na quantidade de unidades produzidas.

servicing - assistência técnica; custo financeiro; serviço financeiro.

servitude - servidão.

session - sessão.

session, joint - sessão conjunta.

set - conjunto.

set, to - colocar.

set about, to - atacar.

set aside, to - anular; cancelar; alterar; reformar.

set down, to - estabelecer (regras).

set apart, to - separar.

set in, to - inserir.

set of accounts - demonstrações financeiras.

set of bills - jogo de cambiais.

set of books - jogo de livros.

set-off - reconvenção; compensação; confusão.

set out, to - descrever; narrar; relatar.

set up, to - erguer.

setback - revés.

settle, to - pagar; saldar; quitar; liquidar; prestar contas; transigir.

settlement - quitação; liquidação; pagamento; transação; acordo.

settlement day - dia de liquidação.

settlement deed - escritura constituinte de ônus.

settlement price - preço de liquidação.

settlement procedure - procedimento de pagamento; procedimento de liquidação.

settlement option - opção em apólice de seguro quanto à forma de pagamento da indenização.

settling day - dia de liquidação.

settlor - fideicomitente; instituidor de um fideicomisso.

sever, to - cortar; decepar; romper; separar; dividir.

severable - divisível.

severable contract - contrato que pode ser dividido em partes independentes.

several - individual; separado; distinto.

several liability - responsabilidade individualizada.

severally - separadamente; individualmente.

severance - demissão; separação.

severance pay - pagamento por demissão.

severity - severidade; gravidade; violência.

sex - sexo.

sex discrimination - discriminação de sexo.

shadow - sombra.

shadow cabinet (UK) - ministério da oposição.

shadow director - diretor oculto.

sham - simulação; falsidade.

sham pleading - peticionar de má-fé.

shame - desonra; afronta; vergonha; pudor.

share - ação; parte.

share, to - dividir.

share bonus - bonificação em ações.

share capital - capital de uma empresa.

share certificate - cautela; certificado de ações.

share indices - índices de ações.

share, ordinary - ação ordinária.

share option - opção de ação.

share perks - benefícios da acão.

share, preference - ação preferencial.

share register - registro de ações.

share warrant (UK) - recibo de ação.

shareholder - acionista.

shareholder's equity - ativo patrimonial líquido.

shareholders' meeting - assembléia geral de acionistas.

shelf - prateleira.

shelf company - empresa pronta; empresa de prateleira.

shelf registration (USA) - registro de emissão futura de ações.

shelter - abrigo; asilo; proteção; amparo.

shelter, to - abrigar; proteger; resguardar.

shelter, tax - isenção fiscal; oportunidade fiscal; incentivo fiscal.

sheriff (USA) - xerife; autoridade policial.

sheriff (Scotland) - xerife; juiz.

sheriff (UK) - xerife; alto funcionário municipal.

Sherman Antitrust Act (USA) - lei sobre concorrência desleal.

shibosai (JAP) - mercado de emissões privadas.

shibosai bond (JAP) - título de emissão privada.

shield - escudo; proteção; amparo.

shield, tax - proteção fiscal.

shift - troca; turno; turma.

shifting - mutável.

ship - navio; nau; embarcação.

ship, to - embarcar; despachar; remeter; transportar.

shipbroker - corretor de navios ou de fretes marítimos.

shipbuilder - estaleiro; construtor naval.

shipmaster - capitão de navio.

shipowner - armador; proprietário de navio.

shipment - embarque; remessa; fornecimento; partida.

shipper - embarcador; remetente; transportadora.

shipping - navios ou relacionado com navios; embarque.

shipping company - companhia de navegação.

shipping documents - documentos de embarque.

ship's husband - representante de proprietário de navio; agente do proprietário.

ship's papers - documentos de navio e sua carga.

ship's protest - declaração de avaria.

shogun bond (JAP) - título emitido em moeda estrangeira no Japão por não residente.

shoot, to - atirar; ferir.

shoplifting - furto de mercadorias de estabelecimento comercial.

short - curto; breve; sucinto; resumido.

short action, in the financial and commodities markets - venda a descoberto; condição de dívida líquida.

short dealing - operação de venda a descoberto.

short covering - cobrir venda a descoberto.

short dated securities - títulos de curto prazo.

short hedge - operação de minimização de risco mediante venda futura; trava de venda a descoberto.

short position - posição a descoberto.

short sale - venda a descoberto.

short term - curto prazo.

short term debt - dívida de curto prazo.

short term insurance - seguro de curto prazo; seguro outro que seguro de vida.

short term loan - empréstimo de curto prazo.

short term monetary support - apoio monetário de curto prazo; medida de apoio cambial dentro do sistema monetário europeu.

short title (UK) - ementa.

shortage - escassez.

shortage of capital - escassez de capital.

show, to - demonstrar; mostrar; exibir.

show business - negócio de espetáculos.

showcase - exemplo; exemplar.

show-off, to - exibir.

show of hands - levantar a mão (método de votação).

shrievalty - o escritório do xerife.

shrinkage - diminuição.

shut down, to - fechar.

shyster lawyer - advogado chicanista (informal).

sight - à vista.

sight bill - título exigível contra apresentação.

sight deposit - depósito à vista.

sight draft - saque contra apresentação; título pagável à vista.

sight, due at - exigível contra apresentação.

sign, to - assinar; firmar; subscrever.

sign manual (UK) - a assinatura do soberano.

signal - sinal; aviso dado por meio de sinal.

signatory - signatário.

signature - assinatura.

signing judgement - sentenciar.

silence - silêncio.

silent majority - maioria silenciosa.

silent partner - sócio oculto; sócio comanditário.

silk - seda.

silk gown (UK) - beca de seda; vestes talares de "Queen's Counsel".

silk, to take (UK) - tornar-se " Queen's Counsel".

similar - similar; semelhante; análogo.

similiter (L) - de forma similar.

simple - simples.

simple average - avaria simples.

simple contract - acordo informal; acordo verbal.

simple contract debt - dívida decorrente de acordo informal ou verbal.

simple interest - juros simples.

simulate, to - simular.

simulation - simulação.

simultaneous death - comoriência; morte simultânea.

sine die (L) - sem data marcada.

sine prole (L) - sem filhos.

sine qua non (L) - condição absoluta.

sinecure - sinecura.

single - único; solteiro.

Single Act (1985) - lei comunitária européia criando o mercado comum.

single capacity - por conta própria.

single entry - partida simples.

single-entry system - sistema de partidas simples.

single-step income statement - demonstração de lucros e perdas sem totais intermediários.

singular - singular; individual; extraordinário; excepcional.

sinister - sinistro; malvado; mau; pernicioso.

sinking fund - depósito em garantia; fundo de amortização.

sinking fund (UK) - fundo para redução da dívida interna.

sinking-fund bond - obrigação para a qual o devedor é obrigado a fazer um depósito em garantia.

site audit - auditoria no local.

sitting - sessão.

sitting in banc - sessão plenária.

sitting in camera - audiência em segredo de justiça.

situate, to - situar.

situation - situação; localização; posição; colocação; circunstâncias.

situation, legal - situação legal.

six-day licence (UK) - semana inglesa; semana de seis dias de trabalho.

six-month money - aplicação de seis meses.

skeleton - esboço; projeto; linhas gerais; esqueleto.

skewed - assimétrico; distorcido.

skewness - distorção; assimetria.

skill - habilidade; perícia.

skilled - hábil; experiente.

skilled witness - perito.

skilled work - mão-de-obra especializada.

skip day (USA) - dia de liquidação de operação de compra de ações.

slander - difamação verbal.

slanderer - difamador.

slanderous - difamatório.

slang - gíria (BR); calão (P).

slaughterhouse - matadouro.

slave - escravo.

slavery - escravidão; escravatura.

slay, to - matar.

sleeping partner - sócio oculto.

slight - leve; insignificante.

slip - comprovante; comprovante de cobertura securitária.

slum - cortiço; favela.

slump - queda súbita de preços ou negócios.

sly - astuto.

small - pequeno(a).

small business - pequena empresa; microempresa.

small claims court - tribunal de pequenas causas.

small debts court (UK) - tribunal de pequenas dívidas.

small loan company - sociedade financeira.

small print - letra pequena; cláusula obscura.

small time - insignificante.

smoke, to - fumar.

smoking - fumante.

smuggle, to - contrabandear.

smuggler - contrabandista.

smuggling - contrabando.

snarl - confusão; complicação.

sobashi (JAP) - especulador.

social - social.

social security - previdência social.

social security number (USA) - número de identificação do contribuinte para Previdência Social.

société à responsabilité limitée (F) - sociedade de responsabilidade limitada.

société anonyme (F) - sociedade anônima.

société d'investissement à capital variable (SICAV) (F) - fundo de investimento.

société en participation (F) - sociedade em conta de participação.

società per azioni (SpA) (I) - sociedade anônima de capital aberto.

società per azioni (Srl) (I) - sociedade anônima de capital fechado.

society - sociedade.

soft commodity - mercadorias referentes à agropecuária.

soft currency - moeda não conversível; moeda fraca.

soft dollar (USA) - remuneração em forma de comissão.

soft-ware - programa para computador.

sogo bank (JAP) - banco de crédito imobiliário.

sokai (JAP) - assembléia de acionistas.

sold short - posição liquidada; venda na expectativa de queda de mercado.

sold-out - totalmente vendido; esgotado.

solde (F) - saldo.

sole - único; individual; sozinho; separado.

sole proprietor - único dono.

sole proprietorship - pequeno negócio; firma individual; sociedade unipessoal.

solemn - solene; sério.

solemn form - forma solene.

solemnity - solenidade; cerimônia; formalidades necessárias para tornar um contrato válido.

solicit, to - solicitar.

solicitation - solicitação; induzimento.

solicitor (UK) - advogado consultivo; membro da "Law Society".

solicitor general (UK) - procuradorgeral.

solidarity - solidariedade.

solidary - solidário.

solidum (L) - solidário.

solve, to - solucionar; resolver; explicar; saldar; pagar.

solvency - solvência.

solvency insurance - seguro de solvência.

solvency margin - margem de solvência.

solvency ratio - índice de solvência.

solvent - solvente.

son - filho.

sorcery - bruxaria.

sordid - sórdido; vil; mercenário.

sort - espécie; gênero; qualidade.

sort, to - separar; classificar; dividir em grupos.

sorting - classificação; separação.

sound - são; sadio; sólido; inteiro.

sound, to - referir-se.

sound value - valor real.

sound mind - sanidade mental.

source - origem; causa; fonte.

source program - programa-fonte.

source of income - fonte de renda.

sources of law - fontes do Direito.

sources and uses of funds (UK) - demonstração de origem e destinação de recursos.

sovereign - soberano; supremo; principal.

sovereign loan - empréstimo a estado soberano.

sovereign risk - risco de inadimplemento de estado soberano.

sovereignty - soberania.

speaker - orador; porta-voz.

speaker of the house - presidente de câmara de deputados; presidente da Câmara dos Comuns; presidente da Câmara dos Lordes.

speaking motion - requerimento oral.

special - especial; específico.

special act - lei especial.

special agent - agente especial; representante especial.

special bail - fiança especial.

special case - caso de questão de direito.

special damage - dano específico.

special deposits (UK) - depósitos compulsórios.

special drawing rights (SDR's) - direitos especiais de saque.

special juri - júri especial.

special jurisdiction - jurisdição especial.

special law - lei especial.

special verdict - veredito especial.

specialist (USA) - corretor especializado; corretor de valores especializado em determinada companhia aberta.

specialty - especialidade; característica; peculiaridade.

specialty contract - contrato solene; contrato formal.

specialty debt - dívida decorrente de contrato solene.

specific - específico.

specific intent - intenção específica.

specific legacy - legado específico.

specific performance - execução específica.

specification - especificação; descrição; característica.

specificity - especificidade.

specimen - espécime; amostra.

specimen signature - espécime de assinatura.

speculation - especulação.

speculative - especulativo.

speculative risk - risco especulativo.

speculator - especulador.

speech - discurso.

spend, to - gastar; despender; usar; consumir; esgotar; despediçar.

spendthrift - pródigo.

spendthrift trust - fideicomisso instituído em benefício de pródigo.

spin-off (USA) - desdobramento; criação de subsidiária; cisão.

spin-off (USA) (income tax) - desmembramento dos bens de uma subsidiária contra devolução de parte das ações da matriz.

spite - despeito; rancor; malevolência.

split, to - dividir; rachar; repartir.

split-off (USA) (income tax) - entrega de ações aos acionistas de uma subsidiária contra devolução de parte das ações da firma matriz; semelhante ao "spin off" só que os acionistas da transferidora trocam ações desta por ações da nova empresa.

split-off point - ponto de partida para apuração de custos.

split-up (USA) - desdobramento; cisão com extinção da empresa cindida; cisão.

split-up (USA) (income tax) - divisão de uma empresa para obter benefícios fiscais (imposto de renda E.U.A).

spokesman - porta-voz.

spokesperson - porta-voz.

spokeswoman - porta-voz.

spoliation - espoliação.

sponsor - patrocinador; promotor.

sponsor, to - patrocinar; promover.

spontaneous - espontâneo.

spot - à vista; entrega imediata; no ato.

spot price - preço de venda para entrega imediata.

spouse - cônjuge.

spread - margem; diferencial; diferença entre valor de compra e venda.

spreadsheet - formulário em branco com várias colunas.

spurious - espúrio; falso.

spy - espião.

spy, to - espionar; vigiar; espiar.

square - quadrado.

squatter - posseiro.

stability - estabilidade.

stabilization - estabilização.

stabilize, to - estabilizar; firmar.

staff - quadro de funcionários; equipe; assessoria.

stag - especulador de curto prazo.

stake - aposta; posição; participação.

stamp - selo.

stamp duty - imposto de selo.

stand, to - comparecer a juízo; ficar de pé.

standard - padrão, gabarito, norma.

standard cost - custo-padrão.

standard deviation - desvio padrão.

standard scale (UK) - escala de multas.

standardization - padronização.

standardize, to - padronizar.

standby - de reserva; sobressalente.

standby, to - estar presente; estar a postos; assistir.

standby cost - custo fixo.

standby credit - linha de crédito; crédito garantido por promissória.

standby letter of credit - carta de crédito em garantia.

standby underwriting - contrato de subscrição residual do lançamento de títulos mobiliários.

standing - permanente; posição.

standing mute - silente; sem declarar.

standing-order - normas administrativas de um juízo ou parlamento.

standpoint - ponto de vista.

start - começo; princípio; início.

start, to - começar; iniciar; iniciar; estabelecer negócio.

state, to - declarar; avaliar; relatar.

state - estado; condição; situação.

state - Estado; unidade de uma federação.

state attorney (USA) - procurador estadual; promotor estadual.

state bank - banco estadual.

state court - tribunal estadual.

State Department (USA) - ministério das relações exteriores.

state of war - estado de guerra.

state police - polícia estadual.

State, sovereign - Estado soberano.

state tax - imposto estadual.

stated - declarado; exposto.

stated value - valor declarado.

statement - declaração; demonstração; demonstrativo.

statement of account - extrato de conta.

statement of affairs (UK) - contas do falido.

statement of assets and liabilities - demonstrativo de ativo e passivo.

statement of claim - petição inicial.

statement of changes in financial position - demonstrativo de origens e aplicações de recursos.

statement of defense - contestação.

statement of liquidation - inventário e balanço de liquidação.

statement of profit and loss - demonstração de lucros e perdas.

statement of realization and liquidation - demonstração para prestação de contas de uma liquidação.

statement of sources and uses of funds - demonstrativo de origens e aplicação de recursos.

statement week (USA) - período de apuração de dados para o "Federal Reserve".

static risk - risco de causa natural.

station - estação.

station, fire - quartel de corpo de bombeiros.

station, police - delegacia; quartel policial.

statistic - estatística.

status - estado; situação; categoria; estado civil; condição social.

statute - lei; estatuto.

statute, criminal - lei penal.

statute, general - lei geral.

statute, local - lei local.

statute, special - lei especial.

statute of frauds (UK) - lei criminal.

statute of limitations - prescrição; prescricional.

statutes - leis; estatutos.

statutes at large (UK) - coletânea de leis.

statutory - estabelecido por lei.

statutory construction - interpretação necessária.

statutory declaration - declaração sob juramento.

statutory demand (UK) - notificação para pagamento.

statutory instrument - instrumento legal.

statutory maximum - o máximo previsto em lei.

statutory owner - usufrutuário.

statutory rape - estupro presumido.

statutory trust - fideicomisso legal.

statutory succession - mudança do nome da empresa sem alterar o seu patrimônio.

statutory successor - pessoa que recebe os bens de uma empresa dissolvida.

stay, to - suspender; parar.

stay of execution - suspensão da execução da sentença.

stay of proceedings - suspensão do processo por ordem judicial.

stay order - ordem judicial de suspensão.

steal - roubo; furto; apropriação indébita.

steal, to - roubar; furtar.

stealth - furtivo; secreto.

stealthy - clandestino; furtivo.

stellage (F) - venda de direitos em bolsa.

step-child - enteado.

step-father - padrasto.

step-mother - madrasta.

sterility - esterilidade.

sterilization - esterilização.

sterling - esterlina.

sterling pound - libra esterlina (moeda inglêsa).

sterling area - área de influência da libra esterlina.

stet processus - suspensão do processo com o acordo das partes.

stevedore - estivador.

steward - administrador.

stillborn - natimorto.

stipend - estipêndio; salário; ordenado.

stipendiary magistrates (UK) - juízes de tempo integral.

stipulate, to - estipular.

stipulation - estipulação; condição; cláusula contratual.

stirpes - estirpe.

stirpes, distribution per - distribuição por família.

stock - estoque; ações (EUA).

stock, authorized - capital autorizado.

stock, blue-chips - ações de primeira linha.

stock, common - ações ordinárias.

stock, convertible - ações conversíveis.

stock, listed - ações negociadas em bolsa.

stock, nonvoting - ações sem direito a voto.

stock, paid up - ações integralizadas.

stock, penny - ações de segunda linha cotadas abaixo de uma libra ou de um dólar.

stock, preference - ações preferenciais.

stock, voting - ações com direito a voto.

stock certificate - cautela; certificado de ações.

stock derivatives - obrigações emitidas lastreadas em ações.

stock dividend - bonificação de ações; dividendo em ações.

stock exchange - bolsa de valores.

stock float - abertura de capital.

stock issue - emissão de ações.

stock market - mercado de ações.

stock pledge - caução de ações.

stock premium - ágio na compra de ações.

stock purchase and sale agreement - contrato de venda e compra de ações.

stock option - opção de ações.

stock rights - direito de subscrição de ações.

stock split (USA) - aumento de número de ações em circulação sem mudanças no valor total do capital integralizado.

stock subscription - subscrição de ações.

stock swap - troca de ações.

stock underwriting - garantia de emissão de ações.

stock warrant - recibo de certificado de ações.

stockholder - acionista.

stockholder's equity - participação do acionista no patrimônio líquido.

stockholding - posição acionária.

stocks - ações.

stolid - fleugmático; imperturbável.

stop-loss order - ordem para minimização de perda.

stop-loss treaty - contrato automático de resseguro com cláusula de minimizaçao de perda.

stop order - ordem de suspensão de venda de valores; contra ordem; contra ordem ao pagamento de cheques.

stop payment notification - aviso de suspensão de pagamento.

stop rate (USA) - taxa de juros nas emissões com recompra de títulos federais.

stoppage in transit - direito de venda de bens não pagos, comprados por devedor insolvente e ainda não entregues.

storage - armazenagem.

storage demurrage - taxa de armazenagem.

store - depósito; armazém; estoque; reserva.

store, to - armazenar; prover; abastecer; acumular.

storehouse - almoxarifado; depósito.

stow, to - armazenar.

stowage - armazenagem.

stowage fee - taxa de armazenagem.

straddle - operação simultânea de compra e venda de futuros.

straight - reto; correto.

straight bill - letra simples; crédito não documentado.

straight bond - título com taxa fixa de retorno.

straight debt - dívida não conversível.

straight line method of depreciation - método de depreciação linear.

straight loan - empréstimo ao descoberto.

straight times index (STI) - índice da bolsa de valores de Singapura.

stranger - estranho; intruso; desconhecido; forasteiro.

stranger in blood - sem parentesco.

strangers - terceiros; estranhos.

strangle, to - estrangular.

strategy - estratégia.

straw man - pessoa figurativa; "testa de ferro"; homem de palha; laranja.

street - rua.

street offences (UK) - vários crimes possíveis de serem cometidos na rua; crimes de rua.

strict - exato; preciso; severo; rigoroso.

strict settlement - gravame vitalício.

strike - greve.

strike, to - fazer greve.

strike off - remoção; eliminação.

strike off the roll - expulsão do quadro de advogados habilitados ao exercício profissional.

strike out pleadings - eliminação dos autos.

striking price - preço de venda.

strips (USA) - cupões separados.

strive, to - empenhar-se; esforçar-se.

structure - estrutura.

stub - canhoto.

stuff gown (UK) - beca de "barrister" junior.

stumer (UK) - cheque falso (informal).

stupefy, to - pasmar.

stupor - estupor.

style - estilo.

sub-chapter S corporations (USA) - sociedade com menos de trinta e cinco acionistas pessoas físicas.

sub-lease - sublocação; sublocar.

sub-let, to - sublocar.

sub modo (L) - sob condição.

sub silentio (L) - sem manifestação.

subagent - substabelecido; agente nomeado por agente.

subaltern - subordinado; subalterno.

subcontract - subcontrato.

subcontractor - subempreiteiro.

subduct, to - retirar.

subdue, to - controlar; dominar.

subject - sujeito; exposto; submetido; assunto; tema.

subject-matter - objeto em questão; assunto em pauta.

subject to approval - sujeito a aprovação.

subjective - subjetivo.

sublime - sublime.

submission - submissão.

submit, to - submeter-se; render-se; entregar-se.

subordinate - subordinado; subalterno; inferior.

subordinated credit - crédito subordinado.

subordination - subordinação.

subornation - suborno.

subornation of perjury - suborno por falso testemunho.

suborner - subornador.

subpoena - ordem para comparecer em juízo e testemunhar ou apresentar documentos.

subpoena ad testificandum (L) - ordem para depor em juízo.

subpoena duces tecum (L) - ordem para depor e exibir documentos em juízo.

subrogation - sub-rogação.

subscribe, to - subscrever; assinar; firmar.

subscribed capital - capital subscrito.

subscribed shares - ações subscritas.

subscriber - subscritor; signatário.

subscribing witness - testemunha da assinatura de um documento.

subscription - subscrição (de ações); assinatura; aprovação; consentimento.

subscription rights - direitos de subscrição.

subsequent - subseqüente; posterior.

subsequent condition - condição futura.

subservient - subserviente; ceder; acalmar; aquietar; parar.

subsidiary - subsidiário; auxiliar; suplementar.

subsidiary - subsidiária.

subsidiary company - sociedade subsidiária.

subsidiary company accounting - contabilidade de sociedade subsidiária.

subsidiary corporation - sociedade subsidiária

subsidy - subsídio; subvenção.

subsistence - subsistência; existência; sustento; manutenção.

substantial - substancial; real; verdadeiro; sólido; importante; firme.

substantial evidence - prova substancial.

substantial damages - danos substanciais.

substantive - substantivo; importante; considerável.

substitute - substituto; suplente.

substituted service - citação por edital.

substitution - substituição; troca.

subtenant - sublocatário.

subtraction - subtração; inadimplemento.

subunderwriting - cessão de obrigação de garantia de emissão.

subvention - subvenção.

subversion - subversão.

succeed, to - suceder; herdar; ser bem sucedido.

succession - sucessão; série; seqüência.

succession, hereditary - sucessão hereditária.

succession, legal - sucessão legal.

succession tax - imposto de transmissão causa mortis.

successor - sucessor.

succumb, to - sucumbir; render-se; morrer.

sudden - repentino.

sudden death - morte repentina.

sue, to - processar; promover ação judicial.

sue for damages, to - processar por perdas e danos.

suffer, to - sofrer; tolerar; admitir; permitir.

sufferance - tolerância; sofrimento.

sufferance, estate at - comodato tácito.

sufficiency - suficiência.

sufficient - suficiente; bastante.

sufficient cause - justa causa.

suffragan - auxiliar.

suffrage - voto; votação; direito de voto.

suggest, to - sugerir; insinuar; propor.

suggestion - sugestão; insinuação; conselho.

suggestio falsi (L) - sugestão de falsidade; insinuação de falsidade.

sui juris (L) - de direito.

suicide - suicídio; suicída.

suit - ação judicial; processo judicial; séquito; pedido.

suit in equity - ação judicial por eqüidade.

suit, legal - ação judicial.

suitable - adequado; conveniente.

suitor - litigante; suplicante; parte em uma ação judicial.

sully, to - manchar; desonrar.

sum - soma; adição; montante.

sum-of-the-year method - método de depreciação baseado no decurso do tempo.

sum payable - quantia a pagar.

summary - sumário; resumo.

summary conviction - condenação sumária.

summary jurisdiction - jurisdição sumária.

summary proceeding - procedimento sumário.

summary process - processo sumário.

summon, to - citar; convocar; intimar; chamar.

summoner - oficial de justiça; meirinho.

summons - mandado de citação.

sundry - vários; diversos.

sundy expenses - despesas diversas

super - de qualidade, quantidade ou grau superior; super.

superavit - superávit.

supercilious (FC) - arrogante.

superintend, to - superintender.

superintendent - superintendente.

superior - superior; maior.

superior court - tribunal superior.

supersaver account (USA) - conta de aplicação em mercado de capitais.

supersede, to - substituir; suplantar.

supersedeas - ordem de tribunal suspendendo a execução de um ato.

superseding - superveniente.

superseding cause - causa superveniente.

supervene, to - sobrevir.

supervening - superveniente.

supervening cause - causa superveniente.

supervise, to - fiscalizar; controlar; supervisionar; superintender.

supervision - supervisão; controle; superintendência; fiscalização.

supplant, to - suplantar; substituir; desbancar.

supplemental - suplementar; adicional; complementar.

supplemental deed - escritura de retificação e ratificação.

supplementary - suplementar.

supplementary special deposit (UK) - depósito bancário suplementar com o banco central.

suppliant - suplicante.

supplier - fornecedor.

supplies - suprimentos.

supply - suprimento; abastecimento; fornecimento.

supply, to - prover; suprir; fornecer.

supply, monetary - oferta monetária.

supply and demand - oferta e procura.

supply estimates - estimativas de oferta.

supply expenditure (UK) - despesas governamentais alocadas em orçamento.

supply price - preço de oferta.

supply side - setor real.

supply treaty - contrato automático de resseguro proporcional.

support - apoio; arrimo; amparo; sustento; manutenção; ajuda; patrocínio.

support, to - suportar; sustentar; aguentar; aturar; manter; apoiar; favorecer.

support, right of - direito de arrimo.

support price - preço mínimo.

supporting document - documento de base; comprovante.

supporting price - preço mínimo.

supporting record - registro comprobatório.

supposition - suposição; hipótese.

suppress, to - suprimir; sufocar; dominar; reprimir; abolir; ocultar; proibir.

suppression veri (L) - supressão da verdade.

suppression of evidence - sonegação de provas; ordem do juiz excluindo prova obtida ilegalmente.

supremacy - supremacia; predomínio.

supreme - supremo; máximo.

supreme court - suprema corte.

surcharge - sobretaxa.

surcharge, to - sobrecarregar; sobretaxar.

surcharge and falsify - omitir e falsificar.

surety - devedor solidário; garante; fiador.

surety company - companhia fiadora.

surfeit, to - saciar.

surmise - suposição.

surmise, to - supor; presumir.

surname - sobrenome; apelido; nome de família.

surplus - superávit; excesso; excedente.

surplus treaty - contrato automático de resseguro proporcional; aquilo que é supérfluo; excedente; despiciendo.

surrejoinder - tréplica.

surrender - rendição; entrega; cessão; renúncia; desistência; devolução.

surrender by operation of law (UK) - renúncia de direito.

surrender of share - cancelamento da ação.

surrender in deed - usufruto vitalício.

surrender value - valor de resgate de apólice de seguro.

surrogacy arrangement (UK) - adoção.

surrogate (UK) - subrogado; funcionário subrogado para conceder licença de casamento.

surrogate (USA) - juiz ou funcionário da vara de sucessões.

surrogate court - vara de sucessões.

surrogate parent - tutor.

surtax - sobretaxa; adicional de um imposto; imposto suplementar.

surveillance - vigilância.

survey - exame; estudo; sinopse; vistoria; perícia.

survey, to - examinar; inspecionar; vistoriar.

surveyor - observador; examinador.

survival - sobrevivência; direitos decorrentes da sobrevivência.

survive, to - sobreviver.

surviving spouse - cônjuge sobrevivente.

survivor - sobrevivente.

survivorship, presumption of - presunção de sobrevivência.

sushi bond (JAP) - título emitido no Japão em moeda estrangeira.

suspect - suspeito.

suspect, to - suspeitar; pressentir; supor; desconfiar.

suspend, to - suspender; interromper temporariamente; adiar; diferir.

suspended sentence - suspensão dos efeitos da sentença.

suspense - suspensão.

suspension - suspensão; interrupção.

suspension, plea in - requerimento de adiamento.

suspensive condition - condição suspensiva.

suspicion - suspeita; dúvida; desconfiança.

suspicious transaction - operação suspeitosa.

sustain, to - sustentar; amparar; manter; suportar.

suttee - "suttee"; viúva hindu que se imola na pira funeral do marido.

swap - troca; escambo; permuta.

swap, to - trocar.

swap, currency - troca de moedas.

swap, interest rate - troca de taxa de juros.

swap, securities - troca de títulos.

swap line - linha de troca existente entre bancos centrais.

swear, to - jurar.

swearing in - ato público de prestação de juramento.

sweep facility - conta remunerada.

swift witness - testemunha que revela sua falta de imparcialidade pela rapidez com que responde perguntas.

swindle, to - trapacear; calotear; espoliar; defraudar.

swindler - trapaceiro; vigarista.

swindling - estelionato.

swing line (UK) - data de liquidação acertada entre as partes.

switch - troca; escambo; permuta; operação triangular de divisas.

switching discount - desconto para subscrição de dois títulos.

sworn - juramentado.

sworn translation - tradução juramentada.

sworn translator - tradutor juramentado.

syllabus - emenda.

symbol - símbolo.

symbolic delivery - tradição ficta; entrega simbólica.

syndic - síndico de massa falida; procurador.

syndicate - consórcio; associação; grupo.

syndicate, bank - consórcio de bancos.

syndicate of underwriters - grupo de seguradores.

syndicated credit - empréstimo concedido por grupo de bancos; empréstimo consorciado.

syndicated loan agreement - contrato de empréstimo concedido por grupo de bancos; mútuo consorciado.

syndication - formação de grupo; formação de consórcio.

synergy - sinergia.

syngraph - contrato formal assinado por todas as partes.

synod - sínodo.

synopsis - sinopse; resumo; sumário.

system - sistema.

system repurchase agreement (USA) - contrato de recompra feito pelo Federal Reserve.

systematic sampling - amostragem sistemática.

T

tab equipment - sistema convencional de cartões perfurados.

table - quadro; mapa; tabela; regra; gráfico.

table A (UK) - regras para a administração de companhia por ações de responsabilidade limitada.

table B (UK) - estatuto padrão de companhia por ações de responsabilidade limitada.

table C (UK) - estatuto padrão de companhia limitada por garantia.

table D (UK) - estatuto padrão de companhia por ações limitada por garantia.

table E (UK) - estatuto padrão de companhia por ações de responsabilidade ilimitada.

table F (UK) - estatuto padrão de companhia pública.

table, listing - quadro; mapa; tabela.

tabulating machine - tabuladora.

t-account - conta em forma de T.

tacit - tácito; implícito; subentendido.

tacit acceptance - aceitação tácita.

tacit admission - confissão tácita.

tacit consent - consentimento tácito.

tack, to - lidar; resolver; vincular.

tack (Scotland) - locação; arrendamento.

tack fee (Scotland) - aluguel.

tacking - ligação; acumulação de terceira e primeira hipoteca.

tacky - de mal gosto.

tafelgeschaft (GER) - mercado de balcão.

tag - rótulo.

tagesgeld (GER) - dinheiro diário; "overnight".

tail - cauda; rabo; limitado; reduzido; diminuido; decrescente.

tail, estate in - propriedade incomunicável.

tail female - propriedade transmissível apenas na linha feminina.

tail general - propriedade transmissível sem restrições.

tail male - propriedade transmissível apenas na linha masculina.

tail special - usufruto transmissível por quatro gerações.

tail wind - vento de cauda.

taint, to - corromper; macular.

take, to - tomar; receber; levar; adquirir; conduzir; sacar; segurar; privar; prender.

take an oath, to - prestar juramento.

take as heir, to - receber como herdeiro.

take back, to - revogar; retratar; retirar; reconduzir.

take bids, to - licitar; rematar.

take delivery, to - tomar posse; aceitar.

take effect, to - entrar em vigor; vigorar.

take exception, to - impugnar; protestar.

take-home pay - salário líquido.

take inventory, to - inventariar; levantar inventário.

take the floor, to - tomar a palavra.

take-over - aquisição de um negócio; aquisição de uma empresa por outra.

take-over, to - adquirir negócio.

Take-Overs and Mergers Panel (UK) - comitê responsável por aquisições e fusões.

take possession - tomar posse; apoderar-se; apropriar-se.

take up - ocupar; resgatar; aceitar; tratar; assumir.

taker - tomador; adquirente; legatário; comprador de opções.

tales - jurados suplentes.

talk, to - falar.

talk back, to - responder.

talk down, to - repreender; dissuadir.

talk round, to - falar em círculos.

talliage - taxa municipal.

tally, to - contar; computar.

tally sheet - folha de contagem; controle de inventário.

talmud - talmud; corpo de leis civis e cerimoniais judaicas.

tamper, to - adulterar (um documento); violar (uma urna eleitoral).

tamper with, to - falsificar; fazer modificações fraudulentas; fraudar.

tampering with jury - corrupção de jurados.

tangible - tangível.

tangible asset - ativo tangível.

tangible evidence - prova tangível.

tangible property - propriedade corpórea.

tangible value - valor tangível.

tanker ship - navio petroleiro; navio tanque.

tanshi company (JAP) - corretora de dinheiro e câmbio.

tantalize, to - tormentar; provocar.

tap - a venda de títulos públicos.

tap CD - certificado de depósito sob medida.

tap stock (UK) - título público.

tapping - escuta clandestina; interceptação de chamada telefônica.

tardiness - mora; atraso.

target - alvo; objetivo; meta.

target cost - custo-meta.

target price - preço objetivado; preço programado.

targeting (USA) - medidas de controle monetário.

tariff - tarifa.

tariff, ad valorem - tarifa com base no valor; tarifa ad valorem.

tariff, antidumping - tarifa contra prática desleal de mercado por venda abaixo do preço praticado no mercado doméstico.

tariff, countervailing - tarifa compensatória.

tariff, preferential - tarifa preferencial.

tariff, protective - tarifa protecionista.

tariff regulations - regulamentos tarifários.

tariff, special - tarifa especial; tarifa aplicável a produtos.

task - tarefa; incumbência; trabalho; serviço.

task force - força tarefa.

tatami (JAP) - tatami; unidade de medida residencial no Japão.

tatter - retalho; farrapos.

tautology - tautalogia; a repetição da mesma coisa em palavras distintas.

taux d'intérêt (F) - taxa de juros.

tax - imposto; taxa; tributo; tributário; fiscal.

tax, ad valorem - imposto com base no valor; imposto ad valorem.

tax, capital gains - imposto sobre ganhos de capital.

tax, corporate income - imposto de renda da pessoa jurídica.

tax, corporation (USA) - imposto de renda da pessoa jurídica.

tax, direct - imposto direto.

tax, income - imposto de renda.

tax, indirect - imposto indireto.

tax, sales - imposto sobre vendas.

tax, stamp - estampilha; imposto do selo.

tax, value added - imposto de valor agregado.

tax, wealth - imposto sobre fortunas.

tax abatement - rebate fiscal; redução de imposto.

tax allowance - crédito fiscal.

tax assessment - lançamento de imposto.

tax avoidance (UK) - planejamento fiscal; elisão fiscal.

tax burden - carga fiscal.

tax collector - agente fiscal; coletor fiscal.

tax court - tribunal fiscal.

tax credit - crédito fiscal.

tax deductible - dedutível para fins fiscais.

tax deposit certificate (UK) - depósito por conta de futuras obrigações fiscais.

tax dodging - sonegação fiscal.

tax evasion - evasão de imposto.

tax exempt - isento de imposto.

tax exemption - isenção de impostos.

tax foreclosure - executivo fiscal.

tax-free - livre de impostos.

tax haven - paraíso fiscal.

tax identification number (USA) - número de identificação do contribuinte (S.S.- pessoa física; E.I.N. - outros casos).

tax laws - leis tributárias; leis fiscais.

tax liability - obrigação tributária.

tax litigation - litígio na área tributária.

tax on services rendered - imposto de prestação de serviços.

tax paradise - paraíso fiscal.

tax payer - contribuinte.

tax payment form - guia de recolhimento.

tax planning - planejamento fiscal.

tax rate - taxa de imposto.

tax rebate - redução de imposto; rebate fiscal.

tax receipt - recibo fiscal.

tax refund - devolução do imposto.

tax relief - redução de imposto.

tax return - declaração de imposto.

tax roll - cadastro de contribuintes; registro tributário.

tax shelter (USA) - investimento para diferir ou evitar o pagamento de impostos.

tax surcharge - sobretaxa.

tax system - sistema fiscal.

tax year - exercício fiscal.

taxable - tributável.

taxable income - renda tributável.

taxable profits - lucros tributáveis.

taxation - tributação.

taxation, double - dupla tributação.

taxation, local - tributação local.

taxation at source - tributação na fonte.

taxation of costs - determinação de custas processuais.

taxe d'émission (F) - taxa de emissão incidente sobre valores mobiliários.

taxpayer - contribuinte.

team - equipe.

technical analysis - análise técnica.

technical assistance - assistência técnica.

technical error - erro técnico; erro de pouca importância.

technical interpretation - interpretação técnica; parecer técnico.

technical reserves - reservas técnicas (direito securitário).

teigatu (JAP) - certificado de depósito emitido pelos correios.

teller - caixa; escrutinador; pagador.

temerity - temeridade.

temperate (FC) - moderado; abstêmio.

temper - temperamento.

tempest - tempestade.

temple (UK) - templo; dois dos "Inns of Court".

temporary - temporário; provisório.

temporary admission - admissão temporária.

temporary alimony - alimentos provisionais.

temporary chairman - presidente provisório.

temporary detention - prisão provisória.

temporary disability - invalidez temporária.

temporary injunction - medida cautelar.

temporary insanity - insanidade temporária.

temporary partial disability - incapacidade parcial temporária.

temporary total disability - incapacidade absoluta temporária.

temporary restraining order - medida liminar.

temporize, to - temporizar.

tempt, to - tentar.

temptation - tentação.

tenacious - tenaz.

tenancy - inquilinato; aluguel; locação; arrendamento; posse de bem imóvel.

tenancy, joint - arrendamento em comunhão; locação em condomínio.

tenancy at sufferance - esbulho possessório; retenção da posse além do autorizado.

tenancy at will - arrendamento expresso ou decorrente de lei.

tenant - inquilino (FC); locatário; ocupante de imóvel; nu proprietário; ocupante de imóvel; arrendatário; rendeiro.

tenant, joint - condômino.

tenant, sole - único possuidor; único arrendatário; arrendatário exclusivo.

tenant for life - arrendatário vitalício.

tenant for years - arrendatário por um certo número de anos.

tenant from year to year - locação anual; arrendamento anual.

tenant right - direito do inquilino à indenização por melhoria.

tenant to the praecipe - locador ou arrendatário sujeito passivo de ação.

tenantable repair - em condições de locação.

tendencious - tendencioso.

tendency - tendência.

tender - proposta; oferta de compra.

tender, to - propor; ofertar; oferecer.

tender, legal - moeda legal.

tender, plea of - reconhecimento do pedido e pagamento em juízo.

tender, treasury bill (UK) - oferta para compra de títulos do tesouro.

tender offer (USA) - oferta pública para compra de ações.

tender of payment - oferta de pagamento.

tenebrous - tenebroso.

tenement - prédio; imóvel; cortiço.

tenes - inquilino; locatário; condômino.

tenet - princípio; dogma.

tenor - conteúdo; traslado; cópia autenticada; certidão; termo final.

tentative balance sheet - balanço preliminar.

tenure - estabilidade; termo de mandato; tempo de serviço.

tenure - enfiteuse; aforamento; inquilinato; ocupação; posse.

tenured - vitalício; estável.

term - termo; prazo; prazo processual; vencimento; período; vigência; sessão.

term, final - termo final.

term, initial - termo inicial.

term, long - longo prazo.

term, medium - médio prazo.

term, short - curto prazo.

term fee - taxa judiciária de tribunal superior.

term insurance - seguro de vida.

term loan - empréstimo a prazo fixo.

term of court - ano forense; exercício forense.

term of lease - prazo de duração de contrato de locação.

term of office - mandato.

term of patent - vigência da patente.

term of years (UK) - prazo fixo expressado em anos.

term sheet (USA) - contrato de mútuo.

terminable - extingüível; resolúvel.

terminable annuity - anuidade plurianual.

terminal - terminal; termo final; termo final de contrato futuro de mercadorias.

terminal instalation - terminal de petróleo.

terminal market - mercado futuro de mercadorias.

terminate, to - terminar; concluir; encerrar; extingüir; finalizar; cessar; rematar.

termination - término; extinção; termo; conclusão; fim; limite; resolução.

termination pay - indenização por demissão de empregado.

terminus a quo (L) - ponto de partida.

terminus ad quem (L) - ponto de chegada.

terms - condições; ordens.

terms, to be under - de acordo com ordem judicial.

terms of payment - condições de pagamento.

terms of sale - condições de venda.

terre-tenant - possuidor; senhorio.

territorial - territorial.

territorial jurisdiction - jurisdição territorial.

territorial property - bem que está localizado em determinada jurisdição.

Territorial Sea Act (UK) - lei do mar territorial.

territorial waters - águas territoriais.

territoriality - territorialidade.

territory - território; região.

terrorism - terrorismo.

terrorist - terrorista.

terrorize, to - terrorizar.

test - teste; exame; prova; ensaio; experiência.

test action - processo que deve estabelecer precedente para outros casos semelhantes.

test case - processo que deve estabelecer precedentes para outros casos semelhantes.

test oath - juramento de fidelidade.

testament - testamento.

testamentary - testamentário.

testamentary capacity - capacidade de testar.

testamentary clause - cláusula testamentária.

testamentary disposition - disposição testamentária.

testamentary guardian - tutor testamentário.

testamentary power - poder outorgado por testamento.

testamentary trust - fideicomisso testamentário.

testamentary trustee - fiduciário testamentário.

testate - testado.

testator - testador.

testatrix - testadora.

tested - certificado.

tested communication - comunicação certificada.

tested telex - telex certificado.

testify, to - testemunhar; depor; testificar; atestar.

testemonial - testemunhal.

testemonial evidence - prova testemunhal.

testimonium clause - cláusula de testemunho em contrato ou escritura.

testimony - testemunho; prova testemunhal; depoimento; prova.

téte-à-téte (F) - direto; entre duas pessoas.

textbook - livro didático.

textual - textual.

thanks - graças; obrigado; gratidão.

theft - furto; roubo.

theft by false pretenses - estelionato.

theft insurance - seguro contra roubo.

theoretical - teórico.

theory - teoria.

theory, legal - teoria do direito; teoria legal.

therapeutic - terapêutico.

thief - ladrão.

thing - coisa.

thing in action - coisa sub-judice; direito latente.

thing in possession - coisa sob posse; coisa sob controle.

things appendant - coisas acessórias.

think, to - pensar; considerar; concluir; refletir; meditar.

think aloud - pensar em voz alta.

think big - ser ambicioso.

think-tank - grupo de estudos; grupo de trabalho.

third - terceiro.

third degree - terceiro grau; tortura.

third estate (UK) - Câmara dos Comuns.

third market - mercado de títulos não negociados em bolsa.

third-party - terceiro.

third-party complaint - chamamento ao processo.

third-party guarantee - fiança de terceiros.

third-party insurance - seguro de responsabilidade civil; seguro contra terceiros.

third-party liability - responsabilidade civil de terceiros.

third-party notice (UK) - chamamento à autoria.

third-party responsibility - responsabilidade de terceiros.

third person - terceiro.

third rate - terceira categoria.

third world - terceiro mundo.

this day six months (UK) - nunca; fórmula de rejeição de projeto de lei.

thought - pensamento.

thrash - lixo; desprezível.

threat - ameaça.

threaten, to - ameaçar.

threatening - ameaçador.

threshold - patamar; limite.

threshold, tax - limite fiscal.

thrifts (USA) - associações de poupança.

thrift account - caderneta de poupança.

thrift industry - setor de associações de poupança.

through bill of lading - conhecimento de transporte direto.

thus - assim.

thwart, to - contrariar; frustar; opor-se a; impedir.

ticket - bilhete; entrada; passagem; passe; etiqueta; rótulo; chapa de candidato.

tide - maré.

tidy - bem arrumado.

tie - empate.

tie, to - empatar; unir; ligar; vincular; atar.

till - caixa.

till money - caixa em moeda corrente mantida por bancos.

time - tempo; hora; prazo; época.

time bill - letra a prazo.

time charges - cobrança por tempo.

time charter - afretamento por tempo.

time deposit - depósito a prazo fixo.

time draft - letra ou nota com prazo de vencimento.

time immemorial - tempos imemoriais.

time keeping - controle de tempo.

time limit - prazo; termo; vencimento.

time policy - apólice de seguro por tempo.

time sharing - direito de uso de um imóvel por certo prazo; tempo compartilhado.

time sheets - fichas de tempo.

time table - programação.

time the essence of the contract - o tempo é a essência do contrato.

timely - oportuno.

tip - gratificação; gorjeta.

tip, to - gratificar.

tipstaff - oficial de justiça; meirinho.

tirade - discurso agressivo.

tithe - dízimo; décima parte; laudêmio.

title - título; denominação; nome; marca; tratamento; direito de propriedade; escritura; documento.

title, bad - título ruim; má documentação.

title, covenants for - garantias quanto ao título.

title, good - título bom; boa documentação.

title deed - escritura de imóvel.

title document - escritura.

title insurance - seguro de domínio de uma propriedade imobiliária.

title search - investigação do título.

titleholder - titular.

titleless - sem título.

titre (F) - título; certificado.

titular - titular.

token - simbólico.

token payment - pagamento simbólico.

tokkin (JAP) - fundo de investimento.

Tokyo Stock Exchange (TSE) - bolsa de valores de Tóquio.

tolerance - tolerância.

tolerate, to - tolerar; suportar.

toll - pedágio; taxa.

tomb - túmulo.

tombstone - lápide; anúncio de finalização de operações financeiras.

tome - tomo.

tonnage - tonelagem.

tonne - tonelada.

tool - instrumento; ferramenta.

top management - alta direção.

topic - tópico.

torment - tormento.

Toronto Stock Exchange (TSE) - bolsa de valores de Toronto.

Torrens System - sistema de registro de títulos de propriedades imóveis.

tort - ato ilícito pela violação do dever extracontratual levando à responsabilidade por reparação de perdas e danos.

tort, action in - ação de reparação por ato ilícito extracontratual.

tortfeasor - autor do ilícito extracontratual.

tortius - ilícito; delituoso.

torture - tortura.

torture, to - torturar; atormentar.

tory (UK) - membro do partido conservador.

total - total.

total contract price - valor total do contrato.

total disability - invalidez absoluta.

total loss - perda total.

total risk - risco total.

totalitarian - totalitário.

touch - toque; a maior diferença entre as quotações de venda e compra.

tout (UK) - cambista; operador de mercado negro.

tout, to - fazer operações de mercado negro.

town - cidade; munícipio.

town clearing - câmara de compensação.

town clerk - funcionário municipal.

town tax - imposto municipal.

toxic - tóxico.

trace - sinal; pista; vestígio.

track - rastro; pista.

tract - gleba; terreno; área.

trade - comércio; comercial; ramo; ofício.

trade, to - trocar; comerciar; negociar; permutar; barganhar.

trade acceptance - título de crédito comercial com aceite.

trade agreement - acordo comercial.

trade association - associação comercial.

trade balance - balança comercial.

trade bills - duplicatas; títulos de crédito comerciais.

trade board (UK) - junta comercial; registro do comércio; conservatória comercial.

trade credit - crédito comercial.

trade dispute - disputa comercial; disputa trabalhista.

trade dispute resolution - resolução de disputa comercial.

trade dispute settlement - resolução de disputa comercial; arbitragem comercial.

trade effluent (UK) - águas servidas.

trade fixtures - maquinário.

trade in, to - trocar.

trade in services - comércio de serviços.

trade investments (UK) - participação societária.

trade liability - passivo comercial.

trade liberalization - liberalização do comércio.

trade mark - marca registrada.

trade name - denominação comercial; nome comercial.

trade negotiations - negociações comerciais.

Trade Negotiations Committee (TNC) (GATT) - Comitê de Negociações Comerciais (GATT).

trade partner - parceiro comercial.

trade policy - política comercial.

Trade Policy Review Mechanism (TPRM) - mecanismo de revisão de política comercial (do GATT).

trade price - preço de revenda; preço de fábrica.

trade secret - segredo comercial; segredo industrial.

trade surplus - superavit comercial.

trade union - sindicato de trabalhadores.

Trade Union and Labour Relations Act 1974 (UK) - lei trabalhista.

trade usage - uso comercial; costume comercial.

traded months - meses de entrega (mercado futuro de mercadorias).

traded option - opção.

trader - negociante; comerciante.

tradesman - comerciário.

trading - mercantil; comercial; do comércio.

trading certificate (UK) - certificado de incorporação; certificado de constituição.

trading corporation/company - sociedade de comércio.

trading floor - pregão.

trading limits clause - cláusula de limites comerciais (direito marítimo).

trading position - posição comercial; posição em mercado futuro.

trading post - posto de troca; posto de troca especializado na bolsa de valores de Nova Iorque.

trading range - banda de flutuação.

tradition - tradição.

traffic - tráfico; trânsito.

traffic accident - acidente de trânsito.

traffic light - semáforo.

traffic policeman - guarda de trânsito.

traffic regulations - leis de trânsito.

traffic rules - regras de trânsito.

traffic ticket - multa por infração de trânsito.

traffic warden (UK) - controlador de trânsito.

trafficking - tráficar; exercer comércio ilegal.

tragedy - tragédia; desgraça; desastre; calamidade.

training - treinamento.

trait - característica.

traitor - traidor.

tranche - parcela; segmento; parte.

tranche certificate of deposit - certificado de depósito em parcelas.

tranches of special drawing rights - parcelas de direitos especiais de saque.

transact, to - comerciar; realizar um negócio; transacionar.

transaction - transação; operação comercial; negócio.

transaction balance - oferta monetária.

transaction volume - volume de negócios.

transcribe, to - transcrever; copiar.

transcript - transcrição; cópia.

transfer - transferência; transmissão.

transfer, to - transferir.

transfer, blank - cessão assinada em branco; cessão em branco; cessão de ações em branco.

transfer agent - pessoa física ou jurídica autorizada a processar a transferência de ações; secretário.

Transfer and Automated Registration of Uncertified Stock (TAURUS) (UK) - câmara de compensação de ações.

transfer book, share - livro de cessão e transferência de ações.

transfer of cause - desaforamento.

transfer of share - cessão de ação.

transfer of title - transmissão de propriedade.

transfer pricing - transferência de lucro; sub ou super faturamento.

transferable - transferível; transmissível.

transferee - cessionário.

transference - transferência.

transferor - cedente.

transform, to - transformar.

transgress, to - transgredir; violar; infringir.

transgression - trangressão; violação; ofensa; crime.

transgressor - transgressor.

transhipment - baldeação de mercadoria; transbordo.

transient - transiente.

transire - ordem de liberação aduaneira.

transit - trânsito; passagem.

transit clause - cláusula de armazém a armazém; cláusula de seguro de trânsito.

transit goods - mercadoria em trânsito.

transition - transição.

transitory - transitório.

transitory action - ação sem foro privilegiado; ação de foro geral.

transitory provisions - disposições transitórias.

translate, to - traduzir; verter.

translation - tradução; versão; remoção.

transmission - transmissão.

transmission of share - sucessão de direito.

transmit, to - transmitir; conduzir; transferir; comunicar.

transparency - transparência.

transparency rule - regra de transparência (comércio internacional, bolsas de valores, etc.).

transparent - transparente.

transport - transporte.

transportation - transporte.

trap - armadilha.

traumatism - traumatismo.

travel - viagem.

travel, to - viajar.

travel agency - agência de viagem.

travel insurance - seguro de viagem.

traveller's check - cheque de viagem.

travelling expense - despesa de viagem.

traverse - contestação.

traverse of an indictment - defesa em uma pronúncia.

traverse of an office - contestação de alegações administrativas.

traverse toll - pedágio para passagem em propriedade particular.

traverser - réu; acusado.

treachery - traição.

treason - traição.

treason, high - alta traição.

treason, petit - pequena traição.

treason felony - traição dolosa.

treasonable - traiçoeiro; desleal.

treasure - tesouro.

treasurer - tesoureiro.

treasury - tesouraria; caixa; tesouro; cofres públicos; ministério da fazenda; fazenda pública.

treasury bill (UK) (USA) - obrigação do tesouro; título de curto prazo negociado com desconto.

treasury bill rate (UK) (USA) - taxa de desconto; taxa de juros implícita.

treasury bond (USA) - obrigação do tesouro.

treasury department - departamento do tesouro; ministério da fazenda.

treatise - livro que trata de um determinado assunto; tratado.

treatment - tratamento; trato.

treaty - tratado; convênio; pacto.

treaty reinsurance - contrato automático de resseguro.

treble - triplo; triplicado.

treble damages - danos triplicados.

trend - tendência.

trespass - intrusão ilegal; violação; esbulho possessório; invasão de propriedade.

trespass, to - trangredir; violar; invadir.

trespasser - esbulhador; turbador; invasor; grileiro.

trial - julgamento; processo; juízo; prova; teste.

trial balance sheet - balancete.

trial before a judge - julgamento por juiz togado.

trial before a judge and jury - julgamento por juiz e juri.

trial before a judge sitting with assessors - julgamento por juiz togado assistido por assessores.

trial before a referee - julgamento por um árbitro.

trial jury - corpo de jurados.

tribunal - tribunal; juízo; foro; órgão jurisdicional; jurisdição.

tribune - tribuno.

tribute - tributo; imposto.

trick - estratagema; truque.

trickery - trapaça.

trifle - de pouco valor; bagatela.

trigger - gatilho.

trip - viagem; excursão.

tripartite - tripartite.

triumph - triunfo.

trivial - trivial.

trouble - problema; desordens; distúrbios; perturbação da ordem pública.

trouble maker - criador de casos.

trouble shooter - especialista na solução de problemas.

truant - faltoso; ausente.

truck (USA) - caminhão (BR); camião (P).

truckage - transporte por caminhão.

trucking company - empresa transportadora.

true - verdade; verdadeiro; real; sincero; exato; honesto; genuíno.

true value - valor real.

trust - fideicomisso; fidúcia; confiança; truste.

trust, express - fideicomisso expresso.

trust, implied - fideicomisso tácito.

trust account - conta fiduciária.

trust agreement - contrato fiduciário.

trust and agency fund (USA) - fundo administrado por agente fiduciário.

trust bank (JAP) - banco comercial que também realiza operações fiduciárias.

trust bond - caução de fideicomisso.

trust certificate - certificado fiduciário.

trust company - instituição fiduciária; empresa fiduciária.

trust corporation - instituição fiduciária; empresa fiduciária.

trust corpus - o objeto do fideicomisso.

trust deed (UK) - instrumento fiduciário; contrato fiduciário; documento pelo qual um fideicomisso é criado.

trust deposit - depósito especial.

trust estate - objeto do negócio fiduciário.

trust fund - fundo fiduciário.

trust indenture (USA) - instrumento fiduciário; contrato fiduciário.

trust instrument - instrumento fiduciário.

trust legacy - legado em fideicomisso.

trust letter - contrato de caução em garantia.

trust mortgage - hipoteca fiduciária.

trust property - propriedade fiduciária.

trust receipt - contrato de caução em garantia.

trustee - fiduciário; fideicomissário; síndico.

trustee, public (UK) - comissário.

trustee in bankruptcy - síndico de massa falida.

Trustee Investments Act (UK) - lei sobre investimentos fiduciários.

Trustee Savings Bank (TSB) (UK) - banco de poupança popular.

trustee status - situação fiduciária.

trustee stockholder - acionista fiduciário.

trustor - fideicomitente; depositante.

truth - verdade; veracidade; sinceridade; realidade.

Truth in Lending Act (USA) - lei federal sobre transparência de condições de crédito ao consumidor.

try, to - julgar.

tunnage - tonelagem.

turmoil - tumulto; agitação; desordem; perturbação.

turn-key contract - contrato de empreitada para a total construção de fábrica ou planta industrial.

turn-round rate - taxa combinada de negócio de mercadorias; taxa de compensação e de corretagem.

turnover (UK) - receita bruta; movimento bruto.

turpis causa (L) - motivo torpe.

turpitude - torpeza; infâmia; indignidade.

tutor - tutor; tutora.

tutorship - tutela.

tutorship by nature - tutela legítima; tutela natural.

tutorship by will - tutela determinada por testamento; tutela testamentária.

tutrix - tutora.

tying - vinculado.

type - tipo.

type bar - barra de tipos.

tyranny - tirania; depotismo.

tyrant - tirano.

U

ubernahme (GER) - incorporação.

uberrima fides (L) - absoluta boa-fé.

ubiquitous - ubíquo; onipresente.

ubiquity - ubiqüidade.

ulterior - posterior; oculto; inconfessado.

ultimate - último; supremo; final; definitivo; principal; superior; irrevogável.

ultimate facts - fatos fundamentais.

ultimate issue - questão principal.

ultimatum - ultimato; últimas palavras.

ultrahazardous activity - atividade extremamente perigosa.

ultra vires - além dos poderes permitidos.

umbrage - sentimento de ofensa; ressentimento.

umbrella coverage - cobertura abrangente.

umbrella insurance - seguro coletivo.

umpirage - sentença arbitral.

umpire - árbitro; juiz.

unable - inábil.

unadjusted - sem ajuste.

unadulterate - inadulterado.

unadvised - não aconselhável.

unalienable - inalienável.

unambiguous - inequívoco.

unanimity - unanimidade.

unanimous - unânime.

unanswerable - irrespondível.

unappealable - não sujeito a recurso.

unappropriated - sem destino definido.

unappropriated profits - lucros disponíveis.

unappropriated surplus - excedente disponível.

unarmed - desarmado.

unassignable - intransferível.

unaudited - sem auditoria.

unaudited balance sheet - balanço não auditado.

unauthorized practice of law - exercício da advocacia por pessoa não admitida nos quadros da Ordem.

unauthorized signature - assinatura não autorizada.

unauthorized use - furto para uso próprio.

unavoidable - inevitável.

unavoidable casuality - caso fortuito ou força maior.

unbiased - indiferente; imparcial.

unborn child - nascituro.

unbroken - contínuo; inteiro; intacto; inviolado.

uncertain - incerto.

unchangeable - irrecusável.

uncivil - mal educado.

unclaimed - não reclamado.

unclean bill of lading - conhecimento de embarque com reserva.

uncollectible - não cobrável.

unconditional discharge - liberdade incondicional.

unconditional pardon - perdão incondicional.

unconfirmed credit - crédito não confirmado.

unconscionable - despropositado; inescrupuloso; irracional; injusto; inconsciente.

unconsolidated - não consolidado.

unconstitutional - inconstitucional.

unconstitutionality - inconstitucionalidade.

uncontested - sem contestação.

uncontradicted - não contrariado.

uncontrollable - incontrolável; irresistível; ingovernável; indócil; violento.

uncontrollable impulse - impulso incontrolável.

uncouth - rude; mal educado; inculto.

uncovered - descoberto.

undated - sem data.

undecided - não decidido.

undeclared - não declarado.

undeniable - que não se pode negar.

undefended - não defendido.

under - abaixo; inferior; sob; subordinado; conforme.

under-lease - sublocação.

under-tenant - sublocatário.

under par - abaixo do valor par; com deságio.

under protest - sob protesto.

under the counter (informal) - surepticiamente; por baixo do pano (informal).

under the line - receita ou despesa extraordinária.

undercapitalized - subcapitalizado.

undercover - secreto; encoberto; disfarçado.

undercover agent - agente secreto.

undercut, to - frustrar.

underdeveloped - subdesenvolvido.

underdeveloped country - país subdesenvolvido.

underestimate to - subestimar.

underemployment - sub-emprego.

underlying company - companhia subsidiária.

underlying instrument - instrumento subjacente.

undermine, to - minar; enfraquecer.

underproduction - subprodução.

underscore, to - destacar.

undersign, to - subscrever; assinar.

undersigned - abaixo-assinado; subscrito.

understand, to - compreender; entender; perceber.

understanding - compreensão; conhecimento; entendimento.

understate, to - subavaliar.

understood - compreendido; subentendido; contratado; acordado.

undertake, to - empreender; intentar; encarregar-se; incumbir- se.

undertaking - promessa; garantia; empreendimento; empresa.

underwrite, to - subscrever; assinar; segurar a vida ou propriedade; ressegurar.

underwrite, to - subscrever emissão completa de títulos mobiliários para revenda.

underwriter - subscritor; segurador; companhia de seguros; ressegurador.

underwriting - subscrição de uma emissão de títulos mobiliários.

underwriting contract - contrato de subscrição de emissão completa de títulos mobiliários.

underwriting syndicate - grupo subscritor de emissão completa de títulos mobiliários ou grupo de resseguro.

undisclosed - encoberto; não revelado.

undisputed - indisputado; incontestado.

undistributed - não distribuído.

undistributed profits - lucros não distribuídos; lucros retidos.

undivided - indiviso; inteiro.

undivided right - indivisibilidade de direitos.

undue - indevido; ilegítimo; ilegal; indébito; excessivo; exagerado.

undue influence - influência excessiva na vontade de outra pessoa.

unearned - imerecido; a que não fez jus; gratuito.

unearned income - renda de fonte que não seja o trabalho.

unearned premiums reserve - reserva técnica; reserva de seguradoras cobrindo riscos futuros.

unemployed - desempregado.

unemployment - desemprego.

unencumbered - não-empenhado.

unencumbered allotment - dotação orçamentária não empenhada.

unequal - desproporcional; desigual.

unerring - infalível; certeiro.

unethical conduct - conduta anti-ética.

unexpended appropriation - verba não despendida.

unexpired - vincendo.

unfair - desleal; injusto.

unfair competition - concorrência desleal.

unfair hearing - julgamento injusto.

unfair trade practice - prática comercial desleal.

unfairness - injustiça; deslealdade; parcialidade.

unfaithful - desleal; injusto; inexato; infiel.

unfit - inadequado; impróprio; incapaz.

unfit for human consumption - impróprio para o consumo humano.

ungovernable - ingovernável.

unguarded - indiscreto.

uniform - uniforme; constante; igual; invariável.

uniform accounting system - sistema de contabilidade uniforme.

Uniform Commercial Code (USA) - código comercial uniforme adotado por alguns estados.

uniform reserve requirement (USA) - regulamento de reservas bancárias.

unilateral - unilateral.

unilateral contract - contrato unilateral.

unincorporated association - sociedade sem personalidade jurídica própria.

uninsured - não-segurado.

union - sindicato; associação; federação; liga.

union, trade - sindicato de trabalhadores.

union contract - contrato entre empresa e sindicato.

union dues - imposto sindical; quotas sindicais.

union rate - piso salarial determinado pelo sindicato.

unit - unidade (medida); unidade administrativa.

unit cost - custo unitário.

unit of account - unidade monetária.

unit of sampling - unidade de amostragem.

unit ownership - condomínio.

unit pricing - preço por unidade.

unit trust (UK) - fundo fiduciário em unidades.

unite - unir; ligar; juntar; casar; coligar; colaborar.

unity - unidade; harmonia; acordo; comunhão.

unity of interest - comunhão de interesses.

unity of possession - composse.

unity of person - união obtida através da sociedade conjugal.

universal - universal; geral; ilimitado; inteiro; todo.

universal legacy - legado universal.

universal partnership - sociedade coletiva.

universal succession - sucessão universal.

universe - universo; população.

university - universidade.

unjust - injusto; ilícito.

unjust enrichment - enriquecimento ilícito.

unlawful - ilegal; ilegítimo; ilícito.

unlawful assembly - ajuntamento ilegal.

unlawful entry - violação de domicílio.

unlimited - ilimitado; indefinido.

unliquidated - pendente de liquidação.

unliquidated damages - indenização de valor a determinar.

unliquidated debt - dívida pendente.

unliquidated encumbrance - empenho a liquidar.

unlisted - não negociado em bolsa de valores.

unlisted company - sociedade cujas ações não são negociadas em bolsas de valores.

unload - descarregar; aliviar; desembaraçar.

unloading - descarregando.

unmarketable title - título sem valor comercial.

unmarried - solteiro.

unnatural offense - ato delituoso obsceno.

unnecessary - desnecessário; dispensável.

unnerved - enervar; debilitar; abater; acovardar.

unofficial reports - relatórios extra-oficiais.

unpaid - a pagar; não-pago.

unprovoked - sem provocação.

unqualified opinion - parecer sem reservas.

unquoted - não negociado em bolsa de valores.

unrealized - a recuperar; não-recuperado; pendente de liquidação.

unreasonable - irracional; insensato; despropositado; arbitrário; absurdo.

unrecovered - a recuperar; não-recuperado.

unreported - não declarado.

unsavoury - de mal gosto.

unsecured account - conta descoberta.

unsecured liability - passivo descoberto.

unsettled accounts - contas não pagas.

unskilled - não-especializado.

unsound mind - mentalmente incapaz.

untapped - inaproveitado; inexplorado.

untouchable - intocável.

untransferable - intransferível.

untruth - mentira; falsidade.

unusual punishment - pena cruel.

unvalued policy - apólice com valor de cobertura em aberto.

unveil, to - revelar; desvendar.

unveil the corporate structure - desconsiderar a personalidade jurídica.

unwritten law - lei ou direito não escrito.

up-to-date - atualizado.

update, to - atualizar.

uphold, to - sustentar; suster; apoiar; defender; manter; confirmar.

upkeep - manutenção.

upon request - mediante solicitação.

upper bench - tribunal superior.

upper class - classe superior.

uppity - arrogante.

upset, to - perturbar.

upset price - o menor preço concebível.

upswing - melhoria.

uptrend - tendência altista.

urban homestead - bem de família localizada na área urbana.

urge, to - insistir; reclamar; exortar.

urgent - urgente.

usage - tratamento; manuseio; uso; costume; consumo.

usage of trade - uso comercial.

usance - juros; tempo permitido por costume para o pagamento de letra de câmbio.

usance draft - letra a prazo fixo.

usances - usos comerciais.

use - usar; empregar; utilizar.

use, to - uso; emprego; finalidade; fruição; utilidade; utilização; serventia.

usee - autor assistido.

useful - útil; aproveitável; proveitoso; vantajoso; benéfico.

useful life - vida útil.

usefulness - inutilidade.

usefulness - utilidade.

user cost - custo de utilização.

user friendly (PC) - de fácil uso; amistoso; não ofensivo; não intrusivo.

usher - servidor da justiça; porteiro; introdutor.

usher, to - conduzir; acompanhar; anunciar; preceder.

usual - usual; habitual; costumeiro.

usucapion - usucapião.

usufruct - usufruto.

usufructuary - usufrutuário.

usurious contract - contrato onde se consta a prática de usura.

usurp, to - usurpar; apropriar-se indevidamente.

usurpation - usurpação.

usurpation of franchise - usurpação de franquia.

usurpation of office - usurpação de função.

usurper - usurpador.

usurper of a public office - usurpador de cargo público.

usury - usura; agiotagem.

utensils - utensílios.

uterine - uterino.

utility - utilidade pública; companhia de serviços públicos.

utmost care - precaução máxima.

utmost resistance - resistência máxima.

utter - extremo; completo; total; absoluto; pleno.

utter, to - emitir; proferir; pronunciar; dizer; expressar.

uxor - esposa.

uxoricide - uxoricídio.

uxorious (FC) - excessivamente afeiçoado à esposa.

V

vacancy - vaga; lugar vazio; vácuo.

vacant - vago; vacante; vazio; desocupado; devoluto.

vacate - anular; cancelar; rescindir; vagar; desocupar.

vacation - férias.

vacation of judgment - revogação de sentença.

vacillate - vacilar; hesitar.

vade mecum - livro de referência.

vagabond - vagabundo; vadio; nômade; errante.

vagary - excentricidade.

vagrancy - vadiagem.

vagrant - vagabundo; vadio; errante.

valid - válido; valioso; legal; eficaz.

validate, to - validar; confirmar; ratificar; legalizar; autenticar.

validation - validação.

validity - validade; validez; eficácia.

valuable - valioso; de valor; precioso; importante.

valuable consideration - contraprestação em forma de direito; benefício; sacrifício; prejuízo ou assunção de responsabilidade.

valuation - avaliação; estimativa.

valuation account - conta de reavaliação ou retificação.

valuation reserve - reserva representativa de reavaliação.

value - valor; valia; utilidade; apreço; estima.

value - avaliar; estimar; apreciar; prezar.

value added - valor adicionado; valor agregado.

value added tax (v.a.t.) - imposto sobre o valor agregado (i.v.a.); imposto sobre o valor acrescentado (P).

value date - data valor; dia de pagamento.

value of matter in controversy - valor da causa.

value received - valor recebido.

valueless - sem valor.

valuer - avaliador.

vandal - vândalo.

vandalism - vandalismo.

vapid - insípido.

variable cost - custo variável.

variable expense - despesa variável.

variance - variação; flutuação; desacordo; diferença; discórdia; desavença.

variation - variação; flutuação.

vary - variar; alterar; mudar; modificar.

vault - cofre-forte; caixa-forte; casa-forte.

vehement - veemente.

vehicular homicide - homicídio causado por atropelamento.

veil - velar; cobrir; ocultar; disfarçar.

venal - venal.

vend, to - vender; apregoar.

vendee - comprador; adquirente.

vendable - vendável.

vending machine - máquina de vender.

venditor - vendedor.

venditrix - vendedora.

vendor - fornecedor.

vendor finance - financiamento do vendedor; financiamento concedido pelo vendedor para a aquisição de ativo de sua propriedade.

vendor's lien - caução do vendedor.

vendue - venda judicial.

vendue master - leiloeiro.

venereal-disease - doença venérea.

vengeance - vingança; desforra; represália.

vengeful - vingativo.

venial - perdoável; desculpável.

vente, (F) - venda.

vente aleatoire, (F) - venda aleatória.

vente a réméré, (F) - venda com cláusula de retrovenda.

vente aux enchéres, (F) - leilão.

venter, (F) - ventre; mãe.

venture - empreendimento arriscado; especulação comercial; risco; aventura.

venture, to - empreender; arriscar.

venture capital - capital de risco.

venture capital company - sociedade com objetivo de ter participações societárias minoritárias.

venue - foro do domicílio; foro pessoal.

venue jurisdiction - foro competente.

veracity - veracidade; verdade; sinceridade; exatidão.

verbal - verbal; oral; literal.

verbal assault - agressão verbal.

verbal process - oralidade.

verbose - prolixo; verboso.

verdict - veredicto; decisão do júri.

veridical - verídico; verdadeiro.

verification - verificação; confirmação.

verified copy - cópia juramentada.

verify - verificar; comprovar; confirmar; conferir.

verity - veracidade; verdade; realidade dos fatos.

version - versão.

versus - verso; contra.

vest - revestir; empossar; emitir; investir; entregar; dispor.

vested - revestido; empossado; investido; adquirido.

vested estate - bem disponível.

vested in interest - direito não diferido; direito adquirido.

vested in possession - emitido na posse.

vested interest - interesse pessoal geralmente em detrimento de outros.

vested rights - direito adquirido.

vestige - vestígio; sinal.

vet, to - verificar; examinar.

veto - veto.

veto power - poder de veto.

vexation - contrariedade; irritação; aborrecimento.

vexatious - irritante; aborrecido; incômodo.

vexatious delay - demora propostas.

vexatious proceeding - processo temerário.

vexed question (FC) - questão difícil ou sem solução.

via - via; caminho; meio.

viable - viável.

vicarious liability - responsabilidade indireta.

vice - vício; defeito; imperfeição; imoralidade; corrupção; vice.

vicinity - vizinhança; arredores; proximidade.

vicious - vicioso; corrupto.

vicissitudes - vicissitudes.

victim - vítima.

victimless crime - crime sem vítima.

vie - rivalizar; competir.

view - vista; visão; inspeção.

view, demand to - pedido de inspeção.

viewer - observador; espectador.

vigil - vigília.

vigilance - vigilância; precaução.

vigilant - vigilante; alerta; precavido.

vigor - vigor; força; energia; vitalidade; eficiência.

vile - vil.

villain - vilão.

vilupanate - vilupena.

vindicate - vindicar; defender; sustentar; justificar.

violate - violar; infringir; transgredir; invadir.

violation - violação; infração; transgressão.

violence - violência.

violent - violento.

violent offense - crime qualificado.

virement - transferência de uma conta para outra.

vires - poderes outorgados; plenos poderes.

virgin - virgem.

virtual representation - representação de grupos com interesses comuns.

visa - visto (normalmente em passaporte ou outro documento).

visit - visita; vistoria; inspeção.

visitation - visita de vistoria; inspeção.

visitation rights - direito de visitar os filhos.

visitor - visitante; visita; inspetor.

vital - vital; fatal; mortal; fundamental; essen-cial.

vital statistics - registros de pessoas naturais.

vitiate - viciar; corromper; contaminar; invalidar; anular.

vocation - profissão; ocupação; vocação.

void - nulo; sem efeito; inexistente; vazio; desocupado; vago.

void ab initio - nulo desde o início.

void contract - contrato nulo.

void judgment - sentença ineficaz.

void marriage - casamento nulo.

void, to - anular; tornar sem efeito.

voidable - anulável.

voidable contract - contrato anulável.

voided check - cheque cancelado.

voidable judgment - sentença anulável.

voiding - inutilização de documentos; cancelamento de documentos; anulação de documentos.

volative - volátil.

volative currency - moeda volátil.

volatility - volatilidade.

volition - vontade; determinação; decisão.

volume - volume.

volume of trading - volume de negócios.

voluntary - voluntário; livre; espontâneo.

voluntary abandonment - abandono voluntário.

volunteer - voluntário; corpo de voluntários.

vote (UK) - verba governamental.

vote - voto; sufrágio; votação; decisão.

vote, to - votar; propor; sugerir.

voter - eleitor; votante.

voting by ballot - voto através de célula.

voting stock - ações com direito a voto.

voting stock rights - direitos a voto das ações.

voting trust - certificado de fideicomisso de votação.

voting trust - fideicomisso constituído para exercer o direito de voto de títulos mobiliários.

vouch, to - garantir; atestar; responder por.

vouch, to - chamar à autoria; nomear à lide.

vouchee - denunciado.

voucher - comprovante; guia de lançamento; documento.

voucher - fiador; abonador.

vouching - comprovação de despesas; inspeção de comprovantes bancários.

vouching-in - chamamento à autoria; denunciação da lide.

vouchsafe - conceder; conferir.

vow - voto; promessa; juramento.

vulgar - vulgar; comum; popular.

vulnerable - vulnerável.

vulture - urubú.

W

wad - maço.

wad of money - maço de dinheiro.

wade, to - vazar; atravessar.

waft - sinal de perigo.

wage - salário; ordenado; remuneração.

wage assignments - cessão de salários.

wage claim - reivindicação salarial.

wage earner - assalariado.

wage stop - limitação de salário.

wager - aposta.

wages - salário; ordenado.

wages floor - salário base.

wages freeze - congelamento salarial.

waif - sem dono; coisa abandonada.

wail, to - lamentar.

wait, to - esperar; aguardar.

waiting period - período de espera.

waive, to - renunciar; rejeitar; desisitir; deixar de lado; abandonar; repudiar; abster.

waiver - renúncia; abandono; abdicação; abstenção; desistência de direito.

waiver, express - abandono expresso de um direito.

waiver, implied - abandono implícito de um direito.

waiver clause - cláusula de renúncia.

waiver of protest - renúncia à constituição em mora pelo protesto.

waiver of rights - renúncia de direitos; demissão de direitos.

wall - parede; muro.

wall, chinese - véu de confidencialidade; sigilo.

wall of silence - muro de silêncio.

wallet - carteira.

wander, to - vagar; perambular.

wanderer - andarilho.

want - falta.

want, to - querer.

want of consideration - falta de pagamento.

want of jurisdiction - incompetência de jurisdição.

wanted by the police - procurado pela polícia.

wanton - aleatório; descuidado; infundado; lesivo; caprichoso.

wanton act - ato negligente de consideração ao direito de terceiros.

wanton and reckless misconduct - conduta negligente; lesiva e impossível.

wanton conduct - conduta negligente.

wanton injury - lesão causada por negligência.

wanton negligence - negligência temerária.

war - guerra.

war bond - bônus de guerra.

war crime - crime de guerra.

war declaration - declaração de guerra.

war office - Ministério de Guerra.

war risks - riscos de guerra.

war ship - navio de guerra.

war widow - viúva de guerra.

ward - guarda; tutor; tutelado.

ward, to - guardar; proteger.

warda - tutelado.

warden - guardião; vigia.

wardship - tutela.

ware - mercadoria.

warehouse - armazém, depósito.

warehouse, bonded - armazém alfandegário.

warehouse receipt - conhecimento de depósito.

warehouse warrant - conhecimento de depósito.

warehousing - armazenagem.

warehousing system (UK) - armazenagem alfandegada.

warier - cauteloso; prudente; precavido.

warn, to - advertir; avisar.

warning - advertência; aviso.

warrant - garantia; certificado; declaração; procuração; cautela; autorização; ordem de pagamento.

warrant, arrest - mandado de prisão.

warrant, bench - mandado judicial de prisão.

warrant, interest - ordem de pagamento.

warrant, search - mandado de busca e apreensão.

warrant, stock - certificado de subscrição de ações.

warrant creditor - credor de um título público.

warrant of settlement - recibo de depósito.

warrant, to - garantir; afiançar; autorizar; justificar.

warrantee - titular da garantia.

warrantless arrest - prisão efetuada sem mandado.

warrantor - garante; garantidor.

warranty - garantia.

warranty, breach of - inadimplemento de garantia.

warranty, covenant of - cláusula de garantia.

warranty deed - contrato de garantia.

warranty, general - garantia geral.

warranty, implied - garantia tácita.

warranty of legality - presunção de legalidade; condição de legalidade; garantia de legalidade.

warranty of title - garantia de origem.

warranty, personal - garantia pessoal.

wary - cauteloso; circunspecto.

wash sale - compra e venda logo em seguida de valores idênticos.

wash transaction - operação fictícia na Bolsa em que o próprio vendedor adquire o que vende.

waste - desperdício; perda; resíduo; lixo.

waste, ameliorating - benfeitoria útil.

waste-book - borrador.

waste, economic - perda econômica.

waste, equitable - perda permitida pelos princípios gerais de direito.

waste, permissive - dano causado em imóvel alheio por omissão ou negligência do ocupante.

waste, treatment - tratamento de resíduos.

waste treatment plant - planta de tratamento de resíduos.

wasting - exaurível; de vida útil limitada.

wasting assets - bens consumíveis.

wasting property - bens consumíveis.

wastrel - vagabundo.

watch, to - vigiar.

watchman - vigia; guarda.

water - água.

water work - estação de tratamento de águas.

watercourse - curso de águas.

watered - diluído.

watered capital - capital diluído.

watershed - divisor de águas.

waterway - via aquática.

way - caminho; passagem.

way, right of - direito de freqüência.

way bill - manifesto.

wayfarer - viajante.

wayleave - servidão de passagem.

ways and means committee (USA) - comissão de finanças públicas.

wayward - desobediente; indócil; inconstante; instável; ingovernável; à deriva.

weak - fraco.

weak case - caso fraco; explicação não convincente.

weak character - caráter fraco.

weakness - fraqueza.

wealth - fortuna; riqueza; haveres; propriedade.

wealth tax - tributo sobre riquezas.

wealthy - rico; próspero.

weapon - armas; armamento.

wear and tear - uso e desgaste.

wear, to - usar; vestir.

weary - cansado; entediado.

weather - tempo.

weather forecast - previsão do tempo.

web - teia.

wed, to - casar.

wedding - casamento.

wedlock - matrimônio; casamento.

week - semana.

weekly - semanal.

weekly pay - pagamento semanal.

weep, to - chorar.

weight - peso.

weight of evidence - valor da prova.

weighted - ponderado.

weighted average - média ponderada.

welfare - assistência social; bem-estar; saúde; prosperidade.

welfare state - estado do bem-estar social.

welshing - furto de bem depositado.

wertpaper (GER) - título mobiliário.

wertzuwachs (GER) - ganho de capital.

whack - golpe; agressão.

when - quando.

when issued - quando emitido.

whereas - considerando que.

whim - capricho.

whining - queixume.

whip - lider partidário responsável pela disciplina de seus colegas de partido.

whip, to - chicotear; amarrar.

whipping - linchamento.

white - branco.

white collar - executivo; pessoal burocrático; colarinho branco.

white-collar crime - crime do colarinho branco (fraude ou estelionato praticado por executivo).

Whitehall - o governo britânico; seus escritórios ou política.

White House - Casa Branca; residência oficial do presidente dos EUA.

white knight - cavaleiro branco; investidor que defende companhia alvo de oferta hostil.

white slave - escrava branca.

whitetie - casaca.

whole - integral; completo.

whole life insurance - seguro de vida pagável apenas com a morte e não do tipo restituível com o passar dos anos.

wholesale - atacado; comércio por atacado.

wholesale banking - atividade bancária por atacado; empréstimos no mercado bancário.

wholesale dealer - vendedor atacadista.

wholesale deposit - deposito recebido por atacado, de grupo de pessoas ou de instituições.

wholesale market - mercado financeiro interbancário; mercado de atacado.

wholesale price - preço por atacado.

wholesaler - atacadista.

whore - termo vulgar para prostituta; meretriz.

whoremaster - rufião; cafetão; gigolô.

wicked - pecaminoso.

widow - viúva.

widow's allowance - pensão paga pelo espólio à viúva.

widow's bench - parte do espólio cabendo a viúva e excedente a sua meação.

widower - viúvo.

widowhood - viuvez.

wield, to - usar; exercer.

wife - mulher casada; esposa.

wig - peruca.

wild - selvagem.

wildcat strike - greve ilegal.

wile - artifício; truque.

will - testamento.

will - vontade; árbitro; desejo; intenção.

will, conditional - testamento com cláusula condicional.

will contested - testamento contestado.

will, joint - testamento mútuo.

will, joint and mutual - testamento mútuo.

will, last and testament - último testamento.

will, mutual - testamento mútuo.

will, nuncupative - testamento nuncupativo.

will, reciprocal - testamento recíproco.

willful - voluntário; doloso; intencional; propositado.

willful murder - homicídio doloso.

willful negligence - negligência propositada.

willful tort - ato ilícito doloso.

win, to - vencer.

wind up - liquidação do ativo de uma empresa.

windfall - legado; herança; ganhos inesperados.

winding up - liquidação.

window - janela.

window dressing (informal) - alterações nas contas para causar boa impressão; maquilar (informal).

window guidance (JAP) - instrução informal do Banco do Japão à comunidade financeira.

wiretapping - escuta telefônica; grampear telefone.

wistful - desejo; vontade.

wit, to - a saber.

witch - bruxa.

witch hunt - caça às bruxas.

withdraw, to - sacar; tirar; afastar; apartar; retratar.

withdrawable repurchase agreement (USA) - contrato de recompra com cláusula de arrependimento.

withdrawal - saque; retirada.

withdrawal of charge - desistência da queixa.

withdrawing the suit - desistência da ação.

withhold - reter; conter; deter.

withholding - desconto na fonte; retenção na fonte.

withholding agent - agente retentor.

withholding of evidence - sonegação de provas.

withholding tax - imposto retido na fonte.

without day - sem fixação de dia.

without notice - sem notificação.

without notice, holder - adquirente de boa-fé.

without prejudice - sem prejuízo; comunicação privilegiada entre advogados que não pode ser utilizada em juízo.

without recourse - sem recurso.

without reserves - sem reservas.

witness - testemunha; testemunho; prova; confirmação.

witness, adverse - testemunha contrária.

witness, attesting - testemunha instrumentária.

witness, character - testemunha de caráter.

witness, credible - testemunha acreditável.

witness, expert - perito.

witness, hostile - testemunha hostil.

witness, material - testemunha sem a qual não se pode resolver questão.

witness, to - testemunhar; atestar; revelar; presenciar.

witness to will - testemunha testamentária.

wittingly - premeditadamente; conscientemente; intencionalmente; propositadamente.

wobble, to - tremer; vacilar; vibrar.

woe - pesar; mágoa; aflição; infortúnio.

woman - mulher.

women's liberation - liberação das mulheres.

wont - acostumado; habilitado.

wont, to - acostumar.

wood - bosque; madeira; mato.

wood cutter - cortador de madeira; lenhador.

word - palavra; termo; vocábulo.

word of honor - palavra de honra.

word pledge - palavra dada; palavra empenhada.

word processor - processador de texto.

words actionable - palavras injuriosas.

words of art - termos técnicos.

words of limitation - descrição da confrontação da propriedade imobiliária.

work - trabalho; serviço; emprego; tarefa; ocupação; operação; funcionamento.

work-a-day - comum; rotineiro.

work-day - dia útil; dia de trabalho; dia de semana.

work load - carga de trabalho.

work order - ordem de serviço.

work overtime, to - fazer horas extras.

work plan - plano de trabalho.

work, public - obra pública.

work shop - oficina.

worker - trabalhador; operário.

worker's compensation insurance - seguro contra acidente de trabalho.

working assets - ativos circulantes.

working capital - capital de giro.

working-capital ratio - índice de liquidez; índice de capital em giro.

working hours - horário de trabalho.

working interest - direitos autorais.

working knowledge - conhecimento suficiente para trabalhar.

working livestock - bens semoventes; animais de carga ou tração.

working lunch - almoço de trabalho.

working order - em bom funcionamento.

working papers - carteira de trabalho; documentos trabalhistas.

workman - trabalhador; operário; artesão; artífice.

workmanship - habilidade (de artífice); artesanato; artefato; obra; trabalho.

workmen's compensation - seguro contra acidentes de trabalho.

workmen's compensation act - lei referente a acidentes de trabalho.

works - obras; serviços; tarefas.

world - mundo; mundial.

world demand - demanda mundial.

World Bank - Banco Mundial.

world war - guerra mundial.

worn-out - gasto; usado; exausto.

worst case scenario - cenário de pior hipótese.

worth - valor; patrimônio.

worthiest of blood - preferência pelos descendentes do sexo masculino.

worthless - sem valor; indigno; desprezível.

worthless check - cheque sem fundos.

worthless debt - dívida sem valor.

worthless stock - ações sem valor.

worthwile - que vale a pena.

wound - ferida; ferimento.

wound, to - ferir; magoar; ofender.

wounding - lesões corporais.

wraparound mortgage - segunda hipoteca.

wrath - fúria; raiva; cólera.

wreck - destroços; ruína; restos de naufrágio.

wreck commissioner - oficial investigando naufrágio.

wreckage - ruína.

wretched - miserável.

writ - mandado; ordem.

writ, judicial - ordem judicial.

writ in aid - mandado de apoio a mandado de execução.

writ of attachment - mandato de arresto ou apreensão.

writ of certiorari - recurso a Suprema Corte (EUA) contra decisão onde não cabe mais recurso alegan-do que a mesma fere a Constituição ou a Lei Federal.

writ of delivery - mandado possessório.

writ of ejectment - mandado de reintegração de posse.

writ of entry - ação de reintegração de posse.

writ of error coram nobis - recurso a instância superior contra decisão judicial.

writ of execution - mandado de execução.

writ of Habeas Corpus - mandado de habeas-corpus.

writ of mandamus - mandado absoluto.

writ of possession - mandado possessório.

writ of prevention - medida preventiva.

writ of review - recurso judicial.

writ of service of process - mandado judicial de citação.

writ of summons - mandado de citação.

writedown - baixa parcial.

writedown, to - avaliar para menos; dar baixa parcial.

write off, to - dar baixa; baixar um valor totalmente.

write up - avaliar para mais.

writer - escritor; emissor de opções.

writing obligatory - título executivo extrajudicial.

written - escrito.

written complaint - queixa por escrito.

written law - lei escrita.

written-off loans - empréstimos amortizados.

wrong - errado.

wrong, private - ato ilícito; delito civil.

wrong, public - delito penal; crime.

wrongdoer - autor do delito; injusto; malfeitor.

wrongful - injusto; nocivo; ilegal; delituoso.

wrongful act - ato ilícito.

wrongful death - homicídio doloso ou culposo.

wrongful death action - ação de reparação por morte culposa.

wrongfully - delituoso; ilícito.

wrongfully intending - malícia; dolo.

X

xenodochy - xenodoquia.

xenophile - xenofilia

xenophobia - xenofobia.

xerography - xerografia.

xerographic - xerográfico.

xerox - xérox; cópia.

Y

Yankee - ianque; americano.

Yankee bond (USA) - título emitido nos EUA por tomador estrangeiro e denominado em dólares norte-americanos.

yard - jarda.

yardstick - gabarito; medida.

year - ano.

year and day - ano e dia.

year and day rule - regra pela qual um determinado direito prescreve no prazo de um ano e um dia.

yearbook - anuário.

yearly - anual.

yearly income - renda anual.

yearly quota - quota anual.

yearly sales - vendas anuais.

yeas and nays - votos verbais a favor ou contra uma resolução parlamentar.

yell, to - gritar.

yellow journalism - imprensa marrom.

yeoman - pequeno proprietário rural; homem livre.

yield - taxa de rendimento; rentabilidade.

yield curve - curva de rentabilidade.

yield, to - desistir; renunciar; ceder.

yokel - rústico; desajeitado; caipira.

York-Antwerp rules - Regras de Iorque-Antuérpia aplicáveis ao seguro marítimo.

youthful offender - menor delinqüente.

Z

Zaibatsu (JAP) - conglomerado; grupo de empresas.

zealous - zeloso; cauteloso; ardoroso; fervoroso; entusiasta.

zealous witness - testemunha com parcialidade pronunciada a favor da pessoa defendida.

zealot - partidário; fanático; entusiasta.

zero - zero.

zero bonds - títulos emitidos sem juros e vendidos com desconto.

zero coupon - títulos sem cupons de juros, vendidos com desconto.

zero supression - eliminação de zero.

zins (GER) - juros.

zinssatz (GER) - taxa de juros.

zone - zona; área; região; distrito.

zone system of pricing - sistema de preços baseado em zonas geográficas.

zoning - zoneamento.

zoning map - zoneamento municipal.

PORTUGUESE – ENGLISH

PORTUGUÊS – INGLÊS

A

aba - edge; rim; brim; border.

abacto - violent.

abadia - abbey.

abaixar - to lower; drop; reduce; diminish; lessen.

abaixo - under; below; beneath; down; inferior.

abaixo-assinado - petition; pleading; subscription; application with the signature of several petitioners.

abaixo-assinado - petitioner; undersigned; pleader.

abaixo da avaliação - below evaluation; under the appraised value.

abaixo do custo - below cost.

abaixo do par - below par; under par.

abaixo do valor nominal - below par.

abalroação - collision.

abalroador - the colliding party; the colliding vessel.

abalroamento - collision.

abalroar - to collide with; run into with; assault; attack; board; crash.

abandidar-se - to become a bandit; become a criminal.

abandonada(o) - abandoned; forsaken; alone.

abandonador - deserter; abandoner.

abandonar - to abandon; desert; forsake; surrender.

abandonar uma ação judicial - to abandon or drop a lawsuit; withdraw a suit; desert a suit.

abandonatário - abandonee; person who takes over something that has been abandoned.

abandonável - abandonable.

abandono - abandonment; desertion; relinquishment; dereliction.

abandono assecuratório - abandonment of ship.

abandono da carga - abandonment of freight; sacrifice of cargo.

abandono da coisa - abandonment.

abandono da família - desertion of family; abandonment of family.

abandono da herança - renunciation of estate.

abandono da prole - desertion of one's children; abandonment of one's children.

abandono da servidão - abandonment of easement.

abandono de bens - abandonment of property.

abandono de cargo - abandonment of office; abandonment of position; abandonment of job.

abandono de causa - desertion of case; abandonment of suit.

abandono de direitos - abandonment of rights.

abandono de emprego - abandonment of office; abandonment of job.

abandono de frete - abandonment of freight.

abandono de navio - abandonment of ship.

abandono liberatório(P) - release by abandonment.

abaratar - to reduce price; sell cheaper.

abarcamento - accumulation of stocks with the intention of increasing prices.

abarcar - to accumulate stocks with the intention of increasing prices.

abarracamento - encampment.

abarrotamento - completion; repletion.

abarrotar - to complete; overload; overcrowd.

abastado - rich; wealthy.

abastar - to supply.

abastardado - bastardly.

abastardamento - bastardization.

abastecedor - supplier; provider; purveyor.

abastecer - to supply; provide; stock.

abastecimento - supply; provision; stock.

abastecimento de água - water supply.

abater - to abate; lower; reduce; weaken; cut.

abatido - despondent; abated; diminished.

abatimento - abatement; allowance; reduction; discount; rebate.

abdicação - abdication.

abdicador - abdicator.

abdicante - abdicator.

abdicar - to abdicate.

abdicatório - abdicative; relative to abdication.

aberração - aberration; deviation.

aberração jurídica - legal aberration.

abertura - opening; gap.

abertura de audiência - opening of the hearing; opening of the proceedings.

abertura da bolsa de valores - opening of the stock exchange.

abertura de capital - going public; flotation of shares.

abertura de conta - opening of account.

abertura de crédito - opening of credit.

abertura de falência - to file for bankruptcy.

abertura de linha de crédito - opening of a credit line.

abertura de prazo - the beginning of the term.

abertura do parlamento - the opening of the parliament.

abertura de sucessão - opening of succession.

abertura do testamento - the opening of a will.

abigeatário - cattle thief.

abigeato - cattle stealing.

abígeo - cattle thief; abigeus.

abjudicação - abjudicatio; dispossession.

abjudicar - to abjudge; dispossess by legal means.

abjuração - abjuration.

abjurar - to abjure; foreswear; renounce.

abogado (E) - lawyer.

abolição - abolition; suppression; extinction.

abolicionismo - abolitionism.

abolicionista - abolitionist.

abolido - abolished; cancelled.

abolir - to abolish; repeal; revoke; supress; extinguish.

abominação - abomination; detestation; execration.

abominador - abominator.

abominar - to abominate; detest; hate.

abominável - abominable; detestable; repulsive.

abonação - reinforced guarantee; second surety; additional security.

abonado - guaranteed; rich.

abonador - bondsman; guarantor; sponsor; surety.

abonar - to guaranty; warrant; endorse; authenticate.

abonar despesas - to appove expenses.

abonar firma - to authenticate signature.

abonatário - warrantor; guarantor.

abonatório - warranting; guaranteeing.

abono - accommodation; allowance; premium; benefit; guaranty; payment; credit entry; certificate.

abono (P) - interim dividend.

abono de Natal - Christmas bonus.

abordagem - boarding.

abordar - to accost; board.

aborrecer - to displease; disgust; annoy.

aborrecido - disgusted; displeased; annoyed.

aborrecimento - disgust; annoyance; aversion.

abortado - aborted.

abortamento - abortion; miscarriage.

abortar - to abort.

aborteiro - abortionist.

abortífero - abortifacient.

aborto - abortion; miscarriage.

aborto necessário - justifiable abortion; necessary abortion.

aborto provocado - induced abortion.

aborto sentimental (P) - abortion in pregnancy resulting from rape.

aborto terapêutico (P) - abortion for medical reasons.

abrangente - inclusive; comprehensive.

abranger - to comprise.

abrasão - abrasion.

abreviação - abbreviation; reduction; abridgement.

abreviação de prazo - acceleration of term.

abreviado - abbreviated; abridged; condensed.

abreviar - to abbreviate; abridge; summarize.

abreviatura - abbreviation.

abrigo - shelter; protection; refuge.

abrigo de menores - children's home; orphanage.

abrir - to open; clear; reveal; iniciate, begin.

abrir a audiência - to open court; to open session.

abrir a sucessão - to open succession.

abrir conta - to open an account.

abrir crédito - to extend credit; to open credit facility.

abrir falência - to go bankrupt; to file for bankrupcy.

ab-rogação - abrogation; repeal; defeasance; annulment.

ab-rogado - abrogative; annullable; cancelable; repealable.

ab-rogador - abrogator; repealer; abolisher.

ab-rogar - to abrogate; repeal; annul.

ab-rogativo - abrogative.

ab-rogatório - abrogatory.

absolta (o) - acquitted; absolved.

absoluta - absolute.

absoluta boa fé - uberrima fides.

absolutamente - absolutely.

absolutismo - absolutism.

absolutista - absolutist.

absoluto - absolute; fatal.

absolutória - acquittal.

absolutório - absolutory; acquitting; absolving.

absolver - to acquit; dismiss; discharge; absolve.

absolvição - absolution; acquittal; discharge.

absolvição da instância - to acquit without deciding the merits of the case.

absolvição do réu do pedido (P) - settlement with release of the defendant.

absolvição pelo juri - acquittal in fact.

absolvição sumária - acquittal in law.

absolvido - absolved; acquitted; pardoned.

absorção - absorption.

absorção de empresas (P) - merger.

absorto - absorbed; deep in thought.

absorver - to absorb.

abstêmio - abstemious; teetotal.

abstenção - abstention; avoidance; forbearance.

abstenção do ato - to refrain from doing.

abstenção do juiz - disqualification of court; abstention.

abster - to abstain; refrain.

abstinência - abstention; abstinence; temperance.

abstrato - abstract.

abstruso - abstruse.

absurdo - absurdity.

abulia - abulia; lack or loss of will power.

abundancia - abundance.

abundante - abundant.

abusado - abused.

abusador - abuser.

abusar - to abuse; misuse.

abusivo - abusive.

abuso - abuse; misuse.

abuso de álcool - excessive alcoholic consumption.

abuso de autoridade - abuse of discretion; abuse of authority; abuse of office.

abuso de confiança - breach of trust; betrayal of confidence; embezzlement.

abuso de crédito - excessive borrowing.

abuso de demandar - excessive litigiousness.

abuso de direito - abuse of process; malicious use of regular legal proceeding.

abuso de direito de voto (P) - abuse of voting rights; voting rights exercised against the company's interests.

abuso de firma ou razão social - ultra vires act.

abuso de função - abuse of office.

abuso de liberdade de imprensa - abuse of the freedom of press.

abuso de poder - abuse of power; abuse of discretion; abuse of authority.

abuso de privilégio - abuse of privilege.

acabamento - completion; finishing.

acadêmico de direito - law student.

acalmar - to allay; to make quiet.

açambarcador - monopolizer.

açambarcamento - abroachment; forestalling the market; monopolizing.

açambarcar - to abroach; to monopolize; to forestall the market.

acanhado - bashful.

ação - action at law; lawsuit; suit; claim; judicial proceeding; legal action; case; cause.

ação - share; stock.

ação acessória - ancillary suit or action; accessory action.

ação acidental - incidental proceeding.

ação administrativa - administrative case.

ação ajuizada - case filed; lawsuit.

ação anulatória - action for annulment.

ação ao portador - bearer share.

ação beneficiária - founder's shares.

ação caucionável - bailable action.

ação cautelar - interlocutory injuction; injuction.

ação civil - civil action; civil suit.

ação coletiva - class action.

ação com direito a voto - voting share.

ação cominatória - perpetual injunction.

ação comum - ordinary share.

ação confessória - action for enforcing an easement.

ação constitutiva - constitutive action.

ação continuada - case continued.

ação contra a coisa - action in rem.

ação contrária - action of agent against principal.

ação contratual - action ex contractu; action of contract; action on contract.

ação conversível - convertible share.

ação criminal - criminal action; criminal proceeding.

ação culpável - wrongful act.

ação de alimentos - action for alimony.

ação de alimentos provisionais - maintenance pending suit.

ação de anulação - action for annulment.

ação de anulação de casamento - action for annulment of marriage.

ação de avaria - suit for collection of insurance coverage.

ação de cobrança - action for debt; action for the recovery of money; collection suit.

ação de consignação em pagamento - action to pay a debt into the court; court deposit; court payment.

ação de dano - suit for damages.

ação de demarcação - boundary suit.

ação de depósito - action of detinue; detinue.

ação de desapropriacão - action of compensation for appropriation; action for compesation for expropriation; suit against state.

ação de despejo - action for the recovery of real estate property; eviction.

ação de desquite - judicial separation proceedings.

ação de equidade - action in equity.

ação de esbulho possessório - action of trespass.

ação de evicção - product liability suit.

ação de execução - collection suit.

ação de execução de título - action for the collection of a bill.

ação de execuçao de título judicial - writ of execution.

ação de filiação - paternity suit

ação de força espoliativa - action of trespass; action for dispossession.

ação de gestão de negócios - action for accounts.

ação de honorários - claim for legal fees; action for collection of legal fees.

ação de imissão na posse (bem móvel) - action of detinue; action of replevin.

ação de indenização - action for damages.

ação de interdição - injunction.

ação de inventário - probate suit.

ação de manutenção de posse - action of trespass.

ação de nulidade - action to declare null and void.

ação de nunciação de obra nova - action of continuing trespass.

ação de perdas e danos - action for damages.

ação de preempção ou preferência - preemption claim.

ação de prestação de contas - account rendered; action for accounting.

ação de reclamação - complaint.

ação de reintegração de posse - action of trespass; action for repossession.

ação de reivindicação - action of replevin; action of trespass; action for repossession.

ação de reparação - action for damages; action for liability.

ação de reparação de dano - action of negligence.

ação de rescisão - action for rescission; suit for cancellation.

ação de rescisão contratual - action for breach of contract.

ação de restituição - action for dispossession; possessory action.

ação de retomada - action of ejectment; writ of possession; action involving real estate.

ação de separação judicial - action for separation of spouses.

ação de usucapião - claim of title; claim of right; claim of ownership; claim for possessory title.

ação declaratória - action for a declaratory judgement; declaratory action; declaration plea.

ação declaratória incidental - incidental declaratory action or suit; interlocutory injunction.

ação direta - action on contract; direct action.

ação dispositiva - action in equity.

ação especial - special action.

ação executiva - execution; executive action; foreclosure.

ação exibitória - subpoena.

ação fiscal - tax case.

ação hipotecária - foreclosure proceeding.

ação imobiliária - action involving real estate.

ação incidental - incidental action or suit; interlocutory injunction.

ação incidente - interlocutory injunction.

ação indireta - indirect action.

ação judicial - case; legal action; action at law; suit; legal suit; cause; legal cause; judicial proceeding.

ação litigiosa - contentious case.

ação mista - mixed action.

ação mobiliária - action relating to personal property.

ação negatória - action to repeal claim for easement.

ação nominativa - nominative share.

ação ordinária - common share; common stock.

ação pauliana - action for recognition of nullity of fraudulent act of a debtor.

ação penal - criminal action; penal action; criminal suit; criminal proceedings.

ação pendente - pending action.

ação pessoal - personal action; action in personam.

ação petitória - petitory action.

ação popular - class action; popular action.

ação por perdas e danos - action in damages; strict liability action; liability action.

ação possessória - possessory action; detinue.

ação preferencial - preferred share; preference share.

ação prejudicial - preliminary or preparatory action; incidental proceeding.

ação preventiva - injunction.

ação principal - main action; principal action.

ação pública - criminal action.

ação publiciana - action for possessory title.

ação real - real action; action in rem.

ação reconvencional - counter-suit.

ação redibitória - product liability suit; warranty suit; strict liability suit; redhibitory action.

ação regressiva - third-party claim.

ação rescisória - action for rescission; rescissory action; action to overrule a final judgement; action to anull a final judgement.

ação revisional de aluguel - suit to review the value of the rent.

ação sem direito a voto - non-voting share.

ação sumária - summary proceedings.

ação sumaríssima - summary proceedings.

acão temerária - sham plea.

acareação - confrontation of witnesses.

acarear - to confront witnesses.

acaso - chance; accident; fortune.

acatamento - acceptance; respect; regard; deference.

acatar - to comply with; accept; honor; defer; observe.

acautelado - cautious; prudent.

acautelar - to warn; caution; protect; safeguard.

acção (P) - ação.

acção cambiária (P) - an executory action derived from a negotiable instrument.

acção de cumprimento (P) - civil action.

accão de disposição (P) - possessory action; claim of right; claim for possessory title.

acção de estado (P) - declaratory action.

acção de registo (P) - action for correction of notarial recording.

acção de simples apreciação (P) - declaratory action.

acção graciosa (P) - government administrative act.

acção popular (P) - popular action.

acção reinvidicatória (P) - recovery action on real estate matters.

acção revogatória (P) - action brought by a creditor seeking the annulment of a fraudulent act practiced by the debtor to the creditor's detriment.

acções de cupão (P) - shares with dividend coupon.

acções liberadas (P) - paid-up shares.

acções privilegiadas (P) - preference shares.

accionariado operário (P) - worker's shares.

acedência - assent; agreement; accordance.

acedente - assenting; assenter.

aceder - to acquiesce; accede; agree; comply; consent.

acefalia - lack of leadership; headlessness.

acéfalo - acephalous; without a leader; headless.

aceitação - acceptance; acceptance bill; approval; approbation; concurrence.

aceitação abonada - accommodation acceptance.

aceitação expressa - express acceptance.

aceitação da doação - acceptance of donation.

aceitação da letra de câmbio - acceptance of bill of exchange.

aceitação do contrato (P) - acceptance of contract; acceptance by the party that signs last.

aceitação tácita - tacit acceptance.

aceitador - acceptor; endorser.

aceitante - acceptor; receiver.

aceitante de honra - acceptor supra protest.

aceitar - to accept; admit; consent; permit.

aceitável - admissible; acceptable; agreeable; amenable.

aceite - acceptance.

aceite bancário - banker's acceptance.

aceite comercial - trade acceptance.

aceite comercial - commercial acceptance.

aceite em branco - blank acceptance.

aceite sem reservas - clean acceptance; acceptance without reservations.

aceleração - acceleration.

acelerado - accelerated.

acelerar - to accelerate; press; push.

acepção - signification; sense; meaning; denotation.

acertamento (P) - administrative procedure to adjust discrepancies in records.

acertar - to determinate; ascertain; adjust; arrange; regulate; settle; agree.

acerto - settlement.

acerto de contas - settlement of accounts.

acervo - total assets; common property; assets; estate.

acessão - accession; accretion.

acessão ao trono - accession to the throne.

acesso - access; admittance; admission; promotion; approach; entrance.

acessões - accessions.

acessória (o) - accessions; attachment; accessory; fixtures; appendant; additional; ancillary.

achacador - extortionist; blackmailer.

achada - discovery; found.

achádego - reward owed to one who has found a lost object.

achado - treasure waiver; lost property; good bargain.

achador - finder; inventor.

achalantage (P) - clientele; customer base.

achaque - extorsion; blackmail.

achar - to find; meet; discover; verify; suppose; believe; consider.

acidentado - injured; victim of an accident.

acidental - accidental; contingent; fortuitous; casual.

acidentar - to cause an accident.

acidente - accident; casualty; chance; misfortune.

acidente aéreo - air accident.

acidente de automóvel - car accident; motor accident.

acidente pessoal - casualty; personal injury.

acidente de serviço (P) - labor accident; employment-related accident.

acidentes de navegação - accidents on the sea.

acidentes de trabalho - occupational accident; labor accident.

acidentes do trabalho - employment-related accident.

acidentes do tráfego - traffic accident.

aciente - on purpose; deliberately.

acima - above.

acima de suspeita - above suspicion.

acima do limite - over the limit; over the threshold.

acima do par - above par.

acima do valor nominal - above par.

acintemente - maliciously; deliberately.

acionado - defendant.

acionante - plaintiff; one who brings an action.

acionar - to move; sue; act; take action; convene.

acionário - shareholder.

acionista - shareholder; stockholder.

acionista controlador - controlling interest; controlling shareholder.

acionista majoritário - majority stockholder; majority shareholder.

acionista minoritário - minority stockholder; minority shareholder.

aclamação - acclamation; cheers; applause; plaudits.

aclamar - to acclaim; cheer; applaud; elect by acclamation.

aclaração - clearing; explanation.

aclarado - cleared; explained.

aclarar - to clear; clarify; explain; make distinct.

ações - stock; shares.

ações amortizadas - redeemed shares.

ações a realizar - assessable capital stock; unpaid shares.

ações beneficiárias - founders shares.

ações com direito de voto - voting stock; voting shares.

ações comuns - common stock; common shares.

ações conexas - joinder of parties.

ações cumuladas - joinder of causes of action.

ações de fundador - founders shares.

ações de indústria - stock issued for services rendered.

ações doadas - donated shares.

ações nominativas - nominal shares; nominative stock; registered shares.

ações ordinárias - common stock; ordinary shares.

ações preferenciais - preferred capital; preferential shares; preferred shares.

ações readquiridas - reacquired stock; repurchased stock.

ações subscritas - subscribed capital stock.

acobertar - to cover; hide; conceal; protect; shield; cover up.

acoger (E) - to receive; to accept; to recognize.

acoitar - to refuge; give shelter to.

acolher - to accept; receive.

acolhida - reception; shelter; refuge.

acolhimento - reception; shelter; refuge.

acometida - attack; assault; attempt; enterprise.

acomodação - settlement; accommodation; arrangement.

acomodado - accommodated; settled.

acomodar (FC) - to lodge; to put at ease; to make confortable.

acompanhamento - follow-up; accompaniment.

acompanhante - companion; attendant; escort.

acompanhar - to accompany; escort; follow; join; keep company.

acompanhar o processo - to accompany the suit.

a compensar (cheque) - check to be cleared.

acondicionados - packed; conditioned.

acondicionamento - packing; packaging.

acondicionar - to condition; pack; wrap.

aconselhar - to advise; counsel.

aconselhar-se com um advogado - to consult a lawyer.

acontecimento - event; happening; occurance.

acorbadado - cowardly; faint-hearted; pusilanimous.

acorbardamento - cowardice; discouragement.

acordado - agreed; determined.

acórdão - decision held by any higher court; sentence; judgement.

acordar - to agree; resolve; pass a resolution; accede; adjust.

acordo - agreement; covenant; accord; combination; concord.

acordo antialta (P) - price freeze agreement between government and private sector.

acordo comercial - trade agreement; commercial treaty.

acordo de acionistas - shareholders' agreement.

acordo de adesão (P) - collective labor agreement.

acordo de credores (P) - creditor's composition in bankruptcy.

acordo de princípio (P) - memorandum of understanding; heads of agreement.

acordo de vontades - mutual consent; mutual manifestation of assent; meeting of minds.

acordo internacional - international agreement; international treaty; international convention.

acordo multilateral - multilateral agreement.

acordo obrigatório - binding agreement.

acordo parassocial (P) - shareholders' agreement.

acordo pendente de execução - executory accord.

acordo salarial - wage settlement.

acorrentar - to chain.

acostar - to agree; consent; look for help.

acostumado - accustomed; used.

acostumar - to accustom; habituate.

acreditado - accredited; credited.

acreditador - financier; creditor; warrantor.

acreditar - to acredit; credit; authorize; verify; evidence; prove.

a crédito - chargeable; financed; leveraged.

acreedor (E) - creditor.

acrescer - to add; accrue; increase; supervene.

acrescido - accrued; increased; added.

acréscimo - addition; accretion; accession; increase; extension.

acréscimo de valor - appreciation in value.

acrimônia - acrimony; bitterness.

acroático - incomprehensible without explanation.

acta (P) - minutes.

actividade (P) - activity.

activo (P) - assets.

acto (P) - act.

acto administrativo (P) - administrative act; act of the public administration.

acto conservatório (P) - defensive measures.

acto de desorganização (P) - unfair trade act with the objective of destroying the internal organization of a competitor.

acto de disposição (P) - act of management.

acto eficaz (P) - valid act.

acto legislativo (P) - legislative act.

acudir - to rescue; help.

acuerdo (E) - agreement.

acumpliciar - to become an accomplice.

acumulação - accumulation; accrual; joinder.

acumulação de infracções (P) - multiple crimes; accumulation of crimes.

acumulação de partes - joint action.

acumulação de pedidos - multiple pleas.

acumulado - accumulated; increased.

acumular - to accumulate; accrue; try jointly.

acumulativo - accumulative.

a curto prazo - short term.

acusação - accusation; charge; incrimination; denunciation; prosecution; indictment.

acusado - accused; defendant; charged; offender; culprit.

acusador - accuser; prosecutor; plaintiff; public prosecutor; barrister for the Crown; district attorney.

acusador particular - private prosecutor.

acusador público - public prosecutor; barrister for the Crown; district attorney.

acusante - plaintiff; accuser.

acusar - to accuse; prosecute; charge; indict; incriminate; blame; arraign; renounce; acknowledge.

acusatório - accusatory; accusing.

adágio - adage; proverb; saying.

adaptação - adaptation.

adaptado - adapted; fit; suitable.

adaptar - to adapt; suit; fit; conform.

à demanda - call; callable.

adenção - annulment; revocation; repeal; recal.

adendo - amendment; addendum; appendix; annex.

adensar - to condense; accumulate.

adequação - adequacy; adaptation.

adequado - appropriate; adequate; fit; suitable; right; proper.

aderência - accretion; adherence; adhension.

aderente - adhering; adhesive.

aderir - to adhere; approve; agree; join; apply.

adesão - adhesion; accession; assent; attachment; adherence.

adesão ao contrato (P) - guarantee.

a descoberto - short; open.

adesionismo - opportunism.

adesista - opportunist.

adeudo (E) - indebtedness.

adiado - postponed.

adiamento - adjournment; postponement; deferment.

adiamento por tempo indeterminado - adjournment sine die.

adiantamento - advance; advancement; advance payment.

adiantamento de fundos (P) - advance of funds.

adiantamento sobre contrato de câmbio - advance on exchange contract.

adiantamento sobre contrato de exportação - advance on export contract.

adiantar - to advance; anticipate; accelerate.

adiar - to postpone; put off; adjourn; defer; procastinate.

adição - addition; sum; accession.

adicional - addicional; extra; accumulative.

adicional de periculosidade - risk premium.

adicionamento - addition; increase.

adicionar - to add.

adicionável - addable.

adido - attaché.

adido cultural - cultural attaché.

adido da imprensa - press attaché.

adido militar - military attaché.

adimplemento - payment; performance of a contract; completion of a contract.

adimplente - in full performance.

adimplir - to pay; comply with; complete a contract; perform a contract.

aditado - added; united; modified.

aditamento - amendment; addition; supplement; change; modification.

aditamento ao pedido - amendment to the claim.

aditamento da denúncia - amendment of complaint.

aditar - to amend; add; alter.

aditício - added; additional; supplemental.

aditivo - additive; annex; enclosure; appendix.

aditivo ao contrato - amendment to the contract.

adjacências - adjacency; neighborhood; vicinity.

adjacente - adjacent; adjoining; contiguous.

adjetivo - adjective.

adjudicação - adjudication.

adjudicação de bens - adjudication of assets; court order depriving or dispossessing someone's property in someone else's favor.

adjudicado - evicted.

adjudicador - adjudicator.

adjudicante - awardee.

adjudicar - to award; adjudicate.

adjudicatório - adjudicative.

adjunção - adjunction; addition.

adjunto - adjunct; assistant; associate.

adjutório - aid; help; assistance.

adminicular - to give aid; assist; further.

administração - management; administration; government.

administração autónoma (P) - self-regulation (concerning, for example, professions, like the legal profession).

administração da justiça - administration of justice.

administração de empresas - business administration.

administração de espólio - administration of estate.

administração de falência - receivership; administration of bankruptcy.

administração dos bens da herança - administration of the estate of the deceased.

administração dos bens do casal - administration of the couple's estate.

administração disjunta (P) - administration effected by either of the spouses.

administração econômica - economic management.

administração especial - special administration.

administração geral - general management.

administração ordinária (P) - ordinary management.

administração pública - public administration; civil service.

administração tributária - tax administration.

administrador - manager; administrator; director; officer.

administrador de falência - court receiver; trustee in bankruptcy; administrator in bakruptcy.

administrador de fideicomisso - trustee.

administrador judicial (P) - judicial trustee; judicial administrator.

administradora - administratrix.

administrar - to administer; manage; conduct; rule; govern.

administrar a justiça - to administer justice.

administrativista - specialist in administrative law.

administrativo - administrative.

admissão - input; admission; acknowledgement; admissibility; confession; acceptance; admittance.

admissão de um facto (P) - confissão.

admissão de sócio - admission of a partner.

admissão na Ordem dos Advogados - Bar call (RU); Bar admission (EUA).

admissão temporária - temporary admission.

admissível - admissible; acceptable; tolerable; conceivable.

admissível em juízo - cognizable; admissible in a court of law.

admitir - to admit; engage; confess.

admoestação - admonition; warning; admonishment.

admoestar - to admonish; reprove; reprimand.

admonitório - admonitory.

adoção - adoption.

adoção por escritura pública - adoption by public deed.

adolescência - adolescence.

adopção (P) - adoption.

adopção conjunta (P) - adoption by both spouses.

adopção singular (P) - adoption by one person only.

adotado - adopted; adoptive.

adotante - adoptive; one who adopts.

adotar - to adopt; accept; approve.

adotivo - adoptive.

adquirente - purchaser; buyer; taker; acquirer; transferee.

adquirir - to acquire; purchase; gain; obtain; buy.

adrogação - the complete revocation of a law.

adstringir - to compel; limit; confine.

aduana - customs; custom house; bureau of customs.

aduanar - to clear at a custom house.

aduaneiro - related to customs.

aducir pruebas (E) - to present evidence.

adúltera - adulteress.

adulteração - adulteration; falsification.

adulterado - falsifier.

adulterar - to adulterate; falsify; commit adultery; debase.

adulterino - adulterine.

adultério - adultery.

adúltero - adulterer; adulterous.

adulto - adult.

aduzir - to adduce; expose; conduct.

adventício - adventitious; accidental; foreigner; alien.

advento - advent; coming; arrival.

advento do termo - maturity; final term; settlement day.

adversão - opposition.

adversar - to opppose; contest.

adversário - adversary; opponent; enemy; contestant; rival.

adversidade - adversity.

adverso - adverse; contrary; opposing; hostile; counter.

advertência - warning; notice; exhortation; caution; caveat.

advertir - to warn; observe; admonish; rebuke.

advocacia - advocacy.

advogacia - advocacy.

advogado - attorney at law; lawyer; solicitor (RU); barrister (RU); advocate; legal counsel.

advogado da causa - attorney of record; lawyer in charge; barrister with the brief; instructing solicitor.

advogado de acusação - counsel for the prosecution; barrister for the Crown (RU).

advogado de defesa - defense attorney; counsel for defense; barrister for the defense.

advogado de ofício - assigned counsel; pro bono attorney.

advogado de partido - business lawyer.

advogado empresarial - business lawyer.

advogado externo - external lawyer.

advogado militante - practicing attorney; practicing lawyer; practicing barrister; practicing solicitor.

advogar - to advocate.

aeródromo - airport.

aeroduto - air-duct.

aeronauta - aeronaut; airman.

aeronáutica - aeronautics; aviation.

aeronáutica civil - civil aeronautics; civil aviation.

aeronáutica militar - military aviation.

aeronave - aircraft; aeroplane; airplane.

aeroporto - airport.

aerovia - air-way.

afasia - aphasia; loss of the ability to use or understand words.

afastamento - removal; withdrawal; departure; absence.

afazeres - business; chores.

aferição - verification; confrontation; comparison; standardization.

aferido - checked; collatered; verified.

aferidor - surveyor; gauger.

aferir - to survey; confront; compare; standardize; collate; estimate; verify.

afetação - affecting with a public interest; affection; primeness; pretense.

afetado - affected.

afetar - to affect.

afeto - affection; fondness; liking.

afiançado - warrantee; guaranteed; secured; warranted; bonded.

afiançador - warranter; bondsman; surety; guarantor; bailsman.

afiançar - to bond; bail; guarantee.

afiançável - bailable.

afiliação - affiliation.

afiliado (a) - affiliated.

afiliar - to affliate.

afiliação - affiliation.

afim - kinsman; kinswoman; relative.

afinidade - affinity; relationship; sympathy.

afins - relatives by affinity.

afirmação - affirmation; affirmance; assertion; alligation; statement; acknowledgement; assertive; declaration.

afirmar - to affirm; assert; say; confirm; allege; arouch.

afirmar com juramento - to declare under oath.

afirmativo - affirmative.

afixação - posting; affixture.

afixar - to fix; fasten; post.

aflição - affliction; anguish; distress; agony.

afogado - drowned.

afogamento - drowning.

afogar - to drown.

aforador - lessor.

aforamento - lease.

aforar - to lease.

aforismo - aphorism.

aforista - aphorist.

afretador - charterer; freighter.

afretamento - freightage; chartering.

afretar - to freight; charter.

afronta - outrage; insult; offense; affront.

afrontamento - confrontation.

afrontar - to confront; affront; insult; offend.

afundar - to sink; to founder.

agência - agency; office; bureau.

agência bancária - bank agency; banking house.

agência, contrato de (P) - agency agrement.

agência de empregos - employment agency.

agência de publicidade - advertising agency.

agência de viagens - travel agency.

agência multilateral - multilateral agency.

agenciador - agent.

agenciador de apostas - bookmaker.

agenciamento - agency.

agenda - agenda.

agente - agent; party; representative.

agente administrativo - public servant; officer of the public administration.

agente comercial - mercantile agent; comercial agent.

agente de colocação - placing agent.

agente de seguros (P) - insurance agent; assurance agent.

agente de vendas - sales agent.

agente diplomático - diplomatic agent.

agente do armador - maritime agent.

agente do fisco - revenue agent.

agente fiduciário dos debenturistas - fiduciary agent for the debenture holders.

agente secreto - secret agent.

agentes da polícia - policeman; constable.

ágio - premium.

agiota - usurer; loan shark.

agiotagem - usury; loan sharking.

agir - to act.

agir com culpa - willful negligence.

agitador - agitator; agent provocateur.

agitar - to agitate.

aglomeração - agglomeration.

agnação - agnation; related to the father's side of the family.

agnado - agnate of or related to the father's side of the family.

agnatício - agnatic of or related to the father's side of the family.

agnático - agnatic of or related to the father's side of the family.

agonia - agony; anguish; distress; torment.

agonizante - agonizing.

agraciado - honored; graced.

agraciar - to award; grace; reward; recompense; honor.

agradável - agreeable; pleasant; nice.

a granel - in bulk.

agrária (o) - agrarian.

agravação - aggravation.

agravada - appealed decision.

agravado - agravated; respondent party; appealed order; aggrieved party.

agravante - aggravation; aggravating circumstances.

agravar - to appeal; file a motion; file a bill of review.

agravo - injury; tort; damage; insult; offense.

agravo de instrumento - interlocutory appeal; bill of review.

agredido - injured; aggrieved; attacked.

agredir - to attack with intent; do bodily harm; assault; insult.

agregação - aggregation; agglomeration.

agregado - aggregate.

agregado familiar (P) - family unit (for tax purposes).

agremiação - club; association.

agressão - assault; aggression; attack.

agressor - aggressor; violator; infringer; tortfeasor.

agrícola - agricultural.

agricultura - agriculture; farming.

agrimensor - land surveyor.

agrupamento - grouping.

agrupamento europeu de interesse econômico (UE) - European grouping of economic interest.

água - water; body of water.

aguada - water supply.

aguadeiro - water carrier.

águas - waters.

águas adjacentes - territorial waters.

águas alheias - watercourse.

águas comuns - comon waters; waters of public use.

águas costeiras - coastal waters.

águas fluviais - river waters.

águas interiores - internal waters.

águas internacionais - international waters.

águas jurisdicionais - territorial waters.

águas nacionais - territorial waters.

águas navegáveis - navigable waters.

águas potáveis - drinking water.

águas públicas - public waters.

águas territoriais - territorial waters.

ahorros (E) - savings.

ajuda - aid; help; assistance; support; allowance.

ajuda de custo - allowance for expenses.

ajudante - assistant; adjunct; helper; aid.

ajudar - to aid; help; assist; support.

ajuizado - reasonable; discreet; wise; judicious.

ajuizamento - the filing of a suit; the filing of a writ.

ajuizar - to file a suit; to file a writ.

ajuizar uma ação - to commence an action; bring a suit; file a suit.

ajuntamento - assembly; meeting.

ajuntamento ilícito - unlawful assembly.

ajustado - agreed; regulated; settled.

ajustador - middleman; finder; adjuster.

ajustamento - settlement; adjustment; agreement; regulation.

ajustar - to adapt; adjust.

ajustável - adjustable.

ajuste - contract; covenant; accord; agreement; settlement; pact; combination.

alagamento - flood; overflow; inundation.

alargamento - expansion; broadening.

alarmante - alarming; frightening.

alarme - alarm.

alarme aéreo - air-alarm; anti-raid alarm.

alarme falso - false alarm.

alastramento - spreading; expansion; diffusion.

alastrante - spreading; expanding; diffusive.

alastrar - to spread out; diffuse; scatter.

albergado - lodged; housed; sheltered.

albergar - to lodge; shelter.

albergaria - boarding; lodging agreement.

albergue - boarding house; lodge.

alçada - court of appeals; limit.

alcançar - to reach; attain; extend.

alcance - reach; extent; range; scope; capacity; arm's length.

al contado (E) - cash.

álcool - alcohol; spirits.

alcoólatra - alcoholic.

alcoolismo - alcoholism.

alcoolizado - drunk; intoxicated; inebriated.

Alcorão - Alcoran; Koran.

alcunha - alias name; nickname; surname.

aldeia - village.

aldeiamento turístico (P) - touristic village; resort.

aleatório - aleatory; random; depending on luck.

alegação - allegation; declaration; plea; affirmation.

alegações - trial brief; pleading; allegation of facts.

alegações finais - closing arguments.

alegado - alleged.

alegar - to allege; affirm; plead; claim.

aleijado - crippled; handicapped.

aleijão - handicapped; crippled.

aleive - slander; teachery; perfidy.

aleivosia - breach of trust; treachery; perfidy.

alfândega - custom house; customs; bureau of customs.

alfandegagem - the determination and payment of customs tariffs.

alfandegário - relative to customs.

alforria - emancipation; manumission; enfranchisement.

algarismos - digits; figures; number.

algemas - handcuffs; manacles.

algoz - hangman; executioner; cruel person; torturer.

alguém - one; someone; somebody; anyone; anybody.

alheação - transference; separation; alienation.

alheamento - transference; alienation.

alhear - to transfer; separate; alienate.

alheia (o) - alien; stranger; third party; other.

aliado - allied; associated.

aliança - alliance; coalition.

álibi - alibi.

alicantina - fraud; trickery; deceit.

alicerce - foundation; basis; base.

aliciação - bribery; seduction; subornation; corruption.

aliciamento - seduction; allurement; enticement; corruption.

aliciar - to bribe; solicit; attract; corrupt.

alienabilidade - alienability.

alienação - alienation; sale; disposal.

alienação de bens - alienation of property; sale of assets.

alienação fiduciária - chattel mortgage.

alienação fraudulenta - fraudulent sale.

alienado - lunatic; insane; alienated; ceded; transferred.

alienador - alienator; conveyor; seller; transferor.

alienante - alienator; transferor; conveyor; seller.

alienar - to alienate; sale; transfer; convey.

alienável - alienable; for sale.

alienígena - alien; foreign.

alijamento - disposal.

alijar - to dispose of; jettison.

alijar carga - to jettison cargo.

alimentação - alimony; allowance; maintenance.

alimentando - receiver of alimony.

alimentante - one who pays alimony or allowance.

alimentar - to support; maintain; sustain; provide.

alimentário - receiver of alimony.

alimentos - alimony; maintenance; allowance for maintenance; financial provision.

alimentos definitivos (P) - alimony; allowance for maintenance.

alimentos provisionais - provisional alimony; alimony pendente lite; maintenance pending suit.

alimentos provisórios (P) - maintenance pending suit.

alínea - paragraph; item; subparagraph.

alinhamento - alignment.

alíquota - rate.

alistamento - enlisting; enlistment; recruitment.

alistamento eleitoral - registration of voters.

alistamento militar - military recruitment.

alistar - to draft; to enlist; enroll.

almirantado - admiralty.

almoeda - auction; public sale.

almoedar - auction.

almoedeiro - auctioneer.

almoneda (E) - auction; public sale.

almoxarifado - stockroom; storeroom; stores.

almoxarife - storekeeper.

alocar - to allocate.

alocação - allocation.

alodial - allodial; unencumbered property.

alodialidade - allodium; free tenure; exemption from charges.

alojamento - lodging place; housing; quarters; barracks; dormitory.

alonga - allonge.

alongamento - allonge.

alquilador (E) - lessor.

alquilar (E) - to lease; rent; hire.

alta - increase; high; rise.

alta direção - top management.

alta renda - high income.

alta traição - high treason.

alteração - alteration; change; modification; amendment.

alteração contratual - amendment to contract.

alteração de sentença - amendment of judgement.

alteração do contrato social - amendment to the articles of association.

alterar - to alter; modify.

altercação - altercation.

alternativa (o) - alternative; alternate.

alto-mar - high-seas.

alto preço - high price.

alto risco - high risk.

aludir - to allude.

alugada - leased; hired; rented.

alugador - lessor.

alugar - to lease; hire; rent.

aluguel - rent; rental; fee.

aluguer - rent; rental; fee.

aluno - student.

alusivo (a) - allusive.

aluvial - alluvion; alluvial.

aluvião - accretion; alluvium.

alvará - license; authorization; order; permit; charter.

alvará de construção - building permit.

alvará de funcionamento - business license.

alvará de localização - business license.

alvará judicial - judge's award; authorization or order; writ.

alvará policial - warrant.

alvenaria - masonry.

alvo - target; purpose; object; design; intent; end.

amalgamação - amalgamation.

amalgamar - to amalgamate.

amancebado - concubine.

amancebamento - concubinage.

amancebar-se - to live in concubinage.

amante - paramour; lover.

amarra - cable; chain cable; support; protection

amarração - anchorage; mooring; binding.

amarrada - tied.

amarradouro - berth; moorings.

amarrar - to bind; fast; come to an agreement (informal).

amarras - anchor cable or chain.

amásia - paramour; mistress; concubine.

amasiar-se - to take a mistress; live in concubinage.

amásio - lover; man who keeps a woman.

ambicídio - homicide-suicide agreed on by two people.

ambigüidade - ambiguity; double meaning.

ambíguo - ambiguous.

âmbito - circuit; compass; sphere; scope; dominion; field of action.

âmbito do recurso (P) - the sentence that was appealed; the extent of the appeal.

ambulante - chapman; street vendor.

ambulatório - ambulatory.

ameaça - threat; menace.

ameaça externa - external threat.

ameaça lícita (P) - legitimate threat; the threat to exercise a right.

ameaça terrorista - terrorist threat.

ameaçado - threatened.

ameaçador - threatening.

ameaçar - to threaten; menace.

amenidade - amenity.

amigável - amicable.

amistoso - friendly; amicable.

amnésia - amnesia.

amo - master; boss; chief.

amoedação - coinage; mintage.

amoedar - to coin; mint; turn into cash.

amoral - amoral.

amortização - amortization; redemption.

amortizar - to amortize; redeem.

amostra - sample.

amostra grátis - free sample.

amostragem - sampling.

amostragem de recenseamento - census sampling.

amotinação - mutiny; rebellion; revolt; insurrection.

amotinado - mutineer; rebel; revolted; insurgent.

amotinamento - mutiny; riot; revolt; rebellion.

amotinar - to mutiny; rebel; revolt; riot.

amovível - removable.

amparar - to support; protect; sustain.

amparo - support; protection.

Amparo (E) - constitutional writ; constitutional remedy.

ampla defesa - legal defense; right to counsel.

ampliação - increase; enlargement; augmentation; extension.

ampliação do prazo - extention of the stipulated term.

ampliativo - ampliative; enlarging.

amplitude - amplitude; abundance; vastness.

amputação - amputation; curtailment.

anais - annals.

anais do congresso - congressional records.

analfabeto - illiterate.

analisar - to analyze; examine.

análise - analysis.

análise política - political analysis.

analogia - analogy.

analogismo - analogism.

análogo - analogous.

anarquia - anarchy.

anarquista - anarchist.

anata - annual product or revenue.

anatocismo - anatocism; compound interest; double interest; usury.

ancestral - ancestor.

ancestralidade - ancestry.

âncora - anchor; stay; support.

ancoradouro - anchorage; anchorage ground.

ancoragem - anchorage dues.

ancorar - to anchor.

andamento - situation; developments.

andar - floor.

andar - to walk; to develop.

andar de lado - stationary market; bear market.

anexação - annexation; incorporation.

anexar - to annex.

anexo - annex; appendix; enclosures.

angaria - angary; forced service.

animal - animal.

animal selvagem - wild beast.

ânimo - intention; disposition; mind; volition; disposition.

ânimo de lucro - intention to gain; gainful intention.

animosidade - animosity.

anistia - amnesty; pardon.

anistiado - one who receives the amnesty.

anistiar - to pardon.

ano - year.

ano-base - base year.

ano civil - calendar year.

ano e dia - year and day.

ano escolar - school year.

ano financeiro - fiscal year.

ano fiscal - fiscal year; accounting period.

ano letivo - school year.

anômalo - anomalous.

anomia - anomie; lack of laws.

anonimato - anonymity.

anônimo - anonymous.

anotação - recording; entry; docket; annotation.

anotar - to annotate; comment on; make a note on.

antagonista - adversary party; antagonist.

antecedência - antecedence; precedence; early.

antecedente - antecedent; predecessor; antecessor.

antecedentes penais - criminal record.

anteceder - to antecede; precede.

antecessor - antecedent; predecessor; antecessor.

antecipação - acceleration; anticipation.

antecipação bancária - accelerated maturity.

antecipação do pagamento - advance payment; prepayment.

antecipação do prazo - acceleration.

antecipação do termo - acceleration of maturity.

antecipação do vencimento - acceleration of maturity.

antecipado - accelerated.

antecipar - to anticipate.

antecontrato - preliminary agreement; heads of agreement; memorandum of understanding.

antedatar - to predate.

antenupcial - antenuptual.

antepassado - ancestor.

antepossuidor - prior owner.

anteprojecto (P) - bill; draft.

anteprojeto - bill; draft.

anteprojeto de lei - bill; draft bill; draft law.

anterior - before; back.

anterioridade - priority; preference; precedence.

antes - before.

antes do imposto - pre-tax.

anticonstitucional - unconstitutional.

anticrese - antichresis; rent.

anticronismo - misdating.

antigo - ancient; old; senior.

antígrafo - transcription.

antiguidade - seniority.

antiinflacionário - anti-inflationary.

antijurídico - unlawful.

antilogia - antilogy; contradiction of ideas.

antinomia - antinomy; contradiction of laws.

antítese - antithesis; opposition.

antropologia - anthropology.

anual - annual.

anualidade - annuity; annual charge.

anuário - yearbook.

anuência - consent; agreement; concurrance.

anuente - person who consents.

anuidade - annuity.

anuir - to assent; agree; acquiesce; adhere; accept.

anulabilidade - voidableness; voidability; annulability.

anulação - annulment; voidance; cancellation.

anulação do processo - annulment of a judicial proceeding.

anulação do acto tributário (P) - annulment of the tax assessment.

anulado - void; null; null and void.

anular - to make null and void; annul; void.

anulável - voidable; annulable.

anunciar - to advise; announce; notify; proclaim.

anúncio - advertisement; notice; announcement; tombstone.

anverso - back; obverse.

ao par - at par.

ao valor nominal - at par.

apanágio - mark; characteristic; peculiarity.

apanágio do cônjuge sobrevivo (P) - encumbrance in favor of the surviving spouse.

aparcero (E) - partner.

aparecer - to appear; arise.

aparecimento - appearance; emergence.

aparelhagem - equipment; apparatus.

aparelhamento - equipment.

aparelhar - to equip; make ready; prepare.

aparelhos - instruments; machinery; apparatus.

aparência - appearance; aspect; figure; look.

aparente - apparent.

apartado - astray; separate; secluded.

apartamento - separation; apportion; withdrawal.

apartar - to withdraw; separate.

aparte - incidental remark; observation; comment.

apátrida - one with no country; war refugee; displaced person.

apaziguador - peacemaker; pacifier.

apaziguamento - pacification; peacemaking.

apaziguar - to pacify; reconcile; to disarm; settle.

apelação - appeal; appellate review; request for review; application for review by a higher tribunal or superior court; bill of view; case on appeal.

apelação civil - appellate review in a civil court.

apelação penal - appellate review in a criminal court.

apelado - appellee; plaintiff in error (RU).

apelante - appellant; petitioner.

apelar - to appeal.

apelável - appealable.

apelido - surname; family name.

apelido de família - surname; family name.

apelo - appeal; call; invocation.

apenação - sentencing.

apenado - convict.

apenar - to impose a criminal sentence.

apender - to append; annex.

apêndice - appendix.

apenhado - pledged.

apenhamento - pledge.

apenhar - to pledge.

apensação - attaching.

apensamento - attachment; annexation; appendage.

apensar - to append; annex.

aperceber - to realize (FC).

aperfeiçoamento - perfection; improvement; betterment; melioration.

aperfeiçoar - to improve on; perfect; meliorate; ameliorate.

aplicabilidade - applicability.

aplicação - application; investment.

aplicações (P) - insurance policies.

aplicar - to apply; invest; appropriate; adjudicate.

aplicável - applicable.

ápoca - receipt; apocha.

apoderar-se - to take possession; appropriate; seize.

apodítico - apodictical; clear; evident; uncontestable.

apoio - base; basis; support; protection; assistance.

apoio financeiro - financial support.

apólice - bond; bill; policy.

apólice da dívida pública - government bond.

apólice de ações - certificate of shares.

apólice de carga - bill of lading.

apólice de seguro - insurance policy; assurance policy.

apólice flutuante (P) - floating bond.

apólice nominativa - registered bond.

apologia - apology.

apontamento - entry; record.

apontar - to indicate; show; mention; allege; affirm; record.

aponte - notice of protest.

a portas cerradas - in camera proceedings.

a portas fechadas - in camera proceedings.

aportar - to arrive in port; contribute; pay.

aposentação (P) - retirement; retirement pension; pension.

aposentado - retired.

aposentadoria - retirement; retirement pension; pension.

aposentadoria por doença - disability retirement.

aposentar-se - to retire.

aposição de selo - to affix the stamp or seal.

apossar - to possess.

apossar-se - to take over; seize control of; possess.

aposta - bet.

apostila - apostille; note; summary.

apostilar - to write apostilles; annotate; make marginal notes.

aprazar - to convene; summon; designate.

apreçamento - pricing; act of setting a price; appraisal.

apreçar - to price; appraise; rate.

apreciação - appreciation; examination.

apreciar - to appreciate.

apreender - to arrest; seize; apprehend; learn.

apreensão - seizure; apprehension; arrest; capture.

apregoador - crier; proclaimer; auctioner.

apregoar - to proclaim; announce by crier; divulge.

aprendiz - apprentice.

aprendizado - apprenticeship.

aprendizagem - apprenticeship.

apresador - capturer; person who apprehends or seizes.

apresamento - capture; seizure.

apresar - to capture; seize; aprehend.

apresentação - introduction; delivery.

apresentação a desconto (P) - presentation for discount.

apresentação da letra de câmbio - presentation of a bill for payment.

apresentação de prova - exhibition of an evidence.

apresentação do documento - exhibition of documents.

apriorismo - apriorism; a priori reasoning.

apriorista - one who uses a priori reasoning.

apriorístico - of or concering a priori reasoning.

aprisionado - imprisioned; captive.

aprisionador - imprisoner; captor.

aprisionamento - imprisonment; capture; detention; incarceration.

aprisionar - to imprison; arrest; capture; take someone as prisoner; put in custody; put in jail.

apropriação - appropriation; seizure.

apropriação indébita - embezzlement; misappropriation.

apropriação indébita de fundos - embezzlement; misappropriation; fraudulent interception of funds.

apropriar - to appropriate; confiscate.

apropriar-se - to appropriate.

aprovação - approval; affirmance; backing; confirmation.

aprovar - to approve; lack; confirm.

aprovar uma lei - to pass a law.

aprovar uma proposta- to approve a proposal; to carry a motion.

aproveitador - profiteer.

aproveitamento - benefit; utilization; improvement; taking advantage.

aprovisionamento - provisioning; supply of provisions.

aproximar-se - to approach.

aptidão - ability; aptitude; capacity; competency.

aptidão da petição inicial (P) - petition or claim apt to be considered by the court.

aptitude - ability; aptitude; capacity.

apto - apt.

apuração - finding; ascertainment; assessment.

apuração de custas - determination of court costs; assessment of court costs.

apuração de votos - polling of votes.

apurado - choice; select; refined; keen.

apurar - to select; clear; determine.

apuro (P) - turn-over; daily sales of a commercial outlet.

aquartelamento - quartering; lodging; billeting.

aquartelar - to quarter; lodge; billet.

aquiescência - acquiescence; consent.

aquiescente - aquiescent.

aquiescer - to aquiesce; permit; consent; agree.

aquinhoado - beneficiary.

aquinhoamento - allotment; apportionment; assignation.

aquinhoar - to portion; divide in shares; allot; assess; grant; distribute.

aquisição - acquisition; purchasing.

aquisição derivada - derivative acquisition.

aquisição original - original acquisition.

ar - air.

aranzel (E) - tariff; schedule of fees; long-winded speech.

arauto - herald; harbinger; crier.

arbitrador - adjuster; arbitrator; arbiter.

arbitragem - arbitration.

arbitragem (câmbio) - arbitrage.

arbitragem comercial - commercial arbitration.

arbitragem compulsória - compulsory arbitration.

arbitragem facultativa - voluntary arbitration.

arbitragem obrigatória - compulsory arbitra tion.

arbitragem voluntária - voluntary arbitration.

arbitraje (E) - arbitragem.

arbitramento - survey; arbitration; arbitrament.

arbitrar - to arbitrate; decide; determine.

arbitrariedade - arbitrariness; despotism.

arbitrário - arbitrary; despotic.

arbítrio - discretion.

arbítrio da lei - legal discretion.

arbítrio do juiz - judge's discretion.

árbitro - arbiter; judge; arbitrative; arbitrator; referee.

arcebispo - archbishop.

ardil - trick; stratagem; device; contrivance; trap.

área - area; surface; zone; acreage.

arenga - preachment; long tedious speech; quarrel; dispute.

aresto - judgement in error; judgement; sentence; decision.

argúcia - acumen.

argüente - arguer; opponent; disputant.

argüição - challenge; arguing; argumentation; censure; pleading.

argüição de falsidade - allegation of falsification of document.

argüição de relevância - petition for certionari.

arguido (P) - defendant; culprit; suspect; accused.

argüir - to allege; challenge; object.

argumentar - to argue.

argumento - argument; allegation; assertion; reason; plea; evidence.

argumento de autoridade (P) - authority; citation.

aristocracia - aristocracy; nobility.

arma - weapon.

arma branca - cutting weapon; cold steel.

arma de arremesso - missile weapon.

arma de caça - hunting weapon.

arma de fogo - firearm.

arma de longo alcance - long range gun.

arma mortal - deadly weapon.

arma ofensiva - dangerous weapon; offensive weapon.

armação - arming; equipment.

armada - fleet; navy.

armadilha - pitfall; trick; cheat; swindle; trap.

armador - shipowner; charterer.

armador e proprietário - charterer and owner.

armamento - arming; equipment; weapons; armament.

armar - to arm; supply with armament; equip.

armas - arms.

armazém - warehouse.

armazém alfandegado - bonded warehouse.

armazém geral (P) - bonded warehouse.

armazém geral - general warehouse.

armazenagens - storing; warehousing.

armistício - armistice; truce.

arqueação - arching; bending; the measure of the cubic capacity of cargo of any vessel.

arquidiocese - archdiocese.

arquivamento - filing; conclusion.

arquivar - to file; record.

arquivista - archivist; file clerk; recorder.

arquivo - file; archives; record.

arquivo confidencial - confidential file.

arranjos - arrangements; disposition; settlement.

arras - arra; earnest money; bond; security; down payment.

arrazoado - reasoning; statement of facts; plea.

arrazoar - to plead; argue; dispute; reason; petition.

arrebatamento - outburst; rapture; ravishment.

arrecadação - collection.

arrecadação de impostos - tax collection; tax levy.

arrecadador - tax-collector.

arrecadar - to collect.

arreglo (E) - arrangement; disposition; settlement.

arrematação - buying in sale; purchase by auction.

arrematante - bidder.

arrematar - to buy at auction.

arrendado - rented; leased.

arrendador - landlord; lessor; tenant.

arrendamento - lease; demise; hiring; let; renting; rent.

arrendamento mercantil - leasing.

arrendamento mercantil de aeronave - aircraft leasing.

arrendamento mercantil imobiliário - real estate leasing.

arrendamento para comércio (P) - commercial lease.

arrendante - lessor.

arrendar - to lease; rent; let; hire.

arrendatário - lessee; lease holder; tenant; renter.

arrepender-se - to repent; regret; retract; reconsider; withdraw.

arrependido - repentant; regretful; penitent; sorry.

arrependimento - regret; retraction; sorrow.

arrependimento contratual - anticipatory breach of contract.

arrestado - attached; arrested.

arrestar - to arrest; seize; confiscate; distress; attach.

arresto - attachment, seizure; arrest.

arretar - to stop; force to turn back.

arribação - migration.

arribada - distress call; putting into port.

arribar - to land; put into harbour; be driven off course.

arriendo (E) - lease; rent; hire.

arrimo - support; supporter.

arrimo de família - head of the family.

arriscado - risky; dangerous; hazardous; unsafe.

arrogação - arrogation.

arrogado - to arrogate; usurp.

arrogante - arrogant; proud; supercilious.

arrogar - to arrogate; claim; usurp.

arrolamento - enrollment; enlisting; roll; inventory.

arrolar - to enroll; list; inscribe; inventory; itemize.

arrombamento - breaking; forcible entry; housebreaking; burglary.

arrombar - to break into; burglarize.

arruaça - breach of peace; tumult; street riot; brawl.

arruaceiro - street rioter.

arruinar - to ruin; destroy.

arrumação - arrangement; setting in order.

arrumador - stower; attendant.

arrumar - to arrange; dispose; set; provide.

arsenal - arsenal.

arte - art; skill; trade; profession.

artesão - artisan.

articulação - articulation.

articulado - articulated.

articular - to articulate.

artificial - artificial; false; simulated; unnatural.

artigos - commodities; goods; item; merchandise; articles; section; paragraph; clause.

artigos de luxo - luxury goods.

artilharia - artillery; gunnery.

artista - artist.

árvore - tree.

árvore genealógica - family tree.

ascendência - ascending line; parentage; ancestry; origin.

ascendente - ascendant; ancestor.

asfixia - asphyxiation; suffocation.

asilado - inmate of an asylum.

asilo - asylum; shelter; refuge.

asilo de órfãos - orphanage.

asilo de velhos - old folks' home (USA); retirement home; home for senior citizens.

asilo diplomático - political asylum.

asilo político - political asylum.

aspergir - aspersion.

aspersão - aspersion.

aspirante - candidate; aspirant.

assacadilha - false imputation; slander.

assacador - imputer; slanderer.

assacar - to impute; slander.

assalariado - wage earner.

assalariar - to engage; employ; to take in pay.

assaltante - thief; housebreaker; assailant; burglar.

assaltar - to assault; assail; burglarize; mug.

assalto - theft; assault; assault and battery; burglary.

assassinato - assassination; murder.

assassino - murderer; assassin; killer.

assassino profissional - professional killer.

assédio - siege; insistence; molestation; importunement; harassment.

assédio sexual - sexual harassment.

assegurado - assured; insured.

asseguramento - insuring; securing; assurrance; insurance.

assegurar - to insure; underwrite; affirm; secure; assure.

assembléia - assembly; meeting; convention.

assembléia constituinte - constitutional convention.

assembléia constitutiva - organization meeting.

assembléia consultiva - consulting assembly.

assembléia de credores - creditors meeting.

assembléia especial (P) - special meeting.

assembléia extraordinária - special meeting; extraordinary meeting.

assembléia geral - general meeting.

assembléia geral ordinária - annual shareholders meeting; ordinary meeting.

assembléia legislativa - state legislature.

assembléia ordinária - regular meeting; ordinary meeting.

assemelhação - similarity; analogy; likeness.

assemelhado - similar; like; analogous; comparable.

assenso - assent; consent; permission.

assentada (P) - court record.

assentamento - entry; registration; record.

assentar - to register; record; notedown; settle; agree; decide; consent.

assentimento - assent; consent; permission.

assentir - to concur; agree.

assento - agreement; bookkeeping entry; record.

assessor (FC) - assistant; advisor; consultant.

assessorar - to counsel; assist; advise.

assessoria - staff.

assiduidade (FC) - frequency.

assimilação - assimilation; appopriation; absorption.

assinado - signed; executed.

assinalar - to denote; to indicate.

assinante - subscriber.

assinar - to sign; to execute.

assinatura - signature; subscription.

assinatura não autorizada - unauthorized signature.

assistência - privity; the participation of an amicus curiae in a proceeding in favor of plaintiff or defendant.

assistência ao crime - aid and abet.

assistência judiciária - legal aid.

assistência social - social welfare; social assistance.

assistência técnica - technical assistance.

assistente - assistant; junior barrister.

assistente judicial - recorder (RU); judicial clerk (USA).

assistente técnico - assistant appraiser; expert witness.

assistido - helped; attended; aided; supported; assisted.

assistir - to assist; help; aid; support.

associação - association; combination.

Associação Brasileira da Indústria Eletro-Eletrônica (ABINEE) (BR) - association of electro-electronic industries.

Associação Brasileira para o Desenvolvimento da Indústria de Base (ABDIB) (BR) - association of capital goods manufacturers.

associação comercial - trade association.

Associação Comercial de São Paulo (BR) - the São Paulo trade association.

associação cívica - civic association.

associação criminosa - criminal conspiracy.

Associação dos Advogados de São Paulo (AASP) (BR) - a lawyer's cultural association.

associação de malfeitores - gang; conspiracy; racket; mafia.

Associação Internacional de Advogados - International Bar Association (IBA).

Associação Portuguesa de Bancos (APB) (P) - The Portuguese Banks' Association.

associação profissional - professional association; trade association.

associado - associate in office; copartner; associate.

associar - to associate; become a partner.

assoldadar - to hire.

assoldado - employee; one who receives wages; wage earner.

astronave - spacecraft; spaceship.

assuada - tumult; riot; riotous crowd; gang; mob

assumir - to assume; take over.

assumir o risco - to assume the risk; take risk.

assunção - installation; assumption.

assunção da dívida - assumption of indebtedness.

assustar - to daunt; frighten.

astúcia - astuteness; sagacity.

astuto - astute; crafty; artful; clever.

ata - minutes; records.

ata de audiência - minutes of a hearing.

atacadista - wholesaler; wholesale dealer.

atacado - wholesale

atacar - to attack; assault; oppose; contest; challenge.

atalho - by-path; crosscut; short cut.

ataque - attack; raid

atemorizar - to intimidate; scare; daunt; frighten.

atempar - to postpone; put off.

atenção - attention.

atendente - attendant.

atender - to attend.

atender um pedido - to fill an order.

atentado - offense; transgression; violation; crime; attempt; assault; attack.

atentado ao pudor - indecent assault.

atentar - to attempt against.

atentatório - offensive; criminal; heinous; outrageous.

atenuação - mitigation; extenuation; atenuation.

atenuante - mitigating; circumstances; attenuating.

atenuar - to atenuate.

atermar - to fix a certain date; to put a limit to.

aterrissagem - landing.

aterro - embankment; dirt-fill.

atestação - certification; witness.

atestado - certificate; certified.

atestado de óbito - certificate of death; death certificate.

atestado de saúde - bill of health.

atestante - attestant.

atestar - to certify; attest.

atípico - atypical.

atirar - to shoot; fire.

atitude - attitude; posture; pose.

ativa - active duty.

atividade - activity; business.

atividade comercial - commercial activity; business activity.

atividade creditícia - lending activity.

atividade financeira - financial activity,

atividade industrial - industrial business; industrial activity.

atividade lucrativa - gainful employment; trade; business.

atividade pecuária - cattle breeding business.

atividade periculosa - dangerous occupation.

atividade política - political activity.

atividade rural - agricultural business.

ativo - assets; active.

ativo circulante - current asset.

ativo contingente - contingent asset.

ativo corrente - current assets.

ativo de giro - liquid assets.

ativo fixo - capital assets; fixed assets.

ativo ilíquido - illiquid asset.

ativo imobilizado - fixed assets.

ativo incorpóreo - intangible assets (good will).

ativo líquido - net assets.

ativo material - material assets.

ativo nominal - nominal assets.

ativo oculto - concealed assets.

ativo real - real property assets.

ativo realizável - receivables; current assets.

ativo sem valor - dead asset.

ato - act; deed.

ato acessório - ancilary act.

ato administrativo - administrative act; acts of a governmental authority.

ato civil - civil act.

ato complementar - complementary act.

ato conservatório - acts for preservation of rights; recording; registration.

ato consolidado - consolidated action.

ato contencioso - litigious act.

ato criminoso - criminal act.

ato de administração - act of management.

ato de autoridade - act of authority.

ato de comércio - commercial transactions.

ato de Deus - act of God.

ato de domínio - act of ownership.

ato de Estado - act of State; sovereign act.

ato de falência - act of bankruptcy.

ato de guerra - act of war.

ato de hostilidade - act of hostility.

ato de inimigo público - act of a public enemy.

ato de insolvência - act of insolvency.

ato de terrorismo - terrorist act.

ato de violência - violent act.

ato do Congresso - act of Congress.

ato do Executivo - Executive act.

ato do Judiciário - Judicial act.

ato doloso - wilful tort.

ato entre partes - act of parties.

ato extrajudicial - act in pais.

ato formal - solemn act.

ato fraudulento - fraudulent act.

ato ilícito - tort; unlawful act; ilegal act.

ato ilícito doloso - wilful tort.

ato ilícito intencional - intentional tort.

ato imperfeito - voidable act.

ato judicial - judicial act.

ato legítimo - legitimate act.

ato legislativo - legislative act.

ato libidinoso - libidinous act.

ato lícito - lawful act; licit act.

ato nulo - act null and void.

ato obsceno - obscene act.

ato oficial - official act.

ato privado - private act.

ato processual - procedural act.

ato relevante - relevant act.

ato simulado - simulated act.

ato solene - solemn act.

ato suspensivo - conditional act.

ato unilateral - unilateral act.

ato voluntário - voluntary act.

atormentar - to torment; bait; torture; afflict.

atracação - mooring.

atracadouro - moorings; mooring place.

atracar - to moor; sieze; tie up.

atraiçoar - to betray.

atrair - to allure.

atrasado - overdue; late; in arrears; delinquent; backward.

atrasar - to delay; retard; lose time.

atraso - delay.

atravessador - profiteer.

atravessadouro - path across property of another which is not an easement.

atribuição - attribution; prerrogative; privilege.

atribuir - to allot.

atributivo - attributive.

atributo - attribute; quality; characteristic.

atrocidade - atrocity; cruelty; inhumanity.

atropelado - run over.

atropelamento - act or fact of running over; to violate.

atropelar - to overrun.

atroz - atrocious.

atuação - performance; proceeding; judicial action.

atual - present time; up-to-date; present; contemporaneous.

atualização - act or fact of bringing up to date.

atualizar - to bring up to date.

atuar - to actuate; function; operate.

atuário - actuary.

audácia - audacity; boldness; confidence.

audição - hearing; audience; audition.

audiência - preliminary hearing; hearing; session; trial.

audiência contraditória (P) - adversary hearing.

audiência de discussão e julgamento (P) - trial; examining trial.

audiência de instrução e julgamento - trial; examining trial.

audiência de julgamento - trial.

audiência judicial - hearing.

audiência preparatória (P) - preliminary hearing.

audiência pública - audience; open court; public hearing.

auditor - auditor; judge; magistrate; provost.

auditoria - audit.

auditoria ambiental - environmental audit.

auditoria externa - external audit.

auditoria jurídica (P) - legal department of a ministry.

auditoria legal - legal audit.

auditório - courtroom; auditorium.

aumentar - to accrue; increase; extend; augment.

aumento - accretion; increase; enlargement.

aumento de capital - capital increase.

ausência - absence; lack.

ausente - absent; abesse; absentee; missing.

autarquia - government agency.

autêntica (o) - authentic; genuine; real; true.

autenticação - authentication; certification; attestation.

autenticado - certified.

autenticar - to authenticate; countersign; certify.

autenticidade - authenticity.

autentificado - certification.

auto - record; brief; file; decree; writ; warrant; ruling; act; order.

auto-administração - self-rule; self-regulation; self administration.

auto-acusação - self-acusation.

auto de flagrante - record of flagrante delicto; booking after being caught in the act of commiting a crime.

auto de infração - tax assessment notice.

auto de partilha - record of succession.

auto de penhora - record of attachment.

auto de praça - order or decree for a public auction.

auto de processo - brief; file; docket; court records.

auto-executável - self-executing.

autos - court records, docket, judicial records of a law suit; brief; file.

autos da apelação - appellate records.

autos da execução - in the execution.

autos do recurso - appeal records.

autocídio - suicide.

autocracia - autocracy.

autocrata - autocrat.

autodefesa - self-defense.

autodestruição - self-destruction.

autodeterminação - self-determination.

autofinanciamento (P) - the withholding of dividends.

autogestao (P) - self management; expoliation; wild, riotous and illegal expropriation by employees.

autogestão credenciada (P) - self-management; somewhat controlled illegal expropriation by employees.

automação - automation.

automatizar - to automate.

autonomia - autonomy; self-government.

autonomia admnistrativa - local government; administrative independence.

autonomia dos poderes - independence of the powers.

autônomo - independent contractor; autonomous.

autópsia - autopsy; post-mortem examination.

autopsiar - to make an autopsy.

autor - author; creator; plaintiff.

autor da ação - plaintiff; petitioner; claimant; complainant; pleader.

autor do documento (P) - the signatory (and not necessarily the person who drafted the document).

autoria - authorship.

autoria incerta - unknown authorship.

autoridade - authority; power; influence.

autoridade administrativa - administrative authority.

autoridade civil - civil authority.

autoridade competente - competent authority.

autoridade consular - consular authority.

autoridade do caso julgado - precedent.

autoridade judicial - judicial authority.

autoridade legislativa - legislative authority.

autoridade policial - police authority.

autoridade putativa - authority by estoppel.

autoritário - despotic; overbearing; emperious; authoritarian.

autorização - authorization; permission; warrant; leave.

autorização administrativa - administrative authorization.

autorização expressa - express authorization.

autorização legal - legal authority.

autorização judicial - judicial authorization.

autorização legislativa (P) - legislative authorization; parliamentary authorization.

autorização marital - marital authorization.

autorização paterna - paternal authorization.

autorização policial (P) - police authorization.

autorização tácita - tacit authorization.

autorizado - authorized; certified.

autorizar - to allow; authorize; permit.

autuação - filing; recording; assessment; booking; charging.

autuar - to litigate; proceed; act; discharge a duty; make a charge; book; assess.

auxiliar - auxiliar; accessory; aid; adminicular; ancillary.

auxiliar da acusação - private prosecutor; junior barrister for the Crown.

auxiliar da defesa - junior counsel; junior barrister for the defense.

auxiliar da justiça - clerk of justice; officer of the court.

auxílio - aid; allowance; benefit; help; assistance; aiding and abetting.

auxílio-doença - disability compensation.

auxílio-natalidade - maternity bonus.

aval - suretyship; collateral signature; aval.

avalar (E) - to guarantee; vouch for; endorse.

avaliação - appraisal; valuation; appraisement; estimate.

avaliação judicial - court appraisal.

avaliação objetiva - objective evaluation.

avaliação oficial - certified appraisal.

avaliado - appraised; rated; valued; estimated.

avaliador - appraiser.

avaliar - to appraise.

avalista - surety; special endorser; guarantor; accomodation party; cosigner; cosignator.

avalizado - secured party; guarantee.

avalizar - to guarantee; vouch for; endorse.

avançar - to advance; to go forward; attack.

avanço - advance; advancement; progress; improvement.

avaria - damage; breakdown.

avaria comum - general average loss; damage to cargo resulting from measures to protect the ship.

avaria grossa - general average loss; damage to cargo resulting from measures to protect the ship.

avaria particular - ordinary damage to cargo.

avaria pequena - petty average.

avaria simples - ordinary damage to cargo.

avariado - injured; damaged.

avença - agreement; adjustment; settlement among litigants; contract.

avençado - the object of an agreement.

avençar-se - to come to an agreement.

aventurar - to adventure.

aventureiro - adventurer.

averbação - entry; registration; recording; docket.

averbamento - registering; record.

averbar - to register; record.

avería (E) - average.

averiguação - inquiry; investigation.

averiguar - to inquire; investigate; examine; verify.

aviação - aviation.

aviador - aviator.

aviamento (P) - viability; feasibility (of a business).

aviamento - act or fact of dispatching; forwarding or supplying with merchandise.

avião - airplane; aeroplane.

aviar - to dispatch; expedite; execute; supply.

aviltamento - vilification.

aviltamento monetário - debasement of the currency.

avindo - harmonized; agreed upon; agreeing.

avindor - mediator; arbiter.

avir - to adjust; combine; conciliate.

avisar - to advise; warn.

aviso - notice; advice; announcement; advisory; warning.

aviso de extravio - notice of loss.

aviso de lançamento - assessment notice.

aviso de saque (P) - notice of the drawing of a bill of exchange.

aviso de suspensão de pagamento - stop payment notification.

aviso do protesto do título - notice of protest.

aviso prévio - previous notice.

aviventação - revival; revivification.

aviventar - to revive; animate.

avó - grandmother.

avô - grandfather.

avocação - evocation; the withdrawal of a case from a lower court in favor of a higher court.

avocar - to appeal to a higher court.

avocatória - the act of an evocation.

avocável - appealable.

avoengo - proceeding from the ancestors.

avoengueiro - for or from the ancestors.

avulsão - accession; avulsion.

avulso - separate.

avuncular - avuncular.

axioma - axiom.

azar - misfortune; bad luck; mischance; chance; bad fate.

B

bacalar - rustic building co-habitated by several families.

bacama - wife; spouse.

bacharel - bachelor.

bacharel em Direito - bachelor of laws.

bacia - basin.

bacia do Amazonas - Amazon basin.

bacia do Pacífico - Pacific basin.

bacia do Paraná - Paraná river basin.

bagagem - baggage; luggage.

baía - bay; inlet; bight.

bairro - district.

bairro de bordéis - red-light district.

bairros comerciais - commercial district.

bairros residenciais - residencial quarter.

baixa - remanding; discharge; vacation; entry; retirement; dispose.

baixa na culpa - erasure of record.

baixa no mercado - depression; bearish market; bear market.

baixa-mar - low tide.

baixa parcial - writedown.

baixa renda - low income.

baixa rentabilidade - low yield.

baixar - to lower; reduce; return to lower courts; remand.

baixar os autos - to remand the record; remit the proceedings.

baixar uma lei - to enact a law.

baixista - stock exchange operator who speculates on the fall of prices.

baixo preço - low price.

bajo palabra (E) - parole.

bajulo - carrier; loader.

bala - bullet.

balança - balance; scale.

balança comercial - balance of trade.

balança de comércio (P) - balance of trade.

balança de comércio internacional - balance of international trade.

balança de pagamentos - balance of payments.

balança dos poderes - balance of powers; checks and balances.

balança de serviços - invisibles; invisible balance; balance of trade in services.

balança dos visíveis - balance of trade; visible trade.

balança invisível - invisibles; invisible balance; balance of trade in services.

balanceamento - balance.

balanceamento de uma conta - balance of an account.

balancear - to balance.

balancete - trial balance; interim balance sheet; trial balance sheet.

balanço - balance; balance sheet; statement; report; accounts.

balanço anual - annual statement; annual report; yearly accounts; annual balance sheet.

balanço bancário - bank report.

balanço consolidado - consolidated balance sheet.

balanço contábil - balance sheet.

balanço de exercício - annual financial statement; balance sheet.

balanço de pagamentos - balance of payments.

balanço de verificação - trial balance sheet; draft balance sheet.

balanço financeiro - financial statements.

balanço geral - annual report; balance sheet.

balanço não auditado - unaudited balance sheet.

balanço preliminar - tentative balance sheet; trial balance sheet; draft balance sheet.

balanza de pagos (E) - balance of payments.

balcão - counter.

balcão, mercado de - over-the-counter market.

baldeação - transshipment; transfer.

baldear - to transfer; pass from one place to another; transship.

baldios - unplowed; uncultivated; vacant.

balear - to wound with a shot.

balística - ballistics.

baliza - mark; marker; landmark; limit.

balizagem - delimitation; marking out of boundaries.

balizar - to put up sign; signals; marker.

ballotage (P) - electoral system in two turns, for lack of absolute majority in the first.

balsa - ferryboat; ferry.

banalidade - banality; triviality; triteness.

banca - board.

banca de advogados - law firm; lawyers' office; chambers.

banca examinadora - board of examiners.

bancada - group of representatives; delegation; congressmen from the same party.

bancar - to bank.

bancário - bank employee.

bancarrota - bankruptcy; insolvency; suspension of payments.

banco - bank.

banco central - central bank.

Banco Central do Brasil (BR) - Brazilian Central Bank.

Banco Europeu de Investimentos (BEI) (EU) - European Investments Bank (EIB).

banco comercial - commercial bank.

banco correspondente - correspondent bank.

banco das testemunhas - witness-box; stand.

bancos de areia - sandbanks.

banco de crédito - credit bank.

banco de crédito agrícola - farm loan bank; agricultural bank; cooperative bank.

banco de crédito imobiliário - mortgage bank; savings and loan institution.

banco de crédito rural - farm loan bank; agricultural bank; cooperative bank.

banco de depósito - bank of deposit; commercial bank.

banco de investimento - investment bank.

banco de negócios (P) - investment bank.

banco de Portugal (BP) (P) - the Portuguese central bank.

banco de primeira linha - prime bank.

banco de sangue - blood bank.

banco do estado - government bank.

banco dos réus - dock; prisoner's bench.

banco emissor - bank of issue.

banco emitente - issuing bank.

banco especial de crédito (P) - commercial bank.

banco especializado (P) - commercial bank.

banco hipotecário - mortgage bank.

banco múltiplo - commercial bank.

Banco Nacional de Desenvolvimento Econômico e Social (BNDES) (BR) - Brazilian development bank.

banco pagador - clearing bank; paying bank.

banco sucursal - branch bank.

banda - side; flank; simultaneous discharge of guns.

banda estreita - short band (EMS).

banda larga - broad band (EMS).

bandeira - flag; ensign.

bandeira branca - flag of truce.

bandeira da paz - flag of truce.

bandeira de conveniência - flag of convenience.

bandido - bandit.

banditismo - banditry.

bando - gang; criminal organization; racket; - mafia.

bandolero (E) - bandit; criminal; thief.

benefício de ordem - benefit of order.

banhado a ouro - gilded.

banir - to banish; proscribe.

banido - banished.

banimento - banishment; exile.

banqueiro - banker.

barão - baron (RU).

barataria - barratry.

barato - cheap; inexpensive; low-priced; economical.

barbaria - barbarism; cruelty.

barbearia - barber's shop.

barca - barge; boat; ferryboat; ferry.

barcaça - barge; pontoon.

barcagem - ferriage; freight.

barco - boat; ship.

barganha - bargain sale; bargain; barter; deal.

barganhar - to barter; negotiate; haggle.

barlavento - windward.

barqueiro - boatman; ferryman.

barra - bar.

barra de tipos - type bar.

barra dos tribunais - The Bar.

barragem - dam.

barrar - to close; stop; hinder; obstruct.

barrega - paramour; concubine.

barreira - barrier; blockade; obstacle; obstruction.

barreira ao acesso - access barrier.

barreira comercial - trade barrier.

barreira não tarifária - non tariffary barrier.

base - basis; base; foundation; foot; ground.

base da construção - foundation.

base de cálculo - taxable income; tax basis.

base de competência - accrual basis.

base imponible (E) - taxable income; tax basis.

base negocial objectiva (P) - nature of the transaction; the deal.

base negocial subjectiva (P) - representations and warranties.

básico - basic; base.

bastante - adequate; sufficient; enough; considerable; appropriate.

bastardia - bastardy; illegitimacy.

bastardo - bastard.

bastonário - batonnier; president of the Bar.

batalha - battle.

bater - to hit; search.

batimento - collision; shock.

batismo - baptism; christening.

bazar - bazaar; trade center; fair.

bêbado - drunk.

bebedeira - drunkeness.

bebedor habitual - drunkard.

bebida - beverage.

bebida alcoólica - alcoholic beverage; spirit; liquor.

bebida alcoólica destilada - liquor; spirit.

bebidas espirituosas (P) - spirits.

beca - robe; magistrate's gown; toga; silk gown; stuff gown.

beco sem saída - dead-end; cul-de-sac.

bedel - bedel; inferior officer of court, university or church.

belas-artes - fine-arts.

beleguim - bailiff's official; police agent.

beligerância - belligerency.

beligerante - belligerent.

bem - property; asset.

bem comum - commonwealth; community property; public easement.

bem de consumo - consumer goods.

bem de família - homestead.

bem de produção - income property; productive assets; production assets.

bem educado - well-behaved; well-bred; couth.

bem estar - welfare.

bem estar social - welfare state; welfare.

bem extraviado - lost property.

bem fora de comércio - extra commercial.

bem imóvel - chose; real estate.

bem incorpóreo - incorporeal property; intangible property.

bem móvel - chattel; commodity; movable property.

bem público - public property; public welfare.

bem relacionado - well-connected.

bem reputado - well-reputed.

bem servir - well served.

bem vitalício - life estate.

beneficiado - beneficial; beneficiary.

beneficiamento - improvement; betterment.

beneficiamento de terras - reclamation.

beneficiar - to benefit.

beneficiário - beneficiary.

beneficiário de anuidade - annuitant.

beneficiário secundário - secondary beneficiary.

beneficiário substituto - contingent beneficiary.

beneficiário favorecido - favored beneficiary.

beneficência - beneficial association; benefit association.

beneficente - beneficient.

beneficiado - beneficiary; grantee.

benefício - benefit; gain; profit; bénéfice.

benefício adicional - good consideration; additional benefit.

benefício da divisão - benefit of division.

benefício da dúvida - benefit of the doubt.

benefício da gratuidade - in forma pauperis; benefit of counsel; qualifying for legal aid.

benefício da justiça gratuita - in forma pauperis; qualifying for legal aid.

benefício de excussão (P) - the privilege to be sued only after the primary obligor.

benefício de inventário - benefit of inventory.

benefício de ordem - benefit of order; the privilege to be sued only after the primary obligor.

benefício do credor - benefit of creditor.

benefício fiscal (P) - tax benefit.

benefício justo - fair return.

benefício marginal (E) - fringe benefit.

benefícios adicionais - fringe benefits.

benéfico - beneficial; favorable.

beneplácido - consent; approval; permission.

benevolência - benevolence; kindliness; good will; favor.

benfeitor - benefactor.

benfeitoria - amelioration; betterment; fixture.

benfeitoria necessária - necessary repair; necessary betterment.

benfeitoria útil - ameliorating waste; betterment; ameliorations.

benfeitoria voluptuária (P) - amenity.

benfeitorizado - beneficiary of the betterment.

benfeitorizante - one who makes the betterment.

benfeitorizar - to improve; better; ameliorate.

bens - property; goods; assets; possessions; belongings.

bens abandonados - abandoned property; vacant property.

bens absolutamente impenhoráveis (P) - inalienable assets.

bens acessórios - accessories.

bens achados - found property.

bens adquiridos a termo - long position.

bens afetados - affected with public interest property.

bens alheios - alien property; third-party property.

bens alienáveis - alienable property.

bens alodiais - property free from liens and charges.

bens arrestados - attached property.

bens clausulados - incumbered property.

bens complementares (P) - complementary assets.

bens comuns - common property.

bens comuns do casal - community property.

bens corpóreos - corporeal property; tangible property.

bens da herança - assets per descent.

bens de capital - industrial goods; capital goods; capital assets.

bens de consumo - consumer goods.

bens de consumo duráveis - durable consumer goods.

bens de estrangeiros - foreigner's property.

bens de exportação - export goods.

bens de produção - capital goods; income property; production goods.

bens de raiz - real estate; real property.

bens de uso comum - public easement.

bens do ativo - assets.

bens do casal - community property; couple's common property.

bens do espólio - estate.

bens desembargados - free and clear property.

bens desonerados - free and clear property.

bens deterioráveis - perishable goods.

bens determinados (P) - individualized assets.

bens doados - donated goods; given goods.

bens dominiais - public domain.

bens dotais - dotal property; dowry.

bens duráveis - durable goods.

bens e serviços - goods and services.

bens extradotais - extradotal property.

bens fixos - assets; fixed assets.

bens fora do comércio - extra commercial property.

bens fungíveis - fungible goods.

bens futuros - future property; future estate.

bens gravados - incumbered assets.

bens hereditários - hereditaments.

bens imateriais - incorporeal personal property; intangible assets.

bens imóveis - real property; realty; real estate.

bens inalienáveis - restraint on alienation of property; inalienable property.

bens incorpóreos - intangibles; incorporeal personal property; incorporeal; intelectual property.

bens infungíveis - non-fungible goods.

bens litigiosos - contentious property.

bens livres - free and clear property.

bens manufaturados - manufactured goods.

bens materiais - corporeal property; material goods; fixed assets.

bens mobiliários - securities.

bens móveis - goods and chattel; corporeal personal property; chattel.

bens particulares - private property.

bens patrimoniais - capital assets; estate; assets.

bens penhorados - attached property.

bens perecíveis - perishable goods.

bens presentes (P) - present assets.

bens privados - private goods.

bens próprios - private property.

bens públicos - public property.

bens semoventes - working livestock.

bens seqüestrados - attached property; distressed goods.

bens sociais - property of a partnership or corporation; partnership assets; corporate assets.

bens tributáveis - taxable estate.

bens vacantes - vacant assets.

bens vagos - vacant property; vacatia bona.

bens vinculados - incumbered property.

bestas - beasts; wild animals.

bestialidade - bestiality.

bibliografia - bibliography.

biblioteca - library.

bibliotecário - librarian.

bicameral - bicameral.

bicameralismo - bicameral system.

bico - odd job; small gain; casual earnings.

bien raíz (E) - real property; real estate.

bigamia - bigamy.

bígamo - bigamist; bigamus.

bilateral - bilateral.

bilhete - note; ticket; bill; ballot; certificate.

bilhete à ordem - bill of exchange.

bilhete ao portador - bearer negotiable instrument.

bilhete de carga ou de despacho alfandegário - bill of lading.

bilhete de desembarque - bill of lading.

bilhete de depósito - warehouse receipt.

bilhete de entrada - admission ticket.

bilhete de ida e volta - round-trip ticket; return ticket.

bilhete de lotaria (P) - lottery ticket.

bilhete de loteria - lottery ticket.

bilhete de volta - return ticket.

bilinear - bilinear.

binubo - married twice; remarried.

binúpcias - second marriage.

bisavô - great-grandfather.

biscate - odd job; casual earnings; casual work.

biscatear - to do odd jobs.

biscateiro - odd-jobber; handy-man.

biscato - casual work.

bispo - bishop.

bitributação - double taxation.

blasfemador - blasphemer; swearer; curser.

blasfemar - to blaspheme; swear; curse.

blasfêmia - blasphemy.

blasfemo - blasphemous.

blefe - bluff.

bloqueado - frozen; blocked; embarrassed.

bloquear - to block; obstruct; bar; freeze.

bloquear pagamento - to stop issue a order.

bloqueio - blockade; siege.

bloqueio pacífico - peaceful blockade.

boa - good; bona.

boa conduta - good behavior; good abearance; good conduct

boa-fama - good repute; good name; good reputation; good standing.

boa-fé - good faith; bona fides.

boato - rumour; gossip.

bodemeria - bottomry.

bofetada - slap; insult.

boicotagem - boycotting.

boicotar - to boycott.

boicote - boycott.

boleta (E) - ticket.

boletim - report; bill; bulletin.

boletim de cotação (P) - stock exchange quotation report.

boletim de entrada (P) - deposit slip.

boletim de ocorrência de acidente - accident report.

boletim oficial - bulletin.

boletín judicial (E) - judicial bulletin.

boletín oficial (E) - official gazette.

boleto - billet; ticket.

bolsa - exchange; stock exchange; stock market.

bolsa de estudos - scholarship.

bolsa de mercadorias - commodity exchange.

bolsa de títulos - stock exchange.

bolsa de valores - stock exchange.

Bolsa de Valores de Lisboa (B.V.L.) (P) - The stock exchange of Lisbon.

Bolsa de Valores de São Paulo (Bovespa) (BR) - The stock exchange of São Paulo.

Bolsa de Valores do Porto (B.V.P.) (P) - The stock exchange of Porto.

Bolsa de Valores do Rio de Janeiro (BVRJ) (BR) - The stock exchange of Rio de Janeiro.

bom comportamento - good behavior; good abearance.

bom e valioso - good and valid.

bom estado - good condition.

bom nome - good name; good reputation.

bom senso - common-sense.

bomba - bomb.

bombardear - to bombard; bomb.

bombardeio - bombardment; bombing.

bombardeiro - bombardier; bomber.

bombordo - larboard; portside.

bomeria - bottomry.

bondade - goodness; kindness; benevolence.

bondoso - benevolent; good; kind.

bonificação - bonus; premium; gratuity; bonification; allowance.

bonificação de juros (P) - subsidised interest.

bonificação em ações - share dividend; stock dividend; strip dividend.

bonificar - to grant money or privileges.

bono (E) - bond.

bons antecedentes - good record.

bons costumes - good manners; good morals; good behaviour.

bônus - bond; bonus; bonification.

bônus de caixa - short-term government note; treasury bond.

bônus de participação - certificate giving certain rights to holders of shares.

bônus do tesouro - treasury bond.

bordel - brothel; house of prostitution; bawdy house; bordello.

bordo - board.

borrador (E) - draft.

borrador (P) - diary of accounts.

borrão - draft; blot; blotch.

borrasca - storm; tempest.

bote - boat; thrust; lunge.

botequim - tavern; cheap saloon; coffee house; pub; bar.

botica - pharmacy; dispensary; drug store.

botim - bounty.

BOVESPA - the São Paulo Stock Exchange.

braçagem - wage earned for the labor work.

branco - blank.

branqueamento de dinheiro - money laundering.

brasão - coat of arms; arms; armorial bearings; crest; heralds tabber.

Brasil - Brazil.

brasileiro - Brazilian.

bravios - wild animals.

breve - summary; brief; short; succint.

brevidade - brevity.

briga - fight; brawl.

brigada - brigade.

brigada policial - police brigade.

brinde - bonus; gift; present.

brio - self-respect; pride; sense of dignity.

britânico - British.

brocardo - brocard; aphorism.

brutal - brutal.

brutalidade - brutality.

brutalizar - to brutalize.

bruto - gross; raw.

bucha de canhão - cannon fodder.

bueiro - drainhole; drainpipe.

bulas - bulla; papal bull; sealed papal letter.

bulrão - fraud; swindling.

burguês - burgher; bourgeois; citizen.

burguesia - bourgeoisie; middle class.

burla - trick; fraud; deceit.

burlante - trickster; swindler; crook; deceiver; cheater.

burocracia - bureaucracy; red tape.

burocrata - bureaucrat.

burocrático - clerical; bureaucratic.

busca - search; investigation; quest; pursuit.

busca e apreensão - search and seizure.

busca de solução - brainstorming.

busca domiciliar - home search.

busca pessoal - body search.

busto - breast.

C

cabal - right; exact; accurate.

cabala - cabal; plot; conspiracy.

cabaz de compras (P) - essential products with price and supply guaranteed by the government.

cabeça - head; leader.

cabeça de comarca - Circuit Court.

cabeça de família - head of the family.

cabeça do artigo - caption of an article.

cabeça do casal - head of the family.

cabeçal - head.

cabeçalho - title page; heading; headline.

cabedal - fund; store; stock.

cabedal hereditário - hereditaments.

caber - to accrue; fit; be admissible; belong to; appertain; suit.

cabido - suitable; appropriate.

cabildear (E) - to lobby.

cabina ou cabine - cabin.

cabo - cable; rope; hilt.

cabo, operação de - black market financial or exchange operation.

cabos eleitorais - canvasser; political supporter.

cabotagem - coastal trade; dues paid by coastal vessel.

caça - hunt; chase; pursuit.

caçador - hunter.

cadafalso - scaffold.

cadastro - register; reference file; records; financial record.

cadastro de contribuintes - tax roll; assessment roll.

cadáver - corpse; cadaver; dead-body.

cadeia - chain; network; jail; prison; gaol.

cadeira - chair; seat.

cadeira elétrica - electric chair.

caderneta - bank book; passbook.

caderneta bancária - bank book.

caderneta de poupança - savings account; time deposit; savings bank.

caderneta de saúde - book of health.

caderno de encargos (P) - list of clauses demanded in a contract by the public administration.

cadete - cadet.

caducar - to forfeit; lapse; expire.

caducário - subject to lapse; subject to forfeit.

caducidade - forfeiture; caducity.

caduco - forfeit; lapsed.

caídos - fallen; downcast; prostrate; overdue.

cais - dock; quay; wharf.

caixa - box; case; safe; cash; cash book; cashier.

caixa de amortização - sinking fund.

caixa de câmbio - exchange broker.

caixa de crédito (P) - public savings bank.

caixa dois - unreported funds; black money; unofficial accounting.

caixa econômica - public savings bank; trust company.

Caixa Econômica do Estado de São Paulo (BR) - São Paulo state government savings bank.

Caixa Econômica Federal (BR) - federal government savings bank.

caixa-forte - safe; vault.

caixa pequeno - petty cash.

caixa postal - post office box.

caixa registradora - cash register.

caixa rural - bank for small loans to farmers.

caixão - coffin.

caixeiro - sales clerk; salesman.

caixeiro-viajante - traveling salesman; commercial traveler.

caixinha - petty cash.

calabouço - dungeon; jail; prison.

calado - silent; quiet; taciturn; unspoken.

calamidade - calamity; disaster.

calão (P) - slang.

calçada - pavement; sidewalk.

calçado - with substance.

calçamento - paving.

cálculo - calculation.

calendário - calendar.

calendário de amortização - repayment schedule.

calibre - calibre.

caligrafia - calligraphy; handwriting.

calote - failure to pay; swindle; cheat; bad debt.

calotear - to fail to pay; to swindle; cheat.

caloteiro - bad debtor; swindler; cheat.

calouro - freshman; novice.

calúnia - calumny; calumnia; slander.

calúnia divulgada - libel.

caluniado - defamed person.

caluniador - calumniator; slanderer.

caluniar - to calumniate; slander.

calunioso - calumnious; slanderous.

camada social - class; social stratum; social class.

câmara - chamber; room; audience room; division; panel of judges; municipal council.

câmara alta - upper chamber; senate; House of Lords.

câmara baixa - lower chamber; house of representatives; House of Commons.

câmara de comércio - chamber of commerce.

câmara de compensação - clearing house.

câmara de gás - gas chamber.

câmara de julgamento - tribunal; panel of judges; apellate court.

câmara de vereadores - city council.

câmara do tribunal - panel of judges.

câmara dos comuns - House of Commons.

câmara dos deputados - house of representatives.

câmara dos lordes - House of Lords.

câmara estadual - state house of representatives.

câmara legislativa - house of representatives.

câmara municipal - city council; municipal council.

câmara reunida - Court in bank.

câmara sindical - union council.

cambalacho - barter; disreputable deal.

cambial - bill; note; exchange; bill of exchange; negotiable instrument.

cambialista - an expert in the field of bills of exchange.

cambiar - to exchange; permute; trade; barter.

cambiário - concerning a bill of exchange.

câmbio - exchange; foreign exchange.

câmbio, contrato de - exchange contract.

câmbio do dia - current exchange; present exchange rate.

câmbio exterior - foreign exchange.

câmbio livre - free exchange.

câmbio marítimo - bottomry; respondentia; marine interest.

câmbio negro - black market.

câmbio oficial - official exchange rate.

cambista - exchange broker; tout; black market dealer.

camelô - peddler; hawker; street vendor.

camião (P) - truck (USA); lorry (UK).

caminhão - truck (USA); lorry (UK).

caminho - path; pathway; route; course; way; road; track.

caminho de ferro - railway; railroad.

campanha - campaign.

campanha publicitária - advertising campaign; promotion campaign.

campo - field; open country.

campo de ação - field of activity.

campo de batalha - battlefield.

campo de concentração - concentration camp.

cana (gíria) - prison; jail; gaol.

canais competentes - official channels.

canal - channel; canal.

canalizar - to canalize; channel; direct.

cancelamento - cancellation; vacation; annulment; voidance; voiding.

cancelar - to cancel; delete; annul; revoke; recall.

cancelo - gate.

candidato - candidate; nominee; applicant; pretender; aspirant.

candidatura - candidature; candidacy.

caneiro - narrow channel.

canhão - cannon

canhoto - left-handed; stub.

canhoto de cheque - stub in a checkbook.

canon - canon; rule; criterion.

canone - rule; canon.

canônico - canonic.

canônico, direito - Canon law.

canonista - canonist.

canonização - canonization.

capa - cloak; mantel; cape; overlay; cover.

capa e espada - cloak and dagger.

capacidade - capacity; ability; competency; capability.

capacidade civil - legal capacity; civil capacity.

capacidade comercial - legal capacity.

capacidade contributiva - tax-paying ability.

capacidade criminal - criminal capacity.

capacidade de agir - ability to act.

capacidade eleitoral - registered voter.

capacidade financeira - financial capacity.

capacidade legal - legal capacity; competency.

capacidade ociosa - idle capacity.

capacidade política - political ability.

capacidade processual - legal capacity to sue.

capacidade tributária - tax-paying ability.

capanga - body guard; hired murderer.

capataz - foreman; overseer; taskmaster.

capataz da alfândega - customs administrator.

capatazia - foremanship.

capaz - capable; competent; able.

capcioso - captious; deceitful.

capelão - chaplain.

capelo - cap used by Juris Doctorate graduates.

capitação - capitation; head tax.

capital - capital; seat of government; metropolis; funds; stock; principal; main; chief; essential.

capital aberto, sociedade de - public company; publicly traded company; open capital corporation; publicly held corporation.

capital, ação de - capital stock; share capital.

capital acionário - capital stock; company's capital.

capital acumulado - accumulated capital.

capital a integralizar - subscription receivable; non paid-up shares.

capital aportado - contributed capital.

capital autorizado - authorized capital.

capital circulante - liquid capital.

capital contribuído - contributed capital; paid-in capital.

capital de giro - working capital.

capital de produção - production capital.

capital de risco - risk capital.

capital declarado - stated capital; nominal capital.

capital disponível - capital in hand; available capital.

capital e reservas - capital and reserves.

capital efetivo - effective capital.

capital em ações - share capital.

capital em ações emitidas - issued capital.

capital estrangeiro - foreign capital.

capital excedente - excess capital.

capital fechado - closely held corporation; private company.

capital fixo - fixed capital.

capital flutuante - floating capital.

capital imobilizado - fixed capital.

capital inalienável - inalienable capital.

capital inicial - original capital; initial capital.

capital líquido - net capital.

capital mínimo - minimum capital.

capital misto - mixed capital.

capital nacional - national capital.

capital não integralizado - assessable capital stock; non paid-up shares; unpaid issue.

capital negativo - negative capital.

capital nominal - stated capital; nominal capital.

capital primitivo - original capital.

capital produtivo - productive capital.

capital realizado - paid-up capital.

capital realizável - unpaid capital.

capital social - capital stock; share capital; corporate capital; company's capital.

capital subscrito - subscribed capital.

capitalismo - capitalism.

capitalista - capitalist.

capitalização - capitalization; accumulation.

capitalizar - to capitalize; compound; invest.

capitania - captaincy; captainship; command.

capitania dos portos - port administration.

capitão - captain; chief; commander.

capitão do navio - captain.

capitão do porto - port authority.

capitulação - capitulation; surrender.

capitulado - defined by the criminal code; accusation formulated in articles.

capitular - to capitulate; surrender; arrange; agree on certain terms; accuse.

capítulo - chapter.

capricho - whim; freak; caprice; obstinacy.

captação - captation

captar - to seize; capture; attract; fascinate; reach.

captor - capturer; catcher.

captura - capture; seizure; arrest.

capturar - to capture; seize; arrest; conquer; occupy.

caput - caption; head.

caracteres - characters; marks; signs.

características - characteristics; attributes; features.

caráter - character; nature; sort; quality.

caravana - caravan.

carcerado - arrested; interned.

carceragem - imprisonment; incarceration.

cárcere - jail; dungeon; prison; lockup; gaol.

cárcere privado - private incarceration.

carcereiro - jailer; jailkeeper.

cardeal - cardinal.

careação - confrontation.

carecedor de ação - lack of right of action.

carecer - to necessitate; need.

carência - necessity; need; failure; lack; scarcity; shortage; dearth.

carência de ação - failure to demonstrate a cause of action; lack of right of action.

carência de direito - failure to demonstrate a cause of action.

carestia - high prices; dearth; scarcity.

carga - cargo; load; freight; charge; tax; cargo loading; burden; weight.

carga a granel - bulk cargo.

carga completa (P) - complete cargo; complete load; maximum cargo.

carga falsa - dead freight.

carga fiscal (P) - tax burden.

carga máxima - maximum load.

carga tributária - tax burden.

cargo - position; charge; burden; charge; duty; task; office; function; post.

cargo de confiança - position of trust; office of a trustee; fiduciary position.

cargo de governo - government position.

cargo eletivo - elective office.

cargo em comissão - transitory government position.

cargo particular - private position.

cargo público - public office.

cargo vago - vacant office.

carimbo - rubber stamp.

carimbo postal - postal stamp.

carisma - charisma.

carismático - charismatic.

carnal - carnal.

carnê - certificate; booklet; book.

carnê de pagamentos - booklet of payment receipts used for consumer credit.

carnificina - carnage; bloodshed; slaughter; mortality.

caro - expensive; costly; dear.

carrasco - hangman; executioner.

carregação - loading; cargo; freight.

carregador - shipper.

carregamento - cargo loading; loading; shipment; freight.

carreira - career; profession; occupation.

carreira diplomática - diplomatic career.

carreiro - path; track; trail.

carretagem - carting; cartage.

carreto - haulage; cartage; transportation; freight.

carriagem - freight; transportation.

carta - letter; missive; map; certificate; charter; document; diploma.

carta aberta - letter sent to one through the news; open letter.

carta branca - carte blanche; full powers; charter; blank paper.

carta citatória - writ of summons.

carta constitucional - constitution.

carta credencial - letter of credence; credentials.

Carta das Nações Unidas - charter of the United Nations.

carta de abono - guarantee letter.

carta de adjudicação - writ of adjudication.

carta de advogado - attorney's license; lawyer's license.

carta de apresentação - letter of introduction.

carta de autorização - authorization letter.

carta de aviso - letter of advice.

carta de condução (P) - driver's license.

carta de crédito - letter of credit.

carta de crédito em garantia - standby letter of credit.

carta de crédito irrevogável - irrevocable letter of credit.

carta de fiança - letter of guarantee; guarantee.

carta de fretamento - charter party.

carta de intenção - letter of intent; heads of agreement; memorandum of understanding.

carta de motorista - driver's license.

carta de naturalização - naturalization.

carta de partilha - deed of distribution.

carta de privilégio - letter of patent.

carta de recomendação - letter of recommendation.

carta de sentença - certified copy of a judgement.

carta executória - execution order.

carta fundamental - constitution.

carta partida (P) - charter party.

carta patente - letters patent; charter; license.

carta patente bancária - banking license.

carta precatória - rogatory letter; letters rogatory.

carta profissional - professional license.

carta registrada - registered mail.

carta revocatória - writ of annulment.

carta rogatória - letters rogatory; letters rogatory.

carta verde (P) - automobile insurance; certificate.

cartão de assinatura - signature card.

cartão de benefícios - benefit certificate.

cartão de crédito - credit card.

cartão de visita - calling card; business card.

cartaz - poster; bill.

carteira - billfold; wallet; pocket book.

carteira comercial - accounts receivable.

carteira de ações - portfolio; portfolio of shares.

carteira de advogado - attorney's license; lawyer's card.

carteira de câmbio - exchange department.

carteira de comércio exterior - foreign trade department.

carteira de empréstimos - loan portfolio.

carteira de identidade - identity card.

carteira de motorista - driver's license.

carteira de saúde - bill of health.

carteira de títulos - securities portfolio.

carteira de valores mobiliários - securities portfolio.

carteira do trabalho - working papers; employment booklet.

carteira hipotecária - mortgage portfolio.

carteira profissional - social security card; employment book; employment permit; working papers.

carteiro - postman; letter carrier.

cartel - cartel.

cartorário - notarial officer.

cartorial - notarial.

cartório - notary's office; notary public; registry; register office; archives; records.

cartório judicial - court records department.

cártula - bond.

casa - house; home; household; place; shop; store; abode.

casa bancária - banking house.

casa civil - government department assisting the president (generally with political matters).

casa comercial - business establishment; firm; store; shop.

casa da moeda - mint

casa de câmbio - currency exchange.

casa de comércio - store; shop; commercial establishment.

casa de correção - reformatory.

casa de custódia - prison; custody house.

casa de detenção - house of detention.

casa de empeños (E) - pawn shop.

casa de jogo - gambling house; casino.

casa de morada de família (P) - family residence.

casa de penhor - pawnshop.

casa de pensão - boarding house.

casa de prostituição - bawdy-house; house of prostitution.

casa de saúde - nursing home; rest home.

casa forte - vault.

casa matriz - main office; headquarters.

casa residencial - residence.

casada(o) - married; back to back.

casada, operação - back to back operation.

casal - couple; pair.

casal agrícola (P) - listed property.

casal família (P) - homestead.

casamento - marriage; wedding; matrimony.

casamento anterior - previous marriage.

casamento canônico - Canon marriage.

casamento civil - civil marriage.

casamento consensual - common law marriage; concubinage.

casamento de uso - concubinage.

casamento natural - common law marriage.

casamento polígamo - plural marriage.

casamento por procuração - proxy wedding.

casamento putativo - putative marriage.

casamento religioso - religious wedding.

casar - to marry; get married; wed.

casco do navio - hull.

caseiro - home; domestic; homemade; housekeeper.

caso - case; event; occurrence; matter; file.

caso decidido (P) - case decided; matter decided; closed case.

caso de força maior - force majeure; vis major; act of God.

caso de necessidade - case of necessity.

caso fortuito - act of God; casualty; cas fortuit.

caso insólito - unusual case.

caso julgado - res judicata.

caso omisso - contingency not covered by law; "casus omissus".

caso resolvido (P) - case decided; matter resolved; closed case.

cassação - disfranchisement; disability; repeal; annulment.

cassação de direitos civis - disfranchisement of legal capacity.

cassação de direitos políticos - disfranchisement of political rights.

cassar - to annul; revoke; repeal; cancel; disable; disaffirm.

cassino - cassino; casino.

castidade - chastity.

castigar - to punish; correct; chasten.

castigo - punishment; penalty; fine; pain.

castigo imoderado - cruel and unusual punishment.

casto - chaste; pure; virtuous.

castração - castration.

casual - casual; by chance; accidental; fortuitous.

casualidade - chance; accident; casuality.

casuísmo - casuistry.

casuísta - casuistic.

cata - search; investigation; research.

catálogo - directory.

catálogo de telefones - telephone directory.

catástrofe - catastrophe.

cátedra - chair; senior teaching post.

catedrático - university professor; college professor; head of department.

categoria - category; class; type; description; condition.

categoria profissional (P) - professional category; union.

cateo (E) - warrant.

cativeiro - captivity; bondage; servitude.

cativo - captive; enslaved; charmed.

caução - pledge; collateral; bond; guarantee; guaranty; securitization; bail.

caução às custas - bond for court costs.

caução carcerária (P) - bail.

caução de títulos - pledge of securities.

caução em dinheiro - cash bond.

caução fidejussória - recognisance.

caução hipotecária - mortgage.

caução judicial - judicial bond.

caução legal - legal bond.

caução necessária - judicial bond.

caução pessoal - recognisance.

caução pignoratícia - chattel mortgage bond.

caucionado - secured; bonded.

caucionante - bondsman; guarantor.

caucionar - to bond; pledge; secure; guarantee; bail.

caucionário - bondsman; guarantor; warrantor.

caudillo (E) - leader; dictator.

causa - cause; causa; reason; motive; action; lawsuit.

causa bastante - adequate cause; just motive.

causa concorrente - concurring cause.

causa da atribuição patrimonial - origin of funds; origin of assets.

causa de pedir - cause of action; right of action; in action.

causa de reacção de direito (P) - cause of breach.

causa direta - direct cause.

causa dirimente - esculpatory cause.

causa essencial - essential cause.

causa ilícita - illegal consideration; illegal matter.

causa imediata - immediate cause; direct cause.

causa interveniente - intervening cause.

causa-justificação (P) - justification.

causa lícita - legal consideration; legal matter.

causa mortis - causa mortis.

causa operante (P) - motive of interruption.

causa petendi - cause of action.

causa posterior - intervening cause; supervening cause.

causa próxima - proximate cause.

causa pública - public interest.

causa remota - remote cause.

causa superveniente - superseding cause; efficient intervening cause.

causa suspensiva - superseding cause.

causa título (P) - legal justification.

causal - grounds; reason; motive; cause.

causar - to cause; originate.

causídico - lawyer; advocate; attorney; solicitor; counsellor; barrister.

cautela - care; caution; prudence; certificate; share certificate.

cautela de ações - certificate of stock; share certificate.

cautela de penhor (P) - warrant.

cautelar - to caution.

cauteloso - cautious; wary.

cavalheiro - gentleman.

cavilação - cavilation; sophism.

cavilador - caviller; sophist.

cavilar - to caville.

cedência (P) - cession; transfer.

cedente - assignor; transferor.

ceder - to cede; transfer; abandon; surrender; renounce; yield.

cedido - granted; transfered; transferee; assignee.

cédula - note; document.

cédula de identidade - identity card.

cédula eleitoral - voter's card.

cédula hipotecária - mortgage bond.

cédula pignoratícia de debêntures - securitized pledge of debentures.

cela - cell; prison.

celebração - celebration.

celebração do casamento - marriage celebration.

celebrar - to celebrate; solemnize; commemorate.

celibatário - unmarried; single; celibate; bachelor; spinster.

celibato - celibacy.

celular, prisão - isolated imprisonment.

cemitério - cemitery; graveyard; churchyard.

censitário - relative to census.

censo - census.

censo consignativo (P) - collaterized loan.

censor - censor; critic.

censuário - taxpayer.

censura - censure; blame; censorship; reprimand.

centralização - centralization.

centro - center; middle; headquarters; association; organization.

centro de custo - cost center.

Centro de Estudos das Sociedades de Advogados (BR) - cultural association of law firms.

centro de lucros - profit center (EUA); profit centre (UK).

centro financeiro - financial center (EUA); financial centre (UK).

cerca - fence; hedge.

cerca viva - hedge row.

cercado - enclosure.

cerceamento - curtailment.

cerceamento de defesa - restraining of access; interference with the administration of justice; undue procedural limitation on the access to the administration of justice.

cercear - to curtail; restrict.

cerco - encirclement; enclosure; siege.

cerimônia - cerimony; solemnity; rite; formality.

cerimonial - cerimonial.

cerrado - closed; shut; closed will; enclosure; grassland.

certa - certain.

certeza - certainty; assurance; conviction.

certeza da obrigação (P) - certainty of the credit.

certeza jurídica (P) - rule of law.

certidão - certificate; certificate of acknowledgment.

certidão cartorária - notarial certificate.

certidão de casamento - marriage certificate.

certidão de entrega da contra fé - affidavit of service.

certidão de nascimento - birth certificate.

certidão de óbito - certificate of death.

certidão de propriedade - title of property.

certidão de teor (P) - certificate of the full record.

certidão narrativa (P) - certificate with a brief history of the record.

certidão negativa - certificate attesting to the non occurrence of certain facts.

certificado - certificate; docket; voucher.

certificado de ações - share certificate.

certificado de averbação - certificate of registration.

certificado de boa conduta - certificate of good behavior.

certificado de depósito bancário - certificate of deposit.

certificado de depósito de ações - certificate of deposit of shares.

certificado de depósito de debêntures - certificate of deposit of debentures.

certificado de dívida inscrita (P) - certificate of public credit (for tax execution suits).

certificado de óbito - death certificate.

certificado de origem - certificate of origin.

certificado de participação (P) - certificate of unit fund.

certificado de registro de capital estrangeiro - certificate of registration of foreign capital.

certificado de saúde - health certificate.

certificado de seguro (P) - insurance policy.

certificar - to certify; attest; vouch for; assure.

certo - certain; right; exact; assured; positive; correct; apposite.

cessação - stoppage; cessation; suspension; interruption.

cessação da falência - suspension of the bankruptcy.

cessão - assignment; cession; surrender; transfer.

cessão de bens - assignment of property; assignment of assets.

cessão de créditos - assignment of credits; assignment of claim.

cessão de trabalhadores - labor agreement; labor contract.

cessibilidade - transferability.

cessionário - assignee; transferee.

cessível - transferable.

chacina - slaughter; massacre.

chacinar - to kill; slaughter; massacre.

chamada - call.

chamada de capital - increase of capital; capital call; subscription of capital; subscription of shares.

chamamento - calling; summons; convocation.

chamamento à autoria - third party notice; implead; third party complaint; avoucher.

chamamento ao processo - third party notice; implead; third party complaint; avoucher.

chamar - to call; summons.

chancela - seal; signet.

chancelaria - chancellery.

chanceler - chancellor.

chantagem - extorsion; blackmail.

chantagiar - to blackmail; extort.

chantagista - blackmailer; extortionist.

charlatanice - charlatanism; imposture; knavery; fraud.

charlatanismo - charlatanism; humbug; imposture; knavery; fraud.

charlatão - charlatan; quack; impostor; humbug; rogue; knave.

chão - ground; floor; earth.

chefatura - police headquarters.

chefe - boss; master; chief; head; leader; commander.

chefe de estado - head of state.

chefe de família - family head.

chefia - headquarters; leadership; control; command.

chefiar - to command; lead; control; head.

cheque - check; cheque.

cheque administrativo - banker's check; banker's draft.

cheque ao portador - bearer check.

cheque avulso - counter check.

cheque borracha (informal) - check without funds.

cheque cancelado - voided check.

cheque com fundos - good check.

cheque com fundos garantidos (P) - certified check.

cheque cruzado - crossed check (for deposit only).

cheque de caixa - cashier's check.

cheque de viagem - traveller's check.

cheque descontado - cancelled check.

cheque em branco - blank check.

cheque especial - guaranteed check.

cheque fiscal (P) - check for payment of tax obligations.

cheque judicial (P) - check issued by the court.

cheque marcado (P) - check with a date for payment.

cheque nominal - nominative check.

cheque postal (P) - postal check.

cheque predatado - post - dated check.

cheque sacado - cancelled check.

cheque sem fundos - check returned for lack of funds.

cheque visado - certified check.

chicana - chicanery; trickery.

chicanar - to chicane.

chicanice - chicane; trickery.

chicanista - chicaner.

chicanista, advogado - disreputable lawyer; shyster lawyer.

choque de veículos - collision of automobiles; collision; car crash.

choque traumático - traumatic shock.

cidadania - citizenship.

cidadania não originária (P) - acquired citizenship; naturalization.

cidadania originária (P) - originary citizenship; citizenship by birth.

cidadão - citizen.

cidade - city; town.

cidade aberta - open city.

cidade livre - free city.

ciência - knowledge; science.

ciência política - political science.

ciente - aware; informed; acquainted.

cifra - cipher; cypher; signs; figure; code; sum.

cifra omitida - omitted figure.

cifrão - symbol used to indicate the currency.

circuito - circuit.

circuito comercial - commercial circuit.

circuito jurídico da coisa (P) - consumer chain.

circulação - circulation.

circulação fiduciária (P) - aggregate outstanding amount of bank obligations.

circulante - circulating; current.

circular - to circulate.

circunscrever - to circunscribe; confine; limit.

circunscrição - circumscription; district; subdivision of an administrative or judiciary territory.

circunscrição judiciária - Circuit court.

circunstância - circumstance; condition; cause; position.

circunstância agravante - aggravating circumstance.

circunstância atenuante - mitigating circumstance.

circunstância dirimente - exculpatory circumstance.

cisão - split; split-up.

cisão parcial - partial split; split with the survival of the original company.

cisão total - split with the dissolution of the original company.

citação - summons; citation; subpoena; service of process.

citação com hora certa - delivery of summons with pre-scheduled appointment.

citação efetiva - actual citation; effected summons.

citação inicial - original summons.

citação pessoal - personal summons.

citação por edital - service of process by publication.

citação presumida - constructive service of process.

citação real - actual service of process.

citação válida - valid service of process.

citado - party served.

citador - summoner; marshal; clerk; officer.

citar - to quote; name; mention; cite; appear in court; summon; subpoena.

ciúme - jealousy.

cível - civil.

civil - civil; civilian.

civilidade - civility; good manners; propriety.

civilismo - civilism.

civilista - lawyer versed in civil laws.

civilização - civilization.

civilizado - civilized.

civismo - civism; patriotism.

clã - clan; family.

clamor público - public clamour; public outcry.

clandestino - clandestine; secret; surreptitious.

clareza - clearness; clarity.

claridade - brightness; clarity.

classe - class; group; division; type; denomination.

classe de ações - type of shares.

classificação - classification; rating; sort; classing.

classificar - to classify; rate; grade; rank; sort.

cláusula - clause; stipulation; provision; article; clausula; condition; proviso.

cláusula acessória - accessory clause.

cláusula adicional (P) - additional clause; clause that alters the basic nature of the transaction.

cláusula de agravamento da responsabilidade (P) - penalty clause.

cláusula de cancelamento (P) - cancellation clause.

cláusula compromissória - arbitration clause.

cláusula de assunção da dívida - assumption of debt clause.

cláusula de correção - indexation clause.

cláusula de correção monetária - indexation clause.

cláusula de eleição de foro - choice of venue clause.

cláusula de eleição de lei - choice of law clause.

cláusula de eqüidade (P) - remedy in equity clause.

cláusula de escala móvel - escalator clause; fluctuating clause.

cláusula de estilo (P) - boiler plate clause; standard clause.

cláusula de garantia (P) - guarantee clause.

cláusula de garantia monetária (P) - indexation clause.

cláusula de inalienabilidade - restraint on alienation clause.

cláusula de irresponsabilidade - escape clause.

cláusula de nação mais favorecida - most favored nation clause.

cláusula de recompra - repurchase clause.

cláusula de retrovenda - repurchase clause.

cláusula de vencimento antecipado - acceleration clause.

cláusula derrogatória - overriding clause.

cláusula FAS - free along side clause.

cláusula fiduciária (P) - fiduciary clause.

cláusula FOB - free on board clause.

cláusula leonina - inequitable clause.

cláusula limitativa (P) - clause limiting responsibility.

cláusula mercadoria valor (P) - payment in commodities clause.

cláusula ouro efetivo (P) - clause establishing payment in gold.

cláusula penal - penalty clause.

cláusula principal - main clause.

cláusula resolutória - defeasance clause.

cláusula valha mais ou valha menos (P) - clause pertinent to insurance establishing a fixed indemnification value.

clausura - closing; closure; reclusion; confinement.

clausurar - to confine.

clemência - clemency; mercy.

clemente - clement; lenient; merciful.

cleptomania - kleptomania.

cleptômano - kleptomaniac.

clérigo - clergyman; priest.

cliente - client; customer.

cliente final - end client.

clientela - clientele; cronyism; patronage.

clopomania - kleptomania.

clube - club; clubhouse.

co-acusado - co-defendant.

co-autor - joint-plaintiff; co-principal.

co-autoria - conspiracy; concerted action; joint authorship.

co-avalista - co-guarantor.

co-credor - joint creditor; co-creditor.

co-delinquente - co-delinquent.

co-devedor - co-debtor.

co-fiador - joint warrantor; joint guarantor.

co-herdeiro - co-heir; joint heir.

co-legatário - co-legatee.

co-litigante - joint party.

co-parceiro - co-partner.

co-participação - joint participation; co-participation.

co-participante - co-party.

co-propriedade - co-ownership.

co-proprietário - co-owner.

co-réu - co-defendant; co-respondent.

co-testamentário - joint executor.

coabitação - cohabitation.

coabitar - to cohabit; live together.

coacção (P) - coercion; coaction; compulsion; constraint; intimidation.

coação - coercion; coaction; compulsion; constraint; intimidation.

coação física - duress.

coação moral - moral coercion; undue influence.

coação psicológica - duress per minas.

coadjutor - co-adjutor; assistant.

coadquirir - to acquire jointly.

coagir - to coerce; compel; constrain; intimidate.

coagente - coactive; joint plaintiff.

coalizão - coalition; union.

coarctada - excuse; justification.

coarctar - to restrain; confine, limit.

coativo - coactive.

coato - compelled; coerced.

coator - coactive; compulsory; restrictive; duressor.

coberto - covered.

cobertura - coverage; covering; cover.

cobertura cambial - exchange cover.

cobertura de seguro - insurance coverage.

cobertura de venda de títulos a descoberto - covering a short position.

cobrador - bill collector; debt collector.

cobrador de impostos - tax collector.

cobrança - collection.

cobrança do imposto (P) - tax collection.

cobrança executiva - foreclosure.

cobrança imediata (P) - payment at source.

cobranza (E) - collection.

cobrar - to collect; charge.

cobrável - collectible.

cobrir - to cover; hide; conceal.

cobrir uma posição - to cover a position.

cocaína - cocaine.

codicilo - codicil.

codificação - codification; compilation.

codificador - codifier.

codificar - to code; codify.

código - code.

código civil - civil code.

código comercial - commercial code.

código de edificações - building code; housing code.

código de ética profissional - code of professional ethics.

código de processo civil - code of civil procedure.

código de processo penal - code of criminal procedure.

código fiscal - tax code.

código penal - penal code; criminal code.

código tributário nacional - internal revenue code; tax code.

coeficiente - coefficient; coercion; compulsion.

coeficiente de alavancagem - leverage coefficient.

coerção - coercion.

coercitivo - coercive; compulsory; mandatory; forceful.

coercivo - coercive; compulsory; mandadory; forceful.

cofre - safe.

cofre bancário - bank safe; safe deposit box.

cofre de carga - container.

cofres públicos - public coffers.

cognação - cognation.

cognático - cognatic.

cognato - cognatus.

cognição - cognition; knowledge; understanding.

cognome - alias; surname; nickname.

coibir - to cohibit; limit; restrain.

coima - sanction; fine; penalty; blame.

coima (E) - bribe.

coimar - to sanction; fine.

coisa - thing; res; chose; object; matter.

coisa abandonada - res derelicta.

coisa acessória - corporeal thing; appurtenant.

coisa alheia (P) - third party property.

coisa certa (P) - thing certain.

coisa colectiva (P) - collective property.

coisa corpórea - corporeal thing.

coisa fungível - fungible thing.

coisa incorpórea - incorporeal thing.

coisa infungível - non-fungible thing.

coisa imóvel - real estate.

coisa julgada - res judicata.

coisa litigiosa - contentious matter.

coisa móvel - movables.

coiteiro - gamekeeper; game warden.

coito - coitus.

colaboração - co-operation; contribution; collaboration.

colaborador - collaborator; contributor.

colação - hodgepodge; collation.

colacionar - to confer; compare.

colateral - collateral relative.

colator - lecturer; conferee.

coleção - collection; assemblage; assortment.

colega - fellow; colleague.

colegiado - collegiate.

colégio - college.

colégio eleitoral - electoral college.

colégio judiciário - panel; court en banc.

Colegio de Abogados de la Capital Federal (A) - the Buenos Aires Bar.

colendo - respectable.

coleta - assessment.

coletado - collected; taxpayer.

coletar - to collect; gather; tax.

coletividade - community; collective body.

coletivismo - collectivism.

coletivo - collective; united; corporate.

coletor - collector; tax collector.

coletoria - tax-collector's office.

colheita - harvest.

colidir - to collide; run into; interfere with.

colisão - collision; conflict; impact.

colocação - placement; situation; position; employment; job.

colocação de ações - placement of shares.

colocação de debêntures - placement of debentures.

colocação de valores mobiliários - placement of securities.

colônia - colony; settlement.

colonização - colonization.

colono - colonist; settler; tenant farmer.

colusão - collusion; fraud; deceit.

comandante - commander; chief; officer; leader; captain.

comandante em chefe - commander in chief.

comandar - to command; lead; order.

comandita - limited partnership; commandité (F).

comandita por ações - limited partnership by shares.

comandita simples - limited co-partnership; commandité (F).

comanditado - full partner.

comanditar - to supply funds in a limited partnership.

comanditário - dormant partner; silent partner; capital partner in a commandité (F).

comando - command; leadership; control.

comarca - territory; region; administrative region.

comarca, juízo da - district court.

combatente - combatant; warrior; fighter; soldier.

combinação - combination; arrangement; agreement.

comboio - convoy.

com dividendos - cum dividend; with dividends.

comentado - commented.

comentador - commentator.

comentar - to comment; explain; observe.

comentário - annotation; comment; remark; observations.

comentarista - commentator; interpreter.

comento - comment.

comercial - commercial; trade.

comercial, representante - distributor.

comercialismo - commercialism.

comercialista - commercialist; expert in commercial law.

comercializar - to commercialize; trade.

comerciante - trader; dealer; businessman; merchant.

comerciar - to trade; engage in business.

comerciário - commercial employee.

comerciável - marketable; negotiable.

comércio - commerce; trade; commerce and trade; business.

comércio atacadista - wholesale trading.

comércio exterior - foreign commerce; foreign trade.

comércio externo - foreign commerce; foreign trade.

comércio interestadual - interstate commerce.

comércio interior - internal trade; domestic commerce; domestic trade.

comércio internacional - international commerce; international trade.

comércio interno - domestic commerce; domestic trade.

comércio livre - free trade.

comércio mundial - world trade.

comércio nacional - domestic commerce; national trade.

comércio por atacado - wholesale trading.

comércio varejista - retailing.

cometer - to commit; perform; affront; attack; perpetrate.

comício - assembly; rally; reunion.

cominação - sanction, a punitive act.

cominar - to comminate; threaten.

cominatório - comminatory.

comiseração - pity; compassion; commiseration.

comissão - commission; committee; mandate; retribution; percentage paid.

comissão bancária - banking commission; banking fee.

Comissão das Comunidades Européias - commission of the European communities.

comissão de inquérito - inquiry commission.

comissão de investigação - inquiry commission.

comissão de sindicância - inquiry commission.

Comissão de Valores Mobiliários (CVM) (BR) - federal securities commission.

Comissão do Mercado de Valores Mobiliários (CMVM) (P) - securities commission.

Comissão Interamericana de Direitos Humanos - InterAmerican Commission of Human Rights.

comissão mercantil (P) - business mandate.

comissão parlamentar - legislative committee; parliamentary commission.

comissão parlamentar de inquérito - parliamentary inquiry commission.

comissão permanente - permanent committee.

comissariado - commissioner's office.

comissário - commissioner; commission agent; factor; comissary.

comissário da concordata - administrative receiver (UK); creditors delegate under chapter 11 receivership (USA).

comissionado - commissioner.

comissionar - to commission; empower; entrust; appoint.

comissionista - commission agent.

comisso - forfeiture.

comissório - obligatory.

comistão - commingling; commixtio.

comitê - committee.

comitê de crédito - credit committee.

comitente - committing; constituent; principal.

comoção - commotion; agitation; tumult.

comodante - lender; bailor.

comodatário - borrower; bailee.

comodato - loan for use; commodate.

comodidade - comfort; ease.

comoriência - simultaneous death; common disaster.

comorientes - commorientes.

companha - ship's crew.

companheira - wife; female companion.

companheiro - husband; companion.

companhia - company; corporation.

companhia aberta - public company; publicly traded corporation; public corporation; open capital company.

companhia controlada - subsidiary company; controlled corporation.

companhia controladora - controlling corporation; holding company; parent company.

companhia de aviação - air carrier; aviation company.

companhia de navegação - navegation company.

companhia de serviços públicos - utility company.

companhia de seguros - insurance company.

companhia de resseguros - reinsurance company.

companhia fechada - closely held corporation; private company.

comparação - matching; comparison; simile.

comparecente - person who appears before court upon summons.

comparecer - to appear before the court.

comparecer através de advogado - representation by lawyer; to appear by attorney.

comparecer pessoalmente - to appear in person.

comparecimento - appearance; presence; attendance.

comparsa - accomplice.

comparte - joint owner; participant.

compartilhante - joint owner; sharer.

compartir - to participate; share; distribute.

compatibilidade - compatibility.

compatível - compatible.

compatrício - fellow citizen; compatriot.

compatriota - fellow citizen; compatriot.

compelação - accusation; charge; hearing; interrogatory.

compêndio - compendium; summary; textbook.

compensação - compensation; clearing; indemnity; amends; recompense; set-off.

compensação bancária - bank clearing.

compensação de cheque - check clearing.

compensação de prejuízos - carry-back; carry-forward; carry-over.

compensação judicial (P) - judicial set-off.

compensar - to compensate; recompense; clear; set-off; indemnify.

compensatório - compensatory.

competência - venue; proper court; competency; competence; ability; venue; jurisdiction.

competência especial - special jurisdiction.

competência geral - general jurisdiction.

competência originária - original jurisdiction.

competência territorial - territorial jurisdiction.

competente - competent; qualified; able; capable; legal.

competição - competition.

competição desleal - unfair competition.

competidor - competitor.

competir - to compete; contest; dispute.

competitivo - competitive.

compilação - compilation.

compilar - to compile.

complementar - complementary.

complemento - complement.

completar - to complete; fulfill; finish.

complô - complot; plot; conspiracy.

comportamento - behavior; conduct; comportment.

composição - accord and satisfaction; settlement; accord or agreement before the court; composition.

composse - joint possession; unit of possession.

compossessão - unit of possession; jointly owned property.

compossessor - joint owner.

compossuidor - joint owner.

composto - compound.

compra - purchase.

compra a crédito - credit sale; sale on credit; buy on credit.

compra a granel - bulk sale.

compra a prazo - sale on credit.

compra a prestações - installment purchase.

compra à vista - cash sale.

compra à vista de amostra - sale by sample.

compra com reserva de domínio - sale secured by a lien on property.

compra e locação - sale-and-leaseback.

compra e venda - purchase and sale.

compra em bloco - block sale.

compra por partida - block sale.

compra total - buy-out.

comprador - buyer; purchaser; vendee; bargainee.

comprador de boa fé - bona fide purchaser; purchaser in good faith; good faith buyer.

comprador de má fé - purchaser in bad faith.

comprar - to buy; purchase.

comprobação - proof; evidence.

comprobatório - probative; evidential.

comprometer - to compromise; jeopardize; engage.

comprometido - engaged; bound; under obligation; compromised.

compromissário - arbitrator; umpire; promisee.

compromisso - compromise; arbitration; affirmation; agreement; commitment.

compromisso de compra e venda - commitment of purchase and sale.

compromisso de recompra - repurchase agreement; buy-back agreement.

compromisso mútuo - bilateral commitment; bilateral undertaking; reciprocal understanding.

compromissório - commiting.

compromitente - compromiser; seller.

comprovação - proof; confirmation.

comprovante - voucher; evidence; warrant; proof.

comprovante de caixa - cash voucher.

comprovar - to check; audit; verify; prove.

compulsão - compulsion.

compulsar - to compel.

compulsório - compulsory; compulsive; compelling; obligatory.

computação - computation; computing.

computação, negociação por - computer trading.

computação de dados - data processing.

computar - to compute; calculate; count.

comum - common; public; general.

comuna - commune.

comunhão - community; sharing.

comunhão de bens - community property.

comunhão de interesses - community of interest.

comunhão parcial - partial community property.

comunhão universal de bens - community property.

comunicabilidade - communicability.

comunicação - communication; notice; access.

comunicação de bens - transferability of property rights.

comunicação processual - service of process; court notice.

comunicado - notice; release.

comunicado de extravio - notice of loss.

comunicar - to communicate; announce.

comunidade - community.

Comunidade Européia (CE) - European Community (EC).

comunismo - communism.

comunista - communist.

comutação - commutation.

comunitário, direito - EC law.

comutativo - commutative; commutative contract.

concausa - concause; joint cause.

conceber - to conceive; imagine; understand.

concedente - concessor; grantor.

conceder - to grant; allow; award; confer; vouchsafe.

conceito - repute; idea; opinion; concept.

conceito comercial - good will.

concentração - concentration; centralization; absorption.

concentração de risco - risk concentration.

concepção - conception.

concertador - arbitrator; conciliator.

concertar - to adjust; regulate; deliberate; agree; arrange.

concerto - checking; concert.

concerto criminoso - criminal conspiracy.

concessão - franchise; concession; permission; grant; privilege; charter.

concessão de crédito - to give a credit.

concessionária de transportes - public transportation concessionaire.

concessionário - concessionaire; grantee.

concessivo - granting.

concessor - concessor; grantor.

concidadão - fellow citizen.

conciliação - conciliation; settlement; accord or agreement before the court.

conciliar - to conciliate; reconcile.

conciliatório - conciliatory.

concílio - council.

conclave - conclave.

concludente - concluding; conclusive.

concluir - to conclude; terminate; end; complete; achieve; finish.

conclusão - conclusion; termination; deduction.

concluso - concluded.

concomitância - concomitance; concurrence.

concomitante - concomitant; concurrent.

concomitantemente - concomitantly.

concordância - consent; agreement; accord; conformity.

concordante - concordant; concurrent; agreeing.

concordar - to agree; to consent; to accede; acquiesce.

concordata - concordat; forced agreement; composition with creditors; chapter 11 bankruptcy (USA); reorganization in bankruptcy.

concordata judicial - court supervised composition with creditors.

concordatário - person who has entered into a moratorium with creditors

concorde - concordant.

concorrência - competition; invitation bid; bid; public bid.

concorrência desleal - unfair competition.

concorrência pública - public bid.

concorrente - bidder; competitive bidder.

concreto - concrete; real.

concubina - concubine.

concubinário - one who has a concubine.

concubinato - concubinage.

concurso - contest; competition; competitive examination.

concurso de agentes - conspiracy; concerted action.

concurso de credores - concurso; bankruptcy creditor's claim.

concurso de crimes - cumulation of offenses.

concussão - concussion; graft; peculation.

concussionário - grafter; peculator.

condecoração - decoration; badge; medal; order.

condenação - conviction; judgement against; sentence.

condenado - condemned; convict; defeated party.

condenar - to condemn; declare guilty; convict; sentence.

condenatório - condemnatory; convictional.

condensação literária - abridgement.

condescendência - deference; concession; acquiescence.

condescender (FC) - to make a concession; to accomodate; to yield.

condição - condition; situation; state.

condição abusiva (P) - abusive condition; capricious condition.

condição afirmativa - affirmative condition.

condição casual - casual condition.

condição expressa - express condition.

condição de escravo - slavery.

condição de fundo da acção (P) - merit of the case.

condição ilícita - unlawful condition; ilegal condition.

condição impossível - impossible condition.

condição lícita - lawful condition.

condição mista - mixed condition.

condição negativa - negative condition.

condição positiva - positive condition.

condição possível - possible condition.

condição potestativa - potestative condition.

condição resolutiva - resolutory condition.

condição suspensiva - suspensive condition.

condição tácita - implied condition.

condicional - conditional.

condicionar - to condition.

condomínio - joint owned property.

condomínio horizontal - horizontal property jointly owned.

condomínio ordinário - jointly-owned property.

condômino - joint ownership.

condução - carrying; hiring; transportation; conveyance; management.

condução coercitiva - bench warrant; subpoena.

condução debaixo de vara - bench warrant; subpoena.

condução sob vara - subpoena.

conduta - conduct; behavior; abearance; comportment.

conduta inconveniente - disordely conduct.

conduta profissional - professional conduct.

conduta punível - wrongful conduct; tort.

condutor - conductor; hirer; carrier.

conduzir - to conduct; carry; lead; direct.

conexão - connection; union; relation.

conexão de causas - circuit of actions; joinder of causes of action.

conexão de crimes - joinder of offenses.

confederação - confederation; confederacy.

Confederação da Indústria Portuguesa (CIP) (P) - Confederation of Portuguese Industry.

Confederação Nacional da Agricultura (CNA) (BR) - the national agricultural confederation.

Confederação Nacional da Indústria (CNI) (BR) - the national industrial confederation.

confecção - preparation; compilation.

confeição - confection; preparation.

conferência - conference; lecture; talk; speech; negotiation; check-over; verification.

Conferência Nacional dos Bispos do Brasil (CNBB) - national conference of Brazilian bishops.

conferencista - lecturer.

conferente - surveyour.

conferir - to check; verify; survey.

conferir poderes - to empower; to grant powers.

confessar - to confess, admit; acknowledge.

confesso - confessed; avowed; converted.

confiança - confidence; trust; reliance; faith.

confiabilidade - reliability.

confidência - confidence.

confidencial - confidential.

configuração - configuration; aspect; form.

confim - confine; abuttal; limit.

confinante - abutting owner; abbuter.

confinar - to abut; limit; confine; circumscribe; bound; border.

confinidade - confinement.

confirmação - confirmation.

confirmação da sentença - affirmance.

confirmar - to confirm; affirm; corroborate; ratify.

confiscação - confiscation.

confiscado - confiscatee.

confiscar - to confiscate; seize; embargo; sequester.

confisco - confiscation.

confissão - confession; admission; acknowledgement.

confissão civil - admission.

confissão complexa (P) - confession with exception.

confissão criminal - confession.

confissão de dívida - confession of indebtness.

confissão do pedido - plea of admission.

confissão espontânea - voluntary confession.

confissão extrajudicial - extrajudicial confession.

confissão ficta - indirect confession.

confissão judicial - judicial admission (civil); judicial confession (criminal).

confissão por simulação (P) - simulated confession.

confissão qualificada (P) - qualified confession.

confissão tácita - tacit confession; tacit admission.

confissão verbal - verbal confession.

confitente - confessor; confessant.

conflagração - conflagration.

conflitante - conflicting.

conflitar - to conflict.

conflito - conflict; struggle.

conflito colectivo de trabalho (P) - collective labor dispute.

conflito de atribuições - conflict of authority.

conflito de competência - concurrent jurisdiction; conflict of venue.

conflito de interesse - conflict of interest.

conflito de jurisdição - conflict of authority.

conflito de leis - conflict of laws.

conflito internacional - international conflict.

conflito prevalente de direitos reais (P) - conflict of titles.

conforme - accordant; conform; pursuant.

conforme a lei - according to the law; consistent with the law.

conformidade - accordance; conformity.

confraria - fraternity; brotherhood.

confrontação - confrontation.

confrontador - confronter.

confrontante - abutting owner; abutter.

confronto - confrontation.

confusão - confusion of rights; confusion; merger.

confusão de dívidas - merger of debts; confusion of debts.

confutação - confutation; refutation.

confutar - to confute; refute; disprove.

congelado - frozen.

congelado, crédito - frozen credit.

congelado, depósito - frozen deposit.

congelamento - freezing.

congelamento de preços - price freeze.

congelar - to freeze.

congelar preços - to administer prices; control prices.

conglomerado - conglomerate.

conglomerado financeiro - financial conglomerate.

congregação - congregation; assembly; faculty

congresso - congress.

conhecer - to know; be aware; recognize; to examine.

conhecimento - knowledge; acquaintance; awareness; bill; forwarding note.

conhecimento de carga (P) - bill of lading.

conhecimento de depósito - warehouse receipt; warrant.

conhecimento de embarque - bill of lading.

conhecimento de embarque com reservas - unclean bill of lading.

conhecimento de transporte - bill of lading.

conhecimento de transporte aéreo - airbill.

conhecimento do direito - knowledge of the law.

conhecimento geral - common knowledge.

conhecimento público - public knowledge.

conivência - connivance.

conivente - conusant; conniving.

conjetura - conjecture; supposition.

conjugal - conjugal.

cônjuge - spouse.

cônjuge inocente (P) - innocent spouse.

cônjuge mulher - female spouse.

cônjuge necessitado de alimentos (P) - spouse in need of alimony.

cônjuge sobrevivente - supervening spouse.

cônjuge supérstite - supervening spouse.

cônjuge varão - male spouse.

conjunção - conjunctive; union; connective.

conjunção carnal - carnal knowledge.

conjunta (o) - joint; united; collective.

conjunta e solidariamente - joint and severally.

conjunto - common; joint; united.

conjura - conjuration; conspiracy.

conluio - collusion; conspiracy; plot.

conquista - conquest; achievement.

consagração - consecration; acclamation.

consangüíneo - relation by blood; consaguineus; blood relation.

consangüinidade - consanguinity; kinship; blood relationship.

consciência - conscience.

conscrição - conscription; draft; recruitment.

conscrito - recruited; drafted.

consecução - attainment; achievement.

conselheiro - adviser; counsellor.

conselheiro legal - legal counsel.

conselho - advice; counsel; admonition; recommendation; council; commission; board.

conselho administrativo - board of directors.

conselho consultivo - consulting board; advisory board.

conselho de administração - board of directors.

conselho de guerra - court-martial.

conselho de informação (P) - regulatory agencies for telecommunications and information.

conselho de investigação - inquiry committee.

conselho de ministros - cabinet.

Conselho de Segurança das Nações Unidas - United Nations' Security Council.

Conselho de Segurança Nacional - National Security Council.

conselho de sentença - petit jury.

Conselho Federal da Ordem dos Advogados do Brasil (BR) -the Bar's federal council.

conselho fiscal - statutory audit committee.

Conselho Monetário Nacional (CMN) (BR) - National Monetary Council; the superior instance of the Federal Administration's financial structure.

conselho municipal - city council.

Conselho Regional de Contabilidade (BR) - self-regulating body of the accountancy profession.

Conselho Regional de Engenharia (BR) - self-regulating body of the engeneering profession.

Conselho Regional de Medicina (BR) - self-regulating body of the medical profession.

consenhor - joint owner.

consenso - consensus; consent.

consensual - amicable; consensual contract.

consentimento - consent; permission; acquiescence; compliance.

consentimento do ofendido (P) - consent of the agrieved party.

consentimento expresso - express consent.

consentimento implícito - implied consent.

consentimento mútuo - mutual consent.

consentimento recíproco - reciprocal consent.

consentimento tácito - tacit consent.

conseqüência - consequence; result; effect.

conserto - repair.

conservação - maintenance; preservation; conservation.

conservador - conservative.

conservatória (P) - public office; notary's office; public registry.

consideração - esteem; respect.

consideração social (P) - public image.

considerando - whereas; considering.

considerar - to consider; ponder; meditate.

consignação - consignment contract; consignment sale.

consignação de rendimentos (P) - pledge of receivables.

consignação de vencimento - withholding of pay.

consignação em depósito (P) - payment by means of a deposit.

consignação em pagamento - payment into court.

consignação mercantil - consignment contract.

consignada - consigned.

consignado - consignee; factor; consignee; paid into court.

consignador - consignor; payor.

consignante - consignor.

consignar - to consign; make a deposit.

consignatário - consignee; factor; commission merchant.

consistório - consistory.

consoante - consonant.

consócio - copartner; associate.

consolidação - consolidation.

consolidação da dívida flutuante (P) - rescheduling of debts.

consolidação de dívidas - consolidation of debts; rescheduling of debts.

consolidação de leis - consolidation of laws.

consolidado - consolidated share.

consolidar - to consolidate.

consorciar - to join; unite.

consórcio - consortium; sindicate; unincorporated joint venture; association of companies to explore an economic objective.

consorte - joinder; associate; partner; spouse; mate.

conspiração - conspiracy; conserted action; plot.

conspirador - conspirator; conspire; plotter.

conspirar - to conspire; plot; intrigue; scheme.

conspirata - conspiracy; conserted action.

constância - duration.

constar - to consist of.

constatar - to ascertain; evidence; discover; find out; verify.

constitucional - constitutional.

constitucionalidade - contitutionality.

constitucionalismo - constitutionalism.

constitucionalista - constitutionalist.

constituição - constitution; formation; incorporation; composition; organization.

constituição de posse (P) - the act of taking possession.

constituição da sociedade - incorporation.

constituição outorgada - charter; company charter.

constituinte - constituinte; representative; constitutional convention.

constituir - to constitute; establish; create; organize; incorporate; found.

constituto - covenant.

constrangimento - duress; coercion; compulsion; constraint; retraint.

construção - construction; building; structure.

construtor - constructor.

consuetudinário - consuetudinary; customary.

cônsul - consul.

cônsul geral - consul general.

consulado - consulate.

consulagem - consular fees.

consular - consular.

consulente - client; consultant.

consulta - consultation; legal opinion; question; enquiry; query.

consultar - to consult; ask for advice; question; enquire; query.

consultivo - advisory; consultative.

consultor - counsellor; advisor; consultant.

consultor empresarial - business consultant.

consultor jurídico - legal advisor; advisory counsel; legal counsel.

consultório - office of a professional person.

consumação - consummation; fulfillment; termination; completion.

consumar - to consummate; finish; complete.

consumidor - consumer.

consumidor, lei de proteção ao (BR) - consumer protection act.

consumível - consumer good.

consumo - consumption; waste; usage.

consumo público (P) - public expenses.

conta - account.

conta aberta - open account.

conta apresentada - account rendered; account submited.

conta bancária - bank account.

conta bloqueada - attached account; blocked account.

conta colectiva (P) - joint account.

conta congelada - frozen account.

conta conjunta - joint account.

conta corrente - current account; checking account; book account.

conta credora - credit account.

conta de capital - capital account.

conta de custódia - custody account.

conta de receitas - revenue account.

conta de reserva - reserve account.

conta de resultado (P) - profit and loss account.

conta de situação (P) - account of assets and liabilities.

conta de venda - bill of sale.

conta devedora - debit account.

conta dormente - dorment account.

conta duvidosa - doubtful account.

conta em participação - unincorporated partnership with one ostensive partner and one hidden partner.

conta inativa - inactive account.

conta liquidada - liquidated account; account settled.

conta nostro - nostro account; account maintained by one bank with a corresponding bank in a third country.

conta orçamentária - budgetary account.

conta pessoal - personal account.

conta própria - personal account.

conta remunerada - interest bearing account.

contas a pagar - accounts payable.

contas a receber - accounts receivable.

contabilidade - accounting; accountancy.

contabilidade, técnico de - accountant.

contabilidade de custos - cost accounting.

contabilista - accountant.

contabilização - accounting.

contabilizar - to account.

contador - accountant; auditor.

contador-auxiliar - assistant accountant.

contador judicial - court clerk in charge of accounting matters.

contador público - certified public accountant.

contadoria - accounting department.

contemplar - to grant; consider; view.

contenção - controversy; dispute; reduction.

contencioso - litigious; controversial; contentious.

contencioso administrativo - litigation against the government.

contencioso comercial - trade litigation; commercial litigation.

contencioso eleitoral - electoral litigation.

contencioso fiscal - tax litigation.

contencioso trabalhista - labor litigation.

contenda - controversy; dispute; quarrel.

contender - to contend; dispute; debate; struggle.

contendor - adversary party; opponent; rival.

contentamento - contentment; pleasure; satisfaction.

contento - on approval; satisfactory.

contentores (P) - container; package; unit.

contestação - plea; answer; appearance by an answer; rebutting; defendant's initial reply; defendant's pleading.

contestado - contested.

contestante - respondent.

contestar - to contest; dispute; controvert; deny; question; challenge.

conteste - concurring.

conteúdo - content.

contexto - context.

contigüidade - neighborhood; adjacency; proximity.

contíguo - adjoining; near; proximate; contiguous.

continência - connection.

contingência - contingency.

contingência pendente - contingency liability.

contingente - contingent.

continuação - prolongation; pursuance; sequel.

continuado - continuing; unceasing; ongoing.

contínuo - continuing; continuous; unceasing.

contra - against; versus; objection; rebuttal.

contra-arrazoado - brief of appellee.

contrabandista - contrabandist; smuggler.

contrabando - contraband; smuggling.

contracção (P) - contraction.

contracontestação - replication.

contracontestante - respondent.

contracontestar - to answer.

contrademanda - cross action.

contradição - contradiction.

contradita - contesting.

contraditar - to contest.

contraditória - contesting.

contraditório - adversary; adversary system.

contraente - obligor; contracting party.

contra-espionagem - counter espionage.

contrafação - forgery; counterfeiting; imitation; false making; simulation.

contrafação de marca - trade-mark falsification; industrial property piracy.

contrafator - counterfeiter.

contrafé - copy of notice; service of process; subpoena.

contrafirma - countersign.

contrainterrogar - to cross-examine.

contragarantia - counter guaranty.

contrair - to contract.

contramandado - countermand.

contraordem - countermand.

contraparte - adversary party.

contrapartida - consideration.

contrapor - to oppose; object.

contraprestação - consideration.

contraproposta - counter offer.

contrariante - respondent; opposing.

contra-ordem, dar - to countermand.

contra-razoado - brief of respondent.

contra-razões - brief of respondent.

contra-razões de apelação - brief of appellee.

contrariar - to counteract; oppose; refute; contradict; contest.

contrariedade - answer; opposition; obstacle.

contrário - adverse; contrary; contravening.

contrassinar - to execute jointly.

contrastaria - assayer's office.

contratação - contracting.

contratado - agreed; contracted.

contratador - party to contract.

contratante - party to contract.

contratar - to contract; to agree.

contrato - contract; agreement.

contrato a termo - forward contract; futures contract.

contrato a título gratuito - gratuitous contract.

contrato a título oneroso - onerous contract.

contrato acessório - accessory contract.

contrato adjeto - accessory contract.

contrato aleatório - aleotory contract.

contrato antenupcial - antenuptial contract.

contrato benéfico - gratuitous contract.

contrato bilateral - bilateral contract.

contrato colectivo de trabalho (P) - colective labor agreement.

contrato com objeto impossível - impossible contract.

contrato comutativo - commutative contract.

contrato consensual - consensual contract.

contrato de abertura de crédito - credit facility agreement.

contrato de adesão - adhesion contract.

contrato de afretamento - charter party.

contrato de agência (P) - agency agreement; agency contract.

contrato de agenciação (P) - brokerage agreement.

contrato de agenciamento - agency agreement; agency contract.

contrato de aprendizagem (P) - apprenticeship agreement.

contrato de arrendamento - lease agreement.

contrato de arrendamento mercantil - commercial leasing contract.

contrato de arrendamento mercantil imobiliário - real estate leasing contract.

contrato de assistência técnica - technical assistance agreement.

contrato de assunção de obrigações - contract for the assumption of obligations.

contrato de câmbio - exchange contract; exchange agreement.

contrato de caução - escrow agreement.

contrato de cessão de direito - assignment of rights agreement.

contrato de colocação - placement agreement.

contrato de compra e venda - contract of purchase and sale.

contrato de concessão de serviço público (P) - public utiliy concession agreement.

contrato de corretagem - brokerage contract.

contrato de distribuição - distribution agreement; distributorship agreement.

contrato de edição (P) - publishing agreement.

contrato de empreitada - turn-key construction agreement.

contrato de empréstimo - loan agreement.

contrato de exclusividade - exclusivity agreement; lock-out agreement.

contrato de fiança - guarantee agreement.

contrato de fornecimento de tecnologia - technology agreement.

contrato de franquia - franchise agreement.

contrato de fretamento (P) - charter party.

contrato de garantia de emissão - underwriting agreement.

contrato de lançamento de títulos - securities underwriting agreement.

contrato de licenciamento de marcas - trademark license agreement.

contrato de linha de crédito - line of credit agreement.

contrato de locação de bens - hire agrement; rental agreement.

contrato de locação de imóvel - lease contract.

contrato de locação de serviços - service agreement.

contrato de mediação (P) - brokerage agreement.

contrato de mútuo - loan agreement.

contrato de penhor - pledge agreement.

contrato de permuta - swap agreement.

contrato de recompra - buy-back agreement.

contrato de representação - agency contract.

contrato de representação comercial - agency agreement; comercial representation agreement.

contrato de risco - risk contract; hazardous contract; aleatory contract.

contrato de seguro - insurance contract.

contrato de sociedade - partnership contract; incorporation papers.

contrato de subscrição - subscription agreement.

contrato de trabalho - employment contract; labor contract.

contrato de troca - barter contract.

contrato em aberto - open contract.

contrato fiduciário - trust agreement (USA); trust indenture (UK).

contrato ilícito - illegal contract.

contrato inominado - innominate contract.

contrato judicial - contract of record.

contrato misto - mixed contract.

contrato oneroso - onerous contract.

contrato preliminar - memorandum of understanding; proposal; heads of agreement.

contrato principal - principal contract.

contrato privado - contract not officially recorded.

contrato real - real contract.

contrato sinalagmático - synallagmatic contract.

contrato social - articles of incorporation; articles of association; social contract.

contrato solene - covenant; formal contract; contract under seal.

contrato tácito - implied contract; tacit agreement.

contrato unilateral - unilateral contract.

contrato verbal - verbal contract; oral contract.

contratual - contractual.

contravenção - contravention; breach; infraction; misdemeanor.

contraventor - contravener; offendor; transgressor; law-breaker.

contravir - to trangress; infringe.

contribuição - due; contribution; tax; assessment; subscription.

contribuição de melhoria - special assessment.

contribuição parafiscal - charge; due.

contribuição sindical - union dues.

contribuinte - taxpayer.

contribuir - to contribute; pay; collect.

controlar - to control; manage; direct; supervise; check; verify.

controlar preços - to administer prices; control prices.

controle - control; management; supervision.

controle de inventário - inventory control.

controle de natalidade - birth control.

controle de preço - price control.

controle de qualidade - quality control.

controvérsia - controversy; debate.

controverso - controverting; disputed; controversial.

controverter - to controvert; invert.

contumácia - contumacy; perversity; contempt of court.

contumaz - contumacious; defaulter; perverse; contumax.

contumélia - contumely; reproach; insult.

contundente - contusive; huising; contundent.

contusão - bruise; contusion.

conúbio - matrimony; wedding.

convalescença - convalescence.

convalescer - to cure; recover; convalesce.

convalidação - conformation; ratification; acquiescence; convalidation.

convalidar - to confirm; ratify; validate; convalidate.

convenção - convention.

convenção internacional - international convention.

convencer - to convince; persuade.

convencimento - conviction; persuation.

convencional - conventional.

convencionar - to agree; contract; stipulate.

conveniência - convenience; suitability.

conveniente - fitting; proper; appropriate; opportune; becoming.

convênio - convention; agreement; pact; covenant.

convento - convent; monastery.

conversão - conversion; transformation; reduction.

conversão cambial - exchange conversion.

converso - converted.

converter - to convert; transform.

convicção - persuasion; belief; assurance.

convidar - to invite.

convir - to agree; concur.

convite para contratar (P) - invitation to bid.

convizinhança - neighborhood; vicinity.

convizinho - neighbor.

convocação - call; summons; convocation.

convocado - summoned.

convocar - to call; to summon.

coobrigado - co-obligor.

cooperação - cooperation; collaboration; concurrence.

cooperar - to cooperate; concur; contribute.

cooperativa - cooperative.

cooperativa de crédito - credit cooperative.

cooperativa de solidariedade social (P) - cooperative for social solidarity.

cooptar - to co-opt.

cópia - copy; transcript; reproduction; duplicate; imitation.

cópia autêntica - certified copy; exemplified copy.

cópia autenticada - certified copy.

cópia fiel - examined copy; conformed copy.

copiador - copybook.

co-propriedade - joint ownership.

co-proprietário - joint owner.

coragem - courage.

coroa - crown; regal power.

corpo - body; corpus; corpse; assembly; corporation.

corpo certo - corpus.

corpo constituído - body politic; corporate body.

corpo de delito - body of the offense; corpus delicti.

corpo docente - faculty.

corporação - corporation; association; body; lobby; guild.

correção - correction; rectification.

correção monetária - indexation; adjustment for currency devaluation; monetary correction.

corredor - aisle; alley; passageway.

correios - post; mail.

Correios de Portugal (CTT) (P) - The Portuguese Post Office.

correntista - account holder.

correr - to run; accrue.

correspondência - correspondence; communication; letters; mail.

correspondente - correspondent.

corretagem - brokerage.

corretor - broker.

corretor de imóveis - real estate broker; realtor.

corretor de mercadorias - commodities broker.

corretor de navios - shipbroker.

corretor de seguros - insurance broker.

corretor de valores - stock-broker; jobber (UK).

corretor de valores mobiliários - securities broker; jobber (UK).

corrida - race; run.

corrida aos bancos - bank run.

corroborar - to corroborate; confirm; support.

corromper - to corrupt; bribe; seduce.

corrompido - corrupt; crooked; dishonest.

corrupção - corruption; perversion; taint.

corrupção de menores - enticement.

corsário - corsair; privateer.

cortante - cutting; sharp.

corte - court.

corte marcial - martial court.

cortesia - courtesy.

cortiço - tenement house.

costa - coast; shore; seashore.

costume - custom; habit; practice; usage.

costume comercial - trade usage.

cota - quota; assessment.

cota-capital - equity; quota.

cota-parte - share; quota.

cotação - price; quotation; listed price; credit; rating.

cotar - to quote; rate.

cotização - assessment; quota.

cova - pit; hole; grave.

covarde - coward; pusillanimous.

covardia - cowardice.

coveiro - grave digger.

credencial - letter of credence; credential.

crediário - charge account.

credibilidade - credibility.

creditado - debtor; credited.

creditador - creditor.

creditar - to credit.

crédito - credit.

crédito, linha de - credit facility; line of credit.

crédito ao consumidor - consumer credit.

crédito à exportação - export credit.

crédito a prestações - installment credit.

crédito bancário - bank credit.

crédito compensado - offset credit.

crédito confirmado - confirmed credit.

crédito documentário - documentary credit.

crédito em aberto - open credit.

crédito em branco - open credit.

crédito hipotecário - home loan; mortgage credit.

crédito ilimitado - open credit; open-ended credit.

crédito imobiliário - home loans; real estate credit.

crédito irrevogável - irrevocable credit.

crédito pessoal - personal credit.

crédito preferencial - secured credit; senior bond.

crédito público - sovereign debt.

crédito quirografário - unsecured credit; junior credit.

crédito rotativo - revolving credit.

crédito rural - agricultural credit; farm credit.

crédito subordinado - junior credit; subordinated credit.

credor - creditor.

credor hipotecário - mortgager; creditor.

credor preferencial - perferred creditor; preference creditor.

credor prioritário - preferred creditor.

credor quirografário - unsecured creditor.

cremação - cremation.

criação - creation; invention; foundation.

criado - servant.

criador - creator; inventor; author; founder.

crime - crime; offense; felony; indictable offense.

crime afiançável - bailable crime.

crime básico (P) - crime type.

crime capital - capital crime.

crime continuado - continuous crime.

crime contra a honra (P) - defamation; libel.

crime contra o patrimônio - larceny.

crime de homicídio - homicide.

crime de guerra - war crime.

crime de imprensa - criminal libel.

crime de lesões corporais - aggravated assault.

crime de roubo - robbery.

crime do colarinho branco - white collar crime.

crime doloso - felony.

crime fiscal (P) - tax crime.

crime hediondo - hideous crime.

crime imperfeito - attempt to commit a crime.

crime instantâneo - instantaneous crime.

crime meio - anticipatory offense.

crime militar - military offense; military crime

crime patrimonial - larceny.

crime político - political crime.

crime qualificado - aggravated crime.

crime tentado - attempted crime.

criminação - crimination; accusation.

criminador - criminator; accuser.

criminal - criminal.

criminalidade - criminality.

criminalista - criminal lawyer.

criminar - to criminate; incriminate.

criminável - culpable; accusable.

criminologia - criminology.

criminológico - criminologic.

criminologista - criminologist.

criminoso - criminal; offender; outlaw.

crise - crisis.

crise econômica - economic crisis.

crise institucional - institutional crisis.

crise política - political crisis.

critério - criterion.

crítica - aspersion; criticism; review.

cruel - cruel; inhuman; unmerciful.

crueldade - cruelty; inhumanity.

culpa - fault; guilt; blame; negligence.

culpa concorrente (P) - concurrent negligence; joint negligence.

culpa contratual - breach of contract; negligence.

culpa grave - gross fault; gross negligence.

culpa grossa - gross fault; gross negligence.

culpa lata - gross fault; lata culpa; failure to act with a minimum degree of diligence.

culpa leve - ordinary fault; levis culpa.

culpa levíssima - slight fault; levissima culpa.

culpabilidade - culpability.

culpado - guilty.

culpar - to blame; accuse of; charge with.

culpável - culpable; fortious; guilty.

culposo - culpose; guilty.

culto - cult; workship; office; sevice; cultured; refined; civilized.

cultura - culture.

cúmplice - accomplice; accessory; abettor; complice.

cumplicidade - complicity; participation.

cumpra-se - abide by.

cumprimento - performance; fulfillment.

cumprir - to execute; perform; accomplish; obey; discharge; abide.

cumprir uma ordem - to execute an order.

cumprir uma ordem judicial - to abide to a judgement or to an order of the court.

cumulação - accumulation; consolidation.

cumulação de ações - joinder of remedies.

cumulação de pedidos - joinder of claims.

cumular - to cumulate; accumulate.

cumulativo - accumulative.

cunhadio - alliance.

cupão (P) - coupon.

cupincha - crony.

cupon - coupon.

cupon separado - strips.

cura - cure; healing; recovery; parish priest; curate; rector.

curador - administrator, conservator; curator; guardian; trustee.

curador à herança - administrator ad litem.

curador a lide - guardian ad litem; conservator; amicus curiae.

curador de ausentes - curator of the estate of an absentee.

curador de massas falidas - equity receiver.

curador legítimo - natural guardian.

curadora - tutrix; curatrix.

curadoria - guardianship; curatorship; curatio.

curandeirismo - charlatanism.

curandeiro - charlatan; witch doctor.

curatela - guardianship; trusteeship.

curatelado - ward.

cúria - curia; papal court.

curial - correct; adequate; just.

currículo - curriculum; resumé; curriculum vitae.

curso legal da causa - normal judicial proceeding.

curto prazo - short term.

curva de experiência - experience curve.

custas - costs; expenses; frais.

custas acrescidas - added costs.

custas adicionais - costs de incremento; additional costs.

custas judiciais - court costs.

custas processuais - court fees.

custear - to finance; bear the expenses.

custo - cost; price.

custo adicional - increment cost; additional cost.

custo de mercado - market cost.

custo de vida - cost of living.

custo indireto - indirect cost.

custo marginal - marginal cost.

custo real - actual cost; real cost.

custódia - custody; place of custody.

custodiar - to keep custody; guard; protect.

custos adicionais - incidental costs.

custos extras - incidental costs.

custos operacionais - running costs; operational costs.

custos orçados - budgeted costs.

cutelo - cutlass; chopper; cleaver.

cutilada - cut; gash.

D

dação - payment in kind; surrender.

dação em cumprimento (P) - payment in kind.

dação em pagamento - payment in kind.

dação pró-solvendo - in guarantee.

dactiloscopia - dactyloscopy.

dactiloscópico - dactyloscopic.

dactiloscopista - fingerprint expert.

dádiva - gift; grant; donation; present.

dadivar - to gift; grant.

dador - creditor; grantor; issuer; giver; donor; drawer.

dados - data; figures.

dados econômicos - economic figures.

dados globais - global figures.

dados pessoais - personal data.

dama - lady.

danificação - damage; loss; injury.

danificador - injurer.

danificar - to damnify; injure; damage; harm; impair.

daninho - damaging; harmful; destructive; injurious.

dano - damage; injury; loss; damnum; nuisance; harm.

dano abstrato (P) - abstract damage; damage of impossible reparation.

dano ao corpo - damage to person; bodily injuries.

dano atual - actual damage.

dano causado - actual damage.

dano contínuo - continuing damage.

dano de cálculo (P) - the amount of the damages.

dano de confiança (P) - that resulting from breach of contract.

dano direto - direct damages.

dano efetivo - actual damage; effective damages.

dano emergente - actual damage; consequential damage.

dano eventual - contingent damages; speculative damages.

dano geral - general damage.

dano imediato - proximate damage.

dano iminente - imminent damage.

dano indireto - indirect damage; consequential damage.

dano infecto - damnum infectum.

dano irreparável - irreparable damage.

dano material - material damage; pecuniary damage; property damage.

dano moral - pain and suffering.

dano não patrimonial - pain and suffering.

dano negativo - damages deriving from a null contract.

dano patrimonial - pecuniary damage.

dano pessoal - bodily injury.

dano positivo - actual damage.

dano processual - malicious prosecution.

dano remoto - remote damage.

danos e perdas - losses and damages.

danoso - damaging; injurious; prejudicial.

dar - to grant; give; present; permit; allow.

dar fé - to certify on faith; attest; witness; certify.

dar lance superior - to outbid.

dar provimento - to accept.

dar uma opinião - to give an opinion.

dar um parecer - to give an opinion.

dar um parecer legal - to give a legal opinion.

data - date.

data certa - fixed date.

data de emissão - date of issue.

data de vencimento - date of maturity; due date; expiration date.

datado - bearing a date.

datar - to date.

datiloscopia - dactyloscopy.

dativo - dative; appointed by law.

deão - dean.

de contado - in cash.

de cujus - decedent; deceased person.

de fato - de facto; in fact; as a matter of fact.

de graça - by favor; of grace; free of charge.

de ofício - ex-officio; by the judge without request of either party.

de ofício - by own motion; of office.

de plano - immediate.

de pleno direito - by operation of law.

de outiva - hearsay.

debaixo de vara - by bench warrant.

debate - debate.

debate oral - oral debate.

debater - to debate; discuss; argue.

debelar - to subject; defeat; abate; conquer.

debentura (P) - debenture.

debenturar - to issue debentures.

debênture - debenture.

debênture conversível - convertible debentures.

debênture endossável - endorsable debenture.

debenturista - creditor; holder of debentures; debenture holder.

debilidade mental - mental handicap.

debitar - to charge; debit; bill.

debitar em conta - to charge on the account.

débito - debt; debit.

débito fiscal - tax debt.

debochar - to debauch; scoff; mock.

deboche - debauchery; scoffing.

decadência - decadence; laches; lapsing; lapsing of the right of action.

decadente - decadent.

decair - to fail; lapse; decline; lose position.

decálogo - decalog; decalogue.

decano - dean; president of a bar association; senior of a corporation.

decapitação - beheading; decapitation.

decapitar - to behead; decapitate.

decêndio - period of ten days.

decênio - period of ten years.

decepar - to cut off; mutilate; amputate.

decesso - decease; death.

decidir - to decide; judge; determine; resolve.

decíduo - deciduous; caducous.

décima - tithe; tax; tribute.

décimo terceiro salário - Christmas bonus; thirteenth salary.

decisão - decision; resolution; verdict; judgement.

decisão administrativa - administrative resolution; administrative decision.

decisão arbitral - arbitral award.

decisão de mérito - decision on the merits of the case.

decisão final - final decision.

decisão interlocutória - interlocutory judgement; intermediate order; interlocutory order.

decisão judicial - sentence; judgement; final decision; final decision rule; final judgement.

decisivo - decisive; conclusive; final; definitive.

decisório - ruling.

declaração - declaration; statement; affidavit; report.

declaração conjunta - joint tax return; joint return.

declaração da sentença - sentencing; the reading of the sentence.

declaração de avaria - ship's protest.

declaração de bens - declaration of wealth; declaration of assets.

declaração de carga (P) - bill of lading.

declaração de culpa - confession; plea of guilty.

declaração de direitos - bill of rights.

declaração de entrada - bill of entry; customs declaration.

declaração de falência - adjudication of bankruptcy; declaration of bankruptcy.

declaração de fideicomisso - declaration of trust.

declaração de guerra - declaration of war.

declaração de imposto de renda - income tax return.

declaração de inocência - plea of not culpa; plea of not guilty; plea of innocence; non culpabilis.

declaração de nulidade - annulment.

declaração de pessoa física - individual tax return.

declaração de pessoa jurídica - corporate tax return; company tax return.

declaração de pobreza - pauper's oath.

declaração de renda - income statement; income tax return.

declaração em separado - separate tax return; separate return.

declaração judicial de falência - adjudication of bankruptcy.

declaração negocial (P) - business proposal.

declaração sob juramento - affidavit; statement under oath; sworn declaration.

declarante - declarant; deponent; witness; affiant.

declarar - to declare; announce; proclaim; manifest.

declarar-se culpado - to plead guilty.

declarar-se inocente - to plead not guilty.

declarativo - declarative.

declaratória - declaratory; declaratory judgement; statement order.

declaratório - declaratory.

declinar - to decline; reject; refuse jurisdiction.

declinatório - declination.

declinável - declinable.

declividade - declivity; downward slope.

decomposição - decomposition; analysis.

decoro - propriety; decorum; honour; honor; decency.

decorrente - resulting; originating; arising; deriving.

decorrer - to elapse; lapse.

decrepitude - decrepitude.

decretação - decree; enactment; ruling.

decretar - to decree; proclaim; decide; resolve; ordain; enact.

decretar uma greve - to call a strike.

decretar un paro (E) - to call a strike.

decreto - decree; act; statute; order; writ.

decreto do governo (P) - executive order; executive act; executive decree.

decreto executivo - executive order; executive act; executive decree.

decreto judicial - judicial decree; judicial order.

decreto legislativo - legislative decree.

decreto-lei - decree law; executive law.

decreto orçamental (P) - budget law.

decreto regulamentar (P) - superior executive decree.

decretório - decretory; decisive.

decursado - elapsed.

decurso - lapse; past.

decurso de prazo - lapse of term.

decurso de tempo - lapse of time.

dedicação - dedication; devotion.

dedução - deduction; abatement; conclusion.

dedução de imposto - tax deduction.

dedução de renda - income deduction.

dedução na fonte - deduction at source.

dedutível - deductible; deducible.

deduzir - to deduct; deduce; reduce; subtract; plead; allege; offer.

defecção - desertion.

defeito - defect; flaw; fault; insufficiency.

defeito de forma - defect of form.

defeito físico - physical defect; handicap.

defeito oculto - hidden defect.

defeito patente - patent defect.

defeituoso - defective; faulty; imperfect.

defendendo - defendant.

defendente - defendant; defender.

defender - to defend; protect; prohibit.

defensável - defensible.

defensiva - defensive.

defensor - defender; protector; defense attorney; counsel for defense.

defensor de ofício - defense counsel appointed by court; pro bono lawyer.

defensor público - public defender.

deferido - conceded; granted.

deferimento - concession; grant; agreement.

deferir - to concede; grant; award; yield; submit; agree.

deferível - grantable.

defesa - defense; answer; plea; protection; justification; defender.

defesa civil - civil defense.

defesa da concorrência (P) - competition protection; free market defense.

defesa da propriedade - defense of property.

defesa de terceiro - defense of others; third party defense.

defesa nacional - national defense.

defesa pessoal - self-defense.

defesa prévia - preliminary statement; preliminary defense.

defesa privada - self-defense.

defesa própria - self-defense.

defesa separada (P) - separate defense.

defeso - prohibited; forbidden.

deficiência - deficiency.

deficiente - deficient.

déficit - deficit; shortage; loss.

déficit orçamentário - budget deficit.

deficitário - deficient; in deficit; in the red.

definição - definition; decision; determination; explanation.

definir - to define; decide; determine.

definitivo - definitive; final; conclusive; decisive.

deflação - deflation.

deflacionista - deflationary.

defloração - defloration.

defloramento - defloration.

deflorar - to deflower.

deformação - deformation; deformity.

deformidade - deformity; malformation.

defraudação - defraudation; fraud.

defraudador - defrauder.

defraudar - to defraud.

defunção - death; demise; decease.

defunto - defunct; dead; deceased.

degenerado - degenerate; corrupt; perverted.

degolamento - decollation; decapitation.

degradação - degradation; degeneration; debasement.

degradar - to degrade.

degrau - step; degree; stage.

degredado - banished; exiled.

degredar - to banish; exile.

degredo - banishment; exile; place of exile.

degustação - degustation; tasting.

deixa - devise; legacy.

deixa de universalidade (P) - generic legacy.

deixar - to bequeath; leave by will.

delação - delation; accusation; information.

delatar - to delate; accuse; denounce.

delator - delator; accuser; informer.

delatório - denouncing; accusatory.

delegação - delegation; committee; agency; proxy.

delegação de assinatura (P) - proxy.

delegação de competência (P) - delegation of powers.

delegação de poderes - delegation of powers.

delegação do devedor - novation.

delegação legislativa (P) - legislative delegation.

delegacia - police station; commissionership; precinct; station house.

delegacia da mulher - police station specializing in matters pertaining to women.

delegacia policial - police station.

delegado - delegate; deputy; representative; public agent.

delegado de lista (P) - electoral officer.

delegado de polícia - district chief of police; chief of police.

delegante - constituent; principal; delegating.

delegar - to delegate; depute; assign; appoint.

delegar autoridade - to delegate authority.

delegatório - delegatory; pertaining to delegated authority.

deleite - delight.

deliberação - deliberation; determination; resolution; decision.

deliberação social - corporate resolution.

deliberação social abusiva (P) - abusive corporate resolution.

deliberar - to deliberate; consider; consult; decide; resolve; determine.

deliberativo - deliberative.

deliberativo, conselho - deliberative body.

delimitação - delimitation.

delinqüência - delinquency.

delinqüência juvenil - juvenile delinquent.

delinqüente - delinquent; defaulter; criminal; transgressor.

delinqüente criminalmente perigoso (P) - criminally dangerous delinquent.

delinqüir - to break the law; commit a crime.

delírio - delirium.

delitivo - criminal; punishable; wrongful.

delito - wrong; criminal offense; tort; felony; offense; transgression.

delito civil - tort; civil wrong; civil offense; private wrong.

delito continuado - continuing offense.

delito convergente (P) - joint offense.

delito culposo - wrong by negligence.

delito ecológico - ecological offense.

delito funcional - of official offense.

delito frustrado - frustrated crime.

delito grave - crime; felony.

delito de imprensa - libel.

delito intencional - intentional crime; premeditated crime.

delito leve - misdemeanor.

delito militar - military offense.

delito penal - criminal offense.

delito-tipo - specific crime.

delituoso - wrongful; delinquent; illegal; criminal.

delonga - delay; procrastination.

demanda - lawsuit; complaint; litigation; demand; request; claim.

demandado - defendant; respondent.

demandador - plaintiff; claimant; demandant.

demandante - plaintiff; claimant; demandant.

demandar - to demand; claim; file suit; implead; sue.

demarcação - demarcation.

demarcar - to demarcate; delimit.

demarcatório - boundary.

demência - dementia; insanity; lunacy.

demente - demens; insane; demented.

demídia (P) - fee farm.

demissão - dismissal; demission; discharge; redundancy; waiver.

demissão de benefícios - waiver of benefits.

demissão de bens - gift.

demissão de direitos - waiver of rights.

demissionário - demissionary.

demitido - dismissed; discharged; made redundant; fired.

demitir - to dismiss; discharge; fire; make redundant.

democracia - democracy.

democrata - democrat.

democrático - democratic.

democratização - democratization.

demolição - demolition; destruction.

demolir - to demolish; destroy; ruin.

demonstração - demonstration; statement.

demonstração de lucros e perdas - profit and loss statement.

demonstrativo - schedule; demonstrative.

demora - delay; retard.

denegação - dismissal; denial; rejection; refusal.

denegação de justiça - denial of justice.

denegar - to deny; refuse; disallow; overrule; grant.

denominação - denomination; designation; name.

denominação comercial - firm name; trade name; company name; corporate name.

denominação de origem (P) - denomination of origin.

denominação particular (P) - trade name with indication of the trade.

denominar - to denominate; designate; name.

denúncia - denunciation; delation; indictment; accusation; denouncement; information; complaint; report advice; notice; impleader.

denúncia à autoria - impleader; third-party practice.

denúncia à lide - impleader; third-party practice.

denúncia do tratado - to denounce a treaty.

denúncia vazia - eviction.

denunciação - denunciation; delation; indictment; accusation; complaint; denouncement.

denunciação da lide - implead; third-party complaint; impleader; third-party practice.

denunciado - accused; impleaded party; defendant.

denunciante - accuser; denouncer; denunciator.

denunciar - to denounce; accuse; inform against; report; proclaim.

deontologia - ethics.

deontologia jurídica - legal deontology; legal ethics.

departamento - department; bureau.

departamento administrativo - administration department.

departamento contencioso - litigation department.

Departamento da Polícia Federal (DPF) (BR) - federal police department.

departamento de contabilidade - accounts department.

departamento fiscal - tax department.

departamento jurídico - legal department.

departamento legal - legal department.

Departamento Nacional de Produção Mineral (DNPM) (BR) - federal department of mineral production.

Departamento Nacional de Telecomunicações (DENTEL) (BR) - federal department of telecommunications.

Departamento Nacional do Registro do Comércio (DNRC) (BR) - federal department of boards of trade.

departamento de vendas - sales department.

dependência - dependence; subordination; dependency; annex.

dependente - dependent.

dependente de drogas - drug addict.

depoente - deponent; affiant.

depoimento - deposition; testimony.

depoimento de parte (P) - personal deposition.

depoimento pessoal - personal deposition.

deponente - deponent; affiant.

depor - to depose; remove from office; attest; testify.

deportação - deportation; banishment.

deportado - deportee; deported; banished

deportar - to deport; banish.

deporte (P) - fee; premium.

deposição - deposition; evidence; attest; affirmation; displacement; dismissal.

depositante - depositor; bailor; consignor.

depositar - to deposit; impound; entrust.

depositário - depositary; bailee; trustee.

depositário judicial - receiver; bailee appointed by the court.

depositário público - receiver.

depósito - deposit; warehouse; depositary; store; bailment; down payment; pledge; security.

depósito a prazo fixo - time deposit; fixed-period deposit.

depósito a vista - demand deposit; sight deposit.

depósito abonado - customs deposit.

depósito acidental - involuntary bailment.

depósito aduaneiro - customs warehouse; bonded warehouse.

depósito bancário - bank deposit.

depósito bloqueado - blocked deposit.

depósito caucionado - guarantee deposit; deposit in guarantee.

depósito civil - gratuitous bailment.

depósito comercial - bailment for project.

depósito condicional (P) - deposit in court.

depósito de preço - deposit in court.

depósito irregular - irregular deposit.

depósito judicial - deposit in court; judicial deposit.

depósito legal - legal deposit.

depósito mercantil - lucrative bailment.

depósito necessário - necessary deposit.

depósito obrigatório - mandatory deposit.

depósito regular - regular deposit.

depósito voluntário - voluntary deposit.

depravação - depravity; corruption; viciousness.

depravado - depraved; corrupt.

deprecação - plea; request; entreaty.

deprecada - commission; requisition.

deprecado - judge to whom the requisition has been made.

deprecante - deprecator; petitioner.

deprecar - to request; supplicate; entreat.

depreciação - depreciation; malversation.

depreciação observada - observed depreciation; real depreciation.

depreciação real - observed depreciation; real depreciation.

depreciar - to depreciate; devalue; debase.

depredação - depredation.

depredar - to depredate.

depressão - depression.

depressão econômica - economic depression.

depuração - depuration; purification.

deputação - deputation; delegation.

deputado - deputy; representative; delegate; congressman.

deputado estadual - state deputy; state representative; deputy to the state assembly.

deputado federal - representative; federal representative; federal deputy.

derecho (E) - law.

derivado - derivative.

derrama (P) - local tax.

derramar - to spill; shed; scatter; disperse.

derramar sangue - to shed blood.

derrame - effusion; dispersion; diffusion; hemorragia.

derrelito - derelict; abandoned.

derriscar - to cancel; exclude.

derrocar - to overthrow; destroy; demolish.

derroga - derogation; annulling.

derrogação - derogation; annulling; repeal; revocation.

derrogação constitucional (P) - constitutional amendment.

derrogação expressa - express derogation.

derrogação tácita - tacit derogation.

derrogar - to annul; repeal; revoke.

derrogatório - derogatory; annuling; repealing.

derrota - defeat; overthrow; discomfit.

derrota judicial - judicial defeat.

derrotado - defeated.

desabamento - fall; collapse.

desabonar - to discredit.

desabrigado - unsheltered; unprotected.

desacatar - to disrespect; insult.

desacato - disrespect; contempt; disregard; affront.

desacolher - to dismiss; refuse hospitality.

desacorde - discordant.

desacordo - disagreement; difference of opinion.

desafectação (P) - disaffection; disfranchise.

desafectação expressa (P) - express disfranchise.

desafectação tácita (P) - tacit disfranchise.

desafetação - disaffection; disfranchise.

desafeto - disaffection; enemy.

desafiar - to challenge; defy; dare; provoke.

desafio - challenge; defy; provocation.

desafogar - to relieve; ease; clear.

desaforado - rude; insolent; abusive.

desaforamento - change of venue; disfranchise.

desaforar - to disbar; deprive of a privilege or right; disfranchise; be insolent.

desafronta - revenge; retaliation.

deságio - discount.

desagravar - to indemnify; compensate; redress; amend; reverse a sentence.

desagravo - revenge; redress; requital; amendment; sentence which has been reversed.

desamparar - to abandon; forsake; desert.

desamparo - abandonment; dereliction; desertion.

desanexação - disconnection; dissolution.

desaparecer - disappear; vanish.

desaparecido - missing person.

desaparecimento - disappearance; loss.

desapossar - to disseise; dispossess.

desapropriação - dispossession; eminent domain; expropriation.

desapropriar - to dispossess; expropriate.

desaprovação - disapproval; reproof; objection; discouragement.

desaquinhoar - to deprive someone of a share.

desarmamento - disarmament.

desarmar - to disarm.

desarticular - to disarticulate; disconnect.

desastre - disaster; accident; calamity.

desautorado - degraded; depose; discredit.

desautorar - to deprive of authority; unauthorize; disallow; discredit.

desautorizado - unauthorized.

desautorizar - to disavow; discredit; deny or rescind authority.

desavença - disagreement; discord; difference.

desbaratar - to defeat; rout; ruin; destroy.

descabimento - nonsuit; irrelevance; impropriety; impertinence.

descaminho - disappearance; embezzlement.

descapitalização - capital loss.

descarga - discharge; unloading; firing.

descargo - acquittal; dismissal; discharge.

descarregar - to unload; discharge; release; clear; exonerate.

descasar - to dissolve a marriage; unmarry; divorce; separate.

descendência - issue; descendants; descent.

descendência colateral - collateral descent.

descendente - descendant.

descendente em linha reta - lineal descendant.

descender - to descend.

descentralização - descentralization.

descentralizar - to descentralize.

descer - to go down; descend; decline; fall.

descida - descent; fall; drop.

descida de autos - remand.

desclassificação - disqualification.

desclassificar - to disqualify.

descoberto - uncovered; short; overdraft; opened; exposed; bare.

descoberto obrigatório (P) - deductible.

descobridor - discoverer; explorer.

desconfiança - suspicion; distrust; disbelief.

desconfiar - to suspect; distrust.

desconformidade - disconformity; discordance.

desconhecer - to ignore.

desconhecido - unknown; stranger.

descontar - to discount; deduct; allow.

descontatário - holder of a discounted title.

desconto - discount; abatement; reduction; rebate; deduction.

desconto a forfait - discount without recourse.

desconto bancário - bank discount.

desconto comercial - trade discount; present value discount.

desconto de duplicatas - discount of trade bills.

desconto de títulos - discount of bonds.

desconto em folha - payroll withholding.

desconto financeiro (P) - note in guarantee.

desconto para pagamento à vista - cash discount.

desconto por fora (P) - trade discount; present value discount.

desconto sem garantia (P) - discount without recourse.

descontratar - to cancel a contract.

descrédito - discredit; dishonour; defame.

descrição - description; inventory; report.

descriminar - to absolve from crime; acquit.

descuidado - careless; negligent.

descuido - carelessness; negligence; neglect.

desculpa - excuse; apology; pardon.

desculpar - to excuse; apologize; pardon; forgive.

descumprir - to disobey; disregard.

desdobramento - development.

desembaraçar - disencumber; clear; rid.

desembaraço - clearance.

desembaraço aduaneiro - customs clearance.

desembaraço fiscal - tax clearance.

desembargador - chief judge; High Court justice; Court of Appeals judge.

desembargar - to redeem; remove an embargo; lift an embargo.

desembargo - redemption; removal of an embargo.

desembarque - landing; unloading.

desembolsar - to disburse; spend; pay-out.

desembolso - disbursement; expenditure.

desempatar - to decide a tie vote; to cast the deciding vote.

desempate - breaking of a tie.

desempenhar - to perform; carry out; redeem; recover.

desempenho - performance; fulfillment; redeeming a pledge.

desempregado - unemployed.

desempregar - to dismiss; to make redundant (UK).

desemprego - unemployment.

desencaminhamento - corruption

desencargo - disengagement; release.

desenho - drawing; sketch.

desentranhamento - taking off; removal; clearance.

desenvolvimento - development.

deserção - desertion; abandonment.

deserção da instância - abandonment of the suit.

deserção de recurso - abandonment of an appeal.

deserdação - disinheritance.

deserdar - to disinherit.

desertar - to desert; abandon.

deserto - forfeited; lapsed.

desertor - deserter; fugitive; turncoat.

desfalcar - to defalcate; embezzle.

desfalque - defalcation; embezzlement; peculation.

desfazer - to destroy; cancel; annul; undo.

desfazimento - annulling; abolishment; revocation.

desfechar - to fire; discharge.

desfiguração - disfigurement.

desforçamento - revenge; vengeance; acquittal.

desforço - effort.

desforra - revenge; retaliation; retribution.

desfrutar - to enjoy; have the benefit of; possess.

desfrute - satisfaction; enjoyment; possession.

desgraça - misadventure; mishap; accident.

desgravar - to remove lien; disencumber; exempt from tax.

desídia - indolence; negligence; carelessness.

designação - appointment; indication; assignment.

designar - to nominate; designate; intend; appoint.

designatário - nominee; appointee.

desígnio - design; plan; intention.

desistência - desistance; nonsuit; waiver.

desistência da ação - waiver of an action; abjuration of an action; dismissal and nonsuit.

desistência da instância (P) - waiver of an action.

desistência expressa - express waiver.

desistência tácita - implied waiver.

desistência voluntária - voluntary waiver.

desistir - to desist; waive; abandon; relinquish.

deslastrar - to remove the ballast from; debase.

deslastre - unballasted; debase.

desleal - unfair; unfaithful; deceitful; false.

desligamento - disconnection; separation.

desligar - to disconnect; untie; detach; release; free; separate.

desmonetização - demonetization.

desnaturalização - to denaturalize.

desnaturalizar - to disnaturalize.

desobedecer - to disobey; transgress.

desobediência - disobedience; defiance.

desobrigação - release from obligation; exemption; acquittal; release.

desobrigar - to release from an obligation; release.

desocupação - unemployment; unoccupancy.

desocupar - to vacate.

desoneração - exoneration.

desonerar - to exonerate.

desonestidade - dishonesty; immorality; corruption.

desonesto - dishonest; crooked; dishonorable; corrupt; immoral.

desonrar - to dishonor; disgrace; discredit; defile.

despachante - customs broker; forwarder.

despachante aduaneiro - customs broker.

despachante alfandegário - customs broker.

despachar - to dispatch; send; forward; clear; discharge.

despachar os documentos - to clear documents.

despacho - dispatch; shipping; clearance; order; writ; decision; resolution; instruction.

despacho de citação - court order for service of process.

despacho de expediente - order.

despacho decisório - interlocutory decision; court order.

despacho interlocutório - interlocutory decision; intermediate court order.

despacho liminar (P) - writ.

despacho saneador - decision accepting the formalities of right of action.

despedida - severance; discharge; dismissal.

despedimento (P) - severance; discharge; dismissal.

despedimento colectivo (P) - collective dismissal.

despejo - eviction.

despender - to expend; spend; disburse.

despensa - barder; pantry; storeroom.

despenseiro - butler; steward.

despesa - expenditure; expense; charge.

despesas aduaneiras - customhouse charges; custom duties.

despesas alfandegárias - customs charges.

despesas bancárias - bank fees.

despesas correntes - current expenses.

despesas de capital - capital expenditures.

despesas de carretos - portage; transportation costs.

despesas de custeio - administration fees.

despesas de embalagem - packing cost.

despesas de exercício - operational cost.

despesas de expediente - service charge.

despesas de funcionamento - running cost; operational cost.

despesas de manutenção - operating expenses; maintenance expenses.

despesas de operação - revenue expenditures.

despesas de produção - cost of production; production costs.

despesas de representação - entertainment expenses; expense account.

despesas de transporte - transportation expenses.

despesas desembolsadas - out-of-pocket expenses.

despesas do cumprimento (P) - performance expenses.

despesas gerais - overhead.

despesas gerais de fabricação - production costs.

despesas judiciais - court fees; judicial costs.

despesas públicas - public charges; public expenditures.

despistar - to mislead; misguide.

despojamento - disseisin.

despojar - to discharge; dismiss; despoil; deprive; rob.

despojo - plunder; spoliation.

desposada (o) - engaged; betrothed.

desposar - to marry; espouse.

desposório - wedding; bethrothal.

déspota - despot; tyrant.

despotismo - depotism; tyranny; oppression.

desprezar - to despise; scorn; reject; repudiate; disregard.

despronúncia - dismissal of indictment.

despronunciar - to dismiss an indictment.

desprover - to deprive of.

desprovimento - want of provisions.

desqualificação - disqualification.

desqualificar - to disqualify.

desquite - judicial separation.

desquite amigável - friendly separation.

desquite judicial - judicial separation.

destacamento - detachment.

desterrado - banished; exiled.

desterro - banishment; exile; deportation.

destinação - destination.

destinatário - addressee.

destino - destination; purpose; end.

destituição - destitution; dismissal; deposal; removal from office.

destituir - to dismiss; destitute; depose; displace; remove from office.

destrinçar - to unravel; untangle.

destrocar - to change back.

destronar -to dethrone.

destruição - destruction; ravage; demolition.

destruir - to destroy.

desuso - desuse; obsoleteness; obsolescence.

desuso da lei - institutional non-observance of the law.

desvalorização - devaluation.

desvalorização cambial - exchange devaluation; currency devaluation.

desvalorização da moeda - currency devaluation.

desviar - to divert; deflect.

desvincular - to disentail.

desvio - deviation.

desvio de poder - ultra vires.

desvirginar - to deflower; deprive of virginity.

detalhar - to detail; particularize.

detector de mentiras - lie detector.

detenção - detention; withholding; confinement.

detenção preventiva - preventive detention.

detento - prisoner; intern.

detentor - withholder; detainer; holder.

deter - to detain; intercept; arrest.

deterioração - deterioration; damage.

deteriorável - perishable.

determinabilidade da prestação (P) - determinability of the obligation.

determinação - determination; decision; resolution; decree order.

determinar - to determine; decide; order.

detetive - detective.

detido - under arrest.

detração - detraction; slander; defamation.

detrair - to detract; slander; defame.

detrator - detractor; slanderer.

detrimento - detriment; loss; damage.

deuda (E) - debt.

devassa - official inquiry; probe; investigation.

devassidão - licentiousness; lewdness; libertinism.

devasso - dissolute; debauched; profligate.

devedor - debtor.

devedor de alimentos - payer of alimony.

devedor falido - bankrupt debtor.

devedor fiduciário - debtor in consumer finance operation.

devedor principal - main debtor; principal debtor; primary debtor.

devedor solidário - joint debtor; solidary debtor; guarantor.

dever - to owe.

dever - duty part; burden; task.

dever acessório (P) - accessory duty.

dever de obediência - duty of obedience.

dever de prestar (P) - obligation to perform.

dever de probidade (P) - duty of probity.

dever de sigilo - duty of confidenciality.

dever jurídico (P) - legal obligation.

dever lateral (P) - accessory performance obligation.

dever legal - legal obligation.

deveres - duties.

deveres de conduta de prestação (P) - accessory performance obligations.

deveres dos administradores - obligations of the management; duties of the administration.

deveres impositivos - tax obligation.

deveres processuais - rules of procedure.

deveres secundários da prestação (P) - secondary performance obligations.

devidamente - duly.

devidamente juramentado - duly sworn.

devido - due; proper; owing; payable.

devido processo legal - due process of law.

devolução - devolution; redelivery; drawback; return; remission; refund; restitution; return; repayment.

devolução de imposto - tax rebate.

devolutivo - returnable; devolutive.

devoluto - vacant; untenanted; unused.

devolver - to return; redeliver; refund; remit.

devolver cheque - to return a check; to dishonor a check.

dia - day; daytime

dia certo - day certain.

dia civil - civil day.

dia feriado - holiday; bank holiday.

dia forense - judicial day.

dia judicial - judicial day.

dia hábil - work day.

dia útil - working day; workday.

diária - per diem.

diário - daybook; journal; daily; diary.

diário de bordo - log-book; official log-book.

diário de navegação (P) - log-book; official log-book.

diário de vendas - sales journal.

diário oficial - official gazette.

Diário Oficial da União (BR) - federal official gazette.

Diário Oficial das Comunidades Européias (UE) - Official Journal of the European Communities.

Diário Oficial do Estado de São Paulo (BR) - the oficial gazette of the state of São Paulo.

diarista - daily employee.

dias - days.

dias corridos - running days.

dias de data - days after date.

dicotomia - dichotomy.

difamação - defamation; slander; libel.

difamar - to libel; defame.

difamatório - libelous; calumnious.

diferencial - differential; spread.

diferencial de juros - spread; interest differential.

diferimento - adjournment.

diferir - to adjourn; defer; postpone; put over; extend; prolong; delay.

digesto - summary; digest; compilation of laws.

digitais - fingerprints.

dignidade - dignity.

digno de confiança - reliable; worthy of confidence.

digno de protecção legal (P) - with legal basis.

dilação - delay; postponement; dilatory.

dilapidação - dilapidation; embezzlement; waste.

dilapidar - to dilapidate; embezzle; waste.

dilatório - dilatory; delaying.

diligência - diligence; care; service; search; affair; business; step; action.

diligência judicial - judicial proceeding.

diligenciar - to conduct; carry through.

diligente - diligent; assiduous; active.

diminuição da pena - mitigation of punishment.

diminuto - diminute.

dinastia - dynasty.

dinheiro - money; currency; cash; funds.

dinheiro de contado - in cash.

dinheiro em espécie - in cash.

dinheiro especulativo - hot money.

dinheiro falso - counterfeit money; bogus money.

dinheiro inflacionado - inflated currency.

dinheiro sujo - dirty money.

diocese - diocese.

diploma - diploma.

diploma legal - statute; law.

diplomacia - diplomacy.

diplomado - licensed; registered; professional man.

diplomata - diplomatic agent.

direção - management; administration; direction; the chief executives; board of directors.

direito - law; right; concession; correct; equity.

direito a alimentos - the right to receive alimony.

direito absoluto - absolute right.

direito abstrato - abstract right.

direito adjetivo - law of procedure; procedural law.

direito administrativo - administrative law.

direito adquirido - acquired right; vested right.

direito aduaneiro - customs duties.

direito aéreo - air law.

direito agrário - agrarian law; agricultural law.

direito alfandegário - customs duties.

direito ambiental - enviromental law.

direito anglo-americano - common law; Anglo-American law.

direito ao dividendo - right to dividend.

direito ao reembolso - right of reimbursement.

direito autoral - copyright.

direito bancário - banking law.

direito cambiário - commercial law.

direito canônico - canon law.

direito civil - civil law.

direito comercial - commercial law.

direito comparado - comparative jurisprudence; comparative law; conflict of laws.

direito comum - common law.

direito comum - commonable rights.

direito comunitário - European Community law.

direito condicional - conditional right.

direito constitucional - constitucional law.

direito consuetudinário - common law; consuetudinary law.

direito corporativo - corporation law; company law.

direito criminal - criminal law.

direito da concorrência (P) - competition law.

direito das coisas - property law.

direito das obrigações - contracts law.

direito das sucessões - inheritance law; probate law.

direito de acção (P) - right of action.

direito de ação - right of action.

direito de agir - right of action.

direito de agravar - right to appeal.

direito de antena (P) - free time on television for political messages.

direito de apelar - right to appeal.

direito de asilo - right of asylum.

direito de associação - right to assembly; right of self-organization.

direito de autor - copyright.

direito de defesa - right to have an attorney; right to counsel

direito de falência - bankruptcy law.

direito de família - family law.

direito de greve - right to strike; right of industrial action.

direito de informação - right to information.

direito de passagem - right of way.

direito de preferência - preferential right; right of first refusal; right of preference.

direito de prioridade - right of pre-emption; right of first refusal; right of preference.

direito de propriedade - property right.

direito de propriedade industrial - industrial property law; trademark law.

direito de recesso - right to withdraw from a company with reimbursement of the value of the investment.

direito de recorrer - right to appeal.

direito de recurso - right of recourse.

direito de remição - equity of redemption.

direito de representação - right of representation.

direito de resposta - the right to have a statement made in reply to a feature that appeared in the press.

direito de retenção - lien; professional lien; seller's lien.

direito de reunião - right of assembly.

direito de subscrição - subscription rights.

direito de subscrição de ações - share subscription rights.

direito de terceiros - rights of third parties.

direito de veto (P)- right to veto.

direito de voto - right to vote.

direito do credor - right of the creditor.

direito do trabalho - labor law.

direitos dos estrangeiros (P) - immigration law.

direito eclesiástico - ecclesiastical law.

direito ecológico - ecological law.

direito econômico - economic law.

direito eleitoral - electoral law.

direito escrito - statutory law; written law.

direito estrangeiro - foreign law.

direito especial - special right.

direito especial de saque - special drawing right.

direito expresso - express right.

direito externo - international law.

direito falencial - bankruptcy law.

direito financeiro - financial law.

direito fiscal - tax law.

direito florestal - forest law.

direito hereditário - hereditary rights; inheritance right.

direito hipotecário - mortgage right; law of mortgages.

direito imobiliário - real property law; real estate law; conveyance.

direito inalienável - inalienable right.

direito individual - individual right.

direito industrial - industrial law.

direito intelectual - intelectual property law.

direito internacional privado - private international law.

direito internacional público - public international law.

direito interno - domestic law.

direito legal - legal right.

direito local - municipal law.

direito marítimo - maritime law; admiralty law.

direito mercantil - business law; commercial law.

direito militar - military law.

direito municipal - municipal law.

direito nacional - domestic law; local law.

direito não escrito - unwritten law; common law.

direito natural - natural law.

direito obrigacional - contracts law; law of contracts.

direito operário - labor law.

direito penal - criminal law.

direito pessoal - personal law.

direito político - political right.

direito positivo - positive law.

direito predial - real property law; real estate law.

direito privado - private law; business law.

direito probatório - evidence law.

direito processual - procedural law.

direito processual civil - civil procedural law; law of civil procedure.

direito processual penal - criminal procedural law; law of criminal procedure.

direito público - public law.

direito real - right in rem.

direito romano - Roman law.

direito trabalhista - labor law.

direito tributário - tax law.

direitos - taxes; duties; fees; rights.

direitos civis - civil rights.

direitos de entrada - entrance fees.

direitos de exportação - export duties.

direitos de importação - import duties.

direitos específicos - fixed duties.

direitos fundamentais (P) - fundamental rights.

direitos humanos - human rights.

direitos individuais - individual rights.

direitos portuários - port duties.

direitos privados - private rights.

direitos reservados - all rights reserved.

direto - direct; straight.

diretor - director.

diretor-presidente - chief executive officer (EUA); managing director (RU).

diretoria - directorate; board of directors; management.

diretório - directory.

diretriz - guideline.

dirigente - director; leader; manager.

dirigente empresarial - business leader; captain of industry.

dirigir - to direct; manage; address.

dirigir-se ao tribunal - to address the court.

dirimente - diriment; extenuating.

dirimir - to settle; adjust.

discente - learning.

discernimento - discernment; discretion; judgement.

discernir - to discern; judge; understand.

disciplina - discipline; order; regulations.

disciplina militar - military regulations.

discípulo - disciple; pupil; follower.

discordância - dissent; discordance; discord.

discordante - opponent.

discordar - to disagree; differ; diverge.

discórdia - disagreement; misunderstanding; discord.

discorrer - to discourse; address.

discrepância - discrepancy.

discrição - discretion; reserve; modesty.

discricionário - discretionary; capricious.

discriminação - discrimination.

discurso - speech; lecture; address.

discussão - pleadings; arguments; discussion; debate.

discussão oral - oral arguments; oral discussion; verbal discussion.

discutir - to discuss; argue; debate.

disfarce - disguise; mask.

disjunção - separation.

disparate - absurdity; blunder; nonsense.

dispêndio - expenses; expenditure; charge; consumption.

dispensa - discharge; severance; dispensation; exemption.

dispensar - to excuse; exempt; absolve.

dispensável - excusable; unnecessary; needless; dispensable.

disponente - disponer; grantor.

disponibilidade - availability; accessibility.

disponibilidade de caixa - cash in hand.

disponibilidade em serviço (P) - public servant without a fixed position.

disponibilidade monetária - cash assets; financial assets; monetary assets; monetary availability.

disponível - available.

dispor - to dispose; have.

disposição - disposition; disposal; arrangement; requirement; availability; order; resolution; provision; clause.

disposição transitória - transitory provision.

dispositivo - dispositive; opinion; provision; device; disposition

disposto - disposed; arranged; willing.

disputa - dispute; contest; argument.

disputar - to dispute; contest; debate; compete for.

disputável - contestable; disputable; controvert.

dissenção - dissension; discord; disagreement.

dissenso (P) - dissent.

dissentimento - dissent; difference; disagreement.

dissentir - to dissent; differ; disagree.

dissidência - dissenting.

dissidente - dissenting.

dissídio coletivo do trabalho - collective labor agreement.

dissimulação - dissimulation; concealment.

dissimular - to dissimulate; conceal; deceive.

dissipação - dissipation; waste; prodigality.

dissipador - squanderer.

dissipar (FC) - to disappear; to cease; to waste.

dissolubilidade - dissolubility.

dissolução - dissolution; separation.

dissolução amigável - friendly dissolution; amicable separation.

dissolução contenciosa - adversary dissolution; contentious dissolution.

dissolução da empresa - dissolution of the corporation; company liquidation; corporate liquidation.

dissolução da pessoa jurídica - dissolution of the corporation; company liquidation; corporate liquidation.

dissolução da sociedade - dissolution of the corporation; company liquidation; corporate liquidation.

dissolução do casamento - dissolution of marriage.

dissolução do congresso - dissolution of Congress.

dissolução do contrato - dissolution of contract; rescision of the contract.

dissoluto - dissolute.

dissolúvel - dissoluble.

dissolver - to dissolve.

dissolver um contrato - to rescind a contract.

dissolver uma empresa - to liquidate a corporation; liquidate a company.

dissuadir - to dissuade; exhort; discourage.

distinguir - to distinguish.

distrato - agreement for dissolution; agreement for rescission.

distrato da sociedade - agreement for dissolution of a company.

distrato de casamento - agreement for dissolution of marriage.

distrato de contrato - agreement for rescission of contract.

distribuição - distribution; allotment; filing.

distribuição de renda - income distribution.

distribuidor - distributor; court clerk in charge of assigning suits and appeals to each judge or panel of judges.

distribuir - to distribute; deliver.

distributivo - distributive.

distrito - district; political sub-division.

distrito federal - federal district.

distrito judicial - judicial district.

distrito policial - police station.

ditador - dictator.

ditadura - dictatorship.

ditadura militar - military dictatorship.

ditar - to dictate; direct; prescribe.

divergência - dissent; divergence; deviation.

divergente - dissenting; divergent.

divertir - to amuse; entertain.

dívida - indebtedness; debt; obligation; duty.

dívida afiançada - bonded debt.

dívida ajuizada - debt of record.

dívida antiga - antecedent debt; old debt.

dívida à vista - callable debt; debt at sight.

dívida certa - liquid debt; enforceable debt.

dívida civil - civil obligation.

dívida comercial - trade debt.

dívida compensável - debt subject to set-off.

dívida consolidada - consolidated debt.

dívida de jogo - play debt; game debt.

dívida do casal - couple's debt.

dívida diferida - deferred debt.

dívida duvidosa - bad debt.

dívida exigível - enforceable debt.

dívida externa - external debt.

dívida flutuante - floating debt.

dívida garantida - bonded debt; guaranteed debt.

dívida hipotecária - hypothecary debt.

dívida interna - national debt; internal debt.

dívida legal - legal debt.

dívida líquida e certa - liquid debt; enforceable debt.

dívida litigiosa - contentious debt.

dívida nacional - national debt.

dívida não conversível - straight debt; non-convertible debt.

dívida particular - private debt.

dívida pessoal - personal debt.

dívida pignoratícia - debt secured with a pleage.

dívida preferencial - privileged debt; preferred debt.

dívida privilegiada - preferred debt; privileged debt.

dívida pública - public debt.

dívida simulada - fraudulent debt; simulated debt.

dívida solidária - joint and several debt.

dívida vencida - matured debt; due debt.

dívidas testamentárias - legacies; debts of a deceased person.

dividendo - dividend; earnings.

dividendo cumulativo - cumulative dividend.

dividendo em ações - stock dividend.

dividendo em dinheiro - cash dividend.

dividendo intercalar - interim dividend.

dividendo por conta (P) - interim dividend.

dividendo parcial - interim dividend.

dividendo preferencial - preferred dividend.

divisa - foreign currency; foreign exchange; value.

divisa - border; boundary.

divisão - division; allotment; partition; boundary.

divisão de lucros - profit sharing.

divisar - to delimit; descry; sight; spy; perceive; notice; see.

divisas - abutals; foreign currency.

divisibilidade - divisibility.

divisível - divisible.

divisivo - factious.

divisor - divider.

divisor de águas - watershed.

divisório - dividing; divisory.

divorciado - divorced.

divorciar - to divorce.

divórcio, ação de - action for divorce.

divulgação - divulging; publication; publicity; advertising.

divulgação de segredo - divulging a secret.

dizimar - to decimate.

dízimo - tenth; tithe.

doação - donatio; donation; gift; contribution.

doação inter vivos - inter vivos donation; inter vivos gift.

doação mortis causa - causa mortis donation; causa mortis gift.

doação testamentária - settlement; bequest.

doador - donor; bestower.

doar - to donate; contribute; give.

doca - dock.

documentação - documentation; documents.

documentado - documentary.

documentador público (E) - notary public.

documental - documental.

documentário - documentary.

documento - document.

documento autêntico - document officially recorded; document authenticated by a notary.

documento constitutivo - incorporation papers.

documento de transmissão - deed; bill of sale.

documento formal - legal document; document under seal.

documento particular - document not officially recorded; private document.

documento público - public act; public deed; public document.

documento solene - formal document; sealed document; document under seal.

doença - disease; illness.

doença contagiosa - contagious disease.

doença mental - insanity.

doença profissional - occupational disease.

doença venérea - venereal disease.

doesto - insult; offence; affront; injury.

dogma - dogma.

dolo - guile; deceitfulness; malicious fraud; fraudulent action.

dolo civil - deceitfulness; malicious fraud.

dolo penal - malice; criminal malice.

dolosamente - fraudulently.

doloso - felonious, felonious intent; deceitful; fraudulent.

doméstica, empregada - house servant.

domesticado - domesticated.

doméstico - internal; national; domestic; home.

domiciliado - domiciled.

domiciliar - to domiciliate; establish a domicile.

domicílio - domicile; address; residence; place of business.

domicílio comercial - commercial domicile; business address.

domicílio conjugal - matrimonial domicile.

domicílio das pessoas jurídicas - domicile of a corporation; headquarters.

domicílio de direito - legal domicile.

domicílio de pessoa jurídica - corporate domicile.

domicílio eletivo - elected domicile.

domicílio especial - elected domicile.

domicílio fiscal - tax domicile.

domicílio legal - legal domicile.

domicílio político - political domicile.

domicílio voluntário - domicile of choice.

dominante - dominant tenement.

domínio - domain; dominion; ownership; dominium.

domínio absoluto - freehold; fee simple.

domínio direto - proximate dominion; dominion directum.

domínio fiduciário - possession in trust; fiduciary interest.

domínio limitado - limited domain.

domínio livre - free dominium.

domínio municipal - city ownership.

domínio nacional - national ownership.

domínio particular - private ownership.

domínio público - public dominium; state ownership.

domínio útil - dominium utile; usufruct; useful; ownership.

domínio vitalício - life estate.

donatário - donee; appointee.

donativo - donation; gift; donative.

dono - owner; proprietor.

dono matriculado - registered owner; owner of record.

dono sem restrições - absolute owner.

donzela - maiden; virgin.

dor - pain; ache; sorrow; grief.

dormente - dorment; inactive.

dossiê - dossier; document; report.

dotação - appropriation.

dotador - grantor; donor.

dotal - dotal.

dotar - to endow.

dote - dowry.

Doutor em Direito - Doctor of Laws.

doutrina - doctrine.

doutrinário - doctrinal; doctrinary.

droga - drug.

drogaria - drugstore.

dualismo - dualism.

dubiedade - dubiousness; ambiguity.

dubitativo - dubitavit.

dubitável - doubtful.

duelista - dueler; duelist.

duelo - duel; challenge.

dupla nacionalidade - dual nationality.

dupla tributação - double taxation.

duplicado - duplicate; double .

duplicata - bill; duplicate; trade bill.

duplicata mercantil - trade bill.

duplicidade - duplicity.

duplo grau de jurisdição - double degree of jurisdiction; the system of review of a judgement by a higher court.

duração - duration; life.

dúvida - doubt; suspicion.

dúvida razoável - reasonable doubt.

duvidar - to doubt; suspect.

duvidoso - doubtful; dubious; questionable.

E

ebriedade - drunkenness; intoxication; inebriation.

ebriez - drunkenness; intoxication; inebriation.

ébrio - drunkard; intoxicated; drunk.

ébrio habitual - drunkard; alcoholic.

ebrioso - given to drink; dipsomaniac.

eclesiástico - ecclesiastical; ecclesiastic; priest; clergyman.

eclusa - canal; lock; lockage.

ecologia - ecology.

ecológico - ecological.

economia - economy; management; savings; economics.

economia de escala - economy of scale.

economia de mercado - market economy.

economia dirigida - planned economy.

economia do imposto (P) - tax economy.

economia financeira - financial economy; political economy.

economia informal - informal economy.

economia invisível - invisible economy; service sector.

economia planificada (P) - planned economy.

economia política - political economy.

economia social - social economy.

economia subterrânea - underground economy.

econômico - economical.

economista - economist.

economizar - to economize; save.

ecônomo - trustee; curator; custodian.

ecosistema - ecosystem.

ecumênico - ecumenical; universal.

edição - publication; edition; issue.

edição autorizada - authorized edition.

edição revista - revised edition.

edição pirata - pirate edition; unauthorized edition.

edificação - construction; building; edification.

edificar - to edify; construct.

edifício - building; structure.

edil - alderman; councilman.

edilidade - office of a councilman; town council; city council.

editação - edital; edition; publication.

edital - publication; public notice; notice.

edital de citação - service of process by publication.

edital de licitação - notice with invitation to bid.

editar - to publish; issue.

edito - edit; decree; ordinance.

édito - court order.

editor - publisher.

editora - publishing house.

editorial - editorial; leading article.

educação - education; training; politeness.

educado - educated; polite.

educador - educator; teacher; instructor.

educandário - educational institution.

efeito - effect; result; consequence; response; operation.

efeito declarativo - declarative effect.

efeito devolutivo - devolutive effect.

efeito do recurso (P) - consequences of the appeal.

efeito legal - legal consequence.

efeito retroativo - retroactive effect.

efeito suspensivo - supersedeas; suspensive effect.

efeitos a receber - results to receive.

efeitos bancários - commercial papers.

efeitos comerciais - commercial papers; negotiable instruments.

efeitos documentários - documentary bills.

efeitos extintos dum facto (P) - legal effects of a revoked law.

efeitos legais - legal effects.

efeitos públicos - public securities; government bonds.

efeituar - to effectuate; realize; accomplish.

efêmero - ephemeral.

efeminado - effeminate; unmanly; womanish.

efetivar - to render; effective; put into effect; accomplish.

efetividade - effectiveness.

efetivo - effective; real; actual; permanent.

efetuar - to effectuate; realize; accomplish; make.

eficácia - efficacy; power; force; validity.

eficácia do ato jurídico - validity of the legal act.

eficácia do acto administrativo (P) - validity of the administrative act.

eficaz - good and valid; effective; efficacious; forceful; operative.

eficiência - efficiency.

eficiente - efficient.

egrégio - high; distinguished; eminent; notable; honorable.

egresso - former; departure.

eirado - terrace.

eiva - flaw.

eivado - contaminated; flawed.

eivar - to contaminate; infect.

elaboração - preparation; development; organization; elaboration.

elaborar - to prepare; develop; organize; elaborate.

eleger - to elect.

elegibilidade - eligibility.

elegível - eligible.

eleição - election; poll; choice.

eleição de fôro - election of venue; election of courts; venue.

eleição de lei - choice of law.

eleição direta - direct election.

eleição indireta - indirect election.

eleito - elected; chosen.

eleitor - elector.

eleitorado - electorate.

elemento - element; principle.

elementos naturais do negócio jurídico (P) - elements that derive from law and are not necessary in a contract.

elementos necessários essenciais do negócio jurídico (P) - elements without which a contract would be null and void.

eletivo - elective.

eletrocussão - electrocution.

eletrocutar - to electrocute.

eletrocutor - electrocuter.

elevação - elevation; increase; ascension.

elevar - to raise; elevate.

elidir - to destroy; annul; eliminate.

elidível - which can be destroyed.

eliminação - elimination; expulsion; banishment.

eliminar - to eliminate; destroy; annul; kill.

elisão - supression; elimination; elision.

elisivo - which can be eliminated.

elocução - elocution; manner of speaking.

eloqüência - eloquence.

eloquente - eloquent; fluent; persuasive.

elóquio - speech; discourse.

elucidar - to elucidate; make clear; explain; comment.

eludir - to elude; evade.

em bom estado - in good state.

em bom funcionamento - in good order; in working order.

em segredo de justiça - in camera proceedings.

em termos reais - in real terms.

em testemunho - in witness thereof.

emanar - to emanate; issue; proceed.

emancipação - emancipation; liberation; enfranchisement.

emancipado - emancipated.

emancipar - to emancipate.

embaixada - embassy.

embaixador - ambassador.

embaixadora - ambassador.

embaixatriz - ambassadress; ambassador's wife.

embalagem - packing.

embalar - to pack.

embalsamamento - embalmment.

embalsamar - to embalm.

embaraço - embarassment; perplexity; confusion; dificulty.

embarazo (E) - pregnancy.

embarcação - ship; craft; vessel; boat.

embarcação de carga - cargo ship.

embarcação de passageiros - passenger ship.

embarcação em mau estado de navegabilidade - vessel restricted in her ability to maneuver.

embarcação fora de controle - vessel not under command.

embarcação de pesca - fishing vessel.

embarcadiço - sailor.

embarcador - shipper.

embarcadouro - wharf; pier; landing; docks.

embarcar - to embark; board.

embargado - enjoined; barred; challenged; objected.

embargador - distrainor; lienor.

embargante - appellant; objector.

embargar - to attach; seize; arrest; garnishee; distrain; distress; stay the execution of.

embargo - embargo; attachment; garnishment; arrest; distress; distraint.

embargo civil - embargo.

embargo de construção - construction embargo.

embargo de estrangeiros - foreign attachment.

embargo do testamento - caveat to will.

embargos - appeal.

embargos à execução - stay of execution.

embargos à primeira - restraining order; prohibitory interdict; injunction.

embargos ao acórdão - appeal against appellate court decision.

embargos de declaração - appeal requesting clarification of the decision.

embargos de executado - plea; statement of defense in collection suit.

embargos de terceiro - action of replevin; interplea.

embargos divergentes - appeal requesting resolution of conflict in previous jurisprudence.

embargos infringentes - request for reconsideration.

embarque - embarkation; shipment.

embasamento - basement; base; foundation.

embasar - to base; found upon.

emblema - emblem; badge; ensign.

embolsar - to pocket.

emboscada - ambush; ambuscade.

emboscar - to ambush; ambuscade.

embriagado - drunken; inliquour; inebriated.

embriagar - to make drunk; intoxicate; alcoholize.

embriaguez - drunkenness; intoxication; inebriation.

embrião - foetus; fetus.

embrulhar - to pack; wrap up; package; deceive.

embrulho - bundle; parcel; packet; package; parcel; fraud; trick; deception.

embuste - trick; stratagem; contrivance.

embusteria - imposture; trickery; knavery.

embusteiro - crook; cheat; trickery; knave.

emenda - amendment.

emenda da mora - redemption of culpable delay.

ementa (BR) - docket; abstract of court; abridgment of law; digest; summary.

ementa (P) - menu.

ementário - digest.

emergência - emergency.

emergente - emergent.

emigração - emigration.

emigrante - emigrant.

emigrar - to emigrate; migrate.

eminência - eminence; elevation; prominence; distinction.

emir - emir; emeer.

emirado - emirate.

emissão - issue; emission; issuance.

emissão de acçoes (P) - issue of shares.

emissão de ações - issue of shares.

emissão de debêntures - issue of debentures.

emissão de notas promissórias para distribuição pública - public issue of commercial papers.

emissão de obrigações - issue of securities.

emissão particular - private issue.

emissão pré-colocada - bought deal.

emissão pública - public issue.

emissário - emissary; messenger; spy.

emissor - drawer; issuer.

emissora - broadcasting station.

emitente - drawer.

emitir - to issue; emit; broadcast.

emitir um cheque - to draw a check.

emitir uma opinião - to express an opinion.

emitir uma opinião legal - to issue a legal opinion.

emoção - emotion; feeling.

emoção violenta - heat of passion; violent emotion.

emolumento (FC) - fee; normally a fee for a public service.

empadroar - to register.

empatar - to tie; hinder.

empate - parity; tie; draw.

empenhado - given in pledge.

empenhar - to hypothecate; pledge; pawn; obligate.

empenho - pledge; pawn; commitment; contract.

empobrecimento - empoverishment.

empório - emporium; market; department store.

empossado - installed.

empossar - to install; inaugurate.

empossar-se - to take possession; assume office; take office.

emprazador - summoner; assigner.

emprazamento - fee-farm; emphyteusis; day in court; summons to appear in court.

emprazar - to summon; subpoena.

empreender - to enterprise; venture.

empreendimento - venture; enterprise.

empregado - employee; office worker; clerk; servant.

empregado doméstico - domestic servant.

empregado público - public officer.

empregado temporário - part time employee.

empregador - employer.

empregar - to employ; utilize; make use of; apply; invest.

emprego - employment; job.

emprego temporário - casual employment; temporary employment.

empreitada - contract work; piece-work.

empreitar - to contract; job.

empreiteiro - contractor.

empresa - enterprise; company; corporation.

Empresa Brasileira de Correios e Telégrafos (ETC) (BR) - Brazilian post and telegraph company.

Empresa Brasileira de Telecomunicações SA (EMBRATEL) (BR) - Brazilan federal telecommunications company.

empresa controlada - subsidiary; controlled corporation.

empresa controladora - holding company; controlling corporation.

empresa cooperativa (P) - cooperative company.

empresa de capitais estrangeiros - foreign capital company.

empresa de pequeno porte - small business company.

empresa de prestação de serviços - professional corporation.

empresa de seguros - insurance company.

empresa de serviços públicos - public-utility company.

empresa de transportes particular - private carrier; private transportation company.

empresa de utilidade pública - public utility company.

empresa em situação económica difícil (P) - company in difficult economic situation.

empresa estatal - state-owned company.

empresa fantasma - dummy corporation.

empresa filial - subsidiary company.

empresa industrial - industrial company.

empresa nacional - national company.

empresa nacionalizada (P) - nationalized company.

empresa operadora - operating company.

empresa privada - private company.

empresa pública - public company.

empresa subsidiária - subsidiary company.

empresa transportadora - trucking company.

empresário - entrepreneur; businessman; contractor; employer; enterpriser.

emprestado - lent; loaned; borrowed.

emprestador - lender.

emprestar - to lend; borrow; loan.

empréstimo - loan; loan for use; advance.

empréstimo a curto prazo - short-term loan.

empréstimo a descoberto - straight loan.

empréstimo a longo prazo - long-term loan.

empréstimo a prazo fixo - term loan.

empréstimo bancário - banking loan.

empréstimo caucionado (P) - loan collateralized with an escrow.

empréstimo com garantia - collateralized loan.

empréstimo compulsório - compulsory loan.

empréstimo gratuito - accomodation loan.

empréstimo líquido - net loan; net lending.

empréstimo particular - private loan.

empréstimo ponte - bridge loan; bridge financing.

empréstimo público - public loan; public borrowings.

empréstimo público externo (P) - external public borrowings.

empréstimo público forçado (P) - compulsory loan.

empréstimo renovável - revolving loan.

empréstimo sem vencimento - call loan.

emulação - emulation; competition; rivalry.

encabeçar - to head; lead.

encaixar - to set; fit; insert; interpose.

encaixe - setting.

encalço - in pursuit of; after.

encalhe - to run aground; dead stock; unsalable merchandise.

encaminhar - to direct; guide; conduct.

encampação - expropriation.

encampador - expropriator; person who rescinds or cancels a lease contract.

encampar - to expropriate; take over; rescind.

encarcerado - imprisoned; confined; intern.

encarceramento ilegal - false imprisonment; illegal imprisonment.

encarcerar - to imprison; incarcerate; jail; confine.

encarecimento - rise in prices; enhancement.

encargo - burden; duty; charge; commission; assignment; task; office; obligation.

encargos sociais - social charges; social contributions.

encarregado - supervision; tender; keeper.

encelar - to imprison; jail.

enceramento - imprisonment; confinement.

encerramento - extinguishment; cessation; termination; closing; conclusion.

encerrar - to enclose; finish; conclude; terminate.

encíclica - encyclical.

encilhamento - economic depression.

enclausurado - prisoner; confined.

encomenda - job order; parcel; charge; commission.

encomenda postal - parcel post; parcel sent by post.

encomendar - to order.

encomendeiro - person who takes or executes orders for goods.

encontro - meeting; collision; clash.

encontro de vontades - agreement.

encorajar - to encourage.

encosto - prop; support.

encravamento - land-lock.

encrenca - obstacle; difficulty; trouble; disorder.

encrencar - to embarrass; confuse; complicate.

enculpar - to inculpate; incriminate.

encurralar - to corner; confine.

endemia - endemic disease.

endereçar - to address.

endereço - address.

endividado - indebted.

endividar-se - to contract a debt.

endossado - indorsed; endorsed.

endossado - indorsee; endorsee.

endossador - indorser; endorser.

endossamento - endorsement.

endossante - indorser; endorser.

endossar - to indorse; endorse.

endossatário - indorsee; endorsee.

endosse - indorsement; endorsement.

endosso - indorsement; endorsement.

endosso absoluto - absolute endorsement.

endosso condicional - conditional endorsement.

endosso em branco - blank endorsement; endorsement in blank.

endosso em preto - full endorsement.

endosso falsificado - forged endorsement.

endosso fiduciário (P) - fiduciary endorsement.

endosso garantia - endorsement.

endosso não qualificado - blank endorsement.

endosso nominativo - full endorsement.

endosso pleno - full endorsement.

endosso procuração (P) - endorsement for collection purposes.

endosso subentendido - tacit indorsement.

energúmeno - energumen; fanatic.

enfardamento - packing; bailing.

enfermagem - nursing.

enfermeiro - nurse.

enfermidade - illness; disease; sickness; infirmity.

enfiteuse - emphyteusis; fee-farm; tenure; leasehold.

enfiteuta - emphyteuta; tenant in fee; lease-holder.

enfiteuticar - to grant by enphyteusis.

enforcado - hanged; pressed for money (BR).

enforcamento - hanging.

enforcar - to hang; execute on the gallows.

enfraquecer - to weaken; debilitate.

enfraquecimento - weakness; debility; debilitation.

engabelar - to dupe; inveigle.

engajamento - engagement; enlistment.

engajar - to engage; contract; enlist.

enganar - to cheat; defraud; deceive; delude; dupe; mislead.

engano - mistake; illusion; deceit.

engenharia - engineering.

engenharia financeira - financial engineering.

engenheiro - engineer.

engenho - talent; genius; skill; invention; engine.

engodo - bait; decoy; lure; allurement.

enjeitado - foundling.

enjeitamento - rejection; repudiation; abandonment.

enjeitar - to reject; refuse; repudiate.

enlace - union; marriage; alliance.

enorme - enormous; huge; immense.

enriquecimento - enrichment.

enriquecimento ilícito - unjust enrichment.

ensacador - sacker.

ensaiador - assayer; tester; rehearser.

ensino - teaching; training; tuition; instruction.

ente (I) - entity; institution; agency.

enteado - stepson.

entendimento - understanding; considered opinion.

entendimento legal - legal opinion.

enterro - burial; funeral.

entesourar - to hoard; treasure.

entidad (E) - entity; institution; agency.

entidade - entity; institution; agency.

entidade jurídica - legal entity.

entidade patronal (P) - employer; business association; business lobby.

entorpecente - drug; narcotic.

entrada - access; entry; entrance; admittance; ticket; admission fee.

entrada - down payment.

entrada bruta - gross receipts.

entrada em espécie (P) - contributions in kind.

entrância - sub-division.

entranhamento - inclusion in the record; filing.

entranhar - to implant; to file.

entrar - to enter.

entrar em acordo - to settle.

entrave - hindrance; restraint.

entrega - delivery; transmission; commitment; surrender.

entrega a domicílio - home delivery.

entrega da carga (P) - delivery of the merchandise; the delivery on board.

entrega da prestação jurisdicional (P) - judicial sentence.

entrega futura - forward delivery.

entrega rápida - special delivery.

entregar-se - to surrender.

entrelinha - space between lines.

entreposto - warehouse; large warehouse; trading post.

entreposto aduaneiro - bonded warehouse.

entressafra - period between two harvests of a product.

entrevista - appointment; interview.

enunciação - enunciation; statement; expression.

enunciado - enunciation; statement.

enunciar - to enunciate; express; voice.

enunciativo - enunciative; enunciatory.

envenenamento - poisoning.

envenenar - to poison.

enviado - envoy; messenger.

enviatura - diplomatic mission.

envio - shipping.

envoltório - wrapper; cover; covering.

enxame - swarm; cluster.

enxara - dense thicket; woods.

enxárcia - shrouds of a ship.

enxovia - dungeon.

enxurrada - torrent; spate; abundance; profusion.

epidemia - epidemic; infection; contagion.

epígono - descendant; offspring.

epígrafe - epigraph; inscription; reference.

epilepsia - epilepsy.

episcopado - episcopate.

epístola - epistle; letter.

época - epoch; period; age; time; season; date.

eqüidade - equity; fairness; justness; chancery.

equilibrar - break-even; equilibrate.

equilíbrio - equilibrium; break-even; balance.

equilíbrio, ponto de - break-even point.

equilíbrio orçamental - balanced budget.

equipagem - equipage.

equipamento - equipment.

equipar - to equip.

equiparação - comparison.

equiparar - to compare.

equipe - staff; team; squad.

eqüipolência - equipollence.

eqüitativo - equitable; just; reasonable.

equivalência - equivalence.

equivalência das condições (P) - equivalence of conditions.

equivalência patrimonial - equivalent networth; corresponding networth.

equivocar (FC) - to induce in error.

equívoco (FC) - mistake; ambiguous.

era - era; age; period.

erário - public treasury; exchequer.

ereção - erection; raising.

ergástulo - dungeon; prison.

ergofobia - ergophobia; aversion to work.

erotomania - erotomania.

errata - errata; erratum.

erro - error; mistake.

erro acidental - accidental error.

erro causal (P) - essential error.

erro comum - common error.

erro conhecido (P) - known error.

erro de direito - error of law; error in law; mistake of law.

erro de fato - error of fact; error in fact; mistake of fact.

erro essencial - essential error.

erro grosseiro (P) - gross error.

erro irrelevante - irrelevant error.

erro judicial - judicial error.

erro material - material error.

erro na declaração (P) - formal error.

erro náutico (P) - nautical error.

erro substancial - substantial error.

esboço - draft.

esboço, primeiro - rough draft.

esbordoar - to cudgel; beat with a stick.

esbulhado - disseisee; plundered; despoiled; robbed.

esbulhador - disseisor; abator; plunderer; robber; usurper.

esbulhar - to disseise; disposses; rob; despoil; plunder.

esbulho - dispossession; deprivation; robbery; spoliation.

esbulho da posse - disseise; trespass.

esbulho possessório - disseisin; forcible; trespass.

escala - scale; graduation.

escala econômica - economic scale.

escala móvel - indexation.

escalada - escalade; assault.

escalão - echelon.

escambo - barter; change; trade.

escamotear - to pilfer; filch; conjure; perform sleight of hand tricks.

escândalo - scandal.

escapatória - excuse; pretext; evasion.

escaramuça - skirmish; quarrel; contest; dispute.

escarnecer - to mock; laugh at; scoff; ridicule.

escassez - shortness; scarcity; shortage; lack; dearth.

escasso - scarce; rare; meager; poor.

escavação - digging; excavation.

escoamento - draining; drainage; outflow.

escola - school.

escolha - choice; selection; option; preference.

escolha condicionada (P) - conditioned choice.

escólio - scholium; commentary; remark.

escolta - escort; convoy; bodyguard.

escoltar - to escort; convoy.

esconderijo - hiding place; hiding; hideout.

escondido - hidden; elongata.

escoramento - staying; timbering; propping.

escorchar - to despoil; fleece; rob; overtax; scorch.

escoriações - excoriations.

escravidão - slavery.

escravo - slave.

escrevente - scrivener; clerk.

escrevente juramentado - scrivener; notary; clerk under oath.

escriba - scribe; copist; writer.

escrita - writing; accounting; handwriting; script.

escrita contábil - accounting records.

escrita obscena - obscene writing.

escrita regularmente arrumada (P) - accounting in very good order.

escrito - written.

escrito ou objeto obsceno - obscene writing or material.

escrito particular - act under private signature; private deed.

escritor - writer; author.

escritório - office.

escritório central - main office; head office; headquarters.

escritório de representação - representative office.

escritura - writ; deed; indenture.

escritura autêntica - authentic deed.

escritura pública - deed; indenture.

escritura sagrada - holy script.

escrituração - bookkeeping; accounting.

escrituração contábil - bookkeeping; accounting.

escrituração mercantil (P) - commercial accounting.

escriturário - clerk; amanuensis

escrivania - the business of a clerk or notary; clerkdom.

escrivão - ab actis; clerk of court; scrivener; notary; registor.

escroque - swindler; crook.

escrutinador - canvasser; vote counter.

escrutinar - to scrutinize; examine inquire; count votes.

escrutínio - scrutiny; canvass; balloting; voting; pore.

escrutínio de lista (P) - ballot with list.

escrutínio secreto - secret vote.

escusa - excuse; justification.

escusação - excuse; justification.

escusar - to excuse; forgive; justify; dispense; exempt.

escusas absolutórias - legal excuse.

escuta clandestina - eavesdropping; wire tapping.

esfera jurídica (P) - legal situation; legal environment.

esfera patrimonial (P) - economic situation.

esganar - to strangle.

esgotar - to exhaust; empty; deplete.

esmola - alms; charity; dole.

espaçar - to space; postpone.

espaço - space; room; distance; interval.

espaço aéreo - air space.

espaço em branco - blank space.

espancamento - beating; spanking; drubbing.

especial - special; particular; peculiar.

especialidade - specialty.

especialização - specialization.

especialização da hipoteca - specification of the mortgage.

especializado - skilled.

especializar - to specialize.

especiaria - spices.

espécie - species; kind; class; sort; manner.

especificação - specification.

especificidade - specificity.

específico - specific.

espécime - specimen.

especioso - specious.

especulação - speculation.

especulação altista - forestalling; abbroachment.

especulador - speculator.

especulador altista - bull.

especular - to speculate; observe; inspect; investigate.

espera - expectation; waiting; wait; delay.

espiã - spy; watcher; sentinel.

espião - spy; secret agent.

espião industrial - industrial spy.

espionagem - espionage; spying.

espionagem eletrônica - eletronic surveillance.

espionar - to spy on.

espírito - spirit; soul; ghost.

espoliação - spoliation.

espoliar - to swindle; despoil; rob.

espólio - estate.

esponsais - betrothal.

espórtula - tip; gratuity.

esposa - female spouse; wife.

esposar - to marry.

esposo - male spouse; husband.

espreita - spying; lookout; ambush.

espúrio - spurious; illegitimate; bastard; counterfeit.

esquadra - squad; squadron.

esquadrão - squadron; troop.

esquadrinhar - to investigate; search; scrutinize.

esquema - scheme.

esquema financeiro - financial scheme.

esquema fiscal - tax scheme.

esquizofrenia - schizophrenia.

essência - essence; substance; nature.

essencial - essential; basic; fundamental.

estabelecer - to establish; found; institute; decree; ordain; rule.

estabelecimento - establishment; entity; place of business.

estabelecimento - premises.

estabelecimento bancário - banking establishment.

estabelecimento comercial - commercial establishment.

estabelecimento de ensino - educational establishment.

estabelecimento individual de responsabilidade limitada (P) - individual business with limited liability.

estabelecimento militar - military establishment.

estabelecimento particular - private establishment.

estabelecimento principal - main establishment.

estabelecimento público - public building; public institution.

estabilidade - tenure; stability; steadiness.

estabilidade econômica - economic stability.

estabilidade jurídica - legal stability.

estabilização - stabilization.

estabilizar preços - to stabilize prices.

estacada - stockade; palisade; paling.

estação - station; post; resort.

estacionamento - parking place.

estada - stay; stop; sojourn.

estadia - stay; stop; sojourn.

estadista - statesman; politician.

estadística - politics; statesmanship; science of government.

estado - state.

estado - status; condition; situation; position.

estado civil - civil status.

estado composto (P) - federation.

estado de direito - rule of law.

estado de emergência (P) - state of emergency.

estado de família (P) - family position.

estado de ganancias y perdidas (E) - profit and loss statement.

estado de graça - state of grace.

estado de guerra - state of war.

estado de necessidade - flagrant necessity.

estado de polícia (P) - police state.

estado de sítio - state of siege.

estado democrático - democratic state.

estado federado - federative state.

estado gendarme (P) - dictatorship.

estado nacional - national state.

estado natural - natural state.

estado-maior - general staff.

estado-membro - state member.

estado policial - police state.

estado soberano - sovereign state.

estado totalitário - totalitarian state.

estadual - state.

estafa - stress.

estafa (E) - fraud.

estafar - to tire out; exhaust; fatigue.

estafeta - courier; messenger; clerk.

estagiar - to serve as apprentice; receive training; train.

estagiário - trainee.

estagiário de direito - legal trainee; law student serving as paralegal.

estágio - probation; practical training; stage.

estágio de direito - clerkship; legal training program; legal stage; training with a law firm.

estagnação - stagnation.

estalagem - inn; lodge.

estalajadeiro - innkeeper; host; landlord; publican.

estalão - standard.

estalia - lay days (of ships).

estampilha - revenue stamp; stamp tax.

estância - abode; station; ranch.

estanque - tight; impervious; hermetic.

estatal - public; public corporation.

estatal - state.

estatal, empresa - public corporation.

estatística - statistics.

estatização - nationalization.

estatizar - to nationalize.

estatuir - to decree; establish; determine; enact.

estatuto - act; statute; by-law; by-laws; statutes.

estatuto dos funcionários públicos (P) - public service act.

estatutos - by-laws; statutes.

estável - stable; steady; firm.

estelionatário - swindler; thief; robber.

estelionato - larceny by fraud; swindling; larceny.

esterilidade - sterility.

estigma - stigma; brand; mark.

estilo - style; manner.

estilo forense - legal style.

estima - esteem.

estimação - esteem; affection; regard; favor.

estimar - to esteem; prize; value; admire; respect.

estimativa - estimation; appraisal; valuation.

estímulo fiscal - tax incentive.

estipendiar - to stipend; hire for wages.

estipendiário - stipendiary.

estipêndio - salary; stipend.

estipulação - stipulation; clause; condition.

estipulado - stipulated; adjusted; agreed.

estipular - to stipulate; contract; settle terms.

estirpe - lineage; stirpes.

estiva - hold; stowage; trim.

estivador - stevedore.

estivagem - stevedoring; stowing; loading and unloading ships.

estocar - to stock.

estoque (FC) - inventory; store; supplies; fund.

estoque baixo - low inventory.

estoque excedente - carryover stock.

estornar - to reverse.

estorno - reversing entry; reversal; cross-entry.

estouro - crash; explosion; detonation.

estrada - road; highway.

estrada de ferro - railroad; railway (RU).

estrada de rodagem - road.

estrada estadual - state road.

estrada expressa - highway.

estrada federal - federal road.

estrada municipal - city road.

estrada particular - private road.

estrada pública - public road.

estrago - damage; deterioration; ravage.

estrangeiro - foreigner; alien.

estrangeiro permanente - resident foreigner.

estrangulamento - strangling; strangulation.

estrangular - to strangle.

estranhar - to find something strange; to wonder at.

estranho - strange; odd; peculiar; unfamiliar.

estratagema - stratagem.

estratégia - strategy.

estreito - narrow; confined; strait.

estrema - boundary line or mark.

estremar - to demarcate; delimit; separate.

estrito - strict; stringent; severe; exact.

estuário - estuary.

estudante - student.

estudar - to study; examine; investigate.

estudo - study.

estuprar - to rape.

estupro - rape; abduction.

etapa - day's ration.

ética - ethics.

ética, código de - code of ethics.

ética profissional - professional ethics.

ética profissional do advogado - lawyer's professional ethics.

etilismo - alcoholism.

etiqueta - ceremonial; formality.

etiqueta - label; tag.

etocracia - government founded on morality.

euro-cruzeiro - euro-cruzeiro.

euro-dolar - euro-dollar.

euro-moeda - euro-currency.

eutanásia - euthanasia.

evasão - evasion; dodging.

evasão fiscal - tax evasion; tax dodging.

evasão ilegítima de imposto (P) - tax evasion.

evasiva - evasive.

evencer - to evict; despoil.

evento - event; occurrence.

eventualidade - eventuality; chance happening.

eversão - eversion; destruction; ruin.

evicção - eviction; deprivation of possession; vouching.

evicto - vouchee.

evictor - evictor.

evidente - evident; obvious; plain; manifest; apparent.

evitação - avoidance; evasion; pretext.

evitar - to avoid; escape; elude; prevent.

evocação - mandate.

evocar - to evocate; evoke.

exação - exaction; levy; accuracy; to request payment.

exame - examination; test; analysis; inspection.

exame da ordem dos advogados - bar examination.

exame de contas - audit of accounts.

exame de sangue - blood test.

exame de sanidade - sanity test.

exame pericial - expert examination.

exame preliminar - preliminary audit; preliminary examination.

examinador - examiner.

examinar - to examine; search; investigate; discuss.

exarar - rendering.

exator - collector of taxes.

exaustão - exhausting; exhaustion.

exceção - exception; defense; exceptio; plea.

exceção de coisa julgada - defense of res judicata; plea of res judicata.

exceção de incompetência - plea for change of venue.

exceção dilatória - dilatory measure; dilatory defense.

exceção peremptória - peremptory exception.

excecionar - to except; exclude; make an exception.

excedente - surplus; excess.

excelência - excellence; goodness; superiority.

Excelência, Vossa - your excellency; your honor.

excepção (P) - exception; plea; defense; exceptio.

excepção do contrato não cumprido (P) - defense of breach of contract.

excepção probatória (P) - plea with rejection of the evidence.

excepcional - exceptional; mentally handicaped.

excerto - excerpt; extract.

excesso - excess; excessive; surfeit; outrage.

excesso de legítima defesa - excessive force.

excesso de exação - exaction.

exceto - except; excepting; excluding; save.

excetuar - to except; exclude; flurry; thrill.

excludente - exculpatory.

excludente legal - legal excuse.

exclusão - exculpating; exception; exclusion.

exclusividade - exclusiveness; exclusive rights.

exclusivo - exclusive.

exclusivo, território - exclusive territory.

exculpar - to excuse; exculpate.

excusável - exculpatory.

excussão - excussion; seizing by law.

execução - execution; performance; fulfilment; judgement; levy; attachment; foreclosure.

execução capital - capital punishment.

execução concursal - bankruptcy proceedings.

execução da coisa certa - judgement execution.

execução da sentença - judgement execution.

execução de hipoteca - mortgage foreclosure.

execução de sentença - execution of judgement.

execução defeituosa (P) - defective performance.

execução definitiva - final execution.

execução específica - specific performance

execução fiscal - tax foreclosure.

execução hipotecária - foreclosure.

execução não específica (P) - non-specific performance; alternative performance.

execução pignoratícia - foreclosure.

execução por equivalente (P) - claim for indemnification.

execução testamentária - testamentary execution.

execução universal (P) - universal execution (moved by all creditors).

execução voluntária - voluntary performance.

executado - judgement debtor.

executar - to perform; execute; discharge; carry out; attach; execute; enforce.

executar um contrato - to fulfill a contract; perform the obligations under a contract; sue under the rights granted by a contract.

executar hipoteca - to foreclose.

executar penhor - to foreclose.

executável - workable; practicable; unforceable; executionable.

executivo - executive.

executivo fiscal - tax foreclosure.

executor - agent; executor.

executório - execution; executory; enforceable.

exemplar - exemplary; copy.

exequatur - exequatur.

exeqüenda - execution.

exeqüente - execution creditor; judgement creditor.

exeqüibilidade - enforceability.

exercer - to perform; precede; practice.

exercício - performance; practice; practicing.

exercício - period; term.

exercício contábil - year of account; account period.

exercício da advocacia - practice of law.

exercício do direito (P) - right of action.

exercício financeiro - fiscal year; accounting period.

exercício fiscal - fiscal period; fiscal year.

exercício militar - military drill.

exercício social - fiscal year.

exército - army.

exerdação - exheredation; desinheritance.

exerdar - to exheridate; disinherit.

exibição - exhibit; display; exhibition.

exibição de documentos - subpoena duces tecum.

exibição de livros - subpoena duces tecum (for accounting books).

exibicionismo - exposure; exhibitionism.

exibir - to exhibit; display; show.

exigência - requirement; exigency; demand.

exigibilidade - liability.

exigibilidade antecipada (P) - anticipated maturity; accelerated maturity.

exigibilidade do crédito (P) - enforceable liability.

exigir o pagamento - to demand the payment; to call (a loan).

exigível - liabilities; debts.

exigível a curto prazo - short-term liabilities.

exigível a longo prazo - long - term liabilities; fixed liabilities.

exilado - exiled; banished.

exilar - to exile; banishment; expatriation.

exílio - exile.

exime - discharged; exempted.

eximir - to discharge; exempt; free; release.

existência - existence; being.

êxito - issue; result; success.

ex-oficio - ex-officio; by virtue of the office.

exoneração - exoneration; release; discharge; dismissal.

exorbitância - excess; exorbitance; excessive price.

exorbitante - exorbitant; excessive.

exorbitar - to go to excess; exceed.

exorcismo - exorcism.

exortação - exhortation; admonishment.

expansão monetária - monetary expansion.

expansionismo - expansionism.

expatriação - expatriation; exile; banishment.

expatriar - to expatriate; exile; banishment; deport.

expectante - expectant.

expectativa - expectancy; contingency.

expectativa de vida - expectancy of life.

expectativa de direito - expecting right; contingent right; latent right.

expectativa jurídica (P) - expecting right; contingent right; latent right.

expedição - expedition; dispatch.

expedição do recurso (P) - sending the appeal to the higher court.

expedicionário - member of an expedition.

expedidor - forwarder; sender.

expediente - office hours; business hours.

expedir - to dispatch; forward; remit; send; expel.

expensas - expenses.

experto - expert.

experto contábil - accounting expert.

expiação - expiation; atonement.

expiar - to expiate.

expilação - expilation.

expilar - to expilate.

expiração - expiration; termination; cessation.

expiração do prazo - effluxion of time; efflux.

expirar - to expire; elapse.

explícito - express; clear; definite.

exploração - exploitation; exploration.

exploração - unjust enrichment.

explorador - explorer; researcher; exploiter.

explorar - to explore; search; exploit.

explosão - explosion.

expor - to expose; exhibit; display; explain; declare; report; risk; endanger.

exportação - exportation; export.

exportador - exporter.

exportar - to export.

exposição - exhibit; display.

exposição - statement; exposition; account; report.

exposição - exposure.

exposto - exposed; liable; subject.

expressa (o) - express; explicit; definite.

exprobrar - to exprobate; reproach; blame; censure.

expromissor - expromissor.

expropriação - expropriation.

expropriador - expropriator.

expropriar - to expropriate.

expulsão - expulsion; banishment.

expulsar - to expel; eject; evict.

expurgação - expurgation.

expurgação de hipoteca (P) - cancellation of a mortgage.

expurgo - expurgation; purge.

extensão - extension.

extensivo - extensive; comprehensive; applicable.

extinção - extinguishment; dissolution; termination; lapse; abate; abatement.

extinção da pessoa colectiva (P) - company dissolution; company liquidation.

extinção do processo - abatement of action.

extinção do processo sem julgamento do mérito - dismissal without prejudice.

extinto - lapsed.

extorquir - to extort; blackmail.

extorsão - extortion; blackmail; larceny by extortion.

extorsão mediante seqüestro - kidnapping for ransom.

extorsionário - extortioner.

extorsivo - extortionate.

extorsor - extortioner.

extra - extra.

extração - issue; extraction.

extraconjugal - extramatrimonial; extramarital.

extracto (P) - trade bill.

extracto de fatura (P) - trade bill.

extradição - extradition.

extraditar - to extradite.

extrajudicial - extrajudicial.

extrajurídico - illegal; unlawful.

extralegal - extralegal; illegal.

extramarital - extramarital; extramatrimonial.

extranumerário - supernumerary.

extraordinário - extraordinary; uncommom; unusual; unique.

extraterritorialidade - extraterritoriality.

extrato - abstract; summary; extract.

extrato bancário - bank statement.

extrato de conta - account statement.

extravagante - extravagant; odd; eccentric.

extraviar - to loose.

extravio - loss; deviation; embezzlement.

extremar-se - to distinguish oneself.

extremismo - extremism.

extrínseco - extrinsic.

êxule - exiled; banished.

exumação - exhumation.

exumar - to exhume; unbury; desinter.

F

fábrica - factory; plant; mill.

fabricação - manufacture; fabrication.

fabricado - made; manufactured.

fabricado sob encomenda - custom-made.

fabricador - workman; constructor; builder.

fabricante - manufacturer; manufacturing corporation; manufacturing establishment.

fabricar - to manufacture; produce; fabricate; make.

fabrico - manufacture; production.

fabril - manufacturing; factory; industrial.

fabriqueiro - churchwarden.

fabulação - lie; fantastic report.

façanha - exploit; feat; deed; achievement.

facção - faction; party.

facção testamentária - testamentary power.

facilitação - facilitation.

facilitar - to facilitate; expedite; ease.

facínora - criminal; malefactor; hooligan.

fac-simile (L) - facsimile.

facto (P) - fact; in fact; action; behavior.

facto culposo (P) - negligent fact.

facto externo (P) - external fact.

facto extintivo (P) - terminating fact.

facto ilícito (P) - illegal fact.

facto probatório (P) - evidence.

facto próximo (P) - related fact; connecting fact.

factor (P) - factor.

factoring (P) - factoring.

factura (P) - invoice; bill of sale.

factura conferida (P) - verified invoice signed by the buyer.

faculdade - faculty; ability; capability.

faculdade - right; authorization.

faculdade - college; school.

faculdade de direito - law school.

faculdade de direito reconhecida - accredited law school.

faculdades - faculties.

facultar - to authorize; empower; grant; permit.

facultativo - optional; elective.

faiscação - individual work in mines; gold digging.

faiscador - gold-digger; prospector.

faiscar - to prospect for gold or diamonds.

faisqueira - broken rock or gravel abandoned by gold-diggers.

fajuto - (informal) poor in quality.

fala - speech; talk; discourse.

falácia - fallacy; misconception.

falacioso - fallacious; deceitful; deceptive; misleading.

falange - phalanx; multitude; crowd; body of soldiers.

falar - to speak.

falar nos autos - to enter into the record; go into the record.

falatório - babbling; gossip.

falaz - fallacious; misleading; fraudulent; deceitful.

falcatrua - imposture; fraud; deceit; knavery.

falcatruar - to cheat; trick; sharp.

falecido - decedent; deceased; dead.

falecimento - death; demise.

falecimento presumido - presumptive death.

falência - bankruptcy.

falência voluntária - voluntary bankruptcy.

falencial - bankrupt.

falha - failure; gap; omission; defect; imperfection.

falhar - to fail.

falibilidade - fallibility.

falido - bankrupt; insolvent; broken.

falimentar - bankrupt.

falimento - failing; failure; death; decease; omission.

falir - to go bankrupt; fail.

falsa - false.

falsa aparência - false impersonation.

falsa atribuição - false pretenses.

falsa causa - false cause.

falsa declaração - perjury; false declaration.

falsa demonstração - false demonstration.

falsa identidade - false impersonation; false personation.

falsa prova - fabricated evidence; false evidence.

falsar - to falsify; adulterate; cheat; deceive.

falsário - falsifier; forger; counterfeiter; falsarius.

falsear - to falsify; forge; counterfeit.

falseta - misrepresentation; deceit.

falsidade - falsehood; falsity; forgery; counterfeit; alteration.

falsidade de documento - false document; fraudulent document.

falsidade documentária (P) - false document; fraudulent document.

falsidade ideológica - false representation; misrepresentation.

falsídico - lying; false; distorted.

falsificação - falsification; forgery; counterfeiting.

falsificado - falsified; colorable.

falsificador - counterfeiter; forger.

falsificar - to forge; fake; falsify; fabricate; adulterate; untrue counterfeit; color.

falsificável - falsifiable; adulterable.

falso - false; fake; forged; untrue; dishonest; artificial.

falso alarma - false alarm.

falso juramento - false oath; false swearing.

falso testemunho - perjury.

falsos pretextos - false pretenses.

falta - fault; defect; default; absence; lack; shortness; failure; fail; defalcation.

falta ao trabalho - absenteism.

falta de capacidade - lack of legal capacity.

falta de destreza (P) - inability.

falta de pagamento - lack of payment.

falta grave - grave failure.

falta grave e indesculpável (P) - grave and unforgivable failure.

falta intencional - intentional fault; deliberate fault.

faltante - missing.

faltoso - defaulture; faulty; blamable; truant.

fama - fame; reputation.

famanado - very famous; renowned; celebrated.

famigerado - notorious; famous.

família - family.

familiar - family; familiar.

faminto - hungry; starving.

famoso - famous; famed; renowned.

famular - to act as a servant, as a famulus.

famulato - service and duties of a servant.

famulento - hungry; starving.

fâmulo - famulus; servant; attendant.

fanático - fanatic; enthusiast; zealot.

fanatismo - fanatism.

fanicar - to chase after small business.

faniqueiro - small trader.

farândula - gang.

fardo - bale; pack; package; burden.

farnel - provisions.

farol - lighthouse; beacon; sea-mark.

farsa - farce; joke.

farsante - trickmaster; impostor.

fascículo - issue fascicle.

fascismo - fascism.

fascista - fascist.

fase - phase; state; stage; period.

fase decisória - phase when sentence is passed.

fase instrutória - evidentiary stage.

fase negociatória (P) - negociation phase; phasis after the proposal.

fase postulatória - pleading phase.

fase pré-contratual (P) - pre-contractual phase.

fase probatória - discovery process.

fase processual - procedural phase.

fatal - deadly; fatal; mortal; lethal.

fatalidade - fatality; fate; destiny; disaster; calamity.

fato - fact; event; occurrence; factum; matter.

fato constitutivo - material fact; ultimate fact.

fato contrário à lei - fact done in violation of law.

fato gerador - taxable event.

fato gerador do imposto - tax base.

fato jurídico - legal fact.

fato novo - new matter; new element.

fato presumido - inferential fact; presumed fact.

fato probante - fact as evidence; evidence.

fato simulado - simulated fact.

fator - factor; agent.

fatura - invoice; bill of sale; voucher.

fatura comercial - commercial invoice; trade invoice.

fatura consular - consular invoice.

fatura de venda - bill of sale.

fatura pro forma - pro-forma invoice.

faturamento - billing; invoicing.

faturar - to invoice; bill.

fauna - fauna.

favor - favor; benefit; kindness; service; favour.

favorável - positive; favorable; advantageous; benign.

favorecedor - supporter.

favorecer - to favor; aid; support; sponsor; benefit.

favorecido - favoured; protected; supported; beneficiary; creditor.

favorecimento - aiding and abetting; facilitation.

favorecimento de prostituição - pandering.

favorecimento pessoal - facilitation.

favorecimento real - facilitation.

favoritismo - favoritism.

favorito - favorite.

fazenda - farm.

fazenda - public finances.

fazenda - fabric; cloth.

fazenda pública - public treasury; public finances.

fazendário - fiscal; related to public finances.

fazendário - financial; fiscal; economical.

fazendeiro - farmer; planter.

fazer - to make; create; realize; execute; perform.

fazer acordo - to settle.

fazer apostas - bookmaking.

fazer comércio (P) - to trade; be in business.

fazer constar - to record evidence.

fé - faith; fides; belief; creed; credit; trust.

fé, dar - to attest; certify.

fé conjugal - matrimonial fidelity.

fé de citação - certificate of service of process; return of service of process.

fé de ofício - official authority.

fé pública - authority to attest documents; full faith and credit.

febre - fever; excitement; agitation.

fecha (E) - data.

fecha cierta (E) - fixed date.

fechado - closed; reserved; reticent.

fechamento - closing.

fechamento, data do - closing date.

fechamento do negócio - closing of the deal.

fechar - to close.

fecho - ultimation; conclusion.

federação - federation; union.

Federação Brasileira de Bancos (FEBRABAN) (BR) - Federation of Brazilian Banks.

Federação das Indústrias do Estado de São Paulo (FIESP) (BR) - Federation of Industries of the State of São Paulo.

Federação do Comércio do Estado de São Paulo (FCESP) (BR) - Federation of Commerce of the State of São Paulo.

federado - federate; federalist.

federal - federal; national.

federalismo - federalism.

federalista - federalist.

federalizar - to nationalize.

federativo - federative; federal.

feira - fair; market; exhibition.

feira internacional - international fair.

feitiçaria - witchcraft; black art; bedevilment.

feiticeira (o) - witch.

feiticismo - fetishism; fetichism.

feitiço - witchcraft; black magic; occult power.

feitio - shape; figure; pattern; cast; sort.

feito - proceedings; record; suit.

feito pendente - pending suit.

feitor - administrator; superintendent; foreman.

feitorar - to administrate; manage; superintend.

feitoria - factory; trading post; foreman.

felonia - treachery; disloyalty; felony.

fementido - perjured; forsworn; false; fradulent.

feminismo - feminism.

fenômeno - phenomenon.

féria - daily or weekly wage; intake; receipts.

feriado - holiday; ferial day; bank holiday.

feriado forense - legal holiday.

feriado nacional - national holiday.

férias anuais - annual vacation; anual holiday.

férias escolares - school vacation; school holiday.

férias forenses - period when courts are closed; vacation.

ferida - wound; sore; injury; harm; pain.

ferimento - bodily injury.

ferir - to wound; injure; hurt.

ferramenta - tool; instrument; utensil.

ferro - iron; cutting blade; anchor; worry; trouble.

ferros - chains; jail; prison.

ferrovia - railroad; railway.

ferroviário - railroad employee; railway employee.

festa - feast; festival; celebration; party.

fetichismo - fetichism.

feticídio - feticide.

feto - fetus.

feudal - feudal.

feudo - fief; feudal.

fiado - charge account.

fiador - guarantor; surety; guarantee; voucher; bail; bondsman.

fiador solidário - co-surety in solido; joint surety;

fiadoria - security; bail.

fiança - surety; bond; guaranty; security.

fiança - bail bond.

fiança abonada - garanteed bond.

fiança conjunta - joint bond; joint surety.

fiança criminal - bond; bail.

fiança de cumprimento (P) - performance bond.

fiança de indemnização (P) - surety for losses.

fiança geral - blanket bond; general surety.

fiança irrevogável - irrevocable surety; irrevocable guarantee.

fiança judicial - judicial bond; judicial surety.

fiançar - to bail; guarantee.

fiar - to stand bail; guarantee; warrant; trust; rely.

fibra - fiber; thread; filament; substance; resilience.

ficção - fiction; invention; creation; falsehood.

ficção legal - fiction of law; legal fiction.

ficha - card; record; slip.

ficha dactiloscópica - record of fingerprints.

ficha de depósito bancário - bank deposit slip.

ficha de razão - ledger card.

fichado - booked.

fichário - card index; file.

fictício - fictitious; imaginary; false; feigned.

ficto - deceptive; artificial; illusory.

fidalgo - nobleman; grandee; noble.

fidedigno - trustworthy; worthy of confidence; reliable.

fideicomissário - trustee; fiduciary.

fideicomisso - trust.

fideicomisso ativo - active trust.

fideicomisso condicional - contigent trust; conditional trust.

fideicomisso implícito - implied trust.

fideicomisso múltiplo - multiple trust.

fideicomisso passivo - passive trust; dry trust

fideicomisso privado - private trust.

fideicomisso público - public trust.

fideicomisso puro - simple trust.

fideicomisso testamentário - testamentary trust.

fideicomisso voluntário - voluntary trust.

fideicomitente - settlor; grantor.

fidejussória - guaranty; personal guarantee.

fidejussório - fidejussionary; fidejussory; guaranty; personal guarantee.

fidelidade - fidelity; faithfulness; loyalty.

fidelidade ao estado - allegiance.

fidelidade recíproca (P) - reciprocal fidelity.

fidúcia - trust; fiduciary; fiducia.

fiduciante - fiduciary agent.

fiduciário - trustee; fiduciary; feal; faithful; loyal; true.

fiel - fiduciary officer.

figura - figure.

figurar - to represent; imagine; picture.

filha - daughter.

filhada - grasping; seizure.

filho - son; child.

filho adotivo - adoptive child.

filho adulterino - adulterine bastard.

filho bastardo - bastard.

filho de criação - foster child.

filho espúrio (P) - spurious child (incestuous; adulterine and/or sacrilegious).

filho exposto - abandoned child.

filho ilegítimo - illegitimate child.

filho incestuoso - incestuous child.

filho legitimado (P) - legitimated child.

filho legítimo - legitimate child.

filho natural - natural child.

filho póstumo - posthumous child.

filho reconhecido - legitimated child.

filho sacrílego (P) - sacrilegious child.

filhote - share bonus.

filhotismo - favouritism; political protectionism; nepotism.

filiação - affiliation.

filiação - filiation.

filiação adotiva - adoptive filiation.

filiação adulterina - adulterine filiation.

filiação biológica (P) - biological filiation.

filiação espúria (P) - adulterine; incestuous and/or sacrilegious filiation.

filiação ignorada - unknown filiation.

filiação ilegítima - illegitimate filiation.

filiação incestuosa - incestuous filiation.

filiação legítima - legitimate filiation.

filiação legitimada - legitimated filiation.

filiação natural - natural filiation.

filial - branch.

filicida - filicide; parent who kills a son or daughter.

filicídio - filicide; act of killing a son or daughter.

filosofia - philosophy.

filosofia do direito - legal philosophy.

fim - termination; conclusion; end.

fim da pessoa colectiva (P) - end of the company; dissolution of the corporation.

fim do contrato (P) - object of the agreement; object of the contract.

finado - deceased; decedent; dead.

final - final; last; ultimate.

finanças - finances.

finanças do estado - state finances; public finances.

finanças públicas - public finances.

financeira - financier; financing agency; financing company.

financeira (BR) - consumer credit company.

financeira, alavancagem - financial leverage.

financeira, arapuca - financial trap.

financeira, assistência - financial assistance.

financeira, crise - financial crisis.

financeira, estrutura - financial structure.

financeira, fraude - financial fraud.

financeira, montagem - financial structure.

financeira, operação - financial operation.

financeiro - financial; financing.

financeiro, aperto - financial squeeze; financial crunch.

financeiro, custo - financial cost.

financeiro, departamento - financial department.

financeiro, diretor - financial director.

financiador - financer; creditor.

financiamento - financing.

financiamento a exportação - export financing.

financiamento a produção - production financing.

financiamento ao comércio exterior - external trade financing.

financiamento ao consumidor - consumer financing.

financiamento de capital de giro - working capital financing.

financiamento de capital fixo - fixed assets financing.

financiamento de projetos - project finance.

financiamento para aquisição de casa própria - home loan.

financiar - to finance; support; mantain.

fineza - fineness; refinement; favor.

finta - feint; dodge.

firma - company; firm; law firm.

firma - signature.

firma - firm name; corporate name; trade name.

firma comercial - firm name; commercial house.

firma em branco - blank signature.

firma individual - one person business; sole proprietorship.

firma singular - sole proprietorship.

firma social - firm name; corporate name.

firma sucessora - sucessor in interest.

firmador - subscriber; signer.

firmal - seal; signet.

firmar - to sign; subscribe; endorse; establish.

firme - firm; fixed.

fiscal - fiscal; agent; inspector; auditor.

fiscal de contas - auditor.

fiscal do imposto - revenue agent; tax inspector.

fiscalidade (P) - fiscal organization; fiscal order.

fiscalização - inspection; examination; control.

fiscalização administrativa - administrative inspection.

fiscalização aduaneira - customs control.

fiscalização das contas do Estado (P) - audit of the government's accounts.

fiscalizar - to fiscalize; observe; examine.

fisco - treasury department; tax authorities; exchequer; national treasury; state treasury; municipal treasury.

físico - physical; material; bodily; corporeal.

fita magnética - magnetic tape.

fixação - settlement; determination.

fixar - to fix; fasten; define; determine; settle.

fixo - fixed; settled; flat.

flagelação - flagellation; scourge; calamity; plague; affliction.

flagelado - tortured; afflicted; tormented.

flagelar - to flagellate; torture; harass.

flagelo - scourge; punishment; torment.

flagiciar - to defame; slander; disgrace.

flagício - infamy; crime; ignominy.

flagra - the condition of flagrancy.

flagrância - flagrantness; flagrancy.

flagrante - flagrant; obvious; evident.

flagrante, lavrar o - to book the flagrante delicto.

flagrante delito - flagrante delicto; crime detected in the act.

floresta - forest.

floresta de preservação permanente - national park.

floresta nacional - national forest; national park.

florestamento - forestation.

fluência - fluency.

flutuação - floating.

flutuante - floating; moving; oscillating.

flutuante, garantia - floating guarantee.

flutuante, hipoteca - floating mortgage.

fluxo - flow; current; running.

fluxo de caixa - cash flow.

fluxograma - flowchart.

fobia - phobia.

fogo - fire.

folga - leisure; rest; respite.

folha - folio; sheet.

folha corrida - criminal record.

folha de antecedentes - criminal record.

folha de alongamento - allonge.

folha de pagamento - payroll.

folha de prisão ocorrida - arrest record.

folheto - prospectus; booklet; brochure; notice; advertisement.

folheto de lançamento de ações - prospectus for the public offering of shares.

folheto de lançamento de títulos - prospectus for the public offering of securities.

folhinha - calendar.

fomento - fomentation; instigation; incitement; encouragement.

fonte - source; origin.

fonte, imposto de renda na - income tax at source.

fonte, tributação na - taxation at source.

fonte da receita - source of income.

fonte de rendimento - source of income.

fonte legal - binding authority.

fontes das obrigações (P) - sources of the obligations.

fontes de direito - sources of law; binding authorithy.

fontes de renda - sources of income.

fora - out; off; away; outside.

fora da lei - outlaw; desperado.

fora do comércio - out of commerce.

fora do matrimônio - out of wedlock.

fora dos autos - extrajudicial.

fora, por - (informal) under the table.

foragem - minor court of justice.

foragido - fugitive from justice; refugee.

foragir-se - to emigrate; take refuge; take shelter.

foral - charter; register; privilege.

forâneo -foreign; alien.

forasteiro - foreigner; stranger; outlander.

forca - gallows.

força - strength; force; power; vigor; energy; potency.

força aérea - airforce.

força de lei - act of law; force of law.

força física irresistível (P) - irresistible compulsion; duress.

força maior - act of God; casus major.

força militar - military force.

força superveniente - intervening force.

força tarefa - task force.

forçado - forced; impelled.

forças armadas - armed forces.

foreiro - tenant in fee; feodatory.

forense - forensic; forensis; legal.

forjar - to forge; fake; falsify; counterfeit.

forma - form shape; figure; format.

forma convencional (P) - the form established in the memorandum of understanding.

forma do reclamo comparativo (P) - comparative advertising.

forma especial - special form.

forma legal - legal form.

forma ordinária - common form; ordinary form.

forma solene - solemn form.

forma voluntária (P) - voluntary form; form not required by law.

formação de sociedade - incorporation.

formal - formal; dry.

formal, contrato - written contract.

formal de partilha - deed of distribution; deed of partition; testamentary partition.

formalidade - formality; form.

formalidade do negócio jurídico - form required by law.

formalismo - formalism; formality.

formalista - formalist; idealist; conventional.

formalizar - to legalize; execute; formalize.

formatura - graduation; commencement.

formigueiro - (informal) ant-hill; crowd; throng; pilfering.

fórmula - form; formula.

formular - to formulate; draw up; make out.

formular denúncia - to make an acusation.

formulário - form; blank form.

formulário de imposto de renda - income-tax return form.

fornalha - furnace.

fornecedor - supplier; furnisher; caterer; purveyor.

fornecimento - supply; forwarding.

fornicação - fornication; adultery.

fornicário - fornicator.

forno - furnace; oven; furnace.

foro - venue; rent; fee farm rent; seisin; tenure.

foro - forum; court-house; court; tribunal; bench; bank; bar; jurisdiction.

foro civil - civil court.

foro comercial - commercial court.

foro comum - civil court.

foro criminal - criminal court.

foro de eleição - jurisdiction of election; venue.

foro de familia - family court.

foro de pequenas causas - small claims court.

foro do contrato - forum contractus; venue.

foro especial - special jurisdiction.

foro estadual - state court.

foro federal - federal court.

foro geral - general jurisdiction.

foro íntimo - private matter.

foro militar - military court.

foro privilegiado - special venue.

foro trabalhista - labor court.

forra - revenge; retaliation.

forrar - to line; cover.

fortitude (FC) - strength.

fortuito - fortuitous; accidental; casual.

fortuna - wealth; fortune.

forum - court house; court of justice; tribunal.

fotocópia - photostat; photocopy.

fotografia - photograph.

fração - fraction.

fracassar - to fail; be unsuccesful.

fracasso - failure.

fragata - frigate.

frágil - fragile.

franco - free; exempt from duties; reveal; of french descent.

franco a bordo - free on board (FOB).

franquear - to exempt; pre-pay; overcome; dispatch; exempt from duties; reveal.

franquia - franchise; privilege; license.

franquia do seguro - deductible.

franquia temporária - temporary license.

fraqueza - weakness; debility; frailty; infirmity.

fratricida - fratricide.

fratricídio - fratricide; the act of killing a brother.

fratura - fracture; break; rupture.

fraudação - defraudation; fraud; deceit.

fraudador - defrauder.

fraudar - to defraud; fraudare; cheat; deceive; dupe.

fraudatório - fraudulent; deceitful.

fraudável - subject to fraud.

fraude - fraud; deceit; trickery; artifice; chicanery; false pretense.

fraude à lei - fraud against the law.

fraude contra a execução - fraud committed against creditors during an execution suit.

fraude contra credores - defrauding of creditors; fraud committed against creditors.

fraude fiscal - tax fraud.

fraudulência - fraud.

fraudulento - fraudulent; barratrous; false.

freguês - customer; client; patron.

freguesia - customers; clientele; patronage.

freios e contrapesos - checks and balances.

frenopatia - phrenopathy; any mental disease or disorder.

frente - front; face of the document.

freqüência - frequency.

fresta - opening; aperture; breach; gap.

fretador - freighter.

fretagem - freightage; freight; charges or fees.

fretamento - affreightment; charter.

fretamento por carta partida (P) - charter party.

fretar - to charter; freight.

frete - freight; transportation; cargo.

frete a pagar - freight collect.

frete de despacho - outward freight.

frete de entrada - inward freight.

frete de recebimento - inward freight.

frete marítimo - sea freight.

frívolo - frivolous; trifling.

frota - fleet.

frontal - frontal.

fronteira - fronteir; boarder.

fruição - enjoyment; fruition; fulfilment; satisfaction.

fruir - to enjoy; have the use.

frustração - frustration; defeat; disappointment.

frustrado - frustrate; fruitless; incomplete.

frustrar - to frustrate; disappoint; fail.

frutificar - to bear fruit.

frutos - fruits; income; gains; earnings; exitus; fructus.

frutuário - usufructuary.

fuga - escape; breach of prison; break-away; flight; escape; elopement.

fuga da prisão - breach of prison.

fuga de capitais - capital flight.

fugir - to flee; run away; withdraw; retreat.

fugir da justiça - to escape the law.

fugitivo - fugitive; runaway.

fujão - habitual runaway; fugitive; deserter.

fulano de tal - John Doe.

fulcro - on the ground; point of support; basis.

fulminação - fulmination.

fumagem - fumage; hearth tax.

função - fuction; role; office; duty.

função do negócio jurídico - the function of the legal act.

função executiva - executive power; executive function.

função jurisdicional - judicial power; judicial function; jurisdictional power.

função legislativa - legislative power.

função pública - public office.

função remunerada - lucrative office.

funcionalismo - bureaucracy; public service.

funcionalismo público - civil service; public service.

funcionamento - functioning; operation; performance.

funcionar - to function; perform; work; operate.

funcionário - employee; clerk; official.

funcionário de justiça - justice clerk; court clerk.

funcionário público - public officer; public employee; public official.

fundação - foundation; endowment; establishment.

Fundação Brasileira para a Conservação da Natureza (FBCN) (BR) - Brazilian foundation for nature conservation.

Fundação Casper Líbero (BR) - foundation dedicated to journalism.

fundação de facto (P) - revocable trust.

fundação de interesse social (P) - public interest foundation.

fundação de solidariedade social (P) - foundation for social benefits established after bankrupcy.

Fundação Estadual do Bem Estar do Menor (SP) (BR) - state foundation for the welfare of minors.

fundação fiducária (P) - foundation trust.

fundação pública (P) - public foundation.

fundador - founder; organizer; promoter.

fundamentação - recital; statement; legal basis; legal authority.

fundamentado - founded; established; based.

fundamentar - to found; establish; institute; build.

fundamento - ground; foundation; basis; support.

fundamento de direito - legal basis.

fundamento de fato - statement of facts; facts in issue; factual basis.

fundamento factual - statement of facts; factual basis.

fundamento jurídico do pedido - cause of action.

fundamento legal - legal grounds.

fundar - to found; establish; create; institute.

fundiário - agrarian.

fundo - fund; capital; stock.

fundo de ações - stock fund; share fund.

fundo de amortização - sinking fund; redemption fund.

fundo de anuidade - annuity fund.

fundo de capital - capital fund.

fundo de comércio - stock in trade; intangible.

fundo de garantia (P) - sinking fund.

Fundo de Aplicação Financeira (FAF) (BR) - open market fund.

Fundo de Garantia por Tempo de Serviço (FGTS) (BR) - Mandatory Fund for Unemployment Benefit.

fundo de investimento - investment fund.

fundo de investimento mobiliário (P) - securities investment fund.

fundo de maneio (P) - working capital.

fundo de pensão - pension fund; pension plan.

fundo de reserva - contingent fund; guarantee fund; reserves; reserve fund.

fundo disponível - available fund.

fundos em moeda estrangeira - foreign currency funds.

fundo fixo - imprest fund; fixed fund.

fundo fixo de caixa - imprest fund; cash imprest fund.

Fundo Monetário Internacional (FMI) - International Monetary Fund (IMF).

fundo mútuo de investimentos - securities investment fund.

fundos ilegais - illicit funds.

fundos particulares - private funds.

fundos próprios - own resources; captive funds.

fundos públicos - government securities; public funds.

fundos servientes - servient tenement; servient estate.

funeral - funeral.

fungível - fungible; consumable; expendable.

furioso - furious; mad; enraged; wild.

furtar - to steal; thieve; cheat; defraud.

furtivo - furtive; stealthy; clandestine.

furto - larceny; robbery; theft; stealing; burglary.

furto atenuado - petit larceny.

furto de uso - joy ride.

furto mínimo - petit larceny.

furto qualificado - compound larceny.

furto simples - simple larceny; pilferage.

fusão - merger.

fusão horizontal - merger of competing companies; horizontal merger.

fusão vertical - vertical merger.

fusões e aquisições - mergers and acquisitions.

fuste - shaft.

fustigação - thrashing; flogging; whipping; punishment.

fustigar - to fustigate; punish; castigate; treat brutally.

futuro - future.

futuro, mercado - futures market.

fuzilamento - execution by a firing-squad.

fuzilar - to put to death by shooting; fusillade.

fuzileiro - fusileer; rifleman; marine.

fuzileiro naval - marine.

G

gabar - to praise; boast; brag.

gabarro (E) - flaw or defect in goods; liability.

gabarito - model; form; template; pattern.

gabela - tax; profit; winnings.

gabinete - cabinet; office; ministry.

gabinete do juiz - chambers.

gado - cattle; stock; livestock.

gafaria - hospital for lepers.

gaiola - cage; prison; jail; lock-up.

gajeiro - look-out man; top-watch.

gala - pomp; gala.

galardão - reward; prize; premium; recompense.

galé - galley.

galés - forced labour at galleys.

gama - range.

ganância - greed; profit; earnings; greedy gain; illicit lucre; usury.

ganancia (E) - gain.

ganancias y pérditas (E) - profit and loss.

ganancioso - ambitious person; lucrative; profitable.

gângster - gangster.

gangue - gang; group.

ganha-dinheiro - to make or earn money.

ganha-pão - livelihood; means of living.

ganhador - winner; gainer.

ganhar - to earn; gain; profit; prevail; win; get; acquire; secure.

ganho - profit; gain; acquisition.

ganho de causa - prevailing.

ganhos - gains; income; profit; earning.

ganhos de capital - capital gains.

ganhos e perdas - profit and loss.

ganhos inesperados - windfall.

garagem - garage; parking; repair-shop for automobiles.

garante - guarantor; warrantor; bondsman.

garantia - guarantee; warrant; plevin; guaranty; surety; security; warranty.

garantia bancária - bank guarantee.

garantia colateral - collateral security.

garantia constitucional - constitutional right and privilege; constitutional guaranty.

garantia da evicção - warranty of product liability.

garantia da relação jurídica (P) - enforceability of a contract.

garantia de bom funcionamento (P) - warranty of product liability.

garantia de juros - interest guarantee.

garantia de subscrição - underwriting.

garantia do fabricante - manufacturer's warranty.

garantia especial do credor (P) - preferred credit.

garantia fidejussória - personal security; fidejussionary guaranty; unsecured guarantee.

garantia fiduciária - fiduciary guarantee (used for consumer financing).

garantia formal - warranty of title.

garantia hipotecária - real estate guaranty; mortgage.

garantia incondicional - unconditional guaranty.

garantia legal - legal guarantee.

garantia pessoal - personal security.

garantia pessoal das obrigações (P) - personal security.

garantia real das obrigações (P) - real estate security; mortgage.

garantia por escrito - security in writing.

garantia real - real estate security; mortgage.

garantia simples - simple guarantee; personal security.

garantia solidária - joint guaranty.

garantia subsidiária - subsidiary guaranty.

garantia substitutiva (P) - substitutive guarantee (in place of another).

garantia verbal - verbal guaranty.

garantido - secured; warranted; vouched for; assured; collateralized.

garantidor - guarantor; warrantor.

garantir - to guarantee; warrant; vouch for; certify; affirm.

garimpagem - prospection of minerals.

garimpar - to prospect for minerals.

garimpeiro - gold digger; mineral prospector.

garimpo - mineral prospection.

garimpo ilegal - ilegal mineral prospection.

gariteiro - keeper of a gambling house.

garito - gambling house.

garnacha - robe; gown worn by judges, barristers and clergymen.

garrafa - bottle; flask.

garrar - to drift; float a ship; drag an anchor.

garrotar - to garrote; execute or strangle with the garrote.

garrote - garrote; iron-collar.

gastar - spend; defray; expend; use; wear out; waste; dissipate; deteriorate.

gastos - expenses; costs; expenditures; charges; outlay.

gastos administrativos - overhead costs; administrative expenses.

gastos causídicos - legal expenses with a lawsuit.

gastos de representação - expense account.

gastos domésticos (P) - home expenses; domestic expenses.

gastos extraordinários - extraordinary expenses.

gastos gerais - general expenses; indirect costs.

gastos imprevistos - incidental expenses.

gastos judiciais - legel expenses of a lawsuit.

gastos necessários - necessary expenses.

gastos ordinários - ordinary expenses.

gatilho - trigger of a gun.

gato - cat; (informal) thief; stealer; robber.

gatunagem - gang of robbers; pilferage; swindling; robbery.

gatunar - steal; rob.

gatunhar - steal; rob.

gatunice - pilferage; theft.

gatuno - thief; stealer; robber.

gaturar - to steal; pilfer.

gazeta - gazette; journal; newspaper.

Gazeta Mercantil (BR) - leading Brazilian business newspaper.

gazetilha - section of current events in a newspaper.

gazua - false key.

geada - hoar; frost; hoar-frost.

gear - to frost; chill.

gelar - (informal) to deceive; dupe; lose enthusiasm.

gêmeo - twin; identical; equal; double.

genealogia - genealogy; filiation.

genearca - progenitor.

general - general; leader; commander; chief.

generalidade - generality; vague statement or phrase.

generalizar - to generalize; vulgarize.

genérico - generic.

gênero - class; order; kind; sort.

generosidade - generosity; liberality.

generoso - generous; noble; loyal; unselfish; charitable.

gênio - genius; nature; character; temper; humor.

gênio legal - legal genius.

genioso - ill-tempered.

genitor - genitor; father.

genitura - generation; procreation; race.

genocida - genocide.

genocídio - genocide.

genotipo - genotype.

genrear - to live at the expenses of a father-in-law or mother-in-law.

genro - son-in-law.

gente - people; folk.

gente de serviço - poorly qualified employees.

gente do povo - common people; common folk.

genuíno - genuine; legitimate; authentic; true; real.

geografia - geography.

geopolítica - geopolitics.

geração - generation; offspring; descent.

gerador - generator; producer; creator.

geral - general; common; usual; generic.

gerar - to generate; procreate; create; produce.

gerência - management; administration.

gerência - agency.

gerência ambiental - environmental management.

gerência comercial - commercial management.

gerência de comércio (P) - commercial management.

gerência financeira - financial management.

gerência industrial - industrial management.

gerência legal - legal management.

gerência mercadológica - marketing management.

gerencial - managerial.

gerenciar - to manage; run; direct; control.

gerente - manager; supervisior.

gerente comercial - commercial manager.

gerente financeiro - financial manager.

gerente geral - general manager.

gerente industrial - industrial manager.

gerente legal - legal manager.

gerente preposto - managing agent.

gerente, sócio - general partner; managing quotaholder.

gerir - to manage; administrate; direct; supervise.

germano - german; sprung from the same father and mother.

gerontocracia - gerontocracy; government by old men.

gestação - gestation; pregnancy; elaboration.

gestão - negotiation; gestation; administration; effort; action; management.

gestão de negócios - negotiorum gestio; management of business; business administration.

gestão financeira - financial management.

gestão presidencial - presidencial motions; presidencial endeavors.

gestão privada (P) - private administration.

gestão pública (P) - public administration.

gestão social - term of office; term of administration.

gesto - gesture; sign.

gestor - gestor; administrator; manager; director.

gestor de negócios - negotiorum gestor.

ginecocracia - gynocracy; gynecocracy; government by women.

ginecocrata - gynecocrat; adherent of gynecrocy.

ginecocrático - gynecocratic; gynecratic.

girar - to turn around.

gíria - slang; cant; jargon; lingo.

giro - working capital; commerce; trade; circulation.

giro de comércio - trade.

gleba - tract; glebe; soil; piece of land.

global - global; lump-sum; whole; entire; total; overall.

globalização - globalization.

globalização da economia - globalization of the economy.

glosa - gloss; explanatory note; annotation; comment; cut.

glosador - glossarist; auditor; commentator.

glosar - to comment; audit; annotate; gloss; cut.

glossário - glossary; dictionary of limited scope.

golpe - blow; stroke; knock; coup.

golpe de estado - coup d état.

golpe de mestre - master-stoke.

golpear - to strike; beat; knock.

gorjeta - tip; gratuity.

governado - citizen; directed; governed; ruled.

governador - governor; ruler; commander.

governador do estado - state governor.

governamental - governmental.

governantes - governing body.

governar - to govern; rule; manage; run; control; direct.

governismo - governmentalism.

governista - governmentalist; supporter of a government.

governo - govenment; control; management; direction.

governo absoluto - absolute government.

governo autônomo - self-government; self rule.

governo de direito - de jure government.

governo de fato - de facto government.

governo estadual - state government.

governo federal - federal government.

governo local - local government.

governo monárquico - monarchy.

governo municipal - local government; municipal government.

governo parlamentar (P) - parliamentary government.

governo presidencial (P) - presidencial government.

governo presidencialista - presidencial government.

governo republicano - republican government.

gozar - to enjoy; delight in; profit; benefit.

gozo - enjoyment; pleasure; delight.

gozo da coisa (P) - enjoyment of the property.

graça - act of grace; mercy; pardon; gratuitous; favour; goodwill.

graciosamente - gratuitously.

gracioso - gratuitous; free; liberal.

gradação - gradation; gradual increase or diminution; decree.

graduação - gradation; classification; graduation.

graduação de créditos (P) - classification of credits in order of preference.

graduado - graduate; high standing; distinguished.

gráfico - chart; graphic; plan; diagram.

gráfico de fluxo - flow chart.

grafocriminologia - criminal graphology.

grafologia - graphology.

grampear - (informal) tapping; wire tapping.

grande - great; big; vast; extense; eminent; grand; large.

grande júri - grand jury.

gratidão - gratitude; gratefulness.

gratificação - gratification; gratuity; bonus; reward; tip.

gratificação de Natal - Christmas bonus.

gratificação em dinheiro - cash bonus.

gratificado - gratifier; rewarder.

gratificar - to gratify; reward.

grátis - gratuitous; free; gratis.

grato - grateful; thankful.

gratuidade - gratuitousness.

gratuidade da justiça - in forma pauperis; legal aid.

gratuito - gratuitous; free; unearned; spontaneous.

grau - degree; rank; rate; hierarchy; grade.

grau de nobreza - grade of nobility.

grau de parentesco - degree of kindred; degree of relation.

gravação - incumbrance; aggravation; provocation; irritation.

gravação - recording.

gravame - incumbrance; encumbrance; lien; gravamen; burden; onus; obligation.

gravar - to incumber; encumber; burden.

grave ameaça - grave threat.

gravidade - gravity; seriousness; severity; danger.

gravidez - pregnancy.

gravura - gravure; print; picture.

grei - clan; herd; party; congregation.

grêmio - union; association; assembly; organization.

greve - strike; industrial action (RU).

greve branca - sit-down strike.

greve de fome - hunger strike.

greve de patrões - lockout.

greve geral - general strike.

greve ilegal - illegal strike.

greve patronal - lockout.

greve política (P) - political strike.

greve tartaruga - slow-down strike.

grevista - striker.

grilagem - illegal occupancy of real property.

grileiro - land-grabber; land-jumper; squatter.

grilento - illegal or doubtful title to real property.

grilheta - chains; foot-irons; forced labourer.

grilo - real property held without legal right or title.

gritar - to cry; shout; clamour.

grito - shout; cry; clamour.

grossa - general average.

grossista - wholesale dealer.

grosso - gross; dense; compact; violent; rough.

grupar - to arrange in groups.

grupo - group; party.

grupo de pressão (P) - lobby.

grupo de sociedades - group of companies.

grupo económico-financeiro (P) - economic and financial group.

Grupo Mercado Comum (GMC) (MERCOSUL) - Common Market Group.

grupo parlamentar (P) - parliamentary group.

grupo sangüíneo - blood group.

grupo de câmaras - en banc; Court en banc.

grupo de trabalho - working committee; think-tank.

guarda - protection; custody; safekeeping; guard.

guarda - police force; guard; sentinel; watchman; guardian; custodian.

guarda-aduaneira - inspector of customs.

guarda-chaves - jailer.

guarda civil - civil guard; police constable; policeman.

guarda-costas - bodyguard.

guarda de filhos - custody of children.

guarda de trânsito - traffic warden.

guarda dos filhos - custody of children.

guarda-florestal - ranger; forester; forest-warden; game-warden.

guarda-livros - bookkeeper.

guarda-marinha - ensign; midshipman.

guarda-mor - commander of the guard; inspector; warden; chief custodian.

guarda nacional - national guard.

guarda-noturno - night watchman.

guarda pessoal - bodyguard.

guarda-portão - doorkeeper; doorman; warden.

guardião - watcher; guardian; custodian.

guarnição - garrison; crew; personnel.

guerra - war; warfare; flight; conflict.

guerra civil - civil war.

guerra de nervos - war of nerves.

guerra de preços - price war.

guerra fria - cold war.

guerra nuclear - nuclear war; atomic war.

guerra santa - holy war.

guerrear - to make or wage war upon.

guerreiro - warrior; fighter; soldier.

guerrilha - guerilla.

guerrilhar - to engage in guerilla warfare.

guerrilheiro - guerrilla fighter; partisan.

gueto - ghetto.

guia - guide; permit; receipt; directory.

guia da alfândega - customs permit.

guia de exportação - export permit.

guia de importação - import permit.

guia de lançamento - voucher; receipt.

guia de recolhimento de imposto - tax payment form.

guia de remessa - bill of lading.

guia de viagem - traveller's guide.

guiagem - tax on the transportation of goods.

guiar - to guide; drive; conduct; advise; counsel.

guilhotina - guillotine.

guilhotinar - to guillotine; behead.

guisa - manner; behavior; guise.

guri - child; little boy.

H

habeas corpus (L) - habeas corpus.

habeas data - habeas data.

hábil - legally qualified; capable; competent; fit; skilful.

habilidade - aptitude; ability; skill; talent; capacity; artfulness.

habilidoso - skilled.

habilitação - legal evidence; qualification; authorization; habilitation; capacity; application.

habilitação de credores - the filing of a claim in bankruptcy proceedings.

habilitação-legitimidade (P) - assignment of credit.

habilitação para casamento - to obtain a marriage license.

habilitação profissional - professional qualification.

habilitado - qualified; capable; competent; fit; able.

habilitador - qualifier; habilitator.

habilitando - applicant.

habilitante - litigator; plaintiff; habilitator; supplicant.

habilitar - to submit evidence; prove; claim; file; validate; enable; qualify; provide; furnish.

habitação - dwelling; abode; residence; habitancy; habitation; domicile.

habitação conjugal - the couple's domicile.

habitador - inhabitant; tenant; resident.

habitante - inhabitant; tenant; dweller.

habitar - to inhabit; reside; settle; occupy; dwell.

habite-se - certified occupancy; license to inhabit.

hábito - habit; custom; usage; way; manner.

hábitos da clientela - buying habits; habits of clientele.

habituado - used; accustomed.

habitual - habitual; customary; common; regular; usual.

hacienda pública (E) - public treasury.

hangar - hangar; shed.

harmonia - harmony; agreement; consent; accord; uniformity; amity.

harmonizar - to harmonize; agree; accord; concord; conciliate; reconcile.

hasta - auction.

hasta pública - auction; public sale; public auction.

hasta simulada - mock auction.

haste - staff; pole.

hastear - to display; to fly.

hastear a bandeira - to fly the flag.

haver - credit; property; salary.

haveres - receivables; property; assets; resources; wages; riches; fortune; wealth.

haveres de uma conta - credit of an account.

hebdomadário - weekly.

hectare - hectare.

hediondez - hideous.

hediondo - hideous; dreadful; horrible; revolting; abominable; vile.

hedonismo - hedonism.

hegemonia - hegemony; leadership.

hegemônico - hegemonical.

hematoma - hematoma.

hemiplegia - hemiplegia; paralysis of one half of the body.

herança - inheritance; heritage; legacy; bequest; birthright; succession.

herança deficitária (P) - deficitary legacy.

herança em comum - coinheritance; parcenary.

herança inalienável - entail.

herança indivisa (P) - undivided legacy.

herança intestada - intestated property.

herança jacente - estate in abeyance (absence); jacens haereditas.

herança legal - inheritance by law.

herança legítima - succession by law.

herança líquida - net legacy.

herança paterna - paternal legacy.

herança testamentária - testamentary inheritance.

herança vacante - vacant inheritance; unclaimed estate; vacant legacy.

herança vaga - vacant inheritance.

herança vazia (P) - legacy without appropriate title.

herdade - farm; country property; tenement; estate.

herdado - inherited.

herdamento - tenement; landed property.

herdar - to inherit; get by succession; deed property; bequeath; legate.

herdeira - heiress; inheritress; inheritrix.

herdeiro - heir; inheritor; legatee; successor.

herdeiro adotivo - heir by adoption.

herdeiro aparente - apparent heir.

herdeiro beneficiário - beneficiary heir.

herdeiro colateral - collateral heir.

herdeiro consangüíneo - heir by blood.

herdeiro convencional - conventional heir.

herdeiro direto - direct heir.

herdeiro em linha reta - lineal heir.

herdeiro excluído - excluded heir.

herdeiro fiduciário - fiduciary heir; heir in trust.

herdeiro forçado - forced heir.

herdeiro instituído - testamentary heir.

herdeiro legal - legal heir.

herdeiro legitimário (P) - necessary heir.

herdeiro legítimo - heir at law; legal heir.

herdeiro natural - heir at law; legal heir.

herdeiro necessário - necessary heir.

herdeiro por representação - heir per stirpes.

herdeiro póstumo - posthumous heir.

herdeiro presuntivo - presumptive heir.

herdeiro puro e simples - unconditional heir.

herdeiro substituto - substitute heir.

herdeiro testamentário - testamentary heir.

herdeiro universal - universal heir; residuary legatee.

hereditando - decendent.

hereditariedade - heredity; hereditary succession.

hereditário - hereditary; hereditable.

herege - heretic; dissenter; misbeliever; contrary to accepted standards.

heril - lordly; related to a master or lord.

heresia - heresy.

heréu - master; lord; owner.

hermafrodismo - hermaphroditism.

hermafrodita - hermaphrodite.

hermafroditismo - hermaphroditism.

hermenêutica - hermeneutics.

hermenêutica jurídica - legal hermeneutics; art or science of the interpretation of laws.

herói - hero.

heróico - heroic; heroical.

heroína - heroine; heroin (drug).

hierarca - hierarch.

hierarquia - hierarchy.

hierarquia administrativa (P) - administrative hierarchy.

hierarquia das fontes de direito fiscal (P) - hierarchy of the sources of tax law.

hierarquia dos serviços (P) - organization chart.

hierarquia judiciária - judicial hierarchy.

hierarquia militar - military hierarchy.

heterossexual - heterossexual.

higiene pública - public health.

hímen - hymen.

hino - hymn.

hino nacional - national anthem.

hinterlândia - hinterland.

hipnose - hypnosis.

hipnotizador - hypnotist; hypnotizer.

hipocrisia - hypocrisy; falseness; dissimulation.

hipoteca - mortgage.

hipoteca aérea - airplane mortgage; aeroplane mortgage.

hipoteca convencional - conventional mortgage.

hipoteca do navio - naval mortgage.

hipoteca fiduciária - trust mortgage.

hipoteca judicial - judicial mortgage.

hipoteca judiciária - judicial mortgage.

hipoteca legal - legal mortgage.

hipoteca marítima - naval mortgage.

hipoteca naval (P) - naval mortgage.

hipoteca primeira e única - close mortgage.

hipoteca securitizada - secutirized mortgage; mortgage backed security.

hipoteca voluntária (P) - conventional mortgage.

hipotecado - bonded; mortgaged.

hipotecante - mortgagor.

hipotecar - to mortgage; hypothecate; pledge; guarantee.

hipotecário - hypothecary; mortgagee.

hipótese - hypothesis; assumption.

hipotético - hypothetical; assumed; suppositional.

histórico - historical.

histórico, custo - acquisition cost; historical cost.

hológrafo - holographic.

homem - man; human being.

homens da rua - commom man; member of the public.

homem de negócios - businessman; entrepreneur.

homem de palha - (informal) man of straw; nominee.

homens do povo - commom man; member of the public.

homem público (P) - public personality.

homenagem - homage; fealty; allegiance; respect; reverence.

homenagear - to homage.

homicida - homicide; murderer; slayer.

homicídio - homicide; felonius homicide; culpable homicide; manslaughter; murder; assassination.

homicídio casual - manslaughter.

homicídio compassivo - euthanasia; mercy killing.

homicídio culposo - involuntary manslaughter; excusable homicide.

homicídio doloso - murder.

homicídio eutanásico - euthanasia.

homicídio involuntário - involuntary manslaughter.

homicídio mercenário - mercenary assassination; murder.

homicídio piedoso (P) - euthanasia; mercy killing.

homicídio preterintencional - excusable homicide.

homicídio privilegiado (P) - excusable homicide.

homicídio qualificado - murder.

homicídio simples - manslaughter.

homicídio-suicídio - suicide pact; homicide-suicide agreed on by two or more people.

homicídio tentado - assault with attempt to commit murder.

homicídio traiçoeiro - cowardly murder.

homiziado - fugitive; refugee.

homiziar - to hide; escape; run away from law.

homízio - shelter; refuge; facilitation.

homologação - legal ratification; agreement; homologation; confirmation; approval.

homologação de laudo arbitral - arbitration award homologation.

homologação de sentença estrangeira - homologation (validation) of a foreign judgement.

homologação judicial de acordo - judicial homologation of a settlement.

homologar - to ratify; agree; confirm; homologate.

homônimo - homonym.

homossexual - homosexual.

honestidade - honesty.

honesto - honest; decent; fair.

honor - honour; honor.

honorárias - attorney's fees; retaining fees; lawyer's fees.

honorário - fees; lawyer's fees; professional stipend; retainer; attorney's fees; lawyer's remuneration.

honorários, acordo de - agreement for legal services; retainer agreement.

honorários, cobrança judicial de - judicial collection of legal fees.

honorários, nota de - statement for legal fees; bill for legal services.

honorários, recibo de -release of payment of legal fees.

honorários cobráveis por tempo - legal fees on a time basis.

honorários de advogado - lawyer's fees; attorney's fees.

honorários de contingência - contingency fee arrangement.

honorários do perito - appraiser or expert's (appointed by court) fees.

honorários de sucumbência - legal fees borne by the loser in a judicial dispute.

honra - honor; honour; probity; credit.

honra solidária (P) - concept of honor applicable to the family as a whole.

honradez - honor.

honrado - honorable; honest; reputable; reliable; honored.

honrar - to honor; meet; pay.

honraria - distinction; honours; honors.

hora - hour.

hora certa - alias process.

hora oficial - standard time.

horário - time-table; schedule.

horário de expediente - office hours; business hours.

horário de trabalho - working hours.

horário integral - full time.

horas de trabalho - working hours.

horas extraordinárias (P) - overtime.

horas extras - overtime.

horista - hourly employee.

hospedagem - lodging; accomodation; hospitality; entertainment.

hospedaria - inn; lodge; hotel.

hóspede - guest; visitor.

hospedeiro - host.

hospício - hospice; aliens house; lunatic asylum; madhouse.

hospital - hospital.

hospitalidade diplomática - diplomatic hospitality.

hoste - multitude; crowd.

hostil - hostile; adverse; antagonistic; contrary.

hostilidade - hostility; enmity; opposition.

hotel - hotel.

humanidade - humanity; mankind.

humano - human; humane; kind; compassionate.

I

ianque - Yankee.

ibérico - iberian.

ibero - iberian.

ibero-americano - person of Ibero-American descent.

ida - departure; leaving; journey; trip.

idade - age; duration of existence.

idade legal - legal age.

idade pupilar - school age.

ideal - ideal; example; model.

idêntico - identical; exact; equal.

identidade - identity.

identidade, carta de (P) - identity card.

identidade, carteira de - identity card.

identidade da arma de fogo - marks that characterize a firearm.

identidade de causa - identity of causes of action.

identidade de direito (P) - inherent legal attributes unmodifiable by transfer.

identidade de partes - identity of parties.

identidade pessoal - personal identity.

identificação - identification.

identificação criminal - criminal identification.

identificação da pessoa (P) - personal identification.

identificação, ficha de - identification card.

identificar - to identify; recognize.

identificável - identifiable; recognizable.

identi-kit - composite picture.

ideologia - ideology.

idioma - idiom; language; dialect.

idioma nacional - national language.

idiota - idiot; ignorant; fool.

idiotia - idiocy; mental imbecility.

idoneidade - honesty; good repute or character.

idoneidade econômica - economic capacity.

idoneidade financeira - financial capacity.

idoneidade moral - good repute.

idoneidade técnica - technical ability.

idôneo - idoneous; honest; fit; competent; qualified; capable; apt.

idoso - aged person; old; senior citizen.

ignomínia - ignominy; dishonour; disgrace; descredit; infamy.

ignominiar - to treat ignominiously; dishonour; disgrace; discredit.

ignorado - unknown.

ignorância - ignorance.

ignorância da lei - ignorance of the law.

ignorância da lei não exime da culpa - ignorance of the law is no defence.

ignorância do direito - ignorance of the law.

ignorância do fato - ignorance of the fact.

ignorante - ignorant.

igreja - church; temple; chapel; religious community.

igual - equal; identical; alike; same.

igualar - to equal; assimilate; parallel.

igualdade - equality; equity; evenness; equalness.

igualdade de armas (P) - equal protection of law.

igualdade perante a lei - equal protection of law.

ilação - ilation; inference; deduction; conclusion.

ilaquear - to illaqueate; entagle; entrap.

ilegal - illegal; unlawful.

ilegalidade - illegality; unlawfulness.

ilegibilidade - illegibility.

ilegítima - illegitimate; ilegal; unlawful; unauthorized.

ilegitimar - to ilegitimate.

ilegitimidade - legal incapacity; illegitimacy; illicitude.

ilegitimidade da parte - lack of right of action.

ilegitimidade de causa - lack of right of action.

ilegitimidade de processo - legal incapacity to sue.

ilegitimidade de representação - legal incapacity to act as lawyer.

ilegitimidade processual (P) - legal incapacity to sue.

ilegítimo - illegitimate.

ilegível - illegible; unreadable.

ileso - unharmed; unhurt; uninjured.

iletrado - illiterate.

ilha - island; isle.

ilhar - to isolate; separate.

iliçador - cheat; swindler; impostor.

ilição - fraud; swindle; deceit.

iliçar - to cheat; swindle; deceive.

ilício - fraude; swindle; deceit.

ilícito - illicit; illegal.

ilícito administrativo - administrative offense.

ilícito civil - tort.

ilícito penal - offense.

ilícito tributário - tax offense.

ilicitude - illegality.

ilídimo - illegitimate; illegal; unlawful.

ilidir - to refute; repel.

ilimitado - unlimited.

ilíquido - illiquid; not liquid.

iliterato - illiterate.

ilógico - illogical; irrational.

ilogismo - illogicality.

iludente - illusory; deceitful.

iludir - to illude; mislead; dupe; deceive.

iluminação - illumination; explication; explaination.

iluminação pública - public ilumination; public light.

ilusão - illusion.

ilusivo - ilusive; deceptive.

ilusor - deceiver; deluder.

ilustração - illustration.

ilustrar - to illustrate; explain; elucidate.

ilustre - famous; distinguished.

imaginar - to imagine; create; invent; scheme.

imaterial - incorporeal; immaterial.

imaturidade - immaturity.

imaturo - immature; premature.

imbecil - imbecile; idiot; fool.

imbecilidade - imbecility.

imediação - immediacy; vicinity; neighbourhood.

imediação das provas (P) - evidence.

imediato - immediate; instant; chief officer; second in command.

imediato do navio - mate.

imemorial - immemorial.

imenso - imense; huge; great; enormous.

imigração - immigration.

imigrante - immigrant.

imigrar - to immigrate.

iminente - imminent.

imissão - vesting.

imissão de posse - writ of entry.

imissão na posse de bem móvel - writ of delivery.

imissão na posse de bem imóvel - writ of ejectment.

imistão - acceptance.

imitação - imitation; copy.

imitar - to imitate; copy.

imitir - to immit; send in.

imitir na posse - to vest in possession.

imobiliário - immovable; real estate; lands; tenements and hereditaments.

imobilização - immobilization; investment in fixed assets.

imoderado - immoderated; excessive; wanton.

imolar - to immolate.

imoral - immoral; indecent; bawdy.

imoralidade - immorality.

imóvel - real estate; landed property; immovable.

imóveis, bolsa de - property market.

imóveis, corretor de - real estate agent; realtor.

imóveis de interesse público (P) - listed property.

imóveis por natureza - naturally immovable.

imparcial - impartial; fair.

impedido - challenged; disable; disqualified.

impedimento - impediment; hindrance; disability; estoppel.

impedimento absoluto - absolute impediment.

impedimento do administrador - impediment of the administrator.

impedimento do exercício do voto - impediment to vote; conflict of interest.

impedimento do juiz - judge's impediment.

impedimento do perito (P) - impediment of the expert.

impedimento judicial - judicial estoppel.

impedimento legal - legal impediment.

impedimento matrimonial - conditions that prohibit the marriage.

impedimento relativo - relative impediment.

impedir - to hinder; prevent; stop.

impeditivo - impeding; impeditive.

impenhorabilidade - restraint of mortgage; restraint of guarantee.

impenitente - impenitent; unrepentant.

imperador - emperor.

imperativo - mandatory; imperative.

imperativo legal - legal requirement.

imperatriz - empress; imperatrix.

imperceptível - imperceptible.

imperecível - imperishable.

imperfeito - imperfect; defective.

imperialismo - imperialism.

imperícia - malpractice; ineptitude.

imperícia médica - medical malpractice.

império - empire.

imperito - inexpert; unskilled.

impertinência - impertinence; irrelevance.

impertinente - impertinent; irrelevant.

ímpeto - impetus; impulse; force; fury.

impetrante - petitioner.

impetrar - to request; solicit; file.

implantação - implantation.

implemento - implement; tool; instrument.

implicação - implication; involvement.

implicado - involved; entangled.

implicar - to implicate; involve.

implícito - implicit; implied; tacit.

implorar - to implore; supplicate.

impontualidade - impunctuality.

impor - to impose; enforce; force; levy; tax; establish; instruct.

importação - importation; import.

importação, financiamento a - import financing.

importador - importer.

importados - imports.

importância - sum; importance; value.

importar - to import.

importe - amount; sum; total amount; price.

imposição - imposition; enforcing; pressure.

impossibilidade - impossibility; disability.

impossibilidade física - physical impossibility.

impossibilidade legal - legal impossibility.

impossibilidade jurídica - legal impossibility.

impossibilitar - to render impossible; preclude.

impossível - impossible.

imposto - tax.

imposto adicional - surtax; surcharge.

imposto aduaneiro - customs duties.

imposto atrasado - delinquent tax; back taxes.

imposto básico - normal tax; basic tax.

imposto complementar (P) - surtax.

imposto complementário - surtax.

imposto de autônomo - self-employment tax.

imposto de capitais (P) - capital tax.

Imposto de Circulação de mercadorias e serviços (ICMS) (BR) - sales tax.

imposto de diversões - amusement duties.

imposto de exportação - export tax.

imposto degressivo (P) - decreasing tax.

imposto de importação - import tax.

imposto de justiça (P) - judiciary contribution.

imposto de prestação de serviços - services rendered tax.

imposto de renda - income tax.

imposto de renda de pessoa física - individual income tax.

imposto de renda de pessoa jurídica - corporate income tax.

imposto de selo - stamp tax.

imposto de sobreposição (P) - wealth tax.

imposto de sucessão - inheritance tax; succession tax; estate tax.

imposto de transacções (P) - sales tax.

imposto de transmissão - transfer tax; real estate transfer tax.

imposto de vendas e consignações - sales tax.

imposto devido e não pago - delinquent tax; back tax.

imposto directo (P) - direct tax.

imposto direto - direct tax.

imposto do selo - stamp tax; stamp duty.

imposto extraordinário - extraordinary tax.

imposto imobiliário - real-estate tax.

imposto indirecto (P) - indirect tax.

imposto indireto - indirect tax.

imposto na fonte - withholding tax.

imposto patrimonial - capital tax; wealth tax.

imposto predial - property tax; land tax; real-estate tax.

imposto progressivo - progressive taxation.

imposto proporcional - proportional taxation.

imposto real - real taxation.

imposto regressivo (P) - regressive tax.

imposto retido - tax withheld; retained tax.

imposto retido na fonte - withholding tax.

imposto sindical - union dues.

imposto sobre a renda - income tax.

imposto sobre bens - property tax.

imposto sobre capital declarado - capital tax.

imposto sobre grandes fortunas - wealth tax.

imposto sobre heranças - inheritance tax.

imposto sobre lucros extraordinários - extraordinary profits tax.

imposto sobre o consumo (P) - consumer tax.

imposto sobre o valor acrescentado (IVA) (P) - value added tax.

imposto sobre o valor agregado (IVA) - value added tax.

imposto sobre operações de crédito - tax on credit operations.

imposto sobre produção - production tax.

imposto sobre produtos industrializados - tax on manufacture.

imposto sobre propriedade rural - tax on rural properties.

imposto sobre propriedade de veículos - automobile tax.

imposto sobre serviços (ISS) (BR) - service occupation tax.

imposto sobre vendas mercantis - sales tax.

imposto suplementar de renda - supplementary income tax.

imposto territorial - property tax; land tax; real estate tax.

imposto único - sole tax.

impostor - impostor; deceiver; cheater; charlatan.

impostos cedulares (P) - sub-divisions of income tax.

impostura - imposture; false pretense.

impotência - impotence.

impraticável - impractible; unfeasible.

imprecação - imprecation; curse; profanity.

imprensa - press.

imprensa, crime de - criminal libel by publication.

imprensa, liberdade de - freedom of press.

imprensa inescrupulosa - gutter press.

imprensa marron - yellow press.

imprensa mercenária - mercenary press.

imprensa oficial - official press; official gazette.

imprescindível - essential; indispensable.

imprescritibilidade - imprescriptibility.

imprescritível - imprescriptible.

impressão - impression; experience; printing; edition.

impressão digital - fingerprints.

impresso - pamphlet; handbill; printed.

impressor - printer.

impreterível - not to be put off; not to be postponed.

imprevisão - imprevisibility; unforeseen.

imprevisto - unforeseen; casual.

improbabilidade - improbability.

improbidade - improbity; dishonesty; wickedness.

improbo - dishonest; corrupt; unfair; wicked.

improcedência - dismissal; impertinence.

improcedência da ação, pedido de - demurrer.

improcedente - without basis; unfounded.

improdutivo - nonoperative; improductive.

impronúncia - acquittal.

impropriedade - impropriety; unfitness; inadequacy; inaccuracy.

impróprio - unfit; inadequate.

improprio para o consumo humano - unfit for human consumption.

improrrogável - not extendible; not postponable.

imprudência - imprudence; want of caution; recklessness .

imprudente - imprudent; careless.

impuberdade - impuberty.

impúbere - impubic; impuberal.

impudência - impudence; shamelessness; insolence.

impudente - impudent; shameless; rude.

impudicícia - impudicity; shamelessness; lewdness.

impugnação - impugnation; rejection.

impugnação especificada (P) - specific rejection.

impugnação pauliana (P) - defense for fraud against creditors.

impugnador - impugner; contestor.

impugnar - to impugn; refuse; contest; attack; reject.

impugnável - impugnable.

impulso - impulse; impulsion; impetus.

impune - unpunished; without punishment.

impunemente - without punishment.

impunibilidade - impunity.

impunidade - impunity.

impunível - unpunishable.

imputabilidade - imputability; legal capacity.

imputação - imputation; accusation; charge.

imputação no crédito (P) - deduction of expenses from a credit.

imputador - imputer; accuser.

imputado - to be liable.

imputar - to accuse; impute; credit on account.

imune - immune; exempt.

imunidade - immunity.

imunidade diplomática - consular immunity; diplomatic immunity.

imunidade judicial - judicial immunity.

imunidade parlamentar - legislative immunity; parliamentary immunity.

imunidade tributária (P) - tax immunity.

imutabilidade - immutability; unchangeableness.

inábil - incompetent; inadequate; unskilled.

inabilidade - incompetence; unskillfulness.

inabilitação - disability; incapacity.

inabitável - uninhabitable; unfit to live in.

inacessível - inacessable.

inadimplemento - breach of contract; default; noncompliance; breach of duty.

inadimplemento cruzado - cross default.

inadimplência - default.

inadimplente - defaulter; in default; in breach.

inadimplir - to default; breach a contract or the terms stipulated therein.

inadmissão - nonadmission; rejection.

inadmissível - inadmissible.

inafiançável - non-bailable; unbailable.

inalienabilidade - inalienability.

inalienável - inalienable.

inalterável - inalterable; unchangeable; immutable.

inamovibilidade - irremovability.

inamovível - unremovable; not removable from office.

inane - inane; empty; vain.

inapelável - unappealable.

inaplicável - irrelevant.

inaptidão - inaptitude; inability; disability; incapacity.

inapto - inapt; unfit; incapable.

inassistência - not-attendance; absence.

inatividade - inactivity; retirement.

inativo - inactive; nonoperative; retired.

inato - innate; inborn; native; inherent.

inauferível - inherent; intrinsic.

inauguração - inauguration; opening.

inautêntico - unauthentic; untrue.

inavigabilidade (P) - unnavegability.

incapacidade - incapacity; disability; incompetence.

incapacidade absoluta - total incapacity; absolute incapacity.

incapacidade acidental (P) - temporary incapacity; temporary disability.

incapacidade civil - legal incapacity.

incapacidade definitiva - permanent disability.

incapacidade de fato - natural disability.

incapacidade do menor - incompetence of the minor.

incapacidade do perito - incapacity of the expert.

incapacidade física - physical disability.

incapacidade jurídica - lack of legal capacity.

incapacidade natural - natural disability.

incapacidade negocial de exercício (P) - incapacity to carry business.

incapacidade mental - mental incapacity.

incapacidade para o trabalho (P) - disability for work.

incapacidade parcial - partial disability.

incapacidade política - lack of political capacity.

incapacidade relativa - partial disability.

incapacidade total - total disability.

incapacidade transitória - temporary disability.

incapacitado - disabled; legally incompetent; disqualified.

incapacitar - to incapacitate; disqualify.

incapaz - incompetent; not qualified; incapable.

inçar - to crowd; overcrowd; multiply; contaminate; infect.

incendiar - to ignite; emblaze; inflame; excite.

incendiário - incendiary; arsonist.

incêndio - fire.

incêndio doloso - arson.

incêndio malicioso - arson.

incentivos fiscais - tax incentives; tax benefits.

incerteza - uncertainty.

incerto - uncertain.

incessibilidade - untransferability; unalienability.

incessível - untransferable; inalienable.

incesto - incest.

incestuoso - incestuous.

incidência - incidence.

incidentado - incidental; chance; casual.

incidental - incidental.

incidente - incident; occurrence; case.

incidente da instância (P) - extraordinary occurrence in a legal suit.

incidir - to fall on; supervene; incur; charge.

incineração - incineration.

inciso - paragraph; clause; subsection.

incitação - incitation.

incitador - abettor; instigator.

incitamento - incitation.

incitar - to instigate; incite.

inclemência - inclemency; mercilessness.

incluir - to include; incorporate; enclose.

inclusão - inclusion; incorporation.

inclusive - including.

incobrável - uncollectible.

incomodar - to disturb.

incômodo - nuisance; disturbance.

incomparabilidade - incomparableness.

incompatibilidade - incompatibility.

incompatibilidade absoluta (P) - absolute incompatibility.

incompatibilidade moral (P) - moral incompatibility.

incompatibilidade natural (P) - natural incompatibility (applicable to conflict of interest in the civil service).

incompatível - incompatible; inconsistent.

incompetência - incompetence; disqualification.

incompetência do tribunal - the court's self-disqualification to examine a matter.

incompetente - incompetent; disqualified; unfit; unqualified.

incomputabilidade - incomputability.

incomunicabilidade - incommunicability.

incomunicável - incommunicable.

incomutável - incommutable.

inconciliável - irreconcilable.

incondicional - unconditional; absolute.

incondicional, garantia - unconditional guarantee.

incondicional, promessa de pagar - unconditional promiss to pay.

incondicional, quitação - unconditional general release.

inconsciente - unconscious; senseless; unawa re.

inconcessível - impermissible; not admissable.

inconcludente - inconclusive; illogical.

inconcusso - inconcussible; firm; unshaken; incontestable.

inconsequência - inconsequence.

inconstitucional - unconstitutional.

inconstitucionalidade - unconstitucionality.

inconstitucionalidade directa (P) - direct unconstitucionality.

inconstitucionalidade formal (P) - formal unconstitucionality.

inconstitucionalidade orgânica (P) - organic unconstitucionality (act by a government agency in lieu of another).

incontestável - incontrovertible; incontestable; indisputable.

incontinência - incontinence.

incontinenti (I) - incontinently; immediately.

incontrolável - uncontrollable.

incontroverso - uncontested.

inconvincente - unconvinced; not persuaded.

inconvicto - unconvinced; not persuaded.

incorporação - incorporation; embodiment; affiliation; amalgamation.

incorporado - incorporated.

incorporador - incorporator.

incorporal - incorporeal; immaterial; unsubstantial.

incorporar - to incorporate; associate; affiliate; combine; join; consolidate; merge.

incorpóreo - incorporeal; immaterial; unsubstantial.

incorrer - to incur; run into; become liable to.

incorrigível - incorrigible.

incorruptível - incorruptible; just; fair.

incorrupto - incorrupt.

incredulidade - incredulity; unbelief; doubt.

incrédulo - unbeliever; skeptic.

incremento - increment.

increpação - censure; reprimand; rebuke.

increpar - to rebuke; reprimand.

incriminação - incrimination; imputation; accusation.

incriminar - to incriminate; charge; accuse.

inculpabilidade - inculpability; exculpation; innocence.

inculpação - inculpation; incrimination; imputation; accusation.

inculpado - inculpable; innocent.

inculpar - to inculpate; charge; accuse.

incumbência - incumbency; duty; commission; obligation; assignment; charge; mission; task.

incumprimento de representação - breach of representation.

incumprimento do contrato - breach of contract; noncompliance; default.

incumprimento implícito - constructive breach of contract.

incúria - negligence; neglect; disregard; carelessness.

incursão - incursion; raid; attack; invasion.

incurso - subject or liable to a penalty.

indagação - investigation; inquest; inquiry; examination.

indagação da opinião pública - survey of public opinion; canvass.

indébito - undue; not owing.

indecência - indecency; obscenity; nuisance.

indecente - indecent; obscene.

indecisão - indecision; doubt.

indeclinável - indeclinable; unrefusable; unavailable.

indefensável - indefensible.

indeferido - not granted; refused; rejected.

indeferimento - denial; rejection; dismissal; refusal.

indeferir - to reject a demand or petition.

indefeso - without defense; undefended.

indefinido - undefined; indefinite; vague; obscure.

indelegável - not transmissible.

indemnização (P) - indemnification.

indemnização compensatória (P) - indemnification for losses.

indemnização específica (P) - specific indemnification.

indemnização moratória (P) - indemnification for the damages resulting from late payment.

indemolível - which cannot be demolished.

indene - undamaged; unhurt.

indenidade - indemnity; indemnification.

indenização - indemnity; indemnification; restitution; compensation.

indenização por danos emergentes - indemnification for resulting damages.

indenização por lucros cessantes - indemnification for loss of profits.

indenização prévia e justa - adequate and previous compensation (for cases of expropriation).

indenização trabalhista - severance pay.

indenizador - indemnitor.

indenizar - to indemnify; repay; compensate; recompense.

indenizável - subject to indemnification.

independência - independence.

independente - independent.

indesejável - undesirable; unwanted.

indestruto - which was not destroyed.

indestrutível - undestructible.

indeterminação - indetermination; irresolution.

indeterminado - indeterminate.

indevido - not due; undue; improper; wrong.

indexação - indexation.

indicação - indication; designation; clue; sign.

indicador - indicator.

indicador chave - key indicator.

indicado - appropriate; covenient.

indicar - to indicate; propose; reveal.

indicatário - guarantor of bill of exchange.

índice - index; table; rate; ratio.

Índice BOVESPA - index of the São Paulo stock exchange.

índice de capital de giro - working capital ratio.

índice de liquidez - liquidity; index.

índice de liquidez corrente - current ratio.

índice de mortalidade - death rate.

índice de preços - price index.

índice de preços ao consumidor - consumer price index.

índice geral de preços - general price index.

indiciação - indiatment.

indiciado - defendant; accused.

indiciador - accuser; informer.

indiciar - to accuse; inform against; denounce; draw conclusions.

indício - circumstancial evidence; clue; sign; mark; indicia; indication.

indício contingente (P) - contingent cause.

indício necessário (P) - necessary cause.

indício provável (P) - probable cause.

indigência - indigence; poverty; misery.

indigente - indigent; pauper; beggar.

indigitado - culprit.

indigitar - to indigitate; indicate; designate.

indignidade - indignity.

indignidade sucessória (P) - incapacity to inherit.

indigno - unworthy.

indiligência - lack of diligence.

indireto - indirect.

indisciplina - indiscipline; insubordination.

indiscrepante - uniform; identical; same; constant.

indiscrição - indiscretion; tactleness.

indispensável - necessary; essential; indispensable.

indisponibilidade - inalienablility.

indissolúvel - indissolvable; undissoluble.

individuação - individuatization.

individual - individual; singular; personal.

individualidade - individuality; identity.

individualismo - individualism.

indivíduo - individual; person; unit.

indivisão - individed.

indivisibilidade - indivisibility.

indivisibilidade da confissão (P) - indivisibility of the confession.

indivisível - indivisible.

indiviso - individed.

índole - natural disposition; character; instinct.

indotado - without a dotal gift.

indução - induction; inference; conclusion.

indúcias - moratorium; respite given to creditors.

indulgência - indulgence; forbearance; leniency; clemency.

indultado - one favored by an indult or pardon.

indultar - to grant an indult; pardon; free.

indultário - beneficiary of an indult or pardon.

indulto - pardon; amnesty; exemption.

indústria - industry; manufactory.

indústria alimentar - food industry.

indústria de base - capital goods industry.

indústria de transformação - transformation industry.

indústria eletro-eletrônica - electrical and electronics industry.

indústria farmacêutica - pharmaceutical industry.

indústria química - chemical industry.

industrial - industrial; manufacturer.

industriário - industrial worker.

indutivo - inductive.

indutor - inductor.

induzidor - inducer; instigator.

induzimento - inducement; instigation.

induzimento à prostituição - inducement to prostitution.

induzimento ao suícidio - inducement to suicide.

induzir - to induce; instigate; persuade.

inédito - original; unprecedented.

ineficácia - inefficiency.

ineficácia do negócio jurídico (P) - inefficiency of the legal act.

ineficácia jurídica - nullity; invalidity.

inegociável - nonnegotiable; nontransferable.

inelegibilidade - ineligibility.

inelegível - ineligible.

inelidível - uneliminable.

inelutável - ineluctable; unavoidable; inescapable.

inépcia - ineptude.

inépcia da petição inicial - defective complaint; defective pleading.

inepta (o) - inept; defective; unfit; incapable.

ineptidão - ineptness; unsuitableness.

ineptidão da petição inicial (P) - defective complaint; defective pleading.

inequívoco - unequivocal; unambiguous.

inerente - inherent.

inescusável - inexcusable.

inestimável - inestimable; invaluable; priceless.

inevitabilidade - inevitability; unavoidability.

inevitável - unavoidable; inevitable.

inexecução - nonperformance; non-achievement.

inexecução da obrigação - noncompliance of the obligation; breach of contract.

inexeqüível - inexecutible; unachievable; unfeasible.

inexigível - unclaimable.

inexistência - non existing.

inexistente - non existing.

infalível - unfailing; sure; infalible.

infamador - defamer; slanderer.

infamante - infamous; defaming.

infamar - to defame; infamize; dishonor; disgrace.

infamatório - defamatory; slanderous; infamous.

infâmia - infamy; defamation; slander.

infância - infancy; childhood.

infanta - Portuguese or Spanish princess.

infantaria - infantry.

infante - infant.

infante exposto - foundling.

infanticida - infanticide; murderer of a child.

infanticídio - infanticide; murder of a child.

inferência - inference; implication.

inferior - inferior; lower.

inferir - to infer; deduce; presume; conclude.

infertilidade - infertility.

infidelidade - infidelity; unfaithfulness.

infiel - unfaithful; disloyal; inaccurate.

infirmar - to invalidate.

infirmativo - invalidating.

inflação - inflation.

inflação de custos - cost inflation.

inflação de demanda - demand pull inflation.

inflacionismo - inflationism.

inflacionista - inflationist.

inflição - infliction.

infligir - to inflict; penalize.

influência - influence.

influenciar - to influence.

influente - influential.

influir - to persuade; contribute.

influxo - influx.

influxo de capital - capital influx.

informação - information; report; brief; inquiry; investigation; inquest.

informação, direito de acesso a - right of access to information.

informador - informer; informant.

informante - informer; informant.

informar - to inform; report; communicate; notify.

informática - informatics.

informe - report.

infortúnio - mishap; misfortune.

infortunística - part of forensic medicine that deals with the studies of labor risks, industrial accidents and industrial infirmities.

infração - infraction; violation; contravention; infringement; breach.

infração penal - misdemeanor; felony; criminal violation.

infracção (P) - infraction; violation; contravention; infringement; breach.

infracção disciplinar (P) - disciplinary infraction.

infrator - infractor; infringer.

infringência - infraction.

infringente - infringer; offender.

infringir - to infringe; violate; breach.

infundado - unfounded.

infungível - not fungible.

ingerência - intervention; interference.

ingratidão - ingratitude; ungratefulness.

ingrato - ungrateful; thankless.

ingresso - entry; admission; ticket; revenue; income.

inibição - inhibition; restraint.

inicial - declaration; complaint.

iniciar - to initiate; begin.

iniciar a audiência - to open court.

iniciar uma ação - to bring action; to commence a suit.

iniciativa - iniciative; enterprise.

iniciativa da lei - legislative iniciative.

iniciativa legislativa (P) - legislative iniciative.

iniciativa popular (P) - legislative iniciative by a non member of parliament.

iniciativa privada - private iniciative or enterprise.

início - beginning; start; commencement.

inidôneo - not idoneous.

inilidível - not annullable.

iniludível - undeceivable.

inimigo - enemy.

inimizade - enmity; hostility.

inimizar - to provoke hostility; make an enemy of.

inimputabilidade penal - criminal incapacity.

ininterrupto - uninterrupted; continuous.

iniqüidade - iniquity; unrighteousness.

iníquo - inequitable; iniquitous; unfair.

injunção - injunction; order.

injunção judiciária (P) - injunction; order.

injúria - actionable words; libel; insult; slander.

injúria gráfica - libel.

injúria grave - grave defamation.

injúria verbal - verbal insult.

injuriador - defamer.

injurídico - unlawful; illegal.

injurioso - injurious; offensive; harmful.

injustiça - injustice; miscarriage of justice; unfairness.

injustiçado - one who is a victim of an injustice.

injustiçar - to do an injustice.

injustificado - unjustified.

injustificável - unjustifiable.

injusto - unfair; unjust.

injusto penal - delict; fault; crime.

inobservância - nonobservance; violation.

inocência - innocence.

inocentado - acquitted.

inocentar - to acquit; pronounce not guilty; declare innocent.

inocente - innocent; guiltless.

inocupado - vacant.

inoficioso - inofficious.

inominado - innominate.

inoperante - inoperative; dormant.

inoponível - disputable.

inoportuno - innoportune; untimely.

inovação - innovation.

inovar - to innovate; renew.

inquérito - inquiry.

inquérito administrativo - administrative inquiry.

inquérito judicial - inquest; assize; trial.

inquérito parlamentar - parliamentary inquiry.

inquérito policial - police inquest.

inquilinato - tenancy; leasehold.

inquilino (FC) - tenant; lessee.

inquinação - inquination; corruption.

inquinado de vício - defective.

inquirição - inquiry.

inquiridor - inquisitor.

inquirir - to inquire; investigate.

inquisição - inquisition; enquiry; inquest.

inquisitório - inquisitorial; trier of facts.

insanável - irreparable; irremediable; that may not be corrected or overcome.

insanidade - insanity; lunacy.

insanidade congênita - congenital insanity.

insanidade puerperal - puerperal insanity.

insanidade traumática - traumatic insanity.

insano - insane.

insciência - inscience; ignorance.

inscrever - to inscribe; enrol; register; list; book.

inscrição - application; record.

inscrição da dívida - registration of the debt.

inscrição da hipoteca - registration of the mortgage.

inscrição do penhor - registration of the mortgage.

inscrição na Ordem dos Advogados - admission to the Bar; registration at the Bar.

inscrição predial (P) - real estate registration.

inscrito - inscribed; enrolled; registered.

inseminação artificial - artificial insemination.

inserção - insertion.

insídia - ambush; ambuscade.

insígnia - badge; emblem; ensign; banner; sign; post.

insígnia comercial (P) - trade sign.

insimular - to accuse; denounce; slander.

insinuação - insinuation; suggestion.

insolência - insolence; arrogance; insult; offense.

insólito - unusual; unaccustomed; unwanted.

insolúvel - insoluble.

insolvabilidade - insolvency; bankruptcy.

insolvência - insolvency.

insolvência do devedor (P) - insolvency of the debtor.

insolvente - insolvent; bankrupt.

insolvível - insolvable; incapable of being paid.

inspecção (P) - inspection.

Inspecção Geral de Finanças (P) - internal revenue inspection service.

inspecção judicial (P) - judicial inspection or examination.

inspeção - inspection.

inspeção judicial - judicial inspection or examination.

inspetor - inspector.

inspetoria - inspectorship; inspector's department.

instalação - installation; facility.

instalação industrial - industrial installation; industrial plant.

instalar - to instal; place; invest; instate.

instância - prosecution (of a suit); jurisdiction; stages of a lawsuit.

instância inferior - lower stage of appeal.

instância perempta - peremptory plea.

instância superior - higher stage of appeal.

instância única - trial at one stage only.

instauração - instauration; beginning.

instaurar - to establish; begin.

instaurar processo - to prosecute; to sue.

instável - unstable.

instigação - instigation; abetment.

instigar - to abet; incite; instigate.

instinto - instinct.

institucional - institutional.

institucional, crise - institutional crisis.

institucional, investidor - institutional investor.

instituição - institution; establishment.

instituição de caridade - charitable institution.

instituição de crédito (P) - financial institution.

instituição financeira - financial institution.

instituição financeira estrangeira - foreign financial institution.

instituição financeira pública - public financial institution.

instituição particular de interesse público (P) - private institution of public interest.

instituição particular de solidariedade social (P) - private charitable institution.

instituição pública - public institution.

instituições políticas - political institutions.

instituidor - institutor; establisher; founder.

instituir - to found; establish.

institutas - one of the four books of the Justinian Code.

instituto - institute; institution; established laws.

Instituto Brasileiro de Desenvolvimento Florestal (IBDF) (BR) - Federal Reforestation Agency.

Instituto Brasileiro do Meio Ambiente e dos Recursos Naturais Renováveis (IBAMA) (BR) - Federal Environmental Agency.

Instituto Nacional da Previdência Social (INPS) (BR) - Federal Social Security Agency.

Instituto Nacional da Propriedade Industrial (INPI) - Federal Trademark and Patent Office.

Instituto Nacional de Colonização e Reforma Agrária (INCRA) (BR) - Federal Land Reform Agency.

Instituto Nacional de Estatística (INE) (P) - National Institute of Statistics.

instituto da lesão (P) - obligations deriving from a leonine contract.

instituto de representação (P) - representation by proxy.

instituto jurídico - legal institute.

instrução - instruction; education; finding of facts; program of proceedings in a lawsuit.

instrução da demanda - preliminary instructions for the prosecution.

instruir - to instruct; inform; advise.

instrumento - instrument; tool; deed; grant.

instrumento negociável - negotiable paper.

instrumento particular - private agreement; private document.

instrumento público - public act; public document.

instrutor - instructor.

insubmissão - unsubmissiveness.

insubmisso - unsubmissive.

insubordinação - insubordination.

insubornável - unbribable; incorruptible.

insubsistente - unfounded.

insubstancial - unsubstantial.

insuficiência - inadequacy; insufficiency.

insuficiente - insufficient; inadequate.

insultado - insulted; offended.

insultador - insulter; offender.

insultar - to insult; offend.

insulto - insult; offense; offence; attack.

insurgente - insurgent.

insurreição - insurrection; rebellion; uprising.

insurreto - insurgent; rebel.

insuspeição do juiz - unbiassedness of the judge.

insuspeito - not suspect; unsuspected.

intangível - intangible.

íntegra - complete text.

integrar - to integrate; fill; complete; pay; reimburse.

integração - integration; payment.

integração do negócio jurídico (P) - determination of applicable law.

integral - full; entire.

integralização - payment in full.

integralização de ações - payment of subscribed shares.

integralização de capital - payment of subscribed capital.

integralizado - paid in; fully paid; paid up.

integrante - members; partners.

integridade - integrity.

íntegro - righteous; incorruptible; whole; entire; complete.

inteligência - intelligence.

intempestividade - intempestivity; untimeliness.

intempestivamente - intempestively; without due notice; inopportunely.

intempestivo - intempestive; untimely.

intenção - intent; intention; purpose.

intenção criminosa - felonious intent; criminal intent.

intencional - intentional.

intendência - headquarters; administration; intendency.

intentar - to file a suit; to bring an action against.

intento - intent; purpose.

intentona - conspiracy.

intercalar - to insert; interpose; interpolate; intersperse.

intercâmbio - exchange.

interceptação - interception.

intercessão - intercession; mediation; pleading.

interdependência - interdependence.

interdição - interdiction; prohibition; restraint.

interdição de comércio (P) - restraint of trade.

interdição judiciária - estoppel.

interdição por doença mental - interdiction on account of insanity; mental disability.

interdição profissional (do advogado) - disbarment.

interdicendo - prohibited; restrained.

interditando - prohibited; restrained.

interditar - to interdict; prohibit; estop; preclude.

interdito - interdict; ban; possessory action; petitory action.

interdito definitivo - final injunction.

interdito permanente - permanent injunction.

interdito proibitório - prohibitory interdict; injunction; restraining order.

interditos possessórios - writ of possession.

interdizer - to interdict; prohibit; debar; preclude.

interessado - interested; concerned.

interés (E) - interest (monetary capital remuneration).

interesse - interest (a right, utility or advantage).

interesse adverso - adverse interest.

interesse autônomo - direct personal interest.

interesse de agir - right of action.

interesse de cumprimento (P) - right; credit.

interesse do credor (P) - creditor's rights.

interesse em agir (P) - right of action.

interesse legítimo - legitimate interest.

interesse processual - interest in court pleading.

interesse público - public interest.

interestadual - interstate.

interinidade - interim situation; temporariness; provisionality.

interino - interim; substitute; provisional; acting.

interior - national; domestic; internal.

interlocução - interlocutory decree.

interlocutório - interlocutory.

intermediar - to intermediate; intervene.

intermediário - middleman; finder; intermediary; broker.

intermédio - by means of.

internação - internment.

internacional - international.

intenacional, arbitragem - international arbitration.

internacional, comércio - international trade.

internacional, direito - international law.

internacionais, relações econômicas - international business relations.

internacionalismo - internationalism.

internacionalista - internationalist.

internacionalização - internacionalization.

internado - internee; inmate; interned.

internamento - internment.

interno - internal; intern.

internúncio - internuncio; papal representative to a minor court.

interpelação - judicial summons; citation; interpellation.

interpelação extrajudicial - extrajudicial communication.

interpelação judicial - judicial summons.

interpelador - interpellator.

interpelante - interpellant.

interpelar - to question; interpellate; examine.

interpolação - interpolation.

interpolado - interpolated.

interpolador - interpolator.

interpolar - to modify, clear or complete legal paper.

interpor - to interpose; intervene; mediate; present; file; present.

interposição - interposition.

interposição de pessoas (P) - the interposing of a nominee.

interposição real (P) - representation by proxy; representation by power of attorney.

interposta pessoa - intermediary; agent; straw party; mediator.

interposto - mediator.

interpretação - construction; interpretation.

interpretação actualista da lei (P) - updated interpretation of the law.

interpretação autêntica - authentic interpretation.

interpretação ampliativa - extensive interpretation.

interpretação ao pé da letra - close interpretation.

interpretação corretiva da lei (P) - interpretation against the law based on the fact that it is unjust and absurd.

interpretação da lei - interpretation of the law.

interpretação do contrato - interpretation of the contract.

interpretação do testamento - interpretation of the will.

interpretação doutrinária - doctrinal interpretation.

interpretação extensiva - extensive interpretation.

interpretação gramatical - close interpretation.

interpretação judicial - rulling.

interpretação legal - legal interpretation.

interpretação lógica - logical interpretation.

interpretação restritiva - restrictive interpretation.

interpretação revogatória da lei (P) - restrictive interpretation.

interpretação usual - judicial interpretation.

interpretante - interpreter.

interpretar - to interpret; to construe.

intérprete - interpreter; translator.

interrogado - interrogated; questioned.

interrogador - interrogator; examining magistrate.

interrogante - examining magistrate.

interrogar - to interrogate; examine; question; inquiry; cross-examine.

interrogatório - interrogatory; examination; inquiry; trial; hearing.

interrogatório cruzado - cross examination.

interrupção - interruption.

interrupção da prescrição - interruption of the statute of limitations.

interstício - interstice; interval.

intervalo - recess; interval.

intervenção - intervention.

intervencionismo - interventionism.

interveniente - intervenient; mediator.

interventor - interventor.

intervir - to audit; control; supervise; inspect; intervene; mediate.

inter vivos - inter vivos.

intestado - intestate.

íntima convicção - breast of judge.

intimação - legal notice; intimation; notification.

intimação para comparecimento em audiência - subpoena; judge's order for compulsory appearance at hearing; notice of hearing; summons ad respondendum.

intimar - to notify; to intimate.

intimidação - intimidation.

intimidar - to intimidate; frighten; threaten.

intimidade - intimacy; familarity; closeness; privacy.

íntimo - intimate; close; familiar.

intitular - to entitle; title; name.

intoxicação - intoxication.

intransferível - untransferable.

intransmissível - intransmissible.

intransigente - intransigent; uncompromising.

intrínseco - intrinsic; inherent.

intrujão - impostor; swindler; cheat.

intrusão - encroachment; intrusion.

intruso - intruder.

intuito - intention; intent; design; purpose.

inúbil - not nubil; not marriageable.

inubo - unmarried; single.

inulto - unpunished.

inumação - interment; burial.

inundação - inundation; flood.

inupto - single; unmarried.

inutilizar - to make useless; nullify.

invadir - to invade; conquer; trespass; dominate.

invalidação - voidance; nullification; avoidance.

invalidar - to nullify; invalidate; void; annul; avoid.

invalidez - disability.

invalidez permanente - total disability; permanent disability.

invalidez temporária - temporary disability.

inválido - void; null; disabled person.

invasão - intrusion; invasion; breaking in.

invasão de domicílio - burglary; invasion.

invasão de privacidade - invasion of privacy.

invectiva - invective.

invenção - discovery.

invenção - invention.

invendável - unsalable; unalienable.

inventariado - decedent.

inventariante - administrator (male); administratix (fem.).

inventário - probation.

inventário - inventory.

invento - invention.

inventor - finder; inventor.

inverossímil - impropable; unlikely.

inverossimilhança - improbability; unlikeliness.

inversão - inversion.

inversão da mora (P) - refusal to receive payment.

inversor - invertor; reverser.

invertido - invert; (forensic medicine) homosexual.

investido - vested.

investidor - invertor; reverser.

investidura - installation.

investigação - investigation; examination; search; research.

investigação criminal - criminal investigation.

investigado - one who is the subject to an investigation; investigated.

investigador - inquisitor.

investigante - investigating.

investimento - investment; investiture; attack.

investimento, plano de - investment plan.

investimento de alto risco - high risk investment.

investimento de capital de risco - risk capital investiment; investiment in shares.

investimento de capital estrangeiro - foreign capital investment.

investimento de renda fixa - fixed income investment.

investimento em ações - investment in shares.

investimento em bens de capital - fixed capital investment.

investimento especulativo - speculative investment.

investimento financeiro - financial investment.

investimento público (P) - public investment.

investimentos , fundo de - investment fund.

investir - to invest; attack.

inveterado - inveterate; obstinate; confirmed.

inviabilidade - unfeasibility.

inviável - unfeasible.

inviolabilidade - inviolability.

inviolabilidade de domicílio - dwelling defense.

inviolável - inviolable.

invocação - invocation.

invocar - to invoke; call upon; appeal.

ira - anger; rage.

irmandade - brotherhood; fraternity.

irmão - brother.

irrecorrível - unappealable.

irredutibilidade - irreducibility.

irrefragável - irrefragable; unquestionable; undeniable.

irrefutável - irrefutable; incontestable.

irregular - irregular; anomalous; rough; uneven.

irregularidade - irregularity.

irregularidade do mandato (P) - irregularity of the power of attorney.

irrelevância - irrelevance.

irrelevante - irrelevant.

irremissível - unpardonable; unfailing; infallible.

irreparável - irreparable.

irresistível - irresistible; overpowering.

irresponsabilidade - irresponsability.

irresponsável - irresponsable.

irrestrito - unrestricted; untrammelled; absolute; unconditional; unqualified.

irretorquível - irrefutable; unanswerable.

irretratável - irrevocable.

irrevogabilidade - irrevocability.

irrevogável - irrevocable; unchangeable.

irritar - to irritate; anger; provoke.

írrito - void.

írrito e nulo - null and void.

irrogação - imposition; infliction.

irrogar - to inflict.

isenção - exemption; immunity.

isenção de culpa - exculpation.

isenção de imposto - tax exemption.

isento - free.

isonomia - isonomy.

Itamaraty, Palácio do - The Brazilian foreign affairs ministry.

item - article.

itemization - detalhamento.

iterativo - iterative; repeated.

itinerário - itinerary.

J

jacência - abeyance.

jacente - unclaimed; stationary; recumbent; lying; situated; in abeyance.

jacente, herança - inheritance in abeyance.

jactância - jactitation; arrogance; vanity; boastfulness.

jactanciosidade - boastfulness.

jactancioso - arrogant; vain; ostentatious; braggart.

jactura - loss; prejudice; damage.

jagunço - assassin; hired rowdy; gunman.

janela - window.

jarda - yard.

jardim - garden; fertile; well-cultivated country.

jardim botânico - botanical garden.

jazida - resting-place; bed; layer; field; mine.

jazigo - grave; sepulcher; tomb; vault; burial monument.

jefatura (E) - headquarters.

jeira - yoke of land varying from 19 to 36 hectares.

jerarquia - hierarchy.

jesuíta - jesuit.

jetton (F) - jeton; a chip which can be exchanged for pay.

jingoísmo - jingoism; patriotism favoring an aggressive foreign policy.

jingoísta - jingoist; supporter of an aggressive foreign policy.

jogador - gambler; gamester; player.

jogar - to gamble; risk; venture; play.

jogar limpo - to play fair.

jogatina - habit of gambling; vice of gambling.

jogo - gamble; bet; set; play.

jogo, casa de - gambling house.

jogo de azar - game of chance.

jogo de livros - set of books.

jogo proibido - illegal game of chance.

jóia - jewel; gem.

jóia - initiation fee; admission fee; entrance fee for new members.

jóquei - jockey.

jornada - expedition; long trip; military action.

jornada de trabalho - hours of working; day's work.

jornal - daily paper; newspaper; diary.

Jornal do Advogado - newspaper of the Brazilian Bar Association (SP).

jornaleiro - journeyman; day laborer.

jornalismo - press; journalism.

jornalista - journalist.

jubilação - jubilation; retirement; pensioning.

jubilar - to retire; pension; rejoice; exult; jubilate.

jubileu - jubilee; indulgence proclaimed by Pope.

judiar - to mistreat; hurt; mock.

judicativo - adjudicative; judging; judicial.

judicatório - judicatory.

judicatura - judicature; judgeship; bench; court.

judicial - judicial; juridical; forensic.

judicialmente - judicially.

judiciar - to judge; pass judgement.

judiciário - judiciary; judicial.

judicio somente - judiciously.

judicioso - judicious; discerning; wise; cautious.

judicioso - judicious; wise; sensible.

jugada - yoke of land.

jugal - matrimonial; nuptial.

jugo - submission; oppression; servitude; bondage.

jugular - to strangle; murder by cutting the throat; dominate.

juiz - judge; justice; judex; member of a court of judges; referee.

juiz a quo - judge from whom.

juiz a quem - judge to whom.

juiz árbitro - arbiter.

juiz auditor - auditing judge.

juiz auxiliar - assistant judge.

juiz civil - judge of civil courts.

juiz colegial - associate justice.

juiz comercial - judge who hears cases in the commercial court.

juiz competente - competent court; competent judge.

juiz criminal - judge of criminal courts.

juiz da causa - the judge of the case.

juiz da falência - bankruptcy court or judge.

juiz de alçada - judge of an appeals court.

juiz de carreira - career judge.

juiz de casamentos - justice of the peace.

juiz de direito - judge; court; justice; judge who considers only questions of law; state judge.

juiz de fato - lay judge; juryman; member of the trial jury.

juiz de instrução - judge of first court; lower court judge.

juiz de menores - juvenile court or judge.

juiz de paz - justice of peace.

juiz de primeira instância - judge of a lower court; judge of trial courts; judge of first instance courts.

juiz de segunda instância - judge of an appellate court; judge of second instance courts.

juiz do supremo tribunal - judge of the supreme court.

juiz do termo - judge pro tempore.

juiz do trabalho - labor judge.

juiz eleitoral - judge of the electoral court.

juiz especial - special judge; judge appointed for some special case.

juiz estadual - state judge.

juiz federal - federal judge; federal court judge.

juiz impedido - disqualified court.

juiz incompetente - non-competent court; non-competent judge.

juiz inferior - lower court judge.

juiz leigo - lay judge.

juiz militar - judge of military court.

juiz municipal - judge of a municipal court.

juiz penal - criminal judge.

juiz presidente - Chief Judge; Chief Justice; presiding judge.

juiz privativo - special judge.

juiz relator - reporting judge; the judge in charge of preparing a report of the case at a Court of Appeals; judge who gives the first opinion.

juiz revisor - revising judge; judge in charge of issuing the second opinion either concurring or dissenting at a Court of Appeals.

juiz singular - single judge.

juiz substituto - acting court; substitute judge.

juiz superior - judge of an appellate court.

juiz suplente - substitute judge.

juiz temporário - judge pro tempore; acting judge.

juiz titular - regular judge; head judge.

juiz togado - judge; court.

juiz togado temporário - judge pro tempore.

juíza - female judge.

juizado - court; judgeship.

juizado de menores - juvenile court; children's court.

juizado de pequenas causas - small claims court.

juízo - court; curia; trial; lawsuit; action; process; discernment; reason; opinion.

juízo a quo - court below; court from whom.

juízo ad quem - court above; court to whom.

juízo administrativo - administrative court.

juízo arbitral - arbitration panel.

juízo cível - civil court.

juízo colegiado - panel of judges; court of appeals.

juízo coletivo - panel; court en banc; panel of judges.

juízo comercial - commercial court.

juízo competente - competent court.

juízo comum - court of law.

juízo contencioso - litigious court; lawsuit; contested trial.

juízo criminal - criminal court.

juízo da comarca - district court.

juízo da falência - bankruptcy court.

juízo de direito comum - commom bench.

juízo de facto (P) - decision on a matter of fact.

juízo de família - family court.

juízo de menores - juvenile court.

juízo de opinião (P) - matter of opinion.

juízo de órfãos e sucessões - orphans and probate court.

juízo de paz - court of peace.

juízo de primeira instância - lower level court.

juízo de primeiro grau - trial court; court of nisi prius.

juízo de segunda instância - appelate court.

juízo de sucessões - probate court; inheritance court.

juízo de suspeita (P) - choice of radical alternatives.

juízo declaratório - declaratory judgement.

juízo divisório - suit for partition of property.

juízo eleitoral - electoral court.

juízo especial - special court.

juízo executivo - execution process; executory process.

juízo extraordinário - extraordinary judicial proceeding.

juízo federal - federal court.

juízo inferior - inferior court; court below; base court; lower court.

juízo local - local court.

juízo ordinário - plenary action.

juízo singular - trial court; court of nisi prius.

juízo sumário - summary proceeding.

juízo superior - court above; superior court.

juízo universal - action on behalf of all creditors or all heirs.

julgado - judgement; decision; decree; adjudication.

julgador - judge; arbiter.

julgamento - judgement; court session; trial; veredict; decision; sentence.

julgamento absolutório - absolution.

julgamento antecipado da lide - anticipated judgement; summary judgement.

julgamento condenatório - judgement against.

julgamento declaratório - declaratory judgement.

julgamento definitivo - final judgement.

julgamento do mérito - judgement on merits.

julgamento dos fatos - trial according to facts.

julgamento final - final judgement.

julgamento interlocutório - interlocutory judgement.

julgamento pelo juiz - trial by a court of law.

julgamento por seus pares - trial per pais.

julgamento preparatório - pre-trial; preliminary hearing.

julgamento público - public trial.

julgamento segundo a eqüidade (P) - equity trial.

julgar - to judge; try a case; adjudge; decide; decree; decide.

julgar improcedente - to dismiss.

julgar procedente - to grant; sentence.

junção - junction; point of union; connection.

junção de contratos (P) - connection of contracts.

junta - junta; board; council; assembly.

junta administrativa - administrative agency; administrative council.

junta comercial - board of trade.

Junta Comercial do Estado de São Paulo (JUCESP) (BR) - the São Paulo board of trade.

Junta Comercial do Estado do Rio de Janeiro (JUCERJ) (BR) - the Rio de Janeiro board of trade.

junta de acionistas (E) - shareholders' meeting.

junta de conciliação e julgamento - labor panel; labor court.

junta directiva (E) - board of directors.

junta eleitoral - electoral board.

junta governativa - administrative agency.

junta municipal - common council; municipal council; local council; local government.

junta sindical - union board.

juntada - entry; filing.

juntada por linha - inclusion in the record.

juntar - aggregate; join; annex; unite; associate; file.

juntar aos autos - enter; file.

jura - oath; vow.

jurado - juror; member of a jury.

jurado suplente - alternate juror.

juramentado - sworn.

juramentar - to swear; take an oath.

juramento - oath; vow.

juramento à bandeira - oath of allegiance to the flag.

juramento assertório - assertory oath.

juramento confirmatório - confirmatory oath.

juramento de fidelidade - oath of allegiance.

juramento decisório - decisory oath.

juramento falso - false oath; forswearing; false swearing; perjury.

juramento in litem - oath in litem.

juramento judicial - judicial oath.

juramento promissório - promissory oath.

jurar - to swear; declare under oath.

juratório - juratory.

júri - jury.

juridicamente - legally; juridically.

juridicidade - legality; in accordance with the law.

jurídico - juridical; jural; juristic; judicial; legal.

jurisciente - jurisconsult; jurist.

jurisconsulto - jurisconsult; jurist; lawyer.

jurisdição - jurisdiction; venue; district; control; power; right.

jurisdição administrativa - jurisdiction in cases involving administrative law.

jurisdição apelável - appellate jurisdiction.

jurisdição cível - civil jurisdiction.

jurisdição comercial - jurisdiction for actions under commercial law; commercial jurisdiction.

jurisdição comum - ordinary jurisdiction; common bench.

jurisdição contenciosa - contentious jurisdiction.

jurisdição convencional - choice of venue.

jurisdição correcional - jurisdiction in petty cases.

jurisdição criminal - criminal jurisdiction.

jurisdição cumulada - concurrent jurisdiction.

jurisdição de apelação - appellate jurisdiction.

jurisdição de eqüidade - court of equity.

jurisdição delegada - jurisdiction assigned from one judge to another; delegated jurisdiction.

jurisdição especial - special jurisdiction.

jurisdição estadual - state jurisdiction.

jurisdição exclusiva - exclusive jurisdiction.

jurisdição expressa - express jurisdiction.

jurisdição extraordinária - special jurisdiction.

jurisdição federal - federal jurisdiction.

jurisdição graciosa (P) - jurisdiction for non-contentious cases.

jurisdição inferior - inferior jurisdiction.

jurisdição limitada - limited jurisdiction.

jurisdição marítima - maritime law jurisdiction.

jurisdição militar - military jurisdiction.

jurisdição municipal - municipal jurisdiction.

jurisdição ordinária - ordinary jurisdiction.

jurisdição originária - original jurisdiction.

jurisdição penal - criminal jurisdiction.

jurisdição permanente - permanent jurisdiction.

jurisdição própria - ordinary jurisdiction.

jurisdição prorrogada - voluntary jurisdiction; ancillary jurisdiction.

jurisdição semiplena - limited jurisdiction.

jurisdição superior - superior jurisdiction.

jurisdição tácita - tacit jurisdiction.

jurisdição trabalhista - labor jurisdiction.

jurisdição voluntária - probate jurisdiction; voluntary jurisdiction.

jurisdicional - jurisdictional.

jurisperito - legal consultant; jurist.

jurisprudência - jurisprudence; case law; body of laws; court decisions.

jurista - jurist; legal scholar.

jurístico - juridical.

juro - interest (monetary compensation for capital).

juro à cabeça (P) - anticipated interest.

juro acumulado - compound interest.

juro adiantado (P) - anticipated interest.

juro capitalizado - compound interest.

juro compensatório - compensatory interest; delinquent interest.

juro contratado - conventional interest.

juro convencional - conventional interest.

juro de mora - delinquent interest; interest on late payment.

juro legal - legal interest.

juro moratório - delinquent interest; interest on late payment.

juro negocial (P) - conventional interest.

juro ordinário - simple interest.

juro remuneratório (P) - conventional interest.

juro vencido - interest in arrears.

juro vincendo - accruing interest; earned interest.

juros - interest.

juros, tabela de - table of interest.

juros acumulados - accrued interest.

juros atrasados - back interest; interest in arrears.

juros compostos - compound interest.

juros simples - simple interest; exact interest.

juros vencidos - interest in arrears.

justa causa - just cause; good cause.

justa indenização - adequate compensation.

justar - to adjust; ascertain.

justiça - justice; judiciary; courts; fairness.

justiça administrativa (P) - administrative court.

justiça civil - civil courts.

justiça comum - courts of law; common law.

justiça criminal - criminal courts.

justiça do trabalho - labor court.

justiça especial - special court.

justiça estadual - state justice; state courts.

justiça federal - federal justice.

justiça gratuita, benefício da - to sue in forma pauperis; sue with the benefit of legal aid.

justiça militar - military court.

justiça ordinária (P) - common court.

justiça trabalhista - labor courts.

justiçado - executed person; punished person; sentenced individual.

justiçar - to execute; sue at law; to inflict capital punishment.

justificação - justification; defense plea; proof; authentication.

justificação do facto (P) - justification of the fact.

justificado - justified; excusable.

justificante - justification; voucher; proof; credential.

justificar - to justify; prove; warrant.

justificativa - justification; apology; legal excuse.

justificável - justifiable; exculpatory; accountable.

justo - just; fair; correct; impartial; due; righteous; honest.

justo impedimento (P) - just impediment.

justo pagamento - adequate consideration.

justo preço - just value.

justo título - just title; marketable title; color title.

justo valor - fair value.

juvenil - juvenil; young; youthful.

juventude - youth; adolescence; young people.

L

labéu - blot; blur; shame; disgrace; dishonour.

lábia - (informal) power of persuasion; astuteness.

labor - labour; labor; work; task.

laboração - labouring; laboring; work.

laborar - to labour; labor; work; operate.

laborar em equívoco - to make a mistake.

laboratório - laboratory; lab.

laboriosidade - laboriousness; diligence.

laborioso - laborious; diligent; hard working.

laborista - worker.

laboro - labour; labor; work.

labuta - hard work; labour; labor; task.

labutar - to work hard.

lacaio - lackey; footman; flunky.

lacerar - to lacerate; torture; defame.

laço - tie; bond; snare; trap.

lacrado - sealed.

lacrar - to seal with wax.

lacre - sealing wax.

lacuna - lacuna; blank; space; gap; lack; omission; neglect.

lacuna inconstitucional (P) - constitutional omission.

lacuna intencional - intentional omission.

lacuna involuntária - involuntary omission.

lacuna legal - legal gap; loophole.

lacunas do direito - question not covered by statute law.

lado - side; line.

ladra - female thief.

ladrão - robber; thief; burglar.

ladrão de gado - cattle-lifter.

ladrão de residência - burglar.

ladroagem - thievery; robbery; swindle; burglary.

ladroar - to steal; rob.

ladroíce - thievery; robbery.

ladroeira - thievery; robbery; stealing.

ladroeirar - to steal; cheat.

ladrona - female thief.

lago - lake.

lagoa - lagoon.

laical - secular; pertaining to a layman.

laicalidade - laicality.

laicidade - laity; the state of being a layman.

laico - secular; lay.

laissez-aller (F) - negligence; disregard.

laissez-faire (F) - laissez faire.

laivado - blotted; stained.

laivo - spot; blot; stain.

lama - mud; dirt; disgrace; dishonour.

lambujem - small profit; gain; gift.

lamentação - lamentation; mourning; weeping.

lamentar - to lament; mourn; complain.

lamentável - lamentable; mournful; sorrowful; sad.

lamento - lament; moan; complaint; weeping.

lamúria - lamentation; complaint.

lançador - bidder; assessor; tax assessor.

lançamento - bid; entry; register; tax assessment; levying.

lançamento de ações - issue of shares.

lançamento de cobertura - covering entry.

lançamento de debêntures - issue of debentures.

lançamento de partilha - assessment of the estate.

lançamento de títulos - issue of securities.

lançamento do imposto (P) - tax assessment.

lançamento fictício - false accounting entry.

lançamento fiscal - tax assessment.

lançamento particular - private issue.

lançamento público - public issue.

lançamento sem comprovação - blind entry.

lançamento sem descrição - blind entry.

lançar - to make a bid; enter; register; record; levy; assess; publish; issue; impose .

lance - bid.

lance, primeiro - first call; first bid.

lance mínimo - minimum price.

lancil (P) - road's shoulder; emergency lane.

lanço - bid; offer.

lanifício - wool manufacture.

lanhar - to wound; injure; hurt; adulterate; modify.

lapidação - lapidation; improvement; perfecting.

lapso - lapse of time; duration; mistake; error; fault.

lar - household; home; family.

laranja (informal) - nominee.

larapiar - to steal; pilfer.

larápio - thief; pilferer.

largar - to release; free; abandon; forsake.

Largo plazo (E) - long-term.

largura - width; wideness; extension.

lasciva - lasciviousness; wantonness; lust.

lassidão - lassitude.

lassitude (P) - lassitude.

lastimar - to regret.

lastração - ballasting.

lastrador - ballaster.

lastragem - ballasting.

lastrar - to ballast.

lastro - ballast; weight carried in a ship.

lastro econômico - economic substance.

lastro financeiro - financial substance.

lateral - lateral side.

latifundiário - landowner; latifundus; owner of a latifundium.

latifúndio - latifundium; large estate.

lato - wide; broad; ample; extensive.

latrocinar - to rob.

latrocínio - theft; armed robbery; larceny; rocket.

lauda - page; sheet of paper.

laudêmio - laudemium; fine for alienation.

laudo - report; decision.

laudo arbitral - arbitral award.

laudo de avaliação - appraisal; appraisement.

laudo pericial - expert report.

laudo unânime - unanimous decision.

lavagem cerebral - brainwashing.

lavagem de dinheiro - money laundering.

lavar dinheiro - to launder money.

lavor - labour; work; task.

lavoura - tillage; husbandry; farming; agriculture.

lavra - cultivation; mining; production.

lavrador - agricultural worker; farmer; peasant.

lavrar - to plow; work; draw up.

lavrar uma ata - to write the minutes of a meeting; to draw up a record or memorandum; to draft a report.

lavratura - drafting; transcript; entering.

lazareto - lazaretto; isolation hospital.

leal - loyal; faithful.

lealdade - loyalty; faithfulness; allegiance; fidelity.

lealdar - to legalize.

leão de chácara - bouncer.

leasing (P) - leasing.

leasing a retro (P) - leaseback.

leasing-back (P) - leaseback.

leasing financeiro (P) - financial leasing.

leasing operacional (P) - operational leasing.

legação - legation; embassy.

legacia - legateship; office of a legate.

legado - legacy; bequest; devise; representative; envoy.

legado adicional - accumulative legacy.

legado alternativo - alternative legacy.

legado a título particular - specific legacy.

legado a título universal - universal legacy.

legado condicional - conditional legacy.

legado de alimentos - alimony legacy.

legado de corpo certo - specific bequest.

legado do recheio de casa (P) - legacy of chattel property.

legado por conta da legítima (P) - legacy in anticipation to what is reserved by law.

legado puro e simples - absolute legacy.

legado universal - universal legacy.

legal - legal; lawful; statutory.

legalidade - legality; lawfulness.

legalidade da prestação (P) - legality of the obligation.

legalismo - legalism.

legalista - legalistic; loyalist.

legalização - legalization; notarization.

legalizar - to legalize; notarize; sanction; validate; authenticate; legitimate.

legalmente - legally.

legalmente impossível (P) - legally impossible.

legante - legator; grantor; testator.

legar - to bequeath; devise; depute; delegate.

legatário - legatee; heir.

legatório - legatorial.

legenda - inscription; lattering; caption; subtitles; label; political party.

legião - legion; multitude; army.

legião estrangeira - foreign legion.

legiferação - legislating.

legiferante - legislator; lawmaker.

legiferar - to legislate; make laws.

legífero - legislator; lawmaker.

legislação - legislation; laws; acts; statutes.

legislação comparada - comparative law.

legislação escrita - statutory law.

legislação especial - special law.

legislação geral - general statute; commom law.

legislação municipal - ordinances.

legislação nacional - domestic laws; national laws.

legislação trabalhista - labor law; labor legislation.

legislação vigente - current law.

legislador - legislator; lawmaker.

legislar - to legislate.

legislativo - legislative; legislative power.

legislatório - legislatorial.

legislatura - legislature; session of the legislature.

legista - medical examiner; legist; legal expert; coroner.

legítima - legitime; legitimate; the necessary legacy reserved by law to the heirs.

legítima defesa - self defense.

legitimação - legitimation; authentication; legal capacity to sue.

legitimação ativa - standing to sue; legal capacity to sue.

legitimação passiva - standing to be sued; legal capacity to be sued.

legitimado - legitimized child; legitimated.

legitimador - person who legitimates.

legitimamente - legitimately; lawfully.

legitimar - to legitimate; legalize; authenticate.

legitimidade - legality; legitimacy to sue.

legitimidade aparente (P) - apparent right of action.

legitimidade indireta (P) - indirect right of action.

legitimidade para agir - standing to sue.

legítimo - legitimate; legal; true; real; lawful; genuine; authentic.

legítimo interesse - real interest; capacity to sue; right of action.

legível - legible; readable.

legomania - the habit of making laws.

lei - law; act; statute; rule; legislative act.

lei adjetiva - adjective law; procedural law.

lei administrativa - administrative law.

lei agrária - agrarian law.

lei ambiental - environmental law.

lei anual - yearly law; appropriation.

lei áurea - law which determined the end of slavery in Brazil.

lei básica - basic law; fundamental law.

lei civil - civil law.

lei comercial - commercial law.

lei complementar - complementary law.

lei constitucional - constitutional law.

lei da oferta e da procura - law of supply and demand.

lei das nações - law of nations; public international laws.

lei de base (P) - law in principle.

lei de direito público - public law.

lei de direito privado - private law.

lei de emergência (P) - emergency law; transitory law.

lei de exceção - emergency law; transitory law.

lei de greve - industrial actions law; law governing the right to strike.

lei de imprensa - law of publications; law of press.

lei de meios - appropriation act.

lei de ordem pública (P) - public order law.

lei declaratória - declaratory law.

lei delegada - delegate law.

lei do inquilinato - lease law; residential lease law.

lei do lugar - law of the land.

lei do sigilo bancário - banking secrecy law.

lei draconiana - extremely severe law; Draconian law.

lei escrita - statutory law; statute; written law.

lei especial - special statute.

lei estadual - state law.

lei estrangeira - foreign laws.

lei extraterritorial - extraterritorial law.

lei facultativa - facultative law.

lei federal - federal law.

lei fundamental - fundamental law.

lei geral - national law.

lei imperfeita (P) - imperfect law; law without sanctions.

lei inconstitucional - unconstitutional law.

lei institucional - institutional law.

lei internacional - international law.

lei interpretativa (P) - interpretative law; law made to explain and/or clarify another statute.

lei marcial - martial law.

lei material - statutory law; statute.

lei moral - moral law.

lei municipal - municipal ordinance.

lei nacional - national law.

lei natural - natural law.

lei orçamentária - appropriation act; budgetary law.

lei ordinária - statutory law.

lei orgânica - organic law.

lei pènal - criminal law.

lei perfeita (P) - perfect law; law that sanctions breach with nullity.

lei permissiva - permissive law.

lei pessoal - personal law.

lei positiva - statutory law; statute.

lei posterior - ex post facto law.

lei processual - procedure law.

lei retroativa - retroactive law.

lei substantiva - substantive law; civil law.

lei temporária - temporary law.

lei territorial - local law.

lei travão (P) - law prohibiting extra budgetary expenditures.

lei tributária - tax law.

leigo - layman; lay; secular; unprofessional.

leilão - auction; sale.

leilão judicial - vendue; judicial auction.

leiloamento - auctioning.

leiloar - to auction.

leiloeiro - auctioneer.

leiloeiro judicial - vendue master; auctioneer.

leiloeiro oficial - official auctioneer.

leiloeiro público - public auctioneer.

leito - bed; bedsteat; riverbed; watercourse.

leito da estrada - roadway; roadbed.

leito do rio - riverbed; water course; channel.

leitura - reading.

lembrança - rememberance; memory; reminder; advice; counsel.

lembrar - to remind; advert; advise; suggest.

lembrete - reminder; note; memorandum.

lenocínio - pandering; pimpery.

lente - professor; teacher.

leonino - leonine; one-sided; unfair; fraudulent.

leonino, contrato - leonine contract.

ler - to read.

lesado - injured; damaged; victim.

lesa-majestade - lese majesty.

lesante - injurer; person who causes damage.

lesa-pátria - high treason; crime against the country.

lesão - injury; lesion; damage; breach.

lesão continuada (P) - continuing damage.

lesão corporal - assault and battery; physical harm.

lesão corporal grave - aggravated battery; great bodily injury.

lesão do vendedor (P) - damages to the seller.

lesão física - bodily injury; physical harm.

lesar - to hurt; injure; damage; violate; infringe.

lesbianismo - lesbianism.

lesbiano - lesbian.

lésbico - lesbian.

lesivo - injurious; prejudicial.

leso - injured; hurt; damaged; offended.

letal - lethal; deadly; mortal.

letalidade - lethality; deadliness.

letra - note; letter.

letra de câmbio - bill of exchange; letter of exchange; draft.

letra de câmbio em branco - bill of exchange signed totally or partially in blank.

letra de crédito imobiliário - real estate credit note.

letra de favor - bill of exchange endorsed in blank.

letra de risco - risk bill.

letra documentária - documentary bill of exchange; documentary credit.

letra do tesouro - treasury bill.

Letra do Tesouro Nacional (LTN) (BR) - federal treasury bill.

letra hipotecária - mortgage note.

letra imobiliária - real estate financing note.

letra morta - a written promise which has not been kept.

letra pagável à vista (P) - draft payable on demand.

letra promissória - promissory note.

letra vencida - due bill.

letrado - learned; literate; educated; erudite.

letreiro - inscription; lettering; label; caption.

leva - weighing of an anchor; group.

levador - transporter; thief; robber.

levantamento - fact-finding; uprising; raising; survey; insurrection; rebellion.

levantamento de fatos - fact finding.

levantamento de inventário - stocktaking.

levantar - to rise; build; draw (money); survey; close; conclude.

levantar inventário - to take inventory.

levante - uprising; raising; insurrection.

leve - light; mied; easy.

leviandade - levity; frivolity; folly.

leviano - frivolous; rattle-brained; thoughtless; unconsiderate; injudicious.

libelado - articulated; joint.

libelista - libellant.

libelo - bill of indictment; accusatory pleading; charge sheet.

libelo-crime acusatório - bill of indictment; accusatory pleading.

liberação - payment; release; liquidation; discharge; clearance.

liberação, cessão com - transfer with release.

liberação, cessão sem - transfer without release.

Liberação de ações (P) - payment of share subscription.

liberado - released; acquitted; parolee; free on parole.

liberal - liberal.

liberalidade - gratuity.

liberalismo - liberalism.

liberar - to free; release; discharge.

liberdade - liberty; freedom.

liberdade civil - civil liberty.

liberdade condicional - parole; conditional release; ticket-of-leave.

liberdade de associação - freedom of association.

liberdade de cátedra - academic liberty.

liberdade de comércio - freedom of trade; free commerce.

liberdade de consciência - freedom of conscience.

liberdade de contratar - liberty of contract.

liberdade de crença - freedom of worship.

liberdade de culto - religious freedom; freedom of worship.

liberdade de ensino - freedom of education.

liberdade de estipulação - freedom to contract; freedom to transact.

liberdade de expressão - liberty of speech.

liberdade de imprensa - liberty of press.

liberdade de ir e vir - freedom of movement.

liberdade de palavra - freedom of speech.

liberdade de pensamento - freedom of thought.

liberdade de reunião - freedom of assembly.

liberdade individual - individual freedom.

liberdade política - political freedom.

liberdade profissional - professional liberty; professional independence.

liberdade provisória - release on own recognizance; free on parole.

liberdade religiosa - freedom of religion.

liberdade sindical - freedom of unionization; freedom of labor union organization.

liberdade sob fiança - release on bail.

libertação - liberation; release; discharge; deliverance.

libertado - set free; released.

libertar - to liberate; set free; release; discharge.

libertário - libertarian.

liberticida - liberticide; destroyer of liberty.

liberticídio - liberticide; destruction of liberty.

libertinagem - libertinism; debauchery; lewdness.

libertino - libertine; debauchee.

liberto - free; emancipated.

libidinagem - libidinousness; lewdness; lust; lechery.

libidinoso - libidinous person; lustful; lewd; debauch.

lição - lesson; percept; example.

liceidade - licitness; lawfulness.

licença - license; permit; authorization; leave.

licença de construção (P) - construction permit.

licença de exportação - export license.

licença do emprego - leave of absence.

licença do juiz - leave of court.

licença para tratamento - sick leave.

licença policial (P) - police license.

licenciado - licensed; discharged; licenciate; leave.

licenciado (E) - professional person; lawyer.

licenciamento - licensing; discharged; disbandment.

licenciar - to licence; authorize; permit; discharge.

licenciosidade - licentiousness; looseness.

liceu - lyceum.

licitação - licitation; bid; invitation to bid; bidding; auction.

licitador - bidder.

licitante - bidder; seller at auction.

licitar - to bid; sell at auction.

lícito - lawful; licit; fair.

licitude - legal; in accordance with the law.

licitude da prestação (P) - obligation within the law; legal obligation.

lide - suit; action; judicial proceedings; cause.

lide criminal - criminal prosecution.

lide pendente - pending suit; lis pendens.

lide temerária - vexatious proceeding; barrety.

líder - leader.

liderança - leadership.

liderar - to lead; guide.

lidimar - to legitimate.

lídimo - legal; legitimate; authentic.

liga - league; alliance; union.

ligação - connection; link; relation; junction; bond.

ligar - to tie; bind; fasten; connect; unite; attach.

liminar - temporary restraining order; injunction; preliminary order; writ.

liminar de mandado de segurança - preliminary injunction.

limitação - limitation; restraint; restriction; curtailment.

limitação do direito subjetivo (P) - limitation of the individual right.

limitada (o) - limited.

limite - limit; restraint; restriction; curtailment.

limite de preço diário - daily price limit.

linchamento - lynching.

linchar - to lynch.

lindar - to abut; delimit; border.

linde - abuttal.

lindeiro - abutting; bordering; limitrophe.

língua - language; idiom.

linguagem - language; speech.

linha - line; stirp; row; file; limit; boundary; lineage; direction; course; decorum.

linha colateral - collateral line.

linha de crédito - credit line; line of credit.

linha de fronteira - border line.

linha direta - direct line.

linha divisória - bondary line.

linha materna - maternal line.

linha paterna - paternal line.

linha recta (P) - direct line.

linha reta - direct line.

linhagem - lineage; ancestry; descent; genealogy.

líquida(o) - net; clear; evident.

liquidação - liquidation; settlement; realization; payment; discharge; on sale.

liquidação amigável - friendly settlement.

liquidação convencional - conventional liquidation.

liquidação da sentença - liquidation of any amounts involved in a final judgement, the proceeding to fix or make certain the amount in judgement.

liquidação da sociedade - dissolution of the company; liquidation of the corporation.

liquidação de operação de mercado futuro - covering a short position.

liquidação do imposto (P) - payment of taxes.

liquidação forçada - forced payment.

liquidação oficial - official liquidation.

liquidado - liquidated; extinct.

liquidante - liquidator.

liquidar - to liquidate; settle; close; pay off.

liquidatário - liquidator; receiver.

liquidez - liquidity.

liquidez, índice de - liquidity ratio.

liquidez financeira - financial liquidity.

líquido e certo - clearly legal.

lira - lira; Italian currency.

lista - list; roll; roster.

lista de contas - chart of accounts.

lista de contribuições - subscription list.

lista de estoque - statement of goods.

lista de feitos - list of judicial cases; list of cases.

lista de jurados - panel of jurors; list of jurors; array.

lista de pessoas - roster.

lista de preços - price list.

lista de presenças (P) - list of those attending a general meeting of shareholders.

lista de telefones - directory; telephone book.

lista negra - black list.

lisura - sincerity; honesty; good faith.

literal - literal; verbal; exact; true.

literário - literary.

literatura - literature.

litigância de má fé - malicious use of process; malicious abuse of legal process.

litigante - litigant; litigator; causator.

litigar - to litigate; contend; fight; suit at law.

litígio - litigation; lawsuit; dispute.

litígio civil - litigation; suit; legal action.

litígio criminal - criminal prosecution.

litígio internacional - international litigation; international dispute.

litigioso - litigious.

litisconsórcio - joinder of parties; joinder of action; joinder of claims.

litisconsórcio ativo - joinder of plaintiffs.

litisconsórcio necessário - compulsory joinder.

litisconsórcio passivo - joinder of defendants.

litisconsorte - joint party.

litisconsorte ativo - joint plaintiff.

litisconsorte passivo - joint defendant.

litiscontestação - plea in a joinder of actions.

litispendência - pendency; lis pendens; pending suit; pendente lite; pendent jurisdiction.

litoral - seacost; seashore; seaboard.

litro - liter; litre.

livramento - release; release on own recognizance.

livramento condicional - parole; conditional release; release on parole.

livrança (P) - promissory note.

livrar - to liberate; set free; release; rid (rescue).

livraria - bookstore; bookshop.

livre - free; independent; released.

livre arbítrio - free will.

livre câmbio - free exchange.

livre cambismo - policy of free exchange.

livre concorrência - free competition.

livre convencimento - judicial discretion.

livre convicção - judicial discretion.

livre cultismo - religious freedom.

livre de imposto - free of tax; duty-free.

livre empresa - free enterprise.

livre iniciativa - free iniciative.

livro - book.

livro ata - minutes book.

livro azul - correspondence log.

livro auxiliar - subsidiary entry books.

livro caixa - cash register book.

livro contábil - accounting books.

livro de bordo - log book.

livro de cheques - check book.

livro de ocorrências policiais - bench blotter.

livro de registro de ações - share recorder; share registration book.

livro de registro de inventário - inventory recorder book.

livro de registro de transferência de ações - share transfer recorder.

livro de telefones e endereços - directory.

livros comerciais - commercial books.

locação - lease; letting; demise; hiring; lodging.

locação de estabelecimento (P) - commercial lease.

locador - lessor; landlord.

locador de imóvel - landlord.

local - place; side.

local de trabalho - place of employment.

localidade - place; locality; situation.

locar - to lease; let; hire; rent.

locatário - lessee; hirer; employer; tenant.

locatário de bem imóvel - tenant lessee; tenant.

locativo - tenantable.

locar - to lease; hire.

locupletamento - unjust enrichment.

locupletar - to take undue advantage.

lógica - logic.

lógico - rational; coherent.

logradouro público - public areas.

logro - cheat; fraud; trick.

loja - shop; store.

lojista - storekeeper; shopkeeper.

longo prazo - long term.

lotação - holding; capacity.

lotado - full; filled; booked-up.

lotar - to divide in lots; fill up.

lote - lot; allotment; share; portion; parcel.

loteação - allotment.

loteamento - division of land into lots; real estate development.

lotear - to divide land into lots; develop real estate.

loteria - lottery.

loto - chance game.

louco - insane; crazy; mad.

loucura - insanity; madness; lunacy.

louvação - appraisal; valuation.

louvado - arbiter; expert; appraiser.

lucidez - lucidity; discernment; discrimination.

lúcido - lucid; clear.

lucrar - to profit; take advantage of; gain.

lucratividade - profitability.

lucrativo - lucrative; profitable; advantageous.

lucro - profit; income; revenue; earnings.

lucro acumulado - earned surplus; accrued earning; accumulated profit; earned profit.

lucro antes do imposto - pre-tax profit.

lucro bruto - gross profit.

lucro cessante - loss of profits.

lucro comercial - trading profit; operational profit.

lucro contábil - accounting profit.

lucro de balanço (P) - accounting profit; balance sheet profit.

lucro e perda - profit and loss.

lucro extraordinário - extraordinary profit.

lucro líquido - net profits.

lucro marginal - marginal profit.

lucro não distribuido - withheld profits.

lucro presumido - assumed profit.

lucro suspenso - suspended profits.

lucros e perdas - profits and losses.

lugar - place; site; position; locality.

lugar da prestação (P) - place of performance.

lugar de delito - place of the crime.

lugar de honra - place of honour.

lugar de pagamento - place of payment.

lugar e data - place and date.

lugar e fecha (E) - place and date.

lugar público - public place.

lunático - lunatic; crazy; insane.

lupanar - brothel; brawdy house.

lustro - lustrum; quinquennium; five (5) year period.

luto - mourning; sorrow; grief; bereavement.

lutuoso - in mourning; sad.

luvas - key money fee.

luxo - luxury; ostentation.

luxúria - luxuriance; luxury; extravagance; corruption.

luz - light; illumination; knowledge; enlightment.

M

má - bad; evil; wicked; mean; malignant.

má ação - bad action.

má companhia - bad company.

má conduta - malconduct; misconduct.

má execução - non performance; misfeasance; miscarriage.

má índole - bad nature.

má-fama - ill repute.

má-fé - bad-faith; mala fide; malicious motive.

má-fé processual (P) - barratry; malicious litigation.

má-prática - bad practice.

má vontade - unwillingness.

maçante - boring; dull.

macho - male.

maçom - mason; freemason.

maçonaria - masonary; freemasonary.

maconha - marijuana; marihuana; pot.

macroeconomia - macroeconomy.

maculado - maculated; stained; dishonoured.

macular - to maculate; stain; polute; dishonour.

madeira - wood; lumber; timber.

madeirar - to work with wood.

madrasta - stepmother.

madrinha - godmother; sponsor; patroness.

madureza - matureness.

mãe - mother.

mãe adotiva - adoptive mother.

mãe biológica - biological mother.

mãe legítima - biological mother.

mãe natural - biological mother.

máfia - mafia.

mafioso - mafioso.

magia - magic; occult power; enchantment.

magia negra - black magic.

magistério - teaching profession; mastership.

magistrado - magistrate; judge; justice.

magistrado administrativo (P) - administrative agency.

magistratura - magistracy; bench; magistrature.

magistratura judicial (P) - judicial bench; magistrature.

magnata - magnate.

magnífico - magnificent; excellent; splendid; superb; gorgeous.

maior - person of mature age; adult; high; ledger; superior; principal; larger.

maioria - majority.

maioria absoluta - absolute majority (fifty per cent plus one of the votes).

maioria qualificada - qualified majority; special majority required for certain resolutions.

maioria relativa - plurality; majority; relative majority; simple majority.

maioria simples - plurality; majority; relative majority; simple majority.

maioridade - majority; full age.

mais - plus; more; also; surplus.

majestade - majesty.

major - major.

majoração - increase; raise; rise.

majorante - aggravating.

majorar - to increase; raise; rise; augment.

mal - wrong; bad; evil; harm; mischief; illness; disease; trouble; misfortune.

mal educado - impolite; rude.

mal entendido - misunderstanding; misapprehension.

mala aérea - air mail.

mala postal - mail.

maldição - malediction; curse.

maldiçoar - to curse.

maldizer - slander; calumny.

maleficiar - to hurt; prejudice; damage.

malefício - malefaction; wrong; misdeed; damage; evil.

maléfico - malefic; harmful; injurious; evil; criminal.

malfamado - ill-famed.

malfeitor - malefactor; wrongdoer; criminal.

malfeitoria - malefaction; offense.

malferido - mortally wounded.

malferir - to hurt mortally.

malformação - malformation.

malícia - malice; wickedness; mischievousness.

maliciar - to interpret maliciously.

malicioso - person full of malice; malicious; sly; cunning; mischievous.

malígno - malign; harmful; malignant; evil; hateful.

malograr - to fail; frustrate.

malogro - failure; miscarriage; defeat; frustration.

malote - pouch; courier.

malsinar - to denounce; delate.

malthusianismo - Malthusianism.

maltratado - maltreated; abused; beaten.

maltratar - to maltreat; abuse; beat.

malvadez - wickedness; meanness; cruelty.

malvado - mean person; wicked; cruel; rancorous.

malversação - malversation; misappropriation; miscarriage; embezzlement; malfeasance.

malversado - misused.

malversar - to misuse; misappropriate; embezzle; mismanage.

mamposta - imprisonment; arrest.

manancial - source; spring; fountain.

manceba - concubine.

mancebia - concubinage.

mancebo - boy; juvenile; lover.

mancinismo - left-handedness.

mancomunação - adjustment; conspiracy; concerted action

mancomunado - adjusted; agreed; combined; conspired.

mancomunar - to adjust; agree; combine; conspire; manda-reference mark bequest; offer; proposal.

mandadeiro - messenger; nominee; missive.

mandado - judicial writ; mandate; warrant; court order; mandamus; command.

mandado de apreensão - search warrant.

mandado de arresto - writ of attachment.

mandado de busca - search warrant.

mandado de busca e apreensão - search warrant.

mandado de citação - writ of summons and service; notice of service of process.

mandado de despejo - writ of ejectment.

mandado de embargo de obra - provisional injunction against continued construction.

mandado de evacuação - writ of ejectment.

mandado de execução - writ of execution.

mandado de habeas corpus - writ of Habeas Corpus.

mandado de imissão de bens imóveis - writ of entry.

mandado de imissão de bens móveis - writ of replevin.

mandado de penhora - writ of attachment.

mandado de prisão - warrant of arrest.

mandado de reintegração de bens imóveis - writ of entry.

mandado de reintegração de bens móveis - writ of replevin.

mandado de segurança - writ of mandamus; court injunction; mandamus.

mandado de sequestro - writ of attachment.

mandado de soltura - release order.

mandado executivo - writ of execution.

mandado judicial - writ; breve; judge's order.

mandado judicial de citação - writ of summons; notice of service of process.

mandado judicial de prisão - bench warrant; arrest warrant; warrant of arrest.

mandado liminar - preliminary injunction; temporary restraining order; writ of prevention.

mandado possessório - writ of delivery; writ of possession.

mandamento - order; command; precept.

mandamento judicial - judicial order.

mandamento legal - legal order.

mandância - abuse of power to order.

mandante - principal; mandator; constituent; person who instigates a crime.

mandar - to send; command; order; instruct; direct; require.

mandatário - attorney-in-fact; agent mandatary; nominee; proxy; solicitor.

mandatário ad judicia - attorney of record; lawyer in charge of the case; barrister with the brief.

mandatário ad negotia - attorney-in-fact; agent.

mandatário civil - attorney-in-fact for civil law purposes.

mandatário comercial - agent.

mandatário de lista (P) - candidate.

mandatário especial - special agent.

mandatário extrajudicial - attorney-in-fact; agent.

mandatário falso - false attorney-in-fact.

mandatário legal - legal representative.

mandato - mandate; power of attorney; proxy; agency; letter of attorney; charge; commission; term of office.

mandato ad judicia - power of attorney for representation in court.

mandato civil - power of attorney for representiton in accordance with civil law.

mandato comercial - commercial mandate; power of attorney for representation in accordance with commercial law.

mandato com representação (P) - mandate with an obligation for the attorney-in-fact.

mandato conjunto - joint power of attorney.

mandato convencional - contract.

mandato de administração - management mandate.

mandato escrito - written power of attorney; written mandate.

mandato especial - special power of attorney.

mandato expresso - express power of attorney.

mandato geral - general power of attorney.

mandato internacional - international power of attorney.

mandato legal - legal representation.

mandato mercantil - agency.

mandato político - public mandate.

mandato tácito - tacit power of attorney.

mandato verbal - verbal power of attorney.

maneio - manual work.

maneira - manner; method; way; made; modus.

mania - mania; habit.

maníaco - maniac.

manicômio - lunatic asylum; madhouse.

manicômio judiciário - judiciary lunatic asylum; madhouse.

manifestação - manifestation; pronouncement; statement; declaration.

manifestação da vontade - declaration of intent.

manifestação tácita (P) - tacit approval (administrative law).

manifestante - manifestant; protester; demonstrator.

manifestar - to manifest; show; state; declare; make public.

manifesto - manifest; public declaration; evident; patent.

manifesto de carga - ship's manifest.

manifesto de embarque - ship's manifest.

maninho - uncultivated land.

maninhos - legacies of one who dies without children.

manipulação - manipulation.

manipulação de preços - price manipulation.

manobra - manoever; handling; military tactic.

manobra de salvamento (P) - salvation manoever.

manobras fraudulentas - fraudulent manoevers.

manso - tame; domestic; submissive.

mantença - maintenance; nourishment; sustenance.

manter - to maintain; sustain; support.

manter uma conta - to keep an account.

manteúda - woman or concubine kept by a man.

mantimento - maintenance; supply; food.

manual - manual.

manufator - manufacturer.

manufatura - manufacture.

manufaturado - manufactured.

manufaturador - manufacturer.

manufaturar - to manufacture.

manufatureiro - manufacturer.

manumissão - manumission; the act of releasing from slavery.

manumisso - manumitted; released from slavery.

manumissor - manumitter.

manumitir - to manumit; release from slavery.

manuscrito - manuscript; handwriting.

manutenção - maintenance; support; subsistence.

manutenir - to concede a mandate of maintenance to.

mão - hand.

mão armada - armed robbery.

mão-de-obra - manpower; labor; manual work on a job.

mão-de-obra qualificada - skilled labor.

mão-de-obra não qualificada - nonskilled labor.

mapa - map; chart.

maquia - profit; gains; tip.

maquiavélico - Machiavellian; astute; tricky; sly.

maquiavelismo - Machiavellianism; astuteness; slyness.

maquilagem (informal) - make-up; window dressing.

máquina - machine; engine; machinery.

maquinar - to contrive; devise; plan; plot; scheme.

mar - sea; ocean.

mar alto - open sea; high seas.

mar interior - internal waters.

mar livre - free waters.

mar territorial - territorial waters.

marajá - maharajah.

marca - mark; brand; sign; token; badge.

marca colectiva (P) - collective trademark.

marca comercial - trade-mark.

marca de comércio - trade-mark.

marca de fábrica - manufacturer's trademark.

marca de indústria - manufacturer's trademark.

marca de origem - trade-mark; mark of origin.

marca do volume - marked volume.

marca notória - notorious trademark.

marca operária (P) - worker's mark.

marca regional (P) - regional mark.

marca registrada - trade-mark.

marcação - marking.

marcação (P) - reservation.

marcação do gado - cattle branding.

marcado - marked; looked; cheater.

marcar - to mark; stamp; seal; brand; register; record; set; agree; appoint.

marachão - dike; embankment.

marcha - march; course; progress; advance.

marchante - merchant.

marco - mark; boundary mark.

maré - tide.

mareação - act of controlling a ship.

marear - to sail; steer.

marechal - marshal.

margear - to make marginal notes.

margem - margin; spread; border; edge; shore.

margem de garantia - margin of security.

margem de lucro - profit margin.

margem marítima (P) - water mark.

marginal - marginal; side; criminal; outlaw.

marginalidade - condition of a criminal.

marginalizar - to keep someone out of society.

marginar - to make notes on the margin.

maridagem - married life.

maridar - to marry.

marido - husband.

marinha - navy; marine.

marinha, oficial da - naval officer.

marinha, soldado da - marine.

marinha de guerra - navy.

marinha mercante - merchant marine.

marinhagem - seamanship; crew of a ship.

marinheiro - sailor; mariner; seaman.

marital - marital; matrimonial; conjugal.

mariticida - woman who kills her husband.

mariticídio - crime of a woman who kills her husband.

maritimista - jurist specialized in admiralty law.

marítimo - marine; maritime.

marítimo, direito - maritime law.

marquês - marquis.

martelo - hammer; gavel.

marujo - seamanship; crew of a ship.

marxismo - Marxism; an obsolete ideology.

mascate - peddler; street vendor.

masmorra - dungeon.

masoquismo - masochism.

masoquista - masochist.

massa - estate; assets; wealth; volume.

massa de crédito - assets.

massa de credores - group of creditors.

massa falida - bankrupt estate.

massa hereditária - decedent's estate.

massa insolvente (P) - bankrupt estate.

massa monetária - monetary mass.

massa passiva - liabilities.

massa sucessória - decendent's estate.

massacrar - to massacre; kill with cruelty.

massacre - massacre.

massame - cordage.

matador - killer; murderer.

Matador (E) - bonus denominated in pesetas.

matadora - murderess.

matadouro - slaughterhouse.

matalotado - ship supplied with provisions.

matalotagem - provisions.

matança - massacre; killing; slaughter; bloodshedding.

matar - to kill; slay; murder; destroy; slaughter.

matéria - matter; affair; subject; material.

matéria admissível - right of action.

matéria de direito - matter of law.

matéria de facto (P) - matter of fact.

matéria de fato - matter of fact.

matéria de forma - matter of form.

matéria de lei - object of a statute.

matéria dos autos - matter of record.

matéria irrelevante - irrelevant matter.

matéria julgada - matter adjudged.

matéria nova - new matter.

matéria penal - criminal matter.

matéria predominante - predominant matter.

matéria-prima - raw material.

matéria relevante - relevant matter; matter of substance.

material - material; goods.

material de escritório - office supplies.

materialismo - materialism.

maternal - maternal.

maternidade - maternity.

matriarcado - matriarchy.

matricida - matricide; murderer of one's own mother.

matricídio - matricide; murder of one's own mother.

matrícula - registration; matricula; license.

matrícula do comerciante - commerce registration.

matrícula escolar - school registration.

matriculado - registered.

matricular - to register; enrole; list; enter; license.

matrilinear - related to the female line in succession.

matrimonial - matrimonial.

matrimoniar - to unite in matrimony.

matrimônio - matrimony; marriage; wedlock.

matrimônio, contrair - to contract marriage.

matriz - main office; head office; principal office.

matulagem - life of a vagrant.

maturidade - maturity.

mau - bad; evil; wicked; mean; malignant; sinful; foul; nasty; vile.

mau cumprimento (P) - noncompliance; defective performance.

mau procedimento - misconduct; misbehavior.

maus costumes - bad behavior.

maus tratos - maltreatment.

mausoléu - mausoleum.

máxima - established legal principle; maxim.

maximalismo - maximalism.

maximalista - maximalist.

máxime - principally.

máximo - highest; maximum.

meação - marriage portion; moiety; joint property.

meado - middle.

mecânica - mechanics.

mecânico - mechanical; mechanic.

mecanização - mechanization.

medalha - medal.

média - average; ratio.

mediação - mediation; intervention.

mediador - mediator; interceder; arbiter; broker; middleman.

medianeiro - mediator; interceder; arbiter; middleman; partner.

mediante - by means of; upon; on.

mediante entrega - on delivery.

mediante escritura - by deed.

mediante pagamento - against payment.

mediante solicitação - upon request.

mediar - to mediate; intervene as a broker or middleman.

mediato - mediate; indirect.

medicamento - medicine; drug; medicament.

medição - measuring; measurement; survey.

medicina - medicine; medical science.

medicina criminal - criminal medicine.

medicina forense - forensic medicine.

medicina judiciária - medical jurisprudence.

medicina legal - medical jurisprudence.

médico legista - coroner; medical examiner; expert in medical jurisprudence.

medida - procedure; step; means; measure; measurement; order; injunction; writ; restraining order; temporary restraining order.

medida acauteladora - writ of prevention; provisional remedy; precautionary measure.

medida cautelar - writ of prevention; writ of injunction; temporary restraining order; provisional remedy; bill quia timet (RU).

medida cutelar de custódia - provisional custody.

medida cominatória - mandatory injunction.

medida compensatória (GATT) - countervailing duty.

medida compulsiva (P) - mandatory injunction.

medida disciplinar - disciplinary measure.

medida judicial - judicial order.

medida liminar - restraining order; temporary restraining order; preliminary injunction.

medida preparatória - writ of prevention; bill quiat timet.

medida preventiva (P) - writ of prevention; provisional remedy.

medida provisional - provisional remedy.

medida provisória - provisional measure.

medida transitória - transitory remedy.

medo - fear; dread; fright.

meeiro - sharecropper.

megalomania - megalomania.

meia-água - pent-roof.

meiação - marriage portion; moiety.

meio - mean; resource; wealth; middle; center; medium.

meio ambiente - environment.

meio circulante - currency; monetary mass.

meio social - social environment.

meios - resources; means; process.

meios de coacção (P) - means of coercion.

meios de comunicação - media.

meios de produção - means of production.

meios de prova - evidence.

meios de sub-rogação (P) - judicial means.

meios econômicos - economic resources.

meios financeiros - financial resources.

meios fraudulentos - fraudulent means.

meios legais - legal steps; legal measures; legal means.

meirinho - baliff.

melhor - best; better.

melhor prova (P) - the best evidence.

melhoramento - improvement; betterment.

melhoria - improvement.

meliante - loafer; tramp; rascal.

membro - member.

membro fundador - charter member.

membro titular - regular member.

membro vitalício - life member.

memorando - memorandum.

memorando de colocação - placing memorandum.

memorando de oferta - offering memorandum.

memória - remembrance; record.

memória descritiva (P) - the description of the invention.

memorial - brief; memorial; memorandum.

memorial descritivo - petition; record; brief.

menagem - house arrest under bail; homage; allegiance.

menção - reference; mention; citation; indication.

mendicância - mendicancy; beggary; pauperism.

mendicidade - mendicancy; beggary.

mendigo - beggar; mendicant; pauper.

menor - minor; infant; less; smaller; younger; minor.

menor abandonado - neglected minor; abandoned minor.

menor delinqüente - juvenile delinquent; juvenile offender.

menor emancipado - emancipated minor.

menor libertino (P) - juvenile delinquent.

menoridade - minority.

menos - less.

mensageiro - messenger; courier; runner.

mensagem - message; communication.

mensagem presidencial - president's message.

mensal - monthly.

mensalidade - monthly payment.

mensalista - worker or employee paid by the month.

mensário - monthly; monthly publication.

mental - mental; intellectual.

mente - mind; intellect.

mentecapto - demented; crackbrained; foolish; idiotic.

mentir - to lie; deceiver.

mentira - lie; untruth.

mentiroso - liar.

mentor - principal; mentor; counselor.

mera - mere; sole; simple; precarious.

mera administração (P) - simple administration; conservative administration.

mera posse (P) - precarious possession.

mera protecção (P) - simple protection.

mero retardamento da prestação (P) - payment in arrears.

merca - buy; purchase.

mercadejar - to negotiate; sell; carry on commercial deals.

mercado - market; mart; commerce.

mercado a forfeit - discount market; discount market without recourse.

mercado altista - bullish market.

mercado a termo - futures market.

mercado à vista - sight market.

mercado comprador - buyer's market.

Mercado Comum Europeu - European Common Market; Common Market.

mercado consumidor - consumer market.

mercado de balcão - over-the-counter market.

mercado de câmbio - exchange market.

mercado de capitais - stock market.

mercado de empregos - job market.

mercado de mercadorias - commodities market.

mercado de títulos - bonds market; securities market.

mercado de valores mobiliários - securities market.

mercado em alta - bull's market.

mercado em baixa - bear market.

mercado externo - foreign market; foreign trade.

mercado financeiro - financial market.

mercado firme - steady market.

mercado futuro - future market; forward market.

mercado ilícito - black market.

mercado imobiliário - real estate market.

mercado internacional - international market.

mercado interno - domestic market; domestic trade.

mercado negro - black market.

mercado paralelo - black market.

mercado vendedor - seller's market.

mercadologia - marketing.

mercador - merchant; dealer; trader.

mercadoria - commodity; goods; merchandise; chattel; wares.

mercadoria abandonada - abandoned product.

mercadoria avariada - damaged merchandise.

mercadoria defeituosa - defective merchandise.

mercadoria estrangeira - foreign merchandise.

mercadoria exportada - exported goods.

mercadoria importada - imported goods.

mercadoria nacional - national merchandise.

mercadorias em consignação - goods on consignment.

mercancia - trade; goods; merchandise.

mercanciar - to negotiate.

mercante - merchant; mercantile.

mercantil - commercial; mercantile; trade.

mercantilismo - mercantilism.

mercar - to buy and sell; negotiate; trade.

mercatório - mercantile; commercial.

mercável - marketable; negotiable.

mercê - gift; favor; benefit; grace; mercy; reward.

merceeiro - grocer.

mercenário - mercenary; venal.

merceologia - science that studies trade and commerce.

merceólogo - one who studies trade and commerce.

merecimento - deserving; merit; desert.

meretrício - prostitution.

meretriz - prostitute.

meritíssimo - most worthy (form of addressing judges).

mérito - merit; grounds of action.

mérito da causa (P) - grounds of action.

mero - mere; sole; simple; precarious.

mês - month.

mesa - board; commission.

mesa eleitoral - board of elections; polls.

mesa examinadora - board of examiners.

mesada - allowance; monthly pay.

mesário - board clerk.

mestre - master; instructor; chief; principal; main.

meta - goal; aim; mark; limit; purpose.

metade - half; middle.

metrópole - metropolis.

mexerico - malicious gossip.

migração - migration.

milícia - militia; soldiery.

militante - practitioner; militant.

militar - military.

militar (FC) - to belong.

militarismo - militarism.

mímica - gesticulation.

mina - mine; source.

mineiro - miner.

mineração - mining.

mineral - mineral.

minério - ore; mineral.

mínimo - least; smallest; minimum.

ministério - ministry; cabinet; secretary.

ministério da fazenda - treasury department; exchequer.

ministério da marinha - navy department.

ministério da saúde - health department; ministry of public health.

ministério das relações exteriores - ministry of foreign relations; department of state; secretary of foreign affairs.

ministério público - public prosecution service.

ministro - minister; cabinet member; state secretary.

ministro de culto - priest; pastor.

ministro do tribunal - associate justice; chief justice.

ministro plenipotenciário - minister plenipotentiary.

minoração - mitigation; diminishing; curtailment.

minoria - minority.

minoria racial - racial minority.

minoritário - minority.

minúcia - trifling detail; trifle.

minuta - draft.

minuta, primeira - rough draft.

minutante - one who makes a draft.

minutar - to make a rough draft.

minuto - minute.

miscelânea - miscellaneous; sundry.

miscigenação - miscegenation.

miserabilidade - poverty.

miserável - miserable; wretched; beggary; destitute; wretch.

misericórdia - mercy; compassion.

misoginista - misogynist; woman hater.

missão - mission; commission; charge; delegation.

missão diplomática - diplomatic mission.

missivo - missive.

mistificação - misrepresentation.

mistificar - to mystify; cheat; deceiver.

mistura - mixture; blend; compound; amalgam.

mitomania - mythomania.

mitômano - mythomaniac.

mitra - miter; mitre.

miudezas - small wares; trifles.

miúdo - minute; tiny; small.

mobília - furniture.

mobiliário - chattel; security; furniture.

mobilização - mobilization.

mobilizar - to mobilize; put into circulation.

moça - girl; young woman; maiden.

moção - motion; proposition; suggestion.

moção de censura (P) - vote of no confidence.

moção de confiança (P) - confidence vote; confidence motion; vote of confidence.

mocidade - youth; young people.

moço - young; youthful; juvenile.

modal - modal.

modalidade - formality; routine; form; kind.

modelo - model; standard; blank form.

moderno - modern; recent; up to date.

modificação - alteration; amend; modification; amendment; change.

modificação de direitos (P) - modification of rights.

modificação de objecto (P) - modification of objective.

modificar - to modify; revise; amend.

modificativo - modifying.

modo - form manner; way; mode; modus.

módulo rural - measure of rural land.

moeda - money; currency; coin; species; hard currency.

moeda conversível - convertible currency; hard currency.

moeda corrente - currency; current money.

moeda de curso legal - legal tender.

moeda de curso livre - freely conventible currency.

moeda envilecida - debased currency.

moeda estrangeira - foreign currency.

moeda falsa - counterfeit money.

moeda fiduciária - bond.

moeda forte - hard currency.

moeda fraca - soft currency.

moeda inconversível - nonconvertible currency; soft currency

moeda legal - legal tender.

moeda papel - paper money.

moeda principal - legal tender.

moeda sonante - currency.

moeda volátil - volatile currency.

moedeiro - coiner; minter.

mofatra - fraud; false pretenses.

moldagem - molding; casting.

moléstia - disease; sickness; illness.

moléstia profissional - occupational disease.

momento - moment.

momento da perfeição do negócio jurídico (P) - moment of the completion of a legal act.

Momento Legislativo (BR) - newspaper of the union of state deputies.

monarca - monarch; sovereign.

monarquia - monarchy.

monetário - monetary.

monitor - monitor.

monocracia - monocracy.

monogamia - monogamy.

monogâmico - monogamic.

monógamo - monogamous.

monografia - monograph.

monomania - monomania.

monometalismo - monometalism.

monopólio - monopoly.

monopólio legal (P) - legal monopoly.

monopolizar - to monopolize; corner.

monsenhor - monsignor.

monstro - monster.

monta - sum; amount; cost.

montante - sum; amount; total.

monte - decendent's estate.

monte-mor - gross estate.

montepio - widow's fund; pension fund; mutual pension society.

monumento - monument; memorial.

monumento de arte - monument of art.

monumento histórico - historic monument.

monumentos naturais - natural monuments.

mora - culpable delay; culpable default; arrears.

mora do credor - culpable delay of the creditor.

mora do devedor - culpable delay of the debtor; payment in arrears.

morada - dwelling; abode; home; residence.

moradia - dwelling; home; residence.

morador - resident; dweller.

moral - moral; ethical.

moral pública - public morality.

moralidade - morality.

moratória - moratorium.

moratório - moratory; delaying.

mordomia - perks; perquisite.

mordomo - major-domo; butler; steward.

morfinomania - morphinomania.

morgado - first-born son; heir of an entail.

morganático - morganatic.

moribundo - moribund; dying.

morituro - moribund; dying.

mortal - mortal; deadly; lethal; fatal.

mortalidade - mortality.

mortandade - mortality; death rate.

morte - death; demise; end; extintion.

morte, perigo de - risk of death.

morte acidental - accidental death.

morte aparente - apparent death.

morte civil - civil death.

morte clínica - clinical death.

morte criminosa - wrongful death.

morte instantânea - instantaneous death.

morte natural - natural death.

morte por negligência criminosa - wrongful death.

morte presumida - presumed death.

morte súbita - sudden death.

morte violenta - violent death.

morticínio - massacre; slaughter.

morto - deceased; dead; gone; extinct.

mosteiro - monastery; abbey.

motim - mutiny; riot; disorder; revolt; tumult.

motim de presos - prisoner's riot.

motivação - reasoning; motivation.

motivação da sentença - statement by judge of rationale for sentence.

motivado - motivated.

motivar - to motivate; cause; bring about.

motivo - cause; motive; reason.

motivo grave - serious cause.

motivo justo - just cause.

motivo torpe - foul motive.

moto próprio, de - of private motive.

móveis - meuble; mobilia; furniture; chattel; movable property; personal property.

móvel - personal property; personalty; chattel.

mover uma ação - to bring a suit; sue.

movimento - motion; movement.

muda - change; shift.

mudança - change; shift; alteration; modification; removal.

mudança de domicílio - change of domicile.

mudança de nome - change of name.

mudança de residência - change of residence.

mudez - muteness; dumbness; silence.

mudo - dumb; mute; silent.

mulher - woman; wife.

mulher casada - married woman.

mulher solteira - spinster; unmarried woman.

multa - penalty, fine; merciament.

multa civil - civil penalty.

multa contratual - contractual penalty.

multa penitencial (P) - contractual penalty.

multar - to fine.

multidão - multitude; crowd; mob; populace.

multinacional - multinational.

multiplicidade de ações - multiplicity of actions.

mundana - prostitute; whore.

munição - munition; ammunition; military supplies.

municipal - municipal.

municipalidade - municipality; township; town; city.

municipalismo - municipalism.

munícipe - townsman; citizen of the town.

município - town; municipality.

munificência - munificence.

munir - to provide with munition; supply; furnish.

múnus - duties; function; charge.

muro - wall.

mutilação - mutilation.

mutilar - to mar; deface; mutilate.

mútua - mutual; reciprocal.

mutuação - mutualization; borrowing; lending.

mutualidade - mutuality; mutual association.

mutualista - member of a beneficial association.

mutuante - lender.

mutuar - to lend.

mutuário - borrower.

mutuatário - mutuary; borrower; person receiving a loan.

mútuo - loan.

mútuo consenso - mutual consent.

mútuo mercantil - loan; commercial loan.

N

nação - nation.

nação mais favorecida, cláusula da - most favored nation clause.

nacional - national; domestic.

nacionalidade - nationality; citizenship.

nacionalidade adquirida - acquired nationality.

nacionalidade da mercadoria - nationality of the goods; origin of the goods.

nacionalidade do navio - flag of the ship; origin of the ship.

nacionalismo - nationalism.

nacionalista - nationalist.

nacionalização - nationalization.

nacionalizar - to nationalize.

nacional-socialismo - nazism.

Nações Unidas - United Nations.

nada - nothing.

não - no; not; non.

na presença - before.

não aceitação - non-acceptance.

não admissão - non-admission.

não afiançável - non-bailable.

não agressão - non-aggression.

não alinhamento - non-alignment.

não comparecimento - non-appearance.

não competitivo - non-competitive.

não conformista - non-conformist.

não conhecer - not known; unknown.

não cumprimento - nonfeasance; nonperformance.

não cumprimento definitivo (P) - definitive non-performance.

não entrega - non-delivery.

não exigibilidade (P) - non-demandability.

não fazer - refrain from doing; non-claim; non-joinder.

não formal - casual.

não lucrativo - non profit-making.

não pagamento - non-payment.

não presente - not present.

não qualificação - non-qualification.

não reclamação - non-claim.

não residente - non-resident.

não retroatividade (P) - non-retroactivity.

não saber - not know.

não ser - not be.

não violento - non-violent.

não votante - non-voting.

narcisismo - narcisism.

narcoanálise - narcoanalysis.

narcótico - narcotic.

narcotizar - to drug; dope.

narração - report; account.

narrado - reported.

narrar - to report.

narrativa - narrative.

nascente - fountainhead; source; rise.

nascimento - birth.

nascituro - unborn child.

natalidade - birth rate; natality.

natimorto - stillborn.

nativismo - nativism.

nativo - native; national; natural; domestic.

nato - natural-born; native.

natural - natural; native.

naturalidade - nationality; origin.

naturalização - naturalization; nationalization.

naturalização coletiva - collective naturalization.

naturalizado - naturalized person.

naturalizar - to naturalize; nationalize.

natureza - nature; complexion; constitution.

nau - vessel; ship.

naufragar - to wreck; shipwreck; fail; miscarry.

naufrágio - ship wreck; failure; ruin; destruction.

náutico - nautical.

naval - naval.

navalha - razor; pocket-knife.

navalhar - to wound with a razor.

nave - nave; ship.

navegabilidade - navegability.

navegação - navigation.

navegação a vapor - steam navigation.

navegação aérea - air travel.

navegação costeira - coasting trade.

navegação de cabotagem - coastal navigation; common navigation.

navegação de longo curso - ocean navigation.

navegação interior - inland navigation.

navegável - navigable.

navio - vessel; ship.

navio de guerra - warship.

navio de recreio - passenger cruiser.

navio mercante - merchant ship.

navio militar - military ship.

navio negreiro - slave ship.

navio-transporte de tropas - troopship.

navio vetusto (P) - unseaworthy ship.

necessário - necessary; needful; requisite; indispensable.

necessidade - necessity; need; demand.

necessidade pública - public convenience.

necessidades - needs.

necessitado - needy; indigent.

necrofilia - necrophilia.

necrofobia - necrophobia.

necrologia - necrology.

necrópole - necropolis; cemitery.

necropse - necrosis.

necrópsia - necropsy; post-mortem examination.

necroscopia - necropsy; necroscopy.

necrotério - morgue.

nefasto - tragic; disastrous.

negação - denial.

negador - traverser; denial.

negar - to deny; disaffirm; refuse; refute; disclaim; reject.

negar provimento - to deny appeal.

negativa - negative; refusal.

negatório - negatory; denying.

negligência - negligence; recklessness; fault.

negligência comparativa - comparative negligence.

negligência concorrente - concurrent negligence.

negligência consciente (P) - conscious negligence.

negligência contribuinte - contributory negligence.

negligência crassa - gross negligence.

negligência criminosa - criminal negligence.

negligência grave - gross negligence.

negligência inconsciente (P) - unconscious negligence.

negociabilidade - negotiability.

negociação - negotiation; transaction; business; dealing.

negociação coletiva - collective bargaining.

negociação preliminar (P) - preliminary negotiations.

negociador - negotiator; businessman.

negociante - trader; tradesman; merchant; businessman.

negociar - to negotiate; trade; bargain; deal.

negociata - suspicious transaction; suspicious deal.

negociável - negotiable.

negócio - business; trade; deal.

negócio arriscado - risky transaction.

negócio fiduciário (P) - trust; fiduciary transaction.

negócio formal (P) - solemn transaction.

negócio jurídico - legal transaction.

negócio oneroso - onerous transaction.

negócio sazonal - seasonal business.

negócios - affairs.

negócios estrangeiros - foreign affairs.

negócios públicos - public affairs.

negocista - person fond of shady business.

neófito - neophyte; novice; beginner.

neógamo - individual recently married.

neologismo - neologism.

nepotismo - nepotism.

neste - herein.

neta - grand-daughter.

neto - grandson.

neurastenia - neurasthenia.

neurose - neurosis.

neutralidade - neutrality; indifference.

neutralidade perpétua - permanent neutrality.

neutralizar - to neutralize; counteract.

neutro - neutral; indifferent.

nevo - nevus; birthmark.

nexo - connection; tie.

niilismo - nihilism.

ninfomania - nymphomania.

nítido - clear.

nível - level; plane.

nível das águas - water level.

nível de preços - level of prices.

nível social - social level.

nivelamento - leveling; grading.

nobre - noble; illustrious; honorable.

nocivo - harmful; noxious; injurious.

noção - notion; idea; view.

noite - night; evening.

noivado - engagement; betrothal.

noivo - engaged; fiance; bridegroom.

nojo - mourning.

nolição - unwillingness.

nombre comercial (E) - commercial name.

nome - name; denomination; designation.

nome civil - legal name.

nome coletivo - firm name; corporate name.

nome comercial - firm name; corporate name; commercial name.

nome completo - full name.

nome de batismo - Christian name; first name.

nome de guerra - alias name.

nome de empresa - trade name; commercial name.

nome de estabelecimento (P) - trade name; commercial name.

nome de família - family name.

nome do comércio - trade name; commercial name.

nome do estabelecimento - trade name.

nome patronímico - family name; surname.

nome secreto (P) - secret name.

nomeação - nomination; appointment.

nomeação à autoria - interpleader; third party complaint.

nomeação temporária (P) - temporary appointment.

nomeação vitalícia (P) - appointment for life.

nomeada - fame; renown; reputation.

nomeado - nominee; appointee; nominated; appointed.

nomeador - appointor; nominator.

nomeante - appointor; nominator.

nomear - to name; designate; nominate; appoint.

nomenclatura - nomenclature; terminology.

nominal - nominal.

nominativo - nominative; bearing a person's name.

nomofobia - hatred towards law.

nomógrafo - author of a compilation of laws.

nomologia - nomology.

nomologista - one who writes about laws.

nomólogo - one who writes about laws.

nora - daughter-in-law.

norma (s) - rule; statute; standard; procedure.

norma de processo judiciário - civil procedure; rules of procedure.

norma jurídica - rule of law.

norma legal - rule of law.

norma supletiva (P) - self-executing law.

normal - normal; regular; natural; standard; sane.

normalizar - to normalize.

normas constitucionais - constitutional rules.

normas de conduta - rules of conduct.

normas de conflito (P) - conflict of laws.

normas de tributação (P) - tax laws.

normas orgânicas (P) - public administration rules.

nota - note; bill; slip; memorandum.

nota, digno de - noteworthy.

nota de entrega - sales slip; invoice.

nota de remessa (P) - sales bill; invoice.

nota falsa - counterfeit bill.

nota fiscal - formal bill of sale.

nota promissória - promissory note.

Notas do Banco Central (NBC) (BR) - Central Bank Notes.

Notas do Tesouro Nacional (NTN) (BR) - National Treasury Notes.

notariado - notarial; office of a notary.

notarial - notarial.

notário - notary public.

notas de audiência - notes on trial.

notícia - notice; nous; report; record; announcement.

notificação - notice; notification; intimation; summons.

notificação judicial - judicial notification.

notificação judicial dependente (P) - judicial notification during a suit.

notificação pessoal - personal service.

notificação por edito - service of process by publication.

notificação prévia - prior notice.

notificado - notified.

notificador - notifier.

notificante - notifier.

notificar - to notify; advise; summon.

notoriedade - notoriety.

notório - notorious; well-known; evident.

nova - news; piece of news.

novação - novation; renewal; substitution.

novação objetiva (P) - novation; renewal; substitution.

noviciado - novitiate; apprenticeship.

novidade - novelty; recent event; piece of news; trouble.

novo - new; novel; recent; young.

nu(a) - nude; bare; simple; plain.

nu-proprietário - tenant.

nua-propriedade - tenancy; concurrent estate.

nubente - betrothed.

núbil - nubilis; nubile; of proper age for marriage.

nubilidade - nubility; marriageability.

nuclear - nuclear.

núcleo - gist.

nugação - ridiculous sophism.

nugativo - frivolous; ridiculous; vain.

nulidade - nullity; invalidity; incompetency.

nulidade absoluta - absolute nullity.

nulidade legal - nullity by law without judicial action.

nulidade processual - procedural nullity.

nulidade relativa - relative nullity.

nulificação - nullification.

nulificar - to annul; nullify.

nulo - null; void; invalid; of no legal force.

numeração - numeration; numbering.

numerário - cash; money.

número - number; numeral; digit.

nunciativo - bearing news.

nunciatura - nunciature.

núncio - nuncio; messenger.

nupcial - nuptial.

nunpciando - betrothed.

núpcias - marriage; nuptials; espousals.

nuto - desire; wish; criteria.

nutriz - nurse; baby-sitter.

O

obcecação - obfuscation; obduracy; contumacy.

obcecado - stubborn; blind.

obcecar - to blind; obsess; obfuscate.

obedecer - to obey; execute; submit; follow.

obediência - obedience; submission.

obediência hierárquica (P) - hierarchical obedience; administrative discipline.

obediente - obedient.

oberado - indebted.

oberar - to run into debts.

óbice - obstacle; impediment.

óbice impeditivo - obstacle; impediment.

óbito - death; demise.

óbito, atestado de - death certificate.

obituado - one who died.

obituário - obituary; death register; death rate.

objecção (P) - objection.

objecção de consciência (P) - objection of conscience.

objectar (P) - to object; oppose; take exception to; contest.

objectivo (P) - objective.

objectivo da greve (P) - objective of the strike; objective of the industrial action.

objecto (P) - object; subject; matter; purpose.

objecto da acção (P) - object of the action.

objeção - objection; demurrer; challenge.

objetar - to object; oppose; take exception to; contest.

objetivo - object; objective.

objetivo (E) - object; objective.

objeto - object; subject; matter; purpose.

objeto da ação - object of the action.

objeto de uso pessoal - personal effect.

objeto do pedido - subject-matter of an action.

objeto social - corporate object; object clause; company object.

objurgação - objurgation; reproof; reproach.

objurgar - to objurgate; reprove; reproach.

objurgatória - objurgation.

objurgatório - objurgatory; reproachful.

oblação - oblation; payment; donation.

oblar - to pay off; satisfy.

oblata - oblation.

oblato - oblate.

obligation (E) - obligation.

obliteração - obliteration; extinction; elimination; destruction.

obliterado - obliterated.

obliterar - to obliterate; efface; suppress; eliminate.

obnóxio - obnoxious; offensive; punishable.

obra - work; task; achievement.

obra artificial - artificial construction.

obra científica - cientific work.

obra da natureza - work of nature.

obra de arte - work of art.

obra de caridade - charity.

obra de empreitada - contract work.

obra literária - literary composition.

obra nova - new construction.

obra-prima - masterpiece.

obra pública - public work.

obras completas - collected works.

obreiro - worker; workman.

obrigação - obligation; duty; task; bond; bill; liability; debenture; charge.

obrigação acessória - accessory obligation.

obrigação alimentícia - obligation to pay alimony.

obrigação alternativa - alternative obligation.

obrigação ambulatória (P) - transferable obligation.

obrigação ao portador - bearer security; bearer bond.

obrigação autônoma - autonomous obligation.

obrigação bilateral - bilateral obligation.

obrigação cambial - bill of exchange.

obrigação cartular - credit instrument; bill of exchange.

obrigação certa - determinate obligation.

obrigação civil - civil obligation.

obrigação colectiva (P) - joint obligation.

obrigação combinada (P) - complex obligation.

obrigação comercial - commercial obligation.

obrigação composta - joint obligation.

obrigação com vencimento final - bullet bond.

obrigação condicional - conditional obligation.

obrigação conjuntiva - conjunctive obligation.

obrigação contratual - contractual obligation.

obrigação convencional - contractual obligation.

obrigação creditória - credit obligation.

obrigação cumulativa (P) - joint obligation.

obrigação de escolha (P) - obligation to choose.

obrigação de fazer - obligation to do.

obrigação de não fazer - negative pledge.

obrigação de provar - burden of proof.

obrigação disjuntiva - disjunctive obligation.

obrigação divisível - divisible obligation.

obrigação do tesouro - treasury bill; treasury bond.

obrigação duradoura (P) - durable obligation.

obrigação em moeda específica (P) - obligation in certain specified currency.

obrigação endossável - endorsable bond.

obrigação ética - ethical obligation.

obrigação expressa - express obligation.

obrigação facultativa - facultative obligation.

obrigação fiduciária - fiduciary obligation.

obrigação ilícita - illicit obligation.

obrigação ilíquida (P) - generic obligation.

obrigação imoral - immoral obligation.

obrigação imperfeita - imperfect obligation.

obrigação implícita - implied obligation.

obrigação indivisível - indivisible obligation.

obrigação legal - perfect obligation; legal obligation.

obrigação lícita - lawful obligation.

obrigação líquida (P) - specific obligation.

obrigação moral - moral obligation.

obrigação perfeita - perfect obligation.

obrigação personalíssima - strictly personal obligation.

obrigação pessoal - personal obligation.

obrigação plural - plural obligation.

obrigação principal - principal obligation.

obrigação pura e simples - pure and simple obligation.

obrigação reajustável do tesouro - readjustable treasury bond.

obrigação real - real obligation.

obrigação recíproca - reciprocal obligation.

obrigação secundária (P) - secondary obligation.

obrigação solidária - joint and several obligation.

obrigação subsidiária - accessory obligation.

obrigação sucessória - heritable obligation.

obrigacional - obligational.

obrigacionário - obligee; bondholder.

obrigacionista - bondholder.

obrigações a curto prazo - short-term liabilities.

obrigações a longo termo - long-term liabilities.

obrigações beneficiárias - securities issued for service.

obrigações comerciais - commercial obligations.

obrigações contingentes - contingent liabilities.

obrigações de capital - capital liabilities.

obrigações matrimoniais - marital obligations.

obrigado - obligor; obligated; obliged; compelled; forced.

obrigar - to obligate; oblige; compel; force.

obrigar-se - to undertake the obligation; bind oneself; make a commitment.

obrigatário - obligee; bondholder.

obrigatoriedade - obligatoriness.

obrigatório - obligatory; mandatory; imperative; compulsory; required; forceable.

ob-rogação - obrogation; derogation.

ob-rogar - to obrogate; derogate.

obscenidade - obscenity; indecency; lewdness; bawdiness.

obsceno - obscene; indecent; lewd; bawdy.

obscuridade - obscurity; darkness; dimness.

obscuro - obscure; dark; dim.

observação - observation; remark.

observador - observer.

observância - observance; compliance.

observar - to observe; examine; accomplish; execute; practise; respect; consider.

observar as regras - to observe the rules.

obsessão - obsession.

obsessivo - obsessive.

obsolescência - obsolescence.

obsoleto - obsolete.

obstaculizar - to hinder; embarrass.

obstáculo - obstruction; obstacle; hindrance; filibuster.

obstar - to hinder; bar; resist; oppose.

obstetrícia - obstetrics.

obstinação - obstinacy; perseverance.

obstinado - obstinate; persistent; stubborn.

obstrução - obstruction; impediment.

obstrução da justiça - obstruction of justice.

obstrução do processo - obstruction of the case; obstruction of justice.

obstrução parlamentar - obstruction of the proceedings of a legislature.

obstrucionismo - obstructionism; filibustering.

obstruir - to obstruct; block; stop; shut.

obtenção - obtention; obtaining; acquisition.

obtestar - to hear a witness.

óbvio - obvious; evident; clear.

obvir - to accrue.

ocasião - occasion; opportunity; chance.

ocasional - occasional; incidental; casual.

ocasionar - to cause; begin; create; originate.

ocasionário - occasional; casual.

oceano - ocean; sea.

ociosidade - idleness; laziness; indolence.

ocioso - idle; inactive; lazy; indolent; useless.

ocorrência - occurrence; incident; event; fact.

ocular, testemunha - eyewitness.

ocultação - occultation; concealment; absconding.

ocultar - to occult; hide; conceal.

oculto - occult; hidden; concealed; latent; lurking; supernatural.

ocupação - occupancy; occupation; employment; job; business.

ocupação militar - military occupation.

ocupação temporária (P) - temporary occupation.

ocupante - occupant; tenant.

ocupar - to occupy; reside; tenant; employ; seize.

ódio - hate; odium; hatred; aversion.

odioso - odious; hateful; heinous.

ofender - to offend; insult; affront; infringe; violate.

ofendido - victim of an offense; offended; insulted.

ofensa - offense; affront; outrage; insult; injury; injustice.

ofensa-perigo (P) - threat.

ofensiva - offensive.

ofensor - offender.

oferecer - to offer; propose; present; bid.

oferecimento - offer; proposal.

oferente - bidder.

oferta - offer; proposal; bid; gift.

oferta ao público (P) - public offer.

oferta e procura - supply and demand.

oferta pública - public offer.

oferta pública de aquisição (P) - public offer for the acquisition of shares.

oferta pública de títulos ou valores mobiliários - public offer of securities.

oferta pública de venda (P) - public offer for the sale of shares.

oferta pública para a aquisição de ações - public offer for the acquisition of shares.

oferta sem compromisso - offer without engagement.

ofertante - offerer; bidder; offeror; profferer.

ofertar - to offer; bid; tender; give.

oficial - officer; official; authorized; standard; solemn.

oficial de cartório - officer of court records.

oficial de diligências - bailiff.

oficial de justiça - court clerk appointed to effect service of process; minor court official.

oficial de registro - register.

oficial judiciário - officer.

oficial-maior - deputy notary public.

oficial militar - military officer.

oficial público - public officer.

oficialização - officialization.

oficializar - to make official; officialize; authorize; sanction officially.

oficiar - notify.

oficina - shop; bureau; workshop.

oficina de consertos - workshop; repair shop.

oficinista (E) - public office employee.

ofício - office; profession; occupation; job; written notice; official letter.

ofício de notas - notary public.

ofício público - public office.

oficioso - officious; off-the record; informal.

ofuscação - obfuscation; obscuration.

ofuscar - to obfuscate; obscure; blind.

oitiva de testemunha - oral testimony.

olaria - brick factory.

olheiro - foreman; informer; inspector.

olho - eye; vision.

oligarca - oligarch.

oligarquia - oligarchy.

oligofrenia - oligophrenia.

oligopólio - oligopoly.

olográfico - holograph.

omissão - omission; default; lacuna; nonfeasance.

omissão de conhecimento (P) - omission of the sentence; incomplete sentence.

omissão de socorro - neglect to give help.

omisso - omissive; negligent; incomplete; defaulter.

omitir - to omit; overlook; neglect.

onanismo - onanism; masturbation.

oneração - taxation.

onerado - overburden; taxed; incumbered.

onerar - to burden; overburden; tax.

oneroso - onerous.

onímodo - omnimode.

oniomania - prodigality; habit of buying things.

ônus - onus; burden; cargo; charge.

ônus da prova - burden of proof.

ônus real - mortgage.

onzena - usury; speculation; stockjobbing.

onzenar - to practise usury; speculate; lend money at illegal rates.

onzenário - usurer; usurious; agioteur; money-lender.

opção - option; choice.

opção de compra - call; option to purchase.

opção de compra a descoberto - naked call.

opção de contrato futuro - futures option.

opção de venda - put; option to sell.

opção de venda a descoberto - naked put.

opcional - optional.

operação - operation; transaction; execution.

operação a termo - futures contract.

operação bancária - banking transaction.

operação cirúrgica - surgical operation.

operação comercial - commercial transaction.

operação de câmbio - exchange operation.

operação de crédito - credit operation.

operação militar - military operation.

operações de bolsa - stock exchange operations.

operações de empréstimos externos - foreign lending operations.

operações de mercadorias - commodity operations.

operante - operating.

operar - to produce; carry on; transact; trade.

operariado - workmen; laborers.

operário - laborer; workman.

operário diarista - journeyman.

opinar - to give an opinion; judge; vote.

opinião - opinion; judgement; verdict; impression.

opinião consultiva - advisory opinion.

opinião legal - legal opinion.

opinião pública - public opinion.

ópio - opium.

opoente - opponent; adversary; intervenor; opposer.

oponente - opponent; adversary; intervenor; opposer.

oponibilidade - opposition.

oponibilidade forte (P) - strong opposition.

oponibilidade média (P) - medium opposition.

opor - to oppose; object; refuse; resist.

oportunidade - opportunity; chance; convenience.

oportunismo - opportunism.

oportunista - opportunist.

oportuno - timely.

oposição - opposition.

opositor - opposer; opponent.

opressão - oppression.

opressivo - oppressive.

opressor - oppressor; tyrant.

oprimido - oppressed person.

oprimir - to oppress; persecute; abuse; overburden.

opróbrio - opprobrium; infamy; disgrace.

optante - optionee.

optar - to opt; choose.

optativo - optional.

óptimo (P) - optimum.

opugnação - oppugnancy; resistance; rejection; opposition.

opugnador - oppugner; opposer.

opugnar - to oppugn; oppose; reject; contradict.

opulência - opulence; riches; wealth.

orador - speaker.

oral - oral; verbal; spoken; vocal.

oralidade - oral pleading; orality.

orçamentário - budgetary.

orçamento - budget; appropriation act; estimated cost.

orçamento geral - master budget.

orçamento programado - performance budget.

orçar - to estimate; reckon; compute; budget for.

ordálio - ordeal.

ordem - order; command; rule; law; writ; warrant; sequence; succession; disposition.

ordem cronológica - chronological order.

ordem de despejo - eviction notice.

ordem de embarque - shipping order.

ordem de execução - death warrant.

ordem de pagamento - draft; warrant; banker's order; payment order.

ordem de preferência - order of preference.

ordem de prisão - warrant of arrest.

ordem de sequestro - writ of assistance.

ordem de serviço - administrative order.

ordem de soltura - release order.

ordem do dia - order of the day.

ordem do juiz - judge's order.

Ordem dos Advogados - Bar Association.

ordem externa - external order.

ordem hierárquica - hierarachic order.

ordem ilegal - illegal order.

ordem interna - internal order.

ordem jurídica - jurisprudence; system of laws.

ordem legal - legal order.

ordem pública - public order.

ordem religiosa - religious order.

ordem social - social order.

ordenação - ordinance; law; regulation; statute.

ordenado - salary; wage.

ordenamento jurídico - legal system.

ordenança - ordinance; statute; regulation.

ordinária - food allowance.

ordinário - common; ordinary; usual; cheap; mediocre.

orfanato - orphanage; orphan asylum.

órfão - orphan.

organicismo - organicism.

orgânico - organic.

organismo - organism; organization.

organização - organization.

organização de caridade - charitable organization.

organização sem fins lucrativos - non-profit organization.

Organização das Nações Unidas (ONU) - United Nations Organization (UN).

Organização dos Estados Americanos (OEA) - Organization of the American States (OAS).

Organização dos Países Exportadores de Petróleo (OPEP) - Organization of Petroleum Exporting Countries (OPEC).

Organização da Unidade Africana (OUA) - Organization of African Unity (OAU).

organizar - to organize; constitute.

organograma - organization chart.

órgão - organ; body.

órgão constitucional (P) - constitutional body.

órgão consultivo - consultative body.

órgão da pessoa colectiva (P) - company's administration body.

órgão fiscalizador - regulatory agency.

órgão governamental - governmental body.

órgão jurisdicional - judicial body.

órgão legislativo - legislative body.

órgão público - public agency; public officer.

orientação - orientation.

orientar - to orient; guide; direct.

origem - origin; source; cause.

original - original.

originário - original; natural; native; primitive.

ortografia - spelling.

oscilação - oscillation; fluctuation.

oscilação de preços - price fluctuation.

ossada - skeleton; mortal remains.

ostracismo - ostracism.

otário - foolish; dupe.

ourives - goldsmith; jeweler.

ourivesaria - goldsmithe; jewelry.

ouro - gold.

ouro bruto - unrefined gold.

ouro em folha - gold leaf.

ouro em pó - gold-dust.

outorga - granting; bestowal; award; grant; warrant.

outorga marital - consent or authorization of the spouse.

outorga uxória - consent or authorization of the spouse.

outorgado - agent; proxy; granted.

outorgante - principal; grantor.

outorgar - to grant; execute; award; confer.

outra - other.

outras contas de reconciliação - other reconciling items.

outras obrigações a pagar - other payables.

outrem - another person; someone else.

outrossim - moreover.

ouvida - hearsay.

ouvida alheia - hearsay.

ouvidor - listener; justice of peace.

ouvir - to hear; listen to.

P

paciência - patience.

paciente - patient.

pacificação - pacification; appeasement.

pacificador - pacifier; peacemaker; appeaser.

pacífico - pacific; peaceful.

pacifismo - pacifism.

pacifista - pacifist.

paço - court; palace.

pacote - package; pack; parcel.

pacotilha (P) - partnership.

pacto - pact; compact; clause; agreement; bargain; convenant; deal; treaty.

pacto acessório - accessory agreement; side agreement.

pacto adicional - additional agreement; side agreement.

pacto adjeto - additional clause; covenant side agreement.

pacto adjeto de hipoteca - mortgage clause.

pacto antenupcial - antenuptial agreement.

pacto comissório (P) - forfeiture agreement.

pacto constituto - organization agreement.

pacto de melhor comprador - sale with the right of redemption in case of a better offer.

pacto de não competição - non-competition agreement.

pacto de opção (P) - option.

pacto de preferência - sale with preferential right to repurchase; option.

pacto de quota litis - contingency agreement.

pacto de resgate - redemption clause.

pacto de retrato - redemption clause.

pacto de retrovenda - redemption clause.

pacto dotal - dowry pact.

pacto prelação (P) - option; right of first refusal.

pacto proibido - prohibited pact.

pacto promissório de venda - agreement of sale.

pacto sucessório (P) - pact restricting testamentary will.

pactuante - party to agreement; covanantee; pactmaking.

pactuar - to agree; covenant; contract; stipulate; make a pact.

pactuário - party to agreement; pactmaker; covenantor.

padecente - person who is suffering; person condemned to execution.

padrão - standard; norm; pattern.

padrão de vida - standard of living.

padrasto - stepfather.

padrinho - godfather; sponsor.

padrões éticos - ethical standards.

padronização - standardization.

padronização contábil - accounting standardization.

padronizar - to standardize.

paga - payment.

pagador - payer; teller; disburser; paymaster.

pagadoria - treasury; pay-office.

pagamento - payment.

pagamento, condições de - terms of payment.

pagamento, contra ordem de - stop payment order.

pagamento ao portador - payment to bearer.

pagamento a prazo - installment payment.

pagamento à vista - cash payment.

pagamento adiantado - advance payment.

pagamento antecipado - prepayment.

pagamento coercivo (P) - mandatory payment.

pagamento com o pedido - cash with order.

pagamento contra entrega da mercadoria - cash on delivery.

pagamento da prestação contratual - consideration.

pagamento de parcela - partial payment.

pagamento de prestação - partial payment.

pagamento do indébito - payment of the debt.

pagamento em espécie - payment in cash; payment in specie.

pagamento indevido (P) - undue payment.

pagamento inicial - down payment.

pagamento integral - full payment.

pagamento parcial - partial payment.

pagamento por consignação - payment into court.

pagamento por conta - part payment.

pagamento por dação - accord and satisfaction.

pagamento por intervenção (P) - payment to an agent.

pagamento por sub-rogação - payment by subrogation.

pagamento por terceiro interessado - payment by interested third person.

pagamento sob protesto - payment under protest.

pagamento total - payment in full.

pagante - payor; payer.

pagar - to pay.

pagaré (E) - promissory note.

pagaré fiscal (E) - treasury bill.

página - page.

pago - paid.

pago (E) - payment.

pai - father.

pai adotivo - adoptive father.

pai de criação - foster father.

pai putativo - putative father.

painel - panel.

país - country; nation; land.

país de origem - native country.

país de procedência - native country; country of origin.

país emitente - issuing country.

paisano - civilian.

paixão - passion.

paixões antagonistas - antagonistic passions.

pajem - page.

palácio - palace.

palácio da justiça - courthouse.

Palácio do Itamaraty - The Brazilian Foreign Affairs Ministry.

Palácio do Planalto - The Brazilian government, its offices or policies.

Palácio dos Bandeirantes - The government of the State of São Paulo, Brazil.

palácio municipal - City Hall.

palavra - parol; word; term; expression; promise; speech.

paliçada - palisade; stockade.

pancada - blow; knock; stroke; collision.

pandectas - pandects.

pandectista - of or pertaining to the pandect.

pânico - panic.

Papa - Pope.

papagaio - (informal) roll-over paper; a bill of exchange.

papel - paper.

papel a curto prazo - short term paper.

papel comercial (P) - negotiable paper; commercial paper.

papel de comércio - commercial paper.

papel de renda fixa - fixed-income paper.

papel moeda - paper money.

papel ofício - official paper; foolscap; legal-size paper.

papel selado - stamped paper.

papel timbrado - letterhead paper.

paquete - steamship; liner.

par - pair; couple.

par, ao - at par.

par do câmbio (P) - exchange parity.

pára-quedas - parachute.

parada - stop; hault; standstill; pause; rest.

parada - parade; show; display.

paradoxo - paradox.

paraestatal - quasi public corporation; partially controlled by the state; parastate.

parafernália - paraphernalia.

paráfrase - paraphrase.

parágrafo - paragraph.

paraíso fiscal - tax haven.

paralisação - paralysis; suspension; interruption.

paralisar - to paralyze.

paraninfo - paranymph; sponsor.

paranóia - paranoia; species of insanity.

parasita - parasite.

parasitismo - parasitism.

parceiro - quasi partner; joint-venturer.

parcela - parcel; portion; quota.

parcelar - to parcel.

parceria - joint-venture.

parceria beneficiária - founder's shares.

parcial - partial; unfair.

parcialidade - partiality bias.

parciário - partisan; partner; participant.

parcimônia - parsimony; frugality.

parcimonioso - parcimonious; frugal.

parecer - opinion; judgement; view.

parecer legal - legal opinion.

parecer sem reservas - unqualified opinion.

parecerista - one who gives an opinion.

parede - strike.

parêmia - proverb.

parente - kin; relatives.

parentela - kin.

parentesco - relationship; relation; kindred.

parentesco colateral - collateral kindred.

parentesco consangüíneo - kindred; kin.

parentesco em linha reta ascendente - parentage.

parentesco por afinidade - related by marriage; non-blood relative; affinity.

parentesco por consangüinidade - kindred; blood relative.

páreo - race.

paridade - parity; par.

paridade cambial - exchange parity.

paridade fixa - fixed parity.

paritário - on the same level.

parlamentar - parliamentary; legislative officer.

parlamentário - person who negotiates a truce; member of parliament or congress; parliamentary.

parlamentarismo - parliamentarism.

parlamento - parliament.

parlamento nacional - national parliament.

paro (E) - strike; industrial action.

paródia - parody.

paróquia - parish.

parque - park; reservation.

parque indígena - Indian park.

parque industrial - industrial facilities; industrial park.

parque nacional - national park.

parricida - parricidium; murderer of one's mother or father.

parricídio - parricide; murder of one's mother or father.

parte - part; party; person; side; share; interest.

parte acessória (P) - accessory party; joinder.

parte adversa - adverse party.

parte ativa - party plaintiff.

parte beneficiária - beneficiary.

parte contrária - adversary party; opposite party (UK).

parte contratante - contracting party.

parte da herança - party to inheritance.

parte demandante - plaintiff.

parte disponível - disposable portion.

parte do contrato - party to contract.

parte do processo - party to suit.

parte formal - party.

parte ideal - ideal part; undivided interest in coomonly-owned real estate.

parte ilegítima - illegitimate party.

parte indispensável - necessary party; indispensible party.

parte interessada - interested person; interested party.

parte interveniente - intervening third-party.

parte legítima - real party in interest.

parte material - material party; interested party.

parte na sociedade - equity; stockholding; shareholding.

parte ofendida - aggrieved party.

parte passiva - party defendant.

parte policitada - the party receiving a proposal.

parte prejudicada - aggrieved party.

parte processual - party to lawsuit.

parte vencedora - prevailing party

parte vencida - losing party.

partes beneficiárias - founder's capital stock; founder's shares.

partes componentes (P) - contracting parties.

partes contratantes - contracting parties.

partes principais (P) - principal parties.

parteiro - obstetrician.

participação - participation; equity; share; interest.

participação acionária - stockholding; equity holding.

participação do controle - controlling interest.

participação de mercado - market share.

participação financeira (P) - financial participation; financial interest.

participação nos benefícios - profit sharing.

participação nos lucros - profit sharing.

participação recíproca - reciprocal participation.

partícipe - accessory.

particular - individual; private; personal; particular.

particularidade - particularity.

particularizar - to detail; itemize; to specify.

partida - entry; departure; set.

partida de nacimiento (E) - birth certificate.

partida dobrada - double entry.

partida simples - simple entry; single entry.

partidário - partisan; follower; suporter; adherent.

partido - party.

partido político - political party.

partidor - partitioner.

partilha - distribution of estate; partition of a succession.

partilha amigável - voluntary partition.

partilha judicial - judicial partition.

partilha jurídica - judicial distribution.

partilha nas sociedades - distribution in liquidation.

partilha no inventário - distribution of estate.

partir - to leave; depart; break; separate; divide.

parto - delivery; childbirth; accouchement.

parturiente - woman in labor.

passadiço - passage; sidewalk; corridor.

passado - past; gone; elapsed; former.

passador - drawer; carrier; newsmonger.

passageiro - passenger.

passagem - ticket; passage.

passamento - death; passing.

passaporte - passport.

passaporte diplomático - diplomatic passport.

passaporte especial - special passport.

passar - to pass; transfer; convey.

passe - pass; ticket of leave; free-ticket; permit.

passe livre - free-ticket; pass.

passeata - parade; demonstration; procession.

passeio - walk; promenade.

passeio público - promenade; public walkway.

passeio, traje - jacket and tie.

passeio completo, traje - lounge suit (RU); dark suit (EUA).

passional - passional.

passivo - liabilities.

passivo a longo prazo - long-term liabilities.

passivo comercial - trade liabilities.

passivo consolidado - funded debt.

passivo contingente - contigent liability.

passivo exigível - liabilities; current liabilities.

passivo fixo - fixed liabilities.

pasta - ministry; file.

pastor - pastor; parson; minister.

patamar - threshold.

patamar fiscal - tax threshold.

patente - patent; rank; grant; permit; license; concession; franchise.

patente bancária - bank charter.

patente concedida - granted patent.

patente de invenção - pioneer patent; letters patent.

patente original - basic patent.

patente registrada - registered patent.

patente solicitada - patent applied for.

patentear - to manifest; reveal; disclose; to patent.

paternidade - paternity.

paterno - paternal.

patíbulo - gallows.

patrão - master; employer; landlord.

pátria - country; fatherland; homeland.

patriarca - patriarch.

patriarcado - patriarchate.

patricida - traitor of the nation.

patrício - patrician; fellow-countryman.

patrilenear - patrilineal.

patrimônio - wealth; capital; assets; equity; patrimony.

património activo (P) - assets.

patrimônio bruto - gross assets.

património colectivo (P) - joint assets.

patrimônio histórico - historic site.

património ilíquido (P) - non-liquid assets.

patrimônio indígena - Indian patrimony.

patrimônio líquido - equity; net worth.

patrimônio nacional - national patrimony.

patrimônio público - common wealth.

patrimônio social - corporate assets; company's assets.

pátrio - paternal; parental; native; home.

pátrio-poder - paternal power.

patriota - patriot.

patriotismo - patriotism.

patrocínio - patronage; support; sponsorship.

patronal - patronal.

patronato - patronage.

patronímico - patronymic; surname.

patronímio - patronymic; surname.

patrono - counsel; patron; counselor; advocate; attorney; protector; solicitor; barrister.

patrulha - patrol.

patrulhamento ideológico - political intolerance.

pauperismo - pauperism; poverty.

pauta - trial docket.

pauta (P) - tariff

pauta de audiências - trial calendar docket.

pauta de julgamentos - judgement docket.

pautas múltiplas (P) - multiple tariffs.

pauta única (P) - single tariff.

pavilhão - pavillon.

pavimento - pavement; floor.

pavor - dread; fright; terror.

paz - peace; tranquility; concord.

pé-de-cabra - crowbar.

peagem - toll.

peça - document.

peça de reposição - spare part.

peça forense - legal brief filed with the court.

peça sobressalente - spare part.

peça vestibular - initial brief filed with the court.

peculatário - peculator; embezzler.

peculato - peculation; embezzlement of public money; graft.

peculiar - peculiar.

pecúlio - peculium; private resources; savings.

pecúnia - money; funds.

pecuniário - pecuniary.

pedágio - toll.

pedâneo - judge in a small town.

pederasta - pederast.

pederastia - pederasty.

pedestre - pedestrian.

pediatria - pediatrician.

pedido - petition; pleading; request; plaintiff's requests in the complaint brief.

pedido alternativo (P) - alternative pleading.

pedido ao juiz - motion.

pedido cumulativo (P) - cumulative pleading.

pedido de anulação - petition for annulment.

pedido de indenização - claim.

pedido genérico (P) - generic pleading.

pedido parcial (P) - partial pleading.

pedido reconvencional (P) - counter-suit.

pedimento - petition; demand; suit.

pedir - to ask; demand; claim; request; order.

pedir emprestado - to borrow.

pegada - trace; vestige.

peita - bribery.

peitar - to bribe.

pejo - embarassment; pudency.

pelego (informal) - treacherous labor leader; unreliable union leader.

pelotão - platoon.

pelourinho - pillory.

pena - punishment; penalty.

pena acessória - accessory penalty.

pena adicional - additional penalty; concurrent penalty.

pena capital - capital punishment.

pena civil - civil penalty.

pena convencional - contractual penalty.

pena corporal - corporal punishment.

pena de detenção - confinement.

pena de interdição de direitos - deprivation of rights.

pena de morte - capital punishment; death penalty.

pena de prisão - punishment by confinement; prison.

pena de reclusão - punishment by confinement; prison.

pena de trabalhos forçados - forced labor punishment.

pena disciplinar - disciplinary punishment.

pena infamante - infamous punishment.

pena militar - military penalty.

pena moratória - penalty.

pena pecuniária - fine.

pena perpétua - life punishment.

pena política - political punishment.

pena privativa de direitos - deprivation of rights.

penado - one subject to punishment.

penal - penal; criminal.

penal, cláusula - contractual penalty; fine.

penalidade - penalty; hardship.

penalística - study of criminal punishments.

penar - to punish.

pendência - claim; pendency.

pendente - pending; pending suit; unsettled.

penhor - pledge; pawn; chattel mortgage.

penhor civil - pawn.

penhor comercial - pledge.

penhora - attachment; seizure; extent.

penhora, alvará de - warrant of attachment; warrant of extent.

penhora, mandado de - attachment; writ of extent.

penhora compulsória - attachment.

penhora de bens - attachment; seizure.

penhora no rosto dos autos - attachment.

penhora real e filhada - attachment.

penhorado - distrained; seized.

penhorante - pledging; engaging.

penhorar - to distrain; pawn; pledge; guarantee; warrant.

penitencial - penitential.

penitenciária - prison; penitentiary.

penitenciário - convict.

pensado - deliberate; premeditated.

pensamento - thought; reflection; idea; opinion.

pensão - pension; allowance; annuity; boarding house.

pensão alimentícia - alimony; maintenance allowance; personal allowance; pecuniary assistance.

pensão alimentícia provisional - maintenance pending suit; alimony pendent lite.

pensão militar - military pension.

pensão por invalidez - disability benefit; disability pension.

pensionário - pensioner.

pensionista - pensioner.

penúria - penury.

perante mim - before me.

per capita - per capita.

percalço - profit; gain; perquisite; disadvantage.

perceber - to perceive; notice; detect; apprehend; draw.

percentagem - percentage.

percentual - percentual.

percussão - percussion; collision.

perda - loss; damage.

perda absoluta (P) - absolute loss.

perda de direitos - deprivation of rights.

perda efetiva - direct loss; actual loss.

perda parcial - average loss; particular loss.

perda real - actual loss.

perda total - total loss.

perdão - acquittal; condonation; pardon.

perdão de dívida - acceptation; waiver of a debt; remission of debt; forgiveness of debt.

perdas e danos - damages.

perdedor - loser.

perdente - loser in a game.

perder - to lose; forfeit.

perdido - lost.

perdimento - misfortune; ruin; destruction.

perdível - losable.

perdoar - to pardon; exempt; forgive; absolve.

perdulário - prodigal; wasteful.

perecer - to perish; die; decay; finish.

perecimento - perishing; extinction.

perecível - perishable.

perempção - dismissal.

peremptório - peremptory; decisive; final.

perfeição - perfection; legal validity.

perfeito - perfect.

perfídia - perfidy; treachery.

pérfido - perfidious.

perfil - profile.

perfil da dívida - debt profile.

perfil do posto - job specification.

perfilhação - acknowledgment of child; adoption.

perfilhador - adopter.

perfilhante - one who recognizes as his an illegitimate child.

perfilhar - to adopt.

perfurante - perforation.

pergunta - question; interrogation; inquiry.

pergunta categórica - categorical question.

pergunta hipotética - hypothetical question.

pergunta impertinente - impertinent question.

pergunta sugestiva - leading question.

pergunta vexatória (P) - vexatious question.

perguntar - to inquire; investigate; question; ask.

perícia - examination; audit; check; survey.

pericial - expert.

periculosidade - risk.

perigo - danger.

perimir - to lapse; become outlawed.

periódico - periodic; journal; newspaper; periodical.

período - period; term.

período base - base period.

período de carência - grace period.

período de férias - vacation time; holidays.

período de provas - time allowed for producing evidence.

período de trabalho - work hours.

período do mandato - term of office.

período eleitoral - electoral period.

período fiscal - fiscal period.

período forense - forensic term.

período impositivo (E) - fiscal period.

peritagem - examination; audit; check.

perito - expert; appraiser; skilled.

perito-assistente - assistant expert.

perito-avaliador - appraiser.

perito-contador - expert accountant.

perito em caligrafia - handwriting expert.

perito judicial - appraiser or expert appointed by court.

perjurar - to perjure.

perjúrio - perjury; false swearing; false oath.

permanência - continued occupation.

permanente - permanent.

permissão - permit; permission; consent; leave.

permissão para construir - building permit.

permissivo - permissive.

permitir - to permit; to allow.

permuta - barter; permutation; exchange.

permutação - permutation; exchange.

permutador - person who exchanges.

permutante - one who is a party in an exchange.

pernicioso - pernicious; baleful; evil; harmful; injurious.

perpetração - perpetration.

perpetrar - to perpetrate; to commit.

perpetuação - perpetuation.

perpetuar - to perpetuate.

perpetuidade - perpetuity.

perpétuo - perpetual.

perquirir - to investigate; inquire; examine.

perquisição - investigation; examination.

persecução criminal - accusatory procedure.

perseguição - prosecution; pursuit; chase.

perseguir - to persecute; harass; pursue; hunt; chase.

perseverança - perseverance.

persistência - persistence; perseverance; assiduity; tenacity.

personalidade - entity; personality; legal status; legal capacity.

personalidade jurídica - corporate entity.

personalíssimo - exclusive.

perspicácia - perspicacity.

perspicaz - perspicacious; sagacious; astute.

persuadir - to persuade; convince; induce; advise.

persuasão - persuasion; conviction.

persuasório - persuasive.

pertença - fixture.

pertinácia - pertinacity; obstinacy.

pertinaz - pertinacious; obstinate.

pertinência - relevancy; pertinence.

pertinente - relevant; germane; pertinent; material.

perturbação - disturbance.

perturbação da ordem - disturbance of peace.

perturbação da posse - trespass.

perturbador - agitator; disturber; perturber; trouble-maker.

perversão - perversion; depravation.

perversão sexual - sexual perversion.

perversidade - pervisity; deviltry; perverseness.

perverso - perverse; corrupt; wicked; bad.

perversor - perverter; corrupter.

pervertedor - perverter; corrupter.

pervertido - perverted; corrupt; depraved.

pesar - to grieve; sorrow; regret; woe.

peso - weight; burden; importance.

peso bruto - gross weight.

peso da prova - burden of the proof.

peso legal - legal weight.

peso líquido - net weight.

peso neto - net weight.

pesos e medidas - weights and measures.

pesquisa - research; search; investigation; inquiry.

pesquisa de mercado - market research.

pessoa - person; individual.

pessoa abstrata - legal entity.

pessoa ausente - missing person; absent person.

pessoa artificial - legal entity.

pessoa capaz - competent person.

pessoa civil - legal entity.

pessoa colectiva (P) - legal entity; juridical entity; corporate body; company; corporation.

pessoa coletiva - legal entity; juridical entity; corporate body; company; corporation.

pessoa corpórea - natural person.

pessoa de direito privado - private corporate body.

pessoa de direito público - public corporation.

pessoa fictícia - legal entity.

pessoa física - natural person; individual.

pessoa gerada - conceived person; individual.

pessoa interposta - intermediary; agent.

pessoa jurídica - legal entity; corporate body; corporation.

pessoa jurídica de prestação de serviços - professional services entity.

pessoa miserável - miserable person.

pessoa moral - legal entity.

pessoa natural - natural person.

pessoa privada - private person.

pessoa pública - public entity.

pessoa singular - individual.

pessoa viva - living person.

pessoal - personal; personnel.

pessoalmente - personally.

petição - bill; petition; request; motion; pleading.

petição de herança - demand to be declared heir to an estate.

petição inépta - defective pleading.

petição inicial - complaint brief; bill of complaint (UK); declaration.

petição inicial deficiente (P) - defective pleading.

petição inicial irregular (P) - irregular pleading.

peticionar - to solicit; petition; move.

peticionário - petitioner.

petitório - pleading; petitory action.

petulância - petulance; insolence.

picapleitos (E) - disreputable lawyer.

picardia - trickery; deceit.

picota - pillory; rod.

piedade - piety; devote; godliness; pity; compassion; mercy.

pignoratício - pignorative; collateral; pledge contract.

pilhagem - pillage; loot; plunder.

pilhante - pillager; plunderer.

pilotagem - pilotage; piloting; navigating.

piloto - pilot.

pintor - paintor.

pintura - painting.

piquete - picket.

pirata - pirate.

pirataria - pirating; robbery; piracy.

piratear - to pirate.

piso - ground; pavement; floor; story.

piso de juros - interest floor.

pista - clue; trail; track; lane.

pistoleiro - gunman; gangster.

pivete - juvenile delinquent.

pivô - pivot; central factor.

placa - plate; signboard.

placa de identidade - identity plate.

placa de rua - street sign.

plácito - approval; sanction.

plagiar - to plagiarize.

plagiário - person who commits plagiarism.

plágio - plagiarism.

Planalto, Palácio do - The Brazilian government, its offices or policies.

planejamento - planning.

planilha - table; chart.

planilha de custos - chart of costs.

planilha de juros - interest table.

plano - plan; project; scheme.

plano de contas - chart of accounts.

plano de negócio - business plan.

plano de pensão - pension plan.

planta - plan; diagram; map.

plataforma - platform.

plausível - plausible; colorable.

plazo (E) - time; duration.

plebe - common people; mob.

plebeu - plebeian.

plebiscito - plebiscite.

pleiteante - litigant; complainant; demandant.

pleitear - to litigate; sue; plead.

pleito - case; litigation; claim; proceedings; lawsuit.

pleito eleitoral - election campaign.

plena vigência - in full effect.

plenário - plenary sitting; court; jury.

plenipotenciário - plenipotentiary.

plenitude - plenitude; fullness.

pleno - plenary; full meeting; full complete; perfect.

plenos poderes - plenary powers.

pluripartidarismo - multiparty system.

plutocracia - plutocracy.

pobre - poor; needy; indigent.

pobreza - poverty; penury.

poder - power; authority.

poder (E) - power; power of attorney; mandate; proxy.

poder absoluto - absolute power.

poder aquisitivo - purchasing power; acquiring power; buying power.

poder de administração ordinária (P) - ordinary administration power.

poder de agir - standing by.

poder de barganha - bargaining power.

poder de direcção (P) - management power; direction power.

poder de dispor - full power.

poder de polícia - police power.

poder de julgar - power to decide; power to judge.

poder de representação - power of attorney.

poder de substituir - power of substitution.

poder discricionário - discretionary power; discretion.

poder divino - godly power.

poder especial - special power.

poder executivo - executive; executive department; executive power.

poder expropriante - eminent domain.

poder judiciário - judiciary power.

poder jurídico - standing to sue.

poder jurisdicional - judicial power.

poder legislativo - legislative.

poder policial - police power.

poder político - political power.

poder regulamentar (P) - political power; public power.

poder unilateral - naked power; unilateral power.

poder vinculado - power under the authority of law.

poderes do pai - father's authority.

poderio - power.

polêmica - polemic; dispute; controversy.

poliandria - polyandry.

polícia - police.

polícia aduaneira - customs police.

polícia civil - civil police; civilian.

polícia estadual - state police.

polícia marítima - maritime police.

polícia militar - military police.

polícia sanitária - public health police.

polícia secreta - secret police.

policial - policeman.

policiamento - policing control.

policiar - to police; to control.

policlínica - polyclinic.

poligamia - poligamy; plural marriage.

polígamo - poligamist.

polígrafo - polygraph.

polipátria - dual nationality.

polipátrida - person who has dual nationality.

política - policy; politics.

política conjuntural (P) - short term economic policy.

política de crédito - credit policy.

política econômica - economic policy.

política estrutural (P) - medium and long term economic policy.

política exterior - foreign policy.

política fiscal - tax policy.

politicagem - petty politics.

político - political; politician; politic.

poluição - pollution.

ponderar - to ponder; think over; meditate; examine carefully.

ponta de estoque - factory outlet.

pontagem - bridge toll.

ponte - bridge.

ponto - point; period; matter; subject; moment; juncture.

ponto de partida - starting point; take-off.

ponto de vista - point of view; viewpoint.

população - population.

popular - popular; public; common; democratic.

popularidade - popularity.

porão - basement; cellar.

porção - portion; share; lot; allotment; part.

por este - by this.

por procuração - by proxy.

porcentagem - percentage.

porcionário - portioner; one who receives a share.

pornografia - pornography.

porta - door; doorway; gate.

portador - bearer.

portagem - toll; tollgate.

portal - portal; doorway.

portaria - administrative rule; administrative ruling.

portas abertas - open doors.

portas cerradas - in chambers; closed doors.

porte - freight; carriage.

porte pago - postpaid; freight prepaid.

pórtico - portico; porch.

porto - port; harbor.

porto aéreo - airport.

porto alfandegário - customs.

porto de destino - port of destination.

porto de entrega - port of delivery.

porto de matrícula - home port.

porto de partida - port of departure.

porto de refúgio - port of distress.

porto franco - free port.

portuário - port.

pós-datar - to postdate.

posição - position; place; standing; condition; rank; status; situation; office; job.

posição social - social status.

positivo - positive.

posse - possession; tenure; ownership; seizin.

posse a título singular - exclusive possession.

posse artificial - constructive possession.

posse atual - actual possession.

posse civil - civil possession.

posse clandestina - scrambling possession.

posse contínua - continuing possession.

posse corporal - corporeal possession.

posse de boa fé - possession in good faith.

posse de direito - lawful possession.

posse de fato - derivative possession.

posse de má fé - possession in bad faith.

posse direta - actual possession.

posse do cargo - to take office.

posse efetiva - actual possession.

posse em comum - joint possession.

posse ficta - simulated possession.

posse formal (P) - formal possession.

posse hostil - hostile possession.

posse ilegítima - unlawful possession.

posse imemorial - immemorial possession.

posse imperfeita - derivative possession.

posse indireta - constructive possession.

posse injusta - unlawful possession.

posse jurídica - lawful possession.

posse justa - lawful possession.

posse legítima - lawful possession.

posse mansa - unquestioned possession.

posse mediata - constructive possession.

posse natural - natural possession.

posse pacífica - unquestioned possession.

posse paralela - naked possession; precarious possession.

posse precária - precarious possession.

posse real - actual possession.

posse simbólica - constructive possession.

posse usucapida - adverse possession.

posse viciada - possession without proper title.

posse violenta - scrambling possession.

possear - to take possession; appropriate.

posseiro - person who has possession of the land; trespasser.

possessão - possession; dominion; dependency.

possessor - possessor; tenant.

possessória - possessory action.

possessório - possessory.

possibilidade jurídica do pedido - cause of action.

possuidor - possessor; owner.

possuidor de boa fé - possessor bona fide; possessor in good faith.

possuidor de má fé - possessor mala fide; possessor in bad faith.

possuir - to possess; own.

posta - postal.

posta-restante - general delivery.

postal - postal; post.

poste - post; pole.

postergar - to postpone; put off.

posteridade - posterity.

postigo - wicket; shutter.

posto - rank; position; office; station; place.

postulação - pleading; request; petition; nomination.

postulado - postulate.

postulante - pleader; petitioner.

postular - to plead; request; demand; postulate.

póstumo - posthumous.

posturas - ordinances.

potência - potency; power; strength.

potencial - potential.

potencial de mercado - market potential.

potencializar - to enhance.

potentado - potentant; ruler; monarch.

poupança - savings; economy.

poupança, caderneta de - savings account.

poupança popular - popular savings.

poupar - to spare; use sparingly; save; economize.

pousada - lodge; inn; residence.

povo - people.

povoação - settlement; population; village.

povoado - village; settlement.

praça - market; auction.

praça pública - public square; auction.

praceamento - sale by auction.

pracear - to sell by auction.

pracista - salesman.

pragmático - pragamatic; formal.

prática - practice; experience; method; routine; execution.

prática comercial - commercial usage; commercial practice.

prática comercial equitativa - equitable commercial practice.

prática forense - forensic practice; practice at law; clerkship.

prática judiciária - judiciary practice; clerkship.

praticagem - piloting.

praticante - assistant; learning.

praticar - to practice; to perform; to carryout.

prático - pratical; experienced.

praxe - practice; custom; usual procedure.

prazo - time; duration; length of time; period; term.

prazo da prestação (P) - performance date; liquidation date.

prazo de carência - grace period.

prazo de prescrição - period of limitation; statute of limitation.

prazo final - deadline; final term.

prazo prescricional - limitation; statute of limitation.

prazo processual - procedural term.

prazo razoável (P) - reasonable term.

preâmbulo - preamble.

precariedade - precariousness.

precário - precarious; unsafe; risky; dangerous.

precatória - rogatory letter.

precaução -precaution; caution; care.

precedente - precedent.

precedente judicial - judicial precedent.

preceder - to precede; anticipate.

preceito - precept.

precípuo - main; principal; right to preferential share.

precitado - aforesaid; before mentioned.

preclusão - preclusion order; estoppel by judgement.

preço - price.

preço à vista - cash price.

preço congelado - administered price; frozen price.

preço corrente - market price.

preço da arrematação - bid price.

preço da avaliação - assessed valuation.

preço da fatura - invoice price.

preço de compra - purchase price.

preço de custo - cost price.

preço de fábrica - factory price.

preço de oferta - bid price; discount price.

preço de revendedor - trade price; resale price.

preço de sustentação - support price.

preço excessivo - over price.

preço fixo - firm price.

preço global - lump sum.

preço indicativo - guide price; indicative price.

preço livre - free price.

preço marcado - asking price; stickerprice.

preço mínimo fixado - floor price; rock bottom price.

preço pedido - asking price.

preço político (P) - administered price.

preço real - actual value.

preço real de mercado - actual market value.

preço recebido - value received.

preço tabelado - administered price.

preço vigente - current price.

pré-datar - to antedate; to backdate.

predecessor - predecessor; precursor.

predial - land; praedial.

prédio - tenement; real estate; house; building.

prédio alodial - alodial property.

prédio dominante - dominant tenement.

prédio encravado - land-locked; property without access to public roads.

prédio enfitêutico - emphyteutic tenement.

prédio rural - rural property; farm.

prédio rústico - rural property; farm.

prédio serviente - servient tenement.

prédio urbano - city property.

preempção - pre-emption.

preencher - to fill out; occupy.

prefácio - preface.

prefeito - mayor; chairman.

prefeitura - superintendency.

preferência - preference.

preferência, direito de - right of first refusal; option; pre-emptive right.

preferente - preferential; preferred; prior.

preferido - preferred; favored; elected.

prefinir - to fix a time or term.

pregão - floor; proclamation; publication.

pregão da bolsa de valores - floor of the stock exchange.

prego (informal) - pawn; pawnshop.

pregoar - to proclaim; cry; divulge.

pregoeiro - auctioneer; anouncer; crier.

prejudicado - aggrieved; damaged; injured party.

prejudicar - to damage; impair; injure; prejudice.

prejudicial - prejudicial; injurious.

prejuízo - loss; injury; damage; impairment; nuisance; tort.

prejuízo concreto (P) - concrete loss.

prejuízo positivo (P) - damage resulting from breach of contract.

prejulgado - court opinion.

prejulgar - to prejudge.

prelação - preference; priority.

prelado - prelate.

prelativo - preferencial.

prelegado - prelegacy.

preliminar - preliminary; introductory.

prematuro - premature; early; untimely.

premeditação - aforethought; premeditation.

premeditado - deliberate; premeditated.

prêmio - premium; prize; award; reward.

prêmio de seguro - insurance premium.

premissa - premises; presupposition.

premonitória - premonitory; court authorization necessary for certain legal acts in lieu of authorization from the person who should grant it.

premoriente - person who dies before another.

premorrer - to die before another person; predecease.

premorto - predeceased.

prendas domésticas - housewife.

prender - to arrest; imprison; incarcerate.

prenome - forename; first name; Christian name.

prenotar - to mention previously.

pré-nupcial - pre-nuptial.

preopinante - previous speaker.

preparado - ready for trial.

preparar - to prepare; arrange; plan.

preparatório - preparatory.

preparo - prepayment of costs.

preponderantes - preponderant; prevailing; predominant.

preponente - master.

prepor - to preplace; appoint; prefer.

preposição - preposition.

preposto - employee.

prerrogativa - prerogative; privilege.

presa - seizure; capture; plunder; booty.

presbítero - elder; minister; priest.

prescrever - to prescribe; outlaw; specify; dispose.

prescribente - prescriptive.

prescrição - prescription; statute of limitations.

prescrição da ação - limitation of action.

prescrição do delito - limitation of power to prosecute.

prescrição extintiva - extinctive prescription.

prescrição negativa - laches.

prescritível - prescriptible; lapsable.

prescritivo - prescriptive.

prescrito - prescribed; ordered; barred by statute of limitation.

presença - appearance; presence; attendance.

presente - present person; present; current.

presidência - presidency; chairmanship.

presidencial - presidential.

presidencialismo - of or pertaining to the presidency.

presidente - president; chairman; presiding officer.

presidente da assembléia - chairman of the board.

presidente da câmara - speaker of the house.

presidente da mesa - chairman of the board.

presidente da república - president of the republic.

presidente do conselho - chairman of the board.

presidente do tribunal - chief justice; chief judge.

presidente eleito - president-elect.

presidente em exercício - acting president; president in office.

presidente interino - acting president.

presidente do tribunal (superior) - chief justice of the Supreme Court.

presidiário - convict; prisoner.

presídio - prison; penitentiary.

presidir - to preside; guide; supervise.

preso - prisoner.

pressão - pressure.

pressuposição - pressuposition.

pressuposto - presupposition; conjecture; purpose; design.

pressuposto processual - right of action.

prestação - consideration; payment; rendering; installment.

prestação anual - annuity.

prestação alternativa (P) - alternative consideration.

prestação de contas - rendering of accounts.

prestação de facto (P) - an obligation to do.

prestação de serviços - rendering of services.

prestação divisível (P) - divisible consideration.

prestação duradoura (P) - durable obligation.

prestação jurisdicional - judgement.

prestação pecuniária - a disbursment.

prestamista - moneylender; pawnbroker.

préstamo - loan; accommodation.

prestar - to loan; lend; render; give.

prestar juramento - to take an oath.

presumido - presumed; imagined; suspected.

presumir - to presume; imagine; suppose; suspect.

presunção - presumption; conjecture; suspicion.

presunção absoluta - conclusive presumption.

presunção de fato - presumption of fact.

presunção legal - presumption of law.

presunção relativa - relative presumption; inconclusive presumption.

presunção simples - presumption of fact.

presuntivo - presumptive.

pretendente - claimant; candidate; applicant.

pretensão - issue; claim; aim.

preterição - preterition; omission; failure to promote.

preterir - to neglect; ignore; disregard.

pretor - justice of the peace; pretor.

pretoria - office of a pretor.

pretório - court; tribunal; session hall.

pretura - office of a pretor.

prevalecer - to predominate; preponderate; prevail.

prevaricação - violation of duty; betrayal of trust.

prevaricar (FC) - to violate the law.

prevenção - prevention; caution.

prevenir - to prevent; preclude.

preventiva(o) - preventive.

preventório - reformatory.

prever - to forsee; anticipate.

previdência social - social security.

prévio - previous; prior; foregoing; preliminary.

previsão - prevision; foresight.

primado - primacy; priority; superiority.

primagem - primage.

primariedade - first offender status.

primário - primary; prime; chief; fundamental.

primaz - one who occupies first place; archbishop.

primazia - primacy; priority; superiority.

primeira instância - lower court.

primeiro ministro - prime minister.

primo - cousin; prime.

primogênito - first-born.

primogenitor - primogeniture.

primogenitura - primogeniture.

primordial - primordial; primitive; original.

principado - principality; princedom.

principal - principal; main; chief; major; capital.

príncipe - prince.

principiante - beginner; novice; neophyte.

princípio - beginning; start; origin; principle.

princípio da territorialidade da lei - principle of the territoriality of the law.

princípio da verdade material (P) - the judiciary must reconstitute the facts under appreciation.

princípio de pagamento - down payment.

prioridade - priority; preference; pre-emption.

prisão - prison; arrest; imprisonment.

prisão administrativa - capture; aprehension; prison; jail.

prisão civil - civil arrest.

prisão em flagrante - caught in the act; flagrante delicto.

prisão ilegal - false imprisonment.

prisão militar - military prison.

prisão perpétua - life imprisonment.

prisão preventiva (P) - preventive custody.

prisioneiro - prisoner.

privação - deprivation.

privado - private; personal.

privativamente - privatively.

privativo - private; personal; exclusive.

privilégio - privilege; prerrogative; imunity.

privilégio creditório (P) - preferred credit.

privilégio de execução prévia (P) - the administration's privilege to execute the administrative act.

privilégio de exploração - franchise.

privilégio de invenção - patent.

privilégio especial - special privilege.

probabilidade - probability; chance.

probante - probative.

probation (P) - probation.

probatório - probative; evidence.

probidade - probity; uprightness; honesty; integrity.

problema - problem.

probo - honest; righteous; upright; virtuous.

procedência - source; origin; derivation; legal basis.

procedente - proceeding; consequent.

proceder - to proceed; arise; issue.

procedimental - procedural.

procedimento - proceeding; action; conduct; behavior.

procedimento cautelar - preventive proceeding; injunction.

procedimento executivo - executive proceeding; executory proceeding.

procedimento judicial - judicial proceeding.

procedimento ordinário - ordinary proceeding.

procedimento penal - criminal proceeding.

procedimento probatório (P) - evidence proceeding.

procedimento sumaríssimo - summary proceeding.

processamento - process.

processamento de dados - data processing.

processar - to sue; proceed.

processo - process; proceeding; procedure; cause; suit.

processo acessório - ancillary proceeding.

processo administrativo - administrative proceeding.

processo auxiliar - ancillary proceeding.

processo cautelar - bill quia timet (UK); preventive injunction.

processo civil - civil action; civil suit.

processo comercial - commercial action; commercial suit.

processo contencioso - adversary proceeding; contentious proceeding; litigation.

processo criminal - criminal proceeding.

processo de conhecimento - discovery process.

processo de execução - execution proceeding; writ of execution; executive proceeding.

processo de jurisdição contenciosa (P) - adversary proceeding; contentious proceeding; litigation.

processo disciplinar (P) - labor dispute on grounds of discipline.

processo disciplinar na Ordem dos Advogados - disciplinary proceeding at the Bar.

processo especial - special proceeding.

processo executivo - executive proceeding.

processo judicial - action at law; judicial proceeding; suit.

processo jurisdicional - judicial proceeding.

processo oral - oral pleading.

processo ordinário - ordinary proceeding.

processo penal - criminal proceeding.

processo pendente - pending suit.

processo preventivo - proceedings for provisional remedy.

processo sumário - summary proceeding.

processo sumaríssimo - summary proceeding.

processo verbal - oral pleading.

processual - procedural.

processualista - procedure.

proclamação - proclamation; announcement; manifest.

proclamas - banns.

proclamar - to proclaim; announce; publish; declare; promulgate.

procrastinação - procrastination; delay; putting off.

procrastinar - to procrastinate; delay; put off; postpone.

procriação - procreation.

procriador - procreator.

procriar - to procreate; beget.

procura - demand; search; power-of-attorney.

procura agregada (P) - global market; global demand; total demand.

procuração - power of attorney; mandate; proxy.

procurador - attorney-in-fact; mandatary; nominee.

procurador da república - attorney general; general solicitor.

procurador do estado - state attorney; state lawyer.

procurador especial - proxy; special prosecutor.

procurador extrajudicial - attorney in fact.

procurador geral - attorney general.

procurador judicial - attorney of record; attorney at law; counsel; counsellor; barrister.

procurador público - prosecutor; district attorney.

procuradoria - office of the attorney general.

procurar - to seek; pursue; aim at; attempt.

prodigialidade - prodigality; wasteful; lavishness.

produção - production.

produção antecipada de provas - bill to perpetuate testimony (UK); anticipated discovery; anticipated evidence.

produto - product; fruit; result; commodity.

produto interno bruto - gross domestic product.

produto nacional bruto - gross national product.

produto nacional líquido - net national product.

produto primário - primary product.

produto secundário - by-product.

produto supérfluo - luxury good; superfluous product.

produtor - producer; maker.

produzir - to produce; make; create; manufacture; cause.

profanação - profanation; desecration; defilement.

profectício - prophetic.

proferir - to utter; pronounce; say; deliver.

proferir sentença - to pass a sentence.

professar - profess; avow; confess; declare; practice.

professor - teacher.

profissão - calling; profession; career; vacation.

profissão liberal - liberal profession; profession.

profissional - professional practitioner.

profissionalismo - professionalism.

profundidade (FC) - depth.

progenitor - progenitor; father; ancestor.

progressivo - progressive; advancing; gradual.

proibição - prohibition; impediment; ban.

proibição às instituições financeiras - impediments to financial institutions.

proibição de prova (P) - injunction to disallow evidence.

proibitivo - prohibitive; forbidding.

proibitório - prohibitive; prohibitory.

proibir - to prohibit; forbid; ban.

projeto de lei - bill.

projeto orçamentário - appropriation bill.

prolação - utterance; pronunciation; delay; postponement.

prolação da sentença - rendition of judgement; sentencing.

prolatar sentença - to render judgement; sentence.

prolator - judge who renders a sentence.

prole - issue; offspring; progeny; descendants.

proletariado - proletariat; laboring class.

proletário - proletarian; wage earner.

prolongamento - prolongation; protraction; continuation; extension.

promessa - promise; vow; pledge.

promessa de casamento - promise of marriage.

promessa de compra e venda - promise of sale; agreement of sale.

promessa de facto de terceiro (P) - promise on behalf of a third party.

promessa de fazer - affirmative pledge.

promessa de liberação (P) - promise to release.

promessa de não fazer - negative pledge.

promessa de pagamento - promise to pay; promise of payment.

promessa de recompensa - promise of reward.

promessa de venda - contract for installment sale.

promessa implícita - implied promise.

promessa pública (P) - promise by means of a public deed.

promessa unilateral - unilateral contract.

promessa verbal - oral promise.

prometer - to promise; vow; betroth.

prometido - promised; engaged; bethrothed.

promiscuidade - promiscuity.

promíscuo - promiscuous; disorderly.

promissário - promisee.

promissivo - promissive.

promissória - promissory note.

Promissória de Fomento Nacional (P) - bank note.

promissória, nota - promissory note.

promitente - promissor; one who makes a commitment.

promitente comprador - promissor to buy.

promitente vendedor - promissor to sell.

promoção - promotion; advancement; preferment; elevation.

promotor - prosecuting attorney; public prosecutor.

promotor de justiça - attorney general; district attorney; state attorney.

promotor público - public prosecutor; district attorney.

promotoria - public prosecutor's office.

promovente - plaintiff; petitioner.

promover - to promote; forward; advance.

promulgação - enactment; promulgation.

promulgar - to promulgate; announce; publish.

pronta entrega - prompty delivery.

pronto - prompt; ready; quick; immediate.

prontuário - record.

prontuário policial - criminal record.

pronúncia - indictment; arraignment.

pronunciação - pronunciation.

pronunciado - indicted.

pronunciamento - proclamation; pronouncement.

pronunciar - to indict; arraign.

propaganda - propaganda; publicity; advertising.

propiciar (FC) - to allow; to permit; to ease.

propina (BR) - bribery.

propina (P) - fee

proponente - offeror; proponent; proposer.

propor uma ação - to bring suit; to file suit.

proporcional - proportional; corresponding.

proposição - proposition; proposal.

propositura - bringing suit.

proposta - offer; bid; proposal.

proposta de contrato - proposal to enter into a contract.

proposta de desconto (P) - proposal to discount securities.

proposta de lei - bill; draft bill.

proposta orçamentária - appropriation bill.

propriedade - property; ownership.

propriedade absoluta - fee simple absolute.

propriedade autoral - literary property.

propriedade colectiva (P) - collective property.

propriedade coletiva - collective property.

propriedade comum - community property.

propriedade corpórea - corporeal property.

propriedade exclusiva - exclusive ownership.

propriedade fundiária - real property.

propriedade horizontal - horizontal property.

propriedade imaterial - intangible property.

propriedade imobiliária - real estate property.

propriedade imóvel - real estate property.

propriedade imperfeita - imperfect ownership.

propriedade incorpórea - intangible property.

propriedade industrial - industrial property (patents; trademarks).

propriedade intangível - intangible asset.

propriedade intelectual - intelectual property; literary property.

propriedade móvel - personal property; movable property; chattels.

propriedade perfeita - absolute property; perfect ownership.

propriedade privada - private property.

propriedade pública - public property.

propriedade real - real estate.

propriedade restrita - imperfect property.

propriedade rural - country property.

propriedade rústica - country property.

propriedade urbana - urban property.

propriedade singular - private property.

proprietário - owner; proprietor.

proprietário da casa - homeowner; landlord.

proprietário registrado - owner of record.

proprietário vitalício - life tenant.

próprio - own; very; same.

prorrogação - extension; respite; delay; renewal of term.

prorrogação da competência - extension of a judge's jurisdiction.

prorrogação da jurisdição - extension of a judge's jurisdiction.

prorrogação do prazo - time extension; continuance; adjournment; postponement.

prorrogar - to extend; protract; prolong; continue.

proscrever - to proscribe; banish; outlaw; abolish; extinguish; ban; prohibit; condemn.

proscrição - proscription; banishment; outlawing; condemnation.

proscrito - outlaw; exiled.

prospecto - prospect; outlook; prospectus.

prospecto de informações para a emissão de valores mobiliários - prospectus with information on the public issue of shares.

prosseguimento - continuance.

prostíbulo - bawdy house; house of prostitution.

prostituição - prostitution.

prostituta - prostitute; whore; courtesan.

protagonista - protagonist.

protecção (P) - protection; defense; safeguard; patronage.

protecção da firma (P) - protection of the trade name.

proteção - protection; defense; safeguard; patronage.

proteção aos investidores - protection to the investors.

proteccionismo (P) - protectionism.

protecionismo - protectionism.

protecionismo comercial - trade protectionism.

protelação - delay; postponement.

protelar - to postpone; procrastinate; defer; delay.

protelatório - dilatory; delaying.

protestado - protested.

protestador - protestor.

protestante - protest.

protestar - to protest; promise; pledge.

protesto - protest; protestation; complaint; objection.

protesto judicial - judicial protest; a preventive judicial measure.

protesto por novo júri - motion for new trial.

protetor - protector; supporter; patron; defender; guardian.

protetorado - protectorate.

protocolar - by protocol; ceremonial

protocolar - to record officially.

protocolar no registro - register with the notary public.

protocolo - docket; protocol; register.

protocracia - government ruled by the most competent.

protraimento - protraction; delay; postponement.

protrair - to protract; delay; put off.

protutor (P) - protutor; guardian.

prova - evidence; proof; probative matter.

prova absoluta - absolute proof; full proof.

prova admissível - admissible evidence.

prova aliunde - evidence aliunde; out-of-court evidence.

prova antecipada - evidence produced during preliminaries to trial.

prova auxiliar - auxiliary evidence.

prova civil - civil evidence.

prova circunstancial - circumstantial evidence.

prova concludente - conclusive evidence.

prova contrária - adverse evidence.

prova cumulativa - cumulative evidence.

prova decisiva - conclusive evidence.

prova demonstrativa - demonstrative evidence.

prova direta - direct evidence.

prova documental - documentary evidence.

prova extrajudicial - out-of-court evidence.

prova indiciária (P) - circumstancial evidence.

prova indireta - indirect evidence.

prova instrumental - documentary proof.

prova legal - legal evidence.

prova legal pleníssima (P) - absolute legal evidence.

prova literal - documentary evidence.

prova material - material evidence.

prova objetiva - objective evidence.

prova oral - parol evidence; oral evidence.

prova pericial - expert evidence.

prova plena - full proof.

prova por indícios - presumptive evidence; circumstancial evidence.

prova tarifada (P) - evidence with interpretation given by law.

prova testemunhal - testimonial evidence.

prova verbal - parol evidence; oral testimony.

provador - prover; taster.

provante - probational; serving as proof.

provar - to prove; try.

provará - items in a bill of indictment.

provas - evidence.

provável - provable.

provedor - purveyor.

Provedor da Justiça (P) - The Portuguese constitutional ombudsman.

provedoria - purveyor's office; purveyor's district.

proveito - profit; gain; income.

provento - revenue.

prover - to provide; supply; furnish; fit.

providência - providence; foresight.

provido - provident.

provimentar - to supply with provisions.

provimento - provision; equipment; arrangements; administrative act.

provimento, dar - to grant.

província - province.

provisão - provision; supply; store.

provisão para contingências pendentes - provision for contingent liabilities.

provisão para depreciação - provision for depreciation.

provisão para impostos - provision for taxes.

provisional - provisional; provisional remedy.

provisor - provisor; provider; supplier; purveyor.

provisório - provisional; temporary.

provocação - provocation.

provocação de jurisdição - invocation of jurisdiction.

provocar - to provoke; arouse; stir up; challenge; insult.

proxeneta - pimp; panderer.

prudência - care; prudence; caution.

prudência razoável - reasonable care.

prudente - prudent; careful; cautious; sensible; wise.

pseudônimo - pseudonym.

psicologia - psychology.

psicopata - psychopath.

psicose - psychosis.

psicótico - psychotic.

psiquiatria - psychiatry.

puberdade - puberty.

púbere - pubescent.

pública - public.

pública-forma - authentic copy; certified copy.

publicação - publication.

publicação da sentença - entry of judgement; publication of sentence.

publicamente - publicly; openly.

publicar - to publish; announce; proclaim; divulge; reveal.

publicidade - publication; advertising.

publicista - publicist; journalist.

publicitário - advertising person.

público - public; common; notorious; open.

público, interesse - public interest.

pudor - modesty; shame.

puerícia - childhood.

pugna (E) - conflict.

punguista - pickpocket.

punibilidade - punishment; punishable.

punição - punishment; penalty.

punidor - punisher.

punir - to punish; chastise.

punitivo - punitive.

punível - actionable.

pupilagem - pupilage; tutelage.

pupilar - pupillary.

pupilo - ward; pupil.

purga - purgative.

purgação - redemption; purgation.

purgar - to purge; clear of guilt.

puridade - purity; secret; personal.

puro - pure; unmixed; unadulterated.

putativo - putative; supposed; reputed.

Q

quadra - square; set of four; court; block.

quadragésimo - fortieth.

quadragésimo ano - fortieth year.

quadrilha - gang.

quadrilheiro - gangster; bandit; bailiff.

quadro - table; chart; list; schedule.

quadro de empregados - personnel; staff.

quadro demonstrativo - chart.

quadro de pessoal (P) - personnel; staff.

quadro especial (P) - technical staff.

quadro técnico - technical staff.

qualidade - quality; attribute; characteristic; kind; sort.

qualidade de vida - quality of life.

qualidade para agir - standing to sue.

qualificação - qualification; classification; capacity; competence; identification.

qualificação da pessoa - individual particulars; personal identification.

qualificação de testemunha - witness identification.

qualificado - qualified; competent; eminent.

qualificar - to qualify; classify; characterize; describe; select; choose.

qualificável - qualifiable; classifiable.

qualitativo - qualitative.

quantia - quantity; sum; amount.

quantia bruta - gross amount.

quantia certa - sum certain.

quantia líquida - net amount.

quantidade - quantity; amount; number; measure.

quantidade de dinheiro - amount of money.

quantidade de volumes - quantity of volumes.

quantificar - to quantify; give the exact value.

quarentena - quarantine.

quarta - quarter; fourth part.

quarteirão - block.

quartejar - to quarter; lacerate; tear into pieces.

quartel - quarter; barracks.

quartel general - headquarters.

quarto - fourth; room; chambers; watch.

quase - quasi; almost; nearly.

quase-contrato - quasi-contract; implied contract.

quase-delito - quasi-delict.

quebra - bankruptcy; failure; breach; rupture; violation.

quebrado - bankrupt; ruined; broken; ruptured.

quebramento - breach.

quebrantador - lawbreaker; one who violates or infringes laws.

quebrantamento - violation; breach.

quebrantar - to violate; break; weaken; annul.

quebrar - to break; fail; become bankrupt; infringe; violate.

queda - fall; decrease; decline; breakdown.

queda de água - waterfall.

queda de preços - collapse of prices.

queda de produção - decline of production.

queda do gabinete - fall of the ministrers.

queima - bargain sale; clearance sale; burning.

queimada - burn; forest fire; land that has been burned.

queimado - burned; burnt; angry.

queimadura - burn; burn injuries on the body.

queimadura de primeiro grau - first degree burn.

queimadura de segundo grau - second degree burn.

queimadura de terceiro grau - third degree burn.

queima-roupa - at close range; suddenly.

queixa - complaint; charge.

queixa-crime - criminal complaint.

queixa por escrito - written complaint.

queixar-se - to complain.

queixoso - complainant.

queixume - whining.

querela - complaint; dispute; contest; charge; accusation; lawsuit.

querelado - defendant; accused.

querelante - complainant; plaintiff; prosecutor.

querelar - to complain; sue; accuse.

querer - to wish; want; desire.

quesito - query; question.

quesitos para o juri - questions to the jury.

questão - question; matter; subject; topic; point; issue; affair; quarrel; controversy.

questão acadêmica - academic question.

questão de direito - question of law.

questão de estado - matter of state.

questão de facto (P) - matter of fact.

questão de fato - matter of fact.

questão de forma (P) - procedural question.

questão federal - federal question.

questão judicial - judicial question.

questão política - political question.

questão prejudicial (P) - prejudicial matter; matter of substance.

questão preliminar - previous question.

questão prévia - previous question.

questão principal - ultimate issue; main issue.

questão social - social matter.

questionar - to question; discuss; dispute; argue.

questionário - questionnaire; list of questions.

questor - quaestor; magistrate judge.

quiebra (E) - bankruptcy.

quilate - carat.

quilha - keel.

quinhão - share; portion; allotment; quota.

quinhoeiro - sharer; partner.

qüinqüídio - period of five days.

quinquilharia - triffle; bagatelle.

quintal - backyard.

quinto constitucional (BR) - the rule by which one fifth of the members of the higher courts must come from among the practicing lawyers.

quinzena - a period of fifteen days.

quirografário - unsecured debt; general creditor; unsecured creditor.

quirógrafo - chirograph; promissory note.

quitação - settlement of a debt; quittance; acquittance; release; general release; pay off.

quitamento - acquittance.

quitar - to acquit; to free; release; exempt; exonerate; pay.

quite - quit; free; released; even.

quorum - quorum.

quota - quota; portion; allotment; contribution.

quota anual - annual quota.

quota de fundo - quota of a fund; unit of a fund.

quota de importação - import quota.

quota disponível - unencumbered quota; available quota.

quota integralizada - paid-up quota.

quota liberada (P) - paid-up quota.

quota litis, pacto de - contingency fee agreement.

quota parte - share; quota.

quotas de responsabilidade limitada, sociedade - limited liability company by quotas.

quotista - quotaholder.

quotização - stock exchange quotations; assessment; sharing.

quotizar - to assess; distribute shares.

R

rabino - rabbi.

rábula - (formerly) unlicensed lawyer; shyster lawyer; pettifogger.

rabulão - lawmonger; shyster lawyer.

rabular - to pettifog; shyster; trick.

rabularia - work of a shyster lawyer; pettifoggery; trickery; chicanery.

rabulejar - to pettifog; shyster; trick.

rabulice - work of a shyster lawyer; petifoggery; trickery; chicanery.

rabulista - shyster lawyer; pettifogger.

raça - race; breed; strain; lineage; generation.

ração - ration; allowance.

racial - racial.

racial, discriminação - racial discrimination.

raciocinar - to ratiocinate; reason; think.

raciocínio - ratiocination; reasoning; thought.

racionado - rationed.

racional - rational; reasonable; logical.

racionalização - rationalization.

racionalizar - to rationalize; ratiocinate; reason.

racionamento - ration; rationing.

racismo - racism.

racista - racist.

radar - radar.

radialista - broadcaster.

radicado - established; radicated; rooted.

radical - radical; essential; fundamental; extreme.

radicalismo - radicalism.

radicar - to establish; radicated; rooted.

radicar- se - to settle; establish.

radiciário (P) - real estate owner.

rádio - radio.

radioator - radio actor.

radiocomunicação - radio communication.

radiodifusão - broadcasting.

radioemissora - radio broadcasting station.

radiograma - radiogram.

radioteatro - radio theater.

rainha - queen.

raio - ray; beam; range.

raiva - rage; anger; fury.

raiz - root; source; origin.

ramada - branches.

ramal - branch; ramification.

rameira - prostitute; harlot; whore.

ramificação - ramification; branching.

ramo - field; activity; business; branch; section; subdivision.

rapace - robber; plunderer.

rápido - rapid; fast; quick; prompt; express service; special messenger.

rapina - robbery; rapine; plunder.

rapinagem - robbery; rapine; plunder.

rapinar - to rob; plunder.

raposa - fox; a cunning person.

raptada - kidnapped.

raptar - to abduct; kidnap; rob.

rapto - abduction; kidnapping.

rapto com presunção de violência - statutory rape.

rapto próprio - abduction.

rapto violento ou mediante fraude - abduction.

raptor (FC) - abductor; kidnapper; ravisher.

rasa - tariff for manuscript.

rascunho - draft; rough copy; sketch; outline.

raso - notary's full signature.

rasura - erasure.

rata - failure; fiasco.

rateação - apportionment; allotment.

rateado - pro rata.

rateamento - pro rata apportionment; allotment.

ratear - to prorate; pilfer; rate; apportion.

rateio - pro rata apportionment; allotment; share; provation.

ratificação - ratification; confirmation.

ratificado - ratified; sanctioned.

ratificar - to ratify; confirm; approve; sanction.

rato - confirmed; recognized; ratified; sanctioned.

razão - reason; ledger; sense; motive; explanation; rate; argument.

razão comercial - trade name.

razão do Estado - reason of state.

razão jurídica - juridical motive.

razão nova - new matter.

razão social - corporate name; registered name; company's name.

razoado - brief; defense; plea.

razoamento - reasoning; defense; pleading.

razoar - to reason; defend; plead a cause.

razões - reasoning; arguments; motives; plea; brief.

razões de apelação - appellate brief.

razões de decidir - recital.

razonete - elimination ledger.

ré - female defendant; female prisoner.

reabastecimento - replenishment; restocking.

reabertura - reopening.

reabilitação - rehabilitation; reform; regeneration.

reabilitado - rehabilitated.

reabilitar - to rehabilitate.

reabitar - re-inhabit.

reação - reaction; response.

reaceite - reacceptance.

reacionário - reactionary.

reacusação - countercharge; recrimination.

reacusar - to reaccuse; make a countercharge; recriminate.

readaptação - readjustment.

readaptar - to readjust; refit.

readmissão - readmission; reinstallment.

readmitir - to readmit.

reaforamento - the act of sending the case back to the original court.

reagir - to react; respond; resist.

reajustamento - readjustment; rearrangement.

real - real; actual; true; factual; positive.

realengo - royal; regal.

realidade - reality; actuality; fact; fulfillment; accomplishment; achievement.

realização - realization; accomplishment; performance; execution; payment.

realização coactiva da prestação (P) - right of action concerning the performance of an obligation.

realização do capital social - payment of the subscribed shares/quotas.

realização do lucro - profit-taking.

realização integral da prestação (P) - full performance.

realizado - paid-in.

realizar - to realize; turn into cash; fulfill; perform; carry out; achieve; consummate; accomplish.

realugar - to relet.

reassumir - to reassume; reoccupy; resume.

reassunção - reassumption.

reatamento - renewal; resumption.

reatar - to renew; reassume.

reato - reatus; state or condition of defendant.

reavaliar - to reappraise.

reaver - to recover; get back; retrieve.

rebaixa - reduction.

rebaixamento - demotion; degradation; debasement.

rebate - rebate; discount; refutation.

rebater - to refute; rebut; to deduct; repel.

rebelar - to rebel; revolt.

rebelde - rebel; rebellious; defaulter; person in contempt of the court.

rebeldia - rebellion; default; nonappearance; contumacy.

rebelião - rebellion; revolt; uprising.

rebento - offspring.

reboque - towage.

rebora - legal age for marriage.

rebuscar - to search again.

recadação - collection.

recadeiro - errand boy; messenger.

recado - message.

recalcitrância - recalcitrance; reluctance; stubborness.

recalcitrante - recalcitrant; reluctant; refractory.

recambiar - to redraw; return.

recâmbio - redraft; re-exchange.

recapitulação - recapitalization; refinancing.

recaptura - recapture.

recapturar - to recapture.

recasar - remarry.

recato - modesty; demureness; caution; circumspecion.

recebedoria - tax-collector's office; treasurer's office.

receber - to receive; get; accept.

recebimento - receipt; acceptance; acknowledgment; granting.

receio - fear; apprehension; misgiving.

receita - revenue; income; fixed income; budget; tax.

receita aduaneira - customs receipts.

receita arrecadada - revenue receipts.

receita bruta - gross revenue.

receita corrente - current revenue.

receita da pessoa colectiva (P) - corporate income.

receita de capital - capital income.

receita de vendas - sales revenue (USA); turnover (UK).

receita diária - daily income; daily revenue.

receita do Estado - state revenue.

receita financeira - financial income.

receita fiscal - tax revenue.

receita líquida - net revenue.

receita orçamentária - public revenue.

receita pública - public revenue.

receita tributável - taxable income.

receitas e saídas - receipts and expenditures.

recém-nascido - new-born.

recenseamento - census; survey.

recepção - reception; receiving.

receptação - receiving of stolen goods.

receptador - accessory; one who conceals a crime; one who receives stolen goods; receiver.

receptar - to receive stolen goods; to abet or conceal a crime.

recessão - recession.

recesso - recess.

rechaçar - to drive back; refute; resist.

recibo - receipt; acquittance.

recibo de embarque - ship's receipt.

recibo de imposto - tax receipt.

recibo de pagamento - payment receipt.

recibo de quitação - general release; acquittance.

recibo por saldo - receipt in full.

recidiva - return; reincidence.

recidivista - recidivist; habitual criminal.

recinto - enclosed place.

recipiendário - recipient; assignee; grantee.

recipiente - recipient; receiver; payee.

reciprocidade - reciprocity.

reciprocidade diplomática - diplomatic reciprocity.

recíproco - reciprocal; mutual; demand; complaint.

reclamação - reclamation; claim; demand; complaint.

reclamação administrativa - administrative complaint; request for reconsideration.

reclamação trabalhista - labor claim.

reclamado - defendant.

reclamante - complainant; plaintiff.

reclamar - to claim; reclaim; protest; oppose; demand; urge; request.

reclame (P) - advertisement.

reclame por referência (P) - comparative advertisement.

reclamo - claim; protest; bill; demand; advertisement; catchword; slogan.

reclusão - reclusion; imprisonment; confinement; incarceration.

recluso - recluse; prisoner; imprisoned; convict.

recobrar - to recover; regain; recoup; collect; recharge.

recognição - recognition; acknowledgement.

recognitivo - recognitory.

recolher - receive; collect; guard; return; withdraw from circulation.

recolhimento - collection; withdrawal.

recolhimento à prisão - commitment to prison.

recomendação - recommendation.

recompensa - reward.

recompra - buy-back; repurchase.

recompra, contrato de - repurchase agreement.

reconciliação - reconciliation; reunion.

reconciliar - to reconcile; conciliate; pacify; harmonize.

reconciliar uma conta - to reconcile an account.

recondução - return; devolution; renewal; readmission; reconveyance.

reconduzir - reconduct; devolve; renew; re-admit; reconvey.

reconhecer - to recognize; acknowledge; admit; avow; affirm; accept.

reconhecer firma - to notarize a signature by comparison.

reconhecido - recognized; acknowledged; admitted; avowed.

reconhecimento - notarization; certification; canvass; inquiry; inspection; examination; admission; confession; acknowledgment; recognizance; identification.

reconhecimento da assinatura - notarization of a signature by comparison.

reconhecimento da filiação - acknowledgment of paternity.

reconhecimento da firma - acknowledgement of signature; authentication of signature.

reconhecimento de dívida (P) - acknowledgment of debt.

reconhecimento de filho - acknowledgment of paternity.

reconhecimento implícito (P) - tacit acknowledgment.

reconhecimento presencial da assinatura (P) - certification of a signature made before a notary public.

reconhecer - to examine; inspect; verify; acknowledge; recognize; avow; honor; pass a credit.

reconsideração - reconsideration.

reconsideração, pedido de - petition for reconsideration.

reconsiderar - to reconsider.

reconstrução - reconstruction; rebuilding.

recontratar - to re-contract.

recontrato - new contract.

reconvenção - countercharge; counterclaim; countersuit; cross action; cross-complaint.

reconvir - to countercharge; counterclaim; recriminate.

recorrente - appellant; plaintiff in error.

recorrer - to appeal.

recorrido - apellee; respondent.

recorrível - appealable.

recovagem - transportation contract; transport charges.

recoveiro - transporter; carrier.

recriminação - countercharging; recrimination.

recruta - recruit; novice.

recrutamento - recruiting; draft; conscription.

recuar - to move back; back up; recede.

recuo - retreat; recoil.

recuperação - recovery; reconquest.

recuperar - to recover; regain; retrieve.

recurso - appeal; remedy; appellate review; review.

recurso administrativo - administrative remedy.

recurso de agravo (P) - appeal of a decision on a matter other than the merits of the case.

recurso de apelação - appeal on the merits of the case.

recurso de revista - appeal to the higher courts.

recurso de revista (P) - appeal to the Portuguese Supreme Court of Justice.

recurso especial - a kind of appeal to the Superior Court of Justice.

recurso extraordinário - appeal to the Brazilian Supreme Court; extraordinary appeal.

recurso hierárquico (P) - administrative appeal to the superior authority.

recurso parcial - limited appeal.

recurso ordinário constitucional - appeal to the Supreme Court.

recursos - resources.

recursos ambientais - environmental resources.

recursos humanos - human resources.

recursos naturais - natural resources.

recusa - refusal; denial; declination.

recusa de juiz - judicial denial.

recusação - refusal; denial; declination.

recusador - refuser; denier.

recusante - refusing; rejecting.

recusar - to refuse; deny; decline; reject.

redação - editorial staff; editorial room; wording; composition.

redargüir - retort; reply; rebut; refute.

redator - writer; editor.

rede - network.

rede bancária - banking network.

rede de computadores - computer network.

redemocratizar - to redemocratize.

redenção - redemption; ransom.

redescontar - to rediscount.

redesconto - rediscount.

redibir - to annul a sale.

redibitório - redhibitory; supervening negligence.

redibitório, vício - hidden defect; supervening negligence.

redigir - to write; pen; compose.

redimir - to redeem; ransom.

redistribuição - redistribution.

redistribuir - to redistribute.

rédito - capital gain; profit; income.

redução - reduction; abatement; curtailment; decrease.

redução de laboração (P) - negotiated reduction of working hours.

redução de imposto - tax reduction; tax relief.

redução do negócio jurídico (P) - declaration of partial nullity of a contract.

redução do preço - markdown.

reedição - reissue.

reeducação - re-education.

reeleger - to re-elect.

reeleição - re-election.

reembolsar - to reimburse; repay; refund.

reembolso - reimbursement; refund; repayment.

reembolso postal - cash on delivery; collect on delivery (COD).

reempregar - re-employ.

reempréstimo - relending.

reengajamento - re-engagement.

reengajar - to re-engage.

reenvio - renvoi; return.

reexportação - re-exportation.

reexportar - to re-export.

reextradição - re-extradition.

reextraditar - to re-extradite.

refém - hostage.

referência - reference; allusion; mention.

referenda (P) - countersignature.

referendar - to countersign; attest; authenticate.

referendário - one who countersigns; chief clerk who countersigns.

referendo - referendum.

referendum - referendum.

referente - concerning; regarding; pertaining.

referido - aforesaid; above-mentioned.

refinanciamento - refinancing.

refinaria - refinary.

refletir - ponder; mediate; consider carefully.

reforço - reinforcement; prop; brace; fresh troops.

reforma - reform; reformation; reversal; renewal; retirement.

reforma agrária - agrarian reform.

reformado - retired officer.

reformar - to reform; remodel; reorganize; renew; remake; amend.

reformar a sentença - to reverse the judgement; amend a judgement.

reformatório - reformatory.

refugiado - refugee.

refugiar-se - to take a refuge; look for shelter.

refúgio - refuge; asylum; shelter.

refugo - scrap; refute; waste.

refutação - refutation; contestation; confutation.

refutador - refuter.

refutar - to refute; contradict; oppose.

refutável - refutable.

regalia - franchise; prerogative; privilege.

regatão - retail dealer.

regatar - to sell at retail.

regatear - to bargain; haggle.

regateador - haggler; bargainer.

regateio - haggling; bargaining.

regência - regency; government.

regeneração - regeneration.

regenerado - regenerate.

regente - governing.

reger - to govern; rule.

regicida - regicide; murderer of a king or queen.

regicídio - regicide; murder of a king or queen.

regime - system.

regime de comunhão de bens - community property system; matrimonial joint ownership of property.

regime de separação de bens - separate ownership of property by married people.

regime democrático - democratic system.

regime dotal - dowry; régime dotal.

regime parlamentar - parlamentary system.

regime presidencial - presidential system.

regimento - by-laws; regulation; ruling; rules; regiment.

regimento de custas - statute of costs.

regimento interno - internal regulation.

regional - regional.

regionalismo - regionalism.

registrar - to register.

registrar uma marca - to register a trademark.

registro - registration; recording; entering; registering; recordation; register; record; book; registry; certificate.

registro civil - civil registry.

registro civil das pessoas jurídicas - civil registry of legal entities.

registro civil das pessoas naturais - civil registry of individuals.

registro contábil - accounting; accounting record.

registro da marca - trademark registry.

registro da propriedade imobiliária - real estate record; real estate title registration.

registro da sentença - the recording of a judgement.

registro de capitais estrangeiros - registration of foreign capital.

registro de casamento - marriage certificate.

registro de duplicatas - book for the registration of trade bills.

registro de emissão de valores mobiliários - registration of an issue of securities.

registro de imóveis - real-estate record; real estate title registry; real estate registration office.

registro de nascimento - birth certificate.

registro de navio - registration of a ship.

registro de óbito - death certificate.

registro de ocorrências policiais - bench blotter.

registro de títulos e documentos - registry of documents.

registro de títulos mobiliários - registration of securities.

registro do comércio - board of trade.

registro do navio - registration of ship.

registro do testamento - registration of the will.

registro dos feitos - recording of cases.

registro imobiliário - real estate record; real estate title registry; real estate registration office.

registro nacional do comércio - national trade registry.

registro naval - register of ships.

registro paroquial - parochial register.

Registo Nacional das Pessoas Colectivas (P) - national registry of legal entities.

registo predial declaratório (P) - real estate record; real estate title registry; real estate registration office.

registo provisório (P) - transitory registration.

registro público - public registry.

regra - rule; norm; principle; standard; order.

regra de direito - rule of law.

regra forense - forensic rule.

regra jurídica - rule of law.

regra legal - rule of law.

regra moral - moral rule.

regressiva(o) - regressive; retroactive.

regresso - return.

regulação - regulation.

regulador - regulator.

regulamentação - regulation.

regulamentar - to regulate.

regulamento - regulations; rules; statute; ordinance.

regulamento de execução (P) - regulation detailing the term of a statute.

regulamento bancário - banking regulation.

regulamento do mercado de capitais - securities regulation.

regulamento tarifário - tariff regulation.

regular - regular; usual; legal; lawful.

regularidade - regularity.

regularizar - to regularize; regulate.

rei - king.

reinado - reign.

reinar - to reign; rule; govern; predominate.

reincidência - relapse; contumacy.

reincidência específica - specific contumacy.

reincidente - recidivist; repeater.

reincidir - to relapse.

reinícola - expert in national legislation.

reino - kingdom.

reinol - born in the kingdom.

reinquirição - re-examination.

reinquirir - to re-examine; cross-examine.

reintegração - reintegration; repossession.

reintegração do capital social (P) - complementary capital contributions to an entity, as a result of losses.

reintegração da posse - repossession; reinstatement.

reintegrar - to reintegrate; repossess.

reiteração - reiteration; repetition; renewal.

reiterar - to reiterate; repeat; renew.

reinvestimento - reinvestment.

reinvestimento de lucros - reinvestment of profits.

reinvindicação - revendication; counterclaim; petitory action.

reivindicar - to vindicate; claim; demand; recover; regain.

rejeição - rejection; refusal; denial.

rejeitar - to reject; refuse; decline.

relação - relation; relationship; bill; report; list; roll; statement.

relação causal - relation of cause.

relação colectiva de trabalho (P) - collective labor agreement.

relação contratual de facto (P) - verbal contractual relationship.

relação de direito - legal relationship.

relação de emprego - employment relationship.

relação de materiais - bill of materials.

relação de parentesco - blood relation.

relação de pessoas - roster.

relação jurídica - legal relationship.

relação sexual - sexual relation; sexual intercourse.

relações comerciais - business connections; business relations.

relações diplomáticas - diplomatic relations.

relações exteriores - foreign affairs.

relações públicas - public relations.

relapsia - relapse.

relapso - relapser; recidivist; unrepentant person.

relatar - to relate; report; give an account of.

relatar o acórdão - to state opinion.

relatar o feito - to state the case.

relativo - relative; comparative; relating.

relator - relater; reporter.

relatório - report.

relatório anual - annual report.

relatório de auditoria - audit report.

relatório de despesas - expense report.

Relatório de Impacto Ambiental (RIMA) (BR) - environmental impact report.

Relatório de Qualidade do Meio Ambiente (BR) - environmental quality report.

relatório do processo - abstract report.

relatório gerencial - management report.

relatório provisório - flash report.

relaxamento - carelessness.

relaxamento de prisão - release from jail.

relaxar - to loosen; pardon; reduce punishment; relax.

relaxe (P) -collection in court of a debt.

relegação - relegation; rejection; banishment.

relegar - to relegate; banish; reject.

relevância - significance; importance.

relevação - exemption; remission; pardon.

relevante - relevant; significant; important; outstanding.

relevar - release; discharge; pardon; excuse.

relicitação - new public auction.

relicitar - to auction for the second time.

religioso - religious.

relógio de ponto - time clock.

remanente - residuary.

remanescente - remainder; remain; remaining; surplus.

remanescer - to remain.

remarcação - markdown; renewed marking.

remarcar - to markdown; markup.

remédio legal - legal remedy.

remessa à cobrança (P) - bank collection.

remessa - remittance; sending; shipping; delivery.

remessa dos autos - the sending of a court file.

remessa financeira - financial remittance.

remetente - remittor; sender; addresser.

remeter - to send; entrust; defer.

remição - redemption.

remido - redeemed; freed.

remidor - redeemer; deliverer.

remir - to redeem; free; rescue.

remissão - remission; pardon; forgiveness.

remissão da dívida - remission of the debt.

remissão da pena - remission of the punishment.

remissão expressa - conventional remission.

remissão tácita - tacit remission.

remissivo - cross reference.

remisso - remiss; careless; negligent; delinquent.

remissor - that which contains a remission.

remitente - remittent.

remitir - to remit; forgive; pardon; excuse.

remoção - removal; transfer; withdrawal.

remoto - remote; distant.

remuneração - remuneration; payment.

remuneração líquida - net remuneration.

remunerado - paid.

remunerar - to remunerate; pay; reward; recompense.

remuneratório - remuneratory; profitable.

renda - income; revenue; profits.

renda bruta - gross income; gross revenue.

renda derivada - derivative income.

renda extraordinária - extraordinary income.

renda fixa - fixed income.

renda fixa, título de - fixed income security.

renda, imposto de - income tax.

renda líquida - net income; net revenue.

renda nacional - national income.

renda per capita - per capita income.

renda pública - public revenue.

renda tributável - taxable income.

renda vitalícia (P) - income for life.

rendário - receiver of rents.

rendeiro - lessee; renter; lessor.

render - to conquer; vanquish; subdue; overcome.

rendição - surrender; capitulation.

rendimentos - income; earnings.

rendimentos brutos - gross income.

rendimentos líquidos - net income.

rendimentos mínimos - minimum yields.

rendimentos tributáveis - taxable income.

renegociação - renegotiation.

renegociação da dívida externa - renegotiation of the foreign debt.

renegociação no Clube de Paris - renegotiation at the Paris club.

renegociar - to renegotiate.

renome - renown; fame; reputation.

renome comercial - goodwill.

renovação - renewal; renovation.

renovação da dívida - refinance; renegotiation.

renovação de deliberações sociais (P) - ratification of corporate resolutions.

renovação de locação - renovation of lease.

renovar - to renew; restore; replace; reiterate.

renovar um empréstimo - to renew a loan.

renovo - sprout; shoot; burgeon.

rentabilidade - rentability; profitability; earning power; yield.

renúncia - renunciation; resignation; renouncement; waiver.

renúncia abdicativa - waiver.

renúncia de direito - waiver.

renúncia de herança - renunciation of inheritance.

renúncia expressa - express waiver.

renúncia na ação - waiver of an action.

renunciação - renouncement; renunciation.

renunciador - renouncer; abdicator.

renunciamento - renunciation.

renunciante - renouncer.

renunciar - to renounce; resign; abdicate; waive.

renunciatório - transferee.

renunciável - renunciable.

repagar - to pay back; to repay.

reparação - reparation; repair; redress; amends; indemnification.

reparação civil - recovery.

reparo - repair; restoration.

repartição - allocation; government office.

repartir - to share; allot; parcel out.

repasse - transfer.

repasse de empréstimo externo - transfer of foreign loan.

repasse financeiro - financial transfer.

repatriação - repatriation.

repatriado - repatriate.

repatriar - to repatriate; remigrate.

repelir - to repel; repulse; reject.

repercussão - repercussion; impression.

repercutir - to reflect.

repergunta - cross-examination.

reperguntar - to cross-examine.

repertório - repertory; index; catalogue; shore.

repertório de jurisprudência - digest.

repetente - repeater.

repetição - repetition; recurrence; recovery; reclamation.

repetição do indébito - to claim an amount paid in error.

repetição do indevido - to claim an amount paid in error.

repetidor - repeater.

repetir - to repeat; reiterate.

réplica - response; replication; reply; refutation.

replicante - respondent; repliant.

replicar - to respond; reply; refute; answer.

repor - to replace; restore.

reportagem - news.

reportante - reporter.

reporte (P) - refinancing; swap.

repórter - reporter.

reposição - restitution; replacement.

repositório - reports.

repouso - rest.

repreensão - reprehension; reprimand; rebuke; reproof; correction.

represa - recaptured ship.

represália - reprisal; retaliation.

representação - representation; agency; attorneyship; petition; application.

representação bancária - bank representation.

representação comercial - commercial representation; agency.

representação diplomática - diplomatic representation.

representação judicial - representation by the legal profession.

representado - represented; substituted.

representante - representative; proxy; attorney; agent.

representar - represent; declare.

representativo - representative; suppression; restraint.

repressão - repression; suppression; restraint.

reprimenda - reprimand; rebuke.

reprimir - to repress; suppress; restrain.

reprodução - reproduction; copy; transcript.

reprovar - to disapprove; reject; take exception.

reptar - to challenge; defy; provoke.

repto - challenge; provocation.

república - republic.

república democrática - democratic republic.

república federativa - federative republic.

República Federativa do Brasil - Federative Republic of Brazil; Brazil.

república parlamentar - parliamentary republic.

república popular - popular republic.

República Portuguesa - Portuguese Republic; Portugal.

república presidencialista - presidentialist republic.

república teocrática - theocratic republic.

repudiação - repudiation.

repudiante - repudiator; repudiating.

repudiar - to repudiate; reject; disclaim.

repúdio - repudiation; rejection.

repugnância - repugnance; repulsion; aversion; disgust.

repulsa - repulse; repulsion.

reputação - reputation; repute.

reputar - to repute; consider; esteem; regard.

requeredor - applicant; petitioner.

requerente - petitioner; applicant; demandant.

requerer - to formulate a petition; apply; petition.

requerido - required; requested.

requerimento - petition; application; request.

requisição - requisition; request; order; demand.

requisitar - to require; request; demand.

requisito - requirement; requisite; qualification.

requisitório - requisitory.

rescindência - rescission; annulling.

rescindir - to rescind; annul; cancel; abrogate.

rescisão - rescission; annulling; cancellation.

rescisão convencional - bilateral rescission.

rescisão de contrato - rescission of contract.

rescisão unilateral - unilateral rescission.

rescisória - open a judgment; suit to annul a judgement which is "res judicata."

rescisório - rescissory.

rescrição - written money order.

rescrito - rescript; writen official order.

resenha - summary; inventory; survey.

resenha dos debates - reports; detailed report of the debates.

reserva - reserve; savings; reserve fund; reserve troops; substitute.

reserva biológica - biological reserve.

reserva de capital - capital reserve.

reserva de domínio - lien; reserve of title.

reserva de lucros - profits reserve.

reserva de propriedade (P) - lien; reserve of title.

reserva de região virgem - native forest reserve.

reserva ecológica - ecological reserve.

reserva em moeda estrangeira - foreign currency reserve.

reserva florestal - forest reserve.

reserva indígena - Indian reserve.

reserva legal - legal reserve.

reserva monetária - cash reserve.

reserva natural - natural reserve.

reserva oculta - secret reserve; hidden reserve.

reserva para créditos duvidosos - reserve for bad debts.

reserva técnica - technical reserve; reserves maintained by insurance companies.

reservas bancárias - bank reserves.

reservas contratuais - reserves stipulated in a loan contract.

reservas estatutárias - legal reserves; reserves required by corporation charter.

reservado - reserved; cautious; circumspect.

reservativo - to ransom; rescue; redeem; recover; discharge.

reservista - reservist.

resgatar - to ransom; rescue; redeem; recover; discharge.

resgate - ransom; discharge; redemption.

resgate antecipado de título - early redemption of a security.

resgate de nota promissória - redemption of promissory note.

resguardar - to defend; protect; guard; secure.

residência - residence; abode; dwelling.

residência familiar (P) - family abode.

residência permanente - permanent residence.

residente - resident.

residente no exterior - resident abroad.

residuário - residuary.

resíduo - residual; remaining; balance.

resíduos - residue; remainder.

resíduos sólidos - solid residues; solid waste.

resíduos tóxicos - toxic residues; toxic waste.

resignação - resignation.

resignar - to resign.

resignatário - resigner; the party which is resigning.

resilição - resilition; rescission.

resilir - to rescind; cancel.

resistência - resistance; opposition.

resistência à autoridade - resisting an officer.

resolução - resolution; dissolution.

resolução de conflito colectivo do trabalho (P) - labor arbitration; resolution of labor dispute.

resolução do contrato (P) - rescission of the contract.

resolutiva - resolutive.

resolutória - resolutory; dissolving.

resolúvel - resolvable.

resolver - to resolve; determine; decree; annul; rescind.

respondente - deponent; respondent.

responsabilidade - responsibility; liability.

responsabilidade civil - civil liability.

responsabilidade civil pelo risco (P) - imputed negligence.

responsabilidade criminal - criminal liability.

responsabilidade limitada - limited liability.

responsabilidade penal - criminal liability.

responsabilidade por danos corporais - personal injury liability.

responsabilidade tributária - tax liability.

reponsabilizar - to hold someone responsible for.

responsável - responsible; liable.

resposta - answer; reply; response.

ressacado - drawee of a new bill of exchange.

ressacar - to redraw.

ressalva - exception.

ressalvar - to except.

ressaque - redraft.

ressarcimento - recovery; indemnification.

ressarcir - to indemnify; compensate.

ressegurar - to reinsure.

resseguro - reinsurance.

resseguro, contrato automático de - reinsurance contract.

restabelecer - to re-establish; restore.

restabelecimento - re-establishment; reinstatement.

restante - remainder; rest.

restauração - restoration; reinstatement.

restauração natural (P) - specific restoration.

restaurar - to restore; re-establish; reconstruct.

restituição - restitution; restoration; reimbursement; refund.

restituir - return; repay; restore; refund.

restituível - restorable; returnable.

resto - remainder; rest; residual.

restos mortais - mortal remains.

restrição - restriction; restraint; curtailment.

restringir - restrict; restringe.

restrito - restricted; limited.

resultado - result; effect; income.

resultado do exercício - year-end results.

resumo - abstract; abridgment; summary.

retalhista - retailer.

retalho - retail.

retaliação - retaliation.

retaliar - to retaliate.

retardamento - delay; decelaration; retardation; postponement.

retenção - retainer; lien; withholding.

retenção na fonte - withholding at source.

retentor - retentor; lienor; retainer.

reter - to retain; keep; guard; imprison.

reticência - reticent.

retidão - righteousness; honesty.

retido na fonte - withheld at source.

retificação - rectification; correction; adjustment.

retificado - rectified; corrected.

retificar - to rectify; correct; amend.

retirada - withdrawal; evacuation; dismissal; retirement.

reto - just; righteous; honest; impartial.

retomada - repossession; recapturing; retaking; resumption.

retomada de imóvel - eviction; repossession.

retomada do crescimento - resumption of grouth.

retomar - to repossess; reconquest; recover; recapture.

retombo - verification and restoration of boundaries of an agricultural property.

retorno - return; barter; exchange.

retorno sobre o capital - return on capital.

retorsão - retortion; reply; replication.

retração - retraction; withdrawing.

retraimento - retraction; withdrawal; reduction of volume.

retratação - retractation; retraction; withdrawal; unsay; confession.

retratação da proposta (P) - withdrawal of the proposal.

retratar - to retract; unsay; withdraw; confess an error.

retratável - retractable.

retrato - clause of redemption.

retrato falado - composite picture.

retribuição (FC) - compensation; reward.

retroação - retroaction; reaction.

retroagir - to retroact.

retroativa - retroactive.

retroatividade - retroactivity.

retroceder - to recede; retrograde.

retrocessão - retrocession.

retrocessivo - retrocessive.

retrovenda - sale with right of redemption.

retrovender - to sell back; sell with option to purchase.

réu - defendant; criminal; convict; respondent.

réu revel - defaulting defendant; absent defendant; absente reo.

reunião - meeting; assembly; assemblage.

reunião de acionista - stockholders meeting.

reunião de credores - meeting of creditors.

reunião de diretoria - board meeting.

reuniões, sala de - conference room; meeting room.

revalidação - revalidation; renewal.

revalidar - to revalidate; renew.

revel - defaulter.

revelação - revalation; discovery; disclosure.

revelar - to reveal; disclose.

revelia - default; "in absentia"; non-appearance; non-suit.

revenda - resale.

revendedor - dealer; reseller; peddler.

revender - to resale.

reversal - revertive.

reversão - reversion; escheatage.

reversibilidade - reversibility.

reversível - reversible.

reverter - to revert; return; go back.

revezamento - rotation; alternation; shift.

revidar - to reply; correspond; revenge.

revindita - retribution for a previous act of revenge.

revisão - review; revision; deep analysis of a lawsuit.

revisor - reviser; reviewer; examiner.

revista - search; investigation; review; revisal.

revista - magazine; newsmagazine.

revista jurídica - law journal.

revisto - revised; reviewed; examined.

revocação- revocation; recall; annulment.

revocar - to revoke; recal; annul; cancel.

revocatória - revocatory.

revogação - repeal; revocation; abrogation.

revogação de doação - ademption.

revogação de legado - ademption.

revogação de lei - revocation of law.

revogação de proposta (P) - revocation of proposal.

revogação de testamento - revocation of will.

revogação do testamento - revocation of will.

revogação real (P) - bilateral revocation.

revogado - revoked; cancelled.

revogador - revoker; canceller.

revogante - revoking.

revogar - to revoke; recall; annul; cancel; rescind.

revogável - revocable.

revolta - revolt; rebellion; insurrection.

revolução - revolution.

revolucionário - revolutionary; revolutionist.

ribaldia - ribaldry.

ribeirinho - riparian.

rico - rich; wealthy .

ridicularizar - to ridicule; deride.

ridículo - ridicule.

rifa - raffle; lottery.

rio - river.

riqueza - wealth; riches.

risco - risk; danger; hazard; jeodardy.

risco de guerra - danger of war.

risco de mercado - market risk.

risco do mar - maritime perils; marine risk.

risco internacional - international risk; cross border risk.

risco marítimo - marine risk.

risco profissional - occupational hazard; occupational accident.

risco total - total risk.

rito - rite; ritual; forma.

rival - rival; competitor.

rivalidade - rivalry.

rixa - affray.

rodágio - toll; passage money on highways.

rodízio - rotation.

rodovia - highway.

rodoviário - relative to highway.

rogado - authority to whom the rogatory letter was sent.

rogatória - rogatory letter.

rogo - supplication; plea; appeal.

rol - roll; list.

rol de causas - docket.

rolar a dívida - rolling over the debt.

romper - to break; interrupt; violate; emerge.

rompimento - repudiation; rupture; break.

ronda - patrol; watch; inspection; rounds.

rosto - face; visage.

rota - route; course; way.

rotatividade de estoque - stock rotation.

roteiro - itinerary; guidebook; agenda; route.

rotina - routine.

rótulo - label; inscription; tag; docket.

roubado - robbed.

roubar - to rob; steal; plunder.

roubo - robbery; theft.

roubo qualificado - aggravated robbery.

rua - street.

rubrica - initials; abbreviated signature.

rubricada - stamped with official approval.

rubricar - to sign and seal.

rufião - ruffian; panderer; pimp.

rufiona - female ruffian.

ruína - ruin; destruction.

rumo - course; direction.

rumor - rumor; report; hearsay.

ruptura - breach; rupture; violation.

rural - rural.

rústico - rustic; simple; plain.

S

sabedor - scholar; knowing person; knower.

sabendas - knowingly.

sabido - known; well-known; wise; crafty.

sabotador - saboteur.

sabotagem - sabotage.

sabotar - to sabotage.

saca - bag; sack.

sacado - drawee.

sacador - drawer.

sacar - to draw; extract; take out; withdraw; get; obtain.

sacar uma letra - to draw a bill of exchange.

sacaria - sacks; bags.

saco - sack; bag.

sacramental - sacramental.

sacrificar - to sacrifice; give up.

sacrifício - sacrifice; offering; surrender; self denial.

sacrilégio - sacrilege.

sacrílego - sacrilegious.

sádico - sadist.

sadio - healthy.

sadismo - sadism.

safar - to steal; take away.

safar-se - to get away.

safra - harvest; crop.

saguão - inner court; hallway; lobby.

saibam todos - know all men.

saída - exit; disbursement; access.

sala - room; court; tribunal; division of a court; chamber.

sala de audiências - court-room.

sala secreta - secret room.

salariado - employee.

salário - salary; wage; stipend.

salário base - base salary; wage floor.

salário congelado - frozen salary.

salário, décimo terceiro - thirteenth salary.

salário directo (P) - salary; compensation.

salário família - family allowance.

salário fixo - fixed salary.

salário indireto - indirect salary.

salário líquido - net salary.

salário mínimo - minimum wage; minimum salary.

salário por produção - piece rate salary; remuneration on a production basis.

salário profissional - professional fee; professional salary.

salário progressivo - progressive salary.

salário rendimento (P) - salary; compensation.

salário suplementar - complementary salary.

salário tarefa - piece rate.

salário tarifado - piece rate.

saldado - paid; settled.

saldar - to settle; pay up; satisfy a debt.

saldo - balance; rest; residue; surplus.

saldo à disposição de acionistas - free surplus.

saldo anterior - opening balance.

saldo credor - credit balance.

saldo da conta - account balance.

saldo devedor - debt balance.

saldo diário - daily balance.

saldo disponível - available balance; balance on hand.

saldo médio - average balance.

saldo pendente - outstanding balance.

saldo positivo - surplus.

salina - saltern.

salvação - salvation; saving; deliverance; release; redemption.

salvador - savior; rescuer.

salvados - salvage.

salvaguarda - safeguard.

salvamento - salvation; rescuing; saving.

salvo-conduto - safe-conduct.

salvo erro ou omissão - errors and omissions excepted.

sanação (P) - to free of encumbrances; reparation.

sanar - to remedy; check; restrain; prevent.

sanatório - sanatorium.

sanável - reparable.

sanção - sanction; approval; confirmation; penalty.

sanção administrativa - administrative sanction.

sanção diplomática - diplomatic sanction.

sancionar - to sanction; approve; ratify; confirm; accredit.

sanções - sanction; authorization; penalties; punishments.

sanções abusivas (P) - abusive sanctions.

sanções disciplinares (P) - disciplinary sanctions.

sanções pecuniárias compulsórias (P) - monetary compulsory sanctions.

sanções processuais - penalty for breach of rules of procedure.

sanções penais - penalties; criminal sanctions.

saneador - curative act.

saneamento - to free of encumbrances; reparation.

saneamento do processo - the clearance of encumbrances in a process; the recognition by a judge of the formal prerequisites of a process.

sanear - to free from encumbrance; warrant; guarantee; eliminate doubtful assets.

sangue-frio - cold blood; cold blooded.

sangüinidade - sanguinity.

sanidade - sanity.

Santa Sé - Holy See.

santificado - sanctified.

saque - robbery; plunder; withdrawal.

saque a descoberto - overdraft.

saque contra apresentação - sight draft; arrival draft.

saqueador - plunderer; pillager.

saquear - to sack; plunder; pillage.

sargento - sargeant.

sarjeta - gutter; drain.

satisfação - satisfaction; payment; settlement; repairment.

satisfação do dano - recovery.

satisfazer - to satisfy; pay in full; settle; indemnify.

satisfeito - satisfied; paid.

saúde - health.

saúde pública - public health.

secção - section; division; district.

secção eleitoral - polls; electoral section.

secção judiciária - district court.

secos - dry goods.

sector (P) - sector; department.

segredo profissional - professional secret; professional privilege.

secreta - secret.

secretaria - secretary.

secretaria da presidência - secretariate of the presidency.

secretaria de estado - state secretary; ministry; cabinet portfolio.

Secretaria do Meio Ambiente (SEMA) (BR) - federal secretary of the environment.

secretaria do tribunal - secretariate of the tribunal.

secretaria municipal - city department.

secretária(o) - secretary.

secretaria de governo - government secretary.

secretariado - secratariat.

secretário - secretary.

secretário comercial - commercial secretary.

secretário de embaixada - embassy secretary.

secretário particular - personal secretary; personal assistant; private secretary.

secular - secular.

secularizar - to secularize.

secundário - secondary.

securitário - related to insurance.

securitizar - to securitize; the transformation of contractual rights into negotiable instruments.

sede - headquarters; main office.

sede da lide - venue.

sede do governo - seat of government.

sede social - headquarters; main office.

sediado - headquartered.

sedição - sedition.

sedicioso - seditious.

sedução - seduction.

seduzir - to seduce.

segredo - secrecy; secret.

segredo bancário - banking secret.

segredo de comércio - trade secret.

segredo de estado - state secret.

segredo de justiça - in camera proceeding.

segredo dos negócios - secret of business.

segredo militar - military secret.

segredo profissional - client's privilege.

segregação - segregation.

segregar - to segregate.

seguimento - following.

segunda - second.

segunda classe - second class.

segunda hipoteca - second mortgage.

segunda instância - second tier; second level.

segunda mão - second hand.

segunda núpcias - second marriage.

segundo - second.

segundo adquirente - second hand buyer.

segundo credor - second creditor.

segurado - assured; policyholder; insured.

segurador - insurer; underwriter; assurer.

seguradora - insurance company.

segurança - security; safety; confidence.

segurança pública - public security.

segurar - to secure; assure; insure.

seguridade - social security.

seguridade social - social security.

seguro - insurance.

seguro coletivo - blanket insurance; umbrella insurance.

seguro contra acidentes - accident insurance.

seguro contra acidentes pessoais - personnal accident insurance.

seguro contra acidentes de trabalho - workmen's accident insurance.

seguro contra colisão - collision insurance.

seguro contra fogo - fire insurance.

seguro contra roubo - theft insurance.

seguro da responsabilidade patronal - employer's liability insurance.

seguro de acidentes - accident insurance.

seguro de automóvel - automobile insurance; motor vehicle insurance.

seguro de bem imobiliário - title insurance.

seguro de crédito - credit insurance.

seguro de desemprego - unemployment insurance.

seguro de faculdades (P) - commodities insurance.

seguro de fidelidade - fidelity insurance.

seguro de frete - freight insurance.

seguro de lucros cessantes - loss of business.

seguro de responsabilidade civil - liability insurance.

seguro de vida - life insurance.

seguro direto - direct insurance.

seguro dobrado - double insurance.

seguro em grupo - group insurance.

seguro flutuante - floating insurance.

seguro funeral - burial insurance.

seguro genérico - blanket insurance.

seguro marítimo - maritime insurance.

seguro mútuo - joint insurance.

seguro pensão - retirement income insurance.

seguro pessoal - self-insurance.

seguro social - social insurance; social security.

selado - sealed.

selados e preparados - under my hand and seal.

selagem - sealing.

selagem direta - stamping.

seletivo - selective.

selar - to seal; stamp; close; affix stamps.

selo - seal; stamp.

selo de correio - mailing stamp.

selo de incorporação - corporate seal.

selo de lacre - wax seal.

selo documental - documentary stamp; revenue stamp.

selo fiscal - revenue stamp.

selo notarial - notarial stamp.

selo particular - private seal.

selo postal - mailing stamp.

selos estaduais - State seals.

selvagem - savage; wild; untamed; brutal; uncivilized.

semáforo - semaphore; stoplight.

semana - week.

semanário - weekly publication.

semeadura - sowing.

semelhança - resemblance; similarity; analogy; affinity.

sêmen - semen.

sementeira - sown field; hotbed.

seminário - seminary; convention; meeting; assembly; conference.

seminário econômico - economic conference.

semi prova - half proof.

semovente - livestock.

senado - senate.

senador - senator.

senha - sign; password; receipt; countersign; check.

senhor - lord; owner.

senhor da causa - client.

senhoria - domain.

senhorio - domain; landlord.

senhorio maior - eminent domain.

senso - sense.

senso comum - common sense.

senso jurídico - legal sense.

senso moral - moral sense.

sentença - sentence; judgement; decision; award; finding; finding of fact; adjudication; administrative adjudication; administrative determination.

sentença absolutória - acquittal.

sentença acumulativa - cumulative sentence.

sentença admnistrativa - administrative determination; adjudication.

sentença adjudicatória - award.

sentença alternativa - alternative judgement.

sentença apelável - appealable judgement.

sentença arbitral - award.

sentença capital - life sentence.

sentença cerrada - sealed verdict.

sentença civil - civil judgement; decision; award.

sentença condenatória - conviction; guilty verdict.

sentença condenatória civil - civil conviction.

sentença condenatória penal - criminal conviction.

sentença condicional - conditional judgement.

sentença constitutiva - declaratory sentence.

sentença contumacial - default judgement; sentence in abstentia.

sentença criminal - criminal judgement.

sentença declarativa - declaratory judgement.

sentença declaratória - declaratory judgement.

sentença definitiva - final judgement.

sentença de divórcio - divorce decree.

sentença de impronúncia - acquittal.

sentença de mérito - judgement of merits.

sentença de primeira instância - trial court judgement.

sentença de pronúncia - indictment.

sentença de segunda instância - judgement in error.

sentença estrangeira - foreign judgement.

sentença especial - special verdict.

sentença exequenda - judgement execution.

sentença final - final judgement; final sentence.

sentença geral - general veredict.

sentença incidental - interlocutory judgement.

sentença interlocutória - interlocutory judgement; interlocutory sentence.

sentença irrecorrível - final judgement.

sentença judicial - judicial sentence.

sentença nacional - domestic judgement.

sentença nula - void judgement; judgement reserved.

sentença penal - criminal sentence.

sentença provisional - interlocutory sentence.

sentença registrada - judgement entered and filed.

sentença rescidente - vacation of judgement.

sentença recorrível - appealable judgement.

sentença suspensa - suspended sentence.

sentença terminativa - final judgement.

sentença transitada em julgado - res judicata.

sentenciado - convict.

sentenciador - judge who pronounces judgement or sentence.

sentenciar - to decide; pass judgement; sentence.

sentido - meaning; direction; sense.

sentido lato - liberal interpretation.

sentido literal - literal meaning; literal interpretation.

sentido próprio - precise meaning.

sentido técnico - technical meaning.

sentido popular - popular sense.

sentimento - feeling; sentiment.

sentimento jurídico - legal feeling.

sentinela - sentinel; watchman; sentry.

separação - severalty; separation.

separação amigável - amicable separation.

separação consensual - amicable separation.

separação de bens - separate property.

separação de corpos - separation a mensa et thoro; separation from bed and board.

separação de facto (P) - de facto separation.

separação de fato - de facto separation.

separação de patrimônios - separation of assets.

separação de poderes - separation of powers.

separação de prédios - separation of buildings; separation of edifices.

separação do casal - separation of spouses.

separação do dote - dowry separation.

separação judicial - judicial separation.

separação judicial de pessoas e bens (P) - judicial separation of persons and assets.

separação litigiosa - contentious separation.

separar - to separate; to discharge; to dismiss.

separatismo - separatism.

sepultamento - burial; internment.

sepultura - grave; tomb.

seqüela - sequel; following.

seqüência - sequence.

seqüestrado - kidnapped; attached.

seqüestrador - kidnapper.

seqüestrar - to seize; attach; sequester; to kidnap; abduct.

seqüestro - kidnapping; abduction; seizure; attachment.

seqüestro de bens - seizure (as a preliminary order).

seqüestro judiciário - attachment; lien; embargo.

seqüestro preventivo - preventive attachment.

serão - night work; overtime work.

serenidade - serenity; calmness; tranquility.

servente - servent; helper.

serventia - office; access.

serventuário - officer.

serventuário da justiça - officer of justice; clerk of court.

serventuário público - public servant.

serviçal - domestic servant.

serviço - service; work; duty; task.

serviço agrícola - agricultural work.

serviço ativo - active service.

serviço autônomo - autonomous work.

serviço bancário - banking service.

serviço civil - civil service.

serviço comercial - commercial work.

serviço de balcão - balcony work.

serviço de caixa - cashier.

serviço de compensação de cheques - checks clearing service.

serviço de escritório - office work.

serviço de inteligência - intelligence service.

serviço doméstico - house work.

serviço especializado - specialized job.

serviço externo - external service.

serviço extraordinário - overtime; extra work.

serviço físico - physical work.

serviço ilícito - ilegal work.

serviço industrial - industrial work.

serviço intelectual - intelectual work.

serviço insalubre - dangerous work.

serviço interno - internal work.

serviço lícito - legal work.

serviço mecânico - mechanical work.

serviço militar - military service.

serviço perigoso - dangerous work.

serviço postal - postal service.

serviço profissional - professional service.

serviço de proteção ao crédito - credit bureau.

serviço público - public service; public utility.

serviço remunerado - remunerated work.

serviço salariado - remunerated work.

serviço sanitário - public health service.

serviço secreto - secret service.

servidão ativa - easement.

servidão passiva - servitude.

servidão administrativa (P) - public easement.

servidão afirmativa - affirmative easement.

servidão aparente (P) - apparent easement; evident easement.

servidão contínua - continuous easement.

servidão convencional - convential easement.

servidão de acesso - easement of access; right of way.

servidão de águas - water rights.

servidão de escoamento - drainage rights.

servidão de luz (P) - light and view easement.

servidão de passagem - right of passage.

servidão descontínua - discontinuous easement.

servidão de trânsito - easement of access; right of passage.

servidão não aparente (P) - non-apparent easement.

servidão negativa - negative servitude.

servidão particular - private easement.

servidão pessoal - personal servitude.

servidão positiva - positive servitude; affirmative easement.

servidão predial - appurtenant easement.

servidão prescricional - easement by prescription.

servidão pública - public easement.

servidão real - real servitude; real easement.

servidão recíproca - reciprocal easement.

servidão rural - rural servitude; rural easement.

servidão rústica - rural servitude.

servidão urbana - urban servitude.

servidor - servant; employee.

servidor civil - civil servant.

servidor público - public employee; public servant.

serviente - servient tenement; servient estate.

servir - to serve.

sessão - session; sitting; meeting.

sessão conjunta - joint session.

sessão de assembléia geral de accionistas (P) - general shareholders' meeting.

sessão de encerramento - closing session.

sessão de instalação - opening session.

sessão extra - extra session.

sessão extraordinária - special session.

sessão legislativa - legislative meeting.

sessão ordinária - regular session.

sessão plena do tribunal - sitting in bank; sitting en banc.

sessão plenária do tribunal - full meeting in bank.

setor - sector.

setor bancário - banking sector.

setor financeiro - financial sector.

setor de petróleo - oil sector.

setor privado - private sector.

setor real - supply sector.

sevícia - cruelty; brutality.

seviciar - to ill treat.

sexagenário - sexagenarian.

sexo - sex.

sibilino - enigmatic.

sicário - a hired murderer.

sigilo - secrecy.

sigilo do comerciante (P) - trade secret.

sigilo profissional - professional secrecy.

sigla - initials.

sigla comercial - commercial mark.

signatário - undersigned; subscriber.

silêncio - silence.

silêncio da lei - silence of the law.

silêncio do contrato - silence of the contract.

silêncio intencional - intentional silence.

silogismo - silogism.

silvícola - indian.

simbólico - nominal.

símbolo - symbol; emblem; token; sign.

símbolos nacionais - national symbols.

simples - common; simple.

simulação - simulation; acting; fake.

simulação absoluta (P) - absolute simulation.

simulação de loucura - simulation of madness.

simulação fiscal - tax fraud.

simuladamente - by misrepresentation.

simulado - simulated; sham.

simulado, contrato - simulated contract.

simulada, venda - simulated sale.

simulador - simulator; pretender; faker.

simular - to simulate; feign; imitate; sham; pretend.

simultâneo - simultaneous; concurrent.

sinagoga - synagogue.

sinal - earnest money; mark; signature; sign; signal.

sinal público - public mark.

sinalagmático - bilateral; imposing reciprocal obligations.

sinceridade - sincerity.

sindicado - accused.

sindical - union; trade-union; labor-union.

sindicalismo - syndicalism.

sindicalista - syndicalist.

sindicalização - syndicalization; unionization.

sindicalizado - member of union.

sindicalizar - to unionize.

sindicância - inquiry; investigation; probe.

sindicar - to inquire into; probe; investigate; to unionize.

sindicato - union; syndicate.

sindicato de bancos - bank syndicate.

sindicato de empregadores - trade association.

sindicato de empregados - labor union.

sindicato de profissionais - trade union.

sindicato de trabalhadores - labor union.

sindicato de votos (P) - shareholders' agreement.

sindicato industrial - industrial union.

sindicato obreiro - labor union.

sindicato patronal - employers' association.

sindicatura - receivership; syndicating; office of a syndic or of a receiver.

síndico - trustee; syndic; auditor; receiver.

síndico da falência - administrator of a bankrupt estate, bankruptcy trustee.

síndico suplente - alternate official; deputy official.

sinecura - sinecure.

sinergia - sinergy.

singular - individual; singular; sole; exclusive.

sinistro - sinister; ominous; baleful; dark; grim; contingent event; loss; disaster; damage; wreck.

sinopse - synopsis; summary.

sistema - system.

sistema bicameral - bicameral system.

sistema da delibação (P) - system for the revision of foreign sentences.

sistema de distribuição - distribution system.

sistema do governo - system of government.

sistema econômico - economic system.

sistema financeiro - financial system.

sistema financeiro nacional - national financial system.

sistema fiscal - tax system.

sistema judiciário - judicial system.

sistema jurídico - legal system.

sistema mercantil - mercantile system.

sistema métrico - metric system.

sistema monetário - monetary system.

sistema penal - criminal system.

sistema penitenciário - penintentiary system.

sistema representativo - representative system.

sistema tributário - taxation system.

sistemática - sistematical; methodical; orderly.

sitiante - besieging; besieger; small farmer.

sitiar - to besiege; lay siege to.

sítio - siege.

situação - situation; position; state; location; condition; transfer; assignments of funds.

situação financeira - financial standing; financial position.

situação ilegal - illegal status.

situação jurídica - judicial status.

situação legal - legal status.

situação líquida (P) - net worth.

soberana - sovereign.

soberana, dívida - sovereign debt.

soberania - sovereignty; supreme.

soberania fiscal (P) - tax sovereignty.

soberania nacional - national sovereignty.

soberano - sovereign; supreme ruler.

sobra - surplus; excess; remanent.

sobreaviso - on the alert; on one's guard.

sobrecarga - overcharge; surcharge.

sobrecusto - indirect cost; overhead; oncoast.

sobreexceder - to surpass; out do; to exceed the limits of.

sobreloja - mezzanine.

sobrenome - surname; family name.

sobressalente - surplus; spare.

sobretaxa - surcharge tax; surcharge; surtax.

sobretaxação - double taxation.

sobrevir - to supervene; arise; turn up.

sobrevivência - survivorship; survival.

sobrevivente - survivor.

sobreviver - to survive; outlive.

sobrinha - niece.

sobrinho - nephew.

socialismo - socialism.

socialização - socialization.

sociedade - society; partnership; association; corporation; company.

sociedade administradora de compras em grupo (SACEG (P) - fiduciary company for bulk purchases.

sociedade anônima - corporation; business corporation; joint stock company.

sociedade beneficente - charitable association.

sociedade civil - civil association.

sociedade civil prestadora de serviços - professional corporation.

sociedade coletiva - general partnership.

sociedade comercial (de capital) - business corporation.

sociedade comercial (de pessoas) - commercial partnership; trading partnership.

sociedade controladora - parent corporation; holding company.

sociedade de capital - corporation; business corporation; joint stock company.

sociedade de capital aberto - open corporation; public company.

sociedade de capital e indústria - labor and capital partnership.

sociedade de capital fechado - closed corporation; private company.

sociedade de capitalização - corporation for capitalization of savings.

sociedade de controle - parent corporation; holding company.

sociedade de controlo (P) - parent corporation; holding company.

sociedade de crédito - credit institution; credit company.

sociedade de economia mista - private and public joint stock company.

sociedade de fato - implied partnership.

sociedade de leasing (P) - leasing company.

sociedade de locação financeira (P) - leasing company.

sociedade de pessoas - partnership; commercial partnership; trading partnership.

sociedade de responsabilidade limitada - limited liability company.

sociedade de seguros - insurance company.

sociedade doméstica - domestic corporation.

sociedade dominada (P) - controlled company; controlled corporation.

sociedade dormente - dorment company.

sociedade em comandita - limited partnership; commandite.

sociedade em comandita por ações - partnership by shares.

sociedade em conta de participações - partnership with one ostensive and one secret partner.

sociedade em nome coletivo - general partnership.

sociedade estrangeira - foreign corporation; foreign company.

sociedade falida - corporation which is bankrupt.

sociedade familiar - family partnership; family company.

sociedade fuduciária - trust company.

sociedade filial - subsidiary company.

sociedade financeira - finance or credit company.

sociedade humana - human society.

sociedade internacional - international partnership.

sociedade irregular - implied partnership.

sociedade leonina - leonine partnership.

sociedade limitada - private limited company.

sociedade mercantil - company; business corporation; commercial partnership.

sociedade mútua - mutual company.

sociedade nacional - domestic company; domestic partnership; domestic corporation.

sociedade particular - private corporation.

sociedade política - political association.

sociedade por ações - joint stock company.

sociedade por cotas - limited company.

sociedade por cotas de responsabilidade limitada - private limited liability company.

sociedade regular - corporation de jure; partnership de jure.

sociedade religiosa - religious association.

sociedade secreta - secret association.

sociedade sem fins lucrativos - non-profit association; non-profit corporation.

sociedade solidária - general partnership.

sociedade unipessoal (P) - sole proprietorship.

sociedade universal - universal partnership.

sócio - partner; member; stockholder.

sócio acionista - stockholder; shareholder.

sócio aparente - ostensible partner.

sócio capitalista - capitalist partner.

sócio comanditado - full partner.

sócio comanditário - dormant partner; silent partner; secret partner.

sócio cotista - quotaholder.

sócio de indústria - junior partner; partner of industry.

sócio de responsabilidade limitada - limited liability partner.

sócio gerente - managing partner.

sócio liquidante - liquidating partner.

sócio nominal - nominal partner.

sócio principal - senior partner.

sócio oculto - secret partner.

sócio ostensivo - ostensible partner.

sócio que empresta o nome - nominal partner.

sócio remanescente - surviving partner.

sócio responsável - active partner.

sócio solidário - general partner.

sócio substituto - substitute partner.

sócio vitalício - life member.

sociologia - sociology.

sociologia criminal - criminal sociology.

sociologia jurídica - judicial sociology.

socorrer - to help; rescue; assit.

socorro - help; assistance; aid.

sodomia - sodomy.

sogra - mother-in-law.

sogro - father-in-law.

soldada - wages; pay.

soldado - soldier.

solene - solemn.

solenidade - solemnity.

solicitador - solicitor; law student clerking for a qualified lawyer and allowed to limited appearance in court.

solicitador (P) - agent; customs agent.

solicitante - petitioner.

solicitar - to request; to apply for; to sue for; to induce; instigate.

solidária - solidary.

solidariedade - solidarity.

solo - soil.

solteira - maiden.

solteiro - bachelor.

soltura - release.

soltura provisória mediante fiança - release on bail.

soltura provisória sem fiança - release without bail.

solução - payment; discharge; release.

solução de controvérsias - resolution of disputes.

solução do débito - payment of the debt.

solução indevida - inadequate compensation.

solvabilidade - solvency.

solvência - solvency.

solvente - solvent; responsible; free of debt.

solver - to solve; to pay up; to satisfy.

soma - sum; amount; addition.

sonegação - concealment; withholding; tax dodging; theft.

sonegação de prova - withholding of evidence.

sonegação fiscal - tax evasion.

sonegador - tax dodger.

sonegar - to conceal; withhold; to dodge taxes.

sorte - fate; destiny; fortune; lot; good luck; chance.

sorteado - conscript; draftee.

sorteador - fortune teller.

sortear - to cast lots for; choose by lot; draft.

sorteio - drawing by lots.

sorteio de jurados - impanel; impaneling of jurors.

sortimento - assortment.

sósia - double; counterpart.

sossego - peace; tranquility; rest.

sossego público - public peace and quiet.

subalterno - subaltern; subordinate; junior; inferior.

subarrendamento - sublease; subletting.

subassinar - to subscribe.

subasta - competitive bidding; auction.

subavaliar - to understate.

subcapitalizado - undercapitalized.

subcontas - subsidiary accounts.

subcontratante - subcontractor.

subcontrato - subcontract.

subdelegado - subdelegate; assistant chief of district police.

subdiretor - subdirector; assistant manager.

subemprego - underemployment.

subentendido - implied.

subinquilino - subtenant.

subir - to go up.

súbito - sudden; unexpected.

subjetivo - subjective.

sublevação - uprising; insurrection.

sublocação - sublease; subletting.

sublocador - sublessor.

sublocatário - subtenant.

submandatário - subagent; substitute.

submandato - substitution.

submeter - to subdue; to submit; subject.

submissão - submission.

subordinação - subordination.

subordinado - junior; subordinate.

subornador - briber; suborner.

subornar - to bribe; suborn; buy off.

subornável - venal; open to bribery.

suborno - bribery, bribe, graft.

suborno de testemunhas - witness fixing.

suborno de jurados - jury fixing.

subproduto - byproduct.

sub-repção - subreption; fraudulent concealment of facts.

sub-reptício - sureptitous; surreptitious.

sub-rogação - subrogation.

sub-rogação convencional - conventional subrogation.

sub-rogação de coisas - substitution of things.

sub-rogação do preço - substitution of the price.

sub-rogação legal - legal subrogation.

sub-rogação pessoal - substitution of a person.

sub-rogação real - substitution of a thing.

sub-rogado - subrogee.

sub-rogante - alternate.

sub-rogar - to subrogate; substitute.

subscrever - to sign; subscribe.

subscrever ações - to subscribe shares.

subscrição - subscription; signature.

subscrição pública - public issue.

subscrição pública de ações - public issue of shares.

subscritor - subscriber; underwriter; undersigned.

subsecretária - assistant secretary; undersecretary.

subsidiário - subsidiary; ancillary.

subsídio - subsidy; allowance; grant; aid; subvention.

subsídio à exportação - export subsidy.

subsídio agrícola - farm subsidy.

subsistência - subsintence; maintenance.

subsistente - subsisting; subsistent.

subsolo - subsoil; underground.

substabelecido - substitute.

substabelecimento - substitution (of an attorney in a proceeding).

substabelecimento autorizado - legal substitution.

substabelecimento não autorizado - illegal substitution.

substabelecimento parcial - parcial substitution.

substabelecimento total - total substitution.

substância - substance; essence; matter.

substância da obrigação - matter of the obligation.

substância do ato - essence of the action.

substância dos contratos - matter of the contract.

substancial - substantial; material; essential; fundamental.

substituição - substitution; replacement; supersede; subrogation.

substituição de pena - substitution of the sentence.

substituição de partes - substitution of parties.

substituição expressa - express substitution.

substituição recíproca - mutual substitution.

substituição tácita - tacit substitution.

substituição vulgar - common substitution.

substituído - substituted.

substituinte - one who replaces another.

substituir - to substitute; replace; exchange; stand for.

substituto - substitute.

substituto legal - legal substitute.

substração - stealth; withdrawal; theft; robbery.

subtrair - to subtract; withdraw; misappropriate.

subterfúgio - subterfuge; evasion; dodge.

suburbano - suburban.

subúrbio - suburb.

subvenção - subvention; grant-in-aid; subsidy; allowance; bounty.

subvencionado - beneficiary.

subvencionar - to grant a subvention to; subsidize.

subversão - subversion; overthrow; uprising; revolt.

subversão do processo - obstruction to pending proceedings.

subversivo - subversive.

suceder - to succeed; descent.

suceder a título singular - singular descent.

suceder a título universal - universal descent.

suceder por cabeça - descent per capita.

suceder por estirpe - descent per stirpes.

suceder por linha - lineal descent.

suceder por transmissão - transmission descent.

sucessão - succession; inheritance; offspring; sequence; estate; issue.

sucessão artificial - artificial succession.

sucessão definitiva - definitive succession.

sucessão do processo - substitution of party.

sucessão hereditária - descent; hereditary descent.

sucessão hereditária ab intestato - intestate succession; descent; intestate.

sucessão hereditária causa mortis - descent; hereditary; succession.

sucessão hereditária inter vivos - succession.

sucessão hereditária jacente - vacant succession.

sucessão hereditária legitíma - legal succession; descent.

sucessão hereditária supletória - intestate succession.

sucessão hereditária testamentária - testate succession.

sucessão hereditária vacante - vacant succession.

sucessão inter vivos - succession.

sucessão jacente - vacant succession.

sucessão legítima - legal sucession.

sucessão natural - natural succession.

sucessão necessária - legal succession.

sucessão pacífica - pacific succession.

sucessão particular - singular succession.

sucessão provisória - temporary succession.

sucessão singular - singular succession.

sucessão supletória - intestate succession.

sucessão testamentária - testamentary succession.

sucessão universal - universal sucession.

sucessão vacante - vacant succession.

sucessivo - successive; consecutive.

sucessor - successor; descendent; successor.

sucessor da firma - successor in interest.

sucessor do cargo - successor of the office.

sucessor do estabelecimento - successor in interest.

sucessor do processo - substitute party.

sucessor forçado - descendent; legal successor.

sucessor legítimo - descendent; legal successor.

sucessor necessário - descendent; legal successor.

sucessor por cabeça - successor per capita.

sucessor por estirpe - succession per stirpes.

sucessor provisório - temporary successor.

sucessor singular - singular successor.

sucessor testamentário - testamentary successor.

sucessor universal - universal successor.

sucessório - succession.

sucumbência - the burden of payment of the prevailing party's legal fees and costs in litigation.

sucumbente - defeated party.

sucumbir - to lose a suit.

sucursal - branch.

súdito - subject; vassal.

suficiente - adequate.

sufrágio - suffrage; vote.

sufrágio da mulher - woman suffrage.

sufrágio direto - direct vote.

sufrágio indireto - indirect vote.

sufrágio uninominal (P) - vote for one person only.

sufrágio universal - universal suffrage.

sugestão - suggestion; hint; recommendation.

suicídio - suicide; selfmurder.

sujeição - subjection; submission; dependence; bondage.

sujeito - subject; individual; party.

sujeito ativo da obrigação - creditor.

sujeito ativo do crime - criminal.

sujeito coletivo - legal entity.

sujeito da ação - party to action.

sujeito de direito - creditor.

sujeito passivo da obrigação - debtor.

sujeito singular - individual

sumariamente - summarily.

sumariante - prosecutor.

sumariar - to prosecute.

sumário - summary; resumé; abstract; summary proceeding; indictment.

sumaríssimo - summary proceeding; summary and urgent.

sumir - to vanish; disappear.

súmula - abstract; digest; abridgment of law.

super aquecido - over haeted.

superávit - surplus.

superávit comercial - trade surplus.

superávit de operação - earned surplus.

superávit de reavaliação - appraisal surplus.

superávit disponível - free surplus.

superávit resultante de reavaliação - appreciation surplus.

supercílio (FC) - eyebrow.

superestimar - to overestimate.

superficial - superficial.

superfície - surface; face; outside.

supérfluo - superfluous; redundant; needless.

superintendente - superintendent; manager; supervisor.

superior - superior; higher; senior.

superior instância - superior judisdiction.

superior tribunal - higher court.

supérstite - surviving spouse; relict.

superveniência - supervenience.

superveniente - supervening.

suplementar - supplemental; additional.

suplemento - supplement.

suplente - substitute.

supletivo - supplementary.

supletório - supplementary.

súplica - pleading; petition; request; prayer for relief.

suplicado - defendant.

suplicante - complainant; petitioner.

suplicar - to request; apply for; appeal for consideration.

suplicável - appealable.

supliciado - tortured person; executed criminal.

suplício - torture; anguish; torment; execution.

suposição - supposition; surmise; assumption; presumption.

suposto - supposed; assumed; imagined; reputed; fictitious.

suprema corte - supreme court.

supremo - supreme; supreme court.

supremo magistrado - supreme magistrate.

supremo tribunal - supreme court.

Supremo Tribunal Federal - supreme court.

supressão - suppression; elimination; abolition; extinction; obliteration.

supressão de cargo - extinction of an office.

supressão de documento - elimination of a document.

supressão de prova - suppression of evidence.

suprimento - supplying; supply; store; provision; curing a defect.

suprimento de alimentos - supplying allimony.

suprimir - to cancel; annul; extinguish; abate.

surdo - deaf.

surdo-mudo - deaf-mute.

surpresa - surprise.

sursis - probation.

surtir - to bring about.

surtir efeito - to become effective.

suscetível - susceptible.

suscitar - to excite; rouse; provoke; arouse.

suspeição - suspicion.

suspeita - suspicion.

suspeito - suspect; suspecious.

suspeito, negócio - suspecious business.

suspender - to suspend; discontinue; lay off.

suspender a sessão - to adjourn.

suspender o pagamento - to stop payment.

suspensão - suspension; cessation; adjournment; suspense; layoff.

suspensão condicional da pena - probation.

suspensão da audiência - adjournment of the hearing.

suspensão da execução - stay of execution.

suspensão da instância - stay of proceedings.

suspensão da pena - suspension of punishment.

suspensão de pagamento - suspension of payments.

suspensão do processo - stay of proceedings.

suspensão dos direitos políticos - suspension of political rights.

suspensivo - suspensive.

sustação de protesto - to stay protest of a credit instrument.

sustar - to stop; interrrupt; check; repress.

sustar pagamento - to stop order.

sustentação - reasoning.

sustentação oral - oral argument before the court.

sustento - support.

T

tabacaria - tobacco shop.

tabagismo - tobaccoism.

tabela - table; list; chart; schedule; index.

tabela de amortização - accumulation schedule.

tabela de capitalização - accumulation schedule.

tabela de correlação - correlation schedule.

tabela de impuestos (E) - tax table.

tabela de juros - interest table.

tabela de preços - price list.

tabela de prêmios - prize list.

tabela de promoção - promotion chart.

tabela de rentabilidade de obrigações - bond yield table.

tabela nacional de incapacidades (P) - occupational hazards table.

tabelado - controlled price.

tabelamento - price control.

tabelamento de preços - price control.

tabelar - to list; schedule; put on the price list; control price.

tabelião - notary; public notary; registrar.

tabelião de registros - public registry.

tabeliar - to exercise the function of notary.

tabelionado - notary's office.

tabelionato - notary's office.

taberna - tavern; saloon; cheap eating; place.

tabu - taboo; tabu; prohibited; forbidden.

tábua - board; table; chart; list; map.

tábua de mortalidade - death rate; mortality chart.

tábua da lei - law table.

tabulagem - tavern; gambling house.

tabuleta - sign; signboard.

tácita - tacit; implied; unspoken; silent.

tácita aceitação - tacit acceptance.

tácita recondução - extension of lease term by operation of law.

tacitamente - tacitly.

tácito - implicit; tacit; implied; constructive.

taful - gambler.

tafulão - seducer; masher.

taifa - group of marines.

tálamo - thalamus; nuptial bed; marriage.

talão - counterfoil; coupon stub.

talão de cheques - check book.

talento - talent; ability.

talião - talion; retaliation.

talionar - to retaliate.

talionato - law of retaliation.

talla (E) - ransom; reward.

Talmude - Talmud.

talón (E) - receipt; stub; coupon.

talonário (E) - receipt book; stub book.

tanatofobia - thanatophobia; fear of death.

tanque - tank; resevoir; dam.

tanque artificial - artificial tank.

tanque natural - natural tank.

tanteio (P) - preference right.

tapagem - stopping; hedge.

tapigo - fence; hedge.

tapume - fence; hedge.

taquígrafo - court stenographer.

tara - tare; moral deficiency; defect; fault.

tarado - perverted person.

tardança - delay; lateness.

tarefa - task; job; work; duty; assignment.

tarefeiro - jobman; jobber; contractor; undertaker; enterpreneur.

tarega - secondhand dealer.

tarifa - rate; tariff.

tarifa aduaneira - customs tariff; custom duty.

tarifa alfandegária - customs; custom duty.

tarifa compensatória - countervailing duty.

tarifa de exportação - export tax.

tarifa de frete - freight rate.

tarifa de importação - import tax.

tarifa dupla - dual taxation.

Tarifa Externa Comum (TEC) (MERCOSUL) - Common External Tariff.

tarifa geral - general tariff.

tarifa gradual - gradual rate.

tarifa máxima - maximum rate.

tarifa mínima - minimum rate.

tarifar - to tariff.

tarifário - tariff.

tartamudez - stammering; stuttering.

tasa (E) - tax; rate; duty; charge.

tataraneto - great-great-grandson.

tataravô - great-great-grandfather.

tatuagem - tatoo.

tavolagem - gambling; gambling house.

taxa - tax; duty; charge; tribute; rate; valuation; rating; fee.

taxa adicional - additional tax; supplementary tax.

taxa bancária - banking commission; banking fee.

taxa de admissão - admission tax.

taxa de armazenagem - storage; demurrage.

taxa de câmbio - rate of exchange.

taxa de cobrança - charging rate; collection fee.

taxa de comissão - commission.

taxa de compromisso - facility fee.

taxa de corretagens - brokerage fee.

taxa de desconto - discount rate.

taxa de desconto bancário - bank discount rate.

taxa de estatística - statistical rate.

taxa de fechamento - closing rate.

taxa de gestão - management fee.

taxa de imposto - tax rate.

taxa de inflação - rate of inflation.

taxa de inscrição - registration fee.

taxa de interesse - rate of interest.

taxa de juros - interest rate.

taxa de juros para clientes preferenciais - prime rate.

taxa de lucro das empresas (P) - rate of return on investment rate.

taxa de manutenção - dues.

taxa de matrícula - enrollment fee.

taxa de melhoramentos - assessment for benefits.

taxa de mercado - market rate.

taxa de prêmios - premium.

taxa de redesconto - rediscount rate.

taxa de seguros - premium.

taxa do mercado - market rate.

taxa do selo - stamp tax.

taxa efetiva - effective rate.

taxa escolar - tuition.

taxa fixa - fixed rate.

taxa interna de juros (P) - internal interest rate.

taxa judiciária - judicial fee; costs; costs to abide the event.

taxa militar - military fee.

taxa mínima - minimum rate.

taxa oferecida - offered rate.

taxa postal - postage.

taxa previdência social - social security tax.

taxa rodoviária - toll.

taxa sindical - union contribution.

taxa telegráfica - telegraph rate.

taxação - taxation; assessment; rating; levy.

taxar em excesso - to overtax; overvalue.

taxar a menos - to undervalue.

taxável - taxable.

taxímetro - taximeter.

teatro - theater.

técnica - technic; technique; technical; skills.

técnica admnistrativa - administrative technique.

técnica forense - forensic know-how.

técnico - technical; technician; technical expert.

tecnocracia - technocracy.

tecnocrata - technocrat.

tecnologia - technology.

telecomunicação - telecommunication.

telefone - telephone.

telégrafo - telegraph.

telegrama - telegram.

teleologia - teleology.

teleológico - teleological.

tema - theme; subject; topic.

temário - agenda; order of the day.

temerário - malicious.

temeridade - recklessness; temerity.

temibilidade - terribleness.

temor - fear; dread; alarm; awe; trepidation.

temperado (FC) - mild.

temperamento - temperament; disposition.

tempestade - tempest; storm; commodation; tumult.

tempestivo - in time; timely; suitable.

templo - temple.

tempo - time; period; age; epoch.

tempo de antena (P) - time for political propaganda.

tempo de caça - hunting season.

tempo de colheita - harvest time.

tempo do contrato - duration of the contract.

tempo de guerra - wartime.

tempo de prisão - prison period; prison term.

tempo de serviço - length of service.

tempo de trabalho (P) - length of employment.

tempo hábil - by a fixed time.

tempo imemorial - time immemorial.

tempo integral - full time.

tempo suficiente - reasonable time; sufficient time.

tempo útil - work time.

temporada - period; season.

temporal - temporal.

temporão - extemporaneous; rareripe.

temporário - temporary.

tença - pension; allowance.

tenção - purpose; plan; design; resolution; judgement; judge's opinion; intention.

tencionar - to judge; sentence.

tencionário - pensioner.

tendeiro (E) - salesperson in retail business.

tendência - tendency; inclination; direction; aptitude; trend.

tendência de vendas - sales trend.

tender - to incline; tend.

tenedor (E) - holder; payee; beneficiary.

tenencia (E) - tenancy; term of office.

tenencia conjunta (E) - co-tenancy.

tenente - lieutenant; deputy.

tenente-coronel - lieutenant-colonel.

tenente-general - lieutenant-general.

tensão - tension.

tensão social - social tension.

tentar - to try; attempt; risk.

tentativa - trial; attempt; assault.

tentativa de estupro - assault with intent to commit rape.

tentativa de homicídio - assault with the intent to commit murder.

tentativa de roubo - assault with intent to commit robbery.

teocracia - theocracy.

teor - text; teor; meaning.

teor do contrato - contract's text; body of the contract.

teor legal - legal meaning.

teoria - theory; concept; view; hypothesis.

terceiro - third party.

terceiro adquirente - third-party purchaser.

terceiro apelante - third-party apellant.

terceiro árbitro - third-party umpire.

terceiro conhecido - known third party.

terceiro de boa fé - bona fide third person.

terceiro desconhecido - unknown third party.

terceiro desempatador - umpire.

terceiro grau - third degree.

terceiro interessado - interested person.

terceiro interveniente - intervening third party.

terceiro mundo - third world.

terceiro perito - third expert.

terceiro prejudicado - aggrieved third party.

tercenário - one who receives one-third of an inheritance.

terciar (E) - to mediate; arbitrate.

tergiversação - tergiversation; prevarication.

tergiversar - to tergiversate; prevaricate.

terminação - termination; conclusion; end.

terminal - terminal; ending.

término - expiration; conclusion; termination.

terminologia - terminology.

termo - term; expression; declaration; record; entering.

termo certo - fixed time; specified period.

termo convencional - time fixed by agreement between parties.

termo de abertura - opening term.

termo de duração do mandato - term of office.

termo de encerramento - closing term.

termo de responsabilidade - an obligation in writing assumed before the public administration.

termo fatal - dead line; time which cannot be extended; fatal term.

termo final - final term.

termo hábil - term of court.

termo judicial - time or deadline fixed by the judge.

termo improrrogável - time which cannot be extended.

termo inicial - opening term.

termo legal - legal expression.

termo municipal - municipal district.

termo nos autos - transcript; a declaration on the court record.

termo peremptório - time limit; deadline.

termo prorrogável - extendable deadline.

termo resolutório - time the expiration of which discharges an obligation.

termo suspensivo - waiting period; suspensive term.

termo tácito - tacit term.

termos gerais - general terms.

termo técnico - technical term.

termos - terms.

terno - men's suit.

terra - land; country; region; Earth.

terras - lands.

terras agrícolas - agricultural lands.

terras alodiais - allodial lands.

terras particulares - private properties.

terreiro - place where fetichism is practiced.

terremoto - earthquake.

terreno - land; glebe.

terrenos alodiais - allodial lands.

terrenos públicos - public lands.

territorial - territorial.

territorialidade - territoriality.

território - territory; land; area; district.

território estadual - state territory.

território federal - federal territory.

território municipal - municipal area.

território nacional - national territory.

terror - terror; horror; fright; fear; panic.

terrorismo - terrorism.

terrorista - terrorist.

tese - thesis.

tesouraria - treasury; treasurer's office.

tesoureiro - treasurer.

tesouro - treasure; treasure-trove; treasury.

tesouro nacional - national treasury.

tesouro público - public treasury.

testa-de-ferro - dummy; straw man; nominee.

testação - testacy.

testado - testate; having made a will.

testador - testator.

testadora - testatrix.

testamentária - executorship.

testamentário - testamentary.

testamenteira - executrix.

testamenteiro - executor.

testamenteiro dativo - administrator with will annexed.

testamenteiro instituído - instituted executor.

testamenteiro judicial - public administrator.

testamentificação - testamentary capacity.

testamento - will; testament.

testamento aberto - open will.

testamento cerrado - closed will; sealed will.

testamento com cláusula condicional - conditional will.

testamento correspectivo - reciprocal will.

testamento militar - military will.

testamento marítimo (P) - maritime will.

testamento mútuo - mutual will; joint will.

testamento nuncupativo - nuncupative will.

testamento hológrafo - holographic will.

testamento ordinário - private will; will not officially recorded.

testamento particular - a type of private will.

testamento por palavra - oral will.

testamento público - a will which is registered with the official notary.

testamento revogável - revocable will.

testamento recíproco - counter-will; reciprocal will.

testamento verbal - verbal will.

testante - testator; bequeather.

testar - to make a will; bequeath.

teste - test.

teste de mercado - market test.

testemunha - witness; attestor.

testemunha abonatória - subscribing witness.

testemunha arrolada - enrolled witness.

testemunha auricular - earwitness.

testemunha certificadora - attesting witness.

testemunha contraditória - contradicting witness.

testemunha da autora - witness for the plaintiff.

testemunha de acusação - prosecuting witness.

testemunha de defesa - witness for the defense.

testemunha defeituosa - faulty witness.

testemunha de oitiva - earwitness.

testemunha de ouvida - earwitness.

testemunha de ouvir dizer - earwitness.

testemunha de um testamento - witness to will.

testemunha de vista - eyewitness.

testemunha discordante - adverse witness.

testemunha falsa - false witness.

testemunha falsária - false witness.

testemunha hábil - competent witness.

testemunha idônea - credible witness.

testemunha imprestável - useless witness.

testemunha incapaz - incapable witness.

testemunha informante - attesting witness.

testemunha inidônea - incredible witness.

testemunha instrumental (P) - subscribing witness.

testemunha instrumentária - subscribing witness.

testemunha judicial - witness in court.

testemunha judiciária - witness in court.

testemunha nomeada - appointed witness; nominee witness.

testemunha ocular - eyewitness.

testemunha pericial (P) - expert witness.

testemunha processual - witness in court.

testemunha referente - referred witness.

testemunha referida - referred witness.

testemunha signatária - witness to a contract or document.

testemunha testamentária - witness to will.

testemunhador - witness.

testemunhal - testimonial.

testemunhar - to witness; testify; attest.

testemunhável - testimonial; credible.

testemunho - testimony; deposition; proof; evidence.

testificação - testification; testation.

testificador - testificator; witness.

testificante - testifier; witness.

testificar - to witness; testify; attest.

testigo (E) - witness.

testigo de cargo (E) - witness for the prosecution.

testigo de descargo (E) - witness for the defense.

teto - ceiling.

teto de juros - interest ceiling; interest cap.

tetraneto - great-great-grandson.

tetravô - great-great-grandfather.

teúda - one that is kept.

teúdo - kept; maintained.

têxtil - textile.

texto - text.

textual - literal; textual; verbal.

textuário - textuary.

timbrar - to seal; stamp.

timbre - seal; stamp.

timbre postal - postage stamp.

timocracia - timocracy.

timocrático - timocratic.

tinterrilo (E) - pettifogger.

tio - uncle.

tio-avô - great-uncle.

tio-bisavô - great-great uncle.

tipicidade - vagueness doctrine.

tipo - notice; standard; rate; type; kind.

tipografia - typography.

tiquira - manioc alcoholic drink.

tira - policeman; detective.

tirada - exportation of goods.

tiragem - circulation; issue; printing edition.

tirania - tyranny.

tiranicida - tyrannicide; murderer of a tyrant.

tiranicídio - tyrannicide; murder of a tyrant.

tirano - tyrant.

tirar - to draw; remove; extract; suppress; steal; diminish.

tiro - shot; firing.

tirocínio - tyrocinium; pupilage.

titulado - titled.

titular - holder; titleholder.

titular de boa fé - holder in good faith.

titular do cargo - incumbent; holder of an office.

titularidade - ownership; title.

título - title; label; name; heading; title-deed; conveyance; security; bond paper; draft.

título ao portador - bearer paper; bearer bond.

título à ordem - order instrument.

título bancário - bank paper.

título cambial - bill; note.

título da dívida pública - government security; government bond.

título de bolsa - listed securities.

título de crédito - credit instrument; bill of exchange.

título de crédito individual (P) - individual credit instrument.

título de dívida pública - government bond.

título de domínio - title deed; title in fee simple.

título de herdeiro - title by descent.

título de participação - equity security.

título de propriedade - title deed; conveyance.

título descontado - discounted draft; discounted bill.

título executivo - document valid to commence an execution process.

título fiduciário - fiduciary bond.

título gratuito - lucrative title; title acquired gratuitously.

título hábil - marketable title.

título hipotecário - mortgage bond.

título mobiliário - unregistered bond; credit bond; security.

título negociado em bolsa - quoted security.

título negociável - marketable title; marketable security.

título nominativo - registered bond.

título oneroso - onerous title.

título público - government title.

título putativo (P) - putative title.

título singular - singular title.

título translativo - conveyance; title deed; tenor of deed.

título transmissivo - conveyance.

título vencido - overdue bill.

tocaia - ambush; trap.

toga - gown; toga; robe.

togado - judge; magistrate.

tolerância - tolerance; endurance; toleration.

tolerante - tolerant.

tolerar - to tolerate; bear; stand.

tolher - to hinter; check; obstruct; embarass; debar; restrain.

tomada - taking; seizure; attach; capture.

tomada de contas - rendering of account.

tomada de empréstimo - borrowing.

tomada de posse - installation.

tomada de preços - prices inquirying.

tomador - taker; borrower.

tomador de crédito - borrower.

tomar - to seize; capture; catch; gather; receiver; accept; assume.

tomar emprestado - to borrow.

tombadilho - quarter-deck.

tombamento - act of falling; recording as historic site.

tombar - to record land; register land.

tombo - registry of lands; docket; fall; high waterfall.

tômbola - loto; lottery.

tomo - tome; volume.

tonel - drunkard; barrel; tub; large cask.

tonelagem - tonnage; capacity.

toneleiro - cooper.

tontina - tontine; annuity.

tópico - topic; subject; theme.

toponimía - toponymy.

toqueiro - professional murderer who kills in ambush.

tormenta - tempest; storm.

tormento - torment; torture; agony.

torna - earnest-money; compensation; restitution.

torpedeiro - torpedo-boat.

torpeza - turpitude; infamy.

torrens - torrens title system.

tortura - torture.

total - total; complete.

total geral - grand total.

totalidade - totality.

totalitário - totalitarian.

totalitarismo - totalitarism.

tóxico - toxic drug.

toxicomania - drug addiction; toxicomania.

toxicômano - drug addict.

trabalhador - worker; laborer; workman.

trabalhador autônomo - independent professional.

trabalhador doméstico (P) - house servant.

trabalhador estudante (P) - student who works.

trabalhador rural - rural laborer.

trabalhismo - labourism.

trabalhista - labourite.

trabalho - work; labor; labour.

trabalho agrícola - agricultural work.

trabalho a domicílio - work at home.

trabalho braçal - manual labor.

trabalho da mulher - woman's work.

trabalho de escritório - office work.

trabalho diurno - daily work.

trabalho doméstico - housework.

trabalho efectivo (P) - real work.

trabalho escravo - slave labor.

trabalho extraordinário - overtime.

trabalho forçado - hard labor.

trabalho industrial - industrial work.

trabalho lícito - licit work.

trabalho manual - manual labor.

trabalho nocturno (P) - night job.

trabalho ocasional (P) - occasional work.

trabalho profissional - professional work.

trabalho público - public service.

trabalho sazonal (P) - seasonal job.

traçado - trace; sketch; design.

tração - traction; tension.

tradição - tradition; delivery.

tradição convencional - conventional delivery.

tradição ficta - simulated delivery.

tradição real - actual delivery.

tradição simbólica - symbolic delivery.

tradicional - traditional.

tradicionalismo - traditionalism.

tradicionalista - traditionalist.

tradução - translation; version.

tradução juramentada - sworn translation.

tradução literal - literal translation.

tradução livre - free translation; unoficial translation.

tradutor - translator.

tradutor juramentado - sworn-in translator; certified public translator; sworn translator.

tradutor público - official translator; sworn public translator.

tráfego - traffic.

traficância - trade; commerce; business; swindling; knavery.

traficante - trafficker.

traficar - to traffic; trade; deal; cheat; swindle.

tráfico - trafficking.

tragédia - tragedy.

traição - treason; perfidy; betrayal.

traidor - traitor.

traje - dress.

traje passeio - jacket and tie.

traje passeio completo - lounge suit (UK); dark suit (USA).

traje rigor - black tie; dinner jacket.

trajeto - way; course; distance.

trama - plot; conspiracy.

tramitação - proceduring; action; out; handling; procedure; practice.

tramitar - to carry out; transact; handle.

trâmites - procedural steps.

trancamento - barring.

trancar - to bar; shut; imprison; lock.

transação - transaction; accord and satisfaction; settlement; accord or agreement before the Court; dealing; business.

transacção (P) - transaction; accord and satisfaction; settlement.

transacionar - to transact.

transar - to settle; adjust; compromise; transact.

transbordo - transhipment.

transcrever - to transcribe; record.

transcrição - recording; quotation.

transeunte - transient.

transferência - transfer.

transferência de ações - transfer of shares.

transferência de fundos - funds transfer.

transferente - tranferor.

transferido - transferee.

transferir - to transfer; convey; make over.

transformação - transformation.

transfronteiriço - cross border.

transfuga - runaway; deserter.

transgredir - to transgress; be party to a crime.

transgressão - violation; breach; trespass; offense.

transgressor - infringer; trespasser.

transigente - acquiescent person.

transigir - to transact; compromise; settle.

transitar - to transit; go through.

transitar em julgado - to transit in rem judicatam.

trânsito - transit; transient; traffic.

translação - transfer.

translado - tenor.

translado de escritura - tenor of a deed.

transmissão - conveyance.

transmissibilidade - transferability.

transmissível - transmissible; transferable.

transmitente - tranferor.

transplantação - transplantation.

transportador - carrier.

transportador aéreo - air carrier.

transportador marítimo - sea carrier.

transportar - to transport; carry.

transportar a soma - to bring forward.

transporte - transportation.

transpassar - transfer.

trapaça - fraud; cheating.

trasladar - to transfer; transport; transcribe.

traslado - transfer; transcript.

trapaceiro - swindler.

traspassar - to assign; tranfer; alienate; convey; trespass.

traspasse - commentator.

tratadista - author of a scientific treatise.

tratado - treaty; treatise.

tratado de paz - peace treaty.

tratado multilateral - convention; multilateral treaty.

tratamento médico - medical care.

tratante - dealer; businessman; crook; knave.

trato - agreement; contract.

trauma - trauma.

traumatismo - traumatism.

traumatologia - traumatology.

trava - hedge.

trava cruzada - cross hedge.

trégua - truce; armistice.

tréplica - rejoinder.

trespasse - conveyance.

tríbade - tribade; Lesbian.

tribadismo - tribadism; lesbianism.

tribunal - tribunal; court; appellate court; court of appeals; bench.

tribunal arbitral - court of arbitration.

tribunal arbitral eventual (P) - specially convened court of arbitration.

tribunal arbitral permanente (P) - permanent court of arbitration.

tribunal civil - civil court.

tribunal criminal - criminal court.

tribunal de aduanas - custom court.

tribunal de alçada - a specialized panel of judges of a court of appeals.

tribunal de apelação - appellate court.

tribunal de circuito - circuit court.

tribunal de comarca simples (P) - circuit court with only one judge.

tribunal de contas - audit court.

Tribunal de Justiça das Comunidades Européias (EC) - Tribunal of Justice of the European Communities.

tribunal de justiça estadual - state supreme court; state court of appeals; state Appellate Court.

tribunal do júri - trial by jury.

tribunal do trabalho - labor court of appeals.

tribunal eleitoral - electoral court.

tribunal estadual - state court.

tribunal estrangeiro - a foreign court.

tribunal federal - federal court of appeals.

tribunal federal de recursos - federal court of appeals.

tribunal internacional - international court.

tribunal judiciário - judiciary court.

tribunal marítimo - admiralty court.

tribunal militar - military court.

tribunal pleno - full bench; full court.

tribunal popular - trial by jury.

tribunal regional federal - federal court of appeals.

tribunal superior - superior court.

tribunal supremo - supreme court.

tributação - taxation; system of taxation.

tributação na fonte - taxation at source.

tributar - to tax; lay a tribute.

tributário - tax.

tributável - subject to tax.

tributo - tax; contribution.

tríduo - a period of three days.

trigamia - trigamy.

triplicata - third copy.

tripulação - crew.

tripulante - member of the crew.

troca - barter; change; exchange.

troco - change.

tronco - main body; lineage; race.

trono - throne.

tropa - troop.

tropélia - disorder; tumult; oppression.

trueque (E) - barter; exchange.

trucidamento - murder of innocent people.

trucidar - to murder of innocent people.

truncar - to truncate.

truste - monopoly.

tuição - defense.

túmulo - tomb; grave.

tumulto - riot.

tumultuoso - tumultuous; riotous.

turba - mob.

turbação - disorder; confusion.

turbação de posse - trespass to land.

turbador - trespasser.

turbulento - turbulent.

turma do tribunal - panel; panel of judges.

turno - shift; turn; session.

turno diário - day shift.

turno noturno - night shift.

tutela - guardianship; tutela; tutelage.

tutela dativa - guardianship by court appointment.

tutela legítima - legal protection.

tutela testamentária - guardianship by will.

tutelado - tutored person; protected person.

tutelar - to tutor; protect.

tutor - tutor; guardian.

tutor dativo - guardian named by court.

tutor de fato - guardian by estoppel.

tutor de menores - guardian.

tutor legal - legal guardian.

tutor oficial - official guardian.

tutor testamentário - guardian by will.

tutoria - guardianship.

U

ulterior - ulterior; more distant; further.

última - last; latest; final; ultimate; utmost; extreme.

última edição - last publication.

última instância - court of last resort; last resort.

última vontade - last will.

últimas notícias - last news.

ultimação - perfection.

ultimado - finished; completed; concluded.

ultimar - to finish; conclude; bring to a conclusion.

ultimato - ultimatum.

último - last; ultimate; extreme; final.

último ato - last act.

último dia - last day.

ultrajado - victim; person who has been offended.

ultrajador - offender; slanderer; insulter; rapist.

ultrajar - to offend; slander; insult; rape; violate.

ultraje - injury; outrage; abuse; offense; rape.

ultraje ao pudor - sexual abuse; sexual harassment.

ultrajudicial - ultrajudicial.

ultraterritorial - ultraterritorial.

unânime - unanimous.

unanimidade - unanimity; unanimousness.

UNESCO - United Nations Educacional, Scientifical and Cultural Organization.

união - union; consolidation; joining; junction; alliance; association; merger; pool.

união aduaneira - customs union.

união conjugal - matrimonial union.

união de contratos (P) - the merging of different contracts maintaining their individuality.

união de facto (P) - concubinage; common law marriage.

união federal - federal union; federative state.

União Parlamentar Interestatual (UPI) (BR) - national association of state representatives.

única - only; sole; single; solitary; unique.

única instância - action in which there is no appeal from judgement rendered.

única via - sole copy; only document.

unicameral - unicameral.

unicameralismo - unicameralism.

unidade - unit; body; unity; oneness.

unidade de produção (P) - business entity.

unidade monetária - currency.

unificação - unification; merging; pooling.

unificar - to unify; unite.

uniforme - uniform; homogenous; steady; even; regular; regimentals.

unígamo - married to only one person.

unilateral - unilateral; one-sided.

unipropriedade - property owned by only one person.

unir - to merge; amalgamate; combine; consolidate; join; connect; unite; attach; blend; link.

unitário - unitary.

unitarismo - unitarism.

universal - universal; world-wide; general.

universalidade - universality.

universidade - university.

universitário - university student or professor; relative to university.

unívoco - univocal.

uno - one; single; unique.

uranismo - uranism; male homosexuality.

uranista - uranist.

urbanismo - city planning.

urbano - urban; urbane; corteous; polite.

urgência - urgency.

urgente - urgent.

urna eleitoral - ballot-box.

urna funerária - coffin.

usança - usance; usage; custom.

usante - usuary.

usanza (E) - usage; custom.

usar - to use; emply; make use of; wear.

usina - factory; mill; plants; works.

usina de açúcar - sugar mill.

usina elétrica - power plant.

usina siderúrgica - steelworks.

uso - usage; use; custom; practice; wear.

uso convencional - conventional use.

usos comerciais - trade usage; commercial use.

usos e costumes - custom and usage.

uso indirecto (P) - indirect use; use by a third party other than the owner.

uso privativo (P) - private use.

usuário - usufructuary; user; holder of a concession.

usual - usual; customary; routine; familiar.

usucapião - adverse possession; usucapion; usucaptio.

usucapião de servidão - prescription; limitation.

usucapido - acquired by adverse possession or by prescription.

usucapiente - usucapient; adverse possessor.

usucapir - to acquire by adverse possession.

usucapto - acquired by adverse possesion; usucapt.

usufruidor - usufructuary.

usufruir - to usufruct; enjoy the fruits or profits of; the right to use and enjoy the fruits of the property.

usufrutar - to usufruct.

usufruto - usufruct; fruition; enjoyment.

usufruto imperfeito - imperfect usufruct.

usufruto impróprio - imperfect usufruct.

usufruto legal - legal usufruct.

usufruto perfeito - perfect usufruct.

usufruto próprio - perfect usufruct.

usufrutuar - to usufruct; enjoy; possess.

usufrutuário - usufructuary.

usura - usura; usury; profit; interest.

usurário - usurer.

usurpação - usurpation; encroachment.

usurpação de funções - usurpation of public office.

usurpador - usurper.

usurpar - to usurp; encroach; accroach; disseize.

utensílio - utensil; tool; instrument.

utensílios de trabalho - working tools.

utente - usuary.

uterino - uterine.

útil - useful; beneficial; handy; convenient; helpful.

utilidade - utility; usefulness; convenience; advantage.

utilidade econômica - economic utility.

utilidade pública - public interest.

utilidade turística (P) - of tourist utility (special legal status).

utilização - utilization; use; exploitation.

utopia - utopia; chimera.

uxória (FC) - the authorization given by one spouse to the other in order to legitimize a legal act.

uxoricida - uxoricide; wife murderer.

uxoricídio - uxoricide; wife murder.

V

vacância - vacancy.

vacância de bens - vacant property.

vacância do cargo - vacancy.

vacância do trabalho - employment vacancy.

vacante - vacant; unoccupied; void.

vacar - to be vacant; be on vacation; be idle.

vacatura - vacancy.

vadeável - fordable.

vadiagem - vagrancy.

vadiar - to idle; loiter; bum around; laze; lounge.

vadio - vagrant; idle; lazy; loafer; idler; sluggard; runabout.

vaga - vacancy; room; vacant position.

vagabundagem - vagrancy; vagabondage; vagrants; tramps.

vagabundo - vagabond; vagrant; wastrel.

vagância - vagrancy.

vagante - vacant; free.

vagão - car; coach.

vagão correio - mail car.

vagar - to vacate; roam; wander; stroll; circulate.

vagatura - vacancy.

vago - vacant.

valado - trench; rampart; trenched enclosure that protect rural properties.

vale - IOU (I owe you); credit note; voucher; promissory note; due bill; warrant; scrip.

vale de caixa - treasury note.

vale postal - postal order.

valer - to be worth; produce; yield; amount to.

valia - worth.

validação - authentication; validation.

validação da captura (P) - judicial examination of the imprisonment of a suspect.

validação do negócio jurídico (P) - validation of the legal act.

validade - validity; effectiveness.

validar - to validate; execute; give legal force to; legalize; authenticate.

válido - valid; legal; binding; available.

valimento - validity; worth; value; usefulness; prestige.

valioso - valid; valuable.

valo - trench; rampart; trench enclosure that protect rural properties.

valor - validity; value; worth; price; amount; item of the balance sheet.

valor aceite (P) - value agreed upon.

valor ajustado - value agreed upon.

valor arbitrado - arbitrated value.

valor à vista - cash value.

valor atual - capitalized value; present value.

valor contábil - book value.

valor correto - sound value.

valor cotado em bolsa - listed security.

valor da causa - value of matter in dispute or in controversy.

valor da demanda judicial - value of matter in controversy.

valor da emissão - face amount; face value.

valor de face - face value.

valor da liquidação - break-up value.

valor da moeda (P) - intrinsic value of the currency.

valor da sentença - sentence value.

valor de ação judicial - value of matter in controversy.

valor de afeição - value of affection.

valor de aquisição - acquisition cost.

valor de câmbio - exchange value.

valor de mercado - market value.

valor de resgate - surrender value; redemption value.

valor de salvados - salvage value; scrap value.

valor de sucata - salvage value; scrap value.

valor declarado - face amount; face value; reported amount.

valor do contrato - contract value.

valor do pedido judicial - value of matter in controversy.

valor do pedido comercial - value of the order.

valor escritural - book value.

valor estimado - estimated value.

valor estimativo - estimative value.

valor extrínseco - goodwill.

valor fictício - simulated value.

valor intangível - intangible value.

valor intrínseco - intrinsic value.

valor justo - fair value.

valor legal - legal value.

valor líquido - net value.

valor líquido pelos livros - carrying value; net book value.

valor mercantil - exchange value.

valor mobiliário - security.

valor natural - natural value.

valor nominal - face value; face amount; nominal value.

valor numérico - numeric value.

valor objetivo - objective value.

valor patrimonial líquido - net worth value.

valor real - true value; actual cash value.

valor recuperado - recovery value.

valor residual - residual value.

valor segurável (P) - insurable value.

valor subjectivo (P) - subjective value.

valor tangível - tangible value.

valor venal - fair market value.

valores mobiliários - securities.

valorização - appreciation in value.

valorizar - to appraise; value; cash in; raise on.

valuta - foreign exchange.

vandalismo - vandalism.

vantagem - advantage; profit; gain; boon; benefit; utility; convenience; victory.

vantagens indiretas - indirect advantages.

vara - court's division or section; circuit; bench; tribunal.

vara cível - civil court.

vara criminal - criminal court.

vara da fazenda - tax court.

vara de órfãos e sucessões - probate court.

varação - fording; beaching; portage.

varão - male.

varar - to beach a ship.

varejamento - search and seizure.

varejar - to search; ransack.

varejista - retailer; retail dealer.

varejo - retail trade.

variação - variance; variation; change; mutation; fluctuation.

variação cambial - exchange variation.

variação da taxa de juros - variation of the interest rate.

variante - variant.

variar - to vary; alter; change; alternate; diversify.

variedade - variety; diversity.

vários - various; sundry; miscellaneous.

varonia - virility; manhood; male issue.

vassalagem - vassalage.

vassalo - vassal; subordinate; liege; subject.

Vaticano - Vatican.

vedação - bar; veto; prohibition; interdiction; enclosure.

vedar - to prohibit; veto; forbid; hinder; block; stop; seal.

veemente - vehement; impetuous; ardent; eager; forceful; passionate; loud.

veículo - vehicle; conveyance; medium.

velar - to veil; watch over.

velhaco - knave; swindler; vagabound; villain.

velhice - old age; oldness.

venal - venal; salable; marketable; corruptible.

venalidade - venality; mercenariness; corruptness.

vencedor - winner; conqueror; victorious.

vencedor da causa - prevailing party.

vencer - to win; conquer; succeed; overcome.

vencer a concorrência - win a bid for a contract.

vencido - loser; conquered; defeated; vanquished; overcome; matured; expired; overdue; lapsed.

vencimento - maturity; due date; term; time limit; expiration date.

vencimento - salary; emolument.

vencimento antecipado - accelerated maturity.

vencimento extraordinário - extraordinary acceleration.

vencimento ilíquido (P) - gross remuneration.

vencimento no final - bullet maturity; bullet payment.

vencimentos - remuneration.

venda - sale; disposal; deal.

venda, condições de - terms of sale.

venda, direito exclusivo de - exclusive sale rights.

venda, imposto sobre - sales tax.

venda a cobrar na entrega - cash on delivery (sale).

venda a contado (P) - cash sale.

venda a contento - sale on approval.

venda a crédito - sale on credit; credit sale; charge sale.

venda a descoberto - short sale.

venda a dinheiro - cash sale.

venda a domicílio - house to house sale.

venda a entregar (P) - short sale; sale for future delivery.

venda a esmo - sale per aversionem.

venda a prazo - installment sale.

venda à prestação - installment sale.

venda a retro (P) - sale with right of redemption.

venda a varejo - retail sale.

venda à vista - cash sale.

venda alternativa - alternative sale.

venda compulsória - forced sale.

venda com reserva de domínio - sale with reserved title.

venda com reserva de propriedade (P) - sale with reserved title.

venda condicional - conditional sale.

venda de imóvel - real estate sale.

venda direta - direct sale.

venda em almoeda - sale at public auction; vendue.

venda em consignação - sale or return; consignment sale.

venda em bloco - sale per aversionem; block sale.

venda em grosso - wholesale; sale in gross.

venda em hasta pública - sale at public auction; vendue; judicial sale.

venda em leilão - sale at public auction; sale by auction.

venda em praça - sale at public auction; vendue; auction sale.

venda em prestações - installment sale.

venda fictícia - simulated sale.

venda fiduciária - fiduciary sale.

venda firme - firm sale.

venda forçada - forced sale.

venda futura - forward sale.

venda hipotecária - foreclosure sale.

venda incondicional - unconditional sale.

venda interdita - interdict sale.

venda judicial - judicial sale.

venda legal - legal sale.

venda mercantil - commercial sale.

venda particular - private sale.

venda pelo correio - mail-order sale.

venda por atacado - wholesale.

venda pública - public sale.

venda simulada - simulated sale.

venda sob amostra - sale by sample.

venda sob ensaio - memorandum sale.

venda voluntária - voluntary sale.

vendagem - sale; sales comission.

vendável - saleable; negotiable.

vendedor - salesman; seller; vendor; bargainer; shop assistant.

vendedor atacadista - wholesaler.

vendedor pracista - traveling salesman.

vendedouro - market place.

vender - to sell; market; vend; peddle; dispose; betray.

vendível - salable; marketable.

venefício - empoisoning.

venéfico - venefical; poisonous.

veneno - poison; venom.

venerado - venerated; reverenced; adored.

vênia - excuse; venia; leave; permission.

venocídio - murder through poisoning.

ventilar - to ventilate; agitate; discuss; debate.

ventre - womb.

ver - to see; consider; hear in court.

veracidade - veracity; truthfulness.

verba - appropriation; allowance; allocation; allotment.

verba de representação - procuration fee.

verba honorária - attorney's fee; lawyers' remuneration; legal fees.

verba orçamentária - appropriation.

verbal - verbal; parol; oral.

verdade - truth; veracity; verity.

verdade material (P) - reality.

verdadeiro - true; very; sincere; real; genuine; authentic.

verdugo - executioner; hangman; torturer.

vereador - alderman; councilman; town councillor.

veredicto - verdict; sentence.

vergonha - shame; disgrace; dishonor; scandal; reproach; embarrassment.

veridicidade - veracity; truthfulness.

verídico - veridical; true.

verificação - verification; examining; checking; proof.

verificação de crédito (P) - verification of credits.

verificar - to verify; check; prove; confirm; carry out; effect.

verossímil - probable; likely; believable; credible; verisimilar.

versão - version; translation; account.

versar - to study; consult; search; practice; manipulate; discuss.

verso - reverse; back.

versus - versus.

vestibular - initial.

vestígio - mark; sign; badge; vestige; remains.

vetar - to veto; forbid.

veto - veto; ban; prohibition; antagonism.

via - way; route; road; track; procedure; method; copy.

via aérea - air mail.

via executiva - executive proceeding.

via férrea - railroad.

via judicial - judicial proceeding; court action.

via particular - private road.

via pública - public road.

via terrestre - surface mail.

viabilidade - feasibility; practicability.

viabilidade, estudo de - feasibility study.

viação - means of transportation; public ways; highway system.

viagem - travel; trip; journey.

viagem aérea - air trip.

viagem de negócios - business trip.

viagem última - last journey.

viajante - traveling salesman; traveler; voyager.

vias de fato - affray.

viável - viable; passable; feasable; practicable; workable.

vicariato - vice; substitute.

vice - vice.

vice almirante - vice-admiral.

vice cônsul - vice-consul.

vice gerente - vice-manager.

vice governador - lieutenant governor.

vice prefeito - vice-mayor.

vice presidente - vice-president.

vice rei - viceroy.

vice secretário - assistant secretary.

vice-versa - vice-versa.

viciado - addict.

viciado em drogas - drug addict.

viciado em bebidas - alcoholic.

viciar - to invalidate; annul; vitiate; counterfeit; adulterate.

vício - defect; vice; flaw; fault; addiction; habit.

vício aparente (P) - apparent vice.

vício da coisa - defect.

vício de construção - construction defect.

vício de fabrico (P) - manufacturing defect.

vício de forma - defect of form.

vício de sentença - defect or fault in the sentence.

vício inerente - inherent defect.

vício manifesto - patent defect; apparent defect.

vício moral - moral defect.

vício oculto - latent defect; hidden defect.

vício próprio - inherent defect.

vício redibitório - hidden defect; supervening negligence.

vícios processuais - procedural faults.

vida - life; existence; living; lifetime; manner of life.

vida marital - marital life.

vida pregressa - criminal record.

vida útil - useful life.

vigário - vicar.

vigarista - swindler; crook; confidence man.

vigência - term of contract; duration; life; operation; legal effect.

vigente - in force; ruling.

viger - to be valid; in force; in vigour; in effect.

vigia - watchman; sentinel.

vigiar - to watch; keep an eye over.

vigilância - vigilance; caution; alertness; surveillance.

vigor - force; effect; vigor.

vigorante - invigorating; in force.

vigorar - to rule; take effect.

vila - village; small town.

vilania - villainy; infamy; vileness; baseness; turpitude.

vilão - vile; sordid; base; plebeian; vulgar.

vilipendiar - to vilipend; slander.

vilipêndio - contempt; scorn; reviling.

vinculação - tie; binding.

vinculação - relationship; relation.

vinculado - bound; encumbered.

vincular - to bind; entail; encumber; tie; link.

vínculo - relation; connection; link; tie; entail; relationship.

vínculo de parentesco - relative; relationship.

vínculo empregatício - employment relationship.

vínculo jurídico - jural relation; legal relationship.

vínculo matrimonial - vinculo matrimonii; bonds of matrimony.

vínculo obrigacional - contractual bond (lien; encumbrance).

vindicação - vindication.

vindicar - to vindicate; claim; demand.

vindicatório - vindicatory.

vindita - punishment; vegeance; revenge; retailment.

vingança - vengeance; vendetta; revenge.

vinheta - vignette.

vintena - group of twenty.

violação - violation; transgression; breach; injury; trespass; profanation; rape.

violação contratual negativa (P) - non-performance of a contract; breach of contract.

violação contratual positiva (P) - defective or insuficient performance of contract.

violação da lei - trangression of the law.

violação da ordem pública (P) - violation of public order.

violação de contrato - breach of contract.

violação de correspondência - violation of mail.

violação de direitos autorais - copyright infringement.

violação de domicílio - unlawful entry; trespass.

violação de patente - patent infringement.

violado - violated; broken.

violador - violator; trangressor.

violar - to violate; infringe; invade; encroach.

violência - violence; forcible constraint; coercion.

violência carnal - assault with intent to rape.

violência física - actual violence.

violência injusta (P) - abuse of authority.

violenta emoção - heat of passion.

violentador - violator.

violentar - to break into; violate; do violence to; rape.

virago - virago.

viragonidade - female homossexualty.

virgem - virgin.

virgindade - virginity.

viril - virile; manly; vigorous.

virilidade - virility; manhood; manliness.

virtude - virtue.

visado - certified; checked.

visado, cheque - certified check.

visar - to countersign; certify.

visita - visitor; guest; visit; call.

vista - examination; analysis; sight; view; interview; opinion; judgement; trial; hearing.

vistar - to check; verify.

visto - visa.

visto consular - visa; entry visa.

vistoria - inspection; survey.

vistoriador - adjuster.

vistoriar - to inspect; survey.

vitaliciedade - tenure.

vitaliciedade - life.

vitalício - life; fixed.

vítima - victim.

vitória - victory; triumph; conquest.

vitualhas - victuals.

vituperação - vituperation; censure.

viúva - widow.

viuvez - widowhood.

viúvo - widower.

vivenda - home; dwelling place.

víveres - food; provisions.

vizinhança - neighborhood; vicinity; venue.

vocação - calling; vocation; inclination.

vocação directa (P) - the calling of the heirs.

vogal - voting member.

vogar - to circulate; have currency.

volátil - volatile.

volatilidade - volatility.

volição - volition; will.

volitivo - volitional.

volta - return; detour; retort; explanation; solution; way out.

volume - volume; package; parcel.

volume de negócios - transaction volume.

volume diário - daily volume.

voluntário - voluntary; willful; spontaneous; willing.

vontade - will; wish; desire; intention.

vontade expressa - expressed will.

vontade presumida - presumed will.

vontade tácita - constructive will; implied will; implied consent.

vontade verbal - verbal intention.

votação - voting.

votação secreta - voting ballot.

votante - voter.

votar - to vote.

voto - vote; ballot; vow; opinion.

voto condicional - contigent vote.

voto cumulativo - cumulative vote.

voto de desempate - casting vote (UK); deciding vote (USA).

voto de minerva - casting vote (UK); deciding vote (USA).

voto de qualidade - casting vote (UK); deciding vote (USA).

voto directo (P) - direct vote.

voto direto - direct vote.

voto decisório - casting vote (UK); deciding vote (USA).

voto divergente - dissenting vote or opinion.

voto imediato (P) - direct vote.

voto indireto - indirect vote.

voto majoritário - majority opinion.

voto múltiplo - multiple voting.

voto plural - voting trust.

voto por procuração - voting by proxy.

voto prevalecente - majority opinion.

voto preponderante - casting vote.

voto secreto - voting by ballot.

voto vencedor - majority opinion.

voto vencido - dissenting opinion.

voz - voice; vote; authority to speak.

voz ativa - active voice.

voz de prisão - under arrest.

voz pública - public opinion.

vulgar - vulgar; common; usual; ordinary.

vulgaridade - vulgarity; mediocrity.

vulgarizar - to vulgarize.

X

xeno - foreigner; stranger.

xenodoquia - xenodochy.

xenofilia - xenophile.

xenofobia - xenophobia.

xerografia - photocopy.

xerográfico - xerographic.

xérox - photocopy.

Z

zacapela (E) - quarrel.

zangão - tout; runner; curbstone broker.

zarpar - to go; up anchor; runaway.

zona - zone; region; area.

zona da fronteira - border area; frontier zone.

zona de guerra - war zone.

zona de influência - influence zone.

zona de operações - operating area.

zona de servidão militar - military zone.

zona eleitoral - electoral zone; electoral area.

zona fiscal - tax district.

zona florestal - woodland; forest zone

zona franca - free trade zone.

zona livre - free zone.

zona marítima - marine zone.

zona militar - military zone.

zona neutra - neutral zone.

zona suburbana - surburban zone; suburban area.

zona urbana - urban area; urban district.

zoneamento - zoning; map.

zoneamento municipal - zoning ordinance.

zoneamento urbano - zoning ordinance.

zooerastia - bestiality; beastliness.

ABOUT THE AUTHOR

DURVAL DE NORONHA GOYOS JR, 42, born in São José do Rio Preto, State of São Paulo, Brazil, is the senior partner of NORONHA - ADVOGADOS, a law firm founded in 1978 and based in the city of São Paulo, Brazil, with five other offices in different cities and countries: Brasília, in Brazil; Miami, Florida, USA; London, England; Zurich, Switzerland; and Lisbon, Portugal.

Mr. Noronha is a full member of the Brazilian (SP-RJ-DF) and Portuguese Bars. In addition, he is a member of the International Bar Association; Association Internationale des Avocats; Associazione Giuristi di Lingua Italiana; the Inter-American Bar Association; the American Bar Association; the Florida Bar (affiliate, international section) and the Inter-Pacific Bar Association, among other organizations related to the legal profession.

Mr. Noronha is the Chairman of the Group GATT/MERCOSUL and a member of the executive comittee of the Brazilian Chamber of Services and Chairman of the committee on the GATT of the Brazilian Bar (SP). He also was an "ad-hoc" government representative to the GATT's Uruguay Round of negotiations in Geneva, and the chief negotiator for the Brazilian Bar (SP) for the agreements of cooperation in the legal profession within the area of MERCOSUL, in South America. In May of 1994, the GATT's Council of Representatives designated, by consensus, Dr. Noronha as a GATT panelist for the resolution of disputes among the member states, in Geneva.

Mr. Noronha is the author of a large number of books and legal works published in Brazil and abroad in the areas of international, banking, financial, trade, company and constitutional law. The three most recent works edited by this publisher were his books on "International Tax Planning - Tax Havens" (in Portuguese), "Business in Brazil - Legal Guide" (in English), and GATT, MERCOSUL & NAFTA (in English and Portuguese). An important work, published in Portuguese and German, was a far-sighted analysis of the new Brazilian Constitution, which came into force in 1988. In addition, Mr. Noronha has had several articles published in the Brazilian and international press.

Mr. Noronha is a highly sought-after speaker in the international legal community, holding an average of one conference or speech per month. Upon requests from business and legal organizations from several countries, he has given speeches most recently on the MERCOSUL, the GATT; the globalization of the legal profession, privatization, and on international law.

Mr. Noronha graduated in 1969 from William Hall High School, in West Hartford, Connecticut, USA, with an American Field Service Scholarship. He was admitted that same year to the Law School of the Catholic University, in São Paulo, Brazil. He graduated from law school in 1974 and subsequently revalidated his diploma at the University of Lisbon, in Portugal. He also attended the summer school program of Hastings College of Law, at the University of California, in San Francisco, USA, in 1973.

His professional career started while still a law student, as a clerk in one of Brazil's major law firms. Immediately after graduation, Mr. Noronha declined the position of Brazilian legal director of a major European Group to join ADELA INVESTMENT COMPANY in Brazil as deputy legal director, assuming six months later, the position of vice-president and chief legal counsel. He left the company in 1978 fo form NORONHA - ADVOGADOS, with two partners.

In addition to Portuguese, Mr. Noronha speaks English and Italian fluently and has a working knowledge of Spanish.

Observador Legal Editora, The Publisher

February, 1994

SOBRE O AUTOR

DURVAL DE NORONHA GOYOS JR., 42 anos, nascido em São José do Rio Preto, Estado de São Paulo, Brasil, é o sócio sênior de NORONHA-ADVOGADOS, escritório de advocacia fundado em 1978 e sediado em São Paulo, Brasil, com cinco outros gabinetes em diferentes cidades e países: Brasília, no Brasil; Miami, Flórida, EUA; Londres, Inglaterra; Zurique, Suiça; e Lisboa, Portugal.

O Dr. Noronha é membro das Ordens dos Advogados do Brasil (SP, RJ e DF) e de Portugal. É também membro da "International Bar Association"; "Association Internationale des Avocats"; "Associazioni Giuristi di Lingua Italiana"; "Inter-American Bar Association"; "American Bar Association"; "Florida Bar ("affiliate da Secção Internacional) e da "Inter-Pacific Bar Association"' entre outras organizações ligadas à profissão de advogado.

O Dr. Noronha é o coordenador do Grupo GATT/MERCOSUL, e membro do comitê executivo da Câmara Setorial de Serviços, é Presidente da Comissão para o GATT da Ordem dos Advogados do Brasil - Secção São Paulo. Foi representante "ad-hoc" do governo brasileiro na Rodada do Uruguai do GATT, em Genebra, e negociador chefe da Ordem dos Advogados do Brasil - Secção São Paulo, nos acordos de cooperação na advocacia na área do MERCOSUL, na América do Sul. Em maio de 1994, o Conselho de Representantes do GATT nomeou, por consenso, o Dr. Noronha como árbitro para a resolução de disputas entre os estados-membros, em Genebra.

O Dr. Noronha é autor de um grande número de livros e trabalhos publicados no Brasil e no exterior, nas áreas do direito internacional, bancário, financeiro, comercial, societário e constitucional. Seus três livros publicados mais recentemente por esta Editora são "Planejamento Fiscal Internacional - Paraísos Fiscais" (em português); "Negócios no Brasil - Guia Jurídico" (em inglês); e GATT, MERCOSUL e NAFTA (em português e inglês). Uma obra importante, publicada em português e alemão, foi uma análise das previsíveis conseqüências, que vieram a se confirmar, da nova Constituição da República Federativa do Brasil, promulgada em 1988. Vários de seus artigos têm sido publicados também na imprensa brasileira e internacional.

O Dr. Noronha é um conferencista de prestígio na comunidade legal internacional, proferindo, em média, uma palestra ou discurso por mês.

Seus mais recentes pronunciamentos, feitos a pedido de organizações legais e empresariais de diversos países, versaram sobre o MERCOSUL, o GATT, a globalização da advocacia, privatização e o direito internacional.

O Dr. Noronha formou-se em 1969 pela William Hall School, em West Hartford, Connecticut, EUA, com bolsa de estudos concedida pelo American Field Service. Foi admitido nesse mesmo ano pela Faculdade de Direito da Pontifícia Universidade Católica, em São Paulo, Brasil. Formou-se bacharel em direito em 1974, com revalidação subsequente na Universidade de Lisboa, em Portugal. Também frequentou o curso de verão do Hastings College of Law, na Universidade da Califórnia, em São Francisco, EUA, em 1973.

Sua carreira profissional iniciou-se enquanto ainda estudante de direito, como estagiário, em um dos mais importantes escritórios de advocacia do Brasil. Logo após sua formatura, o Dr. Noronha declinou um convite para integrar um importante grupo europeu, como diretor jurídico, para ingressar na ADELA INVESTMENT COMPANY, no Brasil, como vice-diretor jurídico, assumindo seis meses mais tarde os cargos de vice-presidente e diretor-jurídico. Deixou a empresa em 1978 para fundar NORONHA-ADVOGADOS, juntamente com outros dois sócios.

Além do português, o Dr. Noronha é fluente em inglês e italiano e tem bons conhecimentos de espanhol, o que lhe permite utilizar esse idioma profissionalmente.

Observador Legal Editora, O Editor

Fevereiro de 1994.

ACCLAIMS FOR THE NORONHA LEGAL DICTIONARY

"The Noronha Legal Dictionary is the best Portuguese and English legal dictionary now available on the market."

The Institute of Translating and Interpreting
NWTN Newsletter, London, UK

"Estamos distribuindo o Dicionário Jurídico pelos Departamentos do Ministério. Considero a obra como um instrumento da maior utilidade para os diplomatas. Trata-se de uma contribuição importante, um apoio valioso. Examinei-o atentamente. É absolutamente versátil e cobre um vasto universo de expressões. É um verdadeiro código internacional"

Luiz Felipe Lampreia
Embaixador, Secretário Geral das
Relações Exteriores do Itamaraty

"The Noronha Legal Dictionary attempts to make the lives of international lawyers a little easier."

International Business Chronicle
Miami, Florida, USA

"O Dicionário Noronha é um sucesso de vendas".

O Estado de São Paulo,
Agência Estado, São Paulo, Brasil

"Dr. Noronha is greatly to be commended for producing a dictionary which is both extremely useful and entertaining."

John Toulmin, Q.C.
President of the CCBE

"This dictionary will be well received by both translators and lawyers..."

British Bulletin of Publications
Canning House, London, UK

"O Dicionário Jurídico Noronha é primoroso."

Ministro Sydney Sanches
Presidente do Supremo Tribunal Federal, Brasil

"A most meritorious work which is useful for other areas too."

Brazil Review
Miami, Florida, USA

"Dicionário Noronha vai facilitar a vida da empresa..."

Diário do Comércio
Belo Horizonte, Minas Gerais, Brasil

"The Noronha Legal Dictionary has already received acclaims from senior lawyers."

Tradewinds, UK

"Uma excelente obra do notável advogado."

José Roberto Batochio
Presidente do Conselho Federal
Ordem dos Advogados do Brasil

"The scope of Noronha's work sets it apart for its broad perspective of legal vocabulary. Its international balance is worth noting."

Comparative Juridical Review
Miami, Florida, USA

" Dicionário é sucesso no País e na Europa."

A Notícia
Joinville, Santa Catarina, Brasil

"This comprehensive dictionary, well laid out and printed, will be extremely useful to translators..."

The Linguist, London, UK

"É mais que jurídico: é econômico, comercial e financeiro."

Irapuan Costa Júnior
Senador, presidente da Comissão de
Relações Exteriores do Senado Federal

"The Noronha Legal Dictionary fills a void in the area."

Florida Review
Miami, Florida, USA

"O mais avançado do gênero."

Alto Madeira
Porto Velho, Rondônia, Brasil

"The legal dictionary by Noronha is, for all of these reasons, most welcome and recommended."

International Business Lawyer
London, UK

"Um trabalho que estava faltando no Brasil."

Tonico Ramos
Deputado, presidente da União
Parlamentar Interestadual

"The Noronha Legal Dictionary contains far more legal terms than any other."

O Boletim
The Portuguese Network
London, UK

"Dicionário abre horizontes para negócios externos."

Tribuna da Imprensa
Rio de Janeiro, Brasil

"É também uma ferramenta de apoio indispensável a executivos, banqueiros, diplomatas..."

Jornal de Alagoas
Maceió, Alagoas, Brasil

"Facilita os negócios entre o Brasil e os EUA"

Zero Hora
Porto Alegre, Rio Grande do Sul, Brasil

"Atende as necessidades de todos os advogados e escritórios de advocacia que atuam internacionalmente."

Jornal do Estado
Curitiba, Paraná, Brasil

"Único no gênero."

Tribuna da Bahia
Salvador, Brasil

"... a very useful instrument..."

Journal of International Banking Law
Oxford, UK

"... a mais avançada obra do gênero..."

Correio Brasiliense
Brasília, Brasil

"A mais avançada obra do gênero"

Diário Marília
Marília, São Paulo, Brasil

"É uma obra tão abrangente, que não se destina exclusivamente aos advogados"

Jornal da Região
Andradina, São Paulo, Brasil

"Dicionário Noronha em uso no Itamaraty."

Jornal da Indústria e Comércio
Curitiba, Paraná, Brasil

" Dicionário Jurídico Noronha traz linguagem diferenciada"

Folha de Rio Preto
São José do Rio Preto, São Paulo, Brasil

Diagramação e Editoração
Eletrônica
Graphium Pub. e Editora Ltda.
Av. do Café, 445
CEP 04311-001 - São Paulo - SP
Tel.: 276-2600

Fotolito de
Capa e Miolo
Studio Antares Ltda.
Av. do Café, 445
CEP 04311-001 - São Paulo - SP
Tel.: 276-2600

Impresso por
Gráfica Editora
Camargo Soares Ltda.
Rua da Independência, 767
CEP 1524-001 - São Paulo - SP
Tel.: 274-6088

Diagramação e Editoração
Eletrônica
Graphium Pub. e Editora Ltda.
Av. do Café, 445
CEP 04311-001 - São Paulo - SP
Tel.: 276-2600

Fotolito de
Capa e Miolo
Studio Antares Ltda.
Av. do Café, 445
CEP 04311-001 - São Paulo - SP
Tel.: 276-2600

Impresso por
Gráfica Editora
Camargo Soares Ltda.
Rua da Independência, 767
CEP 1524-001 - São Paulo - SP
Tel.: 274-6088